新法シリーズ試案編3

民法改正中間試案の補足説明
〔確定全文+概要+補足説明〕

2013(平成25)年2月26日法制審議会民法(債権関係)部会決定
2013(平成25)年3月11日確定全文Web公表/法務省民事局参事官室
2013(平成25)年4月　法務省民事局参事官室

＊パブリック・コメントに付されているものに事務当局の文責による補足説明を付したものである。
＊広く学生・実務家・一般市民の皆さんにも関心をもっていただけるようになっている。
＊座右において便利な3冊。
① 〔確定全文〕：民法改正中間試案
② 〔確定全文+概要〕：民法改正中間試案〔概要付き〕
③ 〔確定全文+概要+補足説明〕：民法改正中間試案の補足説明

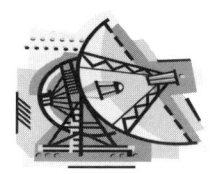

信山社
ブックス
7043-3-01011

《目　次》

(前　注)
1　この中間試案において主な検討対象とした民法の規定は,つぎのとおりである。
　　第1編(総則)第90条(法律行為)から第174条の2(判決で確定した権利の消滅時効)まで
　　第3編(債権)第399条(債権の目的)から第696条まで(和解の効力)
2　この中間試案では,上記1の民法の規定に関して,現時点で改正が検討されている項
　目のみを取り上げており,特に言及していない規定は維持することが想定されている。

【現行の民法総則部分±】
第1　法律行為総則
第2　意思能力
第3　意思表示
第4　代　理
第5　無効及び取消し
第6　条件及び期限
第7　消滅時効

【現行の債権総論部分±】
第8　債権の目的
第9　履行請求権等
第10　債務不履行による損害賠償
第11　契約の解除
第12　危険負担
第13　受領(受取)遅滞
第14　債権者代位権
第15　詐害行為取消権
第16　多数当事者の債権及び債務
　　　(保証債務を除く。)
第17　保証債務
第18　債権譲渡
第19　有価証券
第20　債務引受
第21　契約上の地位の移転
第22　弁　済
第23　相　殺

第24　更　改
第25　免　除

【現行の債権各論部分±】
第□□　契約に関する基本原則等
第27　契約交渉段階
第28　契約の成立
第29　契約の解釈
第30　約　款
第31　第三者のためにする契約
第32　事情変更の法理
第33　不安の抗弁権
第34　継続的契約
第35　売　買
第36　贈　与
第37　消費貸借
第38　賃貸借
第39　使用貸借
第40　請　負
第41　委　任
第42　雇　用
第43　寄　託
第44　組　合
第45　終身定期金
第46　和　解

民法（債権関係）の改正に関する中間試案の補足説明

この文書は，法制審議会民法（債権関係）部会が平成25年2月26日に決定した「民法（債権関係）の改正に関する中間試案」の全文を掲載した上で，各項目ごとにポイントを要約して説明する「（概要）」欄と，詳細な説明を加える「（補足説明）」欄を付したものである。この「（概要）」欄と「（補足説明）」欄は，いずれも同部会における審議の対象とされたものではなく，専ら事務当局（法務省民事局参事官室）の文責において，中間試案の内容を理解していただく一助とする趣旨で記載したものである。

平成25年4月

法務省民事局参事官室

民法(債権関係)の改正に関する中間試案の補足説明

目 次

はじめに 1
(前注) 1
第1 法律行為総則 1
  1 法律行為の意義(民法第1編第5章第1節関係) 1
  2 公序良俗(民法第90条関係) 2
  【その他 任意規定と異なる慣習の効力】 6
第2 意思能力 7
第3 意思表示 11
  1 心裡留保(民法第93条関係) 11
  2 錯誤(民法第95条関係) 13
  3 詐欺(民法第96条関係) 25
  4 意思表示の効力発生時期等(民法第97条関係) 29
  5 意思表示の受領能力(民法第98条の2関係) 33
第4 代理 34
  1 代理行為の要件及び効果(民法第99条第1項関係) 34
  2 代理行為の瑕疵(民法第101条関係) 34
  3 代理人の行為能力(民法第102条関係) 36
  4 代理人の権限(民法第103条関係) 37
  5 復代理人を選任した任意代理人の責任(民法第105条関係) 38
  6 自己契約及び双方代理等(民法第108条関係) 39
  7 代理権の濫用 40
  8 代理権授与の表示による表見代理(民法第109条関係) 42
  9 権限外の行為の表見代理(民法第110条関係) 43
  10 代理権消滅後の表見代理(民法第112条関係) 44
  11 無権代理人の責任(民法第117条関係) 46
  12 授権(処分権授与) 48
第5 無効及び取消し 49
  1 法律行為の一部無効 49
  2 無効な法律行為の効果 51
  3 追認の効果(民法第122条関係) 58
  4 取り消すことができる行為の追認(民法第124条関係) 58
  5 法定追認(民法第125条関係) 61
  6 取消権の行使期間(民法第126条関係) 62
第6 条件及び期限 63

i

	1	条件	63
	2	期限	65
第7	消滅時効		66
	1	職業別の短期消滅時効の廃止	66
	2	債権の消滅時効における原則的な時効期間と起算点	68
	3	定期金債権の消滅時効（民法第１６８条第１項関係）	73
	4	不法行為による損害賠償請求権の消滅時効（民法第７２４条関係）	75
	5	生命・身体の侵害による損害賠償請求権の消滅時効	76
	6	時効期間の更新事由	78
	7	時効の停止事由	82
	8	時効の効果	87
第8	債権の目的		89
	1	特定物の引渡しの場合の注意義務（民法第４００条関係）	89
	2	種類債権の目的物の特定（民法第４０１条第２項関係）	91
	3	外国通貨債権（民法第４０３条関係）	92
	4	法定利率（民法第４０４条関係）	95
		(1) 変動制による法定利率	95
		(2) 法定利率の適用の基準時等	100
		(3) 中間利息控除	101
	5	選択債権（民法第４０６条ほか関係）	104
第9	履行請求権等		105
	1	債権の請求力	105
	2	契約による債権の履行請求権の限界事由	106
	3	履行の強制（民法第４１４条関係）	108
第10	債務不履行による損害賠償		110
	1	債務不履行による損害賠償とその免責事由（民法第４１５条前段関係）	110
	2	履行遅滞の要件（民法第４１２条関係）	114
	3	債務の履行に代わる損害賠償の要件（民法第４１５条後段関係）	114
	4	履行遅滞後に履行請求権の限界事由が生じた場合における損害賠償の免責事由	117
	5	代償請求権	118
	6	契約による債務の不履行における損害賠償の範囲（民法第４１６条関係）	119
	7	過失相殺の要件・効果（民法第４１８条関係）	123
	8	損益相殺	125
	9	金銭債務の特則（民法第４１９条関係）	126
	10	賠償額の予定（民法第４２０条関係）	129
第11	契約の解除		132
	1	債務不履行による契約の解除の要件（民法第５４１条ほか関係）	132
	2	複数契約の解除	136
	3	契約の解除の効果（民法第５４５条関係）	138

4	解除権の消滅（民法第547条及び第548条関係）	140

第12 危険負担 141
 1 危険負担に関する規定の削除（民法第534条ほか関係） 141
 2 債権者の責めに帰すべき事由による不履行の場合の解除権の制限（民法第536条第2項関係） 145

第13 受領（受取）遅滞 147

第14 債権者代位権 149
 1 責任財産の保全を目的とする債権者代位権 149
 2 代位行使の範囲 151
 3 代位行使の方法等 152
 4 代位債権者の善管注意義務 155
 5 債権者代位権の行使に必要な費用 156
 6 代位行使の相手方の抗弁 157
 7 債務者の処分権限 157
 8 訴えの提起による債権者代位権の行使の場合の訴訟告知 159
 9 責任財産の保全を目的としない債権者代位権 159

第15 詐害行為取消権 161
 1 受益者に対する詐害行為取消権の要件 161
 2 相当の対価を得てした行為の特則 165
 3 特定の債権者を利する行為の特則 168
 4 過大な代物弁済等の特則 172
 5 転得者に対する詐害行為取消権の要件 173
 6 詐害行為取消しの効果 174
 7 詐害行為取消しの範囲 175
 8 逸出財産の返還の方法等 176
 9 詐害行為取消権の行使に必要な費用 180
 10 受益者の債権の回復 181
 11 受益者が現物の返還をすべき場合における受益者の反対給付 182
 12 受益者が金銭の返還又は価額の償還をすべき場合における受益者の反対給付 183
 13 転得者の前者に対する反対給付等 185
 14 詐害行為取消権の行使期間 187

第16 多数当事者の債権及び債務（保証債務を除く。） 187
 1 債務者が複数の場合 187
 2 分割債務（民法第427条関係） 189
 3 連帯債務者の一人について生じた事由の効力等 190
  (1) 履行の請求（民法第434条関係） 190
  (2) 更改，相殺等の事由（民法第435条から第440条まで関係） 191
  (3) 破産手続の開始（民法第441条関係） 198
 4 連帯債務者間の求償関係 199

iii

         (1) 連帯債務者間の求償権（民法第４４２条第１項関係） 199
         (2) 連帯債務者間の通知義務（民法第４４３条関係） 201
         (3) 負担部分を有する連帯債務者が全て無資力者である場合の求償関係（民法第４４４条本文関係） 203
         (4) 連帯の免除をした場合の債権者の負担（民法第４４５条関係） 204
    5   不可分債務 205
    6   債権者が複数の場合 206
    7   分割債権（民法第４２７条関係） 207
    8   連帯債権 208
    9   不可分債権 210
第17 保証債務 211
    1   保証債務の付従性（民法第４４８条関係） 211
    2   主たる債務者の有する抗弁（民法第４５７条第２項関係） 212
    3   保証人の求償権 214
         (1) 委託を受けた保証人の求償権（民法第４５９条・第４６０条関係） 214
         (2) 保証人の通知義務 216
    4   連帯保証人に対する履行の請求の効力（民法第４５８条関係） 220
    5   根保証 221
    6   保証人保護の方策の拡充 226
         (1) 個人保証の制限 226
         (2) 契約締結時の説明義務，情報提供義務 229
         (3) 主たる債務の履行状況に関する情報提供義務 230
         (4) その他の方策 231
第18 債権譲渡 233
    1   債権の譲渡性とその制限（民法第４６６条関係） 233
    2   対抗要件制度（民法第４６７条関係） 240
         (1) 第三者対抗要件及び権利行使要件 240
         (2) 債権譲渡が競合した場合における規律 248
    3   債権譲渡と債務者の抗弁（民法第４６８条関係） 252
         (1) 異議をとどめない承諾による抗弁の切断 252
         (2) 債権譲渡と相殺の抗弁 253
    4   将来債権譲渡 255
第19 有価証券 259
第20 債務引受 265
    1   併存的債務引受 265
    2   免責的債務引受 267
    3   免責的債務引受による引受けの効果 270
    4   免責的債務引受による担保権等の移転 271
第21 契約上の地位の移転 272

iv

- 第22 弁済 274
  - 1 弁済の意義 274
  - 2 第三者の弁済（民法第474条関係） 275
  - 3 弁済として引き渡した物の取戻し（民法第476条関係） 277
  - 4 債務の履行の相手方（民法第478条，第480条関係） 278
  - 5 代物弁済（民法第482条関係） 282
  - 6 弁済の方法（民法第483条から第487条まで関係） 283
  - 7 弁済の充当（民法第488条から第491条まで関係） 286
  - 8 弁済の提供（民法第492条関係） 289
  - 9 弁済の目的物の供託（民法第494条から第498条まで関係） 291
  - 10 弁済による代位 294
    - (1) 任意代位制度（民法第499条関係） 294
    - (2) 法定代位者相互間の関係（民法第501条関係） 295
    - (3) 一部弁済による代位の要件・効果（民法第502条関係） 299
    - (4) 担保保存義務（民法第504条関係） 301
- 第23 相殺 303
  - 1 相殺禁止の意思表示（民法第505条第2項関係） 303
  - 2 時効消滅した債権を自働債権とする相殺（民法第508条関係） 304
  - 3 不法行為債権を受働債権とする相殺の禁止（民法第509条関係） 306
  - 4 支払の差止めを受けた債権を受働債権とする相殺（民法第511条関係） 307
  - 5 相殺の充当（民法第512条関係） 310
- 第24 更改 311
  - 1 更改の要件及び効果（民法第513条関係） 311
  - 2 債務者の交替による更改（民法第514条関係） 313
  - 3 債権者の交替による更改（民法第515条・第516条関係） 314
  - 4 更改の効力と旧債務の帰すう（民法第517条関係） 314
  - 5 更改後の債務への担保の移転（民法第518条関係） 315
  - 6 三面更改 316
- 第25 免除 320
- 第26 契約に関する基本原則等 322
  - 1 契約内容の自由 322
  - 2 履行請求権の限界事由が契約成立時に生じていた場合の契約の効力 324
  - 3 付随義務及び保護義務 327
  - 4 信義則等の適用に当たっての考慮要素 332
- 第27 契約交渉段階 336
  - 1 契約締結の自由と契約交渉の不当破棄 336
  - 2 契約締結過程における情報提供義務 340
- 第28 契約の成立 346
  - 1 申込みと承諾 346

	2	承諾の期間の定めのある申込み（民法第５２１条第１項・第５２２条関係） ………	348
	3	承諾の期間の定めのない申込み（民法第５２４条関係） ………………………	348
	4	対話者間における申込み ………………………………………………………	351
	5	申込者及び承諾者の死亡等（民法第５２５条関係） …………………………	352
	6	契約の成立時期（民法第５２６条第１項・第５２７条関係） ………………	354
	7	懸賞広告 ………………………………………………………………………	356
第29	契約の解釈 ……………………………………………………………………………		359
第30	約款 ……………………………………………………………………………………		365
	1	約款の定義 ……………………………………………………………………	365
	2	約款の組入要件の内容 …………………………………………………………	368
	3	不意打ち条項 …………………………………………………………………	371
	4	約款の変更 ……………………………………………………………………	372
	5	不当条項規制 …………………………………………………………………	375
第31	第三者のためにする契約 ……………………………………………………………		378
	1	第三者のためにする契約の成立等（民法第５３７条関係） …………………	378
	2	要約者による解除権の行使（民法第５３８条関係） …………………………	381
第32	事情変更の法理 ………………………………………………………………………		382
第33	不安の抗弁権 …………………………………………………………………………		388
第34	継続的契約 ……………………………………………………………………………		392
	1	期間の定めのある契約の終了 …………………………………………………	392
	2	期間の定めのない契約の終了 …………………………………………………	393
	3	解除の効力 ……………………………………………………………………	394
第35	売買 ……………………………………………………………………………………		395
	1	売買の予約（民法第５５６条関係） …………………………………………	395
	2	手付（民法第５５７条関係） …………………………………………………	396
	3	売主の義務 ……………………………………………………………………	397
	4	目的物が契約の趣旨に適合しない場合の売主の責任 …………………………	403
	5	目的物が契約の趣旨に適合しない場合における買主の代金減額請求権 ……	408
	6	目的物が契約の趣旨に適合しない場合における買主の権利の期間制限 ……	410
	7	買主が事業者の場合における目的物検査義務及び適時通知義務 ……………	413
	8	権利移転義務の不履行に関する売主の責任等 …………………………………	416
	9	競売における買受人の権利の特則（民法第５６８条及び第５７０条ただし書関係） …	420
	10	買主の義務 ……………………………………………………………………	425
	11	代金の支払場所（民法第５７４条関係） ………………………………………	426
	12	権利を失うおそれがある場合の買主による代金支払の拒絶（民法第５７６条関係） …	426
	13	抵当権等の登記がある場合の買主による代金支払の拒絶（民法第５７７条関係） ……	428
	14	目的物の滅失又は損傷に関する危険の移転 ……………………………………	428
	15	買戻し（民法第５７９条ほか関係） …………………………………………	430
第36	贈与 ……………………………………………………………………………………		432

	1	贈与契約の意義（民法第５４９条関係）	432
	2	贈与者の責任（民法第５５１条関係）	433
	3	贈与契約の解除による返還義務の特則	436
	4	贈与者の困窮による贈与契約の解除	437
	5	受贈者に著しい非行があった場合の贈与契約の解除	438

第37 消費貸借 ... 441
 1 消費貸借の成立等（民法第５８７条関係） ... 441
 2 消費貸借の予約（民法第５８９条関係） ... 443
 3 準消費貸借（民法第５８８条関係） ... 445
 4 利息 ... 445
 5 貸主の担保責任（民法第５９０条関係） ... 446
 6 期限前弁済（民法第５９１条第２項，第１３６条第２項関係） ... 446

第38 賃貸借 ... 448
 1 賃貸借の成立（民法第６０１条関係） ... 448
 2 短期賃貸借（民法第６０２条関係） ... 448
 3 賃貸借の存続期間（民法第６０４条関係） ... 449
 4 不動産賃貸借の対抗力，賃貸人たる地位の移転等（民法第６０５条関係） ... 450
 5 合意による賃貸人たる地位の移転 ... 454
 6 不動産の賃借人による妨害排除等請求権 ... 455
 7 敷金 ... 456
 8 賃貸物の修繕等（民法第６０６条第１項関係） ... 457
 9 減収による賃料の減額請求等（民法第６０９条・第６１０条関係） ... 458
 10 賃借物の一部滅失等による賃料の減額等（民法第６１１条関係） ... 459
 11 転貸の効果（民法第６１３条関係） ... 461
 12 賃借物の全部滅失等による賃貸借の終了 ... 463
 13 賃貸借終了後の収去義務及び原状回復義務（民法第６１６条，第５９８条関係） ... 464
 14 損害賠償及び費用償還の請求権に関する期間制限(民法第６２１条，第６００条関係) ... 465
 15 賃貸借に類似する契約 ... 466

第39 使用貸借 ... 468
 1 使用貸借の成立等（民法第５９３条関係） ... 468
 2 使用貸借の終了（民法第５９７条関係） ... 470
 3 使用貸借終了後の収去義務及び原状回復義務（民法第５９８条関係） ... 470
 4 損害賠償及び費用償還の請求権に関する期間制限（民法第６００条関係） ... 471

第40 請負 ... 471
 1 仕事が完成しなかった場合の報酬請求権・費用償還請求権 ... 471
 2 仕事の目的物が契約の趣旨に適合しない場合の請負人の責任 ... 477
  (1) 仕事の目的物が契約の趣旨に適合しない場合の修補請求権の限界（民法第６３４条第１項関係） ... 477
  (2) 仕事の目的物が契約の趣旨に適合しないことを理由とする解除(民法第６３５条関係)

		....	479
		(3) 仕事の目的物が契約の趣旨に適合しない場合の注文者の権利の期間制限（民法第６３７条関係）..	481
		(4) 仕事の目的物である土地工作物が契約の趣旨に適合しない場合の請負人の責任の存続期間（民法第６３８条関係）..	483
		(5) 仕事の目的物が契約の趣旨に適合しない場合の請負人の責任の免責特約（民法第６４０条関係）..	486
	3	注文者についての破産手続の開始による解除（民法第６４２条関係）............	486
第41	委任	....	487
	1	受任者の自己執行義務	487
	2	受任者の金銭の消費についての責任（民法第６４７条関係）......................	489
	3	受任者が受けた損害の賠償義務（民法第６５０条第３項関係）..................	490
	4	報酬に関する規律	491
		(1) 無償性の原則の見直し（民法第６４８条第１項関係）........................	491
		(2) 報酬の支払時期（民法第６４８条第２項関係）................................	492
		(3) 委任事務の全部又は一部を処理することができなくなった場合の報酬請求権（民法第６４８条第３項関係）..	493
	5	委任の終了に関する規定	496
		(1) 委任契約の任意解除権（民法第６５１条関係）................................	496
		(2) 破産手続開始による委任の終了（民法第６５３条第２号関係）..............	498
	6	準委任（民法第６５６条関係）...	499
第42	雇用	....	505
	1	報酬に関する規律（労務の履行が中途で終了した場合の報酬請求権）......	505
	2	期間の定めのある雇用の解除（民法第６２６条関係）............................	507
	3	期間の定めのない雇用の解約の申入れ（民法第６２７条関係）................	508
第43	寄託	....	509
	1	寄託契約の成立等	509
		(1) 寄託契約の成立（民法第６５７条関係）..	509
		(2) 寄託者の破産手続開始の決定による解除	511
	2	寄託者の自己執行義務（民法第６５８条関係）...................................	512
	3	受寄者の保管に関する注意義務（民法第６５９条関係）........................	514
	4	寄託物についての第三者の権利主張（民法第６６０条関係）...................	514
	5	寄託者の損害賠償責任（民法第６６１条関係）...................................	517
	6	報酬に関する規律（民法第６６５条関係）...	518
	7	寄託物の損傷又は一部滅失の場合における寄託者の損害賠償請求権の短期期間制限..	520
	8	寄託者による返還請求（民法第６６２条関係）...................................	521
	9	寄託物の受取後における寄託者の破産手続開始の決定	522
	10	混合寄託	522
	11	消費寄託（民法第６６６条関係）..	523

第44	組合	526
1	組合契約の無効又は取消し	526
2	他の組合員が出資債務を履行しない場合	527
3	組合の財産関係(民法第668条ほか関係)	529
4	組合の業務執行(民法第670条関係)	532
5	組合代理	534
6	組合員の加入	536
7	組合員の脱退(民法第678条から第681条まで関係)	538
8	組合の解散事由(民法第682条関係)	540
9	組合の清算	541
第45	終身定期金	541
第46	和解	543

（前注）
1 この中間試案において主な検討対象とした民法の規定は，次のとおりである。
　　第1編（総則）　第９０条から第１７４条の２まで
　　第3編（債権）　第３９９条から第６９６条まで
2 この中間試案では，上記1の民法の規定に関して，現時点で改正が検討されている項目のみを取り上げており，特に言及していない規定は維持することが想定されている。

第1　法律行為総則
1　法律行為の意義（民法第1編第5章第1節関係）
(1) 法律行為は，法令の規定に従い，意思表示に基づいてその効力を生ずるものとする。
(2) 法律行為には，契約のほか，取消し，遺言その他の単独行為が含まれるものとする。
（注）これらのような規定を設けないという考え方がある。

（概要）

　法律行為という概念は，これを維持するものとする。その上で，法律行為という概念は難解である等の批判があることから，その意義を国民一般に分かりやすく示すための基本的な規定を新たに設ける必要があると考えられる。
　本文(1)は，契約，取消し，遺言などの法律行為は，要件や手続などを定めた法令の規定に従って効力を生ずること，その効力の根拠が意思表示にあることを明らかにするものであり，法律行為に関する異論のない基本原則を明文化する新たな規定を設けるものである。
　本文(2)は，法律行為とは主として民法第3編で定める契約を指すことを明らかにするとともに，そのほか単独行為が含まれる旨の規定を新たに設けるものである。
　これに対し，他の規定との関係や規定の有用性等に疑問があるとして本文のような規定を設けないという考え方があり，（注）で取り上げている。

（補足説明）
1　民法第1編第5章は「法律行為」と題して法律行為に適用される規定群を設けている。法律行為の概念は，民法制定以来定着したものとなっていることからこれを維持することとするが，「法律行為」概念は難解であるなどの批判もあるところから，法律行為に関する基本的な規定を設けるべきであるという考え方がある。
2　法律行為については，その効力の根拠が意思表示にあること，具体的には，法律行為が意思表示を不可欠の要素とし，意思表示の内容どおりの効果が生ずることが一般に認められている。本文(1)は，このことを法律行為に関する基本的な規定の一つとして明文化しようとするものであり，法律行為の効力の根拠が意思表示にあることを「意思表示に基づいてその効力を生ずる」と表現している。
　他方，法律行為が効力を生ずるには，意思表示以外に法律が定めた要件があるときは

これに従うことが必要であり，また，意思表示の内容についても法律が定めを設けている場合がある。前者の例として，要物契約のように，法律行為の効力が認められるために意思表示以外の要件が必要となる場合があり，後者の例として，公序良俗やその他の強行規定による制約がある。そこで，法律行為の効力は内容及び手続の双方の面で法律の規定に従わなければならないことを明示するため，本文(1)では，当事者の意思表示が法律行為の効力の根拠となっていることと併せて，法律行為は「法令の規定に従って」効力を生ずることを明らかにしている。

3 本文(2)は，法律行為の代表例が契約であることを明示するなど，法律行為に含まれる具体的な行為を示すものである。例えば，民法第９０条は，極めて重要な規定であるが，法律行為の代表例が契約であることが示されていなければ，この規定がどのような場面で機能しているかを知ることができない。このように，民法第１編第５章に置かれた規定が適用される行為の範囲を明確にするためには，「法律行為」概念の意味内容を明らかにするのが望ましいと考えられる。

法律行為に含まれる代表的なものは契約であり，法律行為の章（民法第１編第５章）に置かれた規定が主にその適用の対象として念頭に置いているものも契約であると言えることから，本文(2)においては，まず契約が法律行為に含まれることを明示している。さらに，単独行為が法律行為に含まれることも争いがないことから，このことを明示するとともに，単独行為の具体例として，取消し及び遺言を挙げることとしている。

法律行為に含まれるかどうかが問題になるものとしては，合同行為がある。本文(2)は，契約及び単独行為が法律行為に含まれることを明らかにするにとどまるものであり，これ以外に合同行為が法律行為に含まれるかどうかは，引き続き解釈に委ねることとしている。

4 本文(1)の内容については，法律行為の私法上の効果について具体的な要件や効果を定めたものではなく，原理や理念を表したものにとどまるとも言え，実際上の有用性に疑問があるとの批判が考えられるほか，その内容が民法第９１条や契約内容の自由（後記第２６，１）と重複する面もある。また，本文(2)については，合同行為を含むかどうかなどの問題が残されているなど，契約及び単独行為が法律行為に含まれることを明らかにするにとどまっており，法律行為の外延が明確であるとは言えず，規定を設けるにはその内容が十分に熟していないとも考えられる。これらのことから，本文(1)及び(2)のいずれについても，規定を設ける必要はないとの考え方もあり，これを（注）で取り上げている。

2 公序良俗（民法第９０条関係）

民法第９０条の規律を次のように改めるものとする。
(1) 公の秩序又は善良の風俗に反する法律行為は，無効とするものとする。
(2) 相手方の困窮，経験の不足，知識の不足その他の相手方が法律行為をするかどうかを合理的に判断することができない事情があることを利用して，著しく過大な利益を得，又は相手方に著しく過大な不利益を与える法律行為は，無効とするものとする。

(注) 上記(2)（いわゆる暴利行為）について，相手方の窮迫，軽率又は無経験に乗じて著しく過当な利益を獲得する法律行為は無効とする旨の規定を設けるという考え方がある。また，規定を設けないという考え方がある。

（概要）
　本文(1)は，民法第９０条を維持した上で，同条のうち「事項を目的とする」という文言を削除するものである。同条に関する裁判例は，公序良俗に反するかどうかの判断に当たって，法律行為が行われた過程その他の諸事情を考慮しており，その法律行為がどのような事項を目的としているかという内容にのみ着目しているわけではない。このような裁判例の考え方を条文上も明確にしようとするものである。
　本文(2)は，いわゆる暴利行為を無効とする旨の規律を設けるものである。大判昭和９年５月１日民集１３巻８７５頁は，他人の窮迫，軽率又は無経験を利用し，著しく過当な利益を獲得することを目的とする法律行為は公序良俗に反して無効であるとし，さらに，近時の裁判例においては，必ずしもこの要件に該当しない法律行為であっても，不当に一方の当事者に不利益を与える場合には暴利行為として効力を否定すべきとするものが現れている。しかし，このような法理を民法第９０条の文言から読み取ることは，極めて困難である。そこで，本文(2)では，これらの裁判例を踏まえ，「困窮，経験の不足，知識の不足その他の相手方が法律行為をするかどうかを合理的に判断することができない事情」という主観的要素と，「著しく過大な利益を得，又は相手方に著しく過大な不利益を与える」という客観的要素によって暴利行為に該当するかどうかを判断し，暴利行為に該当する法律行為を無効とするという規律を明文化するものである。これに対しては，上記大判昭和９年５月１日の定式に該当するもののみを暴利行為とすべきであるという立場からこれをそのまま明文化するという考え方や，暴利行為の要件を固定化することは判例の柔軟な発展を阻害するとしてそもそも規定を設けないという考え方があり，これらを(注)で取り上げている。

（補足説明）
1　本文(1)は，民法第９０条を維持した上で，同条のうち「事項を目的とする」という文言を削除するものである。同条に関する裁判例は，公序良俗に反するかどうかの判断に当たって，法律行為が行われた過程その他の諸事情を考慮しており，その法律行為がどのような事項を目的としているかという内容にのみ着目しているわけではない。このような裁判例の考え方を条文上も明確にしようとするものである。
2　本文(2)は，公序良俗に反する行為の一類型であるいわゆる暴利行為が無効である旨の明文の規定を設けるものである。いわゆる暴利行為が公序良俗に反して無効であることは判例法理として確立しており，学説上も異論なく認められているが，このような法理を民法第９０条の文言から読み取ることは，極めて困難である。「公の秩序又は善良の風俗」という文言は抽象的であり，これにどのようなものが該当するかをイメージすることは必ずしも容易ではないし，また，公序良俗の概念が，社会全体の利益だけでなく法律行為の当事者の私的な利益をも保護する役割を担っていることも，「公の秩序又は善良

の風俗」という文言から明確に読み取れるとも言いにくい。そこで、いわゆる暴利行為は無効であるという法理が現に存在している以上、これを条文上明記することとした方が、一般条項の適用の安定性や予測可能性に資すると考えられる。本文は、このような考え方に基づき、暴利行為に関する規定を設けることとするものである。
3 大判昭和9年5月1日民集13巻875頁は、①窮迫、軽率又は無経験を利用し（主観的要素と呼ばれる。）、②著しく過当な利益の獲得を目的とする（客観的要素と呼ばれる。）という2つの要素を判断基準としてこれを具備する法律行為を暴利行為とし、公序良俗に反するものとして無効とした。さらに、近時の裁判例は、上記大判昭和9年5月1日が示した主観的要素及び客観的要素を必ずしも具備していない行為についても、暴利行為に該当すると判断したものがある。例えば、既存の関係から法律行為を拒絶することができない状態にあることを利用して過大な利益を得る行為を無効とする裁判例や、欺罔的・誇大な説明などを行い、相手方の無知に乗じて過大な利益を得る行為を無効とする裁判例などがこれに該当する。暴利行為について現時点で形成されている法理を正確に条文化しようとすれば、現在の下級審裁判例の到達点をも踏まえて、上記の主観的要素及び客観的要素を設けることが必要となる。そこで、本文では、上記大判昭和9年5月1日が示す主観的要素及び客観的要素による判断を基本としながらも、これに近年の下級審裁判例の動向として異論がないと見られるところも加味して下記のとおり修正を加え、現時点で現に妥当している暴利行為のルールを明文化しようとしている。
4 まず、主観的要素については、上記大判昭和9年5月1日が挙げる「窮迫、軽率、無経験」に限らず、これらを包摂するものとして、「その他の相手方が法律行為をするかどうかを合理的に判断することができない事情」を主観的要素として挙げている。「窮迫、軽率、無経験」に限らず、相手方が合理的に判断することができないという事情を利用した場合も、同様に悪性が高いと考えられるからである。例えば、「窮迫、軽率、無経験」以外にこの事情を利用したと言える場面としては、一方当事者が他方当事者に対する強い信頼を置いている場合や、一方当事者が心理的に他方当事者の要求に従わざるを得ない状況にある場合に、他方当事者がこのような状況を利用することがこれに該当すると考えられる。

　このような一般的な事情を挙げることとしたことに伴い、上記大判昭和9年5月1日が示した「窮迫、軽率、無経験」という文言は、分かりやすくするために「困窮、経験の不足、知識の不足」と改めた上で「相手方が法律行為をするかどうかを合理的に判断することができない事情」の例示と位置づけている。部会においては、例示すべき事情として、これらのほか、「従属状態」「抑圧状態」を挙げる考え方も提示された。「従属状態」を利用するとは、既存の関係における優越的な地位を利用することをいい、ある事業者が他の事業者との間の継続的供給契約に依存している場合に、当該他の事業者がその地位を利用して不利な条件での取引に応じさせる行為などがこれに該当する。「抑圧状態」を利用するとは、一方が心理的に他方の要求に従わざるを得ない状態にあることを利用する行為を言い、例えば、霊感商法のように相手方が恐怖心によって合理的な判断をすることができない状態に陥っていることを利用する行為などがこれに該当する。しかし、「従属状態」「抑圧状態」の内容について一般的な理解が必ずしも確立していない

と思われること，いずれにしても「その法律行為をするかどうかを合理的に判断することができない事情」に含まれることから，本文ではこれらを例示していない。

5　暴利行為の客観的要素については，上記大判昭和９年５月１日が挙げる「著しく過大な利益を取得する」という要素のほか，「相手方に著しく過大な不利益を与える」という要素を加えることとしている。当事者が著しく過大な利益を得る場合のほか，相手方に著しく過大な不利益を与える場合も考えられ，このような行為も自らが著しく過大な利益を得る場合とどうように悪性が高く，無効とすべきであると考えられるからである。具体的には，表意者に権利を放棄させる行為，雇用契約等を解除させる行為，転居や廃業を約束させる行為などが，「相手方に著しく過大な不利益を与える法律行為」に該当する。

　審議の過程においては，「著しく過大な利益」「著しく過大な不利益」という要素は加重であるとして，「著しく」という文言は不要であるとの意見もあった。暴利行為の判断に当たっては主観的要素と客観的要素とが相関的に考慮されており，主観的事情の悪質さが高い場合には，客観的要素が「著しく過大」と言えない場合であっても暴利行為に回答する場合があり得ることを理由とする。しかし，部会においては，同時に，公序良俗違反として法律行為が無効とされるのは飽くまで例外的な場合であり，暴利行為としてその効力を否定すべきであるのは例外的に悪性の高い行為であることを明確にすべきであるとの意見もあったため，このような意見を踏まえて，暴利行為として無効となるのが飽くまで例外であることを示す意味でも，「著しく過大」という要件を維持している。もっとも，これは，暴利行為の該当性の判断に当たって主観的要素と客観的要素を相関的に考慮するという解釈を否定するものではない。

6　暴利行為をどのように定義するかについては，本文の考え方のほか，上記大判昭和９年５月１日の示した定式をそのまま規定すべきであるとの考え方もあり，（注）で取り上げている。これは，本文の考え方が暴利行為に関する現状のルールを拡大する方向に変更するものであり，現状のルールをそのまま明文化するとすれば上記大判と同様の文言を用いるべきであるという前提に立つものと考えられる。これに対しては，上記のとおり，近時の下級審裁判例の動向等の評価として，上記大判の定式には必ずしも該当しないものも暴利行為として無効であるとされており，このような前提自体について疑問が投げかけられていることを踏まえて検討する必要がある。

7　また，そもそも暴利行為の規定を設けることに反対し，引き続き民法第９０条の解釈に委ねるという考え方もあり，これも（注）で取り上げている。このような意見の理由としては，一方で，契約が無効になるリスクを検討するためにコストが高まったり取引の迅速性が阻害されたりするなど，自由な経済活動を萎縮させるおそれがあることが指摘され，他方で，暴利行為に関するルールは，近時の下級審の判例に見られるように，判例法理が未だ形成途上にあり，現時点で要件効果を明文化することは今後の柔軟な判例法理の生成発展を阻害することなどが挙げられる。

　しかし，暴利行為が公序良俗違反として無効になるというルールは現在では異論なく承認されているから，契約が暴利行為に該当するリスクの検討が必要であるとすればそれは現在でも同様であり，暴利行為に関するルールが適切な形で明確化されるのであれ

ば，それによってコストが増加するとは必ずしも言えないとも考えられる。したがって，本文の考え方が取引のコストを上昇させるかどうかは，これが適切で明確な要件を定めたものと言えるかによる。また，判例の柔軟な生成発展を阻害するという批判が妥当するかどうかも，本文の考え方が事案に応じた柔軟な当てはめの余地を残したものと評価できるかどうかによることになると考えられる。

【その他　任意規定と異なる慣習の効力】
（補足説明）

民法第92条については，社会一般より小さい社会単位における決定の積み重ねとして形成された慣習を尊重するのが私的自治の思想に合致していることや，慣習がある場合は当事者が慣習による意思を有していることが多いことなどから，任意規定と異なる慣習があるときは，原則として慣習が任意規定に優先して適用されることとし，ただし，慣習が公序良俗（強行規定を含む。）に反するとき及び当事者が慣習と異なる意思を表示したときはこの限りでないという方向で改正するという考え方がある。この考え方によれば，慣習が存在するときは，それによるという当時者の意思を介在することなく，したがって当事者が慣習を知らないときであっても，慣習が当事者間の法律関係を規律することになる。

判例も，当事者が慣習の存在を知りながら特に反対の意思を表示していない場合には慣習による意思を有すると推定し，慣習による意思を立証する必要はないとしており（大判大正3年10月27日民録20輯818頁，大判大正10年6月2日民録27輯1038頁），慣習による意思を広く推定した上で反対の意思が立証された場合に慣習の効力を否定する立場であると考えられ，慣習が任意規定に優先して適用されるという上記の立場に近いとの指摘もある。

慣習が任意規定に優先して適用されるという考え方に対しては，部分社会における決定の積み重ねに任意規定よりも重い価値が置かれることは必ずしも適切でないという批判や，実務的な観点から，慣習は必ずしも合理的なものばかりではなく，不合理な慣習が当事者の意思を介在させることなく適用されるのは適当でないとの批判がある。特に労働契約については，労働者に不利益な職場慣行が慣習としての効力を認められることに対する懸念も示された。これらが指摘する不都合は，公序良俗に反する慣習には拘束力がないことを規定することによって回避できるとも考えられるが，公序良俗に反するとまでは言えないものの不合理な慣習もあることから，慣習の内容を公序良俗のみによって規律するだけでは不十分であるとの指摘もある。

これらの批判を踏まえて，原則として慣習が優先するという考え方によりつつ，一定の範囲の慣習については異なる扱いをする（当然に任意規定に優先することとしない）という考え方を採ることも考えられる。例えば，ヨーロッパ契約法原則第1：105条は，「当事者が明示的又は黙示的に合意した慣習」，「当事者と同じ状況にある者ならば適用されると考える慣行であってその適用が不合理ではないもの」が当事者を拘束すると規定している。もっとも，このような考え方に対しては，当然に優先する慣習とそれ以外の慣習とを区別する明確な基準を設けることが困難であるという問題を指摘することができる。

以上のように，民法第92条については，慣習が適用されるために「当事者がその慣習

による意思を有しているものと認められる」という要件を課している点を改め，当事者の意思を介在させることなく当然に慣習が適用されるという方向での改正案があるが，実務的な観点からの批判も強く，当然に適用される慣習の範囲を限定するという考え方についても，その範囲を画することが困難であるという問題がある。そこで，このような方向での改正については，本文では取り上げていない。

第2　意思能力

　法律行為の当事者が，法律行為の時に，その法律行為をすることの意味を理解する能力を有していなかったときは，その法律行為は，無効とするものとする。
　　（注1）意思能力の定義について，「事理弁識能力」とする考え方や，特に定義を設けず，意思能力を欠く状態でされた法律行為を無効とすることのみを規定するという考え方がある。
　　（注2）意思能力を欠く状態でされた法律行為の効力について，本文の規定に加えて日常生活に関する行為についてはこの限りでない（無効とならない）旨の規定を設けるという考え方がある。

（概要）
　意思能力を欠く状態でされた法律行為の効力については，民法上規定が設けられていないが，その効力が否定されることは判例上確立しており（大判明治38年5月11日民録11輯706頁），学説上も異論がない。そこで，このルールを明文化する規定を新たに設けるものである。
　意思能力に関する規定を設けるに当たって，これをどのように定義するかが問題になるが，本文では，意思能力に関する一般的な理解を踏まえて，「その法律行為をすることの意味を理解する能力」としている。意思能力の有無は画一的に定まるものではなく，当事者の行った法律行為の性質，難易等に関する考慮をも加味した上で判断されるという考え方が有力であり，従来の裁判例においても，意思能力の有無の判断に当たっては当該法律行為の性質が考慮されてきたとの指摘がある。本文の「その法律行為（をすることの意味）」という文言は，このような考え方に従うことを表している。もっとも，その法律行為の性質が考慮されるとしても，意思能力の程度は一般に7歳から10歳程度の理解力であって，取引の仕組みなどを理解した上で自己の利害得失を認識して経済合理性に則った判断をする能力までは不要であると言われている。本文は，法律行為の性質をも考慮することを前提としているが，要求される理解の程度については従来の判断基準を変更するものではない。
　これに対し，行為能力に関する規定を参考に，意思能力を「事理弁識能力」と理解する考え方もある。また，意思能力の内容を規定上は明確にせず，意思能力を欠く状態でされた法律行為は無効とすることのみを規定する考え方もある。これらの考え方を（注1）で取り上げている。
　また，意思能力を欠く状態でされた法律行為の効力については，これまでの判例・学説

に従い，無効としている。
　本文は，日常生活に関する行為であっても，その意味を理解することができなかった以上無効とする考え方であるが，意思能力を欠く状態にある者が日常生活を営むことができようにするため，民法第９条と同様に，日常生活に関する行為は意思能力を欠く状態でされても有効とする考え方があり，これを（注２）で取り上げている。

（補足説明）
1　意思能力を欠く状態でされた法律行為の効力については，民法上規定が設けられていないが，その効力が否定されることは判例上確立しており（大判明治３８年５月１１日民録１１輯７０６頁），学説上も異論がない。そこで，このルールを明文化する規定を新たに設けるものである。
2　意思能力とは，一般に，法律行為の法的な意味を弁識する能力であるとされる。例えば，物を買うと目的物の自由な使用や処分ができるようになる代わりに代金を支払う義務が生ずること，所有物を売ると代金を得られる代わりに目的物の自由な使用や処分ができなくなることなどを理解する能力と説明されている。本文は，意思能力を「その法律行為をすることの意味を理解する能力」としているが，これは，このような一般的な理解を表現しようとするものである。
　法律行為の性質や内容には様々なものがあり，その意味を理解するために必要な能力の程度も，必ずしも一様ではない。例えば日常生活に必要な安価な食料品の購入と不動産への抵当権の設定とでは，その行為の意味を理解するために必要な能力の程度には違いがあると考えられる。したがって，当事者がした行為に拘束力を認めるための前提となる理解力があったかどうかについて，当該行為の性質等を考慮せずに画一的に意思能力の有無を判断すれば妥当な結論を導くことができず，妥当な判断を導くには，その行為の性質や難易等を考慮する必要であると考えられる。学説においても，意思能力の有無の判断に当たっては，当事者が行った法律行為の性質，難易等をも考慮するという考え方が有力であり，裁判例においても同様の考え方が採られているとの指摘がある。本文も，このような考え方に従い，意思能力の有無の判断に当たって当事者が行った法律行為の性質や難易等を考慮しようとするものであり，「その法律行為（をすることの意味)」という文言によってその趣旨を表そうとしている。
　もっとも，当事者が行った法律行為の性質を考慮するかどうかと，意思能力があると言えるためにその行為についてどの程度の理解していることが必要であるかは区別される問題であり，当事者が行った法律行為の性質を考慮するからと言って，高い理解力が要求されることになるわけではない。意思能力の程度は一般に７歳から１０歳程度の理解力であって，取引の仕組みなどを理解した上で自己の利害得失を認識して経済合理性に則った判断をする能力までは不要であると言われている。本文でいう「その法律行為をすることの意味を理解する」は，法律行為をすることによってどのような法的な結果が生ずるか，すなわち自分がどのような権利を得てどのような義務を負うかを理解し，その理解に基づいてその法律行為をするかどうかを判断する能力があれば足りることを表そうとしたものであり，要求される理解の程度について従来の判断基準を変更するも

のではない。本文の表現ぶりについては引き続き検討を深める必要があるが、表現しようとした趣旨は上記のとおりである。
3　本文の考え方に対し、民法第７条が規定する成年後見開始の要件等を参考に、意思能力を「事理弁識能力」と定義する考え方があり、この考え方を（注１）で取り上げている。

　もっとも、民法第７条に関する平成１１年改正の立案担当者によれば、この改正後の同条は、意思能力と事理弁識能力は異なるものであるという立場に立って立案されたと説明されている。すなわち、意思能力は法律行為を行った結果（法律行為に基づく権利義務の変動）を理解するに足る精神能力を指し、有効な意思表示の存否を決するためにその有無のみが問題となるものであってその程度を問題にする余地はないのに対し、事理弁識能力は、法律行為の結果による利害得失を認識して経済合理性に則った意思決定をするに足る能力であって、「著しく不十分」、「不十分」、「欠如」などの程度が観念できるとされる。一方、事理弁識能力について観念できるさまざまな程度のうち、「事理弁識能力が欠如した状態」が「意思無能力」であると解すべきであるとされている。以上のような整理によれば、「意思能力」と「事理弁識能力」は異なる概念であるが、「意思能力を欠く状態」と「事理弁識能力を欠く状態」とは同じ状態を指すことになる。（注１）で取り上げた、意思能力の定義を「事理弁識能力」とする見解が、この両者を積極的に同視するものではなく、意思能力を欠く状態を、条文上「事理弁識能力を有していない」と表現しようとするものであれば、民法第７条に関する平成１１年改正時の考え方と矛盾するものではないと考えられる。

　意思能力を事理弁識能力とする考え方は、この補足説明の２と異なり、意思能力の有無をその法律行為の性質を考慮して判断するのではなく画一的に判断するという理解を前提に、それを表現しようという意図で主張されているようである。これに対しては、本文の立場から、意思能力の判断は人の行為という一般的な観念を想定してその行為を行うための能力を問題とするものではないという批判がある。

　他方、１１年改正の立案担当者のような整理に立つとしても、個別具体的な法律行為の内容に即して意思能力の有無の判断がされるべきとの理解は可能であるとされている。このような理解に立って「意思能力を欠く状態」を「事理弁識能力を欠く状態」と表現するのであれば、本文と実質は異ならず、表現方法が異なるだけであるということになる。もっとも、民法第７条の「事理を弁識する能力を欠く常況にある」かどうかの判断は個別具体的な法律行為を想定せずに画一的に行われるものである以上、「事理弁識能力を欠く」という表現を用いれば、意思能力の存否の判断も画一的に行うという立場を採ったと解釈されかねず、法律行為の性質を考慮して意思能力の有無を判断するという立場を採るのであれば、「事理弁識能力」とは異なる表現を用いたほうがよいとも考えられる。

　「意思能力」の意義については上記のように様々な考え方が主張されていることから、敢えて規定を設けず解釈に委ねるという考え方もある。意思能力の意義については現在の民法と同様に解釈に委ねることとし、意思能力を欠く状態でされた法律行為は無効であるということのみを規定しようとするものである。この考え方も、（注１）で取り上げ

られている。
4 意思能力を欠く状態でされた法律行為は，無効であると解されている。本文も，この考え方に従い，意思能力を欠く場合の効果を無効とするという考え方に従って，規定を設けようとするものである。

　これに対し，意思能力を欠く状態でされた法律行為の効果を取消可能とする考え方がある。これは，この場合の無効は意思能力を欠く状態で法律行為をした者の側からしか主張することができないとされているなど，その効果は取消しと類似していることを理由とする。この考え方が指摘するように，相手方からの主張は認められないなど，意思能力を欠く状態でされた法律行為の効果が伝統的な無効の理解とは必ずしも同じでないことは，否定することができない。しかし，部会においては，効果を取消可能とすると，後見人など取消権を現実に行使することができる者がいない場合には事実上その法律行為が有効なままになってしまうおそれがあることや，取消権の行使期間には制限がある点（民法第１２６条）で意思能力を欠く状態で法律行為をした者の保護に欠けることを指摘して，効果を取消可能と改めることを批判する意見が少なくなかった。そのため，本文では，意思能力を欠く状態でされた法律行為は無効であるという現在の考え方を維持するものとしている。

　効果を取消可能ではなく無効としたため，どのような範囲の者が無効を主張することができるか，無効を主張することができる期間に制限があるかという点については，引き続き，解釈に委ねられることになる。また，制限行為能力者が意思能力を欠く状態で行った法律行為は，行為能力の制限を理由として取り消すことができるとともに，意思能力を欠いたことを理由として無効を主張することもできると一般に理解されているが，この点についても，従前と同様の考え方が妥当することになる。

5 意思能力を欠く状態にある者が日常生活を営むことができようにするため，民法第９条ただし書，第１３条第２項ただし書と同様に，日常生活に関する行為は意思能力を欠く状態でされても有効とする旨の規定を設けるという考え方があり，これを（注２）で取り上げている。民法第９条ただし書等は，制限行為能力者の行為について，自己決定の尊重及びノーマライゼーションの理念（障害のある人も家庭や地域で通常の生活をすることができるような社会を作るという理念）に基づき，制限行為能力者が日常生活を送ることができるように設けられた規定であるが，日常生活に関する行為を自ら行う必要性は意思能力を欠く者についても同様にあてはまるという考え方である。

　しかし，民法第９条ただし書等は，平成１１年改正の立案担当者によれば，成年被後見人が日常生活に関する行為をした場合でも，意思能力がなかった場合はその行為は無効であるという理解を前提に立案されており，学説も同様の理解に立つ見解が有力である。また，意思能力を法律行為ごとにその意味を理解する能力と捉えるのであれば，現に日常生活に関する行為を行った者がその意味すら理解する能力を欠いていたと言える場合は稀であると考えられる。

　このように，日常生活に関する行為であっても意思能力すら欠く状態で行われた場合は無効であると考えられていること，日常生活に関する行為が意思能力を欠く状態で行われることは現実にはまれであると考えられることから，意思能力については民法第９

条ただし書のような規定を設けないという立場を本文に記載し，日常生活に関する行為の特例を認めるという考え方は，注記するにとどめている。

第3 意思表示
1 心裡留保（民法第93条関係）
民法第93条の規律を次のように改めるものとする。
(1) 意思表示は，表意者がその真意ではないことを知ってしたときであっても，そのためにその効力を妨げられないものとする。ただし，相手方が表意者の真意ではないことを知り，又は知ることができたときは，その意思表示は，無効とするものとする。
(2) 上記(1)による意思表示の無効は，善意の第三者に対抗することができないものとする。

（概要）
　本文(1)は，民法第93条本文を維持した上で，心裡留保の意思表示が無効となるための相手方の認識の対象（同条ただし書）について，「表意者の真意」から「表意者の真意ではないこと」に改めるものである。相手方が表意者の真意の内容まで知ることができなくても，意思表示に対応する内心の意思がないことを知り，又は知ることができたときは相手方を保護する必要はないという解釈が一般的であることから，このような理解に従って規定内容の明確化を図るものである。
　本文(2)は，民法第93条に，心裡留保による意思表示を前提として新たに法律関係に入った第三者が保護されるための要件に関する規定を新たに設けるものである。判例は，心裡留保の意思表示を前提として新たに法律関係に入った第三者について民法第94条第2項を類推適用するとしており（最判昭和44年11月14日民集23巻11号2023頁），学説も，同様の見解が有力である。同項の「善意」について，判例（大判昭和12年8月10日法律新聞4181号9頁）は，善意であれば足り，無過失であることを要しないとしている。これらを踏まえ，本文では，心裡留保の意思表示を前提として新たな法律関係に入った第三者が保護されるための要件として，善意で足りるものとしている。
　なお，心裡留保の規定は，これまで代理権の濫用の場面に類推適用されてきたが，代理権の濫用については規定を設けることが検討されており（後記第4，7），これが設けられれば，心裡留保の規定を類推適用することは不要になる。

（補足説明）
1　本文(1)は，民法第93条本文を維持した上で，心裡留保の意思表示が無効となるための相手方の認識の対象（同条ただし書）について，「表意者の真意」から「表意者の真意ではないこと」に改めるものである。相手方が表意者の真意の内容まで知ることができなくても，意思表示に対応する内心の意思がないことを知り，又は知ることができたときは相手方を保護する必要はないという解釈が一般的であることから，このような理解に従って規定内容の明確化を図るものである。

2　本文(2)は，民法第93条に，無効になる心裡留保の意思表示を前提として新たに利害関係を有するに至った第三者が保護されるための要件に関する規定を新たに設けるものである。

　判例は，心裡留保の意思表示を前提として新たに法律関係に入った第三者について民法第94条第2項を類推適用するとしており（最判昭和44年11月14日民集23巻11号2023頁），学説も，同様の見解が有力である。同項の「善意」について，判例（大判昭和12年8月10日法律新聞4181号9頁）は，善意であれば足り，無過失であることを要しないとしている。これらを踏まえ，本文では，心裡留保の意思表示を前提として新たな法律関係に入った第三者が保護されるための要件として，善意で足りるものとしている。

　法律行為が無効である場合や取り消された場合の第三者保護規定は，通謀虚偽表示，詐欺等においても問題となるが，第三者が保護されるための要件は一貫した考え方に従って定める必要があると考えられる。表意者が権利を失うという効果を正当化するためには第三者の信頼が保護に値すること，すなわち第三者の善意無過失が必要であることを原則としつつ，無効原因，取消原因の性質に応じて検討すべきであるという考え方が示されている。このような考え方からは，本文(2)の考え方は，第三者が保護されるための要件として原則よりも緩やかなものを定めたことになるが，これは，心裡留保においては，表示が真意と異なることを表意者自身が知っており，不実の外観を作出した帰責性が表意者自身に一定程度認められることから，正当化されることになる。

　第三者が保護されるための主観的要件については，その立証責任を表意者又は第三者のいずれが負うのかについても議論がある。第三者が自分の善意（及び無過失）を主張立証しなければならないという考え方が一般的であるが，第三者が悪意であること又は過失があることを表意者が立証しなければならないという考え方があり得る。本文(2)は，この点について特定の立場を支持するものではなく，立証責任の所在は引き続き解釈に委ねるものとしている。

3　心裡留保には，表意者が相手方を誤信させる意図を持って自己の真意を秘匿し，真意と異なる意思表示をする場合（狭義の心裡留保）と，相手方が真意と異なることに気付いてくれることを期待して行う場合（非真意表示）があるとの指摘がある。民法第93条は両者を区別せずに規定しているが，部会においては，両者の区別を前提として，狭義の心裡留保による意思表示について，無効とされる要件を加重する考え方が主張された。

　具体的には，表意者が真意でないことを相手方が知ることができたとき，すなわち相手方が悪意又は有過失である場合には心裡留保の意思表示は無効であるという民法第93条の規定を原則として維持しつつ，狭義の心裡留保においては，真意を秘匿して相手方を誤信させようとした表意者が，相手方が誤信したことについて不注意であったことを理由に意思表示の効力を否定することができるのは不合理であるとして，相手方は過失があっても保護される（相手方が悪意の場合にのみ意思表示は無効となる。）というものである。このような考え方に対しては，実務的な観点から，非真意表示と狭義の心裡留保を区別することが困難な場合もあり得るとの指摘があった。また，狭義の心裡留保

に該当するとされる典型的な場面が必ずしも明らかではなく，仮に，表意者の意図に応じて，心裡留保の意思表示を無効とするための相手方の主観的事情に差異があり得るとしても，「過失」という規範的要素を判断する際に考慮することによって妥当な結論を導くことができるとの指摘もあった。

　このほか，心裡留保の意思表示が無効になるための要件を現在の民法第９３条よりも加重し，相手方が悪意である場合又は重大な過失がある場合に限って，心裡留保の意思表示を無効とするという考え方も議論された。この考え方は，真意と異なることを知りつつ意思表示をした者が，相手方に軽過失があったに過ぎない場合でも一律に意思表示の効力を争うことができるのは不合理であるとする点で，狭義の心裡留保と非真意表示を区別する考え方と共通した問題意識に基づくが，両者を区別することなく相手方の悪意又は重過失を要件とする点で上記の考え方と異なる。これに対しては，非真意表示の場合には表意者の帰責性が大きいとは言えないから，相手方に軽過失があるに過ぎない場合に意思表示を無効としても不合理とは言えず，むしろ，その場の雰囲気に抗しきれずに心ならずも真意と異なる意思表示が行われたような場合に，悪意を立証しなければ無効が認められないとすると，表意者に対する保護が現行法より後退するとの批判がある。

　以上のように，心裡留保の意思表示が無効とされるための相手方の主観的要件については改正の方向性がいくつか示されたが，いずれに対しても批判があり，十分な支持を集めたとは言えないことから，本文では取り上げていない。
4　民法第９３条は，代理権の濫用（最判昭和４２年４月２０日民集２１巻３号６９７頁）に類推適用されていたが，代理権の濫用については，規定を新設する方向で更に検討することとされており（後記第４，７），今後はこの規定に委ねられることになる。

２　錯誤（民法第９５条関係）
　　民法第９５条の規律を次のように改めるものとする。
　(1) 意思表示に錯誤があった場合において，表意者がその真意と異なることを知っていたとすれば表意者はその意思表示をせず，かつ，通常人であってもその意思表示をしなかったであろうと認められるときは，表意者は，その意思表示を取り消すことができるものとする。
　(2) 目的物の性質，状態その他の意思表示の前提となる事項に錯誤があり，かつ，次のいずれかに該当する場合において，当該錯誤がなければ表意者はその意思表示をせず，かつ，通常人であってもその意思表示をしなかったであろうと認められるときは，表意者は，その意思表示を取り消すことができるものとする。
　　ア　意思表示の前提となる当該事項に関する表意者の認識が法律行為の内容になっているとき。
　　イ　表意者の錯誤が，相手方が事実と異なることを表示したために生じたものであるとき。
　(3) 上記(1)又は(2)の意思表示をしたことについて表意者に重大な過失があっ

た場合には，次のいずれかに該当するときを除き，上記(1)又は(2)による意思表示の取消しをすることができないものとする。
　　ア　相手方が，表意者が上記(1)又は(2)の意思表示をしたことを知り，又は知らなかったことについて重大な過失があるとき。
　　イ　相手方が表意者と同一の錯誤に陥っていたとき。
(4) 上記(1)又は(2)による意思表示の取消しは，善意でかつ過失がない第三者に対抗することができないものとする。
　(注)　上記(2)イ(不実表示)については，規定を設けないという考え方がある。

(概要)
　本文(1)は，いわゆる表示行為の錯誤について，要素の錯誤がある場合にはその意思表示の効力が否定されるという民法第95条の規律内容を基本的に維持した上で，「要素の錯誤」の内容を判例法理に従って規定上明確にするものである。「要素の錯誤」について，判例(大判大正7年10月3日民録24輯1852頁等)は，その錯誤がなかったならば表意者は意思表示をしなかったであろうと考えられ(主観的因果性)，かつ，通常人であってもその意思表示をしないであろうと認められる(客観的重要性)ものをいうとしており，このような定式化は学説上も支持されている。
　また，本文(1)では，錯誤による意思表示の効果を取消しに改めている。判例(最判昭和40年9月10日民集19巻6号1512頁)は，原則として表意者以外の第三者は錯誤無効を主張することができないとしており，相手方からの無効主張をすることができない点で取消しに近似している上，無効を主張すべき期間についても取消しと扱いを異にする理由はないと考えられるからである。
　本文(2)は，いわゆる動機の錯誤について規定を設けるものである。
　動機に錯誤があったとしても意思表示の効力は妨げられないのが原則であるが，一定の場合には動機の錯誤が顧慮されることには判例上も学説上も異論がない。本文(2)アは，判例(最判昭和29年11月26日民集8巻11号2087頁等)は，動機が法律行為の内容になっていることを重視しているという理解に従い，動機すなわち意思表示の前提となる事項が法律行為の内容になっていたときは，表示行為の錯誤と同様に，主観的因果性と客観的重要性という要件を満たせば取消可能であることを明示することとしている。
　また，本文(2)イでは，表意者の錯誤が相手方が事実と異なる表示をしたことによって引き起こされたときにも誤認のリスクは相手方が負うべきであるという考え方に従い，このような場合にも，表示行為の錯誤と同様に，主観的因果性と客観的重要性という要件を満たせば意思表示を取り消すことができることとしている。これに対し，相手方が事実と異なる表示をしたからと言って誤認のリスクが常に相手方に転嫁されるべきではないなどとして，このような規定を設けるべきではないという考え方があり，この考え方を(注)で取り上げている。このほか，詐欺(後記3(2)及びその(注))におけるのと同様に，相手方と同視される者が事実と異なる表示をしたことによって錯誤が生じた場合について規定を設けるという考え方がある。
　本文(3)は，表意者に重過失があったときは錯誤を主張することができないという民法第

９５条ただし書を原則として維持するとともに，その例外として，相手方が表意者の錯誤について悪意又は重過失がある場合と共通錯誤の場合には，表意者に重過失があっても錯誤を理由として意思表示を取り消すことができるとするものである。これらの場合には，表意者の錯誤主張を制約する必要はないという有力な見解に従うものである。

　本文(4)は，民法第９５条に，錯誤による意思表示を前提として新たな法律関係に入った第三者が保護されるための要件に関する規定を新たに設けるものである。これは，自ら錯誤に陥った者よりも詐欺によって意思表示をした者のほうが帰責性が小さく保護の必要性が高いのに，第三者が現れた場合に錯誤者のほうにより厚い保護が与えられるのはバランスを失することを理由に，民法第９６条第３項を類推適用する見解に従い，これを明文化するものである。詐欺については，学説の多数に従って善意無過失の第三者を保護することを提案しており（後記３），錯誤による意思表示を前提として新たに法律関係に入った第三者についても，善意無過失であることを要件として保護するものとしている。

（補足説明）

1　表示行為の錯誤に関する規律（本文(1)）について

　本文(1)は，いわゆる表示行為の錯誤に関するものである。本文(1)の「意思表示に錯誤があった場合」とは，いわゆる意思表示の錯誤，すなわち，意思と合致しない表示行為をした場合を表現しようとしたものであり，動機の錯誤はここにいう「意思表示に錯誤があった場合」には該当しない。

　本文(1)は，表示行為の錯誤について，要素の錯誤に該当する場合にはその効力が否定されるという民法第９５条の規律内容を基本的に維持した上で，「要素の錯誤」の内容を判例の考え方に従って具体化することによって規律内容を明確化しようとするものである。「要素の錯誤」の内容について，判例（大判大正７年１０月３日民録２４輯１８５２頁等）は，その錯誤がなかったならば表意者は意思表示をしなかったであろうと考えられ（主観的因果性），かつ，通常人であってもその意思表示をしないであろうと認められる（客観的重要性）ものをいうとしており，このような定式化は学説上も支持されている。しかし，同条の「法律行為の要素に錯誤があったとき」という文言からこのような判例の考え方を読み取ることは困難であるから，どのような錯誤があった場合に意思表意の効力が否定されることになるのかを明確にするため，判例の考え方を具体的に規定することが望ましいと考えられる。そこで，本文(1)では，主観的因果性を「表意者がその真意と異なることを知っていたとすれば表意者はその意思表示をせず」と，客観的重要性を「通常人であってもその意思表示をしなかったであろうと認められる」と表現し，表示行為に錯誤があったために意思表示の効力が否定されるための要件を明確にしようとしている。

　また，本文(1)は，錯誤による意思表示の効果を取消しに改めている。その理由として，まず，判例（最判昭和４０年９月１０日民集１９巻６号１５１２頁）は，原則として表意者以外の第三者は錯誤無効を主張することができないとしており，相手方から効力を否定することができない点で取消しに近似していることが挙げられる。また，効果を無効とすれば，主張期間に制限がない点では表意者にとって取消しよりも有利になる（民

法第126条参照)が,錯誤者を例えば詐欺によって意思表示をした者以上に保護すべき合理的な理由はないと考えられ,むしろ,錯誤者は自ら錯誤に陥ったのに対し,詐欺によって意思表示をした者は相手方に欺罔されて錯誤に陥ったのであり,錯誤者をより厚く保護することは均衡を失するとも考えられる。

2 動機の錯誤に関する規律(本文(2))について

(1) 本文(2)は,いわゆる動機の錯誤,すなわち効果意思と表示行為は一致しているが,その意思の形成過程において錯誤がある場合に関する規定である。錯誤が問題になるのは動機の錯誤の事例が多いとされているが,動機の錯誤が民法第95条の錯誤として顧慮されるのか,顧慮されるための要件は何かについては従来から様々な見解が主張されており,動機の錯誤に関するルールは必ずしも明確とは言えない。そこで,本文(2)は,判例の考え方に従って動機の錯誤に関する規律を明確化しようとするものである。

判例及び伝統的な考え方は,表示行為の錯誤と動機の錯誤を区別し,動機の錯誤は原則として民法第95条の錯誤に当たらないとしつつ,「動機が表示されて法律行為の内容になった」などの要件の下で(詳しくはこの補足説明の(4)参照)動機の錯誤が同条の錯誤として顧慮され,この場合にはそれが要素の錯誤に当たれば意思表示は無効になるとしてきた。本文(2)のア及びイは動機の錯誤が同条の錯誤として顧慮される場合を掲げたものであり,本文(2)の柱書の部分は,動機の錯誤が顧慮されるときは,それが要素の錯誤の要件を満たす場合に取り消すことができることを示すものである。

(2) 表示行為の錯誤と動機の錯誤を区別する見解に対し,両者を区別せず,錯誤一般について,相手方の正当な信頼を保護するため,表意者が錯誤に陥っていること又は錯誤に陥っている事項の重要性について相手方に認識可能性があることを要件とする学説がある。この考え方に立つ場合には,本文(2)のような動機の錯誤に関する独立の規定を設けるのではなく,表示行為の錯誤に関する本文(1)と併せて,錯誤一般について,相手方の認識可能性を要件として意思表示を取り消すことができる旨の規定を設けることになると考えられる。

この立場に対しては,理論的な観点から,意思表示の前提となった事実の認識が真実であるかどうかは,本来表意者が負うべきリスクであり,単に表意者が錯誤に陥っていること又はその事項が表意者にとって重要であることを相手方が認識しているというだけで,その法律行為の効力が否定されるリスクを相手方に転嫁できることとする理由はないとの批判がある。また,動機の「表示」や「法律行為の内容」になったか否かといった従来採られてきた判例の定式とは異なる定式を用いるものであって,認識可能性を重視する考え方が実務に定着したとまでは言えず,導かれる帰結が従来の実務と一致するのかどうかも必ずしも明確でないとの指摘があり得る。そこで,本文ではこの見解によるのではなく,伝統的な通説や判例が採ってきたとされる,表示行為の錯誤と動機の錯誤を区別する見解に従って規定を明確化しようとしている。

(3) 柱書の「目的物の性質,状態その他の意思表示の前提となる事項」とは,例えば,目的物の真贋,性能,相手方の属性,今後の市況の変化など,表意者が意思決定をするに当たって考慮した要素を指し,これについての認識が,従来「動機」と言われて

いたものに該当することを意図したものである。「動機」をどのように表現するかについては、今後も引き続き検討する必要がある。

本文の「前提となる事項」には、表意者が現に意思決定の基礎とした認識の対象が広く含まれる。これに対しては、意思決定の基礎とすることが社会通念上相当でない事項を除外するため、「前提とすべき事項」とするという意見もある。例えば労働契約において、使用者が労働者の思想信条等について誤認していたことを理由に錯誤に基づく取消しを主張することが許されるのは相当でないという考慮に基づくものである。しかし、錯誤を理由として意思表示を取り消すことができるのは、重大な思い違いがあったために本来するつもりがなかった意思表示をした場合には、意思表示の拘束力の根拠を欠くという考え方に基づくものであり、このような趣旨に鑑みると、表意者が現実に錯誤に陥り、そのために意思表示をしたと認められる以上は、錯誤制度の対象とせざるを得ないと考えられる。従来も、そもそも「動機の錯誤」に該当するかどうかというレベルでこのような規範的な評価は行われてこなかったと思われる。以上から、「前提とすべき事項」という規範的な表現ではなく、現に意思表示の前提とした事項であることを表現するため、本文(2)の柱書では、「前提となる事項」としている。もっとも、表意者が不当な動機に基づいて意思表示をしたときであっても、その不当性が錯誤に関する規定の適用において全く考慮されないというわけではない。上記の場合には、通常の使用者であれば使用者の思想信条を誤認していたからと言って採用しないとは言えないのが原則であるから、要素性のうち客観的重要性の要件が欠けるとも考えられる。

「(前提となる事項に)錯誤があ」るとは、意思表示の前提となる事項についての表意者の認識が事実に反していたことを言うものであり、従来「動機に錯誤がある」と言われてきたことを表現しようとするものである。これは、本文(1)の「意思表示に錯誤があった場合」、すなわち意思と表示行為が合致していない場合とは異なる場面を指すものであるため、本文(2)において本文(1)と同じ「錯誤」という表現を用いることが適切かどうかについては、引き続き検討が必要である。

要素の錯誤に該当するかどうかは、基本的に本文(1)と同様に、判例の考え方に従い、主観的因果性と客観的重要性の2つの基準によって判断することとしている。ただし、主観的因果性は、表示行為の錯誤においては表示行為がその意図したところと一致していないことを知らなかったことと意思表示との間の因果性が問題になるのに対し、動機の錯誤においては意思の形成過程における事実の誤認を知らないことと意思表示との間の因果性が問題になる。本文(2)では、本文(1)と表現を変え、「当該錯誤がなければ表意者はその意思表示をせず」と表現しているのはその趣旨である。

(4) 本文(2)のアは、動機の錯誤に関する判例の考え方に従うことを意図して、意思表示の前提となる事項に関する表意者の認識、すなわち動機が法律行為の内容になっているときは、その認識の誤りは民法第95条の錯誤として顧慮されることを表そうとしたものである。動機の錯誤に関する判例法理をどのように理解するかについては、動機の表示が重視されているという理解もあるが、最高裁判例には、「動機が表示されても意思解釈上動機が法律行為の内容とされていないと認められる場合には、動機に存

する錯誤は法律行為を無効ならしめるものではない」という一般論を述べるもの（最判昭和37年12月25日集民63巻953頁）や，動機の表示の有無にかかわらず動機が法律行為の内容になったかどうかを問題とするものがあること，他方，動機の表示を重視するかのような定式を述べる判例の多くは，動機の表示のない限り意思表示の内容にならないとして要素性を否定するものであることなどから，判例を総体として見れば，動機の表示の有無よりも当該事項が法律行為の内容として取り込まれているかが重視されているという理解もある。

　動機が表示されていることを重視することについては，動機が表示されていれば動機に関する錯誤を顧慮しても相手方の信頼を害する程度は小さいことを理由に支持する立場もあるが，錯誤のリスクの負担について相手方の信頼を重視する立場から，動機が表示されたとしてもそのことから相手方が錯誤の有無を判断できるとは言えず，相手方の正当な信頼がないとは言えないとの批判があり，また，錯誤のリスクの負担について当事者の合意を重視する立場から，表意者が動機を一方的に表示することによってその誤りのリスクを相手方に転嫁できることを正当化する理論的な根拠が明らかでないとの批判がある。実質的にも，一方当事者が契約を締結する理由を述べ，相手方がそれを知り得たというだけで（例えば，一定の利回りが期待できると思うので投資したいと述べた場合）錯誤を主張することができるとすると，取引の安全を著しく害することになって不当であると考えられる。

　そこで，本文(2)アは，動機が法律行為の内容として取り込まれていることを重視し，かつ，判例も同様の立場に立つものであるという理解に立って，動機が法律行為の内容になっている場合には民法第95条の錯誤として顧慮されるという規律を設けようとするものである。

　なお，動機が法律行為の内容となったかどうかを重視するとしても，動機の表示に言及する判例もあることから，動機の表示を法律行為の内容化と併せて要件とすることも考えられる。しかし，「動機の表示」を独立の要件とした場合には，「動機の表示」と「法律行為の内容になったこと」とがどのような関係にあるのか，動機が表示されていなくても法律行為の内容になったと言える場合があるか，法律行為の内容になっているにもかかわらず表示がされていないことを理由に動機の錯誤を顧慮しないことが妥当であるかなどの問題が生ずる。本文(2)アは，動機の錯誤を顧慮するかどうかは，飽くまで動機が法律行為の内容になったかどうかを基準として判断すれば足りるという立場から「動機の表示」を独立の要件としては挙げていない。この立場からは，動機の表示は，それがなければ法律行為の内容になることはないという意味で法律行為の内容となるための前提として位置づけられることになると考えられる。

　「法律行為の内容になる」を要件とすることに対しては，これがどのようなことを意味するかが不明確であるとの批判がある。従来の裁判例を見れば，例えば，当事者双方が契約を締結する際に前提としていた事実（目的物の価値や性状などを含む。）の認識が誤っており，その認識がなければ契約を締結していなかったと考えられる場合などに，その認識が法律行為の内容になったとされたものがあると言える。いずれにせよ，現在の判例法理がいう「法律行為の内容になる」の解釈適用をそのまま明文化

するものであり、これを変更するものではない。

また、錯誤が法律行為の内容になっていることを要件とし、また、特定物ドグマを放棄すると、性状の錯誤が法律行為の内容になっていることとその性状が債務の内容になることが重なる場合があるのではないか、仮に重なる場合があるとすれば、錯誤に関する規定と債務不履行に関する規定のいずれが優先して適用されることになるのかも問題になり得る。この点について、部会においては、その性状が債務の内容になっている場合であっても錯誤を主張することができる場合があり、債務者は目的物がその性状を具備していないことを理由として債務不履行責任を主張することもできるし、錯誤を理由として取り消すこともできるという考え方と、その性状が債務の内容になっている場合には錯誤があった場合には該当しない（表意者は債務不履行責任のみを追及することができる）という考え方があった。これは、錯誤と瑕疵担保責任のいずれが優先するかという現在でも存在する問題と類似する問題であると言える（なお、錯誤と瑕疵担保責任の優先関係について、判例は、錯誤優先説を採っているとの評価や、当事者が選択できるとの見解を採っているとの評価がある。）。

3 相手方が事実と異なる表示をしたために動機の錯誤に陥った場合の規律（本文(2)イ）について
 (1) 本文(2)のイは、動機の錯誤に関する規律の一部として、動機の錯誤の原因が相手方にある場合に関する特別の規律を設けるものである。すなわち、相手方が事実と異なる表示をしたために表意者が動機の錯誤に陥った場合には、それが法律行為の内容になったという本文(2)アの要件を満たさなくても錯誤として顧慮され、主観的因果性と客観的重要性という要件を満たせば意思表示を取り消すことができるという規律を設けるものである。

  これは、部会資料２９において「不実表示」として錯誤とは異なる類型のルールとして検討の対象とされていた考え方を、錯誤に関するルールの一部として取り込んだものである。部会資料２９において不実表示が検討対象とされていた背景には、現実の裁判例においては、相手方が事実と異なる表示をしたために表意者が動機の錯誤に陥った場合には、「動機が表示されていること」「動機が法律行為の内容となっていること」などの要件を満たさなくても錯誤無効が認められてきたという理解がある（部会資料２９第１，２の補足説明３［９頁］）。「不実表示」のルールが錯誤に関するこのような理解に基づくものであれば、端的に、動機の錯誤の規律の一部として位置づけるのがより自然であると考えられる。これが、本文において、部会資料２９と異なり、「不実表示」に関するルールを錯誤に関するルールの一部として位置づけることとした理由である。

 (2) どのような場合に錯誤に基づいて意思表示を取り消せるかは、意思決定の基礎となった情報に誤りがある場合に、どのようにその誤りのリスクを分配するのが妥当かという問題である。本文(2)イは、動機が法律行為の内容になっているという本文(2)アのほか、相手方が事実と異なる表示をした場合も、表意者はそれを信じて誤認をする危険性が高く、表意者をその意思表示から解放する必要性があること、相手方は自ら誤った事実を表示して表意者の錯誤を引き起こした以上、その意思表示の取消しとい

う結果を受忍するのもやむを得ないことから，意思決定の基礎となる情報の誤りのリスクを相手方に転嫁することができるという考え方に基づくものである。このような考え方は，当事者間に一般的な意味での交渉力や情報の格差があるかどうかにかかわらず妥当するものであって，本文(2)イは，いわゆる弱者の保護などの政策的な目的から導入が主張されているものではない。

　本文(2)イのようなリスク分配の考え方に対し，事業者が表意者であるときは自己責任の原則がより強く妥当し，相手方が事実と異なる表示をしたとしても，そのことから直ちに意思表示の基礎となる情報に関するリスクを表意者に負担させるのはリスクの分配の在り方として適当ではないとの批判がある。これは，相手方の帰責性，表意者の認識の誤りの対象，表意者側の事情などの点で意思表示の効力を否定する要件を緩和し，詐欺や錯誤に関するルールと均衡を失すること，取り消すことができるという効果は，過失相殺による柔軟な解決ができない点で損害賠償に比べて硬直的であり，取消可能な範囲を拡張することは合理的でないことなどを理由とする。また，消費者と事業者との法律行為において，消費者が事業者に対して事実と異なる表示をした場合に事業者が意思表示を取り消すことができるのは適当でないとの意見もあった。このような立場から，本文(2)イのような規律を設けないという考え方があり，これを（注）で取り上げている。もっとも，取消しの可否の判断に当たっては，相手方の表示を信じたことによる錯誤が要素性を満たすだけの重大なものであるかどうか，相手方の表示を表意者が信じたことについて重過失があるかどうかが考慮され，これらを適切に判断すれば，本文(2)イの適用によって不当な結論が導かれるという懸念は払拭され得ると考えられる。

(3)ア　本文(2)イでは，相手方が事実と異なる表示をしたのがどのような事項である必要があるかについて，特に限定を付していない。この点について，部会資料２９においては，相手方が不正確な情報を提供したとしても，それが些細な事項である場合にまで意思表示を取り消すことができることとするのは，詐欺と異なって相手方の故意を要求しない不実表示においては適当でないとして，「その意思表示をするかどうかの意思決定に当たって重視される事項」についての表示であることを要件とする考え方が示されていた。しかし，本文(2)イにおいては，相手方が事実と異なる表示をしたために動機の錯誤に陥ったことを，錯誤として顧慮されるための要件として位置づけることになったため，取消しが認められるためには，相手方の表示の要件に加えて要素の錯誤に該当することが必要であることになる（本文(2)柱書）。したがって，表示された事項の重要性は，主観的因果性と客観的重要性を満たすかどうかという要件の中で検討されることになる。

　イ　どのような事項についての表示が問題になるかに関して，労働契約の締結過程における応募者のプライバシー，思想信条の自由等の人格権の保護との調整が問題になるとの意見があった。労働者として労働契約を締結しようと応募した者が，自分の思想信条等について事実と異なることを述べた場合に，使用者が錯誤を理由として労働契約を取り消すことができるのは不当であるという問題提起である。これは，その意思表示をするかどうかを判断するに当たって考慮することが社会通念上不当

であると考えられる事項についての動機の錯誤を顧慮することができるかどうかという問題と同様の問題である（この補足説明の2(3)参照）。動機の錯誤一般と同様に，本文(2)イでは問題となる事項を限定していないが，意思表示をするかどうかの判断に当たって考慮することが社会通念上不当であると考えられる事項については，「通常人であってもその意思表示をしなかった」とは言えないから，上記のような事例では，本文(2)の柱書の要件を満たさず，取消しは認められないことになる可能性が高いと考えられる。

ウ　相手方が事実と異なる表示をしたかどうかは，まず，表意者及び相手方の属性や知識，経験などをも考慮して，社会通念上，表意者がその表示をどのような意味で理解するのが合理的であるかを確定した上で，それが事実と異なるかどうかが判断されることになると考えられる。相手方がどのような表示をしたかは，特に，明示的な表示がされなかった場合に問題になる。本文(2)イは，相手方が表意者にとって不利益なことを告知しなかった場合に関する固有の規律を設けてはいないが，本文(2)イの「表示した」は，不作為を排除するものではない。相手方があることを告げなかった場合に，その表意者の立場から見れば，そのことが存在しないという意味で理解するのが合理的であると考えられるときは，そのことが存在しないという表示がされたものと解される。したがって，その表示が事実と異なっている場合には，本文(2)イの「事実と異なることを表示した」という要件を満たすことになる。例えば，利益となる事実だけを表示し，それと表裏一体をなしている不利益事実を告知しない場合には（具体的には，住居の売買契約において，景観がよいことを強調し，一方で，すぐ隣に別の建物の建設計画があり，それが完成すれば現状の景観は維持できないことを告げないこと），表意者はその不利益事実が存在しないと考えるのが通常であり，意思表示に至る過程における相手方の言動を全体としてみれば，その不利益事実が存在しないという表示がされたと評価できる。

エ　事実と異なる表示については，それが第三者によってされた場合の取扱いも問題になる。これは，詐欺が第三者によって行われた場合の扱いと同様の問題であり，具体的には，①代理人など相手方と一定の関係にある者による不実表示についてどのように扱うか，②第三者が不実表示を行ったことを相手方が知り又は知ることができたときに表意者は意思表示を取り消すことができるかが問題になる。

　①については，第三者による詐欺に関する後記3(2)及びその（注）で取り上げられたのと同一の問題であるため，本文レベルでは取り上げていないが，後記3(2)と同様に扱うべきであると考えられる。具体的には，後記3(2)と同様の立場を採ると，代理人又は媒介受託者が事実と異なる表示をした場合には，相手方本人が事実と異なる表示をした場合と同様に扱い，取消しが認められるべきであると考えられる。さらに，後記3(2)の（注）では，代理人及び媒介受諾者に限らず，相手方の補助者としての立場にある者についての規定を設けるかどうかという問題が取り上げられているが，動機の錯誤に関してもこれと同一の問題がある。この点については，後記3の（補足説明）の記載を参照されたい。

　②について，民法第96条第2項と同様に，第三者が事実と異なる表示をしたこ

とを相手方が知り，又は知ることができたときは，本人は，要素の錯誤その他の錯誤取消しの要件を満たせば取り消すことができるという考え方が主張されている。

　もっとも，仮にこのような規定を設けた場合には，意思表示を取り消すための要件として，そのような表示が行われたことを相手方が知ることができれば足りるのか，その表示が事実と異なることを知ることができることが必要なのかが問題になる。表意者が動機の錯誤に陥るのは何らかの表示を信じたことによるものであることが多いと考えられ（例えば，報道や噂などを信じる場合など），前者の立場を採れば，そのような情報があることを知っていただけで取消しが認められることになりかねず，取消しの範囲が広がるおそれもある。他方，後者のように，第三者による表示が不実であることを知っている必要があるとすると，相手方本人が不実表示をした場合の取消しの要件としてその表示が事実と異なることを知っている必要はないこと（この補足説明の(4)参照）とのバランスを失しないかが問題になる。

　本文(2)イでは，以上から，民法第96条第2項に相当する規定を設けていないが，詐欺とのバランスなどにも考慮しながら，引き続き検討する余地があると考えられる。

(4) 本文(2)イについては，相手方側の要件として，相手方の帰責事由を要するとすべきであり，相手方が無過失であった場合にまで取消しを認めるのは相当でないとの考え方がある。また，これに類するものとして，表意者と相手方の属性によって相手方の主観的要件を区別し，相手方が消費者である場合にはその帰責性を要するとすべきでであるとの考え方もある。

　本文(2)イにおいては，相手方が事実と異なる表示をしたことについての故意又は過失を要件とはしていない。相手方が事実と異なる表示をしたことによって損害賠償義務を負担するという効果が生ずるのであれば，その要件として相手方の故意又は過失を要求することが必要であるとも考えられるが，ここでは，事実と異なる表示をしたことへの制裁ではなく，どのような場合に表意者を意思表示の拘束力から解放するかが問題となっている。意思表示を取り消すためには錯誤が客観的に重要なものであるとともに表意者に重過失がないことが必要であり，相手方が事実と異なる表示をしたことによって表意者がこれらの要件を満たすような錯誤に陥った以上，表意者が事業者であって相手方が消費者である場合も含めて，相手方に故意又は過失がなくても，その表示がなければしなかったであろう意思表示の拘束力から表意者を解放するのが妥当であるというのが，本文(2)イの考え方である。このように考えても，要素性や重過失の有無を適切に判断することにより，本文(2)イによって不当な結論が導かれるという懸念は払拭することができると考えられる。

(5) 本文(2)イについては，表意者側の要件として，相手方の不実の表示に対する信頼が正当なものであることが必要であるという考え方が示されている。これは，意思決定にとって重要な情報を収集して確認すべきなのは表意者であり，相手方が告げた事実を安易に信用すべきでないのに信用した場合や，不実表示をした当事者の過失よりも誤認した表意者の過失の方が重大である場合に，相手方の表示が不実であったというだけで取消しを認めるべきでないとの考慮に基づく。信頼がどのような場合に正当と

されるかについては、表意者が相手方の表示を信頼したことについて過失がなかったことと同義ではなく、相手方の事情との相関関係で判断され、表意者に過失があっても、不実表示をした者の専門性や態様との関係ではなお正当と評価されることもあり得ると考えられる。本文(2)イのような規律を設けることに対しては、事業者は情報収集についての自己責任がより強く妥当するという批判や、消費者と事業者との間の契約において消費者の不実表示を理由とする事業者の取消しを認めるべきでないとの批判がある（この補足説明の(2)）が、仮に信頼の正当性という要件を設けるとすると、相手方や表意者の属性を考慮してこの要件を具備しているかどうかを判断することによって妥当な結論を導き得るとも考えられる。

　これに対し、本文(2)イでは、信頼の正当性を独立の要件としていない。もっとも、これは、表意者が安易に相手方の表示を信じた場合に、その事情が全く考慮されないことを意味するものではない。本文(2)イの規律は動機の錯誤に関する規律の一部として位置づけられたため、取消しが認められるためには錯誤に陥ったことについて表意者に重過失がある場合には、錯誤を主張することは許されなくなる。信頼の正当性を要件とすることとの違いは、信頼が正当ではないが重過失があるとまでは言えないときに取消しが認められるかどうかという点にあることになるが、本文(2)イは、表意者が要素の錯誤に該当する重大な錯誤によって意思表示をした場合には、相手方が事実と異なる表示をしたことによって重大な錯誤が生じたものであることを考慮すると、表意者にそれを安易に信じたという側面があるとしても、重過失があるとまでは言えない場合にはその意思表示の拘束力から解放することが認められるべきであるという価値判断に基づく。

　もっとも、これに対しては、信頼の正当性を要件とすべきであるという意見も有力に主張されており、引き続き検討を深める必要があると考えられる。なお、仮に信頼の正当性を独立の要件とする場合には、表意者に重過失があった場合の錯誤主張の制限との関係をどのように考えるかも問題になる。

4　表意者に重過失があった場合の規律（本文(3)）について
(1) 民法第９５条ただし書は、表意者に重過失がある場合にまで相手方の犠牲のもとに表意者を保護すべきではないことから錯誤主張を制限したものであるが、このような趣旨は合理的なものであると考えられるので、本文(3)は、同条ただし書の規律を原則として維持している。ただし、これと併せて、その例外として、表意者に重過失があってもなお錯誤に基づいて意思表示を取り消すことができる場合として２つの場合を定めている。
(2) 第１の場合として、本文(3)アは、表意者の意思表示に錯誤があること（すなわち、相手方の意思表示と相手方が本来しようとした意思表示とが食い違っていること）又は相手方が前提事項について誤信をし、それを前提として意思表示をしていることを、相手方が知っていたか、あるいは知らなかったことについて重過失がある場合を取り上げている。表意者の意思表示が錯誤によるものであることを相手方が知っていたときは相手方を保護する必要がないので、表意者は重過失があっても無効を主張することができるとするのが通説である。また、意思表示が錯誤によるものであることを知

らなかったことについて相手方に重過失がある場合には，相手方が悪意であった場合と同視することができると考えられる。本文(3)アは，このような見解に従うものである。
(3) 第2に，本文(3)イは，当事者双方が同一の錯誤に陥っている場合にも，表意者に重過失があっても無効の主張は制限されないとするものである。このような，いわゆる共通錯誤の場合には，相手方も同様の錯誤に陥っている以上，法律行為の効力を維持して保護すべき正当な利益を相手方が有しているとは言えないとして，重過失のある表意者による錯誤主張は制限されないとする見解が有力である。本文(3)イはこのような見解に従うものである。

なお，表意者が重過失で書き間違いや言い間違いをしたが相手方は表意者が本来意図した意味で理解した場合（例えば，Aが不注意により１０００万円のつもりで「¥10,000,0000」で不動産を買うとの申込みをしたところ，Bもこれを１０００万円と理解した場合）や，表意者と相手方が表示行為の意味について共通の錯誤に陥っていた場合（Aがドルとポンドは同じ意味だという誤解に基づいて１ドルで買うつもりで「１ポンド」と表示したところ，相手方Bもドルとポンドは同じ意味だと誤解していた場合）は，一見，共通錯誤があるようにも思われるが，契約は当事者の共通の理解に基づいて解釈すべきであるという考え方（後記第２９，１）によれば，上記の例ではいずれも表意者が本来意図したとおりの意思表示がされたことになるから，そもそも錯誤の問題にならない。本文(3)イが適用されるのは，ほぼ動機の錯誤の場合に限られると考えられる。
(4) 以上のほか，相手方が事実と異なる表示をしたために表意者が錯誤に陥った場合には，その結果は相手方が引き受けるべきであり，表意者に重過失があることを理由に錯誤の主張を制限すべきでないとする学説も主張されており，部会においてもこのような見解を支持する意見があった。

相手方が事実と異なる表示をしたために表意者が錯誤に陥った場合であっても，表意者の知識，経験，属性等によっては相手方の表示を安易に信ずるのは相当でなく，他方，相手方が事実と異なる表示をしたとしてもそのことについて相手方に過失があったとは言えない場合もある。このように相手方が事実と異なる表示をした場合も事案に応じて様々であるから，相手方が事実と異なる表示をしたことによって直ちに，表意者は重過失があっても錯誤主張が制限されないとするのは適当でないとの批判がある。むしろ，表意者に重過失があったかどうかの判断を柔軟に行うことにより，双方の利害に配慮した柔軟な結論を導くことができるから，そのためにも重過失による錯誤主張の制限があり得ることとしておくべきであるという考え方に基づくものである。本文では，このような考え方も考慮し，相手方が事実と異なる表示をしたために表意者が錯誤に陥った場合に，そのことから直ちに表意者の錯誤主張制限を排除するとはしていない。

5　第三者保護規定（本文(4)）について
本文(4)は，民法第９５条に，取消可能な錯誤による意思表示を前提として新たに利害関係を有するに至った第三者が保護されるための要件に関する規定を新たに設けるもので

ある。
　錯誤によって取り消すことができる意思表示を前提として新たに利害関係を有するに至った第三者の保護については規定がなく，錯誤無効を第三者に対抗することができるかどうかについて見解は分かれている。錯誤については，法律行為の要素に関するものでなければならないこと，錯誤者に重過失がないことなどの厳格な要件のもとに無効主張が許されることから，錯誤者の保護を重視し，錯誤無効は善意の第三者に対しても主張することができるという見解がある。一方，錯誤と詐欺は，いずれも表意者が錯誤に陥っている点では共通しており，だまされて錯誤に陥った者よりも自分で錯誤に陥った者のほうが厚く保護されるのは均衡を失するとして，詐欺に関する民法第96条第3項を類推適用して第三者を保護する見解も有力である。さらに，第三者が保護される場合があるとしても，その要件として善意無過失が必要であるとする見解と，善意であれば足りるとする見解がある。
　法律行為が無効である場合や取り消された場合の第三者保護規定は，通謀虚偽表示，詐欺等においても問題となるが，第三者が保護されるための要件は一貫した考え方に従って定める必要があると考えられる。表意者が権利を失うという効果を正当化するためには第三者の信頼が保護に値すること，すなわち第三者の善意無過失が必要であることを原則としつつ，無効原因，取消原因の性質に応じて検討すべきであるという考え方が示されている。錯誤に基づいて意思表示をした者は，心裡留保や通謀虚偽表示の意思表示をした者とは異なり，それが真意と異なることを自分で知って意思表示をしたわけではなく，表意者の態様が類型的に悪質であるとまでは言えない。したがって，上記のような考え方に従えば，第三者が保護されるためには善意無過失が必要であるという原則を修正する必要はない。また，第三者が保護されるためには無過失要件が必要であるとすることにより，この要件の適用を通じて，事案に即した妥当な結論を導くこともできるとも考えられる。そこで，本文(4)は，錯誤による取消しは善意無過失の第三者に対抗することができないという規律を設けるものである。
　第三者が保護されるための主観的要件については，その立証責任を表意者又は第三者のいずれが負うのかについても議論がある。第三者が自分の善意（及び無過失）を主張立証しなければならないという考え方が一般的であるが，第三者が悪意であること又は過失があることを表意者が立証しなければならないという考え方があり得る。本文(4)は，この点について特定の立場を支持するものではなく，立証責任の所在は引き続き解釈に委ねるものとしている。

3　詐欺（民法第96条関係）
　民法第96条の規律を次のように改めるものとする。
(1) 詐欺又は強迫による意思表示は，取り消すことができるものとする。
(2) 相手方のある意思表示において，相手方から契約の締結について媒介をすることの委託を受けた者又は相手方の代理人が詐欺を行ったときも，上記(1)と同様とする（その意思表示を取り消すことができる）ものとする。
(3) 相手方のある意思表示について第三者が詐欺を行った場合においては，上

記(2)の場合を除き，相手方がその事実を知り，又は知ることができたときに限り，その意思表示を取り消すことができるものとする。
(4) 詐欺による意思表示の取消しは，善意でかつ過失がない第三者に対抗することができないものとする。

(注) 上記(2)については，媒介受託者及び代理人のほか，その行為について相手方が責任を負うべき者が詐欺を行ったときも上記(1)と同様とする旨の規定を設けるという考え方がある。

(概要)
本文(1)は，民法第９６条第１項を維持するものである。
本文(2)は，相手方のある意思表示において，相手方の代理人が詐欺を行った場合には相手方本人が悪意であるかどうかにかかわらず意思表示を取り消すことができるという判例法理（大判明治３９年３月３１日民録１２輯４９２頁）を明文化するとともに，相手方から契約締結の媒介の委託を受けた者が詐欺を行った場合にも，同様に，相手方本人が悪意であるかどうかにかかわらず意思表示を取り消すことができる旨の新たな規定を設けるものである。相手方から媒介の委託を受けた者が詐欺を行った場合に相手方の悪意を要件とせずに取消しを認めるのは，この場合も，代理人の場合と同様に相手方が契約の締結に当たって使用した者であることから，相手方が詐欺を知らなかったことを理由に取消権の行使を阻むのは公平に反すると考えられるからである。さらに，媒介受託者及び代理人に限るのでは狭すぎるとして，相手方が当該意思表示に関して使用した補助者としての地位にある者が詐欺を行った場合には，相手方本人が詐欺を行った場合と同視すべきであるという考え方があり，この考え方を（注）で取り上げている。もっとも，この考え方を採るのであれば，相手方本人の詐欺と同視し得る者の基準が明確になるよう，更に検討が必要である。
本文(3)は，第三者による詐欺が行われた場合に表意者が意思表示を取り消すことができるのは，相手方本人が第三者による詐欺を知っていたときだけでなく，知ることができたときも含むこととするものである。第三者の詐欺について善意の相手方に対して意思表示を取り消すことができないこととするのは，当該意思表示が有効であるという信頼を保護するためであるから，その信頼が保護に値するもの，すなわち相手方が無過失であることが必要であると指摘されている。また，表意者の心裡留保については，相手方が善意であっても過失があれば意思表示が無効とされることとのバランスから，第三者の詐欺による意思表示についても，相手方本人がそれを知ることができたときは取消しが認められるべきであるという指摘がある。本文(3)は，これらの指摘を理由とするものである。
本文(4)は，詐欺による意思表示を前提として新たに法律関係に入った第三者が保護されるための要件について，第三者の信頼は保護に値するものである必要があり，第三者の無過失を要するという学説の多数に従い，善意無過失という要件に改めるものである。

(補足説明)
1　本文(1)は，民法第９６条第１項を維持するものである。

2 (1) 本文(2)は，相手方本人以外の者による詐欺が行われた場合に，そのことについての相手方本人の善意・悪意，過失の有無を問わず，表意者が取り消すことができる場合に関する新たな規定を設けるものである（民法第９６条第２項参照）。具体的には，相手方のある意思表示において，相手方本人ではなく，相手方の代理人又は相手方から媒介の委託を受けた者が詐欺を行った場合には，相手方本人の主観的事情を問わずに表意者はその意思表示を取り消すことができるとする。

　なお，代理人又は媒介受託者のほか，相手方の代表者はもちろん，取締役，支配人，従業員又はこれらに類する者が詐欺を行った場合には，相手方が詐欺について悪意であったかどうかにかかわらず表意者はその意思表示を取り消すことができると考えられる。本文(2)もこのことを否定するものではないが，これらの者がその職務の執行として詐欺を行った場合は，従来から本人による詐欺そのものとして民法第９６条第１項が適用されることに異論はなく，疑義が生じ得るとも思われない。他方，これについて規定を設けようとすると，本人による詐欺そのものと扱われる者の範囲を正確に規定できるか，反対解釈がされるおそれがないかなど，かえって困難な問題も生ずることから，規定を設けていない。

(2) 相手方の代理人が詐欺を行った場合には相手方本人が悪意であるかどうかにかかわらず意思表示を取り消すことができるとするのが判例（大判明治３９年３月３１日民録１２輯４９２頁）であり，学説上もこの結論は支持されている。この判例は，民法第１０１条第１項を根拠として結論を導くものであるが，同項は，代理人がした意思表示が問題になる場合と代理人の他方当事者がした意思表示が問題になる場合とを区別せずに規定するものであり，これを整理して規定する方向で検討がされている（後記第４，１）。このような改正がされるとすると，代理人が詐欺を行った場合を同項によって処理することが困難になると考えられる。他方，学説上は，代理人が詐欺をした場合は同項によるのではなく，端的に同法第９６条第１項を適用すれば足りるとする見解が有力である。しかし，上記大判明治３９年３月３１日が同法第１０１条第１項を適用したように，同法第９６条第１項が代理人の詐欺に直接適用されることは必ずしも明確であるとは言えない。そこで，本文(2)のうち代理人が詐欺を行った場合に関する部分は，上記大判明治３９年３月３１日の結論を維持することとしつつ，これを詐欺に関する規定として明文化しようとするものである。

(3) また，本文(2)は，代理人だけでなく，相手方から契約締結についての媒介の委託を受けた者が詐欺を行った場合についても，相手方本人の主観的事情にかかわらず取消しを認めることとしている。媒介受託者も代理人と同様に相手方が契約の締結に当たって使用した者であることから，相手方が詐欺を知らなかった場合であっても相手方は取消権を行使することができるとするのが公平であるという価値判断に基づくものである。

　これに対しては，双方から受託を受けていた場合の処理が困難になることや，委託者が消費者で受託者が事業者である場合に，受託者の行為についての責任を委託者に負担させるのは適当でないことなどを理由に，委託者が善意の場合でも相手方に取消権を認めることに対する批判がある。しかし，媒介受託者の行為をコントロールする

能力や手段が十分でない場合であっても，損害賠償責任などを負わせるのであればともかく，自ら選任した媒介受託者による詐欺がなければ得られなかった利益まで委託者に確保させるのは不当であるという価値判断は十分にあり得る。また，不当な行為をした媒介受託者を選任した委託者と，その媒介受託者にだまされた表意者の利益の衡量という観点からしても，委託者は，表意者を契約の拘束力から解放することは受忍すべきであると考えられる。このことは，当該受託者が表意者と相手方の双方から媒介の受託を受けていた場合も同様である。本文(2)のうち媒介受託者に関する部分は，このような価値判断に基づく。

(4) 本文(2)については，媒介受託者及び代理人に限らず，相手方が当該意思表示に関して使用した補助者としての地位にある者の行為については相手方が責任を負うべきであるとして，このような者が詐欺を行った場合には，相手方が詐欺について識らなかったとしても表意者による取消しを認めるべきであるという考え方があり，この考え方を（注）で取り上げている。この考え方によれば，例えば，相手方がその関連会社の従業員に商品の説明を行わせたところ，その従業員が詐欺を行った場合などは，代理人でも媒介受託者でもないが，表意者は，その詐欺について相手方本人が悪意であったかどうかにかかわらず，取り消すことができることになると考えられる。しかし，どのような範囲の者の行為について相手方が責任を負うべきであるかは必ずしも明確ではない上，代理人と媒介受託者を除くと，相手方の内部の者とは言えない者であってその詐欺について相手方が責任を負うべき者は必ずしも多くはないと考えられる。そのため，本文ではこの考え方を採らず，（注）において取り上げるにとどめている。この考え方を採るのであれば，相手方本人の詐欺と同視し得る者の基準が明確になるよう，更に検討が必要である。

3 本文(3)は，第三者による詐欺が行われた場合に表意者が意思表示を取り消すことができるのは，相手方本人が第三者による詐欺を知っていたときだけでなく，知ることができたときも含むこととするものである。第三者の詐欺について善意の相手方に対して意思表示を取り消すことができないこととするのは，当該意思表示が有効であるという信頼を保護するためであるから，その信頼が保護に値するもの，すなわち相手方が無過失であることが必要であると指摘されている。また，表意者の心裡留保については，相手方が善意であっても過失があれば意思表示が無効とされることとのバランスから，第三者の詐欺による意思表示についても，相手方本人がそれを知ることができたときは取消しが認められるべきであるという指摘がある。本文(3)は，これらの指摘を理由とするものである。

4 民法第９６条第３項は，詐欺による意思表示の取消しは善意の第三者に対抗することができないと規定しているが，同項によって保護されるためには，善意無過失を要するという見解が有力である。本文(4)は，この見解に従い，詐欺による意思表示を前提に新たに利害関係を有するに至った第三者が保護されるためには善意無過失であることが必要であると条文上明記するものである。

　法律行為が無効である場合や取り消された場合の第三者保護規定は，通謀虚偽表示，錯誤等においても問題となるが，第三者が保護されるための要件は一貫した考え方に従

28

って定める必要があると考えられる。表意者が権利を失うという効果を正当化するためには第三者の信頼が保護に値すること，すなわち第三者の善意無過失が必要であることを原則としつつ，無効原因，取消原因の性質に応じて検討すべきであるという考え方が示されている。このような考え方からは，本文(4)は，この考え方のいう原則に位置づけられることになる。

　第三者が保護されるための主観的要件については，その立証責任を表意者又は第三者のいずれが負うのかについても議論がある。第三者が自分の善意（及び無過失）を主張立証しなければならないという考え方が一般的であるが，第三者が悪意であること又は過失があることを表意者が立証しなければならないという考え方があり得る。本文(4)は，この点について特定の立場を支持するものではなく，立証責任の所在は引き続き解釈に委ねるものとしている。

4　意思表示の効力発生時期等（民法第97条関係）
　民法第97条の規律を次のように改めるものとする。
(1) 相手方のある意思表示は，相手方に到達した時からその効力を生ずるものとする。
(2) 上記(1)の到達とは，相手方が意思表示を了知したことのほか，次に掲げることをいうものとする。
　ア　相手方又は相手方のために意思表示を受ける権限を有する者（以下この項目において「相手方等」という。）の住所，常居所，営業所，事務所又は相手方等が意思表示の通知を受けるべき場所として指定した場所において，意思表示を記載した書面が配達されたこと。
　イ　その他，相手方等が意思表示を了知することができる状態に置かれたこと。
(3) 相手方のある意思表示が通常到達すべき方法でされた場合において，相手方等が正当な理由がないのに到達に必要な行為をしなかったためにその意思表示が相手方に到達しなかったときは，その意思表示は，通常到達すべきであった時に到達したとみなすものとする。
(4) 隔地者に対する意思表示は，表意者が通知を発した後に死亡し，意思能力を喪失し，又は行為能力の制限を受けたときであっても，そのためにその効力を妨げられないものとする。

（概要）
　本文(1)は，民法第97条第1項は隔地者でなくても相手方がある意思表示一般に適用されるという通説に従って，「隔地者に対する意思表示」を「相手方のある意思表示」に改めるものである。また，同項を対話者間にも適用することに伴い，ここでは意思表示の「通知」という概念を使わないで，意思表示が相手方に到達した時にその効力が生ずるものとしている。
　本文(2)は，どのような場合に「到達」が生じたと言えるのか，その基準を明らかにする

ための新たな規定を設けるものである。これまでの判例における基本的な考え方（最判昭和４３年１２月１７日民集２２巻１３号２９９８頁等）に従い，意思表示が相手方に到達したと言えるのは，相手方又は相手方のために意思表示を受領する権限を有する者の了知可能な状態に置かれた時であるとしている。その代表的な場合として，相手方等の住所や相手方等が指定した場所に通知が配達されたことを例示している。

本文(3)は，本文(2)の意味での「到達」が生じたとは言えない場合であっても，到達しなかったことの原因が相手方側にあるときは到達が擬制される旨の新たな規定を設けるものである。従来から，相手方側が正当な理由なく意思表示の受領を拒絶し，又は受領を困難若しくは不能にした場合には，意思表示が到達したとみなす裁判例（最判平成１０年６月１１日民集５２巻４号１０３４頁）など，意思表示が相手方に到達したとは必ずしも言えない場合であっても，相手方側の行為態様などを考慮して到達を擬制する裁判例が見られることを踏まえたものである。

本文(4)は，民法第９７条第２項のうち「行為能力の喪失」には保佐及び補助が含まれることが異論なく認められていることから，これをより適切に表現するために「行為能力の制限」に改めるとともに，意思能力に関する規定を新たに設けること（前記第２）に伴い，表意者が意思表示の発信後意思能力を喪失した場合であっても意思表示の効力は影響を受けない旨の規律を同項に付け加えるものである。

（補足説明）
1　民法第９７条第１項は，到達主義の適用対象を「隔地者に対する意思表示」としている。ここにいう隔地者とは，意思表示の発信から到達までに時間的間隔が存在する者をいうとするのが通説である。そして，通説によれば，対話者（意思表示の発信と到達がほぼ同時に生ずる者）については実際上問題が生ずることが少ないというだけであり，対話者に対する意思表示の効力も，相手方に意思表示が到達した時に発生すると考えるべきであるとされている。本文(1)は，このような一般的な見解に従って，同項の適用範囲を隔地者に対する意思表示に限らず相手方がある意思表示一般に改めるものである。

このような通説の見解と異なり，「隔地者に対する意思表示」とは，例えば「了知」とは別に「到達」を観念できるものをいい，現実の了知とは別に了知可能性を想定することができないか，少なくとも想定することが困難な意思表示が対話者間の意思表示であるとの見解もある。この見解によれば，例えば，対面して書面を手渡す方法による意思表示は，了知し得る状態が生じたこと（到達）と現実の了知とを区別することができ，隔地者間の意思表示に該当することになる。しかし，このような見解によったとしても，対話者間の意思表示の効力の発生時期は了知し得る状態が生じたこと（到達）の時と解されるから，結局，隔地者間の意思表示であるか対話者間の意思表示であるかを区別することなく，意思表示の効力発生時期は「到達」の時であるということになる。

また，本文(1)では「通知」という概念を用いないことにしている。隔地者だけでなく対話者を含めて相手方がある意思表示一般について民法第９７条第１項を適用するとすると，意思表示の内容が書面等の媒体に記載されてその媒体が相手方に届けられるという状況を想定した「通知」という表現は必ずしも適切でないと考えられるからである。

また，意思表示の内容を記載した媒体が届けられるという状況を想定しても，そこで相手方に届けられるのは表意者が意思表示をしたという事実の通知ではなく，意思表示そのものであるという指摘があり，このような立場からも，意思表示の効力発生時期の場面で「通知」という文言を用いるのは適切でないことになる。以上から，本文(1)は，同項の「その通知が，」という部分を削ることとした。
2 (1) 民法第97条第1項は，意思表示の効力発生時期を「到達した時」と規定するのみで，どのような場合に「到達した」と言えるかについては定めていない。本文(2)は，その基準を明らかにするための新たな規定を設けるものである。
　　まず，相手方が意思表示を現実に了知したとき，すなわち意思表示の存在及びその内容を相手方が現実に知ったときは，意思表示が相手方に到達したと言ってよく，このことについては異論がないと考えられる。本文(2)の柱書はこの場合に意思表示の到達があったとするものである。
(2) また，意思表示の存在及びその内容を相手方が現実に知らない場合であっても，判例は，意思表示が到達したと言える場合があるとしている。具体的には，意思表示が相手方の勢力範囲に入り，その了知可能な状態に置かれたこと（最判昭和36年4月20日民集15巻4号774頁），相手方の支配圏内に置かれたこと（最判昭和43年12月17日民集22巻13号2998頁）などに到達を認めており，このことは学説上もおおむね支持されている。本文(2)イは，このような判例の考え方に従って，意思表示が到達したと言えるための基準に関する規定を設けようとするものである。「了知することができる状態に置かれた」というのは，意思表示が相手方の勢力範囲・支配圏内に入り，意思表示がされたこと及びその内容を相手方が認識することができる状態になったことを言うものである。ただし，「了知することができる状態」とは，意思表示が相手方の勢力範囲・支配圏内にあることを前提としたものであるから，例えば不在配達通知書が残された場合のように，相手方が積極的な行動をすることによって意思表示をその勢力範囲・支配圏内に到達させることができる場合であっても，不在配達通知書が残されただけでは意思表示そのものが既に勢力範囲・支配圏内に入ったとは言えないから，ここでいう「了知することができる状態」に置かれたとは言えない。
　　「了知することができる状態」に該当するかどうかは，画一的に判断されるのではなく，個別の事案の事実関係に即して判断される一種の規範的な概念であると言える。例えば，電子メールによる意思表示において，相手方が指定したメールアドレスにメールが着信すれば一般的には「了知することができる」と言えるが，その指定から相当の時間が経過しており，かつ，そのメールアドレスを用いた通信が長期間にわたって行われていなかったという場合において，相手方が既にそのメールアドレスを使用していない場合には，「了知することができる」には該当しないと考えられる。
(3) 「了知することができる状態」の一般的な意味は上記のとおりであるが，これも抽象的な基準であるから，その解釈の指針を示すためにも，意思表示が相手方に到達したと言える具体的な場面を例示しておくことが有益であると考えられる。本文(2)アは，このような考えから，本文(2)イに該当する典型的な場面を例示しようとするものであ

る。典型的な場面として，表意者が意思表示の内容を記載した書面を郵送し，これが相手方の事務所や自宅など相手方の支配領域に属すると言える場所に配達された場合が挙げられる。また，相手方の支配領域に属するとまでは言えないとしても，相手方が意思表示を受けるべき場所として指定した場所に配達された場合も同様である。

3 (1) 本文(3)は，本文(2)の意味での「到達」が生じたとは言えない場合であっても，到達しなかったことの原因が相手方側にあるときは到達が擬制される旨の新たな規定を設けるものである。

　従来から，通常であれば意思表示が相手方に到達したと考えられるにもかかわらず，相手方側が正当な理由なく意思表示の受領を拒絶し又は受領を困難若しくは不能にした場合に，意思表示が到達したと認める判例（最判平成１０年６月１１日民集５２巻４号１０３４頁）など，意思表示が相手方の勢力範囲・支配圏内に入ったとは言えなくても，相手方側の行為態様などを考慮して到達を認める裁判例が見られる。例えば，いずれも意思表示が書留内容証明郵便で郵送された事案で，①相手方の同居人が本人の不在などを理由に故意に受領を拒絶した事案で到達を認めたもの（大判昭和１１年２月１４日民集１５巻１５８頁，大阪高判昭和５３年１１月７日判タ３７５号９０頁），②相手方が不在配達通知書により書留内容証明郵便が送付されたことを知っており，受領も容易であったのに受領に必要な行為をしなかったために留置期間満了により返送されたという事案で，遅くとも留置期間満了時に到達したと認めたもの（最判平成１０年６月１１日民集５２巻４号１０３４頁）などがある。これらの事案では，本文(2)の要件を満たすとは言えない（この補足説明の２(2)参照）が，判例は意思表示が到達したことを認めており，このような結論自体は支持されている。本文(3)は，これを踏まえて，このような場合にも到達の効果を生じさせるため，本文(2)に該当するとは言えない場合であっても意思表示が到達したとみなされるされる要件に関する規定を設けようとするものである。

(2) 意思表示の到達が擬制されるための要件について，まず，表意者側の要件として，相手方に通常到達すべき方法で意思表示を発信したことを要するものとしている。相手方に通常到達すべき方法で発信したのに，相手方の側の事情で到達しなかったのであれば，到達が擬制されてしかるべきであり，その要件を加重する（例えば，ほかに意思表示を到達させる手段がないことを要件とする）必要はないと考えられる。

　また，相手方の要件として，正当な理由がないのにその到達に必要な行為をしなかったことを要件とすることを提案している。住所における郵便物の受領の拒絶や，不在配達通知書を受け取ったのに再配達の依頼や郵便局に赴いて受領することをしなかった場合がこれに該当する。「正当な理由」の有無を判断するに当たっては，既知の者からの意思表示（例えば，既に契約関係にある者からの意思表示）であるか，未知の者から内容の不明な郵便物が配達された場合であるかなど，個別の事実関係に即して判断がされることになると考えられる。

　到達が擬制される時点は，その意思表示が通常到達すべきであった時である。これによれば，同居人等による受領拒絶があった場合はその時点で到達が認められることになると考えられる。また，不在配達通知書が残された事案では，その後受領に必要

と認められる相当の時間が経過した時に到達が擬制されることになる。
4 本文(4)では，まず，民法第97条第2項の「行為能力の喪失」を「行為能力の制限」に改め，これに保佐及び補助が含まれることを表現しようとしている。「行為能力の喪失」という文言が表意者について後見が開始されたことのみを指すとすると，行為能力の制限の程度としてはより軽度である保佐又は補助が開始された場合は意思表示の効力が影響を受けると解する余地が生ずることとなって不当であるから，「行為能力の喪失」に保佐又は補助の開始が含まれると解すべきであると考えられる。このことをより適切に表現しようとするものである。
　また，本文(4)は，表意者が意思表示の発信後意思能力を喪失した場合であっても意思表示の効力は影響を受けない旨の規律を民法第97条第2項に付け加える。同項の趣旨は，表意者の死亡等の事由を知らない相手方が，意思表示が有効であると考えて不測の損害を被ることを防ぐ点にあるとされており，この趣旨は，意思表示の発信後に表意者が意思能力を欠くに至った場合にも妥当することから，意思能力に関する規定を新たに設けること（前記第2）に伴い，規定を付け加えるものである。

5 意思表示の受領能力（民法第98条の2関係）
　民法第98条の2の規律に付け加えて，次のような規定を設けるものとする。
　意思表示の相手方がその意思表示を受けた時に意思能力を欠く状態であったときは，その意思表示をもってその相手方に対抗することができないものとする。ただし，意思能力を欠く状態であった相手方が意思能力を回復した後にその意思表示を知った後は，この限りでないものとする。

（概要）
　意思能力に関する規定を新たに設けること（前記第2）に伴い，民法第98条の2について意思表示の相手方がその意思表示を受けた時に意思能力を欠く状態であった場合の規律を付け加えるものである。同条ただし書を参照して，相手方が意思能力を回復した後にその意思表示を知ったときは，その後，表意者はその意思表示をもって相手方に対抗することができる旨の規定も設けている。

（補足説明）
　意思表示の受領能力に関する民法第98条の2に，相手方が意思表示の受領時に意思能力を有していなかった場合には意思表示を相手方に対抗することができないという規律を付け加えるものである。同条は，意思表示の受領者に当該意思表示の内容を了知し得る精神的能力が具備されていない限り，意思表示の効力を発生させるべきでないという趣旨に基づくが，この趣旨は，受領者が意思能力を欠く場合にも妥当すると考えられることから，意思能力に関する規定を新たに設けること（前記第2）に伴って，規定を付け加えることが必要になる。
　もっとも，一時的に意思能力を欠く状態であった相手方がその後に意思能力を回復してその意思表示を知った場合には，表意者は意思表示の効力を主張することができてしかる

べきであるから，民法第98条の2ただし書にならって，その旨の規定を設けることとしている。

第4　代理
1　代理行為の要件及び効果（民法第99条第1項関係）
民法第99条第1項の規律を次のように改めるものとする。
(1) 代理人がその権限内において本人のためにすることを示してした意思表示は，本人に対して直接にその効力を生ずるものとする。
(2) 代理人がその権限内において自らを本人であると称してした意思表示もまた，本人に対して直接にその効力を生ずるものとする。

（概要）
　本文(1)は，民法第99条第1項の規定を維持するものである。
　本文(2)は，代理人が自らを本人であると称してした意思表示を，本人のためにすることを示してした意思表示と同様に扱う旨を定めるものである。民法上の代理行為の方法としては，①代理人Aが本人Bのためにすることを示してする方法，②代理人Aが自分は本人Bではないことを前提に本人Bの名義の署名をしてする方法，③代理人Aが自分を本人Bであると称してする方法が考えられるが，本文(2)は，上記③の方法に関する規律を定めるものである（後記9(2)，最判昭和44年12月19日民集23巻12号2539頁参照）。なお，上記②は，上記①と同様に本文(1)の範ちゅうに属するものと考えられる。

（補足説明）
　（概要）に掲げた判例（最判昭和44年12月19日民集23巻12号2539頁）は，代理人が自らを本人であると称して権限外の行為をした事案について，「代理人が本人の名において権限外の行為をした場合において，相手方がその行為を本人自身の行為と信じたときは，代理人の代理権を信じたものではないが，その信頼が取引上保護に値する点においては，代理人の代理権限を信頼した場合と異なるところはないから，本人自身の行為であると信じたことについて正当な理由がある場合にかぎり，民法110条の規定を類推適用」すべきであるとしており，後記9(2)においてこの判例法理を明文化することとしている。この判例法理は，代理人が自らを本人であると称して権限内の行為をした場合にそれが有効な代理行為であり得ることを前提としていると見ることができる。民法第99条の解釈においても，形式上は顕名主義に反するが，このことは異論なく認められている。本文(2)はこの確立した解釈を明文化するものである。

2　代理行為の瑕疵（民法第101条関係）
民法第101条の規律を次のように改めるものとする。
(1) 代理人が相手方に対してした意思表示の効力が，意思の不存在，詐欺，強迫又はある事情を知っていたこと若しくは知らなかったことにつき過失があったことによって影響を受けるべき場合には，その事実の有無は，代理人に

ついて決するものとする。
(2) 相手方が代理人に対してした意思表示の効力が，意思表示を受けた者がある事情を知っていたこと又は知らなかったことにつき過失があったことによって影響を受けるべき場合には，その事実の有無は，代理人について決するものとする。
(3) 本人が知っていた事情について，本人がこれを任意代理人に告げることが相当であった場合には，本人は，任意代理人がその事情を知らなかったことを主張することができないものとする。
(4) 本人が過失によって知らなかった事情について，本人がこれを知って任意代理人に告げることが相当であった場合には，本人は，任意代理人がその事情を過失なく知らなかったことを主張することができないものとする。

(概要)
　本文(1)(2)は，民法第１０１条第１項の規定を，代理人の意思表示に関する部分と相手方の意思表示に関する部分とに分けて整理することにより，同項の規律の内容を明確にすることを意図するものである。古い判例には，代理人が相手方に対して詐欺をした場合における相手方の意思表示に関しても同項が適用されるとしたものがあるが（大判明治３９年３月３１日民録１２輯４９２頁），これに対しては，端的に詐欺取消しに関する同法第９６条第１項を適用すべきであるとの指摘がされている。本文(1)(2)のように同法第１０１条第１項の規律の内容を明確にすれば，代理人が相手方に対して詐欺をした場合における相手方の意思表示に関しては同項は適用されないことが明確になる（前記第３，３参照）。なお，意思能力に関する明文規定（前記第２参照）や動機の錯誤に関する明文規定（前記第３，２参照）等が設けられる際には，それらに相当する文言を本文(1)の「意思の不存在，詐欺，強迫」に追加することが考えられる。
　本文(3)(4)は，民法第１０１条第２項の規定を，本人が知っていた事情に関する部分と本人が過失によって知らなかった事情に関する部分とに分けて整理するとともに，同項の①特定の法律行為を委託したこと，②代理人が本人の指図に従って行為をしたことという要件を拡張する方向で改め，本人がその事情を代理人に告げることが相当であったことを新たな要件とするものである。同項の現在の要件については，狭きに失するとの批判があり，本人が代理人の行動をコントロールする可能性があることを要件とすべきであるとの指摘がされている。判例にも，上記①の特定の法律行為の委託があれば，上記②の本人の指図があったことは要件としないとするものがある（大判明治４１年６月１０日民録１４輯６６５頁）。本文(3)(4)は，以上を踏まえ，同項の要件を拡張するものである。

(補足説明)
　本文(1)のうち，①代理人がした意思表示の効力が，意思の不存在，詐欺，強迫によって影響を受けるべき場合の例としては，ⅰ代理人が錯誤に基づいて意思表示をした場合（民法第９５条本文），ⅱ代理人が相手方による詐欺に基づいて意思表示をした場合（同法第９６条第１項）が挙げられる。また，②代理人がした意思表示の効力が，ある事情を知って

いたこと又は知らなかったことにつき過失があったことによって影響を受けるべき場合の例としては，代理人が錯誤に基づいて意思表示をしたが重大な過失があった場合（同法第９５条ただし書）が挙げられる。

本文(2)の相手方がした意思表示の効力が，その意思表示を受けた者がある事情を知っていたこと又は知らなかったことにつき過失があったことによって影響を受けるべき場合の例としては，ⅰ心裡留保に基づいて相手方がした意思表示につき，その相手方の真意を知り，又は知ることができた場合（民法第９３条ただし書），ⅱ第三者による詐欺に基づいて相手方がした意思表示につき，その第三者詐欺の事実を知っていた場合（同法第９６条第２項）が挙げられる。

本文(1)(2)のように民法第１０１条第１項の規律の内容を明確にすれば，（概要）の第１パラグラフに記載した代理人が相手方に対して詐欺をした場合における相手方の意思表示については，代理人の意思表示の問題ではないから本文(1)は適用されず，また，相手方の意思表示の効力がその意思表示を受けた者がある事情を知っていたこと又は知らなかったことにつき過失があったことによって影響を受けるべき場合ではないから本文(2)も適用されず，したがって，同項の規定は適用されないことが明確になる。

3 　代理人の行為能力（民法第１０２条関係）
民法第１０２条の規律を次のように改めるものとする。
(1) 制限行為能力者が代理人である場合において，その者が代理人としてした行為は，行為能力の制限によっては取り消すことができないものとする。
(2) 上記(1)にかかわらず，制限行為能力者が他の制限行為能力者の法定代理人である場合において，当該法定代理人が代理人としてした行為が当該法定代理人を当事者としてした行為であるとすれば取り消すことができるものであるときは，本人又は民法第１２０条第１項に規定する者は，当該行為を取り消すことができるものとする。

（概要）
本文(1)は，民法第１０２条の規律の内容を維持しつつ，制限行為能力者が代理人である場合における具体的な規律の内容を明確にすることを意図するものである。

本文(2)は，本文(1)の例外として，制限行為能力者が他の制限行為能力者の法定代理人である場合に関する規律を定めるものである。制限行為能力者が他の制限行為能力者の法定代理人であることは想定され得る事態であるため，一定の要件の下で取消しを認める必要があるとの指摘がされていることから，民法第１０２条の例外を定めることとしている。

（補足説明）
民法第１０２条は，代理人は行為能力者であることを要しないと規定しているが，同法第１１１条第１項第２号は，代理権の消滅事由として代理人が後見開始の審判を受けたことを挙げている。また，同法第８４７条，第８７６条の２第２項，第８７６条の７第２項は，後見人，保佐人，補助人のそれぞれの欠格事由として成年被後見人等であることを挙

げない一方で未成年者であることを挙げており，同法第833条，第867条第1項は，未成年者による親権の行使を禁じている。このように，制限行為能力者が任意代理人又は法定代理人となり得るかどうかについては，民法上，必ずしも一貫した規律がされているとは言い難い状況にある。

　ただ，本人があえて制限行為能力者を任意代理人に選任する場合には，その効力を否定する必要はないし，任意代理人に選任された制限行為能力者の代理行為について何らかの制限を加える必要もないと考えられる。また，制限行為能力制度の理念であるノーマライゼーションに照らせば，制限行為能力者が法定代理人となることを一律に否定するのは適当でないし，そもそも親権者が保佐開始の審判を受けた場合などのように制限行為能力者が法定代理人となる事態は，実際上も避けることができない。

　そこで，問題となるのは，制限行為能力者である法定代理人の代理行為に何らかの制限を加える必要があるかどうかである。これについては，少なくとも制限行為能力者が他の制限行為能力者の法定代理人である場合（親権者が保佐開始の審判を受けた場合など）については，本人の保護という制限行為能力制度の目的が十分に達せられないおそれがある上に，本人が代理人の選任に直接関与するわけではないため代理人が制限行為能力者であることのリスクを本人に引き受けさせる根拠を欠くことから，法定代理人の代理行為に何らかの制限を加える必要があるとの指摘がされている。本文(2)はこの指摘を踏まえたものである。

4　代理人の権限（民法第103条関係）
　民法第103条の規律を次のように改めるものとする。
　(1) 任意代理人は，代理権の発生原因である法律行為によって定められた行為をする権限を有するものとする。
　(2) 法定代理人は，法令によって定められた行為をする権限を有するものとする。
　(3) 上記(1)及び(2)によって代理人の権限が定まらない場合には，代理人は，次に掲げる行為のみをする権限を有するものとする。
　　ア　保存行為
　　イ　代理の目的である物又は権利の性質を変えない範囲内において，その利用又は改良を目的とする行為

（概要）
　本文(1)(2)は，代理人の権限の範囲に関する基本的な規律を定めるものであり，本文(3)の権限の定めのない代理人の権限の範囲に関する規律に先立って，原則的な規律を明確にすることを意図するものである。
　本文(3)は，民法第103条の規律の内容を維持しつつ，本文(1)(2)を設けたことに伴う表現の修正をするものである。

（補足説明）

民法第103条は，権限の定めのない代理人の代理権の範囲について規定しているが，本来，代理権の範囲は，①任意代理については代理権の発生原因である法律行為の解釈によって定まり，②法定代理については代理権の発生根拠である法令の解釈によって定まるべきものである。したがって，同条は，法律行為又は法令の解釈によっても代理権の範囲が定まらない場合に適用される補充的な規定である。そこで，同条の規律を改め，本文(1)(2)において上記の原則的な規律を明確にした上で，本文(3)において現行の民法第103条に相当する補充的な規律を定めることとしている。

5　復代理人を選任した任意代理人の責任（民法第105条関係）
　　民法第105条を削除するものとする。

（概要）
　復代理人を選任した任意代理人が本人に対して負う内部的な責任について，原則として復代理人の選任及び監督の点に軽減される旨を定めている民法第105条第1項，例外的に更に責任が軽減される旨を定めている同条第2項の規定をいずれも削除するものである。一般の債権者と債務者との関係（例えば売買に基づく目的物引渡債務の債権者である買主と債務者である売主との関係）においては，債権者が債務者に対してその履行を補助する第三者の選任を許諾した場合，債務者がやむを得ない事由によりその履行を補助する第三者を選任した場合（同条第1項参照），さらには債権者の指名に従ってその履行を補助する第三者を選任した場合（同条第2項参照）であっても，債務者が自己の債務を履行しないことにより債務不履行責任を負うかどうかは，債務不履行責任の一般原則に従って判断されるのであり，同条の場合にのみ一律に責任が軽減されるとする合理的な理由がないからである。同条のように任意代理人と本人との内部的な関係に関する規律は，契約各則の委任の箇所に移すこととしているが（後記第41，1参照），同条については委任の箇所に移すことなく削除することとしている。

（補足説明）
　任意代理人と本人との内部的な関係に関する規律として契約各則の委任の箇所に移すこととしているものは，①民法第104条（任意代理人による復代理人の選任）の規定のうち，任意代理人・復代理人と本人との内部的な関係に関する規律（後記第41，1(1)参照），②同法第107条第2項（復代理人の権限等）の規定のうち，任意代理人が選任した復代理人と本人との内部的な関係に関する規律（後記第41，1(2)参照）である。
　したがって，(a)民法第104条の規定のうち，任意代理人・復代理人と相手方との外部的な関係に関する規律，(b)同法第107条第2項の規定のうち，ⅰ任意代理人が選任した復代理人と相手方との外部的な関係に関する規律，ⅱ法定代理人が選任した復代理人と本人との内部的な関係に関する規律，ⅲ法定代理人が選任した復代理人と相手方との外部的な関係に関する規律は，いずれも現在の代理の箇所に残ることとなる。

6 　自己契約及び双方代理等（民法第108条関係）
　　民法第108条の規律を次のように改めるものとする。
　(1)　代理人が自己を相手方とする行為をした場合又は当事者双方の代理人として行為をした場合には，当該行為は，代理権を有しない者がした行為とみなすものとする。
　(2)　上記(1)は，次のいずれかに該当する場合には，適用しないものとする。
　　ア　代理人がした行為が，本人があらかじめ許諾したものである場合
　　イ　代理人がした行為が，本人の利益を害さないものである場合
　(3)　代理人がした行為が上記(1)の要件を満たさない場合であっても，その行為が代理人と本人との利益が相反するものであるときは，上記(1)及び(2)を準用するものとする。
　　（注1）上記(1)については，無権代理行為とみなして本人が追認の意思表示をしない限り当然に効果不帰属とするのではなく，本人の意思表示によって効果不帰属とすることができるという構成を採るという考え方がある。
　　（注2）上記(3)については，規定を設けない（解釈に委ねる）という考え方がある。

（概要）
　本文(1)は，民法第108条本文が自己契約及び双方代理を対象とする規定であることをより明確にするとともに，自己契約及び双方代理の効果について，これを無権代理と同様に扱って本人が追認の意思表示をしない限り当然に効果不帰属とするという判例法理（最判昭和47年4月4日民集26巻3号373頁等）を明文化するものである。自己契約及び双方代理の性質上，代理行為の相手方との関係で表見代理の規定の適用が問題となることはない。他方，代理行為の相手方からの転得者との関係では，本人が転得者の悪意を主張立証した場合に限り本人は代理行為についての責任を免れることができるとする判例（上記最判昭和47年4月4日等）が引き続き参照されることを想定している。もっとも，以上の判例法理に対しては，自己契約及び双方代理は対外的には飽くまで代理権の範囲内の行為であるから無権代理と同様に扱うのは相当でないとの指摘があり，この指摘を踏まえ，本人が効果不帰属の意思表示をすることによって効果不帰属とすることができるという構成を採るべきであるとの考え方（代理権の濫用に関する後記7参照）がある。この考え方を（注1）で取り上げている。
　本文(2)アは，民法第108条ただし書の規定のうち本人が許諾した行為に関する部分を維持するものである。
　本文(2)イは，民法第108条ただし書の規定のうち「債務の履行」に関する部分を「本人の利益を害さない行為」に改めるものである。債務の履行には裁量の余地があるものもあるため，一律に本人の利益を害さないものであるとは言えない。そこで，同条ただし書がもともと本人の利益を害さない行為について例外を認める趣旨の規定であることを踏まえ，端的にその旨を明文化するものである。
　本文(3)は，自己契約及び双方代理には該当しないが代理人と本人との利益が相反する行

為について，自己契約及び双方代理の規律を及ぼすことを示すものである。一般に，自己契約及び双方代理に該当しなくても代理人と本人との利益が相反する行為については民法第１０８条の規律が及ぶと解されており（大判昭和７年６月６日民集１１巻１１１５頁等参照），この一般的な理解を明文化するものである。本文(3)の利益相反行為に該当するかどうかは，代理行為自体を外形的・客観的に考察して判断するものであり（最大判昭和４２年４月１８日民集２１巻３号６７１頁等参照），他方，本文(2)イの「本人の利益を害さないもの」に該当するかどうかは，より実質的な観点から当該代理行為が本人の利益を害するものかどうかを判断するものである。そのため，本文(3)の利益相反行為に該当するものであっても，本文(2)イの「本人の利益を害さないもの」に該当することがあり得る。また，代理行為の相手方や転得者との関係については，本人が相手方や転得者の悪意を主張立証した場合に限り本人は代理行為についての責任を免れることができるとする判例（最判昭和４３年１２月２５日民集２２巻１３号３５１１頁等）が引き続き参照されることを想定している。もっとも，以上に対しては，自己契約及び双方代理に該当しない利益相反行為はその態様が様々であることから，その規律全体を引き続き解釈に委ねるべきであるという考え方があり，これを（注２）で取り上げている。

（補足説明）
1 （概要）の第１パラグラフ及び第４パラグラフに記載したとおり，自己契約及び双方代理の相手方からの転得者や，自己契約及び双方代理に該当しない利益相反行為の相手方又は転得者との関係について，判例は，本人が相手方や転得者の悪意を主張立証した場合に限り本人は代理行為についての責任を免れるとしている（最大判昭和４３年１２月２５日民集２２巻１３号３５１１頁，最判昭和４７年４月４日民集２６巻３号３７３頁等参照。なお，上記最大判昭和４３年１２月２５日の大隅健一郎裁判官の補足意見も参照）。もっとも，これに対しては，自己契約及び双方代理もそれに該当しない利益相反行為も無権代理行為とみなすのであるから，相手方との関係は表見代理の規定によるべきであるし，転得者との関係は民法第９４条第２項の類推適用や同法第１９２条の即時取得などの制度によるべきであるとの指摘がある。
2 本人が主張立証すべき悪意の意味について，判例（上記各判決に加え，最大判昭和４６年１０月１３日民集２５巻７号９００頁等参照）は，取締役の利益相反行為に関する会社法第３５６条が適用される場面では，その行為が利益相反行為に該当すること及びその行為について取締役会等の承認がないことについての悪意であるとする一方で，民法第１０８条が適用される場面では，その行為が利益相反行為に該当することについての悪意であるとしている。本文の規律が設けられた場合であっても，この判例のような解釈には影響がないことを前提としている。

7 代理権の濫用
　(1) 代理人が自己又は他人の利益を図る目的で代理権の範囲内の行為をした場合において，相手方が当該目的を知り，又は重大な過失によって知らなかったときは，本人は，相手方に対し，当該行為の効力を本人に対して生じさせ

ない旨の意思表示をすることができるものとする。
(2) 上記(1)の意思表示がされた場合には，上記(1)の行為は，初めから本人に対してその効力を生じなかったものとみなすものとする。
(3) 上記(1)の意思表示は，第三者が上記(1)の目的を知り，又は重大な過失によって知らなかった場合に限り，第三者に対抗することができるものとする。
(注) 上記(1)については，本人が効果不帰属の意思表示をすることができるとするのではなく，当然に無効とするという考え方がある。

(概要)
　本文(1)は，代理権の濫用に関する規律を定めることによって，ルールの明確化を図るものである。判例（最判昭和４２年４月２０日民集２１巻３号６９７頁）は，代理権濫用行為について民法第９３条ただし書を類推適用するとしており，この判例を踏まえて代理権濫用行為を無効とするという考え方を（注）で取り上げている。しかし，この場合の代理人は代理行為の法律効果を本人に帰属させる意思でその旨の意思表示をしているから，立法に当たってその効果を無効とする理由はないとの指摘がされている。また，代理権濫用行為は飽くまで代理権の範囲内の行為である。そこで，本人が効果不帰属とする旨の意思表示をすることによって，効果不帰属という効果が生ずるものとしている。
　効果不帰属の意思表示は，相手方が代理権濫用の事実（代理人の目的）について悪意又は重過失である場合に限りすることができるものとしている。重過失の相手方を保護しないのは，本人自身が代理権濫用行為をしたわけではないからであり，軽過失の相手方を保護するのは，代理権濫用の事実が本人と代理人との間の内部的な問題にすぎないからである。軽過失の相手方を保護する点で上記判例と結論を異にしている。また，本人の側が相手方の悪意又は重過失の主張立証責任を負担することを想定しているが，これは，代理権濫用行為に該当するかどうかは外形的・客観的に判断されるものではないから相手方においてこれを認識するのは容易でないことを理由とする。なお，効果不帰属の意思表示がされた場合には無権代理と同様に扱うことになるから，無権代理人の責任に関する規定（民法第１１７条，後記１１参照）等が適用されることになる。
　本文(2)は，効果不帰属の意思表示に遡及効を与えるものである。効果不帰属の意思表示の期間制限については，特段の規定を設けることはせず，形成権の行使期間の一般原則に委ねることとしている。また，期間制限の問題とは別に，相手方が本人に対して効果不帰属の意思表示をするかどうかを確答すべき旨の催告をすることができるものとするかどうかについて，引き続き検討する必要がある（民法第１１４条，第２０条参照）。
　本文(3)は，第三者の保護について定めるものである。判例（上記最判昭和４２年４月２０日）は，代理権濫用行為について民法第９３条ただし書を類推適用するとしているため，第三者の保護についても，同条ただし書の適用を前提として，同法第９４条第２項の類推適用や同法第１９２条の即時取得などの制度によることを想定していると考えられるが，本文(3)は，本文(1)の効果不帰属の意思表示の構成を採ることを前提として，第三者の保護に関する規律を明らかにするものである。

(補足説明)
　前記６において，自己契約及び双方代理もそれに該当しない利益相反行為も無権代理行為とみなす一方で，本文(1)において，代理権濫用行為を効果不帰属の意思表示によって初めて遡及的に無権代理行為とみなすことの整合性については，引き続き検討する必要がある。利益相反行為に当たるかどうかは外形的・客観的に判断されるのに対し，代理権濫用行為に当たるかどうかは代理人の主観的な意図を基準に判断されるから，両者を区別することは可能であり，両者の効果を異なるものとすることについても問題はないとの指摘がある。また，利益相反行為と代理権濫用行為のどちらに当たるのかが明確でない事案があるとしても，どちらの法律構成を採るかは本人の自由な判断（双方を選択的に主張するという判断も当然可能である。）に委ねればよいとの指摘もある。
　もっとも，両者の効果を統一的に捉えるべきであるとの指摘もある。その場合には，①利益相反行為についても，代理権濫用行為と同様に，効果不帰属の意思表示によって初めて遡及的に無権代理行為とみなすという考え方と，これとは逆に，②代理権濫用行為についても，利益相反行為と同様に，相手方が代理人の目的を知り，又は重大な過失によって知らなかったときは，無権代理行為とみなすという考え方があり得る。

８　代理権授与の表示による表見代理（民法第１０９条関係）
　民法第１０９条の規律を次のように改めるものとする。
(1) 本人が相手方に対して他人に代理権を与えた旨を表示した場合において，その他人がその表示された代理権の範囲内の行為をしたときは，本人は，当該行為について，その責任を負うものとする。ただし，相手方が，その他人がその表示された代理権を与えられていないことを知り，又は過失によって知らなかったときは，この限りでないものとする。
(2) 上記(1)の他人がその表示された代理権の範囲外の行為をした場合において，相手方が当該行為についてその他人の代理権があると信ずべき正当な理由があるときは，本人は，当該行為について，その責任を負うものとする。ただし，相手方が，その他人がその表示された代理権を与えられていないことを知り，又は過失によって知らなかったときは，この限りでないものとする。

(概要)
　本文(1)は，民法第１０９条の規律の内容を維持しつつ，同条の「第三者」という規定ぶり等をより明確に表現することを意図するものである。
　本文(2)は，民法第１０９条と同法第１１０条の重畳適用に関する規律を定めるものであり，判例法理（最判昭和４５年７月２８日民集２４巻７号１２０３頁）を明文化するものである。

(補足説明)
　本文(2)の民法第１０９条と同法第１１０条の重畳適用は，同法第１１０条の要件である

基本代理権の授与に代えて，基本代理権についての同法第１０９条の表見代理の成立を主張するというものである。したがって，同法第１１０条において基本代理権と実際の代理行為の代理権という２種類の代理権が問題となるのと同様に，本文(2)においても，基本代理権に相当する同法第１０９条の代理権授与表示における代理権と，実際の代理行為の代理権という２種類の代理権が問題となる。また，代理権授与表示における代理権については同法第１０９条にいう善意無過失，実際の代理行為の代理権については同法第１１０条にいう正当な理由がそれぞれ要件となる。本文(2)第２文の「その他人がその表示された代理権を与えられていないことを知り，又は過失によって知らなかったとき」というのが前者の問題であり，本文(2)第１文の「当該行為についてその他人の代理権があると信ずべき正当な理由があるとき」というのが後者の問題である。

　この２種類の代理権は，相互に関係するものである必要はない（大判昭和５年２月１２日民集９巻１４３頁参照）。したがって，基本代理権に相当する代理権授与表示における代理権についての相手方の主観的事情と，実際の代理行為の代理権についての相手方の主観的事情とは，それぞれ独立に形成されることがあり得る。本文(2)の要件は，そのような観点から，代理権授与表示における代理権についての相手方の主観的事情と，実際の代理行為の代理権についての相手方の主観的事情とを，それぞれ別個独立の要件としている。

9　権限外の行為の表見代理（民法第１１０条関係）
　　民法第１１０条の規律を次のように改めるものとする。
　(1)　代理人がその権限外の行為をした場合において，相手方が代理人の権限があると信ずべき正当な理由があるときは，本人は，当該行為について，その責任を負うものとする。
　(2)　代理人が自らを本人であると称してその権限外の行為をした場合において，相手方が代理人の行為が本人自身の行為であると信ずべき正当な理由があるときは，本人は，当該行為について，その責任を負うものとする。

（概要）
　本文(1)は，民法第１１０条の規律の内容を維持しつつ，同条の「準用する」という規定ぶり等をより明確に表現することを意図するものである。
　本文(2)は，代理人が自らを本人であると称して権限外の行為をした場合に関する規律を定めるものであり，この場合について民法第１１０条の類推適用を認める判例法理（最判昭和４４年１２月１９日民集２３巻１２号２５３９頁）を明文化するものである。なお，代理人が自らを本人であると称して権限内の行為をした場合については，前記１(2)参照。

（補足説明）
　（概要）に掲げた判例（最判昭和４４年１２月１９日民集２３巻１２号２５３９頁）は，代理人が自らを本人であると称して権限外の行為をした事案について，「代理人が本人の名において権限外の行為をした場合において，相手方がその行為を本人自身の行為と信じたときは，代理人の代理権を信じたものではないが，その信頼が取引上保護に値する点にお

いては，代理人の代理権限を信頼した場合と異なるところはないから，本人自身の行為であると信じたことについて正当な理由がある場合にかぎり，民法１１０条の規定を類推適用して，本人がその責に任ずるものと解するのが相当である」と判示している。この判例法理を明文化する本文(2)の規律は，代理人が自らを本人であると称して無権代理行為をした場合における表見代理の成否に関する規律であるから，同法第１０９条（前記８参照）や同法第１１２条（後記１０参照）との関係においても同様の規律が妥当するとも考えられる。

　しかし，まず民法第１１２条との関係では，同条の「善意」の意味を「過去に存在した代理権が代理行為の時までに消滅したことについての善意」と解する以上（後記１０の概要の第１パラグラフ参照），同条が適用される場面として無権代理人が自らを本人であると称して無権代理行為をした場面を想定することはできないと考えられる。

　また，民法第１０９条との関係でも，代理権授与表示において代理人と表示された者が自らを本人であると称して無権代理行為をすることは通常考え難いから，同条が適用される場面として無権代理人が自らを本人であると称して無権代理行為をした場面を想定することはできないとも考えられる。もっとも，本人からその本人の名義の使用を許諾された他人が自らを本人であると称して無権代理行為をした場合については，本人がその名義の使用を許諾したことを代理権授与表示の一種と評価して，同条の表見代理の成立を認め得るという考え方がある（部会資料２９第３，２(1)ウ(ｱ)［７２頁］参照）。

　以上によれば，少なくとも民法第１０９条については，本文(2)と同様の規律を設けるべきかどうか引き続き検討する余地があるが，他方で，代理人が自らを本人であると称して有権代理又は無権代理の行為をした場合に関する規律については，前記１(2)の有権代理に関する規律のみを設け，本文(2)のような表見代理（無権代理）に関する規律は設けずに，前記１(2)の有権代理に関する規律の応用に委ねるという考え方もあり得る。

　なお，代理人が自らを本人であると称して有権代理又は無権代理の行為をした場合に関する規律と似て非なるものとして，ある者（名義貸与者）からその名義の使用を許諾された他人がその名義を使用して自らを当事者とする法律行為をした場合に関する規律であるいわゆる名板貸責任の規律（商法第１４条，会社法第９条，一般社団法人及び一般財団法人に関する法律第８条参照）がある。名板貸責任とは，ある者（名義貸与者）からその名義の使用を許諾された他人がその名義を使用して自らを当事者とする法律行為をした場合において，その他人自身がその法律行為の当事者として債務を負うことは当然であるが，名義貸与者も，その法律行為を名義貸与者が行うものと誤認した相手方に対し，その他人と連帯して債務を履行する責任を負うとするものである。名義の使用者に代理意思がなく，自らを当事者とする法律行為をしていることから，表見代理の規定を適用することはできないが，その名義の使用に関する相手方の信頼を保護するため，名義貸与者にも一定の場合に連帯責任を負わせるものである。

10　代理権消滅後の表見代理（民法第１１２条関係）

　　民法第１１２条の規律を次のように改めるものとする。

　(1)　代理人であった者が代理権の消滅後にその代理権の範囲内の行為をした場

合において，相手方がその代理権の消滅の事実を知らなかったときは，本人は，当該行為について，その責任を負うものとする。ただし，相手方がその代理権の消滅の事実を知らなかったことにつき過失があったときは，この限りでないものとする。
(2) 代理人であった者が代理権の消滅後にその代理権の範囲外の行為をした場合において，相手方が，その代理権の消滅の事実を知らず，かつ，当該行為についてその者の代理権があると信ずべき正当な理由があるときは，本人は，当該行為について，その責任を負うものとする。ただし，相手方がその代理権の消滅の事実を知らなかったことにつき過失があったときは，この限りでないものとする。

(概要)
　本文(1)は，民法第112条の規律の内容を維持しつつ，同条の「善意」の意味を明らかにするなど，その規律の内容を明確にすることを意図するものである。同条の「善意」の意味については，「代理行為の時に代理権が存在しなかったこと」についての善意ではなく，「過去に存在した代理権が代理行為の時までに消滅したこと」についての善意であると解すべきであるとの指摘があり，また，判例(最判昭和32年11月29日民集11巻12号1994頁，最判昭和44年7月25日集民96号407頁)もそのように解しているとの指摘があることから(部会資料29第3，2(3)アの補足説明［78頁］参照)，後者の考え方を採ることを明確にしている。
　本文(2)は，民法第112条と同法第110条の重畳適用に関する規律を定めるものであり，判例法理(大連判昭和19年12月22日民集23巻626頁)を明文化するものである。

(補足説明)
1　(概要)に掲げた判例(最判昭和32年11月29日民集11巻12号1994頁)は，民法第112条と同法第110条の重畳適用の事案について，「代理権の消滅につき善意無過失の相手方」と説示しており，同条の「善意」の意味を過去に存在した代理権が消滅したことについての善意と解しているように見える。また，(概要)に掲げたもう一つの判例(最判昭和44年7月25日集民96号407頁)も，民法第112条の「善意」の意味について明示的な判断を示してはいないが，原審の事実認定に対する検討に当たって，「本件代理権の存続を誤信」などと説示しており，同条の「善意」の意味を過去に存在した代理権が消滅したことについての善意と解しているように見える。学説においても，同条の表見代理の規定は，過去に存在した代理権が存続していることを信頼した相手方を保護する趣旨のものであるから，同条の「善意」の意味についても，過去に存在した代理権が消滅したことについての善意と解すべきであるとの指摘がされている。
　裁判実務における主張立証責任の構造を見ても，まず代理人との間の法律行為によって一定の権利を取得したことを主張する代理行為の相手方の側が，本人が代理人に対し

て代理権を授与したことを主張立証し，これに対して本人の側が，その授与した代理権が消滅したことを主張立証し，これに対して更に相手方の側が，その代理権の消滅について善意であったことを主張立証することになるが，これは，民法第１１２条の「善意」の意味を過去に存在した代理権が消滅したことについての善意と解することを前提としていると考えられる（なお，上記の主張立証責任の構造は，民法第１１２条と同法第１１０条の重畳適用の事案においても同様である。）。

2 　本文(2)の民法第１１２条と同法第１１０条の重畳適用は，同法第１１０条の要件である基本代理権の授与に代えて，基本代理権についての同法第１１２条の表見代理の成立を主張するというものである（前記8の補足説明の第1パラグラフ参照）。したがって，同法第１１０条において基本代理権と実際の代理行為の代理権という２種類の代理権が問題となるのと同様に，本文(2)においても，基本代理権に相当する同法第１１２条の過去に存在したが消滅した代理権と，実際の代理行為の代理権という２種類の代理権が問題となる。また，過去に存在したが消滅した代理権については同法第１１２条にいう善意無過失，実際の代理行為の代理権については同法第１１０条にいう正当な理由がそれぞれ要件となる。本文(2)第１文及び第２文の「相手方が，その代理権の消滅の事実を知らず…。ただし，相手方がその代理権の消滅の事実を知らなかったことにつき過失があったとき」というのが前者の問題であり，本文(2)第１文の「当該行為についてその者の代理権があると信ずべき正当な理由があるとき」というのが後者の問題である。

　この２種類の代理権は，相互に関係するものである必要はない（大判昭和5年2月12日民集9巻143頁参照）。したがって，基本代理権に相当する過去に存在したが消滅した代理権についての相手方の主観的事情と，実際の代理行為の代理権についての相手方の主観的事情とは，それぞれ独立に形成されることがあり得る。本文(2)の要件は，そのような観点から，過去に存在したが消滅した代理権についての相手方の主観的事情と，実際の代理行為の代理権についての相手方の主観的事情とを，それぞれ別個独立の要件としている。

11 　無権代理人の責任（民法第１１７条関係）

　民法第１１７条の規律を次のように改めるものとする。

(1) 他人の代理人として契約をした者は，その代理権を有していた場合又は本人の追認を得た場合を除き，相手方の選択に従い，相手方に対して履行又は損害賠償の責任を負うものとする。

(2) 上記(1)は，次のいずれかに該当する場合には，適用しないものとする。

　ア 　他人の代理人として契約をした者が代理権を有しないことを相手方が知っていた場合

　イ 　他人の代理人として契約をした者が代理権を有しないことを相手方が過失によって知らなかった場合。ただし，他人の代理人として契約をした者が自己に代理権がないことを自ら知っていたときを除くものとする。

　ウ 　他人の代理人として契約をした者が自己に代理権がないことを知らなかった場合。ただし，重大な過失によって知らなかったときを除くものとす

る。
　エ　他人の代理人として契約をした者が行為能力を有しなかった場合

（概要）
　本文(1)は，民法第１１７条第１項の規律の内容を維持しつつ，同項の「自己の代理権を証明することができず」という規定ぶり等をより明確に表現することを意図するものである。
　本文(2)アは，民法第１１７条第２項の規定のうち相手方が悪意である場合に関する部分を維持するものである。
　本文(2)イは，民法第１１７条第２項の規定のうち相手方に過失がある場合に関する部分を維持しつつ，これにただし書を付加して，相手方に過失がある場合でも，無権代理人自身が悪意であるときは，無権代理人の免責を否定する旨を新たに定めるものである。有力な学説を踏まえ，相手方と無権代理人との間の利益衡量をより柔軟にすることを意図するものである。
　本文(2)ウは，無権代理人が自己に代理権がないことを知らなかった場合の免責に関する規律を定めるものである。民法第１１７条第１項の無権代理人の責任は無過失責任とされているが，これに対しては，無権代理人が自己に代理権がないことを知らなくても常に責任を負うのでは無権代理人に酷な結果を生じかねないとの指摘がされている（例えば，代理行為の直前に本人が死亡したため無権代理となった場合等）。そこで，学説上のこのような指摘を踏まえ，錯誤に関する民法第９５条の規定を参考にして新たな規律を定めることとするものである。
　本文(2)エは，民法第１１７条第２項の規定のうち代理人の行為能力に関する部分を維持するものである。

（補足説明）
　本文(2)イ第１文の「相手方が過失によって知らなかった場合」における無権代理人の免責の規律（現行の民法第１１７条第２項と同じ規律）に対しては，相手方が重過失によって知らなかった場合に限り無権代理人の免責を認めるべきであるとの指摘がある。この指摘によれば，無権代理人は，相手方の軽過失を主張立証するだけでは免責されず，相手方の重過失を主張立証して初めて免責されることになる。これに対して，本文(2)イによれば，無権代理人は，相手方の軽過失を主張立証すれば足りるが，軽過失を主張立証された相手方が無権代理人の悪意を主張立証すれば無権代理人は免責されないことになる。このように本文(2)イは，現行の民法第１１７条第２項の規律を前提としつつ，相手方と無権代理人との間の利益衡量をより柔軟に行うことを意図するものである。
　本文(2)ウの「無権代理人が自己に代理権がないことを知らなかった場合」における免責の規律に対しては，代理権がないことのリスクは本来代理人自身が負担すべきであって，現行の民法第１１７条第１項はそのような観点から無権代理人の責任を無過失責任としているのであるから，これを修正するのは相当でないとの指摘がある。他方，本文(2)ウは錯誤に関する現行の民法第９５条を参考とするものであって，代理人に重過失があった場合

における調整（本文(2)ウ第2文参照）もあるから，必ずしも不当な結果を招くことにはならないとの指摘もある。

 12 授権（処分権授与）
　(1) 他人に対し，その他人を当事者とする法律行為によって自己の所有権その他の権利を処分する権限を与えた場合において，その他人が相手方との間で当該法律行為をしたときは，当該権利は，相手方に直接移転するものとする。この場合において，当該権利を有していた者は，相手方に対し，その他人と相手方との間の法律行為においてその他人が相手方に対して主張することのできる事由を，主張することができるものとする。
　(2) 上記(1)の場合については，その性質に反しない限り，代理に関する規定を準用するものとする。
　（注）授権に関する規定は設けない（解釈に委ねる）という考え方がある。

（概要）
　本文(1)は，いわゆる授権（処分授権）に関する規律を定めることによって，ルールの明確化を図るものである。処分授権とは，①授権者Aが被授権者Bに対して，被授権者Bを当事者とする法律行為によって授権者Aの権利を処分する権限を与え，②被授権者Bが第三者Cとの間で，授権者Aの権利を処分する内容の法律行為をすることによって，③授権者Aと第三者Cとの間において，当該権利の処分という効果（授権者Aから第三者Cに当該権利が移転し，又は授権者Aの当該権利の上に第三者Cの権利が設定されるという効果）が生ずるとともに，④被授権者Bと第三者Cとの間において，当該法律行為の効果のうち上記権利処分の効果を除くもの（売買契約であれば被授権者Bの第三者Cに対する代金支払請求権の発生や，第三者Cの被授権者Bに対する目的物引渡請求権等の発生という効果）が生ずるものをいう。授権者Aの第三者Cに対する債権は一切発生しない。また，第三者Cの授権者Aに対する債権も一切発生しないが，第三者Cは授権者Aに対して上記権利処分の効果によって取得した権利（売買契約であれば所有権）に基づく物権的請求権を行使することができる。この制度によれば，授権者Aは，自らを契約の当事者としないでその権利を直接第三者Cに処分することが可能となるため，例えば委託販売の実務において，委託者Aの受託者Bに対する所有権の移転（売却等）を経ない方法を採ることが可能となり，それぞれの局面に応じた柔軟な取引形態を選択することが可能となるとの指摘がされている。この制度の名称については，「授権」という用語が様々な場面で用いられていることから（民事訴訟法第28条，破産法第247条第3項，特許法第9条等），「授権」や「処分授権」とするのは相当でないとの指摘がある。そこで，例えば「処分権授与」とすることが考えられる。
　本文(2)は，授権に関して，その性質に反しない限り代理と同様の規律が及ぶことを示すものである。代理の規定を包括的に準用しつつ，性質に反するかどうかを解釈に委ねることとしている。例えば，前記4(3)（権限の範囲が定まらない代理人は保存行為及び利用・改良行為の権限のみを有する旨の規定）については，被授権者に処分の権限を授与する制

度である処分授権にはなじまないと考えられることから，解釈上準用されないと考えられる。
　もっとも，以上に対しては，授権の概念の明確性や有用性にはなお疑問があるとして，授権に関する規定は設けずに引き続き解釈に委ねるべきであるという考え方があり，これを（注）で取り上げている。

（補足説明）
　処分授権に関する規定を設ける場合には，被授権者が相手方に対して主張することのできる事由を，授権者も主張することができるとする必要があり，そうしなければ，例えば被授権者と相手方との間で成立した売買契約において目的物の引渡期限が定められているにもかかわらず，授権者が相手方からの所有権に基づく明渡請求に対してその引渡期限の主張をすることができないことになるとの指摘がある。本文(1)第2文はこの指摘を踏まえたものである。
　また，処分授権に関する規定を設ける場合には，この中間試案では取り上げられていないが，他人物売買がされた後に権利者がこれを追認した場合についても本文(1)と同様の効果が生ずる旨の規定を設けることが考えられる。一般に，他人物売買がされた後に権利者がこれを追認した場合における所有権の移転については，権利者から他人物買主へ直接移転するとの見解と，権利者から他人物売主へ，他人物売主から他人物買主へ順次移転するとの見解とがあるが，処分授権の制度を新たに設けるのであれば，他人物売買がされた後の権利者による追認についてもこれを事後的な処分授権と理解するのが相当であることを理由とする。
　以上の説明は，主に売買契約の場面を想定したものであるが，例えば抵当権設定契約の場面を想定すると，抵当権が授権者から被授権者，被授権者から相手方へ順次移転することは考え難いから，授権者から相手方へ直接抵当権を設定することができる処分授権の制度を認める実益がより高いとも考えられる。

第5　無効及び取消し
1　法律行為の一部無効
　法律行為の一部が無効となる場合であっても，法律行為のその余の部分の効力は妨げられないものとする。ただし，当該一部が無効であることを知っていれば当事者がその法律行為をしなかったと認められる場合には，その法律行為は無効とするものとする。
　（注）このような規定を設けないという考え方がある。

（概要）
　一部の契約条項が無効であるなど法律行為の一部が無効となる場合であっても，無効となるのは当該一部のみであり，その余の部分の効力には影響が及ばないのが原則である。本文第1文は，このことを明示する新たな規定を設けるものである。もっとも，当事者が当該一部を除く部分のみであればその法律行為をしなかったと認められる場合には，残部

の効力を認めると当事者が本来意図しなかった法律関係に拘束されることになるため，本文第2文では，このような場合には例外的に法律行為全体が無効になる旨の新たな規定を併せて設けることとしている。

これに対し，法律行為の一部が無効である場合のその余の部分の効力は一律には定められないなどとして規定を設けないという考え方があり，（注）で取り上げている。

（補足説明）
1　本文は，法律行為の一部に無効原因がある場合に，当該部分のみが無効になるのか，法律行為全体が無効になるかという問題に関するものである。法律行為に含まれる特定の条項の一部に無効原因がある場合に当該条項全体が無効になるか，無効原因がある限度で無効になるかという問題もあるが，ここでは，その条項ではなく，法律行為全体が無効になるか，法律行為自体は無効原因がある部分を除いて効力を認められるかを問題とする点で区別される。

　この点について，当事者の意思をできるだけ尊重するという観点からは，法律行為の一部が無効であるとしても，全体としては無効にならないことを原則とすべきであると考えられる。例えば，商品の売買において，紛争が生じた場合に訴えを提起すべき裁判所が定められていたとしても，それは契約全体からみれば付随的な条項であり，この条項が無効であったとしても，そのことによって契約全体を無効とするのは当事者の意思に反する。本文の第1文は，このような原則を示すものである。例えば，消費者契約に，事業者の債務不履行によって消費者に生じた損害を賠償する責任の全部を免除する条項が含まれていた場合には，この条項は無効となるが（消費者契約法第8条第1項第1号），その消費者契約全体が無効になるわけではない。契約の有効性を前提として，事業者が債務を履行しなかった場合には，債務不履行の一般原則に基づいて損害賠償義務などを負うことになる。

2　もっとも，法律行為のうち無効となる部分が当事者にとって重要な部分であり，その部分の効力が認められないのであれば当事者としてはその法律行為を行わなかったということもあり得る。このような場合にまで，法律行為のその余の部分の効力を維持することは，当事者が本来形成しようとしたものとは異なる法律関係に拘束力を認めることになり，当事者の意思に反し，法律行為の制度趣旨にも適合しないことになる。そこで，法律行為の一部が無効とされ，その余の部分の効果のみが生ずるのであれば当事者はそのような法律行為を行わなかったであろうと合理的に認められる場合には，その法律行為全体を無効とすべきであると考えられる。本文の第2文は，このことを示すものである。

　ここにいう「当事者」は，契約においては，当事者双方のことを指すと考えられる。当事者のうちの一方のみが，残部のみではその契約を締結しなかったと考えているときであっても，それによって法律行為全体を無効とすれば，契約が有効に成立したと考えている他方当事者の期待に反することになる。もっとも，この場合には，残部のみではその契約を締結しなかったと考えている当事者にとっての錯誤は問題になり得，錯誤に関する規定によって取り消すことまで否定するものではない。

法律行為の一部が無効だがその余の部分の効力が維持される場合には，無効になった部分をどのように補充するかが問題になることがある。補充が問題になるのは，法律行為が契約である場合が多いと考えられ，これは契約の解釈が問題になる一場面であると考えられる。契約の一部が無効になる場合は，その部分が定めていた事項について当事者間の合意がないことになるから，いわゆる補充的解釈が問題になる。補充的解釈に関する規定を設けることとされているので（後記第29，3），これに委ねるものとし，ここでは法律行為の一部が無効である場合の補充に固有の規定は設けないこととしている。
3　これに対し，法律行為の一部が無効である場合のその余の部分の効力は一律には定められないこと，本文の考え方が判例や学説上確立しているとは必ずしも言えないことなどを理由として，規定を設けないという考え方があり，（注）で取り上げている。
4　法律行為の一部が無効である場合については，本文で取り上げた問題のほか，法律行為に含まれるある条項の一部が無効である場合に，当該条項の全体が無効となるかどうかという問題や，ある法律行為の無効が他の法律行為の無効という効果をもたらす場合があるかどうかについても，検討が行われた。しかし，前者の問題については，「条項」の範囲をどのように考えるか，無効になるのが条項全体である場合と一部にとどまる場合とをどのような基準で区分するかなどの問題があり，また，後者の問題については，ある法律行為が他の法律行為の無効という効果をもたらすために，両者にどのような関係がある必要があるか，当事者が共通の場合と異なる場合とで要件が異なるかなどの問題があり，これらについて十分な意見の一致を見ることができなかったことから，本文では取り上げていない。

2　無効な法律行為の効果
　(1)　無効な法律行為（取り消されたために無効であったとみなされた法律行為を含む。）に基づく債務の履行として給付を受けた者は，その給付を受けたもの及びそれから生じた果実を返還しなければならないものとする。この場合において，給付を受けたもの及びそれから生じた果実の返還をすることができないときは，その価額の償還をしなければならないものとする。
　(2)　上記(1)の無効な法律行為が有償契約である場合において，給付を受けた者が給付を受けた当時，その法律行為の無効であること又は取り消すことができることを知らなかったときは，給付を受けたものの価額の償還義務は，給付を受けた者が当該法律行為に基づいて給付し若しくは給付すべきであった価値の額又は現に受けている利益の額のいずれか多い額を限度とするものとする。
　(3)　上記(1)の無効な法律行為が有償契約以外の法律行為である場合において，給付を受けた者が給付を受けた当時，その法律行為の無効であること又は取り消すことができることを知らなかったときは，給付を受けた者は，それを知った時点でその法律行為によって現に利益を受けていた限度において上記(1)の返還の義務を負うものとする。
　(4)　民法第121条ただし書の規律に付け加えて，次のような規定を設けるも

のとする。
　意思能力を欠く状態で法律行為をした者は，その法律行為によって現に利益を受けている限度において，返還の義務を負うものとする。ただし，意思能力を欠く状態で法律行為をした者が意思能力を回復した後にその行為を了知したときは，その了知をした時点でその法律行為によって現に利益を受けていた限度において，返還の義務を負うものとする。
　(注)　上記(2)については，「給付を受けた者が当該法律行為に基づいて給付し若しくは給付すべきであった価値の額又は現に受けている利益の額のいずれか多い額」を限度とするのではなく，「給付を受けた者が当該法律行為に基づいて給付し若しくは給付すべきであった価値の額」を限度とするという考え方がある。

(概要)
　法律行為に基づく履行として給付がされたが，その法律行為が無効であるか取り消された場合の返還請求権の範囲について定めるものである。法律行為が無効であったり，取り消された場合の原状回復については，民法第７０３条及び第７０４条は適用されないという考え方が有力に主張されており，この場合の法律関係が不明確であることから，新たな規定を設けるものである。この規定は，民法第７０３条及び第７０４条に対する特則と位置づけられることになる。
　本文(1)は，返還義務の内容についての原則を定めるものである。法律行為が無効である場合は，給付の原因がなく，互いにその法律行為が存在しなかったのと同様の状態を回復することが原則になる。したがって，給付されたもの自体やその果実の返還ができる場合にはその返還を，その返還が不可能であるときはその客観的な価額を償還しなければならない。ここにいう果実には天然果実・法定果実を含むが，いわゆる使用利益が給付を受けた物の価額とは別に返還の対象となるかどうかについては，目的物の性質にもよることから，解釈に委ねることとしている。
　本文(2)は，無効な法律行為が有償契約である場合について，給付されたものの返還に代わる価額償還義務の上限を定めるものである。本文(1)の返還義務は本来的には受領した給付の客観的な価値によって定まるが，この原則を貫徹すると，その法律行為が無効であること又は取り消すことができることを知らなかった給付受領者が予想外に高額の償還義務を負う場合があることから，本文(2)は，有力な見解に従い，受領したものそれ自体の価額償還について一定の上限を設けることとしたものである。これに対し，受領者が，受領の時点で法律行為が無効であること又は取り消すことができることを知っていたときは，本文(1)の原則に戻り，価額が反対給付の額を上回る場合であっても，全額の償還義務を負うことになる。
　償還義務に設けられる上限は，反対給付又は現存利益のうち大きい方である。受領した給付の客観的な額がこの上限よりも大きいときは，この上限を超える償還義務を負わないことになる。反対給付が現存利益よりも大きい場合に反対給付の額を上限とするのは，給付受領者がその給付を受けるためには反対給付を負担する必要があったのであり，その限

度で償還義務を負担させても給付受領者の期待に反しないと考えられるからである。現存利益が反対給付よりも大きい場合に現存利益を上限とするのは、無効な法律行為によって現に利益を受けている以上、給付の客観的な価額の範囲内でその返還をさせても不合理ではないからである。現存利益が反対給付よりも大きい場合としては、給付を受領した者が、その客観的な価額には至らないが自分が負担した反対給付を上回る金額で第三者に転売してその代金を受領した場合などが考えられる。これに対しては、現存利益の額を考慮する考え方は一般的に確立したものではないとして、反対給付のみを上限とすべきであるとの考え方があり、これを（注）で取り上げている。

本文(3)は、無効な法律行為が無償契約や単独行為である場合に、善意の受領者がいわゆる利得消滅の抗弁を主張することができることを定めるものである。すなわち、受領者が、給付の受領当時、法律行為が無効であること又は取り消すことができることを知らなかったときは、善意であった間に失われた利得について返還義務を免れ、悪意になった時点で現に利益を受けていた限度で返還すれば足りることを定めている。善意の受領者は、その給付が自分の財産に属すると考えており、費消や処分の後に現存利益を超える部分の返還義務を負うとするとこのような期待に反することになるからである。

なお、善意の受領者が利得消滅の抗弁を主張することができるのは、無効であった法律行為が有償契約以外の法律行為である場合に限られる。有償契約が無効又は取消可能であったとしても、それに基づく双方の債務は、当初は対価的な牽連性を有するものとして合意されていたものであるから、その原状回復においても、主観的事情や帰責事由の有無にかかわらず、自分が受領した給付を返還しないで、自分がした給付についてのみ一方的に返還を求めるのは、均衡を失し公平でないと考えられるからである。

本文(4)は、民法第121条ただし書を維持するとともに、意思能力に関する規定を設けること（前記第2）に伴い、意思能力を欠く状態で法律行為をした者がその法律行為に基づく債務の履行として給付を受けた場合についても、制限行為能力者と同様にその返還義務を軽減するものである。もっとも、意思能力を欠く状態で契約を締結した者がその後意思能力を回復し、意思能力を欠いている間に法律行為をしたことを了知したときは、その後返還すべき給付を適切に保管すべきであると考えられるから、この場合の免責を認めないものとしている。

（補足説明）
1 法律行為によって生じたとされる債務の履行として給付がされたが、その法律行為が無効であった場合や取り消された場合には、その給付について法律上の原因がなかったことになるから、給付をした当事者は、不当利得返還請求権に基づいてその返還を請求することができることになる。しかし、民法第703条及び第704条は一方当事者が相手方に一方的に給付を行う場合を主として想定して設けられた規定であり、法律行為が無効であったり取り消されたりした場合、特にその法律行為が有償契約である場合の原状回復には適用されないという考え方が有力に主張されており、現状ではこの場合の法律関係が不明確な状況にある。そこで、本文においては、無効な法律行為に基づく債務の履行がされていた場合の返還請求権の範囲について規定を設けることとしている。

この規定は，民法第７０３条及び第７０４条に対する特則と位置づけられることになる。
2 　本文(1)は，無効な法律行為に基づいて給付がされた場合の返還義務の内容についての原則を定めるものである。取り消すことができる法律行為に基づいて給付がされたが，その後に法律行為が取り消された場合，取り消されると遡及的に無効であったとみなされるため，無効な法律行為に基づいて給付がされたのと同様に扱うことになる。給付の時点では無効ではないため，「無効な法律行為に基づいて債務の履行として給付を受けた」と言えるかどうかに疑義が生ずるとも考えられることから，括弧書きで同様に扱われることを確認している。

　法律行為が無効である場合は，給付の原因がなく，互いにその法律行為が存在しなかったのと同様の状態を回復することが原則になる。したがって，給付されたもの自体の返還ができる場合にはそれを返還し，給付されたものから果実が生じた場合にもその返還が可能である場合にはそれを返還することが原則となる。ここにいう果実には天然果実・法定果実を含むが，いわゆる使用利益が給付を受けた物の価額とは別に返還の対象となるかどうかについては，目的物の性質にもよることから，解釈に委ねることとしている。本文(1)の第１文は，以上のことを示すものである。

　これに対し，給付されたものが給付を受けた者の下で滅失したり，給付を受けた者がそれを費消したりした場合や，給付されたものが役務であるなどその性質上給付自体を返還することができない場合がある。この場合には，原則としては，受け取った給付の返還に代えてその価額を償還しなければならない。また，収取した果実が滅失したり費消されたりして果実そのものを返還することができなくなった場合も，同様にその価額を償還しなければならないのが原則である。ここにいう「価額の償還」とは，給付や果実の客観的な価値に相当する額を意味するものであり，無効とされた契約において合意されていた対価の額と一致するものではない。例えば，客観的には３０万円の価額を有する物を５０万円の価値があると誤認して５０万円で購入する契約をしたという事例（事例①）を考えると，目的物を受け取った買主は，錯誤を理由として契約を取り消した場合，受領したその物を返還することができないときは３０万円の償還義務を負うのが原則になる。本文(1)の第２文は，以上のことを示すものである。

　なお，この償還義務は，本来の原則である原物の返還に代えて，それと同様の経済的地位を給付者に回復させることが目的であるから，原則としては，その価額算定の基準時は，償還時であると考えられる。

3 (1)　上記のように，契約が無効となった場合の巻き戻しにおいては，原物を返還することができるときは原物の返還を，返還することができないときはその客観的な価額に相当する金銭の償還をするのが原則である。原物の返還をすることができるときは，これを受領者に返還させても不都合はないが，価額償還について上記の原則をそのまま貫徹すると，その法律行為が無効であること又は取り消すことができることを知らなかった給付受領者が予想外に高額の償還義務を負う場合がある。例えば，ある物を３０万円で売買する契約が締結されたが，その目的物は実は５０万円の価値を有しており，売主が錯誤で安い値段をつけてしまったという事例（事例②）を考えると，買主が売主の錯誤を知らずに受領した後に目的物が滅失すると，取消によって５０万円

の価額償還義務を負うことになる。しかし，この帰結は買主に酷であると考えられることから，善意の買主の償還義務を軽減すべきではないかが問題になる。
(2) この場合に，民法第７０３条を形式的に適用して，善意で利得した者は現存利益の範囲でしか返還義務を負わない（利得消滅の抗弁）とすると，上記の買主は，目的物が滅失して現存利益がない以上，全く返還義務を負わないことになる。しかし，当事者が互いに双務的な債務を負う契約において双方の債務が履行されており，一方の利得が消滅した場合に，その一方が自分の利得は消滅したとしてその返還を拒みながら，他方に対しては給付したものの返還を求めるのは均衡を失する。このように，有償契約が無効である場合の原状回復に同条の適用はなじまないとして，同条の適用を除外する考え方が有力となっている。

　どのような契約の原状回復において民法第７０３条の適用が排除されるかについては，基本的には，当事者が互いに双務的な債務を負担する場合，つまり双務契約を念頭に置きつつ，有償契約においても同様の問題が生じ得るとして，無効な法律行為が双務契約又は有償契約である場合には，同条は適用されないという考え方がある。本文(2)も，これと同様の考え方に立って，双務契約又は有償契約についての規律を設けようとするものである。ただし，双務契約は常に有償であると考えられるので，「双務契約又は有償契約」とは，実質的には有償契約の範囲と一致すると考えられる。そこで，本文(2)では，その適用対象を「有償契約」と規定することとしている。
(3) 有償契約の清算において一方の返還が不可能になった場合にどのように処理するかについて，学説の中には，契約が無効である場合の原状回復に危険負担の発想を取り込み，相対立する原状回復義務の一方の履行が不能になった場合には，債務者主義の考え方によって他方の義務も消滅すると考えるものがある。しかし，事例①においては，買主は本来の価額である３０万円を償還すれば支払った代金である５０万円の返還を請求することができるはずであるのに，危険負担の考え方を取り入れる考え方によれば，３０万円の償還義務を免れる代わりに５０万円の返還請求権をも失う結果となってしまう。このように，双方の債務が対価的に均衡していることを前提とする危険負担の債務者主義の考え方を，そのような対価の均衡があるとは限らない原状回復に取り入れることは適当でないと考えられる。

　そこで，双務的な債務を負う当事者間においては，自己の所有に属する物の滅失・毀損の危険は，所有者自身が自らの責任において回避すべきであるという思想に基づいて，その返還が不可能になった場合には，受領者が，法律行為の無効について善意であるか悪意であるかにかかわらず，また，返還が不可能になったことについて帰責事由があるかどうかにかかわらず，原則として価額返還義務を負うという考え方が有力に主張されている。本文(2)も，このような考え方に従うものであり，給付の受領者が善意である場合であっても，双務的な債務を負う当事者間においては，返還が不可能になったとしても，価額償還義務として存続することを前提としている。
(4) このように，価額償還義務が存続するとしても，受領者の償還義務の範囲を限定する必要がある場合がないか，どのような受領者について償還義務を限定する必要があるかが更に問題になる。

この点について，まず，受領者が，受領の時点で法律行為が無効であること又は取り消すことができることを知っていたときは，給付を受領する原因がないとして受領を拒んだり，相手方が取り消すかどうかを確認したりすべきであり，それを怠って給付を受領した者は，その給付を返還しなければならないことを覚悟していたのであって，反対給付さえ履行すれば相手方からの給付を確定的に保持することができるという正当な信頼があるとは言えないから，本文(1)の原則のとおり，客観的な価額の償還義務を負うとしても不都合はない。

　これに対し，給付受領者が，その法律行為が無効であること又は取消可能であることを知らなかったときは，給付受領者としては，反対給付さえ履行すれば相手方からの給付を確定的に保持することができる（その反対給付の額を超える経済的負担は，当該契約に関しては生じない）という正当な信頼が生じていると言える。そこで，本文(2)は，この場合には，反対給付又は現存利益のうち大きい方を本文(1)の価額償還義務の上限とし，受領した給付の客観的な額がこの上限よりも大きいときは，この上限の限度で償還義務を負う（これを超える償還義務を負わない）とすることにより，給付受領者に予想外の負担を与えることにならないようにしようとするものである。反対給付が現存利益よりも大きい場合に反対給付の額を上限とするのは，給付受領者がその給付を受けるためには反対給付を負担する必要があったのであり，その限度で償還義務を負担させても給付受領者の期待に反しないと考えられるからである。現存利益が反対給付よりも大きい場合に現存利益を上限とするのは，無効な法律行為によって現に利益を受けている以上，給付の客観的な価額の範囲内でその返還をさせても不合理ではないからである。

　例えば，この補足説明の(1)で述べた事例②で，物が滅失したために返還が不可能になった場合には，買主がその法律行為において負担していた反対給付の額が３０万円，現存利益がゼロであるから，そのうち大きい方，すなわち反対給付の額が上限となり，買主は３０万円を償還すれば足りることになる。同じく事例②で，例えば，給付受領者がこれを４０万円で第三者に転売していた場合には，反対給付の額が３０万円，現存利益が４０万円であるから，そのうちの大きい方，すなわち現存利益の額が上限となり，買主は４０万円を償還すれば足りることになる。

　このような上限が課せられるのは，本文(1)の価額償還義務のうち給付を受けたものに対応する部分であり，果実についての価額償還義務については，このような上限は課されない。本文(2)は，給付の価値が予想外に高価であった場合に，反対給付さえ負担すればその給付を保持することができるという受領者の信頼を保護するためのものであり，果実についてはこのような考慮は問題にならないからである。

　なお，本文(2)の趣旨は，あくまで給付受領者が負うのは客観的な価額償還であることを前提に，これを貫徹すると給付受領者にとって酷な結果となる場合に，償還義務の範囲を合理的なものに限定しようとするものであり，本文(2)の上限とされている額が本来負うべき価額償還義務の額よりも大きい場合であっても，本来の価額を超える償還義務を負わせる趣旨ではない。例えば，上記の事例②で，買主が６０万円で転売していた場合には，本来負うべき価額償還義務を修正する必要はなく，５０万円を返

還すれば足りる。また，反対給付の額が目的物の客観的な価額よりも大きい場合（例えば，この補足説明２の事例①の場合）には，その物を受け取った後滅失させるなどして原物を返還することが不可能になった場合には，原則どおり客観的な価額（事例①では３０万円）を償還すれば足り，この場合にまで反対給付（事例①では５０万円）の金額の返還義務が発生するということではない。
(5) 価額償還義務の上限として現存利益を考慮することに対しては，一般的に確立した考え方ではないとして，反対給付のみを上限とすべきであるとの考え方があり，これを（注）で取り上げている。これによれば，例えば，上記の事例で，買主が４０万円で転売していたとしても，価額償還義務としては反対給付である３０万円を支払えば足りることになり，これを超える現存利益については不当利得法の解釈に委ねられることになると考えられる。
4　本文(3)は，無効な法律行為が無償契約や単独行為である場合に，善意の受領者がいわゆる利得消滅の抗弁を主張することができることを定めるものである。

　受領者が利得消滅の抗弁を主張することができるためには，まず，給付を受領した時点で，無効であること又は取消可能であることを知らなかったことが必要である。受領時点でこれらを知っていた場合には，給付を受領する原因がないとして受領を拒んだり，相手方が取り消すかどうかを確認したりすべきであり，それを怠って給付を受領した者は，その給付を返還しなければならないことを覚悟していたと言えるから，その後利得が消滅したからと言って，償還義務を縮減する必要はない。したがって，例えば，受領者が自ら詐欺や脅迫を行った者である場合，暴利行為によって過大な利益を得ようとした者である場合など，自ら故意に無効原因や取消原因を生じさせた場合はもとより，給付者が錯誤に陥っていた場合や，給付者が制限行為能力者である場合など，給付受領者が無効原因や取消原因の発生には関与していない場合であっても，給付までにそのことを知っていたときは，そもそも利得消滅の抗弁を主張することができないことになる。

　受領者が利得消滅の抗弁を主張して返還義務を免れることができるのは，善意であった間に失われた利得についてである。給付の原因となった法律行為が無効又は取消可能であることを知らない間は，給付受領者は受領した給付が自分の財産に属すると考えており，費消や処分，さらには滅失させることも自由にできるはずであるから，そのために利得が消滅した後に，現存利益を超える部分の返還義務を負うとすると，このような期待に反することになるからである。他方，給付後に，法律行為が無効又は取消可能であることを知ったときは，以後，受領者は，給付者から返還請求される可能性があることを覚悟して，返還のためにその物を保管すべき立場に立つことになる。この場合には，給付受領者は，給付を返還するまで善管注意義務を負うことになり（後記第８，１(2)），悪意になった後に故意に消費や転売などをしたために現存利益が減少した場合はもとより，善管注意義務を尽くさなかったために滅失や損傷が生じた場合も，利得消滅を主張して返還義務を免れることはできない。もっとも，善管注意義務を尽くしていたのに給付された物が滅失又は損傷したときは，それによる利得の消滅は本文(3)によって直接免責されるわけではないが，善管注意義務違反がないことを理由として免責されることになる。

5　返還義務者が法律上の原因がないことについて悪意であった場合には本来利得消滅の抗弁を主張することができず，受領した給付全額についての返還義務を負うはずであるが，民法第１２１条ただし書によれば，制限行為能力者はたとえ悪意であっても返還義務の範囲が現存利益に縮減される。制限行為能力者については，適切な財産の管理能力がなく，浪費などによって給付による利得を失ってもその返還義務を負担させられないという考慮に基づくものであると考えられるが，本文では，このような趣旨に鑑みて，同条ただし書を維持するものとしている。また，当事者が意思能力を欠く場合にも，同様に財産の管理能力がなく，同条ただし書と同様の趣旨が妥当することから，意思能力に関する規定を設けること（前記第２）に伴い，意思能力を欠く状態で法律行為をした者についても，同様にその返還義務を軽減している。

　もっとも，行為能力の制限と異なり，意思能力を欠如した状態で法律行為をした者は，その後すぐに意思能力を回復することもあり得る。意思能力を回復し，かつ，その法律行為を了知した場合には，以後，返還すべき給付を適切に保管すべきであると考えられる。したがって，その後の利得の消滅については，免責を認めないこととしている。

3　追認の効果（民法第１２２条関係）
民法第１２２条ただし書を削除するものとする。

（概要）

　追認は，不確定ではあるものの有効であると扱われている法律行為を確定的に有効とするに過ぎず，第三者の権利を害することはないから，民法第１２２条ただし書は適用場面がなく不要な規定であると理解されている。本文は，このような考え方に基づき，同条ただし書を削除するものである。

4　取り消すことができる行為の追認（民法第１２４条関係）
民法第１２４条の規律を次のように改めるものとする。
(1) 取り消すことができる行為の追認は，取消しの原因となっていた状況が消滅し，かつ，追認権者が取消権を行使することができることを知った後にしなければ，その効力を生じないものとする。
(2) 次に掲げるいずれかの場合には，上記(1)の追認は，取消しの原因となっていた状況が消滅した後にすることを要しないものとする。
　　ア　法定代理人又は制限行為能力者の保佐人若しくは補助人が追認をする場合
　　イ　制限行為能力者（成年被後見人を除く。）が法定代理人，保佐人又は補助人の同意を得て追認をする場合

（概要）

　本文(1)は，取り消すことができる法律行為の追認をするには法律行為を取り消すことができるものであることを知ってする必要があるという判例法理（大判大正５年１２月２８

日民録22輯2529頁）を明文化するため，民法第124条第1項に「追認権者が取消権を行使することができることを知った後」という要件を付け加えるものである。これに伴い，同条第2項が定める「行為能力者となった後にその行為を了知したとき」という要件は，本文(1)の要件と重複することとなるので，同条第2項を削除することとしている。

この改正は，法定追認の要件にも影響を及ぼすものと考えられる。判例（大判大正12年6月11日民集2巻396頁）は，民法第125条の規定は取消権者が取消権の存否を知っていると否とを問わずその適用があるとしていたが，法定追認は同法第124条の規定により追認をすることができる時以後にする必要がある（同法第125条）とされているため，同法第124条を本文のように改正すると，この判例法理を変更することになる。

本文(2)は，本文(1)の追認の要件のうち「取消しの原因となっていた状況が消滅した後」であることを要しない場合に関する規律であり，本文(2)アが現在の民法第124条第3項の規律内容を維持するものである。他方，同イは，制限行為能力者（成年被後見人を除く。）が法定代理人，保佐人又は補助人の同意を得て取り消すことができる行為の追認をすることができることは異論なく認められていることを踏まえて，このことを明文化するものである。いずれの場合でも，「追認権者が取消権を行使することができることを知った後」という要件は必要であることとしている。

（補足説明）
1 　民法第124条第1項は，追認は，取消原因である状況の消滅後にする必要があるとするが，判例は，これに加え，その法律行為を取り消すことができるものであることを知ってする必要があるとする（大判大正5年12月28日大審院民事判決録22輯2529頁）。取り消すことができる行為の追認は，その行為についての取消権の放棄であると解されており，このような理解から，学説上も，上記判例の立場は支持されている。このような判例及び学説の立場を条文上明確にするため，本文(1)は，同項に「追認権者が取消権を行使することができることを知った後」という要件を付け加えるものである。
　　「追認権者が取消権を行使することができることを知った」と言えるためには，そのような行為がされたこと自体を認識していることが必要である。また，「取消し」という概念についての正確な法的知識までは不要であるが，その法律行為の効力を否定する権利があることを認識していることが必要であると考えられる。
2 　民法第124条第2項は，成年被後見人が行為能力者となった後に追認するにはその行為を了知することが必要であると規定するが，これは，法律行為の追認はその行為を取り消すことができることを知ってしなければならないことを，成年被後見人について定めたものであるとされている。本文(1)のように，追認一般について，その行為自体の了知を含めて，その行為について取消権を行使することができることを知った上でしなければならない旨の規定を設けるとすれば，成年被後見人が行為能力者になった場合について特に同項のような規定を設ける必要はなくなる。そこで，本文(1)では，同項を削除し，成年被後見人が行為能力者になった場合についての規律を設けないこととしている。
3 　民法第125条は法定追認の要件を「民法第124条の規定により追認をすることが

できる時以後に」としているため，同法第124条の要件を本文(1)のように修正すると，法定追認について特にその適用を排除しない限り，法定追認の要件にも影響を与えることになる。

　法定追認の要件について，判例（大判大正12年6月11日民集2巻396頁）は，民法第125条の規定は取消権者が取消権の存在を知っていると否とを問わずその適用があるとしている。学説も，法定追認は，黙示の追認がされたとの相手方の信頼を保護し，法律関係を安定させるために確定的に追認としての効果を認めたものであることから，これを支持するのが一般的である（ただし，成年被後見人については，同法第124条第2項の趣旨から，法定追認の場合でも行為の了知が必要であるとする。）。このような判例の立場を維持しようとすれば，本文(1)のうち「追認権者が取消権を行使することができることを知った」という要件を法定追認には適用しない旨の規定を設ける必要がある。しかし，法定追認は，明示的に追認する旨の意思を表示しなくても，当事者の追認の意思を推測させる事実を列挙し，追認が行われ得る状態になった後にこれらの事実があったときは追認があったものとみなすこととしたものであり，追認の前提となる要件について，通常の追認と異なる扱いをする理由はないと考えられる。そこで，本文(1)は，「追認権者が取消権を行使することができることを知った」という要件が法定追認にも適用されることを前提に，同法第125条を改正しないこととしている。

4　本文(2)は，本文(1)の追認の要件のうち「取消しの原因となっていた状況が消滅し」た後であることを要しない場合について規定を設けるものである。

　第1に，本文(2)アは，法定代理人又は保佐人・補助人が追認する場合には取消の原因となっていた状況が消滅した後であることを要しないという民法第124条第3項の規律を維持するものである。例えば，成年後見人は，「取消しの原因となっていた状況が消滅した」，すなわち成年後見が終了していなくても，成年被後見人が締結した契約を追認することができるはずであり，この規律を改める必要はない。もっとも，この場合でも，成年後見人がその行為について取消権を行使することができることを知っているという要件は必要であると考えられる。そこで，本文(2)の柱書では，「取消の原因となっていた状況が消滅した」という要件のみを除外することとしている。

　第2に，本文(2)イは，成年被後見人以外の制限行為能力者，すなわち未成年者又は被保佐人・被補助人が，それぞれ法定代理人又は保佐人・補助人の同意を得て追認する場合に関するものである。成年被後見人は後見人の同意を得ても追認をすることはできないとされているが，成年被後見人以外の制限行為能力者は，法定代理人等の同意を得て自ら追認することができると解されている。この場合にも，本文(1)のうち取消しの原因となっていた状況，すなわち当事者の行為能力が制限されているという状況が消滅した後に追認しなければならないという要件を排除しておく必要がある。この場合にも，本文(1)のうち「追認権者が取消権を行使することができることを知った後」という要件を排除する理由はないので「取消の原因となっていた状況が消滅した」という要件のみを除外することとしている。なお，この場合には，法定代理人等が取消権を行使することができることを知っていれば，「追認権者が取消権を行使することができることを知った」という要件は満たされると考えられる。

5 法定追認（民法第125条関係）
　民法第125条の規律に，法定追認事由として，「弁済の受領」及び「担保権の取得」を付け加えるものとする。
　　（注）「弁済の受領」及び「担保権の取得」を付け加えないという考え方がある。

（概要）
　取消権を有する側の当事者が相手方から弁済を受領した場合及び相手方から担保権を取得した場合を，法定追認事由に付け加えるものである。「弁済の受領」を付け加えるのは，民法第125条第1号の「全部又は一部の履行」は，自ら履行する場合だけでなく相手方の履行を受領する場合を含むという判例法理（大判昭和8年4月28日民集12巻1040頁）を明文化するものである。「担保権の取得」を付け加えるのは，「弁済の受領」と同程度又はそれ以上に当事者の追認意思を推認させるものであり，学説上も，これが同条第4号の「担保の供与」に含まれるという見解が有力であるからである。これに対して，相手方による弁済や担保権の押しつけによって意思表示の有効性が確定するおそれがあるとして，これらの事由を付け加えるべきでないという考え方があり，これを（注）で取り上げている。

（補足説明）
1　民法第125条第1号は，法定追認事由として「全部又は一部の履行」を挙げているが，これは，追認権者の側が履行した場合に限定されるのか，その相手方によるものも含まれるかは必ずしも明確ではない。この点について，判例は，追認権者が自ら履行する場合だけでなく，相手方による履行も同号の「全部又は一部の履行」に含まれているとしており，その理由として，債権者が債務者に対して債務の履行を請求することとその履行を受けることには，その債務発生原因である行為の効果を認める点で共通しているにもかかわらず，前者は同条第2号によって追認とみなされ，後者は追認にならないとするのは均衡を失するからであるとしている（大判昭和8年4月28日民集12巻1040頁）。学説にもこれを支持するものが多い。そこで，この判例及び学説の考え方に従い，これを条文上明確にするため，「弁済の受領」を法定追認事由に追加することとしている。
2　民法第125条第4号は「担保の供与」を法定追認事由として挙げるが，これについても，追認権者の側が担保を供与しただけでなく，相手方が担保を供与し，追認権者が担保権を取得する行為が含まれるかどうかが問題になる。追認権者が担保権を取得する行為も，弁済を受領する行為と同様に，債務発生原因である行為の有効性を前提とする行為であると言えるから，追認権者が，取消しの原因となっていた状況が消滅し，取消権を行使することができると認識した後に担保権を取得したときは，追認の効果を認めて差し支えないと考えられる。そこで，「担保権の取得」を法定追認事由に追加するものとしている。
3　「弁済の受領」「担保権の取得」を法定追認事由に加えることに対しては，外形的にこ

れらに該当することのみで追認の効果が生ずるとすると，取消権を有する側の当事者の意思にかかわらず相手方が弁済や担保権を押しつけることによって意思表示の有効性が確定するおそれがあるという懸念が示されている。例えば，追認権者が弁済を受けるつもりがないのに口座に代金が入金されたり，目的物が自宅に配送されたりしただけで追認の効果が生ずると，取消権を行使する余地が不当に制約されるという懸念である。これは，上記の判例法理や学説の下では現在でもある問題であるが，法定追認事由として列挙されているのは類型的に追認の意思を推認させる行為であるから，受領者の意思と関係なく口座への入金や目的物の配送がされたのみでは，「弁済の受領」に該当せず，その法律行為に基づく債務の履行であることを認識しながら，合理的な期間内に異議を述べなかったりそれを使用したりして初めて「弁済の受領」に該当すると解すべきであると考えられる。また，「担保権の取得」については，追認権者の行為なくして生ずることは考えにくく，「履行の受領」と比べても，これを法定追認事由に加えることにより，取消権の行使を不当に阻害する弊害は少ないと考えられる。本文の「弁済の受領」「担保権の取得」の趣旨は以上のとおりであるが，このような実質を条文上どのように表現するかについては，なお検討する必要がある。

6 取消権の行使期間（民法第126条関係）
　民法第126条の規律を改め，取消権は，追認をすることができる時から3年間行使しないときは時効によって消滅するものとし，行為の時から10年を経過したときも，同様とするものとする。
　（注）民法第126条の規律を維持するという考え方がある。

（概要）
　取消権の行使期間を定める民法第126条の規律を改め，追認可能時から3年，法律行為の時から10年とするものである。同条は，追認可能時を起算点とする期間制限と法律行為時を起算点とする期間制限とを設けているが，このうち，追認可能時は，取消原因となっていた状況が消滅し，かつ，その行為に取消原因があることを知った時であるから（前記3），これは不法行為による損害賠償請求権の消滅時効における主観的起算点（民法第724条前段）に相当すると考えられる。消滅時効における時効期間と起算点の見直しとも関連するが，現在の民法第126条の5年と20年という期間は長すぎるという指摘があることを踏まえ，それぞれの期間を短期化するものである。

（補足説明）
　民法第126条は，取消権の制限期間について，追認をすることができる時から起算される5年の期間と，行為の時から起算される20年の期間の2種類を定めている。これらの期間は，取消しによって発生する返還請求権の行使期間の制限を含まず，この期間内に取消権が行使されると，その時点から，返還請求権の10年の消滅時効が起算されるというのが判例の立場であると解されている。しかし，これを前提とすると取消権の制限期間が長すぎ，短縮すべきであるという指摘があることから，これを踏まえて，それぞれ3年

と10年に短縮しようとするものである。
　これに対しては，実際上5年，20年という現在の行使期間内に取消権を行使することができない者もいることを指摘して，これをさらに短縮するのは取消権の行使を阻害することになって適当でないとする意見もある。そこで，この考え方を（注）で取り上げている。

第6　条件及び期限
1　条件
　条件に関する民法第127条から第134条までの規律は，基本的に維持した上で，次のように改めるものとする。
　(1)　民法第127条に条件という用語の定義を付け加え，条件とは，法律行為の効力の発生・消滅又は債務の履行を将来発生することが不確実な事実の発生に係らしめる特約をいうものとする。
　(2)　民法第130条の規律を次のように改めるものとする。
　　ア　条件が成就することによって不利益を受ける当事者が，条件を付した趣旨に反して故意にその条件の成就を妨げたときは，相手方は，その条件が成就したものとみなすことができるものとする。
　　イ　条件が成就することによって利益を受ける当事者が，条件を付した趣旨に反して故意にその条件を成就させたときは，相手方は，その条件が成就しなかったものとみなすことができるものとする。

（概要）
　本文(1)は，条件という用語の意義を，その一般的な理解に従って明文化するものである。条件という文言は，日常用語として多義的に用いられているため，その法律用語としての意義を明らかにする必要があるという問題意識による。民法第127条に関しては，このような定義規定を設けることのほか，例えば，「停止条件」のうち法律行為の効力発生に関するものを「効力発生条件」，債務の履行に関するものを「履行条件」に，「解除条件」を「効力消滅条件」に，それぞれ用語を改めることも検討課題となり得る。
　本文(2)アは，民法第130条の要件に，「条件を付した趣旨に反して」という文言を付加するものである。例えば，相手方が窃盗の被害に遭った場合には見舞金を贈与すると約束していた者が，相手方の住居に侵入しようとしている窃盗犯を発見して取り押さえたとしても，それをもって条件の成就を妨害したと評価するのは適当ではないところ，「故意に」というだけでは，こうした事例であっても要件を満たしてしまうことになってしまうという指摘があることを踏まえたものである。
　本文(2)イは，条件の成就によって利益を受ける当事者が故意にその条件を成就させたときは，民法130条の類推適用により，相手方は，その条件が成就していないものとみなすことができるという判例法理（最判平成6年5月31日民集48巻4号10頁）を明文化するものである。もっとも，入試に合格するという条件を故意に成就させた場合のように，それだけでは何ら非難すべきでない場合があることから，本文(1)と同様に，「条件を

付した趣旨に反して」という要件を付加している。

（補足説明）
1 条件の意義（本文(1)）
 (1) 民法には，停止条件や解除条件が成就した場合の効果に関する規定は存在するが（同法第127条），それらを定義する規定は置かれていない。しかし，「条件」という文言が日常用語として多義的に用いられていることを考慮すると，その法律用語としての意義は条文に明示されていることが望ましい。
　　　一般に，条件とは，ある法律行為の効力の発生・消滅を将来発生することが不確実な事実の発生に係らしめる特約をいうと理解されている。条件が成就したときに法律行為の効力が発生する旨の特約が停止条件（民法第127条第1項）であり，条件が成就したときに法律行為の効力が消滅する旨の特約が解除条件（同条第2項）である。これらのほか，破産法に「停止条件付債権」（同法第70条，第140条，第198条，第214条）という用語例があることを考慮して，債務の履行を将来発生することが不確実な事実の発生に係らしめる内容の条件を観念することもできる。
　　　以上を踏まえ，本文(1)では，「条件とは，法律行為の効力の発生・消滅又は債務の履行を将来発生することが不確実な事実の発生に係らしめる特約をいう」と定義するものとしている。
 (2) ところで，民法第127条に関しては，「停止条件」や「解除条件」という用語がそもそも分かりにくいという指摘があり，部会の審議においては，「停止条件」のうち法律行為の効力発生に関するものを「効力発生条件」，債務の履行に関するものを「履行条件」に，「解除条件」を「効力消滅条件」に，それぞれ用語を改めるという提案があった。これについては，今後の検討課題になり得るとは考えられるものの，規律の内容自体に関わる問題ではないことから，本文では取り上げていない。
2 条件の成就の妨害等（本文(2)）
 (1) 民法第130条は，「条件が成就することによって不利益を受ける当事者が故意にその条件の成就を妨げたときは，相手方は，その条件が成就したものとみなすことができる。」と規定しているところ，この「故意にその条件の成就を妨げた」という要件に対しては，例えば，相手方が窃盗の被害に遭ったときには見舞金を贈与すると約束していた者が，相手方の住居に侵入しようとしている窃盗犯を発見して取り押さえたという事案のように，それをもって条件の成就を妨害したと評価するのは適当ではない場合であっても，形式的には同条の要件を満たしてしまうという問題が指摘されている。
　　　そこで，本文(2)アは，民法第130条の適用場面を適切に画するために，「条件を付した趣旨に反して」という文言を付加するものとしている。現行法の下でも，同条が適用されるためには条件の成就を妨げた行為が信義則に反するものでなくてはならないと解されているので，本文(2)アはこうした理解を反映するものである。
 (2) 判例（最判平成6年5月31日民集48巻4号1029頁）は，民法第130条が規律する場合とは逆に，条件の成就によって利益を受ける当事者が故意に条件を成就

させた場合であっても，同条を類推適用して，相手方は条件が成就しなかったものとみなすことができるとしている。

本文(2)イは，この判例法理を明文化するものであるが，その要件を「故意に条件を成就させた」とするだけでは，例えば，入試に合格するという条件を故意に成就させたという事案のように，条件を成就させたことが何ら非難の対象とはならない場合であっても，形式的にはその要件を満たしてしまうことになってしまうことから，ここでも，本文(2)アと同様に，「条件を付した趣旨に反して」という文言を付加している。

2　期限
　期限に関する民法第135条から第137条までの規律は，基本的に維持した上で，次のように改めるものとする。
(1) 民法第135条に期限という用語の定義を付け加え，期限とは，法律行為の効力の発生・消滅又は債務の履行を将来発生することが確実な事実の発生に係らしめる特約をいうものとする。
(2) 民法第135条第1項の規律を次のように改めるものとする。
　ア　法律行為に始期を付したときは，その法律行為の効力は，期限が到来した時に発生するものとする。
　イ　債務の履行に始期を付したときは，期限が到来するまで，その履行を請求することができないものとする。
(3) 民法第137条第2号の規律を改め，債務者が，その義務に反して，担保を滅失させ，損傷させ，又は減少させたときは，債務者は，期限の利益を主張することができないものとする。

(概要)
　本文(1)は，期限という用語の意義を，その一般的な理解に従って明文化するものである。条件という用語の定義（前記1(1)）と同様の問題意識による。
　本文(2)は，民法第135条第1項が債務の履行期限を定めたものか，法律行為の効力発生に関する期限を定めたものか判然としないことから，その規定内容の明確化を図るものである。本文(2)アでは法律行為の効力発生に関する期限について定め，同イでは債務の履行期限について定めている。このほか，同項の「始期」という用語も多義的であるため，これを同アでは「効力発生期限」か「停止期限」などと改め，同イでは「履行期限」などと改めることも検討課題となり得る。その際には，同条第2項の「終期」という用語についても「効力消滅期限」か「解除期限」などと改めることが考えられる。
　本文(3)は，民法第137条第2号の期限の利益喪失事由（債務者が担保を滅失させ，損傷させ，又は減少させたとき）には，形式的には，動産売買先取特権の目的動産を買主が費消した場合なども該当してしまい，適当ではないという指摘があることから，その要件を適切に画するため，同号の適用場面を，債務者が担保を滅失，損傷又は減少させない義務を負う場合において，これを滅失，損傷又は減少させたときに限定するものとしている。

(補足説明)
1 期限の意義（本文(1)，(2)）
  (1) 期限とは，ある法律行為の効力の発生・消滅又は債務の履行を将来発生することが確実な事実の発生に係らしめる特約をいうと理解されているが，民法にはこれを定義する規定が置かれていない。そこで，本文(1)では，期限という用語の意義を，上記の理解に従って明文化するものとしている。前記1において条件という用語の意義をその一般的な理解に従って明文化する場合には，期限という用語の意義も同様に明文化することが相当であると考えられる。
  (2) 民法第１３５条第１項は，「法律行為に始期を付したときは，その法律行為の履行は，期限が到来するまで，これを請求することができない」と定めているところ，これに対しては，法律行為の効力の発生に関する期限についての規定であるのか，債務の履行に関する期限についての規定であるのかが判然としないという問題が指摘されている（他方，同条第２項が法律行為の効力の消滅に関する期限についての規定であることは，その文言から明らかである。）。
    そこで，本文(2)アでは法律行為の効力の発生に関する期限について，本文(2)イでは債務の履行に関する期限について，それぞれ別個の規律を設けることにより，上記の問題に対応している。
  (3) ところで，民法第１３５条第１項の「始期」という用語も多義的であるので，本文(2)アの始期については「効力発生期限」か「停止期限」などと改め，同イの始期については「履行期限」（あるいは，民法第４１２条を参照して「履行期」）などと改めることが考えられる。その際には，同条第２項の「終期」という用語についても「効力消滅期限」か「解除期限」などと改めることが考えられる。これについては，今後の検討課題になり得るとは考えられるものの，規律の内容自体に関わる問題ではないことから，本文では取り上げていない。
2 期限の利益喪失事由（本文(3)）
    民法第１３７条第２号は，「債務者が担保を滅失させ，損傷させ，又は減少させたとき」に債務者は期限の利益を主張することができないと規定しているところ，これに対しては，例えば，動産売買先取特権の目的動産を買主が費消した場合のように，期限の利益を喪失させることが適当ではない場合などにも，形式的には同号の要件を満たしてしまうという問題が指摘されている。
    そこで，本文(3)では，民法第１３７条第２号の適用場面を適切に画するため，「その義務に反して」という文言を付加することにより，債務者が担保を滅失，損傷又は減少させない義務を負っているにもかかわらず，これを滅失，損傷又は減少させた場合に限って期限の利益喪失事由に該当するものとしている。

第７ 消滅時効
1 職業別の短期消滅時効の廃止
    民法第１７０条から第１７４条までを削除するものとする。

(概要)
　職業別の細かい区分に基づき3年，2年又は1年という時効期間を定めている短期消滅時効（民法第170条から第174条まで）を廃止するものである。この制度に対しては，対象となる債権の選別を合理的に説明することが困難である上，実務的にもどの区分の時効期間が適用されるのかをめぐって煩雑な判断を強いられている等の問題点が指摘されていることを考慮したものである。

(補足説明)
1　職業別の短期消滅時効制度の現状と問題点
　(1)　民法167条第1項は，債権の消滅時効における原則的な時効期間を10年間としているが，その一方で，同法第170条から第174条までにおいて，職業別の細かい区分に基づく3年間，2年間又は1年間という短期の時効期間が定められている。例えば，私立学校の授業料の時効期間は，「学芸又は技能の教育を行う者が生徒の教育，衣食又は寄宿の代価について有する債権」（同法第173条第3号）として2年間，飲食代金の時効期間は，「旅館，料理店，飲食店，貸席又は娯楽場の宿泊料，飲食料，席料，入場料，消費物の代価又は立替金に係る債権」（同法第174条第4号）として1年間とされている。
　(2)　この短期消滅時効制度に対しては，理論的にも実務的にも様々な問題が指摘されている。
　　理論的な問題点としては，条文に具体的に列挙された債権とそれ以外の債権との間に合理的な区別があるのかどうかに疑問が投げかけられている。例えば，民法第170条第1号は，「医師，助産師又は薬剤師の診療，助産又は調剤に関する債権」の時効期間を3年間としているところ，その隣接職種であるあん摩マッサージ指圧師の診療債権にこの規定の適用があるかどうかについては議論があり，仮に適用がないとすると，その時効期間は原則どおり10年間となるが，こうした時効期間の取扱いの差異に合理的な理由を見出すことは困難であるという指摘がある。また，条文に列挙されている債権相互の関係についても，時効期間に差異を設けることに合理的な理由があるのかどうかに疑問が示されているものがある。例えば，弁護士の職務に関する債権の時効期間は2年間であるのに（同法第172条第1号），弁護士がその職務に関して受け取った書類に関する責任についての時効期間が3年間とされている（同法第171条）ことに合理的な理由を見出すことは困難である。
　　実務的な問題点としては，債権ごとに短期消滅時効の該当性を確認する必要が生じるために煩瑣である上，当該債権に短期消滅時効の規定の適用があるのかどうかが不明確である場合が少なくないという指摘がある。実際に短期消滅時効の規定の適用の有無が争われた裁判例として，例えば，農業協同組合は営利を目的としてはならないことから商人とはいえず，民法第173条第1号の「卸売商人」には当たらないとして，農業協同組合の有する販売代金債権には同号の規定は適用されないとしたもの（最判昭和37年7月6日民集16巻7号1469頁）や，同法第174条第5号の動産の損料とは，貸寝具，貸衣裳，貸本，貸葬具，貸ボート等のような極めて短期の動産

賃貸借に基づく賃料をいうものであり，土木建設用の重機械が営業のために数か月にわたって賃貸された事例には適用されないとしたもの（最判昭和４６年１１月１９日民集２５巻８号１３３１頁）などがある。しかし，こうした個別事案の裁判例が集積されたところで，短期消滅時効の規定の適用の有無が不明確であるという事態が解消されるわけではない。

2　職業別の短期消滅時効制度の廃止

以上の問題点を踏まえて，本文では，職業別の短期消滅時効に関する民法第１７０条から第１７４条までの規定を削除するものとしている。これにより，時効期間の単純化・統一化が図られることが想定されている。

部会の審議では，短期消滅時効制度を廃止して時効期間をできる限り単純化・統一化する方向で議論を進めることに対して，おおむね異論は示されなかった。個別には，動産の損料に関する１年の短期消滅時効について，これが廃止されてしまうと，レンタルビデオの延滞料が不相当な金額に膨れ上がるおそれがあるなどの危惧も示された。しかし，そのような事案については，当該ビデオの再取得価額を超える延滞料の請求に合理的な理由があるのかどうかなど，消滅時効とは異なる観点から妥当な解決を図るべきであるように思われる。

2　債権の消滅時効における原則的な時効期間と起算点

【甲案】　「権利を行使することができる時」（民法第１６６条第１項）という起算点を維持した上で，１０年間（同法第１６７条第１項）という時効期間を５年間に改めるものとする。

【乙案】　「権利を行使することができる時」（民法第１６６条第１項）という起算点から１０年間（同法第１６７条第１項）という時効期間を維持した上で，「債権者が債権発生の原因及び債務者を知った時（債権者が権利を行使することができる時より前に債権発生の原因及び債務者を知っていたときは，権利を行使することができる時）」という起算点から［３年間／４年間／５年間］という時効期間を新たに設け，いずれかの時効期間が満了した時に消滅時効が完成するものとする。

（注）【甲案】と同様に「権利を行使することができる時」（民法第１６６条第１項）という起算点を維持するとともに，１０年間（同法第１６７条第１項）という時効期間も維持した上で，事業者間の契約に基づく債権については５年間，消費者契約に基づく事業者の消費者に対する債権については３年間の時効期間を新たに設けるという考え方がある。

（概要）

1　職業別の短期消滅時効は，「生産者，卸売商人又は小売商人」の売買代金債権（民法第１７３条第１号）を始め，契約に基づく債権のかなりの部分に適用されている。このため，職業別の短期消滅時効を廃止して時効期間の単純化・統一化を図った上で（前記１），債権の消滅時効における原則的な時効期間と起算点を単純に維持した場合には，多くの

事例において時効期間が長期化することになるという懸念が示されている。そこで，時効期間をできる限り単純化・統一化しつつ，時効期間の大幅な長期化への懸念に対応するための方策が検討課題となる。

2　本文の甲案は，「権利を行使することができる時」（民法第１６６条第１項）という消滅時効の起算点については現状を維持した上で，１０年間（同法第１６７条第１項）という原則的な時効期間を単純に短期化し，商事消滅時効（商法第５２２条）を参照して５年間にするという考え方である。これは，現行制度の変更を最小限にとどめつつ時効期間の単純化・統一化を図るものであるが，他方で，事務管理・不当利得に基づく債権や，契約に基づく債権であっても安全配慮義務違反に基づく損害賠償請求権のように，契約に基づく一般的な債権とは異なる考慮を要すると考えられるものについて，その時効期間が１０年間から５年間に短縮されるという問題点が指摘されている。

　　このような問題に対しては，原則的な時効期間の定め方とは別に，生命又は身体に生じた損害に係る損害賠償請求権の消滅時効について特則を設けることによって（後記５），一定の解決を図ることが考えられるが，それとは別に，「権利を行使することができる時」という起算点のみならず，１０年間という原則的な時効期間についても現状を維持した上で，事業者間の契約に基づく債権については５年間，消費者契約に基づく事業者の消費者に対する債権については３年間の時効期間を新たに設けることによって解決を図るという考え方が示されており，これを（注）で取り上げている。

3　本文の乙案は，「権利を行使することができる時」から１０年間という現行法の時効期間と起算点の枠組みを維持した上で，これに加えて「債権者が債権発生の原因及び債務者を知った時（債権者が権利を行使することができる時より前に債権発生の原因及び債務者を知っていたときは，権利を行使することができる時）」から［３年間／４年間／５年間］という短期の時効期間を新たに設け，いずれかの時効期間が満了した時に消滅時効が完成するとする考え方である。契約に基づく一般的な債権については，その発生時に債権者が債権発生の原因及び債務者を認識しているのが通常であるから，その時点から［３年間／４年間／５年間］という時効期間が適用されることになり，時効期間の大幅な長期化が回避されることが想定されている。もっとも，契約に基づく一般的な債権であっても，履行期の定めがあるなどの事情のために，債権者が債権発生の原因及び債務者を知った時にはまだ権利を行使することができない場合があるので，この［３年間／４年間／５年間］という短期の時効期間については，権利を行使することができる時から起算されることが括弧書きで示されている。他方，事務管理・不当利得に基づく一定の債権などには，債権者が債権発生の原因及び債務者を認識することが困難なものもあり得ることから，現状と同様に１０年の時効期間が適用される場合も少なくないと考えられる。このような長短２種類の時効期間を組み合わせるという取扱いは，不法行為による損害賠償請求権の期間の制限（民法第７２４条）と同様のものである。

　　安全配慮義務違反に基づく損害賠償請求権のように，不法行為構成を採用した場合の時効期間が短いために，債務不履行構成を採用することに意義があるとされているものについては，原則的な時効期間の定め方とは別に，生命又は身体に生じた損害に係る損害賠償請求権の消滅時効について特則を設けることによって（後記５），現在よりも時効

期間が短くなるという事態の回避を図ることが考えられる。

(補足説明)
1 原則的な時効期間と起算点の見直しの必要性
　　民法第170条から第174条までの職業別の短期消滅時効制度には,「生産者,卸売商人又は小売商人」の売買代金債権(同法第173条第1号),「工事の設計,施工又は監理を業とする者」の工事に関する債権(同法第170条第2号),「旅館,料理店,飲食店」等の宿泊料,飲食料等(同法第174条第4号)など,広い適用領域を持つ規定が少なくない。このため,契約に基づく債権のうち相当多くの部分には,これまで1年間から3年間の短期消滅時効の規定が適用されていたのが現状である。したがって,これらの規定を削除して職業別の短期消滅時効制度を廃止する際に(前記1),「権利を行使することができる時から」(同法第166条第1項)「十年間」(同法第167条第1項)という債権の消滅時効における原則的な時効期間と起算点とを単純に維持した場合には,多くの事例において時効期間が長期化することになる。
　　部会の審議では,このような結果を必ずしも問題視すべきでないという意見もあったが,第27回会議のヒアリングにおいて日本チェーンストア協会から売買代金債権の時効期間が延長されることへの懸念が示されたことなどをも踏まえて,時効期間をできる限り単純化・統一化しつつ,時効期間の大幅な長期化への懸念にも対応するための方策が検討されてきた。本文では,そうして検討されてきた方策のうち,特徴的な2つの考え方を取り上げている。
2 甲案(原則的な時効期間を単純に短期化する考え方)
　　本文の甲案は,「権利を行使することができる時」(民法第166条第1項)という消滅時効の起算点について現状を維持した上で,10年間(同法第167条第1項)という原則的な時効期間を単純に短期化し,商事消滅時効(商法第522条)を参照して5年間にするという考え方である。「権利を行使することができる時」については,現行法の下では,権利行使に法律上の障害がなくなったときを基本としつつも(大判昭和12年9月17日民集16巻1435頁,最判昭和49年12月20日民集28巻10号2072頁),具体的事案における権利行使の現実的な期待可能性を考慮に入れて判断されている(最判昭和45年7月15日民集24巻7号771頁,最判平成8年3月5日民集50巻3号383頁,最判平成15年12月11日民集57巻11号2196頁参照)と解されているところ,本文の甲案は,この解釈が維持されることを想定している。
　　部会の審議では,現行制度の変更を最小限にとどめつつ時効期間の単純化・統一化を図るものとして,甲案を積極的に評価する意見もあったが,他方で,事務管理・不当利得に基づく債権や,契約に基づく債権であっても安全配慮義務違反に基づく損害賠償請求権のように,契約に基づく一般的な債権とは異なる考慮を要すると考えられるものについては,その時効期間が10年間から5年間に短縮され,債権者の保護が現状よりも後退する場面が生じ得るという問題点を指摘する意見もあった。
3 注の考え方(起算点を同一とする複数の時効期間を組み合わせる考え方)
　　以上のような甲案の問題点に対しては,原則的な時効期間のほかに,生命又は身体に

生じた損害に係る損害賠償請求権の消滅時効期間についての特則を設けることによって（後記5），一定の解決を図ることが考えられるが，それとは別に，「権利を行使することができる時」という起算点のみならず，10年間という原則的な時効期間についても現状を維持した上で，事業者間の契約に基づく債権については5年間，消費者契約に基づく事業者の消費者に対する債権については3年間の時効期間を新たに設けることによって解決を図るという考え方が示されており，これを（注）で取り上げている。
　この考え方は，職業別の短期消滅時効の規定が適用されていた債権の大部分は，事業者間の契約に基づく債権又は消費者契約に基づく事業者の消費者に対する債権に該当するとして，これらについてそれぞれ5年間と3年間の時効期間を設けることによって，安全配慮義務違反に基づく損害賠償請求権などについては10年間の時効期間を維持しつつ，職業別の短期消滅時効制度の適用を受けていた債権の時効期間の大幅な長期化を回避しようとするものである。「事業者」の定義については，いまだ議論が成熟していないため，引き続き検討する必要がある。
　もっとも，（注）の考え方に対しても，次のような問題点の指摘があり得る。
　まず，事業者間の契約に関する5年間の特則は，「商行為によって生じた債権」を対象とする現在の特則（商法第522条）の適用対象を非営利団体の事業活動によって生じた債権にまで拡張しようとするものであるが，そのような拡張をした上でなお個人の債権と非営利団体の債権との間で異なる時効期間を定める合理性があるかという問題点の指摘があり得る。すなわち，（注）の考え方は，契約に基づく債権のうちで安全配慮義務違反に基づく損害賠償請求権などの時効期間に変更が生じないような区別の基準を設けることにより，甲案の問題点を克服しようと試みるものであるが，そこで提示されている区別の基準は必ずしも適切なものではないのではないかという指摘である。
　また，事業者間の契約に関する5年間という時効期間の長さに対しては，現在の短期消滅時効制度の対象とされている債権の時効期間（例えば，卸売商人の売買代金債権の2年間）との比較で，著しく長期化することになるという批判があり得る。
　さらに，消費者契約に関する3年間の特則に対しては，事業者と消費者との間の契約にも多額で重要なものがあるにもかかわらず，事業者の側の債権だけを取り出して短期の特則を設ける合理性は乏しいという指摘があり得る。このため，部会の審議では，（注）の考え方のうち，消費者契約に基づく事業者の消費者に対する債権に関する3年間の時効期間については設けないという別の考え方を提示する意見もあった。

4　乙案（起算点を異にする長短2種類の時効期間を組み合わせる考え方）
　乙案は，「権利を行使することができる時」から10年間という現行法の時効期間と起算点の枠組みを維持した上で，これに加えて「債権者が債権発生の原因及び債務者を知った時（債権者が権利を行使することができる時より前に債権発生の原因及び債務者を知っていたときは，権利を行使することができる時）」から［3年間／4年間／5年間］という短期の時効期間を新たに設け，いずれかの時効期間が満了した時に消滅時効が完成するとする考え方である。短期の時効期間については，3年間とする考え方，4年間とする考え方，5年間とする考え方など様々な考え方があるので，ここでは，ブラケットとスラッシュを用いて，［3年間／4年間／5年間］と示している。

契約に基づく一般的な債権については，その発生時（契約時）に債権者が債権発生の原因及び債務者を認識しているのが通常であるから，その時点から［３年間／４年間／５年間］という時効期間が適用されることが想定されているが，履行期の定めがあるなどの事情のために，債権者が債権発生の原因及び債務者を知った時よりも後になって権利を行使することができるような場合には，この［３年間／４年間／５年間］という短期の時効期間は，権利を行使することができる時から起算されるものとなっている。他方で，事務管理・不当利得に基づく債権には，債権者が債権発生の原因及び債務者を認識することが困難なものもあり得ることから，現状と同様に１０年の時効期間が適用される場合も少なくないと考えられる。

　このような長短２種類の時効期間を組み合わせるという取扱いは，不法行為による損害賠償請求権の期間の制限（民法第７２４条）と同様のものである。安全配慮義務違反に基づく損害賠償請求権などに典型的に見られるように，損害賠償の根拠を契約に求めるか不法行為に求めるか，いずれの法律構成も可能である場合があるが，そのような場合に法律構成の違いによって時効に関する結論が異なるのは，本来，望ましいことではないと考えられる。乙案は，不法行為に関する同条と同様の構成を採ることによって，債権の消滅時効に関する規律の統一化を指向するものと評することもできる。

　乙案は，契約に基づく債権のうち相当多くの部分には，現在は１年間から３年間の短期消滅時効の規定が適用されていることを踏まえ，職業別の短期消滅時効制度の廃止に伴う時効期間の大幅な長期化を回避しつつ，時効期間の単純化・統一化を図ろうとするものである。乙案に対しては，契約に基づく一般的な債権であっても，貸付債権の時効期間（商行為によるものが５年間，それ以外が１０年間）のように職業別の短期消滅時効制度の適用を受けていなかった一部の債権については，その時効期間が大幅に短期化することになるとの懸念が示されているが，こうした懸念に対しては，不法行為に基づく損害賠償請求権の３年間の消滅時効との対比という観点からは，必ずしも不当な短期化ではなく，むしろ時効期間を単純化・統一化するメリットの方が大きいとの反論が考えられる。また，安全配慮義務違反に基づく損害賠償請求権のように，不法行為構成を採用した場合の時効期間が短いために，債務不履行構成を採用することに意義があるとされているものについては，原則的な時効期間の定め方とは別に，生命又は身体に生じた損害に係る損害賠償請求権の消滅時効について特則を設けることによって（後記５），現在よりも時効期間が短くなるという事態の回避を図ることが考えられる。

　乙案においても，「権利を行使することができる時」については，現状の解釈が維持されることを想定している。これに対し，部会の審議では，「債権者が債権発生の原因及び債務者を知った時」という起算点が導入されることにより，これまで具体的事案における権利行使の現実的な期待可能性を考慮に入れて「権利を行使することができる時」を判断していた判例の傾向に変化が生じ，「権利を行使することができる時」がより客観的に判断されるようになるのではないかと懸念する意見もあった。しかし，現実的な期待可能性を考慮する判例の事案はそもそもやや特殊であり，「債権者が債権発生の原因及び債務者を知った時」という起算点の導入によって必ずしも「権利を行使することができる時」の解釈に影響が及ぶわけではないとも考えられる。

5 定期給付債権の短期消滅時効(民法第169条関係)
　債権の消滅時効における原則的な時効期間を5年又はそれよりも短い期間にする場合には,定期給付債権の短期消滅時効に関して「年又はこれより短い時期によって定めた金銭その他の物の給付を目的とする債権は,五年間行使しないときは,消滅する」と定めている民法第169条については,独自の存在意義を失うことになるので,これを削除することが相当と考えられる。これについては,引き続き検討する必要がある。
6 比較法
(1) ドイツ法
　ドイツでは,2001年の債務法現代化によって,短期消滅時効制度が廃止されるとともに,それまで30年とされていた原則的な消滅時効期間が3年に短縮されたが,同時に,それまで請求権の発生時とされていた消滅時効期間の起算点が債権者の認識可能性を考慮するものに改められている。すなわち,債権者が請求権について認識する前に消滅時効が完成してしまうことを防ぐために,消滅時効期間の起算点は,「請求権が発生し,かつ,債権者が請求権を基礎付ける事情及び債務者を知り又は重過失がなければ知っていたはずの年の終了の時」とされたのである。他方で,債権者の認識可能性が認められない限り永遠に消滅時効が完成しないことになってしまうのも妥当ではないことから,請求権の発生から10年間という消滅時効期間も併置されている(以上につき,部会資料14-2[44頁以下]参照)。
　こうしたドイツの法制は,起算点を異にする長短2種類の時効期間を組み合わせるという点で,本文の乙案に近いものということができる。
(2) フランス法
　フランスでは,2008年に民事時効制度が抜本改正され,短期消滅時効及び時効期間を10年とする商事時効制度が廃止されるとともに,それまで30年とされていた原則的な時効期間が5年に短縮されている。それまで規定が置かれていなかった起算点についても,権利者が「権利の行使を可能とする事実を知り,また知るべきであった時」という当事者の主観を考慮したものが導入されたが,起算点の判断が柔軟化することの弊害を緩和するために,「権利の発生の時」から20年間という上限期間も設けられている(以上につき,部会資料14-2[42頁以下]参照)。
　フランスの法制もまた,起算点を異にする長短2種類の時効期間を組み合わせるという点で,本文の乙案に近いものということができる。

3 定期金債権の消滅時効(民法第168条第1項関係)
(1) 民法第168条第1項前段の規律を改め,定期金の債権についての消滅時効は,次の場合に完成するものとする。
　ア　第1回の弁済期から[10年間]行使しないとき
　イ　最後に弁済があった時において未払となっている給付がある場合には,最後の弁済の時から[10年間]行使しないとき
　ウ　最後に弁済があった時において未払となっている給付がない場合には,次の弁済期から[10年間]行使しないとき

(2) 民法第168条第1項後段を削除するものとする。

(概要)
　本文(1)アは、現在の民法第168条第1項前段の規律のうち、その時効期間を［10年間］に改めるものである。定期金債権の時効期間は、債権の原則的な時効期間よりも長期であることが適当と考えられるが、その具体的な期間の設定については、前記2でどのような案が採用されるかによって考え方が異なり得る。本文(1)イ及びウは、定期金債権の弁済が1回もされない場合のみを定めている民法第168条第1項前段には、1回でも支払がされた場合の処理が不明確であるという問題があることから、この点についての規律を付け加えるものである。最後に弁済があった時において未払の支分権がある場合（本文(1)イ）には、債権者はその時から権利行使をすることができるのに対して、その時において未払の支分権がない場合（本文(1)ウ）には、債権者は次の弁済期から権利行使をすることができることから、これに応じて規律を書き分けている。
　本文(2)は、「最後の弁済期から十年間行使しないときも」定期金債権が消滅することを定めている民法第168条第1項後段について、独自の存在意義が認められないことから、これを削除するものである。

(補足説明)
1　民法第168条第1項前段の見直し（本文(1)）
　(1) 民法第168条第1項前段は、定期金債権について、第1回目の弁済期から20年間行使されないときに消滅するとして、債権の消滅時効における時効期間及び起算点に関する例外を定めている。ここでいう定期金債権とは、年金を受給できる基本権としての年金債権のように、定期的に一定額の金銭等を給付させることを目的とする基本権としての債権をいい、この定期金債権から定期に発生する支分権としての定期給付債権とは区別されるものである。
　　　定期金債権の時効期間は、債権の原則的な時効期間よりも長期であることが適当と考えられるが、どの程度の期間が適当であるかについては、債権の消滅時効における原則的な時効期間と起算点がどのように定められるか（前記2）によって考え方が異なり得る。そこで、本文(1)アでは、差し当たり、現状の20年間という期間を10年間に置き換えるものとして、ブラケットで囲んでこれを示している。
　(2) ところで、民法第168条第1項前段に対しては、定期金債権の弁済が1回もされない場合しか規定されておらず、1回でも支払がされた場合の処理が不明確であるという問題点が指摘されている。そこで、本文(1)イ及びウでは、この場合についての規律を付け加えるものとしている。具体的には、最後に弁済があった時において未払となっている給付がある場合には、最後の弁済の時から［10年間］行使しないときに（本文(1)イ）、最後に弁済があった時において未払となっている給付がない場合には、次の弁済期から［10年間］行使しないときに（本文(1)ウ）、それぞれ定期金債権の時効が完成するものとしている。これは、最後に弁済があった時において未払の支分権がある場合（本文(1)イ）には、債権者はその時から権利行使をすることができるの

に対して，その時において未払の支分権がない場合（本文(1)ウ）には，債権者は次の弁済期から権利行使をすることができることから，これに応じて規律を書き分けたものである。

2　民法第168条第1項後段の削除（本文(2)）
　　定期金債権は最後の弁済期から10年間行使されないときに消滅すると定める民法第168条第1項後段に対しては，最後の弁済期が到来して全ての支分権が発生した以上は，基本権である定期金債権を観念し続けることに意味はなく，各支分権の消滅時効のみを観念すれば足りるとして，独自の存在意義を否定する指摘がされている。そこで，本文(2)では，同項後段を削除するものとしている。

4　不法行為による損害賠償請求権の消滅時効（民法第724条関係）

民法第724条の規律を改め，不法行為による損害賠償の請求権は，次に掲げる場合のいずれかに該当するときは，時効によって消滅するものとする。
(1)　被害者又はその法定代理人が損害及び加害者を知った時から3年間行使しないとき
(2)　不法行為の時から20年間行使しないとき

（概要）
　民法第724条後段の不法行為の時から20年という期間制限に関して，中断や停止の認められない除斥期間であるとした判例（最判平成元年12月21日民集43巻12号2209頁）とは異なり，同条後段も同条前段と同様に時効期間についての規律であることを明らかにするものである。上記判例のような立場に対して，被害者救済の観点から問題があるとの指摘があり，停止に関する規定の法意を援用して被害者の救済を図った判例（最判平成21年4月28日民集63巻4号853頁）も現れていることを考慮したものである。除斥期間ではないことを表すために，同条後段の「同様とする」という表現を用いない書き方を提示しているが，これはあくまで一例を示したものである。

（補足説明）
1　民法第724条後段の見直し
　　不法行為による損害賠償請求権の期間の制限について，民法第724条前段は，被害者又はその法定代理人が損害及び加害者を知った時から3年間これを行使しないときに時効によって消滅するとし，同条後段は，不法行為の時から20年を経過したときも同様とするとしている。
　　このうち民法第724条後段の20年という期間制限に関しては，判例（最判平成元年12月21日民集43巻12号2209頁）は，中断や停止の認められない除斥期間であるとしているが，このような解釈に対しては被害者救済の観点から問題があるとの指摘があり，現に，不法行為の時から20年以上が経過してから請求がされた事案において停止に関する規定の法意を援用して被害者の救済を図った裁判例も現れている。例えば，最判平成10年6月12日民集52巻4号1087頁は，不法行為の被害者が不

法行為の時から２０年を経過する前６か月内において当該不法行為を原因として心神喪失の常況にあるのに法定代理人を有しなかった場合において，その後当該被害者が禁治産宣告を受け，後見人に就職した者がその時から６か月内に当該不法行為による損害賠償請求権を行使したなど特段の事情があるときは，同法第１５８条の法意に照らし，同法第７２４条後段の効果は生じないと判示している。また，最判平成２１年４月２８日民集６３巻４号８５３頁は，被害者を殺害した加害者が被害者の相続人において被害者の死亡の事実を知り得ない状況を殊更に作出し，そのために相続人はその事実を知ることができず，相続人が確定しないまま上記殺害の時から２０年が経過した場合において，その後相続人が確定した時から６か月内に相続人が上記殺害に係る不法行為に基づく損害賠償請求権を行使したなど特段の事情があるときは，同法第１６０条の法意に照らし，同法第７２４条後段の効果は生じないと判示している（なお，同判決には，債権法の改正に際して２０年の期間制限を時効期間と定める方向での見直しがされることを求める田原睦夫判事の意見も付されている。）。

　そこで，本文は，民法第７２４条後段の期間制限が同条前段と同様に時効期間についての規律であることを明らかにするものとしている。現行の同条後段の文言をどのように改めれば除斥期間とは解されないようになるのかについては，引き続き検討する必要があるが，ここでは，「同様とする」という表現を用いずに，「不法行為の時から２０年間行使しないとき」には「時効によって消滅する」と書き下す方法を一例として提示している。

２　民法第７２４条の削除の可能性

　ところで，前記２（債権の消滅時効における原則的な時効期間と起算点）において乙案が採用される場合には，一般の債権と不法行為による損害賠償請求権とで時効期間と起算点の枠組みが共通のものとなる。その場合には，そもそも民法第７２４条を削除することも検討課題となる。一般の債権と不法行為による損害賠償請求権とで時効期間と起算点の枠組みが異なる現行法の下では，請求権が競合した場合に，債務不履行に基づく損害賠償請求権と構成するのか，不法行為に基づく損害賠償請求権と構成するのかという法的構成の違いによって，消滅時効の規律が異なることになるのは不合理であるという指摘がされているが，こうした問題意識からは，不法行為による損害賠償請求権のみに適用される特則を廃止し，統一的な時効制度を設けることが一つの望ましい形であるとも考えられる。

５　生命・身体の侵害による損害賠償請求権の消滅時効

　生命・身体［又はこれらに類するもの］の侵害による損害賠償請求権の消滅時効については，前記２における債権の消滅時効における原則的な時効期間に応じて，それよりも長期の時効期間を設けるものとする。

　（注）このような特則を設けないという考え方がある。

（概要）

生命・身体の侵害による損害賠償請求権について，被害者を特に保護する必要性が高い

ことから，債権の消滅時効における原則的な時効期間よりも長期の時効期間を設けるとするものである。その対象は，生命・身体の侵害に限る考え方のほか，これらに類するもの（例えば，身体の自由の侵害）も含むという考え方をブラケットで囲んで示している。
　具体的な長期の時効期間の設定については，前記２でどのような案が採用されるかによって考え方が異なってくる。前記２で乙案が採用される場合には，一般の債権と不法行為による損害賠償請求権とで時効期間と起算点の枠組みが共通のものとなる（したがって，民法第７２４条の削除も検討課題となる。）ので，生命・身体の侵害による損害賠償請求権の発生原因が債務不履行であるか不法行為であるかを問わず，例えば，権利を行使することができる時から［２０年間／３０年間］，債権者が債権発生の原因及び債務者を知った時から［５年間／１０年間］という時効期間を設けることが考えられる。他方，前記２で甲案が採用される場合には，一般の債権と不法行為による損害賠償請求権とで時効期間と起算点の枠組みが異なるので，不法行為による損害賠償請求権について上記の例と同様の時効期間を設定した上で，債務不履行に基づく損害賠償請求権について生命・身体の侵害に関する時効期間をどのように設定するかを検討することが考えられる。
　他方，現状よりも長期の時効期間を設ける必要性はないという考え方があり，これを（注）で取り上げている。

（補足説明）
1　生命・身体の侵害による損害賠償請求権の消滅時効期間に関する特則の必要性
　　現行法には，生命や身体が侵害されたことによって生じた損害賠償請求権の消滅時効期間に関する特則は置かれていない。しかし，生命や身体が侵害されたことによって生じた損害賠償請求権については，それが債務不履行に基づくものであれ，不法行為によるものであれ，法益の要保護性が高いことや債権者（被害者）に時効の進行を阻止するための行動を求めることが期待しにくいことなどから，債権の原則的な時効期間よりも長期の時効期間を設けるべきであるという考え方がある。
　　本文は，このような考え方を取り上げたものであるが，対象とすべき被侵害利益については，生命又は身体の侵害に限るという考え方のほか，これらに類するもの（例えば，身体の自由の侵害）も含めるという考え方もあるので，ここでは，ブラケットを用いて，「生命・身体［又はこれらに類するもの］」と示している。この点については，対象となる被侵害利益の外延が不明確になることを懸念する意見があることなどを踏まえて，引き続き検討する必要がある。
　　本文の考え方に対しては，民法第７２４条後段の不法行為の時から２０年という期間制限を除斥期間ではなく消滅時効に関する規律であると改める（前記４）のであれば，殊更に長期の時効期間を設けなくても，時効期間の更新（後記６）や時効の停止（後記７）によって債権者の保護を図ることができるようになるという指摘がある。また，紛争処理の長期化・永続化を懸念する観点から，現状よりも長期の時効期間を設ける必要性はないという指摘がある。これらの指摘を踏まえ，生命・身体の侵害による損害賠償請求権の消滅時効期間に関する特則を設けないという考え方を（注）で取り上げている。
2　具体的な長期の時効期間の設定の在り方

仮に本文の考え方を採用する場合に，具体的な長期の時効期間の設定については，前記２（債権の消滅時効における原則的な時効期間と起算点）でどのような案が採用されるかによって考え方が異なってくる。

前記２で乙案が採用される場合には，一般の債権と不法行為による損害賠償請求権とで時効期間と起算点の枠組みが共通のものとなるので，生命・身体の侵害による損害賠償請求権の発生原因が債務不履行であるか不法行為であるかを問わず，例えば，権利を行使することができる時から［２０年間／３０年間］，債権者が債権発生の原因及び債務者を知った時から［５年間／１０年間］という時効期間を設けることが考えられる。

他方，前記２で甲案が採用される場合には，一般の債権と不法行為による損害賠償請求権とで時効期間と起算点の枠組みが異なるので，その具体案は単純ではない。不法行為による損害賠償請求権については，上記と同様に，不法行為の時から［２０年間／３０年間］，被害者又はその法定代理人が損害及び加害者を知った時から［５年間／１０年間］という時効期間を設けることが考えられる。他方，債務不履行に基づく損害賠償請求権については，例えば，不法行為による損害賠償請求権の長期の時効期間と同様に［２０年間／３０年間］という時効期間を設けることが適当であるかどうかが問題となる。起算点が「権利を行使することができる時」（民法第１６６条第１項参照）であることを考慮しながら，不法行為の場合とのバランスを失しないか等について更に検討する必要がある。

3 比較法

ドイツにおいては，生命，身体，健康又は自由の侵害に基づく損害賠償請求権の消滅時効期間を作為，義務違反又はその他損害を惹起する出来事から３０年間とする特則が置かれている（部会資料１４－２［４４頁以下］参照）。

フランスにおいては，人身損害に基づく損害賠償請求権の消滅時効期間を１０年間とし，拷問，野蛮行為，暴力又は未成年者に対する性的侵害に基づく損害賠償請求権の消滅時効期間を２０年間とする特則が置かれている。そして，これらについては，「権利の発生債務を発生させる行為の時」から２０年間という上限期間の適用はないものとされている（部会資料１４－２［４２頁以下］参照）。

6 時効期間の更新事由

時効の中断事由の規律（民法第１４７条ほか）を次のように改めるものとする。

(1) 時効期間は，次に掲げる事由によって更新されるものとする。

ア 確定判決によって権利が確定したこと。

イ 裁判上の和解，調停その他確定判決と同一の効力を有するものによって権利が確定したこと。

ウ 強制執行又は担保権の実行としての競売の手続が終了したこと（権利の満足に至らない場合に限る。）。ただし，当該手続が権利者の請求により又は法律の規定に従わないことにより取り消されたときを除くものとする。

エ 相手方の権利を承認したこと。

(2) 上記(1)ア又はイに該当するときは,それぞれその確定の時から,新たに[10年間]の時効期間が進行を始めるものとする。
(3) 上記(1)ウに該当するときは当該手続が終了した時から,上記(1)エに該当するときはその承認があった時から,新たに前記2又は4の原則的な時効期間と同一の時効期間が進行を始めるものとする。ただし,従前の時効期間の残存期間が原則的な時効期間より長い場合には,時効期間の更新の効力が生じないものとする。

(概要)
　民法第147条以下に規定されている時効の中断事由に対しては,ある手続の申立て等によって時効が中断された後,その手続が途中で終了すると中断の効力が生じないとされるなど,制度として複雑で不安定であるという指摘がある。本文は,こうした問題意識を踏まえて,その効果が確定的に覆らなくなり,新たな時効期間が進行を始める時点(同法第157条)を捉えて,時効の中断事由を再構成するものである。ここで再構成された事由は,従前と同様に取得時効にも適用可能なものと考えられる。なお,「時効の中断事由」という用語は,時効期間の進行が一時的に停止することを意味するという誤解を招きやすいと指摘されており,適切な用語に改めることが望ましい。ここでは,差し当たり「時効期間の更新事由」という用語を充てている。
　本文(1)ア,イは,「請求」(民法第147条第1号)に対応するものであり,裁判上の請求等がされた時ではなく,権利を認める裁判等が確定して新たに時効期間の進行が始まる時(同法第157条第2項参照)を捉えて,これを更新事由としている。この場合に,現在は時効の中断事由とされている訴えの提起などの事由は,時効の停止事由とすることが考えられる(後記7)。
　本文(1)ウは,「差押え,仮差押え又は仮処分」(民法第147条第2号)に対応するものである。手続が取り消された場合をただし書で除外しているのは,同法第154条の規律を維持したものである。他方,仮差押えや仮処分は,その暫定性に鑑みて更新事由から除外している。
　本文(1)エは,「承認」(民法第147条第3号)に対応するものである。
　本文(2)は,確定判決等による更新後の時効期間について,民法第174条の2の規律を維持するものである。
　本文(3)は,更新後の時効期間を前記2又は4の原則的な時効期間と同一のものとするものである。これは,時効期間に特則が設けられている場合であっても,一たび時効が更新されたときには,その特則が置かれた趣旨は妥当しなくなるという考え方によるものである。もっとも,時効期間が更新されたために従前の時効期間の残存期間よりも新たに進行を始める時効期間の方が短くなることを避ける必要があるため,その場合には時効期間の更新の効力が生じないものとしている。

(補足説明)
1　時効の中断事由の再構成

(1) 再構成の方針

　民法第147条は、時効の中断事由として、請求（同条第1号）、差押え、仮差押え又は仮処分（同条第2号）及び承認（同条第3号）を掲げている。このうち請求や差押え等に対しては、訴えの提起その他の手続の申立てによって時効が中断した後、その手続が所期の目的を達することなく終了すると中断の効力が生じないとされるなど、制度として複雑で不安定であるという指摘がある。

　そこで、本文では、従前の時効期間の進行が確定的に解消され、新たな時効期間が進行を始める時点（同法第157条参照）を捉えるという観点から、時効の中断事由を再構成するものとしている。なお、「時効の中断」という用語に対しては、時効期間の進行が一時的に停止することを意味するという誤解を招きやすいという指摘があることから、ここでは、新しく改まるという意味で、「時効期間の更新」という用語を充てている。

　ここで再構成された更新事由は、従前と同様に取得時効にも適用可能なものと考えられる。

(2) 民法第147条第1号の再構成（本文(1)ア、イ）

　請求（民法第147条第1号）とは、具体的には、裁判上の請求（同法第149条）、支払督促（同法第150条）、和解及び調停の申立て（同法第151条）、破産手続参加等（同法第152条）及び催告（同法第153条）をいうとされている。このうち催告については、時効の完成間際に時効の完成を阻止する効力のみを有するに過ぎず、実質的には時効の停止事由として機能していると理解されていることから、これを時効の停止事由として再編成することとし（後記7）、ここでは、催告を除いたその余の事由を再構成の対象としている。

　現行法は、裁判上の請求については、訴えの却下又は取下げの場合に（民法第149条）、支払督促については、債権者が法定の期間内に仮執行宣言の申立てをしなかったためにその効力を失う場合に（同法第150条）、和解及び調停の申立てについては、相手方が出頭せず、又は和解若しくは調停が調わなかった後、1か月以内に訴えを提起しなかった場合に（同法第151条）、破産手続参加等については、債権者がその届出を取り下げ、又はその届出が却下された場合に（同法第152条）、それぞれ時効の中断の効力が生じないとしており、手続の終了の態様によっては時効の中断の効力が覆され得るという複雑かつ不安定な制度となっている。

　そこで、本文(1)ア、イでは、これらの各事由について、権利を認める裁判等が確定して新たに時効期間の進行が始まる時を捉えて、これを時効期間の更新事由と再構成するものとしている。具体的には、「確定判決によって権利が確定したこと」（本文(1)ア）と「裁判上の和解、調停その他確定判決と同一の効力を有するものによって権利が確定したこと」（本文(1)イ）を時効期間の更新事由としている。この「確定判決と同一の効力を有するもの」には、仮執行宣言を付した支払督促に対し督促異議の申立てがない場合、又は督促異議の申立てを却下する決定が確定した場合の支払督促（民事訴訟法第396条。なお、民法第150条参照）や確定した事項についての破産債権者表等への記載（破産法第124条第3項、第221条第1項、民事再生法第10

4条第3項,第180条第2項,会社更生法第150条第3項,第206条第2項。なお,民法第152条参照)が含まれる。

なお,このような再構成に伴い,現在は時効の中断事由とされている裁判上の請求等の事由については,時効の停止事由として再編成するものとされている(後記7)。

(3) 民法第147条第2号の再構成(本文(1)ウ)

ア 現行法は,「差押え,仮差押え又は仮処分」(民法第147条第2号)について,権利者の請求により又は法律の規定に従わないことにより取り消されたときは,時効の中断の効力を生じないとしており(同法第154条),手続の終了の態様によっては時効の中断の効力が覆され得るという複雑かつ不安定な制度となっている。

そこで,本文(1)ウ第1文では,これらの事由のうち差押えについて,手続の申立てがされた時ではなく,手続が終了した時を捉えて,これを時効期間の更新事由と再構成するものとしている。仮差押えと仮処分については,その暫定性に鑑みて,時効期間の更新事由からは除外するものとしている。具体的には,「強制執行又は担保権の実行としての競売の手続が終了したこと(権利の満足に至らない場合に限る。)」を時効期間の更新事由としている。この「担保権の実行としての競売」には,担保不動産収益執行や物上代位なども含まれる(民事執行法第1条参照)。時効期間の更新が生ずるのを権利の満足に至らない場合に限定しているのは,権利が満足されれば弁済によって当該権利が消滅し,もはや消滅時効が問題とされることがなくなるからであり,当然のことを注意的に記載したものである。

また,本文(1)ウ第2文では,民法第154条の規律を維持して,強制執行又は担保権の実行としての競売の手続が権利者の請求により又は法律の規定に従わないことにより取り消された場合には,時効期間の更新は生じないものとしている。

イ ところで,現行法下では,配当要求には時効の中断効があるとされている(最判平成11年4月27日民集53巻4号840頁)のに対し,担保権者による債権届出には時効の中断効はないとされているが(最判平成元年10月13日民集43巻9号985頁),部会の審議では,この差異に違和感を示す意見があり,債権の存否が争われることなく手続が最後まで進行したことをもって承認に類するものと考えるならば,担保権者による債権届出であっても時効の中断事由と解する余地があるという指摘があった。また,民法第154条の「法律の規定に従わないことにより取り消されたとき」に対しては,どのような場合を指すのかが不明確であるという指摘がある。下級審裁判例には,不動産競売の手続が剰余を生ずる見込みがないことを理由に取り消された場合はこれに該当しない(時効中断の効力がある)としたものもある(水戸地判平成7年7月10日金法1447号55頁)。

本文(1)ウに関しては,こうした議論にも留意しつつ,配当要求や担保権者による債権届出がされた場合が含まれるのかどうか,不動産競売における様々な手続終了事由のうちどれが該当するのか,債権執行手続における手続の終了についてどのように考えるのかなどについて,引き続き検討する必要がある。

ウ このような再構成に伴い,現在は時効の中断事由とされている差押え等の申立てについては,時効の停止事由として再編成するものとされている(後記7)。

81

(4) 民法第147条第3号の再構成（本文(1)エ）
　　本文(1)エは，時効の中断事由とされている「承認」（民法第147条第3号）をそのまま時効期間の更新事由に置き換えるものである。
2　更新後の時効期間（本文(2)，(3)）
(1) 確定判決やそれと同一の効力を有するものによって権利が確定した場合（本文(1)ア，イ）には，更新後の時効期間は一定の長期の期間とするのが相当であると考えられる。現行法の下でも，民法第174条の2第1項は，確定判決やそれと同一の効力を有するものによって確定した権利については，その権利が短期消滅時効の対象とされているものであったとしても，確定後の時効期間を10年としている。
　　この具体的な期間については，前記2（債権の消滅時効における原則的な時効期間と起算点）でどのような案が採用されるかによって考え方が異なってくるが，本文(2)では，差し当たり，民法第174条の2の規律を維持して，これを10年間とすることとし，これをブラケットで囲んで示している。
(2) 以上に対し，本文(3)は，更新事由が強制執行又は担保権の実行としての競売の手続の終了（本文(1)ウ）又は承認（本文(1)エ）である場合には，更新後の時効期間は前記2又は4の原則的な時効期間と同一のものになるとしている。これは，時効期間に特則が設けられている場合であっても，これらの事由によって時効が更新されたときには，その特則が置かれた趣旨は妥当しなくなるという考え方によるものである。
　　もっとも，時効が更新されたために従前の時効期間の残存期間よりも新たに進行を始める時効期間の方が短くなることを避ける必要がある。例えば，生命・身体の侵害による損害賠償請求権の消滅時効期間について長期の特則が設けられた場合に（前記5参照），交通事故の加害者が事故の直後に承認をすることにより，その損害賠償請求権が原則的な時効期間に短縮してしまうというのでは，生命・身体の侵害による損害賠償請求権の消滅時効期間について長期の特則を設けた趣旨が没却されてしまう。そこで，本文(3)では，時効期間が更新されたために従前の時効期間の残存期間よりも新たに進行を始める時効期間の方が短くなる場合には，時効期間の更新の効力が生じないものとしている。

7　時効の停止事由
　　時効の停止事由に関して，民法第158条から第160条までの規律を維持するほか，次のように改めるものとする。
　　(1) 次に掲げる事由がある場合において，前記6(1)の更新事由が生ずることなくこれらの手続が終了したときは，その終了の時から6か月を経過するまでの間は，時効は，完成しないものとする。この場合において，その期間中に行われた再度のこれらの手続については，時効の停止の効力を有しないものとする。
　　　　ア　裁判上の請求
　　　　イ　支払督促の申立て
　　　　ウ　和解の申立て又は民事調停法・家事事件手続法による調停の申立て

エ　破産手続参加，再生手続参加又は更生手続参加
　　オ　強制執行，担保権の実行としての競売その他の民事執行の申立て
　　カ　仮差押命令その他の保全命令の申立て
(2) 上記(1)アによる時効の停止の効力は，債権の一部について訴えが提起された場合であっても，その債権の全部に及ぶものとする。
(3) 民法第155条の規律を改め，上記(1)オ又はカの申立ては，時効の利益を受ける者に対してしないときは，その者に通知をした後でなければ，時効の停止の効力を生じないものとする。
(4) 民法第153条の規律を改め，催告があったときは，その時から6か月を経過するまでの間は，時効は，完成しないものとする。この場合において，その期間中に行われた再度の催告は，時効の停止の効力を有しないものとする。
(5) 民法第161条の規律を改め，時効期間の満了の時に当たり，天災その他避けることのできない事変のため上記(1)アからカまでの手続を行うことができないときは，その障害が消滅した時から6か月を経過するまでの間は，時効は，完成しないものとする。
(6) 当事者間で権利に関する協議を行う旨の［書面による］合意があったときは，次に掲げる期間のいずれかを経過するまでの間は，時効は，完成しないものとする。
　　ア　当事者の一方が相手方に対して協議の続行を拒絶する旨の［書面による］通知をした時から6か月
　　イ　上記合意があった時から［1年］
　　(注)　上記(6)については，このような規定を設けないという考え方がある。

(概要)
　時効の停止事由に関して，時効の中断事由の見直し（前記6）を踏まえた再編成等を行うものである。ここで再編成された事由も，従前と同様に取得時効にも適用可能なものと考えられる。
　本文(1)第1文は，現在は時効の中断事由とされている裁判上の請求（民法第149条），支払督促の申立て（同法第150条）などの事由を，新たに時効の停止事由とするものである。これらの手続が進行して所期の目的を達した場合（認容判決が確定した場合など）には，前記6(1)の更新事由に該当することになる。他方，その手続が所期の目的を達することなく終了した場合には，本文(1)第1文の時効停止の効力のみを有することとなる。この規律は，いわゆる裁判上の催告に関する判例法理（最判昭和45年9月10日民集24巻10号1389頁等）を反映したものである。本文(1)第2文は，これらの手続の申立てと取下げを繰り返すことによって時効の完成が永続的に阻止されることを防ぐため，本文(1)第1文の時効停止の期間中に行われた再度のこれらの手続については，時効停止の効力を有しないものとしている（後記(4)第2文と同趣旨）。
　本文(2)は，債権の一部について訴えが提起された場合の取扱いを定めるものである。判

例(最判昭和34年2月20日民集13巻2号209頁)は,債権の一部についてのみ判決を求める旨を明示して訴えが提起された場合には,時効中断の効力もその一部についてのみ生ずるとしているが,裁判上の請求が時効の停止事由と改められること(本文(1)ア)も考慮の上,判例と異なる結論を定めている。これにより,一部請求を明示して債権の一部についての訴えを提起した場合に,その後に請求の拡張をしようとしても,その時までに既に当該債権の残部について時効が完成しているという事態は,生じないことになる。

　本文(3)は,差押え,仮差押え又は仮処分は,時効の利益を受ける者に対してしないときは,その者に通知をした後でなければ,時効の中断の効力を生じないという民法第155条の規律について,これらの事由を時効の中断事由(同法第154条)から停止事由に改めること(上記(1)オ,カ)に伴い,その効果を時効の停止の効力を生じないと改めるものである。

　本文(4)第1文は,民法第153条の「催告」について,実質的には時効の完成間際に時効の完成を阻止する効力のみを有すると理解されていたことを踏まえ,時効の停止事由であることを明記するものである。また,本文(4)第2文では,催告を重ねるのみで時効の完成が永続的に阻止されることを防ぐため,催告によって時効の完成が阻止されている間に行われた再度の催告は,時効停止の効力を有しないものとしている。催告を繰り返しても時効の中断が継続するわけではないとする判例法理(大判大正8年6月30日民録25輯1200頁)を反映したものである。

　本文(5)は,天災等による時効の停止を規定する民法第161条について,現在の2週間という時効の停止期間は短すぎるという指摘があることから,その期間を6か月に改めるものである。

　本文(6)は,当事者間の協議を時効の停止事由とする制度を新設するものである。これは,当事者間で権利に関する協議が継続している間に,時効の完成を阻止するためだけに訴えを提起する事態を回避できるようにすることは,当事者双方にとって利益であることによる。この事由の存否を明確化する観点から,協議の合意が存在することを要求した上で,書面を要するという考え方をブラケットで囲んで提示している。また,時効障害が解消される時点を明確化する観点から,協議続行を拒絶する旨の通知がされた時という基準を用意した上で,ここでも書面を要するという考え方をブラケットで囲んで提示している(本文(6)ア)。さらに,実際上,協議されない状態が継続する事態が生じ得ることから,これへの対応として,当事者間で権利に関する協議を行う旨の合意があった時から[1年]という別の基準も用意している(本文(6)イ)。協議が実際に行われていれば,その都度,この合意があったと認定することが可能なので,本文(6)イの起算点もそれに応じて更新されることになる。以上に対し,当事者間の協議を時効の停止事由とする制度を設ける必要性はないという考え方があり,これを(注)で取り上げている。

(補足説明)
1　時効の中断事由の再構成に伴う停止事由の再編成
　(1) 停止事由の再編成(本文(1),(4))
　　ア　前記6(時効期間の更新事由)において,時効の中断事由を時効期間の更新事由

に再構成する場合には，現在は時効の中断事由とされている裁判上の請求（同法第１４９条），支払督促（同法第１５０条），和解及び調停の申立て（同法第１５１条），破産手続参加等（同法第１５２条），差押え，仮差押え又は仮処分（同法第１５４条）をどのように取り扱うかが問題となる。

　現行法の下では，これらの手続が途中で終了すると時効の中断の効力は生じないとされているが，他方で，これらの手続が進行している間は催告（同法第１５３条）が継続してされているものとみて（いわゆる裁判上の催告），その終了時から６か月間は時効が完成しないと解されている（最判昭和４５年９月１０日民集２４巻１０号１３８９頁等）。

　本文(1)第１文は，こうした裁判上の催告に関する現行法下の判例法理を反映して，現在は時効の中断事由とされている裁判上の請求（本文(1)ア），支払督促の申立て（本文(1)イ），和解の申立て又は民事調停法・家事事件手続法による調停の申立て（本文(1)ウ），破産手続参加，再生手続参加又は更生手続参加（本文(1)エ），強制執行，担保権の実行としての競売その他の民事執行の申立て（本文(1)オ），仮差押命令その他の保全命令の申立て（本文(1)カ）をいずれも時効の停止事由として再編成するものである。具体的には，これらの手続が進行して認容判決が確定するなど所期の目的を達した場合には，前記６(1)の更新事由に該当することになるが，その手続が所期の目的を達することなく終了した場合には，その終了の時から６か月を経過するまでの間は，時効は完成しないものとしている。

　以上のように時効の停止事由を再編成する場合には，手続の申立てと取下げを繰り返すことによって時効の完成が永続的に阻止されることを防ぐ方策を設ける必要がある。そこで，本文(1)第２文では，本文(1)第１文の時効停止の期間中に行われた再度のこれらの手続については，時効停止の効力を有しないものとしている。これは，催告を繰り返しても時効の中断が継続するわけではないとする判例法理（大判大正８年６月３０日民録２５輯１２００頁）を踏まえて，裁判上の催告の繰り返しには時効停止の効力を認めないとする趣旨である。もっとも，仮差押命令の申立ての取り下げ後に民事調停の申立てをした場合のように，異なる手続の申立てを繰り返した場合にもこのルールが適用されるのかどうかは，引き続き検討する必要がある。

イ　民法第１５３条の「催告」は，現行法の下では時効の中断事由として掲げられているが，時効の完成間際に時効の完成を阻止する効力しか有しておらず，実質的には時効の停止事由として機能していると評価されている。

　そこで，本文(4)第１文では，「催告があったときは，その時から６か月を経過するまでの間は，時効は，完成しないものとする」として，催告が時効の停止事由であることを明記するものとしている。

　また，本文(4)第２文では，催告を繰り返しても時効の中断が継続するわけではないとする判例法理（上記大判大正８年６月３０日）を明文化して，催告によって時効の完成が阻止されている間に行われた再度の催告は，時効停止の効力を有しないものとしている。

(2) 債権の一部について訴えの提起等がされた場合の取扱い（本文(2)）

　　判例（最判昭和３４年２月２０日民集１３巻２号２０９頁）は，債権の一部についてのみ判決を求める旨を明示して訴えが提起された場合には，時効中断の効力もその一部についてのみ生ずるとしている。しかし，これに対しては，一部請求を明示して債権の一部についての訴えを提起した場合に，その後に請求の拡張をしようとしても，その時までに既に当該債権の残部について時効が完成しているという事態が生じ得ることから，相応の理由があって一部請求を選択した債権者の保護に欠けるという指摘がある。

　　そこで，本文(2)では，上記判例とは異なり，有力な解釈論に従って債権の一部について訴えが提起された場合であっても，時効停止の効果（本文(1)ア）は，その債権の全部に及ぶものとしている。

(3) 時効の利益を受ける者に対してしない差押え等の申立て（本文(3)）

　　差押え，仮差押え又は仮処分は，時効の利益を受ける者に対してしないときは，その者に通知をした後でなければ，時効の中断の効力を生じないとする民法第１５５条の規律については，これらの事由を時効の中断事由から停止事由に改めた場合（本文(1)オ，カ）にも妥当すると考えられることから，本文(3)では，強制執行，担保権の実行としての競売その他の民事執行の申立て（本文(1)オ）と仮差押命令その他の保全命令の申立て（本文(1)カ）は，時効の利益を受ける者に対してしないときは，その者に通知をした後でなければ，時効の停止の効力を生じないものとしている。

2　天災等による時効の停止（本文(5)）

　　民法第１６１条は，時効の期間の満了の時に当たり，天災その他避けることのできない事変のため時効を中断することができないときは，その障害が消滅した時から２週間を経過するまでの間は，時効は，完成しないと規定しているところ，これに対しては，２週間という時効の停止期間は短すぎるという指摘がある。

　　そこで，本文(5)では，その期間を他の停止事由と同様に６か月に改め，時効期間の満了の時に当たり，天災その他避けることのできない事変のため時効の停止事由に該当する手続（本文(1)アからカまで）を行うことができないときは，その障害が消滅した時から６か月を経過するまでの間は，時効は，完成しないものとしている。

3　当事者間の協議による時効停止（本文(6)）

　　現行法下では，当事者間の協議によって時効の完成を阻止する方法が存在しないため，時効完成の間際に当事者間で協議が継続されている場合に，時効の完成を阻止するためだけに訴えを提起せざるを得ないという事態が生じ得る。しかし，このような事態は債権者にとってのみならず債務者にとっても不利益である。

　　そこで，本文(6)では，このような事態を回避するための方策として，当事者間の協議を新たな時効停止事由に位置付けるものとしている。もっとも，協議という概念は外延が不明確であり，その存否が判然としない場合があり得ることから，ここでは，協議そのものを時効停止事由とするのではなく，協議の合意を時効停止事由としている。さらに，明確化を徹底する観点から，この合意に書面を要求するという考え方もあるので，これをブラケットで囲んで提示している。

時効の完成が阻止される期間(時効障害が解消される時点)に関しては,これを明確にする観点から,協議続行を拒絶する旨の通知がされた時という基準を用意した上で,ここでも書面を要するという考え方をブラケットで囲んで提示している(本文(6)ア)。さらに,実際上,協議されない状態が継続する事態が生じ得ることから,これへの対応として,当事者間で権利に関する協議を行う旨の合意があった時から一定の期間という別の基準も用意することとし,差し当たりこの期間を1年として,ブラケットで囲んで示している(本文(6)イ)。協議が実際に行われていれば,その都度(要件に応じて書面化することにより),この合意があったと認定することが可能なので,本文(6)イの起算点もそれに応じて更新されることになる。

部会の審議では,当事者間の協議による時効停止という制度を設ける意義や必要性については,これを積極的に評価する意見が多かったが,他方で,債権の消滅時効における原則的な時効期間が短期化されない場合には(前記2参照),このような制度を設けるまでの必要性はないという考え方も示されたので,これを(注)で取り上げている。

8 時効の効果
消滅時効に関して,民法第144条及び第145条の規律を次のように改めるものとする。
(1) 時効期間が満了したときは,当事者又は権利の消滅について正当な利益を有する第三者は,消滅時効を援用することができるものとする。
(2) 消滅時効の援用がされた権利は,時効期間の起算日に遡って消滅するものとする。
  (注)上記(2)については,権利の消滅について定めるのではなく,消滅時効の援用がされた権利の履行を請求することができない旨を定めるという考え方がある。

(概要)
消滅時効の効果について定めるものである。ここでの規律を取得時効にも及ぼすかどうかは,今後改めて検討される。

本文(1)は,消滅時効の援用権者について定めるものである。民法第145条は「当事者」が援用するとしているが,判例上,保証人(大判昭和8年10月13日民集12巻2520頁)や物上保証人(最判昭和43年9月26日民集22巻9号2002頁)などによる援用が認められている。本文(1)は,こうした判例法理を踏まえて援用権者の範囲を明文化するものである。判例(最判昭和48年12月14日民集27巻11号1586頁)が提示した「権利の消滅により直接利益を受ける者」という表現に対しては,「直接」という基準が必ずしも適切でないという指摘があるので,それに替わるものとして「正当な利益を有する第三者」という文言を提示しているが,従前の判例法理を変更する趣旨ではない。

本文(2)は,消滅時効の効果について,援用があって初めて権利の消滅という効果が確定的に生ずるという一般的な理解を明文化するものである。判例(最判昭和61年3月17日民集40巻2号420頁)もこのような理解を前提としていると言われている。もっと

も,このような理解に対しては,消滅時効の援用があってもなお債権の給付保持力は失われないと解する立場からの異論があり,消滅時効の援用が実務で果たしている機能を必要な限度で表現するという趣旨から,消滅時効の援用がされた権利の履行を請求することができない旨を定めるという考え方が示されており,これを(注)で取り上げた。

(補足説明)
1　消滅時効の援用権者（本文(1)）
　　民法第145条は時効の援用権者を「当事者」と規定しているところ,判例（最判昭和48年12月14日民集27巻11号1586頁）は,この当事者の意味を「権利の消滅により直接利益を受ける者」であるとし,具体的には,保証人（大判昭和8年10月13日民集12巻2520頁）や物上保証人（最判昭和43年9月26日民集22巻9号2002頁）,抵当不動産の第三取得者（最判昭和48年12月14日民集27巻11号1586頁）,詐害行為の受益者（最判平成10年6月22日民集52巻4号1195頁）などがこれに該当し,また,一般債権者（大判大正8年7月4日民録25輯1215頁）や後順位抵当権者（最判平成11年10月21日民集53巻7号1190頁）などはこれに該当しないとしている。
　　こうした判例法理を「当事者」という文言から読み込むことは困難であるので,本文(1)では,消滅時効の援用権者の範囲に関する判例法理をより的確に表現しようとしている。具体的には,上記判例が提示した「権利の消滅により直接利益を受ける者」という表現に対しては,「直接」という基準が必ずしも適切でないという指摘があるので,それに替わるものとして「正当な利益を有する第三者」という文言を提示している。時効の援用権者に関する判例法理を変更する趣旨ではない。
　　以上の規律を取得時効にも及ぼすかどうかについては,引き続き検討する必要がある。
2　消滅時効の援用の性質（本文(2)）
(1) 民法第145条は,時効は,当事者が援用しなければ,裁判所はこれによって裁判をすることができないとしているところ,この時効の援用の性質に関しては,古くから議論があり,時効期間の経過によって確定的に権利の消滅という効果が発生するが,弁論主義の制約から,裁判所は職権で時効をもとに裁判をすることができず,当事者による訴訟上の主張が必要であるとし,民法第145条はそのことを定めたものであるとする見解（確定効果説）,時効の完成による権利の取得や義務の消滅は確定的なものではなく,援用を停止条件として,あるいは援用をしないことを解除条件として生ずるとする見解（不確定効果説）,時効は実体法上の権利得喪原因ではなく,裁判で援用することにより,他の権利得喪原因の証明を要しないで権利得喪の裁判を受けることを認める制度であるとする見解（法定証拠提出説）などが主張されてきた。
　　古い判例（大判大正8年7月4日民録25輯1215頁等）には,確定効果説を採用したと解されるものもあったが,今日では,当事者の援用を停止条件とし,その援用があって初めて時効の効果が確定的に発生するとする不確定効果説が通説であるとされ,判例（最判昭和61年3月17日民集40巻2号420頁参照）も,これを採用していると解されている。

そこで，本文(2)では，この不確定効果説を明文化して，「消滅時効の援用がされた権利は，時効期間の起算日に遡って消滅する」ものとしている。このような考え方は，被担保債権について時効が援用されると被担保債権は消滅するので，抵当権の実行は担保権の付従性によって認められないとする一般的な理解とも適合するものである。
(2) 本文(2)に対しては，消滅時効の効果を，権利の消滅ではなく請求力が失われるものと解する立場から，権利の消滅については規定せず，消滅時効の援用がされた権利の履行を請求することができないということのみを規定するという考え方が示されている。沿革的には消滅時効とは訴権の消滅の制度であり，比較法的にも，大陸法・英米法を問わず，権利の強制的実現ができなくなる制度として理解されていて，権利の消滅事由とする例はほとんどないこと（フランスでは条文上は権利の消滅と書かれているが，実際は必ずしも実体法上の債権の消滅事由とは解されていないといわれる。），援用後の任意弁済を有効な弁済と認めるのが便宜にかなうことなどを理由とする。そこで，この考え方を（注）で取り上げている。

第8　債権の目的
1　特定物の引渡しの場合の注意義務（民法第400条関係）
　民法第400条の規律を次のように改めるものとする。
(1) 契約によって生じた債権につき，その内容が特定物の引渡しであるときは，債務者は，引渡しまで，［契約の性質，契約をした目的，契約締結に至る経緯その他の事情に基づき，取引通念を考慮して定まる］当該契約の趣旨に適合する方法により，その物を保存しなければならないものとする。
(2) 契約以外の原因によって生じた債権につき，その内容が特定物の引渡しであるときは，債務者は，引渡しまで，善良な管理者の注意をもって，その物を保存しなければならないものとする。
　（注）民法第400条の規律を維持するという考え方がある。

（概要）
　本文(1)は，特定物の引渡しの場合の注意義務（保存義務）の具体的内容が契約の趣旨を踏まえて画定される旨を条文上明記するものである。契約によって生じた債権に関して，保存義務の内容が契約の趣旨を踏まえて画定されることには異論がない。それを条文上も明らかにするものである。
　本文(1)の「契約の趣旨」とは，合意の内容や契約書の記載内容だけでなく，契約の性質（有償か無償かを含む。），当事者が当該契約をした目的，契約締結に至る経緯を始めとする契約をめぐる一切の事情に基づき，取引通念を考慮して評価判断されるべきものである。裁判実務において「契約の趣旨」という言葉が使われる場合にも，おおむねこのような意味で用いられていると考えられる。このことを明らかにするために，契約の性質，契約をした目的，契約締結に至る経緯や取引通念といった「契約の趣旨」を導く考慮要素を条文上例示することも考えられることから，本文ではブラケットを用いてそれを記載している。
　本文(2)は，契約以外の原因によって生じた債権については，特定物の引渡しの場合の保

存義務につき現行の規定内容を維持するものである。
　以上に対して，契約の趣旨に依拠するのみで保存義務の内容を常に確定できるかには疑問があるとして，本文(1)の場合及び本文(2)の場合を通じて，一般的に保存義務の内容を定めている現状を維持すべきであるという考え方があり，これを（注）で取り上げている。

(補足説明)
1　債権の内容が特定物の引渡しである場合の債務者の注意義務（保存義務）について定める民法第４００条については，「善良な管理者の注意」という文言からは，契約の趣旨等から離れて客観的に保存義務の内容が定まるとの誤解を招くおそれがあり，規定内容の見直しが必要であるとの指摘がある。そして，契約を発生原因とする債権にあっては，その内容が特定物の引渡しの場合であるときに，債務者が尽くすべき注意義務（保存義務）の具体的内容が契約の趣旨を踏まえて確定されることには，異論がない。
　　以上を踏まえ，本文(1)は，民法第４００条を存置しつつ，契約を原因とする債権につき，「善良な管理者の注意をもって」を「当該契約の趣旨に適合する方法により」とし，保存義務の内容が契約の趣旨によって定まる旨を明示する規定に改めるものである。
　　ここにいう「契約の趣旨」とは，合意の内容や契約書の記載内容だけでなく，契約の性質（有償か無償かを含む。），当事者が当該契約をした目的，契約締結に至る経緯を始めとする契約をめぐる一切の事情に基づき，取引通念を考慮して評価判断されるべきことを示すものである。裁判実務において「契約の趣旨」という言葉が使われる場合にも，おおむねこのような意味で用いられていると考えられる。このことを明らかにするために，契約の性質，契約をした目的，契約締結に至る経緯や取引通念といった「契約の趣旨」を導く考慮要素を条文上例示することも考えられることから，本文ではブラケットを用いてそれを記載している。他のパートにおける「契約の趣旨」という文言も，特に断りがない限り，このパートで用いているのと同様の意味を示すものとして用いている。
2　本文(2)は，契約以外を発生原因とする債権の内容が特定物の引渡しである場合の注意義務（保存義務）の内容につき，民法第４００条の規定内容を維持するものである。契約以外の発生原因から生じた特定物の引渡債務における保存義務について，前記のような契約を発生原因とする債権に関する保存義務の規定の在り方とパラレルに，「善良な管理者の注意」から，より具体的な内容を明示するものに改めることも検討課題となり得るが，適切な文言を見出すことが困難と考えられる。また，寄託のパートにおいて，有償寄託の受寄者が尽くすべき注意義務の内容について，「善良な管理者の注意」という文言を維持した規定を置くものとされている（後記第４３，３）。以上を踏まえ，本文(2)では「善良な管理者の注意」という文言を維持している。
3　本文(1)(2)のような，特定物の引渡しの場合の保存義務に関する規定を維持するとの考え方に対し，売買契約において売主が目的物の性質等に関して契約上の責任を負うものとする立場から，次のような指摘がある。すなわち，売買契約における目的物の品質・性能に関する売主の責任の成否は，売主が契約で定められていた品質等を有する目的物を引き渡したか否かを専ら問題にすべきである。民法第４００条をそのまま存置すれば，特定物売買の目的物に滅失や損傷が生じた場合も，売主が善良な管理者の注意を尽くせ

ばそれのみで免責されるとの理解がされるおそれがある。このような誤解が生ずることを防ぐという観点から，契約各則で個別の契約類型ごとに保存義務を規定するのは格別，一般的な保存義務の規定を設けるのは相当でない，というのである。

　今回の改正では，売買契約の売主の義務として，売主が売買契約に基づき引き渡す目的物は当該売買契約の趣旨に適合していなければならない旨の規律を設けるものとしており（後記第３５，３(2)），引き渡した目的物が契約の趣旨に適合していなかった場合であっても売主が保存義務を尽くしていれば一律に免責されるとの考え方は採用していない。しかし，契約の趣旨に適合した目的物を引き渡さなかった債務不履行（引渡しが履行期より遅延したことも含む。）による損害賠償につき免責事由（後記第１０，１(2)）が認められるか否かの判断に当たって，保存義務を尽くしていたか否かが一つの考慮要素となり得ることには，異論がないと思われる。また，売買のパートに，目的物の滅失又は損傷に関する危険の移転時期に関するルールを設けるものとしているが（後記第３５，１４），その規律においては，危険の移転時期（目的物の引渡しの時等）以後に生じた目的物の滅失又は損傷に関しては原則として売主は責任を負わないとしつつ，例外的に売主が責任を負うべき場合として，売主が本文(2)による保存義務を尽くさなかったために危険の移転時期後にその滅失又は損傷が生じたことが挙げられており（後記第３５，１４(1)第２文），この場面において，保存義務の規定の存在意義を肯定することができる。

　以上のように，特定物の引渡しの場合の保存義務に関する規定にはなお存在意義があると考えられることから，必要な修正を施した上で，これを維持するものとしている。

4　（注）で取り上げたのは，本文(1)(2)の場合を通じて，一般的に保存義務の内容を定めている現状を維持すべきであるという考え方である。この考え方は，とりわけ本文(1)の場合について，「契約の趣旨」が不明な場合にはこれによっては保存義務の内容を確定することができないとして，現行の規定の在り方が相当であるとする。もっとも，この考え方に対しては，契約の趣旨によって保存義務の内容を決める際には取引通念を考慮するものとされているから，契約の趣旨によって保存義務の内容が定まらない場面は想定しにくいとの反論がされている。また，取引通念を考慮してもなお契約の趣旨が不明であるような場合が仮に存在するとして，その場合に「善良な管理者の注意」という抽象的な文言によれば保存義務の内容が確定できるというのは，理解しにくい考え方であるとの批判が妥当し得る。

2　種類債権の目的物の特定（民法第４０１条第２項関係）
　種類債権の目的物の特定（民法第４０１条第２項）が生ずる事由につき，「債権者と債務者との合意により目的物を指定したとき」を付加するものとする。

（概要）
　民法第４０１条第２項が定める種類債権の目的物の特定が生ずる事由に，債権者と債務者との合意により目的物を指定したときを付加するものである。一般に異論がないとされる解釈に従って，規定内容の明確化を図るものである。

(補足説明)
1 種類債権における目的物の特定（民法第401条第2項）の効果については，現行法のもとではおおむね次のように説明されている。
  ① 原則として，目的物の特定の時点で所有権が債務者から債権者に移転する（最判昭和35年6月24日民集14巻8号1528頁）。
  ② 特定後，債務者の負う義務が，調達義務から善良な管理者の注意による保存義務（民法第400条）に切り替わる。
  ③ 特定後に目的物が滅失した場合，引渡債務は履行不能となり，滅失に関する債務者の帰責事由の有無に応じて，危険負担（民法第534条）又は債務不履行による損害賠償が問題となる。
   なお，特定の効果については，②に関して，契約を原因とする債権の内容が特定物の引渡しであるときの保存義務に関する規律の見直しとして，前記1(1)を参照。③の特定物の危険負担における債権者主義については，目的物の引渡しの時に目的物の滅失又は損傷の危険が移転する旨の規律に改めるものとして，後記第35，14を参照。
2 民法第401条第2項が規定する特定の原因には，「債務者が物の給付をするのに必要な行為を完了し」たときと，債務者が「債権者の同意を得てその給付すべき物を指定したとき」を挙げているが，本文は，当事者の合意による目的物の指定を，特定を生ずる新たな原因として追加するものであり，争いのない解釈を明文化するものである。これに対しては，当事者の合意により特定が生ずるのは当然のことであって明文化するまでもないとの異論もあり得るが，部会においては，これを明文化することに特段の異論はなかった。
3 種類債権の目的物が特定した後であっても，一定の場合には，債務者がその目的物を同種同量の別の物に変更することができる権利があるとされ（いわゆる変更権），部会においては，これを明文化するという考え方も検討された。もっとも，変更権を認めたとされる判例（大判昭和12年7月7日民集16巻1120号）は，株券の返還義務につき，株主名簿の名義書換前であって株券番号が異なる株券を交付しても債権者に不利益を与えないと認められる事案であるが，高度の代替性を有する株券の事案である同判例のみから変更権の一般的な要件を抽出するのは困難である。他方，債権者に不当な不利益を与えないように変更権の一般的な要件を適切に設定する作業もまた，実際上困難である。そこで，変更権については，これが問題となる場面の解決を契約解釈又は信義則の適用などに委ねることを前提に規定を設けないという趣旨で，中間試案には盛り込まれなかった。

3 外国通貨債権（民法第403条関係）
民法第403条の規律を次のように改めるものとする。
(1) 外国の通貨で債権額を指定した場合において，別段の意思表示がないときは，債務者は，その外国の通貨で履行をしなければならないものとする。
(2) 外国の通貨で債権額を指定した場合において，別段の意思表示がないとき

は，債権者は，その外国の通貨でのみ履行を請求することができるものとする。

（概要）
　本文(1)は，民法第４０３条の規定内容を改め，外国の通貨で債権額を指定した場合には，債務者は，別段の意思表示がない限り，その外国の通貨で弁済をしなければならないものとしている。この場合について，同条は，履行地の為替相場により日本の通貨で弁済をすることができるとしているが，この規律については，外国の通貨で債権額を指定したときは，特約がない限りその通貨でのみ弁済をするというのが当事者の合理的意思であって，同条の規定内容は合理性に乏しいとの指摘がある。これを踏まえ，同条の規定内容を改めるものとしている。
　本文(2)は，外国の通貨で債権額を指定した場合には，債権者は，別段の意思表示がない限り，指定に係る外国の通貨でのみ履行を請求することができるとするものである。判例（最判昭和５０年７月１５日民集２９巻６号１０２９頁）は，外国の通貨で債権額を指定した場合であっても，債権者が債務者に対し，履行地の為替相場により日本の通貨での支払を請求することができるとするが，外国の通貨で債権額を指定した場合は，特約がない限りその通貨のみで決済されるとするのが当事者の合理的意思であるとの前記指摘を踏まえ，この判例法理とは異なる内容の規定を設けるものである。
　なお，本文(1)(2)については，金銭債権に基づく強制執行の解釈運用に与える影響の有無等につき慎重な検討が必要であるとの指摘がある。

（補足説明）
１　本文(1)について
　本文(1)は，民法第４０３条の規定内容を改め，外国の通貨で債権額を指定した場合には，債務者は，別段の意思表示がない限り，その外国の通貨で弁済をしなければならないものとするものである。
　民法第４０３条は，外国の通貨で債権額が指定された場合について，債務者が履行地の為替相場により，日本の通貨で支払うことができる旨を規定している。この規定につき，中間的な論点整理に関するパブリック・コメントの手続に寄せられた意見には，同条の規定内容を改め，①別段の意思表示がない限り債務者は指定された外国の通貨により弁済しなければならないものとするか，②債務者が日本の通貨で弁済することができる旨の同条の文言を維持しつつ，これが任意規定であることを条文上明確にすべきであるとするものがあった。
　民法第４０３条については，同条が国家の通貨高権を反映した公法的規定であって，強行規定であるから，当事者の合意による変更はできないとする学説がある。同条が任意規定であることを明確にすべきであるとの意見は，同条が強行規定であるとの解釈を明文で封じようとするものであるが，その実質的理由として，為替取引の自由化が進み，振込みや電子マネー等，決済手段が多様化している現代においては，外国の通貨で債権額が指定された場合について，決済方法に関する当事者のアレンジメントを一律に否定

する合理性が乏しいと指摘する。
　部会においては，民法第４０３条が任意規定であることを明らかにすることについては異論がなく，その際の具体的な規定の在り方につき，外国の通貨で債権額を指定したときは，特約がない限りその通貨でのみ弁済をするというのが当事者の合理的意思であって，そのような当事者の合理的意思を反映した規定に改めるべきであるとの指摘があった。本文(1)は，この指摘を踏まえたものである。
2　本文(2)について
　本文(2)は，外国の通貨で債権額を指定した場合には，債権者は，別段の意思表示がない限り，指定に係る外国の通貨でのみ履行を請求することができるとするものである。
　民法第４０３条に関連して，判例は，外国の通貨で債権額を指定した場合について，債権者は，日本の通貨により支払をすることを債務者に請求することができるとする（最判昭和５０年７月１５日民集２９巻６号１０２９頁）。中間的な論点整理に関するパブリック・コメントの手続に寄せられた意見には，この判例の規律について，特約により排除が可能であることを規定上明確にすべきであるとするものがあった。そして，民法第４０３条の規律に向けられる前記の指摘をも踏まえると，外国の通貨で債権額を指定した場合において，別段の意思表示がないときは，債権者においても，その外国の通貨でのみ履行を請求することができるとの規律を設けることが整合的であると考えられる。本文(2)は，以上の考え方を踏まえた規律を設けるものである。
　本文(2)のような明文規定を設けることについては，前記判例法理は債務者に日本の通貨での弁済を認めている現行の民法第４０３条の規律を前提として，その規律を債権者にも拡張しているのから，同条の規定内容を改めることにより前記判例法理が覆ることは明らかであって，あえて規律を設ける必要はないとの指摘もある。
3　例外的に日本の通貨での履行ができる場合についての規律の必要性
　外国通貨債権については，為替規制等により指定した通貨による弁済が極めて困難となることが考えられるが，そうすると，特約がない限り債権者が当該通貨でしか請求することができないとする本文の原則を貫くのは適切でない場合も考え得る。このような場面に対処する観点からは，債務者が指定された通貨による弁済をすることが困難となったときに，債権者は，支払地における通貨による支払を請求することができるとする規定を設けることが考えられる。ユニドロワ国際商事契約原則第６．１．９条(2)項が同趣旨である。このような規定の要否についても，引き続き検討する必要がある。
4　本文の規律が執行実務に与える影響について
　部会においては，民法第４０３条の規律を本文のように改める場合には，それが民事執行の実務に与える影響等を慎重に検討すべきであるとの指摘があった。
　この指摘の問題意識は，具体的には，以下のようなものである。即ち，現行の民法及び民事執行法には，外国の通貨で表示された債務名義に基づく強制執行を明示的な対象とする規定が設けられていない。現在の我が国の執行実務においては，外国の通貨で表示された債務名義についても，日本の通貨（円）で表示された債務名義と同様に，通常の金銭執行（同法第４３条以下）によっているものと考えられる。そして，外国の通貨による配当が事実上困難であることから，債務名義に表示されている外国の通貨による

金額を適宜の為替レートにより日本の通貨に換算した上で，配当を実施しているものと考えられる。しかし，日本の通貨による配当が正当化される法的根拠は必ずしも明確でなく，それを現状の民法第403条に求めるほかないのだとすると，同条を本文のように改めた場合に，上記のような執行実務を維持することが困難となるおそれがあるというのである。このような懸念があることと民法第403条との関係に留意しつつ，引き続き検討する必要がある。

4 法定利率（民法第404条関係）
 (1) 変動制による法定利率
　民法第404条が定める法定利率を次のように改めるものとする。
　ア　法改正時の法定利率は年［3パーセント］とするものとする。
　イ　上記アの利率は，下記ウで細目を定めるところに従い，年1回に限り，基準貸付利率（日本銀行法第33条第1項第2号の貸付に係る基準となるべき貸付利率をいう。以下同じ。）の変動に応じて［0.5パーセント］の刻みで，改定されるものとする。
　ウ　上記アの利率の改定方法の細目は，例えば，次のとおりとするものとする。
　　(ｱ)　改定の有無が定まる日（基準日）は，1年のうち一定の日に固定して定めるものとする。
　　(ｲ)　法定利率の改定は，基準日における基準貸付利率について，従前の法定利率が定まった日（旧基準日）の基準貸付利率と比べて［0.5パーセント］以上の差が生じている場合に，行われるものとする。
　　(ｳ)　改定後の新たな法定利率は，基準日における基準貸付利率に所要の調整値を加えた後，これに［0.5パーセント］刻みの数値とするための所要の修正を行うことによって定めるものとする。
　（注1）上記イの規律を設けない（固定制を維持する）という考え方がある。
　（注2）民法の法定利率につき変動制を導入する場合における商事法定利率（商法第514条）の在り方について，その廃止も含めた見直しの検討をする必要がある。

（概要）
　本文アは，低金利の状況が長期間にわたって続いている現下の経済情勢を踏まえ，年5パーセントという法定利率が高すぎるとの指摘がされていることから，当面これを引き下げることとするものである。ここでは，具体的な数値の一つの案として，年3パーセントという数値をブラケットで囲んで提示している。
　本文イは，法定利率につき，利率の変動制を採用するものである。法定利率については，一般的な経済情勢の変動等に連動して適切な水準を確保するために，基準貸付利率（日本銀行法第15条第1項第2号，第33条第1項第2号）を指標とする変動制を採用するものとした上で，その具体的な改定の仕組みにつき，緩やかに変動を生じさせる観点から，

年１回に限り，かつ，例えば０．５パーセント刻みで改定されるものとしている。これに対して，法定利率の変更は法律改正によるのが相当であるとして，法定利率につき固定制を維持すべきであるとの考え方があり，これを(注１)で取り上げている。

　本文ウは，法定利率の改定の仕組みに関する細目として定めるべき内容を例示するものである。具体的な検討事項として，①改定の有無が定まる基準日の在り方(本文ウ(ｱ))，②法定利率の改定を直前に法定利率が定まった日の基準貸付利率と比べて乖離幅が一定の数値以上であったときに限ることの要否（同(ｲ)。その乖離幅として，差し当たり０．５パーセントをブラケットで囲んで提示している。)，③基準貸付利率に所定の数値を加えた上，それが小数点以下の数値を０．５刻みとするための所要の修正の在り方（同(ｳ)）を挙げている。

　（注２）では，商事法定利率（商法第５１４条）の見直しを取り上げている。現在年６パーセントの固定制とされている商事法定利率については，民法の法定利率を変動制へと改めるのに伴い，①廃止する，②変動制による同法の法定利率に年１パーセントを加えたものとするなどの見直しの要否を検討する必要があると考えられる。

（補足説明）
1　法定利率の水準の見直しについて（本文(1)）
　　本文(1)は，民法第４０４条により年５パーセントとされている法定利率につき，当面これを引き下げる見直しをするものである。
　　我が国においては，近年，市場金利が非常に低い水準で推移しており，それとの対比で，民法が規定する法定利率が年５パーセントとされているのは，市場金利の実勢との乖離が著しいことへの違和感が指摘されている。また，このような市場金利の実勢から乖離した高い利率が，債権者に紛争の解決を引き延ばすインセンティブを与えるなどの弊害を引き起こしているとも指摘されている。そうすると，現在の年５パーセントの法定利率は，基本的に引き下げる方向で見直しをするのが相当である。
　　もっとも，部会の審議においては，現行の年５パーセントという利率が高過ぎるとの認識について，疑問を呈する意見があった。現時点でも，一般事業者等が金融機関から事業資金を借り入れる際の金利が５パーセントを超えることは珍しくないことなどを根拠とするものである。この意見が説得力を持つような場面は確かに想定され得るので，適切な金利水準を検討する上で留意する必要があると考えられる。
　　法定利率のあるべき水準を指定するに当たっては，履行期に金銭を受領していたら確実に得られていたであろう運用利益のみを考慮して，一般の銀行預金等の金利と同等の水準にまで利率を下げるのは相当でないと思われる。得られるはずの運用利益の水準に配慮するのは当然としても，債権者が同額の金員を他から得るために要するコスト（調達コスト）を填補するという観点や，履行のインセンティブを確保するという要請にもバランスよく配慮し，様々な場面に画一的に適用され得る利率として，できる限り広く納得の得られる水準とする必要があると考えられる。その際に念頭に置くべき法定利率の適用場面は，当事者の合意により利率の約定をすることが想定しにくい場面であり，典型的には損害賠償請求権についての遅延損害金の利率や，不当利得に関する悪意の受

益者に対する利息請求権（民法第７０４条）の利率ではないかと考えられる。
　以上のような考慮を踏まえ，法定利率を年５パーセントから引き下げるものとする際の具体的な数値として，年３パーセントをブラケットで囲んで提示している。３パーセント以外の数値として，部会では，前述のように５パーセントを維持するとの意見があったほか，現在の市場金利の実勢と対比すると３パーセントでも高すぎるとの意見もあった。
2　本文イは，本文アで定まる法定利率につき，改正後の基準貸付利率（日本銀行法第１５条第１項第２号，第３３条第１項第２号）の変動に連動して利率を変更する，利率の変動制を採用するものである。
　法定利率が適正な水準か否かは，我が国の一般的な経済情勢，とりわけ金融市場における一般的な金利の趨勢との対比で評価すべきことについては，おおむね異論がないものと考えられる。このような評価の在り方を法定利率の具体的な算定に反映させる方策が，これらの金融市場の実勢を示す指標の変動に連動して，法定利率の数値も自動的に変更されるものとする仕組み（利率の変動制）である。
　もっとも，実勢金利を示すとされる指標によっては頻繁な変動をするものもあるが，指標が変動するときに常にそれと同時に法定利率をその変動に連動させるかについては，検討の余地がある。法定利率が小刻みに変動するものとすることは，実務の負担がいたずらに大きくなるため望ましくなく，法定利率を一定の指標に連動させるとしても，指標の変動に緩やかに連動させるような工夫を施すことが望ましい。この点については，法定利率の変動制への移行を支持する立場からも，おおむね異論がないものと思われる。
　そこで，本文イにおいては，以下に詳しく説明するとおり，指標の変動に緩やかに連動させることを想定した変動制の在り方を提示している。
　まず，法定利率については，一般的な経済情勢の変動等に連動して適切な水準を確保するために，基準貸付利率を基礎的な指標とする変動制を採用するものとしている。そして，具体的な改定の仕組みについては，緩やかに変動を生じさせる観点から，改定を年１回に限り，かつ，例えば０．５パーセント刻みの数値で改定されるものとしている。
　変動制を採用する場合の基礎的な指標とするのに基準貸付利率がふさわしい理由として，以下の点が挙げられる。
ア　現在の日本銀行の金融政策では，無担保コールレート（オーバーナイト物）の水準の誘導目標が政策金利として位置付けられているが，基準貸付利率はそのレートの上限を画する機能を持つものとされている。したがって，政策金利を見直す場合には，それに伴って基準貸付利率の水準も見直しが検討されることになる。基本的には，政策金利の引上げは基準貸付利率の引上げを伴い，政策金利の引下げは基準貸付利率の引下げを伴う。
　そして，金融市場における金利の趨勢は，政策金利とされる無担保コールレート（オーバーナイト物）の誘導目標水準を起点として形成されることから，基準貸付利率の引上げ（引下げ）は，一般的に，金融市場における金利の上昇（低下）を伴う。
　以上のような意味で，基準貸付利率は，我が国の金融市場における金利の一般的な趨勢を表していると評価することが可能である。

イ　基準貸付利率は日本銀行法によってその位置付けが明確になっており，その決定又は変更が行われた場合には，その旨が公表されることから，常に参照可能性が確保されている。

その上で，基準貸付利率の変更があった場合に，それをどのような要件の下で法定利率に反映させるかが問題となる。基準貸付利率の見直しは政策金利の見直しに伴って不定期に行われており，過去には年2回以上の変更があったこともある。そうすると，基準貸付利率の変更があった時ごとに法定利率を見直すものとすることは，変更のタイミングの予測可能性が乏しいことや，変更の頻度がやや過大となり得る点において，問題があるものと考えられる。以上のような問題に対処するため，法定利率の変更を年1回に限ることとしている。

また，法定利率として定められる数字を過度に細かいものとすると，これを用いた計算が無意味に煩瑣なものとなるおそれがある。この点に対処するため，法定利率として用いられる数字は，例えば0．5パーセント刻みといった，取扱いの容易な数字とすることとしている。

以上に対して，法定利率につき緩やかな変動を想定するのであれば，その都度の法改正によって対応すれば足りるという指摘がある。（注1）で取り上げた考え方である。もっとも，この考え方によると，経済情勢等の変動に照らして法定利率の水準が適切でない状態になったとしても，利率の変更のタイミングが政治的な情勢に左右されるおそれがあり，予測可能性が必ずしも高くないことになる。他方，本文で提示するような変動の仕組みが合理性を持つものであるとすれば，その変更の要否を常に法改正という政治的な判断に委ねる必要はないと考えられる。むしろ，法律をもって，その後の政治情勢にかかわらずオートマティックに利率が変更される旨を定めた上で，その利率の変更ルールが不合理であるとして見直しが不可避となった場合に限って再度の法改正をするという在り方の方が，取引社会の安定に資するものと考えられる。

また，法定利率につき変動制を導入することに消極的な立場から，損害賠償額算定の際の中間利息控除に用いる割合につき法律により固定した数値を定めるのであれば（後記(3)），法定利率についても固定制とするのが整合的であるとの指摘もある。しかし，中間利息控除に法定利率を利用することは，法定利率制度の制度目的からは想定されていなかったものであり，法定利率制度の在り方を検討するに当たって，中間利息控除に関する規律の在り方との平仄を重視することには，疑問があり得る。

3　法定利率の具体的な定め方の細目（本文ウ）

本文ウは，本文イで提示した変動制を採用する場合の制度の基本的枠組みを受け，法定利率につき変動制を採用する場合の利率決定のルールの細目について，一つの考え方を例示として示すものである。これを一つのたたき台としつつ，具体的な規定の在り方等につき，引き続き検討を重ねる必要がある。

(1)　本文(ア)

利率の変更を年1回に限ることとの関係で，利率決定の有無が決まる基準日は，年1日に固定して定めるものとすることが考えられる。この基準日は，利率が変更がされる場合の周知期間も考慮して，実際に変更がされる日（例えば，毎年1月1日）の

1か月ほど前の日（例えば，前年12月1日）と定めることが考えられる。
(2) 本文(イ)
　基準日における基準貸付利率と従前の法定利率決定の基礎となった基準貸付利率とを比較して，その乖離幅が一定の有意な数値以上であったときに限り，法定利率決定の基礎とする基準貸付利率の数値を変更するものとすることが考えられる。基準貸付利率の変動がわずかなものであるときにも逐一その変動を法定利率に反映させることは，いたずらに実務の負担が過大なものになると思われるからである。そして，変動部分が変更されるために必要な乖離幅として，差し当たり0．5パーセントを，ブラケットで囲んで提示している。
(3) 本文(ウ)
　法定利率については，債権者にとっての運用利益や調達コスト等といった観点にバランスよく配慮しながら，一般の金融市場の趨勢との対比で違和感のない水準を確保する必要があると考えられる。基準貸出利率が，信用リスクが基本的に低いと考えられる金融機関に対して日本銀行が有担保でごく短期の貸付をする際の利率であることをも踏まえると，民法に定める法定利率の在り方としては，ある時点における基準貸付利率をそのまま法定利率とするのではなく，これに一定の数値（以下「調整値」という。）を加算したものを法定利率とすることが望ましいと考えられる。
　また，本文イで示したように，法定利率の数値を取り扱いやすいものとするためには，基準貸付利率に調整値を加えて算出された数値につき，0．5パーセント刻みの数値とするための所要の修正をすることが考えられる。そのための修正の具体的な方法として，基準貸付利率に調整値を加えた数値の小数点以下2桁が0．25未満である場合にはこれを切り捨て，0．25以上0．75未満である場合には0．5とし，0．75以上である場合にはこれを切り上げるという計算式を用意しておくことが考えられる。これによれば，法定利率決定の基礎となる基準貸付利率が0．3，調整値が2．7，法定利率が0．3＋2．7＝3パーセントであった場合に，例えば，5年目に基準貸付利率が上昇して1．0パーセントとなったときは，法定利率は3．5パーセントに変更されることとなる（基準貸付利率が0．3から1．0に変更されることから，基準貸付利率と調整値との和は3．7となるが，これが3．5に丸められる）。
4　商事法定利率（商法第514条）の見直しのとの関係（（注2）について）
　民法に規定される法定利率を見直す場合には，年6分の固定利率制を採用している商事法定利率についても，民法の法定利率と一緒に見直しをするか否かが，別途問題となる。（注2）は，この問題を取り上げたものである。
　商事法定利率につき民法の法定利率より1パーセント加算されているのは，商人であれば非商人よりも有利に資金を運用できるはずであるなどの考えに基づくと説明されている。もっとも，民法の法定利率を一般的な市場金利と連動するように定めるのであれば，それと異なる利率を商事法定利率として定めることを合理的に説明するのは難しいとも考え得る。また，商人である銀行と商人でない信用金庫では，その貸付債権について商事法定利率が適用される可能性に差異があるが，このような取扱いの違いには合理性がないとの指摘がある。このように，民法と区別された商事法定利率を定める合理性

が乏しいと評価されるのであれば，単純に商事法定利率を廃止する（商法第５１４条を削除する。）ことが考えられる。商事法定利率を民法よりも高い利率で定めておくことになお合理性があると考えられるのであれば，例えば，商法第５１４条につき，変動制による民法の法定利率に１パーセント程度加算した割合を商事法定利率として定める旨の規律に改めることが考えられる。

(2) 法定利率の適用の基準時等
　ア　利息を生ずべき債権について別段の意思表示がないときは，その利率は，利息を支払う義務が生じた最初の時点の法定利率によるものとする。
　イ　金銭の給付を内容とする債務の不履行については，その損害賠償の額は，当該債務につき債務者が遅滞の責任を負った最初の時点の法定利率によるものとする。
　ウ　債権の存続中に法定利率の改定があった場合に，改定があった時以降の当該債権に適用される利率は，改定後の法定利率とするものとする。

（概要）
　本文アは，民法第４０４条を改め，利息を生ずべき債権について別段の意思表示がないときは，その利率は，利息を支払う義務（支分権たる具体的な利息債権）が生じた最初の時点の法定利率によるものとしている。
　本文イは，民法第４１９条第１項本文を改め，金銭の給付を目的とする債務の不履行については，その損害賠償の額は，当該債務につき債務者が遅滞の責任を負った最初の時点の法定利率によることとしている。なお，同項ただし書は維持することを前提としている。
　本文ウは，法定利率が適用される債権が存続している間に法定利率の改定があった場合に，当該債権に適用される利率も改定するものとしている。

（補足説明）
1　法定利率につき将来にわたって繰り返し変動する制度とする場合には，個々の債権につきどの時点における法定利率を適用するかや，債権の存続中に法定利率の変更があったときに当該債権に適用される法定利率も変更するものとするか否かについて，あらかじめルールを定めておくことが考えられる。本文は，この点についての規律を取り上げるものである。
2　本文アは，民法第４０４条を改め，利息を生ずべき債権について別段の意思表示がないときは，その利率は，利息を支払う義務が生じた最初の時点（利息計算の基礎となる期間の開始時点であり，利息を支払う義務の履行期とは異なる。）の法定利率によるものとしている。民法には，一定の場合に利息の支払を要するものとする規定があり（例えば，民法第７０４条，第８７３条），また，利息付消費貸借契約において利率の合意がない場合などには，民法第４０４条により法定利率の適用があるとされている。この場面については，利息を支払う義務が生じた最初の時点の法定利率を適用するものとすることは，利息の計算をする初日が利率の基準日となるため，実務的な対応が比較的容易で

あるというメリットがあるように思われる。

　本文イは，民法第419条第1項本文を改め，金銭の給付を目的とする債務の不履行については，その損害賠償の額は，当該債務につき債務者が遅滞の責任を負った最初の時点の法定利率によることとしている。本文アで取り上げた，利息に関する法定利率の適用の在り方とパラレルに規律する考え方である。なお，同項ただし書は維持することを前提としている。

　このような考え方とは異なり，契約により生じた債権についての遅延損害金には契約をした時の法定利率を適用するものとし，その他の債権については履行遅滞に陥った時の法定利率を適用するものとするとの考え方もあり得る。しかし，この考え方については，雇用契約における安全配慮義務違反に基づく損害賠償請求権のように，契約時と損害賠償請求権の発生時とが時間的に離れている場合を想定すると，契約時の法定利率に従うことが適切とはいえないとの批判が妥当するように思われる。

　本文ウは，法定利率が適用される債権が存続している間に法定利率の改定があった場合に，当該債権に適用される利率も改定されるものとしている。法定利率の変動制につき緩やかな変動を想定するものとしているから，ある債権に適用する利率を途中で変更することのコストは大きなものではないと考えられる。そうであれば，市場金利との関連性を保つことを優先してよいと考えられるからである。

　仮に法定利率適用の基準時を前記のようにした上で，法定利率の変更に伴い適用利率も変更するものとすると，それは時々刻々発生する利息又は遅延損害金にその時々の法定利率が適用されることを意味するから，そもそも法定利率適用の基準時という考え方自体が不要となるとも考えられる。また，法定利率の変更に伴い適用利率も変更するものとする場合，約定利率が法定利率を上回る場合に約定利率を遅延損害金とする民法第419条第1項ただし書によると，ある金銭債務の遅延損害金につき，ある時期は法定利率が適用され，ある時期は約定利率が適用されるというケースが生じ得るが，本文ウの規律は，このような場面が生ずることを前提としている。

(3) 中間利息控除

　　損害賠償額の算定に当たって中間利息控除を行う場合には，それに用いる割合は，年[5パーセント]とするものとする。
　　　(注) このような規定を設けないという考え方がある。また，中間利息控除の割合についても前記(1)の変動制の法定利率を適用する旨の規定を設けるという考え方がある。

(概要)

　損害賠償の額を算定するに当たって中間利息控除をするか否かは解釈に委ねることを前提に，現行の法定利率に代えて中間利息控除をする場合に用いるべき割合（固定割合）を定めるものである。判例（最判平成17年6月14日民集59巻5号983頁）は，損害賠償額の算定に当たっての中間利息控除には，法定利率を用いなければならないとするが，前記(1)のとおり法定利率を変動制に改める場合には，法定利率をそのまま中間利息控除に

利用する根拠が希薄になるほか，実際上，どの時点の法定利率を参照すべきであるか等の疑義が生じ得る。そこで，本文では，現在参照されている固定制の法定利率をそのまま維持する規定を設けることとし，その具体的な数値として現行の年5パーセントをブラケットで囲んで示している。

これに対しては，規定を設けるべきでないという考え方がある。これは，変動制であっても引き続き法定利率を参照すればよいという理解を含め，解釈論に委ねるという立場である。また，前記(1)の変動制の法定利率（具体的には，不法行為の時などの基準時の法定利率）を適用する旨の明文規定を設けるべきであるという考え方がある。これらの考え方を（注）で取り上げている。

（補足説明）
1　固定制による中間利息控除の割合の法定
　　中間利息控除は，不法行為等に基づく損害賠償額の算定に当たり，将来の逸失利益や出費を現在価値に換算するために，損害賠償額算定の基準時から将来利益を得られたであろう時までの利息相当額（中間利息）を控除するものである。中間利息控除に用いる割合につき，判例は，法的安定性や統一的処理の必要性等を理由に，民法所定の法定利率である年5パーセントを用いるべきであるとする（最判平成17年6月14日民集59巻5号983頁）。また，損害賠償額の算定とは異なるが，この判例が引用しているように，将来債権の現在価額への換算につき，法定利率による利息相当額を控除する旨の規律を設けているものがある（民事執行法第88条第2項，破産法第99条第1項第2号等）。
　　前記(1)のように，法定利率を変動制に改める場合には，中間利息控除に用いる割合として法定利率を利用する根拠が現状よりも希薄になると考えられる。その場合に，中間利息控除の在り方を解釈運用に委ねるのみでは損害賠償算定の実務に混乱が生ずるおそれが否定できないとの指摘がある。他方，中間利息控除に関して何らかの規定を設けるとする場合に，今回の改正作業の中では，損害賠償額の算定に関する現在の実務運用の当否に関する議論はまったく行っていないのであるから，そのような議論をしないままに損害賠償額の結論が変更されるような改正をすることは望ましくないと考えられる。これらを踏まえると，中間利息控除につき法定利率を統一的に用いている現在の損害賠償額算定の実務への影響を避け，現状を維持するために，中間利息控除に用いる割合を年5パーセントとする旨の規定を法定利率とは別に法律で定めることが考えられる。
　　本文は，このような考え方を踏まえ，損害賠償額の算定に当たって中間利息控除を要するか否かは解釈に委ねることを前提に，中間利息控除をする場合に用いる場合に用いる割合を，固定制により定めるものである。その際の割合として，年5パーセントをブラケットで囲んで示している。
2　（注）の考え方
　(1)　規定を設けないという考え方
　　　本文のような規定を設けることに反対し，中間利息控除のあり方を実務の運用に委ねるべきであるとする考え方は，中間利息控除に関する明文規定を設けると，中間利

息控除の割合を見直すのに法律改正が必要となって，損害賠償額の算定につき柔軟な工夫をする余地を狭めることになるが，それは相当でないとする。そのような考え方を踏まえて規定を設けないものとする場合，中間利息控除を要するものとするか否かや，中間利息控除をする場合の具体的な在り方については，実務に委ねられる。例えば，一定の時点（損害の発生時点等）の法定利率を中間利息控除の割合として用いる考え方や，法定利率とは異なる一定の指標（過去一定期間の国債の利回りの平均等）を中間利息控除に用いる考え方があり得る。

(2) 変動制による中間利息控除の割合を法定するという考え方

　中間利息控除の取扱いを安定的かつ公平なものとするために，中間利息控除に用いる割合を法律で定めることには賛成しつつも，年5パーセントの固定割合を法定することには反対する意見がある。法定利率につき，年5パーセントという水準が市場金利の趨勢とのと対比で相当でないとして水準を引き下げるのであれば，中間利息控除に用いる割合として年5パーセントという水準もやはり相当でないというのである。そして，中間利息控除に用いる割合も，市場金利と連動する変動制によるべきであるとする。

　もっとも，中間利息控除の割合を変動制により法定するものとしてそれに適切な割合を理論的に突き詰めて探求しようとする場合，現時点で資金調達をすることを前提とした市場金利ではなく，将来の金利変動の予測をも的確に織り込んだ指標を参照すべきこととなる。しかし，将来の金利変動の予測をも織り込んだ指標のうち，民法において参照するのに適した安定感のあるものは見当たらない。そうだとすると，中間利息控除の割合については，あらかじめ合理的な変動ルールを用意することは困難である。

　また，そもそも損害賠償額の算定において中間利息控除を行うという実務の在り方（とりわけ逸失利益の算定の在り方）について，それにより導かれる賠償額の水準がおおむね妥当なものとして受容されていることは承認しつつも，その金額導出のプロセスが技巧的に過ぎて不自然なものであるとの批判があり，不法行為法の見直しをする機会にはこの問題を正面から議論すべきである等の指摘もある。

　以上を踏まえると，今回の改正で中間利息控除に関する規定を設ける場合であっても，その規定は将来にわたる恒常的なものとすることを想定して定めるのは，相当でないと考えられる。本文で，固定制というシンプルな規定の在り方を提示しているのは，以上のような考慮を踏まえたものである。

　部会においては，中間利息控除に用いる割合を変動制により定める場合の具体的な在り方として，例えば，一定の時点（例えば，不法行為時）における変動制による法定利率を中間利息に用いる割合として法定するという考え方も示されている。

3　このほか，前記のように，民事手続関係の法律には，将来債権の現在価額への換算につき，法定利率による利息相当額を控除する旨の規律を設けているものがある（民事執行法第88条第2項，破産法第99条第1項第2号等）が，法定利率を変動制に改める場合には，これらの規定を改めるかどうかを検討する必要が生ずる。その場合の改正の在り方として，本文のような規定で定まる中間利息控除の割合を上記の場面においても

用いることとすることや，前記(1)で定める変動制による法定利率を，一定の基準時を定めた上で用いることなどが考えられる。

5 選択債権（民法第406条ほか関係）
　選択債権に関する民法第406条から第411条までの規律を基本的に維持した上で，次のように改めるものとする。
(1) 民法第409条の規律に付け加えて，第三者が選択をすべき場合には，その選択の意思表示は，債権者及び債務者の承諾がなければ撤回することができないものとする。
(2) 民法第410条を削除するものとする。
(3) 選択の対象である給付の中に履行請求権の限界事由（後記第9，2に掲げる事由をいう。）があるものがある場合（第三者が選択をすべき場合を除く。）において，その事由が選択権を有する当事者による選択権付与の趣旨に反する行為によって生じたときは，その選択権は，相手方に移転するものとする。

（概要）
　本文(1)は，選択債権につき第三者が選択をすべき場合（民法第409条）に関して，当該選択の意思表示を撤回するための要件につき，異論のない解釈を条文上明記するものである。
　本文(2)は，民法第410条を削除するものである。選択の対象である給付に履行請求権の限界事由（その意義につき，後記第9，2）に該当するものがあっても，それによって選択の対象は当然には限定されないものとして，不能となった対象を選択して契約の解除をするなど選択権付与の趣旨に即したより柔軟な解決を可能とするためである。
　本文(3)は，選択（第三者が選択権を有する場合を除く。）の対象である給付につき，履行請求権の限界事由が選択権者による選択権付与の趣旨に反する行為により生じたときは，選択権が相手方に移転する旨の新たな規定を設けるものである。このような場合には，もはや選択権者に選択権を保持させることは相当でなく，選択権を相手方に移転することが利害調整として適切であると考えられることによる。

（補足説明）
1 民法第409条の改正について（本文(1)）
　選択債権につき第三者が選択をすべき場合（民法第409条）に関して，当該選択の意思表示を撤回するには，債権者と債務者双方の承諾が必要であることは，異論のない解釈とされる。本文(1)は，この異論のない解釈を条文上明記するものである。
2 民法第410条の削除について（本文(2)）
　民法第410条第1項は，選択債権の目的である給付の中に原始的不能又は後発的不能のものがある場合に，原則として不能でない給付に選択の対象が限定されるものとしている。もっとも，現行民法においても，選択権を有しない当事者の過失で給付が不能となった場合には，選択の対象は限定されない旨の例外が定められている（同条第2項）。

そして，契約時に履行請求権の限界事由が生じていた場合（原始的不能）であっても契約を当然には無効とはしないものとするときには（後記第26，2参照），同条第1項の規律も改め，選択の対象が当然には限定されないものとするのが整合的であるとの指摘がある。その理由として，選択債権の給付の一部に不能のものがあっても当然には選択肢が限定されないものとする場合には，不能でない方の選択肢に利益を有しなくなった選択権者が不能の給付を選択して契約を解除することが可能になり，選択権者が取ることのできる救済のメニューが広がるというメリットがあるとされる。また，このように規律を改めても，これにより相手方に追加的な負担を強いることはない。
　以上を踏まえ，本文(2)では，民法第410条を全体として削除するものとしている。
3　選択権の移転に関するルールの新設について（本文(3)）
　選択権者が選択権付与の趣旨に反する行為によって選択の対象である給付を不能にした場合につき，民法第410条第1項は，不能でない給付に選択肢が限定されるとする。しかし，この場合については，その選択権者に引き続き選択権を行使させるのは不当であるとした上で，選択肢が当然に残存するものに限定されるとするよりも，選択権が相手方に移転するとのルールの方が，相手方の救済のメニューが広がるというメリットがあるとの指摘がある。
　以上を踏まえ，本文(3)では，選択の対象である給付の中に履行請求権の限界事由に該当するものがある場合（原始的不能と後発的不能の双方を含む。）であって，その事由が選択権を有する者の選択権付与の趣旨に反する行為によって生じたときは，選択権が相手方に移転するとするものである。この規律は，債権者と債務者という二当事者の関係において，選択権を有する一方当事者が選択の対象である給付につき自ら履行請求権の限界事由を生じさせたにもかかわらずその選択権を行使することを不当視するものであるから，第三者が選択をすべき場合を適用対象から除いており，括弧書きでその旨を示している。
　この規律に対しては，選択の対象である給付を不能にした選択権者に選択権を行使させるのが不当であるとの価値判断が必ずしも自明なものとは言えないとの批判も考えられる。

第9　履行請求権等
1　債権の請求力
　債権者は，債務者に対して，その債務の履行を請求することができるものとする。

（概要）
　民法第3編第2節の「債権の効力」には，履行の強制（同法第414条）や債務不履行による損害賠償（同法第415条）など，債務が任意に履行されない場合に債権者が採り得る方策に関する規定が置かれているが，その前提として，債権者が債務者に対し，その債務の履行を請求することができること（請求力を有すること）については，明示的な規定がない。本文は，この債権の基本的な効力として異論なく認められているところを明文

化するものである。

（補足説明）
　民法第3編第2節の「債権の効力」には，履行の強制（同法第414条）や債務不履行による損害賠償（同法第415条）など，債務が任意に履行されない場合に債権者が採り得る方策に関する規定が置かれているが，その前提として，債権者が債務者に対し，その債務の履行を請求することができること（請求力を有すること）については，明示的な規定がない。しかしながら，債権の効力として，債権者が債務者に対し，その債務を任意に履行するよう請求する権能（請求力）が認められることには，異論がない。
　本文は，このことを明文化するものである。民法上の基本的な原則は，それが専門家にとっては自明なものであったとしても，国民一般が読むことを念頭にできる限り条文上明らかにするという考え方に基づくものである。なお，債権の基本的効力のうち履行の強制（執行力）については，後記3で取り上げている。

　2　契約による債権の履行請求権の限界事由
　　契約による債権（金銭債権を除く。）につき次に掲げるいずれかの事由（以下「履行請求権の限界事由」という。）があるときは，債権者は，債務者に対してその履行を請求することができないものとする。
　　ア　履行が物理的に不可能であること。
　　イ　履行に要する費用が，債権者が履行により得る利益と比べて著しく過大なものであること。
　　ウ　その他，当該契約の趣旨に照らして，債務者に債務の履行を請求することが相当でないと認められる事由

（概要）
　契約による債権につき，履行請求権がいかなる事由がある場合に行使できなくなるか（履行請求権の限界）について，明文規定を設けるものである。従来はこれを「履行不能」と称することが一般的であったが，これには物理的に不可能な場合のみならず，過分の費用を要する場合など，日常的な「不能」の語義からは読み取りにくいものが広く含まれると解されている（社会通念上の不能）。そうすると，これを「不能」という言葉で表現するのが適切か否かが検討課題となる。そこで，履行不能に代えて，当面，「履行請求権の限界」という表現を用いることとするが，引き続き適切な表現を検討する必要がある。
　現行民法には，履行請求権の限界について正面から定めた規定はないが，同法第415条後段の「履行をすることができなくなったとき」という要件等を手がかりとして，金銭債権を除き，一定の場合に履行請求権を行使することができなくなることは，異論なく承認されている。そこで，本文では，履行請求権が一定の事由がある場合に行使することができなくなることと，その事由の有無が契約の趣旨（その意義につき，前記第8，1参照）に照らして評価判断されることを定めるものとしている（本文ウ）。また，履行請求の限界事由に該当するものの例として，履行が物理的に不可能な場合（本文ア）及び履行に要す

る費用が履行により債権者が得る利益と比べて著しく過大なものである場合（本文イ）を示すこととしている。

（補足説明）
　履行請求権の限界については，現行法の下では，債務不履行に基づく損害賠償や危険負担の債務者主義の要件としての「履行することができなくなったとき」（民法第４１５条後段，第５３６条第１項）等の解釈によって導かれており，履行請求権の限界について正面から定めた規定はないが，金銭債権を除き，一定の場合に履行請求権を行使することができなくなることは，異論なく承認されている。履行請求権が一定の事由がある場合に行使することができなくなること（履行請求権の限界事由の存在）は，債権に関する最も基本的なルールであることから，それを明文化する必要があると考えられる。
　その場合には，履行請求権の限界事由を具体的にどのように法文に表現するかが課題となる。判例は，上記の「履行することができなくなったとき」は，物理的な履行の不可能に限られないとして，これを解釈上拡張してきている（部会資料５－２第１，４［９頁，１３頁］）。そして，履行請求権の限界事由に該当するか否かの判断基準につき，伝統的な学説は「取引通念（社会通念）」によって判断するとしている一方，近時の学説は，契約の趣旨に照らして債務者に債務の履行を期待するのが相当か否かという観点から履行請求権の限界事由を判断しているとされる。もっとも，部会における議論を見ても，両者の考え方は，具体的な考慮要素等についてほとんど違いがないということができる。すなわち，履行請求権の限界事由を「契約の趣旨」によって判断する考え方は，明示の合意のみを考慮するという考え方ではなく，契約の性質，契約をした目的，契約締結に至る経緯等，当該契約をめぐるさまざまな事情に加え，その契約に関する取引通念をも考慮要素に含むものとし，そのような考慮要素に基づく判断を「契約の趣旨に照らして」と表現しようとする考え方である（この点は，前記第８，１も参照）。他方，「取引通念（社会通念）」を判断基準とすることを支持する考え方も，履行請求権の限界事由の有無を判断するにあたって当該契約をめぐる事情が中心的な判断基準となることは承認しており，明示の合意内容のみが過度に重視されることへの懸念から社会通念を補充的な考慮要素とすべきであるというのであって，契約をめぐる事情を一切捨象して不能か否かを評価判断すべきとする考え方は示されなかった。
　以上を踏まえると，履行請求権の限界事由を明文化するに当たっては「契約の趣旨」を基本的な判断要素として条文上明記することが適切であると考えられる。そこで，本文では，履行請求権の限界事由の有無が契約の趣旨に照らして評価判断されることを定めるものとしている（本文ウ）。本文ウでは，「契約の趣旨に照らして」を判断基準として明記しつつ，「債務者に債務の履行を請求することが相当でないと認められる事由」という規範的評価を含む表現を用いている。その外延をできるだけ明確にする観点から，履行請求の限界事由に該当するものの例として，履行が物理的に不可能な場合（本文ア）及び履行に要する費用が履行により債権者が得る利益と比べて著しく過大なものである場合（本文イ）を示すこととしている。
　履行請求権の限界事由が認められる場合には，裁判上の履行請求が棄却されるほか，履

行に代わる損害賠償請求権を行使することができる（後記第１０，３(1)ア）。また，履行請求権の全部につき限界事由があるときは，債務者に対する催告をすることなく契約の解除をすることができる（後記第１１，１(2)イ）。

履行請求権の限界事由に関しては，いわゆる事情変更の法理（後記第３２）との関係をどのように整理するかが問題になるとの指摘がある。具体的には，「社会通念」あるいは「債務者にとっての期待可能性」の観点から「不能」概念ないし履行請求権の限界事由を画した場合に，（現行の）履行不能による処理（損害賠償又は解除）と事情変更の法理の適用が競合する場面が生じ得るところ，いかなる整理をすべきか，という問題である。

この点は，事情変更の法理に関する議論（とりわけ要件論）との整合性に留意する必要があるが，履行不能による解除は履行できなくなった債務の債権者を契約から解放する制度であるのに対して事情変更の法理は債務者を契約上の義務から解放する方向で機能すること，及び事情変更の法理が問題となる場面には，履行請求権が消滅するという処理では解決できない場合も多いことにも留意が必要であると考えられる。

なお，本文では，契約による債権についての履行請求権の限界事由を取り上げているが，契約以外による債権についても履行請求権の限界事由は問題となり得ることから（例えば，民法第７０３条により特定物の返還義務を負う場合には，返還義務につき目的物の滅失等による履行不能が考えられる。），契約以外による債権についての履行請求権の限界事由についても，規定を設けるか否か，検討する必要があると考えられる。

3 履行の強制（民法第４１４条関係）
民法第４１４条の規律を次のように改めるものとする。
(1) **債権者が債務の履行を請求することができる場合において，債務者が任意に債務の履行をしないときは，債権者は，民事執行法の規定に従い，直接強制，代替執行，間接強制その他の方法による履行の強制を裁判所に請求することができるものとする。ただし，債務の性質がこれを許さないときは，この限りでないものとする。**
(2) **上記(1)は，損害賠償の請求を妨げないものとする。**
(3) **民法第４１４条第２項及び第３項を削除するものとする。**
（注）上記(3)については，民法第４１４条第２項及び第３項の削除に伴って，その規定内容を民事執行法において定めることと併せて，引き続き検討する必要がある。

（概要）

本文(1)は，債権の基本的効力の一つとして，国家の助力を得て強制的にその内容の実現を図ることができること（履行の強制）を定めるものである。民法第４１４条第１項の規定内容を基本的に維持しつつ，実体法と手続法を架橋する趣旨で，履行の強制の方法が民事執行法により定められる旨の文言を付加している。また，同項ただし書は維持するものとしているが，これは，直接強制が許されない場合（同条第２項参照）という意味ではなく，債務の性質上，強制的な債務内容の実現になじまない場合（例として，画家の絵を描

く債務等が挙げられる。）を意味するものである。
　本文(2)は，民法第４１４条第４項の規定内容を維持するものである。
　本文(3)は，民法第４１４条第２項及び第３項を削除する（その規定内容を民事執行法で規定する）ものである。同条第２項及び第３項は，強制執行の方法に関わる規定であるため，これを実体法と手続法のいずれに置くべきかという議論があるが，この点について，実体法（民法）においては，同条第２項及び第３項を削除する一方で，本文(1)で示すように，同条第１項に実体法と手続法を架橋する趣旨の文言を挿入するという考え方を提示している。もっとも，同条第２項及び第３項を削除する場合には，これに伴って，代替執行の方法を規定する民事執行法第１７１条第１項の文言を始めとする規定の整備が必要となり，その点と併せて引き続き検討する必要がある。この点につき，(注)で取り上げている。

（補足説明）
1　債権の基本的効力としての履行の強制（本文(1)）
　履行の強制について定める民法第４１４条（とりわけ第１項から第３項まで）については，かねてより，同条が公権としての強制執行請求権（第１項）及び強制執行の方法（第２項及び第３項）を定めたものであると理解する立場から，実体法である民法中に規定するのにふさわしくない旨の指摘がある。他方で，国家の助力を得て強制的にその実現を図ることができること（履行の強制が可能であること）自体は債権の実体法的効力の一つであるとするのが，近時の学説の一般的な理解であると思われる。
　以上を踏まえ，本文(1)は，債権の基本的効力の一つとして，国家の助力を得て強制的にその内容の実現を図ることができること（履行の強制）を定めるものである。民法第４１４条第１項の規定内容を基本的に維持しつつ，実体法と手続法を架橋する趣旨で，履行の強制の方法が民事執行法により定められる旨の文言を付加している。その際，直接強制，間接強制，代替執行といった執行方法のメニューを例示として掲げている。それぞれの執行方法がどのような場面で発動し得るかについては，民法では規定せず，民事執行法に委ねるものとしている。
　民法第４１４条第１項の「強制履行」という文言については，民事執行法上の強制執行という用語との関係が分かりにくいという指摘があることなどを踏まえ，「履行の強制」に改めるものとしている。また，この「強制履行」については，代替執行について定める同条第２項の「債務の性質が強制履行を許さない場合」という要件との関係で，直接強制を意味するとの解釈があるが，この点については，後記のとおり同条第２項及び第３項を削除するものとしていることと，「履行の強制」が「直接強制，代替執行，間接強制その他の方法」による旨を示すことにより，「履行の強制」について同様の解釈がされる余地はないものと考えられる。
　民法第４１４条第１項ただし書の規律内容は維持するものとしているが，これは，直接強制が許されない場合（同条第２項参照）という意味ではなく，債務の性質上，強制的な債務内容の実現になじまない場合（例として，画家の絵を描く債務等が挙げられる。）を意味するものである。
2　本文(2)は，民法第４１４条第４項の規定内容を維持するものである。

3 本文(3)は，民法第414条第2項及び第3項を削除するものである。
　これらの規定は，代替執行によるべき場合及び代替執行の具体的方法を規定内容に含んでいる（民事執行法第171条第1項参照）。代替執行については，起草者により損害賠償の方法の一つという理解が示されていたが，今日においては強制執行の方法のひとつであることにつき，異論はないものと考えられ，民事執行法もそのような理解を前提としている。そして，強制執行の具体的方法は民事執行法で一元的に規定するものとすることが，民法と民事執行法との役割分担が明確となって望ましいとの指摘がある。また，本文(1)により，履行の強制の方法が民事執行法で定まることを明らかにし，執行方法のメニューを例示するにとどめ，その発動要件等を民法では規定しないものとしている。
　以上を踏まえ，本文(3)では，民法第414条第2項及び第3項を削除するものとしている。この場合，（注）で問題提起しているように，これらの規定内容の全部又は一部を民事執行法に移すための民事執行法の規定の整備等が必要となる。
4 なお，履行の強制に関する規定は，引き続き債権編（民法第三編）のパートに置くことが想定されている。部会においては，権利の強制的実現は債権のみならず物権的請求権や家族法上の請求権にも関係するから，履行の強制に関する規定は，総則編に置くことも考えられるとの指摘もあった。もっとも，物権的請求権（例えば，所有権に基づく妨害排除請求権）や家族法上の請求権（例えば，子の引渡しの請求権）の履行の強制について，債権の効力としての履行の強制を念頭に定めた規定内容をそのまま適用することが適切か否かは，慎重な検討を要する。

第10　債務不履行による損害賠償
1　債務不履行による損害賠償とその免責事由（民法第415条前段関係）
　民法第415条前段の規律を次のように改めるものとする。
　(1) 債務者がその債務の履行をしないときは，債権者は，債務者に対し，その不履行によって生じた損害の賠償を請求することができるものとする。
　(2) 契約による債務の不履行が，当該契約の趣旨に照らして債務者の責めに帰することのできない事由によるものであるときは，債務者は，その不履行によって生じた損害を賠償する責任を負わないものとする。
　(3) 契約以外による債務の不履行が，その債務が生じた原因その他の事情に照らして債務者の責めに帰することのできない事由によるものであるときは，債務者は，その不履行によって生じた損害を賠償する責任を負わないものとする。

（概要）
　本文(1)は，債務不履行による損害賠償に関する一般的・包括的な根拠規定として，民法第415条前段の規律を維持するものである。もっとも，同条前段の「本旨」という言葉は，今日では法令上の用語として「本質」といった意味で用いられることがあるため，損害賠償の要件としての債務不履行の態様等を限定する趣旨に誤読されるおそれがある。そ

こで，このような誤読を避ける趣旨で，本文では，「本旨」その他の限定的な文言を付さないで「債務を履行しないとき」と表現している。この「債務の履行をしないとき」は，全く履行しない場合（無履行）のほか，一応の履行はあるもののそれが必要な水準に満たない場合（不完全履行）をも包含する趣旨である（同法第５４１条参照）。

　本文(2)(3)は，債務不履行による損害賠償の一般的な免責要件について定めるものである。一般的な免責要件であるから，後記２及び３の場合にも適用される。現行法では民法第４１５条後段においてのみ帰責事由の存否が取り上げられている。しかし，債務不履行の原因が一定の要件を満たすこと（帰責事由の不存在又は免責事由の存在）を債務者が主張立証したときは，損害賠償の責任を免れることについては，異論がないことから，これを条文上明記することとしている。その際の表現ぶりについては，いずれについても同条後段の「責めに帰すべき事由」という文言を維持して，債務不履行の原因につき債務者がそのリスクを負担すべきだったと評価できるか否かによって免責の可否を判断する旨を示すものとしている。そして，契約による債務にあっては，その基本的な判断基準が当該契約の趣旨に求められることを付加する考え方を提示している（本文(2)）。「契約の趣旨」という文言の意味については，前記第８，１と同様である。他方，契約以外による債務にあっては，契約による債務についての規定内容とパラレルに，債務不履行の原因につき債務者においてそのリスクを負担すべきであったか否かを，債務の発生原因たる事実及びこれをめぐる一切の事情（これを「債務が生じた原因その他の事情」と表現している。）に照らして判断されることを示すものとしている（本文(3)）。

　なお，民法第４１５条後段の規定内容は，履行に代わる損害賠償に関する規定として別途取り上げている（後記３）。

（補足説明）
1　債務不履行による損害賠償の一般的・包括的な根拠規定（本文(1)）
　　債務不履行による損害賠償の根拠規定である民法第４１５条に関しては，民法第４１５条後段が規定する履行に代わる損害賠償（填補賠償）の要件を具体化・明確化する観点から規定の拡充をすることや，遅延賠償の要件としての民法第４１２条の所要の見直しなどについて検討している（後記２及び３）。しかし，債務不履行の態様は多種多様であるから，債務不履行による損害賠償の要件の具体化を図る場合であっても，それらを包摂するような一般的・包括的な要件を用意しておく必要がある。

　　そこで，本文(1)は，債務不履行による損害賠償に関する一般的・包括的な根拠規定として，民法第４１５条前段の規律を維持するものである。

　　もっとも，同条前段の「本旨」という言葉は，今日では法令上の用語として「本質」といった意味で用いられることがあるが，「本旨」という言葉は損害賠償の要件としての債務不履行の態様等を限定する趣旨であるとの解釈論は見当たらない。「本旨不履行」という言葉が用いられることがあるが，これは単に債務の内容どおりに履行をしないことを指すと考えられる。そうすると，「本旨」という言葉を用いることは，損害賠償の原因となるべき債務不履行は単なる債務不履行では足りないとの誤読を招くおそれがあると考えられる。そこで，このような誤読を避ける趣旨で，本文では，「本旨」その他の限定

的な文言を付さないで「債務の履行をしないとき」と表現している。この「債務の履行をしないとき」は，全く履行しない場合（無履行）のほか，一応の履行はあるもののそれが必要な水準に満たない場合（不完全履行）をも包含する趣旨である（民法第541条参照）。

2　債務不履行による損害賠償の免責事由（本文(2)(3)）
　(1) 免責事由とその判断基準の明文化
　　民法第415条後段は，履行不能の場合の損害賠償の要件につき「債務者の責めに帰すべき事由」（帰責事由）によって履行ができなくなったことを要するとしているが，同条前段にはこれに相当する要件が定められていない。他方，同法第419条第3項は，金銭債務の履行遅滞につき，「不可抗力をもって抗弁とすることができない」としている。そうすると，その反対解釈から，非金銭債務の不履行による損害賠償については不可抗力のみが免責事由となると読むのが素直な解釈であるようにも思われるが，このような規定の体裁にかかわらず，ドイツの学説の影響の下に展開された伝統的な学説は，債務不履行の態様を遅滞，不能，不完全履行に三分した上で，帰責事由が明記されている履行不能だけでなく，損害賠償の要件として履行遅滞や不完全履行（以下「履行遅滞等」と言う。）の場合にも債務者の帰責事由を必要とする一方，主張立証責任の観点からは，履行遅滞等及び履行不能のいずれの場合にも，債務者が債務不履行について帰責事由の不存在を免責事由として主張立証すべきものと解している。
　　近時の学説も，後記のように，伝統的学説が示す帰責事由の具体的内容の理解に対しては批判をするものの，債務不履行の原因が一定の要件を満たすこと（帰責事由の不存在又は免責事由の存在）を債務者が主張立証したときは損害賠償の責任を免れることについては，異論がない。
　　そうすると，債務不履行があった場合には原則としてその不履行による損害を賠償する責任を負うが，その原因が一定の事由に該当するときは，不履行による損害賠償につき免責される旨を条文上明記するのが相当である。
　　この場合には，債務不履行による損害賠償につき免責の可否の判断基準を何に求めた上で，その基準をどのように条文上明記するかが検討課題となる。
　　伝統的通説においては，「債務者の責めに帰すべき事由」（民法第415条後段）とは，故意，過失又は信義則上それと同視すべき事由を意味するとされてきた。この考え方に対しては，近時の学説から，とりわけ契約による債務を念頭に，債務者の行動の自由を前提とした過失責任主義（故意過失がない限り自らの活動から生じた損害に対して責任を負わなくてよいという考え方）を契約関係に持ち込むことへの批判があるとともに，裁判例の分析等を通じて，裁判実務においても「債務者の責めに帰すべき事由」が，債務者の心理的な不注意や，契約を離れて措定される注意義務の違反といった，本来の意味での過失として理解されているわけではないことが指摘されている。そして，部会の審議においても，契約による債務の不履行による損害賠償につき免責を認めるべきか否かは，契約の性質，契約をした目的，契約締結に至る経緯，取引通念等の契約をめぐる一切の事情から導かれる契約の趣旨に照らして，債務不履行の原因が債務者においてそのリスクを負担すべき立場にはなかったと評価できるか否

かによって決せられるとの考え方が，裁判実務における免責判断の在り方に即していることにつき，異論はなかった。

以上を踏まえ，本文(2)(3)では，債務不履行による損害賠償につき免責される要件を，以下のように定めるものとしている。

まず，本文(2)(3)を通じて，債務不履行の原因が「債務者の責めに帰することのできない事由」によるものであるときには，債務不履行による損害賠償の責任を負わない旨を規定するものとしている。民法４１５条後段で用いられている「債務者の責めに帰すべき事由」を免責事由であることに即した表現である「債務者の責めに帰することのできない事由」とした上で，これを「債務者がそのリスクを負担すべきであったと評価できないような事由」を意味する言葉として維持するものである。「責めに帰することのできない」という現行法の文言を維持することについては，伝統的な定式である故意過失等という理解を維持するとのメッセージになりかねないとの批判が想定されるが，もともと「責めに帰することのできない」という言葉自体は一定の理論的立場を想起させるようなものではないし，後述するように「契約の趣旨に照らして」といった判断基準を付加することにより，当該契約の具体的事情を離れた抽象的な故意過失等を意味するなどといった解釈を封ずることができると考えられる。

そして，契約による債務にあっては，その基本的な判断基準が当該契約の趣旨に求められることを付加する考え方を提示している（本文(2)）。「契約の趣旨」という文言の意味については，前記第８，１と同様である。

他方，契約以外による債務（事務管理，不当利得及び不法行為）にあっては，契約による債務についての規定内容とパラレルに，債務不履行の原因につき債務者においてそのリスクを負担すべきであったか否かを，債務の発生原因たる事実及びこれをめぐる一切の事情（これを「債務が生じた原因その他の事情」と表現している。）に照らして判断されることを示すものとしている（本文(3)）。

(2) 金銭債務の取扱い

本文(2)(3)の規律は，金銭債務の特則である民法第４１９条第３項を削除することに伴い，金銭債務にも適用される（後記９参照）。その発生原因が契約であるか否かを問わない。

この点については，不法行為（民法第７０９条）に基づく損害賠償債務の遅延損害金につき，免責が認められる場面が実際上想定できるのかについて疑問を呈する意見もある。しかし，不法行為に関しても，遅滞につき免責の可能性を完全には否定しないのであれば，免責の可否は本文(3)の規律に委ねて差し支えないものと考えられる。もとより，これによるとしても，不法行為による損害賠償債務につき履行遅滞の免責の可否を被害者保護といった不法行為の制度目的をも踏まえて判断するのであれば，免責が肯定されるのは極めて例外的な場面であると考えられるが，具体的な免責判断の在り方については，本文(3)の要件の下での解釈運用に委ねられる。

3 なお，履行不能による損害賠償の要件に関する民法第４１５条後段の規定内容は，履行に代わる損害賠償に関する規定として別途取り上げている（後記３）。

2 履行遅滞の要件（民法第412条関係）
　民法第412条の規律を維持した上で，同条第2項の規律に付け加えて，債権者が不確定期限の到来したことを債務者に通知し，それが債務者に到達したときも，債務者はその到達の時から遅滞の責任を負うものとする。

（概要）
　不確定期限のある債務の履行遅滞の要件（民法第412条第2項）につき，債権者がその期限の到来を債務者に通知し，それが到達した場合には，債務者の知・不知を問わないで，その到達の時から遅滞の責任が生ずると解されていることから，このような異論のない解釈を条文上明記するものである。到達があったとされるための要件は，前記第3，4(2)(3)による。

（補足説明）
　民法第412条第2項は，不確定期限のある債務につき，不確定期限の到来を債務者が知った時点から履行遅滞となる旨規定しているが，通説は，同項につき，債権者による催告がなくとも債務者が不確定期限の到来を知ればその時に遅滞に陥るという意味であると解するとともに，債権者が債務者に不確定期限の到来を通知してそれが債務者に到達した場合にも，債務者はその到達を知らなくても，到達の時に遅滞に陥ると解している。結局，債務者が期限到来を知った時点と期限到来の通知到達の時点のいずれか早い時点から，債務者は遅滞に陥ることとなる。
　本文は，学説上確立しているとされるこのような解釈を条文上明記するものである。
　なお，民法第412条第1項及び第3項については，基本的にその規定内容を維持することを想定している。

3 債務の履行に代わる損害賠償の要件（民法第415条後段関係）
　民法第415条後段の規律を次のように改めるものとする。
　(1) 次のいずれかに該当する場合には，債権者は，債務者に対し，債務の履行に代えて，その不履行による損害の賠償を請求することができるものとする。
　　ア　その債務につき，履行請求権の限界事由があるとき。
　　イ　債権者が，債務不履行による契約の解除をしたとき。
　　ウ　上記イの解除がされていない場合であっても，債権者が相当の期間を定めて債務の履行の催告をし，その期間内に履行がないとき。
　(2) 債務者がその債務の履行をする意思がない旨を表示したことその他の事由により，債務者が履行をする見込みがないことが明白であるときも，上記(1)と同様とするものとする。
　(3) 上記(1)又は(2)の損害賠償を請求したときは，債権者は，債務者に対し，その債務の履行を請求することができないものとする。

（概要）

本文(1)は，民法第415条後段の履行不能による損害賠償に相当する規定として，新たに，債権者が債務者に対してその債務の履行に代えて不履行による損害の賠償（填補賠償）を請求するための要件を定めるものである。填補賠償の具体的な要件については，現行民法には明文規定がないことから，一般的な解釈等を踏まえてそのルールを補うものである。もとより，前記1(2)又は(3)の免責事由がここでも妥当することを前提としている。
　本文(1)アは，ある債務が履行請求権の限界事由に該当する（履行不能である）場合に，填補賠償請求権が発生するという，異論のない解釈を明文化するものである。現在の民法第415条後段の「履行をすることができなくなったとき」に相当するものであるが，履行請求権の限界につき前記第9，2のとおり規定を設けるものとしており，本文(1)アでは，それを引用して，履行に代わる損害賠償を請求するための要件として規定するものとしている。なお，同条後段の「債務者の責めに帰すべき事由」については，債務不履行による損害賠償一般の免責事由として前記1(2)及び(3)において取り扱っている。
　本文(1)イは，債務者の債務不履行により債権者が契約の解除をしたことを填補賠償を請求するための要件として明記するものである。前記1(2)の免責事由がここでも妥当するから，債務者に帰責事由がある不履行により債権者が契約の解除をした場合の帰結として従来から異論がないとされるところを明文化するものである。
　本文(1)ウは，債権者が相当の期間を定めて履行の催告をしたにもかかわらず債務者が当該期間内に履行をしなかった場合（民法第541条参照）には，契約の解除をしなくても填補賠償を請求することができる旨を定めるものである。この場合に，現行法の解釈上，契約の解除をしないで填補賠償の請求をすることができるか否かについては，学説は分かれているものの，次のような場面で，履行に代わる損害賠償の請求を認めるべき実益があると指摘されている。例えば，継続的供給契約の給付債務の一部に不履行があった場合に，継続的供給契約自体は解除しないで，不履行に係る債務のみについて填補賠償を請求するような場面や，交換契約のように自己の債務を履行することに利益があるような場面で，債権者が契約の解除をしないで自己の債務は履行しつつ，債務者には填補賠償を請求しようとする場面である。本文(1)ウは，このような実益に基づく要請に応えようとするものである。
　本文(2)は，履行期の前後を問わず，債務者が履行の意思がないことを表示したことなどにより，履行がされないであろうことが明白な場合を，履行に代わる損害賠償を請求するための要件として条文上明記するものである。履行期前の履行拒絶によって履行に代わる損害賠償を請求できるか否かについて明示に判断した判例はないが，履行不能を柔軟に解釈して対処した判例があるとの指摘があるほか，履行期前であっても履行が得られないことが明らかとなった場合には，履行期前に履行不能になったときと同様に填補賠償請求権を行使できるようにすることが適切であるとの指摘がある。また，履行期前の履行拒絶の場合にも，債権者が契約を解除しないで填補賠償を請求できるようにすることに実益があると考えられることは，上記(1)ウと同様である。本文(2)は，これらを踏まえたものである。
　本文(3)は，本文(1)又は(2)により履行に代わる損害賠償の請求をした後は，履行請求権を行使することができないものとしている。本文(1)ウと(2)のように履行請求権と填補賠

償請求権とが併存する状態を肯定する場合には，本来の履行請求と填補賠償請求のいずれを履行すべきかがいつまでも不確定であると，債務者が不安定な地位に置かれ得ることなどを考慮したものである。規定の具体的な仕組み方は引き続き検討する必要があるが，例えば，選択債権の規律にならったものとすることが考えられる（民法第４０７条，第４０８条参照）。

（補足説明）
1　本文(1)は，民法第４１５条後段の履行不能による損害賠償に相当する規定として，新たに，債権者が債務者に対してその債務の履行に代えて不履行による損害の賠償（填補賠償）を請求するための要件を定めるものである。填補賠償の具体的な要件については，現行民法には明文規定がないことから，一般的な解釈等を踏まえてそのルールを補うものである。もとより，前記１(2)(3)の免責事由がここでも妥当することを前提としている。

　本文(1)アは，ある債務が履行請求権の限界事由に該当する（履行不能である）場合に，填補賠償請求権を行使することができるという，異論のない解釈を明文化するものである。現在の民法第４１５条後段の「履行をすることができなくなったとき」に相当するものであるが，履行請求権の限界事由につき前記第９，２のとおり規定を設けるものとしており，アでは，それを引用して，履行に代わる損害賠償を請求するための要件として規定するものとしている。なお，同条後段の「債務者の責めに帰すべき事由」については，債務不履行による損害賠償一般の免責事由として前記１(2)(3)において取り扱っている。

　本文(1)イは，債務者の債務不履行により債権者が契約の解除をしたことを，填補賠償を請求するための要件として明記するものである。前記１(2)の免責事由がここでも妥当するから，債務者に帰責事由がある不履行により債権者が契約の解除をした場合の帰結として従来から異論がないとされるところを明文化するものである。なお，催告解除（後記第１１，１(1)）に関して言えば，本文(1)イの要件は本文(1)ウの要件に包摂される関係にあるが，無催告解除（同１(2)(3)）については本文(1)ウに包摂されないから，この点で，本文(1)イの要件に固有の存在意義がある。

　本文(1)ウは，債権者が相当の期間を定めて履行の催告をしたにもかかわらず債務者が当該期間内に履行をしなかった場合（民法第５４１条参照）には，契約の解除をしなくても填補賠償を請求することができる旨を定めるものである。履行遅滞に陥った債務者に対して填補賠償請求権を行使するための要件として契約の解除が必要かについては，不要とされる場合ある旨を示唆した古い判例（大判大正４年６月１２日民録２１輯９３１頁，大判大正７年４月２日民録２４輯６１５頁）がある。他方，学説においては，かつては必要説と不要説が対立しているとされていたが，近時は，債権者の実効的な救済という観点から，履行請求権と填補賠償請求権の併存を認めて，その選択的な行使を認めるべきであるとの考え方が有力であると言われている。具体的には，次のような場面で，履行に代わる損害賠償の請求を認めるべき実益があると指摘されている。例えば，継続的供給契約の給付債務の一部に不履行があった場合に，継続的供給契約自体は解除

しないで，不履行に係る債務のみについて填補賠償を請求するような場面や，交換契約のように自己の債務を履行することに利益があるような場面で，債権者が契約の解除をしないで自己の債務は履行しつつ，債務者には填補賠償を請求しようとする場面である。本文(1)ウは，このような実益に基づく要請に応えようとするものである。債務者が履行の追完をする利益に配慮する観点から，催告解除に関する民法第５４１条にならい，債権者が相当の期間を定めた催告をし，債務者がその間に履行をしないことを要件としている。

2　本文(2)は，履行期の前後を問わず，債務者が履行の意思がないことを表示したことなどにより，履行をする見込みがないことが明白な場合を，填補賠償を請求するための要件として条文上明記するものである。履行期前の履行拒絶によって履行に代わる損害賠償を請求できるか否かについて明示に判断した判例はないが，履行不能を柔軟に解釈して対処した判例があるとの指摘があるほか，履行期前であっても履行が得られないことが明らかとなった場合には，履行期前に履行不能になったときと同様に填補賠償請求権を行使できるようにすることが適切であるとの指摘がある。また，履行期前の履行拒絶の場合にも，債権者が契約を解除しないで填補賠償を請求できるようにすることに実益があると考えられることは，上記(1)ウと同様である。本文(2)は，これらを踏まえたものである。

3　本文(3)は，本文(1)又は(2)により履行に代わる損害賠償の請求をした後は，履行請求権を行使することができないものとしている。本文(1)ウと本文(2)のように履行請求権と填補賠償請求権とが併存する状態を肯定する場合には，本来の履行請求と填補賠償請求のいずれを履行するかがいつまでも不確定であると，債務者が不安定な地位に置かれ得ることなどを考慮したものである。規定の具体的な仕組み方は引き続き検討する必要があるが，例えば，選択債権の規律にならったものとすることが考えられる（民法第４０７条，第４０８条参照）。

4　履行遅滞後に履行請求権の限界事由が生じた場合における損害賠償の免責事由
　　履行期を経過し債務者が遅滞の責任を負う債務につき履行請求権の限界事由が生じた場合には，債務者は，その限界事由が生じたことにつき前記１(2)又は(3)の免責事由があるときであっても，前記３の損害賠償の責任を負うものとする。ただし，履行期までに債務を履行するかどうかにかかわらず履行請求権の限界事由が生ずべきであったとき（前記１(2)又は(3)の免責事由があるときに限る。）は，その責任を免れるものとする。

（概要）
　債務者に帰責事由がある履行遅滞中に履行不能が生じた場合には，履行不能につき債務者の帰責事由がない場合であっても，債務者は不履行による損害賠償責任を負うとするのが判例（大判明治３９年１０月２９日民録１２輯１３５８頁等）であり，学説にも異論を見ない。また，この場合であっても，債務者の帰責事由がない履行不能が履行を遅滞するか

否かにかかわらずに生じたと認められる場合には，債務者が債務不履行による損害賠償責任を免れることにつき，異論はない。以上の規律を明文化するものである。

5 代償請求権
　履行請求権の限界事由が生じたのと同一の原因により債務者が債務の目的物の代償と認められる権利又は利益を取得した場合において，債務不履行による損害賠償につき前記1(2)又は(3)の免責事由があるときは，債権者は，自己の受けた損害の限度で，その権利の移転又は利益の償還を請求することができるものとする。
　　(注)「債務不履行による損害賠償につき前記1(2)又は(3)の免責事由があるとき」という要件を設けないという考え方がある。

(概要)
　履行不能と同一の原因によって債務者が利益を得たときは，債権者は，自己が受けた損害の限度で，債務者に対し，その利益の償還を請求することができるとするのが判例（最判昭和41年12月23日民集20巻10号2211頁）・通説である。本文は，この代償請求権を明文化するものである。代償請求権は，債務者が第三者に対して有する権利の移転を求めることも内容としており，この点で債務者の財産管理に関する干渉となる側面もあることから，上記判例が示した要件に加え，履行に代わる損害賠償請求権につき債務者に免責事由があること要するものとして，代償請求権の行使は補充的に認められるものとしている。これに対し，代償請求権を補充的な救済手段として位置付ける必要はないとして，債務者が履行に代わる損害賠償義務を免れるとの要件は不要であるとの考え方があり，これを（注）で取り上げている。

(補足説明)
1　判例は，「一般に履行不能を生ぜしめたと同一の原因によって，債務者が履行の目的物の代償と考えられる利益を取得した場合には，公平の観念にもとづき，債権者において債務者に対し，右履行不能により債権者が蒙りたる損害の限度において，その利益の償還を請求する権利を認めるのが相当」（最判昭和41年12月23日民集20巻10号2211頁）として，いわゆる代償請求権を肯定している。明文の規定はないものの，民法第536条第2項ただし書はこの法理の表れと解されており，学説にも異論は見られない。本文は，この代償請求権を明文化するものである。
　本文においては，代償請求権の対象を「代償と認められる権利又は利益」と表現している。何がこれに該当するかは解釈に委ねられるが，その代償請求権の対象となる利益や権利の典型例として，第三者に対して有する損害賠償請求権，保険金として受領した金銭ないし保険金請求権等が指摘されている。
　また，代償請求権は，債務者が第三者に対して有する権利の移転を求めることも内容としている（具体的には，債務者に対し，当該債権の移転の意思表示とその移転の対抗要件具備を請求することになる。）。このことを踏まえ，代償請求権の行使については，

上記判例が示した要件に加え，履行に代わる損害賠償請求権につき債務者に免責事由があること要するものとして，代償請求権の行使は補充的に認められるものとしている。これは，代償請求権と履行に代わる損害賠償請求権とを単純に競合させると，代償請求権の行使が債務者の財産管理に対する干渉となり得ることを考慮したものである。すなわち，履行に代わる損害賠償請求権と代償請求権とを単純に競合させていずれを行使するかを債権者の選択に委ねる場合，債権者がその引き当てとなる財産を債務者の意向にかかわらず選択できる余地が生じる。例えば，債務者には現金預金等が潤沢にあり，これにより履行に代わる損害賠償（填補賠償）を履行することを望んでいるにもかかわらず，債権者があえて代償請求権を選択して保険金請求権の移転を請求することが考えられるが，これは債務者の財産管理に関する干渉となる側面があると考えられるのである。
　これに対し，代償請求権を補充的な救済手段として位置付ける必要はないとして，債務者が履行に代わる損害賠償義務を免れるとの要件は不要であるとの考え方があり，これを（注）で取り上げている。この考え方は，履行に代わる賠償請求権と代償請求権とのいずれを行使するかを債権者の選択に委ねることがむしろ債権者の利益の観点から望ましいとの考え方に基づく。重複填補の回避といった両者の関係の調整は，請求権競合という一般的な問題の枠内で解決するものと考えられる（本文の規律によれば，代償請求権と填補賠償との間で請求権競合の問題は生じない）。
　また，代償請求権につき，判例（前記最判昭和４１年１２月２３日）は「債権者が蒙りたる損害の限度において」という限定を付している。これを踏まえ，本文では，代償請求権を行使できる上限として「自己の受けた損害の限度」という要件を設けている。
2　代償請求権の法的な位置付けについては，議論があるが，債務不履行による損害賠償の可能性が尽きたときの補充的な救済手段であると考えられることを踏まえ，中間試案においては，債務不履行による損害賠償のパートに置いている。

6　**契約による債務の不履行における損害賠償の範囲（民法第４１６条関係）**
　民法第４１６条の規律を次のように改めるものとする。
　(1) 契約による債務の不履行に対する損害賠償の請求は，当該不履行によって生じた損害のうち，次に掲げるものの賠償をさせることをその目的とするものとする。
　　ア　通常生ずべき損害
　　イ　その他，当該不履行の時に，当該不履行から生ずべき結果として債務者が予見し，又は契約の趣旨に照らして予見すべきであった損害
　(2) 上記(1)に掲げる損害が，債務者が契約を締結した後に初めて当該不履行から生ずべき結果として予見し，又は予見すべきものとなったものである場合において，債務者がその損害を回避するために当該契約の趣旨に照らして相当と認められる措置を講じたときは，債務者は，その損害を賠償する責任を負わないものとする。
　　（注１）上記(1)アの通常生ずべき損害という要件を削除するという考え方がある。

(注2)上記(1)イについては,民法第416条第2項を基本的に維持した上で,同項の「予見」の主体が債務者であり,「予見」の基準時が不履行の時であることのみを明記するという考え方がある。

(概要)
　本文(1)は,債務不履行による損害賠償の範囲を定める民法第416条について,同条第1項の文言を基本的に維持しつつ,同条第2項にいう「予見」の対象を改めるとともにその主体・時期を明示するなど,規定内容の具体化・明確化等を図るものである。
　本文(1)アは,民法第416条第1項の「通常生ずべき損害」を維持するものである。この「通常生ずべき損害」は,本文(1)イによって包摂される関係にあると考えられ,そうすると本文(1)アの「通常生ずべき損害」という文言は不要であるという考え方がある。この考え方を（注1）で取り上げている。
　本文(1)イでは,民法第416条第2項につき,以下のような改正を加えるものとしている。
　まず,「予見」の対象を「損害」に改めている。「事情」と「損害」とはもともと截然と区別できないものであって,予見の対象を「損害」としても具体的な事案における結論に差は生じないとの指摘があることを考慮したものである。なお,「損害」の意義につき,金銭評価を経ない事実として捉えるか,金銭評価を経た賠償されるべき数額として捉えるかについては,引き続き解釈に委ねるものとしている。
　当該損害が賠償の対象となるための要件である「予見」が,当該損害につき当該不履行から生じる蓋然性についての評価を含む概念であることを明確にするために「当該不履行から生ずべき結果」という表現を用いている。
　民法第416条第2項における予見の主体と基準時について,判例・通説は,予見の主体は債務者で,予見可能か否かの基準時は不履行時と解しているとされる（大判大正7年8月27日民録24輯1658頁）。これを踏まえ,この判例法理を条文に明記することにより,規定内容の明確化を図っている。
　民法第416条第2項の「予見することができた」という文言を「予見すべきであった」と改めている。ここにいう予見可能性とは,ある損害が契約をめぐる諸事情に照らして賠償されるべきか否かを判断するための規範的な概念であるとされており,そのことをより明確に法文上表現するのが適切であると考えられることによる。このような賠償範囲の確定は,契約の趣旨に照らして評価判断されるべきであると考えられることから,本文(1)イに「当該契約の趣旨」（その意義につき,前記第8,1参照）という判断基準を明示している。
　以上に対し,現行法との連続性を重視して,民法第416条第2項が予見の対象を「（特別の）事情」としているのを維持しつつ,予見の主体及び基準時につき上記判例法理を明記するにとどめるべきであるとの考え方があり,これを（注2）で取り上げている。
　本文(2)は,本文(1)記載の要件に該当する損害のうち,債務者が契約を締結した後に初めて予見し,又は予見すべきとなったものについては,当該損害を回避するために契約の趣旨に照らして相当と認められる措置を講じた場合には,債務者が当該損害の賠償を免れ

るものとしている。本文(1)の規律のみを設ける場合には，契約締結時と履行期が離れている場合に，契約締結後に予見し又は予見すべきものとなった損害を全て賠償の対象とすることになり得るが，それでは賠償範囲が広くなり過ぎて妥当でないとの指摘があることを踏まえたものである。

　なお，契約以外による債務の不履行による損害賠償の範囲については，特段の規定を設けず，解釈に委ねるものとしている。

（補足説明）
1　損害賠償の範囲を規定する民法第４１６条については，ドイツにおける相当因果関係論の影響を受けて我が国における解釈論が展開してきたという経緯から（学説の展開等については，部会資料５－２第２，４(1)［３４頁］も参照），条文にはない「相当性」という文言が実務上広く用いられるなど，同条の文言からは，現在の裁判実務が依拠している具体的ルールを容易に読み取ることができない状況となっている。このような現状認識については，部会のこれまでの審議においても，おおむね異論がなかった。そこで，民法第４１６条については，現在の裁判実務を踏まえつつ，より明確で安定したルールを提示するものに改める必要があると考えられる。本文(1)(2)は，以上のような問題意識に基づき，契約による債務の不履行による損害賠償の範囲に関するルールとして，同条の規定内容の具体化・明確化を図るものである。
2　本文(1)は，債務不履行による損害賠償の範囲を定める民法第４１６条について，同条第１項の文言を基本的に維持しつつ，同条第２項にいう予見の主体・時期を明示するなど，規定内容の具体化・明確化等を図るものである。
　(1)　本文(1)ア
　　　本文(1)アは，民法第４１６条第１項の「通常生ずべき損害」という文言を維持するものである。これは，「通常生ずべき損害」という区分を維持すべきであるという主に実務界の意見に基づくものである。
　　　これに対し，「通常生ずべき損害」という概念は不要であるとの考え方がある。すなわち，通常損害とは定型的に予見可能な損害と解するのが一般的な理解であるが，そうすると，ある損害が賠償範囲に取り込まれるか否かの判断は，結局のところ，本文(1)イに該当するか否かのみを問題とすれば足りるはずである。このような見地からは，本文(1)アという区分は必要でないことから，規定構造を簡明にする趣旨で本文(1)アの「通常生ずべき損害」という文言を削除すべきであるとの考え方がある。この考え方を（注１）で取り上げている。
　(2)　本文(1)イ
　　　本文(1)イでは，「特別の事情によって生じた損害」（特別損害）が賠償の対象となるための要件を定める民法第４１６条第２項につき，以下のような改正を加えるものとしている。
　　　まず，「予見」の対象を「損害」に改めている。「事情」と「損害」とはもともと截然と区別できないものであって，予見の対象を「損害」としても具体的な事案における結論に差は生じないとの指摘があることを考慮したものである。なお，「損害」の意

義につき，金銭評価を経ない事実として捉えるか，金銭評価を経た賠償されるべき数額として捉えるかについては，引き続き解釈に委ねるものとしている。
　当該損害が賠償の対象となるための要件である「予見」が，当該損害につき当該不履行から生じる蓋然性についての評価を含む概念であることを明確にするために「当該不履行から生ずべき結果」という表現を用いている。
　以上に対し，民法第４１６条第２項が予見の対象を「（特別の）事情」としているのを維持しつつ，予見の主体及び基準時につき，以下に述べるような判例法理を明記するのにとどめるべきであるとの考え方があり，これを（注２）で取り上げている。これは，現行法との連続性を重視すべきとする考え方であると思われるが，予見の対象を「事情」とすべきとする考え方に対しては，損害自体の予見可能性と因果関係判断の基礎となる事情の予見可能性とを厳密に区別できるのか疑問があるとの指摘や，実際に多くの裁判例も，予見の対象を厳密に論じているわけでないから，「事情」と「損害」の厳密な区別はむしろ実務の実態に即していないとの指摘がある。
　民法第４１６条第２項における予見の主体と基準時について，判例・通説は，予見の主体は債務者で，予見可能か否かの基準時は不履行時と解しているとされる（大判大正７年８月２７日民録２４輯１６５８頁）。これを踏まえ，この判例法理を条文に明記することにより，規定内容の明確化を図っている。
　民法第４１６条第２項の「予見することができた」という文言を「予見すべきであった」と改めている。ここにいう予見可能性とは，ある損害が契約をめぐる諸事情に照らして賠償されるべきか否かを判断するための規範的な概念であるとされており，そのことをより明確に法文上表現するのが適切であると考えられることによる。このような賠償範囲の確定は，契約の趣旨に照らして評価判断されるべきであると考えられることから，本文(1)イに「当該契約の趣旨」（その意義につき，前記第８，１参照）という判断基準を明示している。

3　本文(2)は，本文(1)記載の要件に該当する損害のうち，債務者が契約を締結した後に初めて予見し，又は予見すべきとなったものについては，当該損害を回避するために契約の趣旨に照らして相当と認められる措置を講じた場合には，債務者が当該損害の賠償を免れるものとしている。本文(1)の規律のみを設ける場合には，契約締結時と履行期が離れている場合に，契約締結後に予見し又は予見すべきものとなった損害を全て賠償の対象とすることになり得るが，それでは賠償範囲が広くなり過ぎて妥当でないとの指摘があることを踏まえたものである。

4　なお，契約以外（事務管理，不当利得及び不法行為）による債務の不履行による損害賠償の範囲については，特段の規定を設けず，解釈に委ねるものとしている。これは，異論のない内容による要件設定が困難であることのほか，以下のような考慮に基づく。
　民法第４１６条の解釈論は，不法行為に類推適用される場面を除き，これまで専ら契約上の債務の不履行を念頭に展開されてきたように思われるが，まず，事務管理及び不当利得につき，同条の適用が問題となる場面が実際上乏しく，それを念頭に置いた解釈論が展開されていないように思われる。そこで，事務管理及び不当利得に関して言えば，同条に代替する格別の規定を設けず，改正後の規定（専ら契約上の債務の不履行に関す

るもの）を手掛かりとする解釈論に委ねることとしても，実務上の支障はないとも考えられる。

　不法行為（民法第７０９条）による損害賠償の範囲について，判例は，民法第４１６条が「相当因果関係論」を定めたものであるとの理解を前提に，不法行為による損害賠償の範囲を画定する際にも同条を類推適用する立場をとっている（大判大正１５年５月２２日民集５巻３８６頁）。ここで，民法第４１６条につき契約による債務に適用場面を限定することにより，不法行為への類推適用が困難となるとの指摘が想定されるが，本文の規律は，予見可能性を基本的な賠償範囲確定の基準として維持し，予見の主体・時期につき判例法理を踏襲するなど，実質的な規定内容を大きく改めるのではないことから，新たに格別の規定を設けなくても，解釈論に委ねることで実務上の支障はないと考えられる。なお，同条が相当因果関係論を定めた条文であると理解することに対しては，有力な批判があることに加え，同条を不法行為に類推適用することについても，債権債務関係に立っていない当事者間に生ずる損害賠償の範囲を画する基準として予見可能性を用いるのは適切でないとの指摘や，下級審裁判例を中心に，裁判実務において，同条の要件である予見可能性が不法行為による損害賠償の範囲を画定する基準として重視されているわけではないとの指摘があることにも留意する必要がある。

7　過失相殺の要件・効果（民法第４１８条関係）
　民法第４１８条の規律を次のように改めるものとする。
　　債務の不履行に関して，又はこれによる損害の発生若しくは拡大に関して，それらを防止するために状況に応じて債権者に求めるのが相当と認められる措置を債権者が講じなかったときは，裁判所は，これを考慮して，損害賠償の額を定めることができるものとする。

（概要）
　現行民法第４１８条は，債務不履行につき債権者に過失があった場合の過失相殺を規定しているが，この規定については，以下の改正を施すものとしている。
　民法第４１８条の文言では，債務の不履行に関する過失のみが取り上げられているが，債務不履行による損害の発生又は拡大に関して債権者に過失があった場合にも過失相殺が可能であることは，異論なく承認されていることから，このことを規定上も明確化するものとしている。
　民法第４１８条の「過失」という概念については，同法第７０９条の「過失」と同様の意味であるとは解されておらず，損害の公平な分担という見地から，債権者が損害を軽減するために契約の趣旨や信義則に照らして期待される措置をとったか否かによって判断されているとの指摘がある。これを踏まえ，同法第４１８条の「過失」という要件につき，「状況に応じて債権者に求めるのが相当と認められる措置を債権者が講じなかったとき」と改めているが，この文言の当否については引き続き検討する必要がある。ここで「状況に応じて」としているのは，契約の趣旨や信義則を踏まえて，損害の軽減等のために，不履行又は損害の発生・拡大が生じた時点において債権者にいかなる措置を期待することができ

たかを画定すべきことを示す趣旨である。
　民法第418条は，債権者の過失を考慮して「損害賠償の責任及びその額を定める」としているが，この文言からは，過失相殺が必要的であり，かつ，過失相殺により損害賠償の責任そのものを否定することが可能であると読める。しかし，不法行為に関する過失相殺を規定する同法第722条は，過失相殺を裁量的なものとしているとともに，責任自体の否定（全額の免除）はできないものとされているところ，債務不履行に関する過失相殺についても，同様の取扱いをすべきであるとの指摘がある。そこで，債務不履行による損害賠償に関する過失相殺についても，同条に合わせて，過失相殺をするか否かにつき裁判所の裁量の余地があることと，過失相殺の効果として損害賠償の減額のみをすることができる（全額の免除まではできない）旨を，条文上明記するものとしている。

（補足説明）
1　現行民法第418条は，債務不履行につき債権者に過失があった場合の過失相殺を規定しているが，この規定については，要件及び効果の両面について，以下の改正を施すものとしている。
2　要件面の見直し
　民法第418条の文言では，債務の不履行に関する過失のみが取り上げられているが，債務不履行による損害の発生又は拡大に関して債権者に過失があった場合にも過失相殺が可能であることは，異論なく承認されている。このことを規定上も明確化するものとしている。
　民法第418条の「過失」という概念については，裁判実務においては，同法第709条の「過失」と同様の意味であるとは解されておらず，損害の公平な分担という見地から，債権者が損害を軽減するために契約の趣旨や信義則に照らして期待される措置をとったか否かによって判断されている（いわゆる損害軽減義務の考え方）との指摘がある。近時の判例にも，同法第416条第1項の「通常生ずべき損害」の解釈においてであるが，賃借人が損害の回避又は減少のための措置を講ずることができたと解される時期以降の営業利益相当の損害の賠償の全てについて賠償を求めることはできないとするものがある（最判平成21年1月19日民集63巻1号97頁）。
　これらを踏まえ，民法第418条の「過失」という要件につき，「状況に応じて債権者に求めるのが相当と認められる措置を債権者が講じなかったとき」と改めているが，この文言の当否については引き続き検討する必要がある。ここで「状況に応じて」としているのは，契約の趣旨や信義則を踏まえて，損害の軽減等のために，不履行又は損害の発生・拡大が生じた時点において債権者にいかなる措置を期待することができたかを画定すべきことを示す趣旨である。不履行や損害が生じた時点ではおよそ知ることが期待できなかった事情が事後的に判明した場合に，そのことをいわば後知恵に「債権者に求めるのが相当な措置」の画定に当たって考慮するものではない。
　部会においては，損害軽減義務という考え方を参照することに対し，義務が広く解釈されることで債権者に過酷な結論となることへの危惧が表明された。また，損害軽減義務の発想から過失相殺の規定を構成し直す考え方に対して，損害軽減義務という債権者

の行為義務に基づく軽減要素というだけで現在の過失相殺が果たしている機能を吸収しきれるのか疑問があり，当事者双方のバランスを考慮することができる要件が望ましいとする指摘がされた。これらの指摘に対しては，損害軽減のために債権者に一定の行動が求められる根拠は契約の趣旨や信義則にあり，そのことを明記すれば現在の実務運用の明文化にほかならないのだから，不当な拡大解釈のおそれはないし，当事者双方のバランスを考慮することも可能になるとの反論が考えられる。

なお，安全配慮義務違反等による人身損害の賠償においては，いわゆる被害者の素因の取扱い（損害の発生・拡大に被害者の肉体的・精神的要因が寄与したことを損害賠償の減額要因として考慮すること）が問題となるが，これについて，裁判実務では民法第４２２条の類推適用として処理することが多いと考えられる。同条を本文のように改めた後の被害者の素因の取扱いについても，引き続き本文の規律を手掛かりとした解釈論に委ねられる。

3 効果面の見直し

民法第４１８条は，債権者の過失を考慮して「損害賠償の責任及びその額を定める」としているが，この文言からは，過失相殺が必要的であり，かつ，過失相殺により損害賠償の責任そのものを否定することが可能であると読める。しかし，不法行為に関する過失相殺を規定する同法第７２２条は，過失相殺を裁量的なものとしているとともに，責任自体の否定（全額の免除）はできないものとされているところ，債務不履行に関する過失相殺についても，同様の取扱いをすべきであるとの指摘がある。そこで，債務不履行による損害賠償に関する過失相殺についても，民法第７２２条に合わせて，過失相殺をするか否かにつき裁判所の裁量の余地があることと，過失相殺の効果として損害賠償の減額のみをすることができる（全額の免除まではできない）旨を，条文上明記するものとしている。

8 損益相殺

債務者が債務の不履行による損害賠償の責任を負うべき場合において，債権者がその不履行と同一の原因により利益を得たときは，裁判所は，これを考慮して，損害賠償の額を定めるものとする。

（概要）

債務不履行により債権者が損害を被る反面において利益を得た場合に，賠償されるべき額を算定するに当たって，当該利益を賠償すべき額の減額要因として考慮する取扱い（いわゆる損益相殺）は，一般的な考え方として実務に定着しており，学説にも異論がないと考えられる。この取扱いにつき，明文化する規定を新たに設けるものである。

（補足説明）

債務不履行により債権者が損害を被る反面において利益を得た場合に，賠償されるべき額を算定するに当たって，当該利益を賠償すべき額の減額要因として考慮する取扱い（いわゆる損益相殺）は，一般的な考え方として実務に定着しており，学説にも異論がないと

考えられる。
　この損益相殺という概念につき，講学上は，逸失利益から生活費を控除するような場面を念頭に置いた理解が示されることが多いと思われるが，このような取扱いは損益相殺の問題ではなく，損害額の算定（債権者に生じた損害の金銭的評価）の問題であるとの理解もあり得る。また，債権者（被害者）が損害発生と同時に第三者から金銭等の給付を受ける権利を得た場合に，その額を賠償額から控除すべきか否かがしばしば問題となる（いわゆる損益相殺的調整。最大判平成5年3月24日民集47巻4号3039頁参照）が，これが損益相殺と同一の概念か否かについても，理解が分かれているように思われる。
　もっとも，損益相殺ないし損益相殺的調整をいかなる概念として理解するかにかかわらず，債権者が債務不履行と同一の原因により利益を得た場合に，債権者が利益を得たことを最終的な賠償額算定に至るまでのプロセスにおいて，賠償額の減額要因として考慮すべきことについては，異論なく承認されている。
　以上を踏まえ，債務不履行と同一の原因により得た利益の取扱いにつき，異論がないところを明文化するものである。

9　金銭債務の特則（民法第419条関係）
　(1) 民法第419条の規律に付け加えて，債権者は，契約による金銭債務の不履行による損害につき，同条第1項及び第2項によらないで，損害賠償の範囲に関する一般原則（前記6）に基づき，その賠償を請求することができるものとする。
　(2) 民法第419条第3項を削除するものとする。
　(注1) 上記(1)については，規定を設けないという考え方がある。
　(注2) 上記(2)については，民法第419条第3項を維持するという考え方がある。

（概要）
　本文(1)は，民法第419条第1項及び第2項の規律を維持しつつ（同条第1項に，変動制による法定利率の適用の基準時を付加することにつき，前記第8，4参照），契約による金銭債務の不履行については，同条第1項及び第2項によらずに，前記6（損害賠償の範囲についての一般原則）に基づき，不履行による損害の賠償を請求することができるとするものである。金銭債務の不履行による損害賠償につき，同条第1項及び第2項は利息に関しては証明を要せずに請求できるものとしている。他方，判例は，同条第1項所定の額を超える損害の賠償（利息超過損害の賠償）を否定している（最判昭和48年10月11日判時723号44頁）。しかし，諾成的消費貸借に基づく貸付義務の不履行の場面などを念頭に，利息超過損害の賠償を認めるべき実際上の必要性が存在するとの指摘があり，また，流動性の高い目的物の引渡債務を念頭に，非金銭債務と金銭債務とで，損害賠償の範囲につきカテゴリカルに差異を設ける合理性は乏しいとの指摘がある。そこで，この判例法理を改めるものである。
　他方，契約以外を原因とする金銭債務については，損害賠償の範囲に関する独自のルー

ルを設けずに解釈に委ねることとの関係で（前記6の（概要）欄参照），金銭債務の不履行による利息超過損害を請求することの可否も，引き続き解釈に委ねるものとしている。

　本文(1)については，不履行による損害の特定が困難であるという金銭債務の特殊性を踏まえると上記判例には合理性があるとして，このような規定を設けないとの考え方があり，これを（注1）で取り上げている。

　本文(2)は，金銭債務の履行遅滞についても債務不履行の一般原則（前記1(2)(3)）により免責され得ることを前提に，民法第419条第3項を単純に削除するとするものである。同項は，金銭債務の不履行につき，「不可抗力をもって抗弁とすることができない。」とし，この解釈として，金銭債務の不履行については一切の免責が認められないものとされている。この点については，比較法的にも異例なほど債務者に厳格であると批判されているほか，大規模な自然災害等により債務者の生活基盤が破壊され地域の経済活動全体に甚大な被害が発生して，送金等が極めて困難となった場合でも履行遅滞につき一切免責が認められないというのは，債務者に過酷であり，具体的妥当性を欠く場合があるとの指摘があることを踏まえたものである。

　本文(2)については，実務において反復的かつ大量に発生する金銭債務につき逐一免責の可否を問題にすることは紛争解決のコストを不必要に高めるおそれがあることなどを理由に，民法第419条第3項を維持するとの考え方があり，これを（注2）で取り上げている。

（補足説明）
1　金銭債務の不履行による損害賠償の範囲に関する規律の見直し（本文(1)）
　　本文(1)は，民法第419条第1項及び第2項の規律を維持しつつ（同条第1項に，変動制による法定利率の適用の基準時を付加することにつき，前記第8，4(2)イ参照），契約による金銭債務の不履行については，同条第1項及び第2項によらずに，前記6（損害賠償の範囲についての一般原則）に基づき，不履行による損害の賠償を請求することができるとするものである。
　　金銭債務の不履行による損害賠償につき，民法第419条第1項及び第2項は利息（法定利率と約定利率のいずれか高い方）に関しては証明を要せずに請求できるものとしている。他方，判例は，同条第1項所定の額を超える損害の賠償（いわゆる利息超過損害の賠償）を否定している（最判昭和48年10月11日判時723号44頁）。しかし，流動性の高い目的物の引渡債務を念頭に，非金銭債務と金銭債務とで，損害賠償の範囲につきカテゴリカルに差異を設ける合理性は乏しいとの指摘がある。そこで，本文(1)は，この判例法理とは異なり，金銭債務の債権者は，同条第1項及び第2項を援用しないで，債務不履行の損害賠償の範囲に関する一般原則（前記6）に基づき，その損害の賠償を請求することができるとするものである。これにより，金銭債務の不履行により同条第1項が定める額を超える損害を被った債権者は，その損害及び数額を主張立証して，その賠償を請求することができる。
　　この本文(1)の考え方については，（注1）でも取り上げているように，利息超過損害の賠償を否定している現状を維持すべきであるとして，規定を設けないとの考え方があ

る。判例のように利息超過損害の賠償を否定すべきとする見解の根拠としては，①金銭の用途は多様であるから，金銭債務の不履行による損害を判断するのは難しいし，現実の損害は予想外に高額になることがあり，その全てを債務者に賠償させるのは適当でないこと，②金銭は相当の利息を支払えば取得できるから，利息分と損害は一致すると見ることができること，③賠償を遅延損害金に限定することと不可抗力免責を認めないこと（民法第４１９条第３項）とでバランスがとれていることなどが挙げられており，部会においても，本文(1)のような規定を設けるべきでないとの考え方は，上記のような論拠を援用している。

　他方，利息超過損害の賠償に積極的な立場からは，次のような反論がされている。まず①の点について，金銭の用途が多様であることに起因して金銭債務の不履行と損害との対応関係の判断が容易でないとしても，それは不履行と損害との因果関係の立証が困難であって実際上請求が認容されにくいことを意味するのみであって，賠償の請求を一律に否定する論拠にはなり得ない。また，賠償すべき損害額が予想外に高額となるおそれがあると指摘についても，そもそもこの指摘が前提とする損害賠償の範囲確定ルールの理解に問題があり，現行民法第４１６条第１項においても予見可能性で賠償範囲を画するとのルールを採用しているのだから（同条の改正については，前記６参照），予想外に賠償範囲が拡大することは通常あり得ないとの反論がされている。②の指摘についても，諾成的消費貸借に基づく貸付義務の不履行の場面などを念頭に，一定のプロジェクトに資金投下する目的で融資するような局面においては，代替的な融資先を探すのに要する費用や支払利息が法定利率を上回ることが稀ではなく，利息超過損害の賠償を認めるべき実務上のニーズは存在すると指摘されている。なお，③の指摘については，後記のように，今回の改正で同法第４１９条第３項を削除し，金銭債務の履行遅滞に関する免責の可否を債務不履行の一般原則に委ねるものとしている。

　他方，契約以外を原因とする金銭債務については，損害賠償の範囲に関する独自のルールを設けずに解釈に委ねることとの関係で（この点につき，前記６参照），金銭債務の不履行による利息超過損害を請求することの可否も，引き続き解釈に委ねるものとしている。

２　金銭債務の不履行による損害賠償の免責の在り方の見直し（本文(2)）

　本文(2)は，金銭債務の履行遅滞について，債務不履行の一般原則（前記１(2)(3)参照）により免責され得ることを前提に，民法第４１９条第３項を単純に削除するとするものである。

　民法第４１９条第３項は，金銭債務の不履行につき，「不可抗力をもって抗弁とすることができない」とし，この解釈として，金銭債務の不履行については一切の免責が認められないものとされている。このように金銭債務の不履行責任の免責に関し極めて厳格な立場を採用している現行民法の立場につき，起草者は，金銭は利息さえ払えば入手できるのであるから，債務者にとって調達不可能ということが考えられないことを理由としている。もっとも，このような我が国の民法の立場は比較法的にも異例であり，金銭債務だけにこのような厳格な態度をとる合理的理由に乏しいとの指摘がある。また，大規模な自然災害等により地域の経済が甚大な被害を受けるなどして送金等が極めて

困難となったのに加えて，債務者の生活基盤も破壊されて弁済に充てるべき資金を失い，弁済のために行動する余裕もないといった場合についてまで履行遅滞につき一切免責が認められないというのは，債務者に過酷であり，具体的妥当性を欠く場合があるとの指摘がある。本文(2)(3)は，これらを踏まえたものである。

この考え方に対しては，（注2）でも取り上げたように，金銭債務は反復的かつ大量に発生するから，それにつき逐一免責の可否を問題にすることは紛争解決のコストを不必要に高めるおそれがあると指摘して，民法第４１９条第３項を維持すべきであるとの考え方がある。これについては，金銭債務の履行遅滞を免責すべき具体的な必要性が指摘されている以上，紛争解決コストの増加を履行遅滞の免責を一律に否定する理由とするのは説得力に乏しいとの反論が考えられる。

また，金銭債務の履行遅滞につき免責を認めるべき場面があるとしても，それは非金銭債務よりも限定的なものであるから，一般原則よりも限定された金銭債務固有の免責事由を条文上明記するとの考え方もある。もっとも，非金銭債務であっても，例えば種類物の引渡債務については実際上不可抗力の場合にしか免責が認められていないと考えられていることを踏まえると，金銭債務について一般原則よりも限定的な免責事由として，例えば「不可抗力」などと明記する場合には，それは非金銭債務についてよりゆるやかに免責を認めるとのメッセージともなりかねず，適切でないとの指摘がある。他方で，このような難点を克服するような金銭債務固有の免責事由を定式化するのも容易ではない。結局のところ，金銭債務の不履行の免責事由について，これを一般原則に委ねることとしても，免責の可否の判断において他から調達することが比較的容易であるという金銭債務の性質が考慮される以上（前記第８，１参照），おのずから免責の範囲は非金銭債務よりも限定的なものとなるから，それで特段の支障はないとの指摘がされている。

このほか，仮に送金等が極めて困難となる場合には，債務者の手元に債権者への支払に充てるべき資金が残ることになるから，その運用利益（利息等）の限度では債務者には免責を認めず，これを債権者に償還するものとすべきであるとの指摘がある。この指摘を踏まえると，金銭債務の履行遅滞につき免責事由がある場合であっても，例えば法定利率の限度では免責を認めず，免責を認めるのは法定利率を超える部分のみとすることが考えられる。この考え方に対しては，遅滞により債務者に運用利益等の利得が現実に生じ得るような局面であることを免責判断において消極事情として評価すれば不当な結論は避けられるとの反論が考えられる。

10 賠償額の予定（民法第４２０条関係）

(1) 民法第４２０条第１項後段を削除するものとする。
(2) 賠償額の予定をした場合において，予定した賠償額が，債権者に現に生じた損害の額，当事者が賠償額の予定をした目的その他の事情に照らして著しく過大であるときは，債権者は，相当な部分を超える部分につき，債務者にその履行を請求することができないものとする。

（注１）上記(1)については，民法第４２０条第１項後段を維持するという考え

方がある。
（注2）上記(2)については，規定を設けないという考え方がある。

（概要）
　本文(1)は，民法第420条第1項後段を削除するものである。同項後段は，賠償額の予定がされた場合に，裁判所がこれを増減することができないと明文で規定するが，このような規定は比較法的にも異例であると言われており，その文言にもかかわらず，実際には，公序良俗（同法第90条）等による制約があることについては異論なく承認されていることを踏まえてのものである。この点につき，賠償額に関する当事者の合意を尊重する観点から，同法第420条第1項後段を維持するとの考え方があり，これを（注1）で取り上げている。
　本文(2)は，賠償額の予定をした場合において，予定賠償額が著しく過大であったときには，債権者は，相当な部分を越える部分につき，債務者に請求することができないとするものである。下級審裁判例では，実際に生じた損害額あるいは予想される損害額と比して過大な賠償額が予定されていた場合に，公序良俗違反（民法第90条）とし，一部無効の手法により認容賠償額を減額したものが多い。このような裁判実務や，諸外国の立法の動向等をも踏まえ，賠償額の予定についても，債権者に著しく過大な利得を与えるなど不当な帰結に至るような場合には，一定の要件の下で制約が及ぶこととその効果を条文に明記して，当事者の予測可能性を確保することを意図したものである。
　本文(2)については，実務上合理性のある賠償額の予定の効力まで否定されるおそれがあるとして，規定を設けないとの考え方があり，これを（注2）で取り上げている。

（補足説明）
1　民法第420条第1項後段の削除について（本文(1)）
　本文(1)は，民法第420条第1項後段を削除するとするものである。同項後段は，賠償額の予定がされた場合に，裁判所がこれを増減することができないと明文で規定するが，このような規定は比較法的にも異例であると言われており，その文言にもかかわらず，実際には，公序良俗（民法第90条）等による制約があることについては異論なく承認されていることを踏まえてのものである。
　この点につき，民法第420条第1項後段を維持するとの考え方があり，これを（注1）で取り上げている。この考え方は，同項後段については，賠償額の予定に対する裁判所の介入が謙抑的であるべきことを示すためにも，これを維持すべきであるとする。これに対しては，契約内容への裁判所の介入が慎重であるべきであるという一般論は賠償額の予定にのみ妥当するものではないから，賠償額の予定に限ってその旨を殊更に規定上明示する合理性の説明は難しいとの批判があり得る。また，同項後段の文言については，賠償額の予定につき公序良俗による規制をも含む司法上の救済が一切否定されているという誤ったメッセージになっているとの指摘がある。
2　予定した賠償額が著しく過大な場合に関する規律の新設（本文(2)）
　本文(2)は，賠償額の予定をした場合において，予定賠償額が著しく過大であったとき

には，債権者は，相当な部分を越える部分につき，債務者に請求することができないとするものである。

　下級審裁判例では，実際に生じた損害額あるいは予想される損害額と比べて過大な賠償額が予定されていた場合に，公序良俗違反（民法第９０条）とし，一部無効の手法により認容賠償額を減額したものが多い。このような裁判実務や，諸外国の立法の動向等をも踏まえ，賠償額の予定についても，債権者に著しく過大な利得を与えるなど不当な帰結に至るような場合には，一定の要件の下で制約が及ぶこととその効果を条文に明記して，当事者の予測可能性を確保することを意図したものである。

　本文(2)が適用されるには，予定賠償額が債権者に生じた損害と比べて「著しく過大」であることを要し，単に予定賠償額が債権者に生じた損害額を上回るだけでは足りない。「著しく過大」か否かは，実際に債権者に生じた損害額に加え，賠償額の予定をした目的等，賠償額の予定をめぐる一切の事情を考慮して評価判断されることになる。そして，請求することができなくなるのは，あくまで「相当な額」を超える部分であるから，この規定の適用を受ける場合でも，認容される賠償額が実際に生じた損害額を上回ることがあり得る。また，著しく過大とされる賠償額の予定に基づき既に損害賠償金を支払っていた場合には，相当な部分を超える部分の返還を求めることができる。

　本文(2)については，規定を設けないとの考え方があり，これを（注２）で取り上げている。賠償額の予定は債務不履行による損害賠償の金額を算定する困難さを克服し，あるいは債務を履行するインセンティブを付与するなど，実務上有用な機能を果たしていることを指摘した上で，それを制約する明文規定を設けることは，有用な賠償額の予定まで効力を否定されるおそれがあるというのである。

　一定の場合に賠償額の予定の全部又は一部の効力が否定されるというのは，現在の裁判実務においても行われており，その取扱いを明文化する限り，現状よりも賠償額の予定が不当に広く規制対象となることは考えにくい。むしろ，要件効果を明確化することにより，民法第９０条の「公の秩序又は善良の風俗」という抽象的な文言の操作に委ねるよりも，判断の予測可能性を高めることができると考えられる。また，本文(2)の規律が発動されるには，賠償額の予定が「著しく過大」であることを要するものとして，効果発動を真に必要な場面に限定しているほか，「著しく過大」の考慮要素として「賠償額の予定をした目的」を明記して，目的が合理的であることが「著しく過大」か否かの評価に消極的に働くことを明らかにし，賠償額の予定が実務上果たしている機能に配慮している。

3　予定された賠償額が著しく過小である場合の規律について

　予定された賠償額が著しく過小であった場合の取扱いも検討されたが，そのような賠償額の予定条項は損害賠償責任の減免責条項としての性格を有すると考えられ，損害賠償責任の減免責条項と同様に，公序良俗（前記第１，２）あるいは不当条項規制（後記第３０，５）の問題として規律するのが相当であると考えられる。そこで，予定された賠償額が著しく過小である場合についての規律を設けるとの考え方は，中間試案には盛り込まれなかった。

第11　契約の解除
 1　債務不履行による契約の解除の要件（民法第541条ほか関係）
　　民法第541条から第543条までの規律を次のように改めるものとする。
　(1) 当事者の一方がその債務を履行しない場合において，相手方が相当の期間を定めて履行の催告をし，その期間内に履行がないときは，相手方は，契約の解除をすることができるものとする。ただし，その期間が経過した時の不履行が契約をした目的の達成を妨げるものでないときは，この限りでないものとする。
　(2) 当事者の一方がその債務を履行しない場合において，その不履行が次に掲げるいずれかの要件に該当するときは，相手方は，上記(1)の催告をすることなく，契約の解除をすることができるものとする。
　　ア　契約の性質又は当事者の意思表示により，特定の日時又は一定の期間内に履行をしなければ契約をした目的を達することができない場合において，当事者の一方が履行をしないでその時期を経過したこと。
　　イ　その債務の全部につき，履行請求権の限界事由があること。
　　ウ　上記ア又はイに掲げるもののほか，当事者の一方が上記(1)の催告を受けても契約をした目的を達するのに足りる履行をする見込みがないことが明白であること。
　(3) 当事者の一方が履行期の前にその債務の履行をする意思がない旨を表示したことその他の事由により，その当事者の一方が履行期に契約をした目的を達するのに足りる履行をする見込みがないことが明白であるときも，上記(2)と同様とするものとする。
　　(注) 解除の原因となる債務不履行が「債務者の責めに帰することができない事由」（民法第543条参照）による場合には，上記(1)から(3)までのいずれかに該当するときであっても，契約の解除をすることができないものとするという考え方がある。

（概要）
　本文(1)は，催告解除について規定する民法第541条を基本的に維持した上で，付随的義務違反等の軽微な義務違反が解除原因とはならないとする判例法理（最判昭和36年11月21日民集15巻10号2507頁等）に基づき，一定の事由がある場合には解除をすることができない旨の阻却要件を付加するものである。この阻却要件の主張立証責任は，解除を争う当事者が負うものとしている。この阻却要件の条文表現については更に検討する必要があるが，その具体例としては，履行を遅滞している部分が数量的にごく一部である場合や，不履行に係る債務自体が付随的なものであり，契約をした目的の達成に影響を与えないものである場合などが考えられる。
　本文(2)は，債務不履行があった場合に，催告を要しないで契約の解除をするための要件を提示するものである。本文(1)及び(2)を通じて，その不履行が「債務者の責めに帰することができない事由」によるものであった場合を除外する要件（民法第543条参照）は，

設けていない。この点については，契約の解除の要件に関する伝統的な考え方を踏襲すべきであるとして，債務不履行が「債務者の責めに帰することができない事由」によるものであることを債務不履行による契約の解除に共通の阻却要件として設けるべきであるとの考え方があり，これを（注）で取り上げている。

　本文(2)アは，定期行為の履行遅滞による無催告解除について規定する民法第５４２条を維持するものである。

　本文(2)イは，民法第５４３条のうち「履行の全部（中略）が不能となったとき」の部分を維持するものである。この部分（全部不能）は，定型的に契約の目的を達成するだけの履行をする見込みがない場合に該当する代表例であり，同ウの要件を検討する必要がないと考えられることから，独立の要件として明示することとした。

　本文(2)ウは，同ア又はイに該当しない場合であっても，当事者が本文(1)の催告を受けても契約をした目的を達するのに足りる履行をする見込みがないことが明らかなときに，相手方が無催告解除をすることができるとするものである。無催告解除は，催告が無意味であるとして不履行当事者への催告による追完の機会の保障を不要とするものであることから，同ア（定期行為の無催告解除）とのバランスという観点からも，「催告を受けても契約をした目的を達するのに足りる履行をする見込みがないことが明白である」ことを，解除をする当事者が主張立証すべきものとしている。民法第５４３条のうち「履行の（中略）一部が不能となったとき」の部分は，ここに包摂される。このほか，同ウは，同法第５６６条第１項や第６３５条による無催告解除も包摂するものとなる。

　本文(3)は，履行期の前にその債務の履行をする意思がない旨を表示したことその他の事由により，その当事者の一方が履行期に契約をした目的を達するのに足りる履行をする見込みがないことが明白であるときに，履行期の到来を待たずに無催告で契約の解除ができるとするものである。履行期前に債務者が履行を拒絶したような場面について，判例は，履行不能を柔軟に認定して，早期に契約関係から離脱して代替取引を可能にするとの要請に応えてきたと指摘されており（大判大正１５年１１月２５日民集５巻７６３頁等），それを踏まえたものである。これによる解除も，債務不履行による契約の解除であるとして，解除した者は履行に代わる損害賠償請求権を行使することができる（前記第１０，３(2)）。

（補足説明）
1　催告解除の要件の明確化（本文(1)）
　　催告解除制度については，部会において，実務上原則的な解除形態であるとの指摘があり，催告解除制度を維持することについては，異論がなかった。他方，催告解除については，民法第５４１条の文言上は不履行の程度，態様等につき特段の限定がない一方で，付随的義務等の軽微な義務違反については解除原因とはならないとする判例法理が確立しているとされており（最判昭和３６年１１月２１日民集１５巻１０号２５０７頁，最判昭和４２年４月６日民集２１巻３号５３３頁等），この判例法理の趣旨を明文化することについても，特段の異論がなかった。
　　以上を踏まえ，本文(1)は，催告解除について規定する民法第５４１条を基本的に維持した上で，付随的義務違反等の軽微な義務違反が解除原因とはならないとする判例法理

に基づき，一定の事由がある場合には解除をすることができない旨の阻却要件を付加するものである。この阻却要件の主張立証責任は，解除を争う当事者が負うものとしている。この阻却要件の条文表現については更に検討する必要があるが，民法第５６６条第１項や同法第６３５条が契約の解除につき「契約をした目的を達することができない」という要件を設けていることや，判例上「契約をした目的」を達することができるか否かを解除の可否のメルクマールとしていると考えられるものが多いこと（前記最判昭和３６年１１月２１等）などを踏まえ，相当の期間が経過した時になお残る不履行が「契約をした目的の達成を妨げるものでないとき」を解除の阻却要件とする考え方を提示している。それに該当する具体例としては，相当の期間を経過した時において履行を遅滞している部分が数量的にごく一部である場合や，不履行に係る債務自体が付随的なものであり，契約をした目的の達成に影響を与えないものである場合などが考えられる。

2　無催告解除の要件の明確化（本文(2)）

　本文(2)は，債務不履行があった場合に，本文(1)の催告を要しないで契約の解除（無催告解除）をするための要件を提示するものである。

　本文(2)アは，定期行為の履行遅滞による無催告解除について規定する民法第５４２条を維持するものである。

　本文(2)イは，民法第５４３条のうち「履行の全部（中略）が不能となったとき」の部分を維持するものである。この部分（全部不能）は，定型的に契約の目的を達成することができない場合に該当する代表例であり，同ウの要件を検討する必要がないと考えられることから，独立の要件として明示することとした。

　本文(2)ウは，同ア又はイに該当しない場合であっても，債務の不履行によって，本文(1)の催告をしても契約の目的を達成することができないことが明らかなときに，無催告解除をすることができるとするものである。催告解除における催告の意義は，債務者に履行を完全なものとする（履行の追完をする）機会を与えて契約関係を維持する利益を保護する点にあるとされるが，債務者が「催告を受けても契約をした目的を達するのに足りる履行をする見込みがないこと明白である」ときは，解除に先立って催告することを要求するのが無意味であるとして，不履行当事者への催告による追完の機会の保障を不要とするものである。同ア（定期行為の無催告解除）とのバランスという観点や，催告解除が実務上の原則とされているとの前述の指摘を踏まえ，「催告を受けても契約をした目的を達するのに足りる履行をする見込みがないこと明らかであるとき」を，解除をする当事者が主張立証すべきものとしている。民法第５４３条のうち「履行の（中略）一部が不能となったとき」の部分は，ここに包摂される。このほか，同ウは，民法第５６６条第１項や同法第６３５条による無催告解除も包摂するものとなる。

　この「催告を受けても契約をした目的を達するのに足りる履行をする見込みがないこと明白である」ときには，①当該不履行それ自体により，もはや契約目的を達成することができないと評価されるため，そもそも催告要件を課すこと自体が不適切である類型と，②当該不履行をした債務者が催告に応じて履行をすれば債権者にとって契約目的を達成することができるにもかかわらず，債務者が不履行の後に確定的に履行を拒絶しているために，催告をしても無意味であり，かつ，不履行状態が存置されれば契約目的を

達成することができない類型とが含まれるとの整理が示されている。
3 履行期前の履行拒絶等による契約の解除（本文(3)）
　本文(3)は，当事者の一方が履行期前に債務を履行しない旨の意思を表示するなどの事由により，その当事者の一方がその債務を履行期に契約をした目的を達するのに足りる履行をする見込みがないことが明白であるときに，履行期の到来を待たずに無催告で契約の解除をすることができるとするものである。
　履行期前に債務者が履行を拒絶したような場面について，判例は，履行不能を柔軟に認定して，早期に契約関係から離脱して代替取引を可能にするとの要請に応えてきたと指摘されており（大判大正１５年１１月２５日民集５巻１１号７６３頁等），それを踏まえたものである。これによる解除も，債務不履行による契約の解除であるとして，履行に代わる損害賠償請求権の発生原因（第８，３(1)のウ）となる。
4 「債務者の責めに帰すべき事由」（帰責事由）という要件を設けないことについて
(1) 本文(1)から(3)までを通じて，解除の原因となる債務不履行が「債務者の責めに帰することができない事由」によるものであった場合を除外する要件（民法第５４３条参照）は，設けていない。この点については，解除の要件に関する伝統的な考え方を踏襲すべきであるとして，債務不履行が「債務者の責めに帰することができない事由」によるものであることを債務不履行による契約の解除に共通の阻却要件として設けるべきであるとの考え方があり，これを（注）で取り上げている。
(2) 本文で，解除の原因となる債務の不履行について，債務者の帰責事由によるか否かを問題とする要件を設けないとしている理由は，以下のとおりである。
　ア　民法第５４３条は，「債務者の責めに帰することができない事由」による履行不能の場合には，解除ができないと規定している。そして，伝統的通説は，債務者の責めに帰するべき事由（帰責事由）という要件は債務不履行による解除一般に必要とされるとの理解に立って，明文で帰責事由を求めていない同法第５４１条又は第５４２条に基づく解除についても，帰責事由が必要であると解している。仮に，この伝統的通説を踏襲すべきとする（注）の考え方に従い，帰責事由を解除の一般的要件な阻却要件として設けるとする場合には，催告解除を定める同法第５４１条及び定期行為における無催告解除を定めた同法第５４２条についても帰責事由の要件を新たに設けることになる。

　　ここでいう帰責事由の具体的意味につき，伝統的通説は，債務不履行による損害賠償の場合と同様に，「故意・過失又は信義則上これと同視すべき事由」と解している。しかし，我が国におけるこれまでの裁判例の分析を通じて，裁判実務においても帰責事由が解除の成否の判断において重要な機能を果たしているとはいえないとの指摘があり，裁判実務において，解除の帰責事由が具体的にどのような意味内容で運用されているかは，債務不履行による損害賠償の要件としての帰責事由以上に不明確である。部会においても，取引実務においては解除をする場合に債務不履行に帰責事由があるかどうかを意識していないのが実情であるとの指摘があった。
　イ　また，帰責事由という場合の「事由」とは，日常的には「理由」あるいは「原因となる事実」という意味で用いられているから，解除の要件として帰責事由が必要

であるとの考え方を字義どおりに理解すると，債務不履行により債権者が被る不利益の程度を一切問うことなく，不履行の理由が「債務者の責めに帰することができない」ものであるというだけで解除を否定するとの結論に至り得る。しかし，例えば，債務者の工場が大規模自然災害により操業不能に陥った場合のように，債務者に債務不履行についての帰責事由がない場合に，債権者が常に契約の拘束力を免れることができず，債務の履行が受けられないまま代替取引もできないなど，債務不履行によるリスクの引受けを強いられるというのは，硬直的で不当な帰結であるように思われる。帰責事由を必要とする考え方も，このような帰結を是認しているわけではないと思われる。

ウ　解除の（消極的）要件として帰責事由を必要とするとの考え方からは，この要件を設けないと債務者側の事情が解除の可否の判断に反映されないおそれがあると指摘する。部会においては，現在は帰責事由という概念の解釈において，債権者が不履行により被る不利益と債務者の契約維持の利益との実質的な衡量が図られているのではないかとの指摘があった。このような利害調整の実質的な在り方にはおおむね異論はないと考えられるが，字句の意味として債務不履行に至った理由のみを問題とするはずの「債務者の責めに帰すべき事由」という要件においてこのような利害調整を図るというのは，文言解釈として疑問があり得るところであり，不透明であるとの批判が妥当し得る。むしろ，このような利害調整は，催告解除における「相当の期間」の要件の解釈や，本文(1)(2)のように不履行により契約の目的を達することの可否などの要件の解釈において図るのが適当であり，それが現在の裁判実務の在り方にも適合していると考えられる。

エ　近時の学説においても，解除制度につき，履行を怠った債務者への「制裁」としてではなく，契約の拘束力から解放する制度であると理解した上で，いかなる要件の下であれば契約の拘束力からの解放が正当化されるかを正面から問題にすべきであるとし，解除の要件として債務者の帰責事由ではなく，解除により不利益を被る債務者との利害調整を「重大な不履行」などの要件において考慮すべきであるとの考え方が有力であり，それは国際的な立法の動向にも合致しているとされている。

オ　現行民法は帰責事由のない履行不能があった場合の処理を危険負担制度に委ねており，解除制度と危険負担制度とが併存する現行の体系を維持するために，帰責事由の要件を維持すべきであるとの考え方もある。中間試案においては，解除の要件として債務者の帰責事由を不要とすることによって解除制度と危険負担制度が競合する領域の処理につき，解除制度に一元化するとの整理をしている。その理由については，後記第12，1参照。

2　複数契約の解除

同一の当事者間で締結された複数の契約につき，それらの契約の内容が相互に密接に関連付けられている場合において，そのうち一の契約に債務不履行による解除の原因があり，これによって複数の契約をした目的が全体として達成できないときは，相手方は，当該複数の契約の全てを解除することができるも

のとする。
　（注）このような規定を設けないという考え方がある。

（概要）
　同一当事者間で締結された複数の契約の一部に不履行があった場合には，本文のような要件の下で複数の契約全部を解除することができるとした判例（最判平成８年１１月１２日民集５０巻１０号２６７３頁）があり，これは一般化することが可能な法理であるとの考え方があることから，これを明文化するものである。これに対して，上記判例は提示する要件が不明確であるなどとして，明文化すべきでないという考え方があり，これを（注）で取り上げている。

（補足説明）
１　同一当事者間の複数契約の解除については，最判平成８年１１月１２日民集５０巻１０号２６７３頁（以下「平成８年判例」という。この事案の内容等については，部会資料５－２第３，６の（補足説明）２［９１頁］参照）がリーディング・ケースとされている。平成８年判例が，同一当事者間の複数契約を全体として解除できる場合として挙げている要件は，①複数の契約をした場合において，それらの契約の目的とするところが相互に密接に関連付けられていること，②社会通念上，複数契約の一が履行されるだけでは複数の契約を締結した目的が全体として達成できないことである。
　同一当事者間の複数契約を全体として解除することができる場合についての平成８年判例の判示内容は，概ね学説の支持を得ているものと考えられる。また，平成８年判例はある程度一般的な射程を有するものとされており，同一当事者間の複数契約を全体として解除することができるか否かが問題となる場面では，この平成８年判例の判示内容が広く参照されているものと考えられる。したがって，平成８年判例の趣旨を明文化することは，複数契約の解除が問題となる場面の解決につき予測可能性を高めることに資すると考えられる。本文は，このような観点から，同一当事者間の複数契約の解除につき，基本的に平成８年判例の定式を踏襲した明文規定を設けるものである。
　その際，上記①の「それらの契約の目的とするところ」の「目的」は，「契約をした目的」（民法第５６６条第１項）のような契約をした狙いという意味での「目的」ではなく（上記②の「目的」はこのような意味であると理解される。），むしろ契約に基づく給付の内容という意味であるとの指摘があることを踏まえ，①の「目的とするところ」を「契約の内容」と表現することとしている。
　複数契約の解除については，同一当事者間の複数契約に限らず，それ以外の場合，例えば，ＡＢ間の契約とＡＣ間の契約が一定の密接な関係にある場合も，ＡＢ間の契約の不履行を理由にＡＢ間の契約とＡＣ間の契約の両方を解除できるとする規定を設けるべきであるとの考え方もある。しかし，このような同一当事者間以外の複数契約全体が解除できる場合については，いまだ学説の議論が成熟しておらず，平成８年判例後に出たいくつかの下級審裁判例があるものの，具体的な立法提案は見当たらないことから，この中間試案では取り上げられていない。この問題の解決については，本文のような規律

を手掛かりとした解釈論に委ねるのが相当であると考えられる。
　また，複数契約の解除が問題となる場面では，しばしば契約の個数の捉え方が問題となあり得るが，この点については引き続き解釈に委ねることとしている。
2　以上に対して，平成8年判例が提示する要件は，契約をした目的の密接関連性などといったあいまいなものであって条文化にはなじまないとして，明文化すべきでないという考え方があり，これを（注）で取り上げている。本文で提示している要件については，このような明文化への懸念があることをも踏まえ，更なる明確化を検討する必要があると考えられる。

3　契約の解除の効果（民法第545条関係）
民法第545条の規律を次のように改めるものとする。
(1) 当事者の一方がその解除権を行使したときは，各当事者は，その契約に基づく債務の履行を請求することができないものとする。
(2) 上記(1)の場合には，各当事者は，その相手方を原状に復させる義務を負うものとする。ただし，第三者の権利を害することはできないものとする。
(3) 上記(2)の義務を負う場合において，金銭を返還するときは，その受領の時から利息を付さなければならないものとする。
(4) 上記(2)の義務を負う場合において，給付を受けた金銭以外のものを返還するときは，その給付を受けたもの及びそれから生じた果実を返還しなければならないものとする。この場合において，その給付を受けたもの及びそれから生じた果実を返還することができないときは，その価額を償還しなければならないものとする。
(5) 上記(4)により償還の義務を負う者が相手方の債務不履行により契約の解除をした者であるときは，給付を受けたものの価額の償還義務は，自己が当該契約に基づいて給付し若しくは給付すべきであった価額又は現に受けている利益の額のいずれか多い額を限度とするものとする。
(6) 解除権の行使は，損害賠償の請求を妨げないものとする。
（注）上記(5)について，「自己が当該契約に基づいて給付し若しくは給付すべきであった価値の額又は現に受けている利益の額のいずれか多い額」を限度とするのではなく，「給付を受けた者が当該契約に基づいて給付し若しくは給付すべきであった価値の額」を限度とするという考え方がある。

（概要）
　本文(1)は，解除権行使の効果として，両当事者がその契約に基づく債務の履行を請求することができなくなる旨の規定を新たに設けるものである。現行法の解釈として異論のないところを明文化するものであり，いわゆる直接効果説と間接効果説の対立に関して特定の立場を採るものではない。
　本文(2)は民法第545条第1項を，本文(3)は同条第2項を，それぞれ維持するものである。

本文(4)は、民法第５４５条第１項本文の原状回復義務の具体的内容として、受領した給付が金銭以外の場合の返還義務の内容を定める規定を新たに設けるものである。受領した給付のほか、その給付から生じた果実を返還する義務を負うこととしている。それらの返還をすることができないときには、近時の有力な学説を踏まえ、返還できない原因の如何を問わず、その給付等の客観的な価額を償還する義務を負うものとしている（同様の考え方に基づくものとして、前記第５、２(1)参照）。
　本文(5)は、償還義務者が相手方の債務不履行により契約の解除をした者である場合に限り、本文(4)による給付それ自体の価額が自己の負担する反対給付の価額又は現に受けている利益の額のいずれか多いほうを上回るときは、自己の負担する反対給付の価額又は現に受けている利益の額のいずれか多いほうを上限として償還すれば足りる旨の規律を設けるものである。これは、反対給付の価額を超える償還義務を負うとすると、目的物の価額が反対給付の価額を上回っていた場合に、債務の履行に落ち度のない償還義務者に不測の損害を与えるおそれがあり、ひいては解除をちゅうちょさせることにもなりかねないことを考慮したものである。もっとも、自己が負担する反対給付の価額よりも自己が受けた給付による現存利益の額（例えば、給付の目的物を転売して得た代金の額）のほうが高いときは、自己が受けた給付の客観的な価額を下回る限りで、現存利益の額を上限としても不合理ではない。そこで、給付の価額償還義務は、反対給付の価額か現存利益のいずれか多いほうを限度としている（自己が受けた給付の客観的価額がその負担する反対給付の価額を下回るときは、前者のみを償還すれば足りる）。なお、「現に受けている利益の額」を上限とする考え方は一般的に確立したものではないとして、上限とするのは、自己が負担する反対給付の価額のみとすべきであるとの考え方があり、これを（注）で取り上げている。
　本文(6)は、民法第５４５条第３項を維持するものである。

（補足説明）
1　解除の基本的な効力として、契約の当事者はいずれも履行の請求ができなくなることについては異論を見ないが、その旨を明示している規定はない。本文(1)は、このような効力を明示する観点から、解除権行使の効果として、契約の当事者がいずれも契約に基づく債務の履行を請求できなくなる旨の規定を設けるものである。現行法の解釈として異論のないところを明文化するものであり、いわゆる直接効果説と間接効果説の対立に関して特定の立場を採るものではない。
2　本文(2)は民法第５４５条第１項を、本文(3)は同条第２項を、それぞれ維持するものである。
3　本文(4)は、民法第５４５条第１項本文の原状回復義務の具体的内容として、受領した給付が金銭以外のものである場合の返還義務の内容を定める規定を新たに設けるものである。受領した給付のほか、その給付から生じた果実を返還する義務を負うこととしている。それらの返還をすることができないときは、近時の有力な学説を踏まえ、返還することができない原因の如何を問わず、その給付等の客観的な価額を償還する義務を負うものとしている（同様の考え方に基づくものとして、前記第５、１(1)参照）。
　受領した給付が金銭以外のものである場合に、原状回復義務の内容として、その給付

の使用利益についても返還を要するものとする判例があり（最判昭和５１年２月１３日民集３０巻１号１頁等），使用利益の返還義務についても明文化するという考え方がある。もっとも，使用利益についてはその外延が必ずしも明確でないという問題があるほか，給付の目的物がある種の動産のように時間の経過による価値の減耗が著しいものの場合には，使用利益は価値の減耗分に等しいという考え方もあり得ることから，給付目的物の価値の減耗と使用利益との関係をどのように整理するかという困難な問題がある。そうすると，使用利益の返還についての一律の規定を設けることは相当でないと考えられる。そこで，使用利益の返還については，本文の規律を手掛かりとした解釈論に委ねることとしている。

4 本文(5)は，償還義務者が相手方の債務不履行により契約の解除をした者である場合に限り，本文(4)による給付それ自体の価額が自己の負担する反対給付の価額又は現に受けている利益の額のいずれか多いほうを上回るときは，自己の負担する反対給付の価額又は現に受けている利益の額のいずれか多いほうを上限として償還すれば足りる旨の規律を設けるものである。これは，反対給付の価額を超える償還義務を負うとすると，目的物の価額が反対給付の価額を上回っていた場合（例えば，品違え等により契約の趣旨に適合しない高価品が給付された場合等）に，債務の履行に落ち度のない償還義務者に不測の損害を与えるおそれがあり，ひいては解除をちゅうちょさせることにもなりかねないことを考慮したものである。もっとも，自己が負担する反対給付の価額よりも自己が受けた給付による現存利益の額（例えば，給付の目的物を転売して得た代金の額）のほうが高いときは，それが自己が受けた給付の客観的な価額を下回る限りで，現存利益の額を上限としても不合理ではない。そこで，給付の価額償還義務は，反対給付の価額か現存利益のいずれか多いほうを限度としている（自己が受けた給付の客観的価額がその負担する反対給付の価額を下回るときは，前者のみを償還すれば足りる）。なお，「現に受けている利益の額」を上限とすることは適切でないとして，上限とするのは，自己が負担する反対給付の価額のみとすべきであるとの考え方があり，これを（注）で取り上げている。

5 本文(6)は，民法第５４５条第３項を維持するものである。もっとも，債務不履行により契約の解除をしたことを履行に代わる損害賠償請求権の要件として明記することにより，同項は不要になるとも考えられる。

4 解除権の消滅（民法第５４７条及び第５４８条関係）
(1) 民法第５４７条の規定は，解除権を有する者の履行請求権につき履行請求権の限界事由があり，かつ，履行に代わる損害賠償につき前記第１０，１(2)の免責事由があるときは，適用しないものとする。
(2) 民法第５４８条を削除するものとする。
（注）上記(1)については，規定を設けないという考え方がある。

(概要)
本文(1)は，民法第５４７条につき，解除権者の履行請求権に限界事由があり，かつ，債

務不履行による損害賠償につき免責事由がある場合には，適用しないものとする規定を設けるものとしている。解除の相手方からの催告により解除権が消滅するものとする同条については，同法第543条が適用される場面において債務者の帰責事由がないときも解除を認めるものとすることにより，次のような問題が新たに生じる。すなわち，履行請求権の限界事由（履行不能）により履行請求権を行使できない場合において，債務不履行による損害賠償につき免責事由（前記第10，1）がある場合には，債権者は，履行に代わる損害賠償を請求することができない。この場合に，同法第547条の催告により債権者が解除権を失うとすると，債権者は自らの債務については履行義務を負いながら債権の履行を受けることができず，かつ履行に代わる損害賠償の請求もできないこととなる。これは，もともと同条が想定していない事態であり，債権者に酷であると考えられる。本文(1)は，この問題に対応するものである。これについては，解除の要件として帰責事由を不要とする考え方に反対する立場から規定を設けるべきでないとする考え方があるほか，解除の要件として帰責事由を不要とする考え方からも，解除を受けるべき当事者の法的地位の安定を図る同条の趣旨を重視して，本文(1)のような規定を設けるべきでないとの考え方がある。これを（注）で取り上げている。

　本文(2)は，民法第548条を削除するものである。同条の規律については，例えば，売買契約の目的物に瑕疵があった場合に，買主がそれを知らないまま加工等したときにも解除権が消滅するなど，その帰結が妥当でない場合があると指摘されている。そして，解除権者が同条第1項の要件を満たす加工等をした場合であっても，目的物の価額返還による原状回復（前記3）で処理をすれば足りるから，解除権を否定するまでの必要はないとの指摘がある。本文(2)は，これらの指摘を踏まえたものである。

第12　危険負担
1　危険負担に関する規定の削除（民法第534条ほか関係）
　　民法第534条，第535条及び第536条第1項を削除するものとする。
　　（注）民法第536条第1項を維持するという考え方がある。

（概要）
1　民法第534条及び第535条について
　民法第534条については，契約締結と同時に債権者が目的物の滅失又は損傷の危険を負担するとの帰結が不当であるとして，かねてから批判されている。また，その適用場面を目的物の引渡時以降とする有力な学説があるが，これを踏まえた規定については，売買のパートにおいて，いわゆる危険の移転時期に関するルールとして明文化するものとしている（後記第35，14）。そこで，同条を契約の通則として維持する必要性はないため，同条を削除するものとしている。
　民法第535条のうち第1項及び第2項は，同法第534条の特則であるから，その削除に伴って当然に削除することとなる。また，同法第535条第3項の規定内容は，債務不履行による損害賠償や契約の解除に関する一般ルールから導くことができ，存在意義が乏しいと考えられている。以上を踏まえ，同条を全体として削除するものとして

いる。
2 民法第５３６条第１項について
　　当事者双方の帰責事由によらない履行不能の場合に債務者の反対給付を受ける権利も消滅する旨を定める民法第５３６条第１項については，もともと同条が「前二条に規定する場合」以外の場面を対象としていることから，この規定を適用して処理される実例が乏しく，判例等も少ないことが指摘されている。その上，同条が適用されると想定される個別の契約類型において，危険負担的な処理をすることが適当な場面については，契約各則のパートにおいてその旨の規定を設けるものとされている（賃貸借につき，後記第３８，１０及び１２。請負につき，後記第４０，１。委任につき，後記第４１，１。雇用につき，後記第４２，１）。また，それ以外の同条第１項の適用が問題となり得る場面については，今回の改正により，履行不能による契約の解除の要件として債務者の帰責事由（同法第５４３条ただし書）を不要とする場合には（前記第１１，１），債権者は契約の解除をすることにより自己の対価支払義務を免れることができる。そうすると，実際の適用場面を想定しにくい同法第５３６条第１項を維持して，機能の重複する制度を併存させるよりも，解除に一元化して法制度を簡明にする方がすぐれているように思われる。以上を踏まえ，同項は，削除するものとしている。他方，解除制度と危険負担制度とが併存する現行の体系を変更すべきでないとして，同項に定められた規律を維持すべきであるとの考え方があり，これを（注）で取り上げている。

（補足説明）
1 民法第５３４条及び第５３５条について
　(1) 民法第５３４条について
　　　危険負担の債権者主義を定める民法第５３４条については，文言上，危険の移転時期について特段の制限がないことから，売買契約の締結直後に目的物（特定物）が滅失したときに，買主は目的物を得られないにもかかわらず代金を全額支払わければならないとの不当な帰結に至るとして，かねてより強い立法論的批判があり，当事者の意思解釈や同条の縮小解釈等により同条の適用範囲を狭くする解釈論が広い支持を得てきた。また，その適用場面を目的物の引渡時以降とする有力な学説があるが，これを踏まえた規定については，売買のパートにおいて，いわゆる危険の移転時期に関するルールとして明文化するものとしている（後記第３５，１４参照）。そこで，同条を契約の通則として維持する必要性はないため，同条を削除するものとしている。
　(2) 民法第５３５条について
　　ア　第１項及び第２項について
　　　　停止条件付双務契約の目的物につき債務者の帰責事由によらない滅失・損傷があった場合の危険負担について定める民法第５３５条第１項及び第２項は，条件成否が未定である時点で目的物が滅失した場合には債務者主義により処理し（第１項），同様の時点で目的物が損傷した場合には債権者主義により処理するとしている（第２項）。しかし，これらの規定については，目的物の滅失と損傷は連続的であって区別が困難な場合も多いのに両者で規律を大きく異なったものにする合理性が乏しい

との指摘がある。また，前記のように民法第５３４条の債権者主義の妥当する場面に関し，滅失と損傷とを区別せずに滅失等の危険の移転時期を目的物の引渡し時等に改める規定を売買のパートに設けることとしているから，それとの平仄という観点からも，同条の特則を定める同法第５３５条第１項及び第２項は削除すべきものとなる。

イ 第３項について

条件の成否が未定の間に債務者の責めに帰すべき事由によって目的物が損傷した場合の規律を定める民法第５３５条第３項については，債務不履行の一般原則を適用したのと同じであって，そもそも規定の存在意義が乏しいと考えられる。

もっとも，学説には，停止条件付双務契約の目的物が条件の成否未定の間に滅失・損傷する局面をいわゆる原始的不能（一部不能）とみた上で，その場合には契約の全部又は一部が無効となるとの考え方を前提に，民法第５３５条第３項は，本来原始的不能が妥当する場面につき債務不履行の一般原則を借用して処理する旨を定めた規定であると理解するものがある。もっとも，この考え方に対しては，そもそもこの局面は原始的不能ではなく，契約成立後の後発的不能と考えるべきであるという批判が強いほか，仮に原始的不能とみるとしても，それのみを理由として契約は無効とはならない旨を規定するという考え方（後記第２６，２）によれば，やはり債務不履行の一般原則が妥当する場面ということになり，結局のところ，民法第５３５条第３項の存在意義は乏しいと言うに帰着する。

ウ 以上を踏まえ，民法第５３５条を全体として削除するものとしている。

2 民法第５３６条第１項について

(1) 民法第５３６条第１項を削除する理由

当事者双方の帰責事由によらない履行不能の場合に債務者の反対給付を受ける権利も消滅する旨を定める民法第５３６条第１項については，もともと同条が「前二条に規定する場合」以外の場面を対象としていることから，この規定を適用して処理される実例が乏しく，判例等も少ないことが指摘されている。その上，同条が適用されると想定される個別の契約類型において，危険負担的な処理をすることが適当な場面については，双務契約の対価危険という定め方ではなく，役務の提供によってはじめて対価の債権が生ずるという契約類型の特性に応じた形で，契約各則のパートにおいて具体的な規定を設けるものとされている（賃貸借につき後記第３８，１０及び１２。請負につき後記第４０，１。委任につき後記第４１，４(3)。雇用につき後記第４２，１）。また，それ以外の同項の適用が問題となり得る場面についても，今回の改正により，履行不能による契約の解除の要件として債権者の帰責事由（同法第５４３条ただし書）を不要とするから（前記第１１，１参照），債権者は契約の解除をすることにより自己の対価支払義務を免れることができる。そうすると，実際の適用場面を想定しにくい同法第５３６条第１項を維持して，機能の重複する制度を併存させるよりも，解除に一元化して法制度を簡明にする方がすぐれているように思われる。以上を踏まえ，同項はを削除するものとしている。

以下では，危険負担制度と解除制度とが競合する領域を解除制度に一元化するもの

とする考え方の理由を，敷衍して説明する。
(2) 解除制度と危険負担制度とが競合する場面における解除制度への一元化

　　現行民法では，債務者に帰責事由のある履行不能の場合には解除制度が適用され，債務者に帰責事由のない履行不能の場合には危険負担制度が適用されるという形で，履行不能についての債務者の帰責事由の有無により両制度の棲み分けがされている。取り分け，危険負担の債権者主義を定めるものとして実際上広い適用場面を有する民法第５３４条が存在する現状では，いずれの制度によるかで帰結が大きく異なることから，両制度の棲み分けを図る実益がある。

　　しかし，今回の改正で，危険負担の債権者主義を定めている民法第５３４条を削除し，履行不能による債務不履行解除の要件として帰責事由を不要とした場合（前記第１１，１参照），危険負担制度がカバーしている場面においても一般的に契約の解除が可能となることから，その限りで両制度の適用領域が重複することとなる。そこで，両者の関係をどのように整理するかが新たに問題となる。

　　今回の改正では，この問題につき，解除制度に一元化して処理するものとしている。これは，以下のような考え方に基づく。すなわち，民法第５３４条第１項が適用される典型的な場面である売買について，引渡し等の時点ではじめて目的物の滅失又は損傷の危険が債権者（買主）に移転するとのルールに改めるものとしているが（後記第３５，１４），目的物の滅失の場面では，このような債権者主義の危険負担制度を適用した帰結は，両債務の消滅という点で，解除制度を適用するのと効果に違いがない。また，帰責事由の有無を訴訟外で当事者が自ら判断するのは通常は極めて困難であるため，確実に契約関係から解放されたい債権者は結局解除の意思表示をすることになるし，それ自体は容易なことなので，実務において履行不能が問題になるような場面は，債務者の帰責事由の有無に関わらず解除で処理されていると考えられる。このため，当然に反対債権が消滅するとのメニューを設けても実務上の実益に乏しい。解除制度と危険負担制度とが競合し得る場面の処理を解除制度に一元化することには，機能の類似する制度が重複する状態を解消して，法律関係を実務上も明確に処理できるというメリットがある。

　　これに加えて，解除一元化の考え方には次のようなメリットがある。すなわち，引き渡された目的物に債務者に帰責事由のない損傷が生じた場面は，債務者主義の危険負担を適用すると，損傷によって価値が減じた分だけ対価が当然に一部消滅するという処理になるが，解除一元化の考え方によれば，債権者は，対価の減額や修補の請求などの救済手段が与えられ得るほか，契約をした目的が達せられなければ解除をすることもでき（後記第３５，３から７まで参照），柔軟な解決が可能となる。目的物の滅失の場合も，債権者は解除による契約関係からの離脱のほか，解除をせずに契約関係を維持した上で代償請求権（前記第１０，５）を行使することも可能となるなど，解除への一元化によって，救済の選択肢を広げることができる。

　　対価の当然消滅という考え方をあらゆる契約に適用されるルールとして位置付けると，このような複数の選択肢を設けてその選択を債権者に委ねることを可能とする制度の構築が困難となる。解除権，代金減額請求権及び代償請求権については，対価請

求権が存続していることが前提であると考えられるからである。
　以上の理由から，両制度が重複し得る場面については，解除制度に一元化することが適切であると考えられる。
(3) 解除一元化に対する批判
　以上に対して，（注）で取り上げた，民法第５３６条第１項を存置すべきとする考え方は，同法第５３４条，第５３５条の削除により，同法第５３６条第１項を危険負担一般についての債務者主義の原則を定める規定と位置づけた上で，解除制度と危険負担制度を棲み分けている現行の体系を維持すべきであるとする。このような考え方からは，解除一元化のもとでは帰責事由のない履行不能においても契約からの解放のために解除の意思表示を要することとなり，債権者の負担が増加することが問題とされている。取り分け，相手方が行方不明になった場合など解除の意思表示の到達が困難となる場合があり得るとの指摘がされている。
　しかしながら，仮に，相手方が行方不明のため解除の意思表示が到達せず，対価支払義務が残ってしまい，公示による解除の意思表示が負担と感じられる場合があったとしても，解除一元化の制度の下では，将来相手方から反対債務の履行を求められるような事態が生じた時点で，同時履行の抗弁権（民法第５３３条）を行使して相手方からの履行請求を拒むことができるし，いずれにせよその時点で解除の意思表示をすればよい。相手方の債務が履行不能なのであるから，相手方の弁済の提供はあり得ず，同時履行の抗弁権が消滅することも解除権の行使が妨げられることもない。したがって，解除の意思表示が要求されることで債権者が何か不利益を被るわけではない。また，そもそも債務者に帰責事由のある履行不能においては，反対債務の消滅に解除の意思表示が必要とされることに何ら実務上の問題が指摘されていなかったにもかかわらず，債務者に契約が解消されてしまうことへの責任のない履行不能の場合に限って，債務者への通知なしに契約を解消すべきで，解除の意思表示が債権者にとって実務上負担になるという議論は，説得力に欠けるとの反論もされている。
　意思表示の負担を問題にする考え方のほか，継続的な製品供給契約などを念頭に，当該契約に基づく供給義務の一部が履行不能となった場合に，その対価支払義務を免れるために，契約解除ではなく民法第５３６条第１項を援用すべき場面があるとの指摘もある。この指摘に対しては，継続的製品供給契約の目的物は，通常は種類物であってもともと履行不能が想定しにくく，危険負担制度の適用場面ではないとの指摘がされている。また，供給者が供給義務を履行しないのであれば同時履行の抗弁権（民法第５３３条）より対価支払義務の履行を拒むことができるから，民法第５３６条第１項を援用しなければ対価支払義務の履行を強いられるような場面は，実際上想定しにくいとの指摘もされている。

2　債権者の責めに帰すべき事由による不履行の場合の解除権の制限（民法第５３６条第２項関係）
(1) 債務者がその債務を履行しない場合において，その不履行が契約の趣旨に照らして債権者の責めに帰すべき事由によるものであるときは，債権者は，

契約の解除をすることができないものとする。
(2) 上記(1)により債権者が契約の解除をすることができない場合には，債務者は，履行請求権の限界事由があることにより自己の債務を免れるときであっても，反対給付の請求をすることができるものとする。この場合において，債務者は，自己の債務を免れたことにより利益を得たときは，それを債権者に償還しなければならないものとする。

(概要)
本文(1)は，債権者の帰責事由による履行不能の場面に関する民法第５３６条第２項の実質的な規律を維持しつつ，民法第５３６条第１項を削除し解除に一元化すること（前記１）に伴う所要の修正を加えるものである。ここでは，債権者が解除権を行使することができないことの帰結として，現行法と同様に反対給付を受ける権利が消滅しないという効果を導いている。また，「債権者の責めに帰すべき事由」という要件の存否につき，契約の趣旨に照らして判断することを明示している。債権者の帰責事由がある場合に解除権を否定すべきことは，履行不能か履行遅滞かによって異なるものではないと解されることから，履行請求権の限界事由（不能）があるか否かは要件としていない。

本文(2)は，本文(1)により債権者が契約を解除することができない場合に，債務者が履行請求権の限界により自己の債務を免れるときであっても，反対給付を請求することができる旨を規定するものであり，民法第５３６条第２項の規律を維持するものである。同項の「反対給付を受ける権利を失わない」との文言については，これによって未発生の反対給付請求権が発生するか否かが明確でないとの指摘があることを踏まえ，反対給付の請求をすることができるという規定ぶりに改めることとしている。債務者が自己の債務を免れた場合に，それにより得た利益を償還する義務を負うとする点は，同項後段を維持するものである。

なお，本文(2)と同趣旨のルールが契約各則に設けられる場合には，それが優先的に適用される（賃貸借につき，後記第３８，１０。請負につき，後記第４０，１(3)。委任につき，後記第４１，３(3)。雇用につき，後記第４２，１(2)）。

(補足説明)
1 本文(1)
債権者に帰責事由のある履行不能の場合に反対債権が消滅しないとする民法第５３６条第２項については，部会において，不当解雇による就労拒絶等の場面において労働者の賃金債権を根拠付ける場合等，重要な機能を営んでいるとの指摘がされており，同規定の実質的な規律を維持することについて，異論はなかった。そこで，同項の実質的な規律内容を維持するものとしている。

その際の具体的な規定のあり方について，解除の要件として債務者の帰責事由を不要とする場合には（前記第１１，１），債権者の帰責事由がある履行不能についても解除の要件（前記１(2)）を満たすことが想定し得る。そこで，民法第５３６条第２項の実質的な規定内容を維持するという観点からは，履行不能につき債権者に帰責事由がある場合

には債権者の解除権が失われる旨の規定を設けることが考えられる。
　そこで，本文(1)では，民法第５３６条第２項の実質的な規律を維持するために，同条第１項を削除し解除に一元化すること（前記１参照）に伴う所要の修正を加える観点から，債権者が解除権を行使することができないものとし，その帰結として，現行法と同様に反対給付を受ける権利が消滅しないという効果を導いている。また，「債権者の責めに帰すべき事由」という要件の存否につき，契約の趣旨に照らして判断することを明示している。なお，債権者に帰責事由がある場合に解除権を否定すべきことは，履行不能か履行遅滞かによって異なるものではないと解されることから，履行請求権の限界事由（不能）があるか否かは要件としていない。

２　本文(2)
　本文(2)は，本文(1)により債権者が契約を解除することができない場合に，債務者が履行請求権の限界により自己の債務を免れるときであっても，反対給付を請求することができる旨を規定するものであり，民法第５３６条第２項の規律を維持するものである。同項の「反対給付を受ける権利を失わない」との文言については，これによって未発生の反対給付請求権が発生するか否かが明確でないとの指摘があることを踏まえ，反対給付の請求をすることができるという規定ぶりに改めることとしている。この点については，現状では同項により導かれるとされる解決につき契約類型ごとに規律を設けるものとしており（請負につき後記第４０，１(3)。委任につき後記第４１，４(3)。雇用につき後記第４２，１(2)），その場合には契約各則の規定が優先して適用されるから，本文の規律は，売買契約や民法に規定のない無名契約が主要な適用場面になると考えられる。本文(2)第２文において，債務者が自己の債務を免れた場合に，それにより得た利益を償還する義務を負うとする点は，同項後段を維持するものである。

第13　受領（受取）遅滞

　　民法第４１３条の規律を次のように改めるものとする。
　　債権者が債務の履行を受けることを拒み，又は受けることができないときは，履行の提供があった時から，次の効果が生ずるものとする。
　ア　増加した履行の費用は，債権者が負担するものとする。
　イ　債権の内容が特定物の引渡しであるときは，債務者は，引渡しまで，前記第８，１の区分に従い，それぞれ前記第８，１よりも軽減される保存義務を負うものとする。
　　（注）前記第８，１で民法第４００条の規律を維持することとする場合には，上記イにつき「自己の財産に対するのと同一の注意」をもって保存する義務を負う旨を定めるという考え方がある。

（概要）
　いわゆる受領遅滞の効果につき「遅滞の責めを負う」とのみ規定する民法第４１３条を改め，その具体的な効果として，増加費用の負担（本文ア。同法第４８５条ただし書参照）及び目的物の保存義務の軽減（本文イ）を明文化するものである。後者については，契約

によって生じた債権とそれ以外の債権との区分(前記第8,1参照)に対応した規定を設けることが考えられるが,それをどのように法文上表現するかについては,引き続き検討する必要がある。契約によって生じた債権とそれ以外の債権の区分をしない(同法第400条を維持する)場合には,「自己の財産に対するのと同一の注意」による保存義務を負う旨を規定するという考え方があり得る。それを(注)で取り上げている。なお,ここで言う「受領」という文言は,客体の性状についての承認といった意思的要素を含まない物理的な引取行為(受取り)を指すものとして整理することが考えられる。

なお,受領遅滞の効果といわれているもののうち,債務不履行による損害賠償の責任を負わず,契約の解除をされないことについては,弁済の提供(民法第492条)の効果として整理し,弁済のパートに規定を設けるものとしている(後記第22,8)。

また,債権者の給付の不受領を債務不履行となる場合の損害賠償及び契約の解除や,受領を拒み,又は受領不能に至った場合の危険の移転については,いずれも売買のパートに規定を設けるものとしている(後記第36,10及び同14)。これらの規定は,民法第559条により有償契約に適宜準用される。

(補足説明)
1 受領(受取)遅滞の効果の明確化
　受領遅滞の効果につき,民法第413条は「遅滞の責任を負う」と規定するのみで,具体的な効果を明記していない。これを改め,受領遅滞の具体的な効果として,増加費用の負担(本文ア。民法第485条ただし書参照)及び目的物の保存義務の軽減(本文イ)を明文化するものである。
　明文化する効果のうち目的物の保存義務の軽減については,契約によって生じた債権とそれ以外の債権との区分(前記第8,1参照)に対応した規定を設けることが考えられるが,それをどのように法文上表現するかについては,引き続き検討する必要がある。この点については,契約によって生じた債権とそれ以外の債権の区分をしない(民法第400条を維持する)場合には,「自己の財産に対するのと同一の注意」による保存義務を負う旨を規定するという考え方があり得る。それを(注)で取り上げている。
2 「受領」という言葉の見直しの要否
　ここで言う「受領」という文言は,客体の性状についての承認といった意思的要素を含まない物理的な引取行為(受取り)を指す。この点に関して,商法学の立場から,民法における「受領」の用法は必ずしも明確でないとの指摘がある。すなわち,商法学において「受領」という言葉は,目的物の受取後,検査を経て履行として受け入れる意思的行為を指すものとされており,物理的な引取行為を指す言葉としての「受取(引取り)」とは区別されているが,民法における「受領」という用語の用い方はこのような「受取」と「受領」との違いを踏まえていないとの指摘である。部会においても,同様の問題意識に基づき,民法における「受領」という言葉の用法の当否につき,議論があった。
　民法第413条の受領遅滞を論ずる文脈における「受領」とは,前記の指摘による区分では物理的な引取行為を指すので,それを踏まえると「受取遅滞」と呼ぶべきことになると考えられる。そこで,本項目については,「受領」という言葉の見直しの要否を問

題提起する趣旨で,項目名を「受領(受取)遅滞」している。「受領」と「受取」とを区別する場合には,用語の統一という観点から,現在「受領」という言葉を用いている民法の他の規定についても,同様の見直しの必要がないか,検討する必要がある。なお,買主の目的物受領義務については,そこにいう「受領」は「受取」であることから,「売買の目的物を受け取る義務」と表現している(後記第35,10)。
3 規定の置き方について
　　受領遅滞に関する民法第413条は,現状では独立した条文として,民法第3編第1章第2節第1款「債務不履行の責任等」のパートに置かれている。受領遅滞につき,本文のようにその効果を具体的に明記する場合には,その規定の置き場所につき検討する必要が生ずる。規定の置き方としては,増加費用の負担については同法第485条に付け加えて規定し,保存義務の軽減については同法第400条に付加する形で規律を設けることが考えられるが,この場合,同法第413条のように受領遅滞という固有のカテゴリーを措定して規定を設けることは不要になると考えられる。
4 受領遅滞の効果とされるもののうち本文に提示した以外のものについて
　　受領遅滞の効果といわれているもののうち,債務不履行による損害賠償の責任を負わず,契約の解除をされないことについては,弁済の提供の効果(民法第492条参照)と整理して,弁済のパートに規定を設けるものとしている(後記第22,8)。現行民法では受領遅滞の効果とそれに論理的に先行する弁済の提供の効果との区別については議論があるが,今回の改正では,受領遅滞については,給付を受領しなかったという債権者の行為に結び付けられた効果を規定することとし,弁済の提供については,債務者が行うべき提供行為をしたことによる効果を規定するという整理を採用した上で,上記のような規律の置き方をしている。
　　また,債権者の給付の不受領が債務不履行となる場合の損害賠償及び契約の解除や,受領を拒み,又は受領不能に至った場合の危険の移転については,いずれも売買のパートに規定を設けるものとしている(後記第35,14)。これらの規定は,民法第559条により有償契約に適宜準用される。

第14 債権者代位権
1 責任財産の保全を目的とする債権者代位権
　(1) 債権者は,自己の債権を保全するため必要があるときは,債務者に属する権利を行使することができるものとする。
　(2) 債権者は,被保全債権の期限が到来しない間は,保存行為を除き,上記(1)の権利の行使をすることができないものとする。
　(3) 次のいずれかに該当する場合には,債権者は,上記(1)の権利の行使をすることができないものとする。
　　ア 当該権利が債務者の一身に専属するものである場合
　　イ 当該権利が差押えの禁止されたものである場合
　　ウ 被保全債権が強制執行によって実現することのできないものである場合
　(注) 上記(1)については,債務者の無資力を要件として明記するという考え方

がある。

(概要)

　本文(1)は，民法第４２３条第１項本文の規律の内容を維持した上で，保全の必要性があることを要する旨を明確にするため，同項本文の「保全するため」の次に「必要があるときは」という文言を補うものである。ただし，いわゆる転用型の債権者代位権については，後記９で規律することとしている。また，本来型の債権者代位権については，債務者の無資力を要件とする判例法理（最判昭和４０年１０月１２日民集１９巻７号１７７７頁）を明文化すべきであるという考え方があり，これを（注）で取り上げている。責任財産の保全を目的とする本来型の債権者代位権において一般的に債務者の無資力が要件となることについては，上記判例法理を明文化するかどうかにかかわらず，本文(1)の前提とされている。

　本文(2)は，民法第４２３条第２項の規定による裁判上の代位の制度を廃止するほかは，同項の規定を維持するものである。裁判上の代位の制度については，その利用例が乏しく，基本的には民事保全の制度によって代替可能であると考えられること等から，これを廃止する。これに伴って，非訟事件手続法第８５条から第９１条までの規定は，削除することとなる。

　本文(3)アは，民法第４２３条第１項ただし書の規定を維持するものである。本文(3)イ及びウは，債権者代位権を行使することができない場合に関して，解釈上異論のないところを明文化するものである。

(補足説明)

1　債権者代位権の制度趣旨については，様々な考え方があり得るが，本来的には，金銭債権を有する代位債権者が債務者の責任財産を保全するための制度であると理解するのが一般的である（いわゆる本来型の債権者代位権）。もっとも，現実には，債権者代位権は責任財産の保全とは無関係に非金銭債権を実現するための手段としても用いられている（いわゆる転用型の債権者代位権）。判例においても，不動産登記請求権を被保全債権とする不動産登記請求権の代位行使などが認められている（大判明治４３年７月６日民録１６輯５３７頁）。そこで，この本文では，責任財産の保全を目的とする本来型の債権者代位権に相当するものを取り上げ，後記９では，責任財産の保全を目的としない転用型の債権者代位権に相当するものを取り上げている。

2　本文(2)で廃止することとしている裁判上の代位の制度は，現実にはその利用例が乏しいとされている。最高裁判所の調査によれば，平成１４年度から平成１８年度までに各地の裁判所に係属して平成１９年１２月２１日までに終局した裁判上の代位申立事件は２件のみであり，いずれも認容されていない。裁判上の代位の制度は，被保全債権の期限が到来していなくてもその手続を採ることができる民事保全の制度（民事保全法第２０条第２項参照）によって，基本的には代替可能であるとの指摘がされている。

　他方，公刊されている裁判例で裁判上の代位に関する判示をしたものとして，宮崎地判昭和４０年３月２６日下民集１６巻３号４９２頁，名古屋地判昭和５８年３月７日判

タ506号136頁があるが，これらはいずれも転用型の債権者代位権の事案に関するものである（農地売買の買主である代位債権者が，農地法上の許可を取得する前に，売主である債務者の第三債務者に対する農地法上の許可申請手続協力請求権などを代位行使した事案。裁判上の代位の許可を取得しないで債権者代位権を行使（債権者代位訴訟を提起）したが，裁判所はその訴訟の判決において裁判上の代位の許可の要件を認定した上で，請求を認容した。）。そこで，転用型の債権者代位権については，本文1(2)の規律を及ぼさないこととし（後記9(3)参照），被保全債権の期限未到来の場合（停止条件未成就の場合を含む。）における転用型の債権者代位権の行使の可否については，専ら転用型の債権者代位権の一般的な要件（後記9(2)参照）の解釈・認定に委ねることとしている。

3　本文(3)イについては，差押えの禁止された権利は債務者の責任財産を構成しないから，債権者代位権の被代位権利から除外すべきであると解されている。

　本文(3)ウについては，一般に債権の効力には，①給付保持力（債務者のした給付を適法に保持する権能），②請求力（債務を任意に履行するよう請求する権能）のほか，③訴求力（訴えによって債務を履行するよう請求する権能），④執行力・強制力（強制執行手続により債務の内容を実現させる権能）があるとされているが，債権者代位権は債務者の責任財産を保全して強制執行の準備をするための制度であるから，③訴求力があっても，④執行力・強制力のない債権は，被保全債権としての適格性を欠くと解されている。

2　代位行使の範囲

債権者は，前記1の代位行使をする場合において，その代位行使に係る権利の全部を行使することができるものとする。この場合において，当該権利の価額が被保全債権の額を超えるときは，債権者は，当該権利以外の債務者の権利を行使することができないものとする。

　　（注）被代位権利の行使範囲を被保全債権の額の範囲に限定するという考え方がある。

（概要）

　被代位権利の価額が被保全債権の額を超える場合であっても，その被代位権利の全部を行使することができるとする一方，その場合には他の権利を行使することができない旨を定めるものであり，民事執行法第146条第1項及び民事保全法第50条第5項と基本的に同様の趣旨のものである。判例（最判昭和44年6月24日民集23巻7号1079頁）は，被代位権利を行使することができる範囲を被保全債権の額の範囲に限定しており，本文は，これよりも代位行使の範囲を拡げている。上記判例は，債権者代位権についていわゆる債権回収機能が認められていること（後記3の概要参照）を考慮したものとの指摘がされており，後記3の見直しの当否とも関連する。もっとも，後記3(2)のように債権回収機能を否定する場合であっても，代位債権者が後記3(1)により直接の引渡請求をする場合には，被代位権利の行使範囲を被保全債権の額の範囲に限定すべきであるという考え方があり，これを（注）で取り上げている。

(補足説明)
　（概要）に掲げた判例（最判昭和４４年６月２４日民集２３巻７号１０７９頁）に対しては，債権者代位権の債権回収機能という現実的な機能を考慮した判断がされたものであり，責任財産の保全という債権者代位権の本来の制度趣旨からすれば，被代位権利の行使範囲を被保全債権の額の範囲に限定する必要はないとの指摘がある。また，後記３(2)のように債権者代位権の債権回収機能を否定するのであれば，他の一般債権者との競合が生ずる可能性を拡げることになるから，その一方で厳密に被保全債権の額の範囲でのみ債権者代位権の行使を認めるのでは代位債権者の利益を不当に害するおそれがあるとの指摘もある。本文はこれらの指摘を踏まえたものである。
　他方，後記３(2)のように債権者代位権の債権回収機能を否定するとしても，代位債権者が後記３(1)により直接の引渡請求をする場合には，それによって代位債権者の無資力のリスクを債務者や他の債権者が負うことになるから，被代位権利の行使範囲を被保全債権の額の範囲に限定すべきであるとの指摘がある。（注）はこの指摘を踏まえたものである。これに対しては，債務者や他の債権者はもともと第三債務者の無資力のリスクを負っているのであり，また，代位債権者の無資力のリスクを嫌うのであれば，債務者は自ら被代位権利を行使すればよいし（後記７参照），他の債権者も自ら債権者代位権を行使すればよいと言い得るから，代位債権者の無資力のリスクを強調するよりも，むしろ他の債権者との競合が生ずる可能性のある代位債権者の不利益への配慮を重視すべきであるとの指摘がされている。

３　代位行使の方法等
　(1) **債権者は，前記１の代位行使をする場合において，その代位行使に係る権利が金銭その他の物の引渡しを求めるものであるときは，その物を自己に対して引き渡すことを求めることができるものとする。この場合において，相手方が債権者に対して金銭その他の物を引き渡したときは，代位行使に係る権利は，これによって消滅するものとする。**
　(2) **上記(1)により相手方が債権者に対して金銭その他の物を引き渡したときは，債権者は，その金銭その他の物を債務者に対して返還しなければならないものとする。この場合において，債権者は，その返還に係る債務を受働債権とする相殺をすることができないものとする。**
　　（注１）上記(1)については，代位債権者による直接の引渡請求を認めない旨の規定を設けるという考え方がある。
　　（注２）上記(2)については，規定を設けない（相殺を禁止しない）という考え方がある。

（概要）
　本文(1)第１文は，代位債権者による直接の引渡しの請求が認められることを示すものであり，判例法理（大判昭和１０年３月１２日民集１４巻４８２頁）を明文化するものであ

る。もっとも，この判例に対しては，債権者代位権の債権回収機能を否定する立場から，代位債権者による直接の引渡請求を認めた上で相殺を禁止するのではなく，直接の引渡請求自体を否定すべきであるという考え方があり，これを（注１）で取り上げている。

　本文(1)第２文は，代位債権者に対する直接の引渡しによって被代位権利が消滅することを示すものであり，解釈上異論のないところを明文化するものである。

　本文(2)は，代位債権者が直接の引渡しを受けた物を債務者に返還する債務を負うこと，代位債権者はその返還債務（金銭債務）を受働債権とする相殺をすることができないこと（債権回収機能の否定）をそれぞれ示すものである。判例（上記大判昭和１０年３月１２日等）は，本文(2)のような規定のない現行法の下で，債権回収機能は妨げられないことを前提としており，この考え方を（注２）で取り上げている。しかし，同じ機能を果たしている強制執行制度（債権差押え）と比較すると，代位債権者は，被保全債権の存在が債務名義によって確認されず，債務者や第三債務者の正当な利益を保護するための手続も履践されないままに，責任財産の保全という制度趣旨を超えて被保全債権の強制的な満足を得ており，制度間の不整合が生じているとの批判がされている。本文(2)は，このような不整合を是正する趣旨で，新たな規定を設けることとするものである。この規定の下では，代位債権者は，第三債務者から直接受領した金銭の債務者への返還債務（自己に対して債務者が有する返還債権）に対して強制執行（債権執行）をすることになる。なお，そもそも当初から本来型の債権者代位権を利用せずに，被代位権利（金銭債権）に対して民事保全（債権仮差押え）及び強制執行（債権差押え）をすることも可能である。

（補足説明）
1　強制執行制度においては，債権の差押えをするには債務名義が必要であり，かつ，執行裁判所から債務者や第三債務者に対する差押命令の送達がされること等の所定の要件が充たされることによって初めて，差押債権者は第三債務者から直接取立てをして自己の債権の回収を実現することができる（民事執行法第１５５条参照）。債権者の権利を実現するに当たって，債務者や第三債務者の正当な利益が害されないための手続保障が用意されているのである。

　それにもかかわらず，現在の判例法理の下では，債務者の責任財産を保全するための制度である債権者代位権を利用すれば，被保全債権の存在が債務名義によって確認されていなくても，また，債務者や第三債務者の正当な利益を守るための手続が履践されていなくても，代位債権者は，第三債務者に対して直接に権利行使をした上で相殺による債権回収を実現することができ，債務者の責任財産の保全を超えて，強制執行制度を利用した場合と同様の結果（債権の満足）を得ることができてしまう。このことが法制度として一貫せず，民事手続法が用意するシステムとの間で不整合を生じていることは否定し難い。そこで，この不整合を解消するための見直しが必要であるとの指摘がされている。

2　債権者代位権の債権回収機能を見直す方法としては，代位債権者による直接の引渡請求自体を否定するという（注１）の考え方がある。この考え方に対しては，債務者が金銭を受領しない場合にまで代位債権者による金銭の受領を否定すると，責任財産の保全

の目的を達成することができないとの指摘がある。また，無資力の債務者が金銭を受領すると，簡単に費消されかねないとの指摘もある。これらに対しては，債務者が金銭を受領しないのであれば，債権者は仮差押えの手続を採るべきであるとの指摘や，債務者が金銭を受領した後でこれを費消することは，その費消に関する行為が詐害行為取消しの対象となる場合を除き，債権者が干渉すべきものではなく，債務者による費消を回避したいのであれば，債権者は仮差押えの手続を採るべきであるとの指摘がされている。

　債権者代位権の債権回収機能を見直す方法としては，代位債権者による直接の引渡請求を認めた上で相殺を禁止するという本文(2)の考え方もある。この考え方に対しては，相殺による被保全債権の回収を禁止するのであれば，代位債権者による直接の引渡請求を認める意味はないとの指摘がある。これに対しては，少なくとも第三債務者の無資力のリスクを回避するという点においては意味があるとの指摘がされている。

　いずれにせよ，債権者代位権の債権回収機能を見直すことについては，中間論点整理に対するパブリック・コメントの手続に寄せられた意見などを見ても（部会資料３３－２［４１６頁］参照），債権者代位権の債権回収機能に法制度上の不整合があることを指摘する声が実務界にも少なくなく，また，実際上も債権回収のためには民事保全・民事執行制度を利用するのが一般的であるとの現状認識が広く共有されているように思われる。

3　以上の債権回収機能を見直す考え方に対しては，債権者代位権の債権回収機能は，被保全債権や被代位権利が少額であり第三債務者の任意の協力も得られる場面など，限定的ではあるがその有用性を否定することのできない場面があるとの指摘がある。これに対しては，被保全債権や被代位権利が少額であることは，債務名義の取得や強制執行手続の履践をしないままに強制的な債権回収を実現することを正当化する根拠とはならないとの指摘や，少額の債権の回収については少額訴訟や少額訴訟債権執行等の手続が用意されているし，少額の債権であっても債務者の責任財産が不動産のみである場合には債務名義を取得して強制執行手続を履践しなければ強制的な債権回収を実現することができないこととのバランスを失するとの指摘がされている。

　また，債権者代位権の債権回収機能は，必ずしも債務名義の取得や強制執行手続の履践の潜脱をしようとするものではなく，債権者代位権の行使によって相殺適状が生ずることと，民法上相殺という簡易な決済手段が認められていることとによる帰結にすぎないとの指摘がある。これに対しては，債権者代位権の行使によって生ずる相殺適状は，例えば債権者が債務者から代理受領権限を与えられたことによって生ずる相殺適状とは異なり，債務者の責任財産の保全のための制度を用いることによって初めて生ずるものであるから，そのような相殺適状を根拠に債権回収機能を正当化するのは相当でないとの指摘があり得る。

　さらに，債権者代位権の債権回収機能が否定されると，債権の保全の努力をしようとする債権者のインセンティブが奪われるとの指摘がある。これに対しては，債権者を害する行為の取消しを請求する詐害行為取消権であれば，取消債権者にインセンティブを与えて権利行使を奨励することも考えられるが，代位債権者にインセンティブを与えてまで他人の権利の行使を奨励すべき場面は余り想定することができないとの指摘がされ

ている。
　他方，労働債権の保護という観点から次のような指摘がされている。すなわち，我が国では企業が倒産状態に陥った場合に，管財人が選任される破産手続や更生手続であれば債権者平等原則に基づいた公平な分配がされるが，管財人が選任されない任意整理等の場合には公平な分配が図られないから，労働者としては，債権者代位権を行使して労働債権の回収を図る必要がある。その意味で債権者代位権の債権回収機能は労働債権の回収を図る上で重要なものであるから，その機能が否定されると労働債権の回収に支障を生ずるおそれがあるとの指摘である。

4　債権者代位権の債権回収機能を見直す方法としては，この補足説明の2に記載した二つの考え方（代位債権者による直接の引渡請求を否定する考え方，代位債権者による直接の引渡請求を認めた上で相殺を禁止する考え方）のほかに，代位債権者が第三債務者から金銭を受領した時から一定期間（例えば1か月）が経過するまでに，他の債権者が債務者の代位債権者に対する金銭債権（代位債権者が第三債務者から受領した金銭を債務者に返還する債務）について差押え又は仮差押えをしなかった場合に限り，代位債権者は相殺をすることができるとする考え方がある。また，上記一定期間の経過に加えて代位債権者が被保全債権について債務名義を有することを要件とする考え方や，上記一定期間の経過は要件とせずに代位債権者が被保全債権について債務名義を有することのみを要件とする考え方もある。
　これらの考え方は，いずれも債権者代位権の債権回収機能についての問題点を認識しつつも，相殺による債権回収を全面的に否定するのは相当でないとの観点から，折衷的な考え方を模索しようとするものである。これらの考え方に対しては，上記一定期間の経過は債務名義の取得や強制執行手続の履践をしないままに強制的な債権回収を図ることを正当化する根拠とはならないとの指摘や，代位債権者が被保全債権について債務名義を有しているのであれば直ちに債権執行手続を採ればよいのであって，徒に制度を複雑にすべきでないとの指摘がされている。

4　代位債権者の善管注意義務
　債権者は，前記1の代位行使をするときは，善良な管理者の注意をもって，これをしなければならないものとする。

（概要）
　代位債権者が善管注意義務を負うことを示すものであり，判例法理（大判昭和15年3月15日民集19巻586頁）を明文化するものである。なお，代位債権者と債務者との関係についての法律構成（事務管理や法定委任など）については，引き続き解釈に委ねることとなる。上記判例もこの法律構成については明らかにしていない。

（補足説明）
　現行民法は，債権者代位権が行使された場合における代位債権者の地位等に関する規定を置いていないが，学説においては，代位債権者と債務者とは，代位債権者を受任者，債

務者を委任者とする一種の法定委任の関係に立つとする見解がある。この見解によれば，代位債権者は，債権者代位権の行使に当たって，委任契約における受任者と同様に，善良な管理者の注意義務（民法第６４４条）を負うことになる。
　また，代位債権者と債務者とは，代位債権者を管理者，債務者を他人とする事務管理の関係に立つとする見解もある。事務管理については，民法第７０１条が同法第６４４条（受任者の善管注意義務）を準用していないが，同法第６９７条の規定ぶりや同法第６９８条の反対解釈を根拠として，事務管理における管理者も善良な管理者の注意義務を負うとされている。したがって，代位債権者と債務者との関係を事務管理として捉える上記見解によっても，代位債権者は，債権者代位権の行使に当たって，事務管理における管理者と同様に，善良な管理者の注意義務を負うことになる。
　（概要）に掲げた判例（大判昭和１５年３月１５日民集１９巻５８６頁）も，代位債権者と債務者との関係に関する法律構成は明らかにしないものの，代位債権者は善管注意義務を負うとしている。

5　債権者代位権の行使に必要な費用
　　債権者は，前記１の代位行使をするために必要な費用を支出したときは，**債務者に対し**，**その費用の償還を請求することができる**ものとする。この場合において，**債権者は**，**その費用の償還請求権について**，**共益費用に関する一般の先取特権を有する**ものとする。

（概要）
　債権者代位権の行使に必要な費用を支出した代位債権者が費用償還請求権を取得すること，その費用償還請求権について共益費用に関する一般の先取特権（民法第３０６条第１号）を有することをそれぞれ示すものである。債権者代位権が行使された場合における費用負担についての一般的な理解に従った規定を設けることにより，ルールの明確化を図るものである。費用償還請求権の共益性については，とりわけ債権回収機能が否定される場合には，異論のないところであると考えられる。

（補足説明）
　代位債権者と債務者との関係を法定委任と捉えるか事務管理と捉えるかにかかわらず（前記４の補足説明参照），債権者代位権の行使に必要な費用を支出した代位債権者は，債務者に対する費用償還請求権を取得すると解されている（民法第６５０条第１項，第７０２条参照）。また，代位債権者が債権者代位権の行使に必要な費用を支出する行為は，とりわけ債権者代位権の債権回収機能が否定される場合には（前記３(2)参照），債務者の責任財産の増加という総債権者の利益に資するものであって，共益性を有するから，その費用償還請求権については共益費用の一般先取特権に関する民法第３０６条第１号が適用されると解されている。
　なお，いわゆる転用型の債権者代位権（後記９参照）の場合であっても，その代位行使は飽くまで他人の権利をその他人に代わって（その他人のために）行使するものと認めら

れるから，代位行使に必要な費用を支出した代位債権者は，本文第1文の費用償還請求権を取得する（後記9(3)参照）。もっとも，転用型の債権者代位権の行使は債務者の責任財産の増加に資するものではないから，本文第2文の共益費用の一般先取特権は認められない（後記9(3)の概要参照）。

6 代位行使の相手方の抗弁
前記1の代位行使の相手方は，債務者に対する弁済その他の抗弁をもって，債権者に対抗することができるものとする。

（概要）
代位行使の相手方（第三債務者）が債務者に対して有する抗弁を代位債権者に対しても主張することができるとするものであり，判例法理（大判昭和11年3月23日民集15巻551頁）を明文化するものである。債権者代位権に基づいて行使される被代位権利が債務者の第三債務者に対する権利であることによる当然の帰結でもある。

7 債務者の処分権限
債権者が前記1の代位行使をした場合であっても，債務者は，その代位行使に係る権利について，自ら取立てその他の処分をすることを妨げられないものとする。その代位行使が訴えの提起による場合であっても，同様とするものとする。

（概要）
債権者代位権が行使された場合であっても，被代位権利についての債務者の処分権限は制限されないとするものである。判例には，代位債権者が債権者代位権の行使に着手し，債務者がその通知を受けるか，又はその権利行使を了知したときは，債務者は被代位権利についての処分権限を失い，自ら訴えを提起することができないとするものがある（大判昭和14年5月16日民集18巻557頁）。これに対しては，もともと債権者代位権は，債務者の権利行使の巧拙などには干渉することができず，債務者が自ら権利行使をしない場合に限ってその行使が認められるものであること等から，債務者の処分権限を奪うのは過剰であるとの批判があるため，判例と異なる帰結を明文化するものである。なお，現在の裁判実務においては，債権者代位訴訟の係属中に債務者が被代位権利を訴訟物とする別訴を提起することは重複訴訟の禁止（民事訴訟法第142条）に反するとされているため，債務者としては債権者代位訴訟に参加するという方法を採ることになる。

（補足説明）
1 （概要）に掲げた判例（大判昭和14年5月16日民集18巻557頁）に対しては，訴訟外で債権者代位権を行使したことを債務者に通知しただけで債務者の取立てその他の処分が制限されるのでは，債務者の地位が著しく不安定なものとなり相当でないとの指摘がある。

他方,債権者代位訴訟が提起され訴訟告知(後記8参照)がされた場合に債務者の取立てその他の処分を制限することについては,債権者代位訴訟が徒労に終わることを防止するという観点からこれを支持する考え方がある。しかし,債権者代位権は債務者が自ら権利行使をしない場合に限ってその行使が認められるものであり,もともと債務者の権利行使の巧拙などには干渉することのできないものである。したがって,一般論としては,例えば債権者代位訴訟の提起を契機として債務者が自ら被代位権利について取立てをしたような場合には,それによって債権者代位権の目的が達せられたとも言い得る。代位債権者としては,債務者の下に移った金銭(動産)や預貯金(預金債権)に対する差押え又は仮差押えをすればよいし,仮にそのような金銭等に対する差押え又は仮差押えの方法が現実的でないのであれば,それは当初から被代位権利に対する差押え又は仮差押えの方法を採るべき事案であったと言い得るとの指摘がされている。

　以上のほか,債務者による取立てを制限しないのはともかく,被代位権利について免除や譲渡をすることをも制限しないのは相当でないとの指摘がある。これに対しては,その場合の債権者は,詐害行為取消権の行使によって免除や譲渡を取り消すという方法を採るべきであるとの指摘や,そもそも債務者が自己の権利の処分権限を制限されるという重大な効果を発生させるためには,債務者や第三債務者の手続保障が図られている差押え又は仮差押えの方法によらなければならないものとすべきであるとの指摘がされている。

2　下級審裁判例には,債権者代位権が行使されることによって債務者が取立てその他の処分を制限される以上,第三債務者の債務者に対する弁済も制限されるとするものがある(東京高判昭和60年1月31日判タ554号174頁参照)。しかし,債権者代位権が行使されても債務者の取立てその他の処分は制限されないとする本文の考え方を採るのであれば,上記裁判例の前提は失われる。

　また,一般に,債権者代位権が行使されてその通知又は訴訟告知がされた場合であっても,他の債権者が被代位権利を差し押さえて取立て(民事執行法第155条参照)を行使することは制限されないとされているから,このこととの関係で,第三債務者の債務者に対する弁済が制限されるとするのは整合的でないとの指摘がある。そもそも第三債務者の債務者に対する弁済を制限するという重大な効果を発生させるためには,債務者や第三債務者の手続保障が図られている差押え又は仮差押えの方法によらなければならないものとすべきであるとの指摘もある。

　債権者代位権が行使された場合であっても債務者の取立てその他の処分は制限されないとする本文の規律は,第三債務者の債務者に対する弁済も制限されないことを当然の前提とするものである。

3　現行の債権者代位権制度に対しては,被保全債権の存在や債務者の無資力等の要件が充足されているかどうかの判断を第三債務者に強いることになる点で,第三債務者の地位に対する配慮が欠落しているとの指摘がある。そこで,第三債務者の負担を軽減する観点から,債権者代位権が行使された場合には,債務者との関係で一般的な弁済供託の原因(民法第494条参照)がないときであっても,弁済供託を認めるべきであるとの指摘がある。

もっとも，適法な債権者代位権の行使かどうかにかかわらず，代位債権者と称する者からの請求があったことのみをもって弁済供託を認めるのであれば，被代位権利の権利者である債務者にとって不当な不利益となるし，他方，適法な債権者代位権の行使の場合に限って弁済供託を認めるのであれば，第三債務者に被保全債権の存在や債務者の無資力等の債権者代位権の要件が充足されているかどうかの判断を強いることになるから，第三債務者の負担を軽減する方策として機能し難いものとなる。そもそも，この補足説明の2に記載したとおり，第三債務者は債権者代位権が行使された場合であっても債務者に対する弁済を制限されないのであるから，第三債務者としては，債権者代位権の要件が充足されているかどうかの判断が困難であるとか，その判断の誤りのリスクを負いたくないのであれば，債務者に対して弁済をすればよい。したがって，債権者代位権が行使されたことのみを原因とする弁済供託を認める必要性は乏しいと考えられる。その観点から，この中間試案では上記の弁済供託を認める旨の規律を設けていない。

4　（概要）に記載したとおり，債権者代位訴訟の係属中に債務者が被代位権利を訴訟物とする別訴を提起することは重複訴訟の禁止（民事訴訟法第142条）に反するとされている。したがって，債権者代位権が行使されても債務者の処分権限は制限されない（当事者適格は否定されない）という本文の規律を設けたとしても，債務者としては債権者代位訴訟に参加するという方法を採るほかない。この場合の訴訟参加の形態については，共同訴訟参加が認められるかどうかを中心に議論がある。また，代位債権者以外の債権者による代位訴訟への参加の形態についても，同様の議論がある。中間試案ではこの訴訟参加の形態に関する論点を取り上げていないが，債務者の処分権限を制限しない（当事者適格を否定しない）という本文の規律を設けるに当たっては，この論点についても引き続き検討する必要がある。

8　訴えの提起による債権者代位権の行使の場合の訴訟告知
　　債権者は，訴えの提起によって前記1の代位行使をしたときは，遅滞なく，債務者に対し，訴訟告知をしなければならないものとする。

（概要）
　債権者代位訴訟を提起した代位債権者は債務者に対する訴訟告知をしなければならないとするものであり，株主代表訴訟に関する会社法第849条第3項を参考として，合理的な規律を補うものである。債権者代位訴訟における代位債権者の地位は，株主代表訴訟における株主と同じく法定訴訟担当と解されており，その判決の効力は被担当者である債務者にも及ぶとされているにもかかわらず（民事訴訟法第115条第1項第2号），現在は債務者に対する訴訟告知を要する旨の規定がないため，その手続保障の観点から問題があるとの指摘がされている。

9　責任財産の保全を目的としない債権者代位権
　(1)　不動産の譲受人は，譲渡人が第三者に対する所有権移転の登記手続を求める権利を行使しないことによって，自己の譲渡人に対する所有権移転の登記

159

手続を求める権利の実現が妨げられているときは，譲渡人の第三者に対する当該権利を行使することができるものとする。
- (2) 上記(1)の代位行使のほか，債権者は，債務者に属する権利が行使されないことによって，自己の債務者に対する権利の実現が妨げられている場合において，その権利を実現するために他に適当な方法がないときは，その権利の性質に応じて相当と認められる限りにおいて，債務者に属する権利を行使することができるものとする。
- (3) 上記(1)又は(2)による代位行使については，その性質に反しない限り，前記1(3)及び2から8までを準用するものとする。
(注1) 上記(1)については，規定を設けないという考え方がある。
(注2) 上記(2)については，その要件を「債権者代位権の行使により債務者が利益を享受し，その利益によって債権者の権利が保全される場合」とするという考え方がある。また，規定を設けない（解釈に委ねる）という考え方がある。

(概要)

本文(1)は，転用型の債権者代位権（責任財産の保全を目的としない債権者代位権）の代表例として，判例上確立された不動産登記請求権を被保全債権とする不動産登記請求権の代位行使の例（大判明治４３年７月６日民録１６輯５３７頁）を明文化するものである。転用型の債権者代位権の一般的な要件に関する本文(2)に先立って，その具体例を示すことを意図するものである。もっとも，そのような具体例を示す規定を設ける必要はないという考え方があり，これを（注1）で取り上げている。

本文(2)は，転用型の債権者代位権の一般的な要件を定めるものである。①債務者に属する権利が行使されないことによって自己の債務者に対する権利の実現が妨げられていること（必要性），②その権利を実現するために他に適当な方法がないこと（補充性），③その権利の性質に応じて相当と認められること（相当性）を要件とするものである。もっとも，転用型の債権者代位権の要件に関しては，「その権利の行使により債務者が利益を享受し，その利益によって債権者の権利が保全されるという関係が存在することを要する」と説示した判例（最判昭和３８年４月２３日民集１７巻３号３５６頁）があり，この考え方を（注2）で取り上げている。この判例に対しては，具体的な事案に即した判断であって必ずしも汎用性のある要件を定立したものではないとの指摘や，捉え方次第で広くもなり狭くもなり得る不明確な要件であるとの指摘がされている。他方，そもそも転用型の債権者代位権の行使が認められる範囲を適切に画する要件を設けることは困難であるから，個別の事案に応じた解釈に委ねるのが相当であるとして，本文(2)のような一般的な規定を設けずに引き続き解釈に委ねるべきであるという考え方があり，これも（注2）で取り上げている。

本文(3)は，転用型の債権者代位権に関して，その性質に反しない限り本来型の債権者代位権と同様の規律を及ぼすことを示すものである。前記1(3)及び2から8までを包括的に準用しつつ，性質に反するかどうかを解釈に委ねることとしている。例えば，転用型の債権者代位権は責任財産の保全を目的とするものではないため，その代位行使に必要な費

の償還請求権（前記5第1文）について共益費用に関する一般の先取特権（前記5第2文）が問題となることはない。したがって，前記5第2文は，解釈上準用されないと考えられる。このほか，前記1(3)イ（差押禁止債権の代位行使），3(2)（債権回収機能の否定）についても，転用型の債権者代位権においては問題とならないため，解釈上準用されないと考えられる。

（補足説明）
　いわゆる転用型の債権者代位権の一般的な根拠規定を設けるに当たっては，将来新たに生ずる事例を含む様々な事例に通ずる一般的な要件を設ける必要があるとの指摘がある。他方で，転用型の債権者代位権を広く認めることは，無資力でない債務者の財産管理に対する不当な干渉を増加させたり，それぞれの固有領域で規律すべき法律構成の潜脱を容認したりするおそれがあるため，その代位行使を必要な範囲に限定するための要件とすべきであるとの指摘もある（なお，このように一般的な根拠規定を設けると，いわゆる「転用型の債権者代位権」ではなくなる。）。
　本文(2)では，これらの指摘を踏まえ，比較的明瞭で，かつ，限定機能を果たすことのできる要件を設けることを目指しているが，本文(2)の考え方及び（注2）の考え方のほかにも，転用型の債権者代位権の要件については，「保全される権利と代位行使される権利との間に関連性があるとき」とする考え方がある。この考え方に対しては，要件としての限定機能が低いため，転用型の債権者代位権を不必要に広く認める結果となりかねないとの指摘がされている。
　また，転用型の債権者代位権の要件について，「債務者に属する当該権利を行使することを当該債権者が債務者に対して求めることができる場合において，債務者が当該権利を行使しないことによって，債権者の当該債権の実現が妨げられているとき」とする考え方もある。この考え方に対しては，「債務者に属する当該権利を行使することを当該債権者が債務者に対して求めることができる場合」の意味が必ずしも明瞭であるとは言えないとの指摘がされている。

第15　詐害行為取消権
1　受益者に対する詐害行為取消権の要件
(1) 債権者は，債務者が債権者を害することを知ってした行為の取消しを裁判所に請求することができるものとする。
(2) 債権者は，上記(1)の請求において，上記(1)の行為の取消しとともに，受益者に対し，当該行為によって逸出した財産の返還を請求することができるものとする。
(3) 上記(1)の請求においては，債務者及び受益者を被告とするものとする。
(4) 上記(1)の請求は，被保全債権が上記(1)の行為の前に生じたものである場合に限り，することができるものとする。
(5) 上記(1)の請求は，次のいずれかに該当する場合には，することができないものとする。

ア　受益者が，上記(1)の行為の当時，債権者を害すべき事実を知らなかった場合
　イ　上記(1)の行為が財産権を目的としないものである場合
　ウ　被保全債権が強制執行によって実現することのできないものである場合
(注1)　上記(1)については，債務者の無資力を要件として明記するという考え方がある。
(注2)　上記(3)については，債務者を被告とするのではなく，債務者に対する訴訟告知を取消債権者に義務付けるとする考え方がある。
(注3)　上記(4)については，被保全債権が上記(1)の行為の後に生じたものである場合であっても，それが上記(1)の行為の前の原因に基づいて生じたものであるときは，詐害行為取消権を行使することができるとする考え方がある。

(概要)
　本文(1)は，民法第424条第1項本文の規律の内容を維持した上で，詐害行為取消しの対象を「法律行為」から「行為」に改めるものである。詐害行為取消しの対象は，厳密な意味での法律行為に限らず，弁済，時効中断事由としての債務の承認（民法第147条第3号），法定追認の効果を生ずる行為（同法第125条）などを含むと解されていることを理由とする。また，詐害行為取消権について債務者の無資力を要件とする判例法理（大判昭和12年2月18日民集16巻120頁等）を明文化すべきであるという考え方があり，これを（注1）で取り上げている。詐害行為取消権について債務者の無資力が要件となることについては，上記判例法理を明文化するかどうかにかかわらず，1及び後記2から4までを通じて本文の前提とされている。
　本文(2)は，詐害行為取消訴訟の性格について，詐害行為の取消しを求める形成訴訟としての性格と，逸出財産の返還を求める給付訴訟としての性格とを併有すると捉えるものであり（折衷説），この限度において判例法理（大連判明治44年3月24日民録17輯1117頁）を明文化するものである。
　本文(3)は，詐害行為取消訴訟において受益者のみならず債務者をも被告としなければならないとするものである。判例（上記大連判明治44年3月24日）は，詐害行為取消しの効果が債務者には及ばないことを理由に，債務者を被告とする必要はないとしている。しかし，詐害行為取消しによって逸出財産が債務者の責任財産に回復され，強制執行の対象となるにもかかわらず，詐害行為取消しの効果が債務者に及ばないとするのは，整合的でないとの批判がされている。この批判を踏まえて詐害行為取消しの効果を債務者にも及ぼすのであれば，債務者にも詐害行為取消訴訟に関与する機会を保障する必要がある。本文(3)は，以上の観点から，判例とは異なる規律を明文化するものである。もっとも，詐害行為取消しの効果が債務者にも及ぶことを前提としつつも，取消債権者の手続上の負担等を考慮して，債務者を被告とするのではなく，債務者に対する訴訟告知を取消債権者に義務付ければ足りるという考え方があり，これを（注2）で取り上げている。
　本文(4)は，被保全債権が詐害行為の前に生じたものであることを要件とするものであり，

判例法理（最判昭和33年2月21日民集12巻2号341頁，最判昭和46年9月21日民集25巻6号823頁）を明文化するものである。なお，本文(4)は，被保全債権に係る遅延損害金については詐害行為の後に生じたものであっても被保全債権たり得ること（最判平成8年2月8日集民178号215頁）を否定するものではないが，さらに，被保全債権が詐害行為の前の原因に基づいて生じたものである場合一般について，詐害行為取消権の行使を認めるべきであるという考え方があり，これを（注3）で取り上げている。

本文(5)アは，民法第424条第1項ただし書の規定を維持するものである。本文(5)イは，同条第2項の規定を維持するものである。本文(5)ウは，詐害行為取消権を行使することができない場合に関して，解釈上異論のないところを明文化するものである。

（補足説明）
1 詐害行為取消権は，債務者に対して金銭債権を有する取消債権者が，債務者の責任財産を保全するために，債務者がした詐害行為の取消しを裁判所に請求する制度であるとされているが，その法的性質については，詐害行為により逸出した財産を債務者の責任財産へと回復させる方法をめぐって，考え方の対立がある。判例（大連判明治44年3月24日民録17輯117頁）は，詐害行為取消権とは，債務者がした詐害行為を取り消し，かつ，逸出した財産の取戻しを請求する制度であると捉えている。この判例法理の下では，詐害行為取消訴訟は，債務者がした詐害行為の取消しを求める形成訴訟としての性格と，逸出財産の返還を求める給付訴訟としての性格とを併有するものと解されることになる。また，上記判例は，詐害行為取消しの効果は取消債権者と受益者又は転得者に対してのみ及び，債務者には及ばないとし，そのため，詐害行為取消訴訟においては受益者又は転得者のみを被告とすれば足り，債務者を被告とする必要はないとしている。

しかし，このように詐害行為取消しの効果が債務者には及ばないとしているにもかかわらず，①逸出財産が不動産である場合には，当該不動産の登記名義が債務者に戻り債務者の責任財産として強制執行の対象とすることができるとされ，②逸出財産が金銭その他の動産である場合には，それを直接受領した取消債権者が債務者に対してその返還債務を負うとされている。また，③詐害行為取消権を保全するための仮処分における仮処分解放金（供託金）の還付請求権は，債務者に帰属するとされている（民事保全法第65条参照）。その上，債務者は，詐害行為取消しの効果が自らには及ばないため詐害行為取消しの効果によって直ちに受益者から反対給付の返還等の請求を受けることはないが，詐害行為取消しの結果として受益者等から返還を受けた財産によって取消債権者を含む自己の債権者らが債権の満足を得ると，受益者等から不当利得の返還請求を受けることになるから，詐害行為取消しの効果が債務者に及ばないからといって，詐害行為取消しの影響が債務者に及ばないというわけではない。そこで，端的に詐害行為取消しの効果が債務者にも及ぶことを前提に制度設計をすべきであるとの指摘がある。

詐害行為取消しの効果を債務者にも及ぼすのであれば，債務者にも詐害行為取消訴訟に関与する機会を保障する必要がある。その観点から，詐害行為取消訴訟においては，受益者又は転得者のみならず，債務者をも被告としなければならないとする本文(3)の考

え方がある。もっとも，債務者をも詐害行為取消訴訟の被告とすると，取消債権者の手続上の負担等が増すとの批判がされており，債務者を被告とするのではなく，債務者に対する訴訟告知を取消債権者に義務付ければ足りるとする（注2）の考え方もある。この考え方に対しては，債務者が所在不明である場合には公示送達の手続を利用することが可能であるし，詐害行為取消権の要件である被保全債権の存在，債務者の無資力，債務者の主観的事情などはいずれも債務者に関する事柄であり，受益者又は転得者のみを被告としていたのでは的確な防御を期待することができないことから，現在の裁判実務においても，債務者を呼び出して証人尋問をしたり，訴訟上の和解をするに当たって債務者を利害関係人として関与させたりしているとの指摘がされている。

2 詐害行為取消権制度の在り方についての異なる理解として責任説がある。責任説は，詐害行為取消権制度の趣旨が債務者の責任財産の保全にあるのであれば，逸出財産を受益者又は転得者から取り戻す必要はなく，受益者又は転得者の下に置いたまま債務者の責任財産として取り扱えば足りるとする。責任説の下では，取消債権者が受益者又は転得者を被告とする詐害行為取消訴訟を提起し，債務者の詐害行為を取り消すとの判決が確定すると，逸出財産の所有権は受益者又は転得者に帰属したまま，当該逸出財産をもって受益者又は転得者が債務者の債務について責任を負う状態（債務者の総債権者の債権を被担保債権とする物上保証人類似の状態）となる。その上で，取消債権者が受益者又は転得者を被告とする責任訴訟（執行認容の訴え）を提起し，上記逸出財産に対する強制執行をすることができるとの判決（責任判決）がされると，取消債権者は受益者又は転得者の所有する上記逸出財産に対する強制執行をすることができ，債務者のその他の債権者らも当該強制執行手続の配当に加入することができるとされる。

　責任説に対しては，①詐害行為を取り消した後に逸出財産を任意売却するという方法等を採ることが困難であるため，私的整理等の場面において詐害行為取消権を活用しにくくなること，②弁済の取消しや価額償還請求が問題となる事案のように，逸出財産が受益者又は転得者の下に残っていない（又は一般財産に混入している）事案において，詐害行為取消訴訟の勝訴判決確定後の処理がどのようになるのかが必ずしも明確でないこと，③詐害行為取消訴訟の係属中や終了後に債務者について倒産手続が開始した場合における否認権制度との接合に困難を生ずることなどの問題点が指摘されている。また，④責任訴訟（執行認容の訴え）という新たな訴訟類型の手続規定を整備する必要があるという難点も指摘されている。

3 本文(5)ウについては，一般に債権の効力には，①給付保持力（債務者のした給付を適法に保持する権能），②請求力（債務を任意に履行するよう請求する権能）のほか，③訴求力（訴えによって債務を履行するよう請求する権能），④執行力・強制力（強制執行手続により債務の内容を実現させる権能）があるとされているが，詐害行為取消権は債務者の責任財産を保全して強制執行の準備をするための制度であるから，③訴求力があっても，④執行力・強制力のない債権は，被保全債権としての適格性を欠くと解されている。

2 相当の対価を得てした行為の特則
 (1) 債務者が，その有する財産を処分する行為をした場合において，受益者から相当の対価を取得しているときは，債権者は，次に掲げる要件のいずれにも該当する場合に限り，その行為について前記1の取消しの請求をすることができるものとする。
  ア 当該行為が，不動産の金銭への換価その他の当該処分による財産の種類の変更により，債務者において隠匿，無償の供与その他の債権者を害する処分（以下「隠匿等の処分」という。）をするおそれを現に生じさせるものであること。
  イ 債務者が，当該行為の当時，対価として取得した金銭その他の財産について，隠匿等の処分をする意思を有していたこと。
  ウ 受益者が，当該行為の当時，債務者が隠匿等の処分をする意思を有していたことを知っていたこと。
 (2) 上記(1)の適用については，受益者が債務者の親族，同居者，取締役，親会社その他の債務者の内部者であったときは，受益者は，当該行為の当時，債務者が隠匿等の処分をする意思を有していたことを知っていたものと推定するものとする。

（概要）
　本文(1)は，相当価格処分行為に対する詐害行為取消権の要件について，破産法第161条第1項と同様の規定を設けるものである。破産法は，経済的危機に直面した債務者と取引をする相手方が否認権行使の可能性を意識して萎縮するおそれがあることなどを考慮し，相当価格処分行為に対する否認の対象範囲を限定しつつ明確化している。このように取引の相手方を萎縮させるおそれがある点では，詐害行為取消権も同様であるとの指摘がされている。また，現状では，否認の対象にはならない行為が詐害行為取消しの対象になるという事態が生じ得るため，平時における債権者が詐害行為取消権を行使することができるのに，破産手続開始後における破産管財人は否認権を行使することができないという結果が生じてしまうとの問題も指摘されている。本文(1)は，以上の観点から，破産法と同様の規定を設けるものである。
　本文(2)は，破産法第161条第2項と同様の趣旨のものである。

（補足説明）
1 詐害行為一般について
　現行民法は，詐害行為取消しの対象となる行為（詐害行為）について，「債権者を害することを知ってした法律行為」（民法第424条第1項本文）という概括的な規定を置くのみであるが，破産法（民事再生法，会社更生法も同様である。以下同じ。）は，平成16年の改正により，否認の対象となる行為について，財産減少行為と偏頗行為とを明確に区別した上で，偏頗行為否認の時期的要件として支払不能基準を採用するなど，行為類型ごとに要件・効果の見直しをした（破産法第160条から第162条まで参照）。こ

の見直しは,否認の対象が不明確かつ広範であると,経済的危機に直面した債務者と取引をする相手方が否認権の行使の可能性を意識して萎縮してしまう結果,債務者の資金調達等が阻害され,再建可能性のある債務者が破綻に追い込まれるおそれがあるという問題などを考慮したものとされている。

　しかし,そのような考慮に基づいて否認の対象を明確にし限定したとしても,詐害行為取消しの対象がなお不明確かつ広範であると,経済的危機に直面した債務者と取引をする相手方としては,詐害行為取消権の行使の可能性を意識して萎縮してしまうことになる。取引の時点では,その取引が詐害行為取消しの対象となるか否認の対象となるかは分からないからである。したがって,詐害行為取消しの対象が不明確かつ広範であると,経済的危機に直面した債務者と取引をする相手方が萎縮するという上記の問題はなお残ることになる。また,否認の対象とはならない行為が詐害行為取消しの対象となるという事態が生じ得るため,平時における一般債権者が詐害行為取消権を行使することができるのに,破産手続開始後における破産管財人は否認権を行使することができないという現象(いわゆる逆転現象)が生ずるという問題も指摘されている。例えば,現状では債務者が支払不能になる前にした弁済(弁済期到来後のもの)は否認の対象とはなり得ないが,詐害行為取消しの対象とはなり得る。そこで,詐害行為取消しの要件についても,これを明確にし限定する必要があると考えられる。

　以上の考え方に対しては,労働債権の保護という観点から次のような指摘がされている。すなわち,平成16年の倒産法改正による否認の要件の厳格化は,企業再建のための救済融資を促すというメリットがあった上に,否認権の行使が制限されるとしても管財人による事後的チェックによって債権者平等が十分に図られることが期待された。これに対して,管財人が選任されない任意整理等の場面で機能する詐害行為取消権の要件を厳格化してしまうと,労働債権の保護に支障を生ずる結果となるとの指摘である(後記8の補足説明の3の第3パラグラフも参照)。もっとも,現在の裁判実務においても詐害行為取消権の成否を判断するに当たっては平成16年の倒産法改正後の否認の要件を参考にすることが多いとの指摘があることから,平成16年の倒産法改正の趣旨を踏まえつつ詐害行為取消しの要件を見直すことが直ちに現在通用している詐害行為取消しの要件の厳格化につながるとは必ずしもいえないとも考えられる。

2　相当価格処分行為について

　不動産等の財産を相当な価格で処分する行為(相当価格処分行為)について,判例は,不動産等を費消又は隠匿しやすい金銭に換える相当価格処分行為には詐害性が認められるが,当該処分行為の目的・動機が正当なものである場合には詐害行為には当たらないとの立場を採っているとされている(大判明治39年2月5日民録12輯133頁,大判明治44年10月3日民録17輯538頁,最判昭和41年5月27日民集20巻5号1004頁,最判昭和42年11月9日民集21巻9号2323頁等参照)。この判例の下では,相当価格処分行為の受益者(詐害行為取消訴訟の被告)の側が,当該処分行為の目的・動機が正当なものであったこと,例えば債務者が当該処分行為により取得した金銭を自己の有用の資に充てる目的を有していたこと等を主張立証した場合には,当該処分行為は詐害行為取消しの対象とはならないと考えられる。もっとも,以上の具体

的な規律については民法に明文の規定があるわけではない（同法第４２４条参照）。
　これに対して，破産法は，相当価格処分行為を否認しようとする管財人の側が，①当該処分行為がその財産の種類の変更により破産者において隠匿等の処分をするおそれを現に生じさせるものであったこと，②破産者が当該処分行為の当時その対価について隠匿等の処分をする意思を有していたこと，③受益者が当該処分行為の当時破産者が隠匿等の処分をする意思を有していたことを知っていたことをいずれも主張立証した場合に限り，当該処分行為は否認の対象となる旨の規定を置いている（同法第１６１条第１項）。これは，相当価格処分行為についての否認の対象が不明確かつ広範であると，経済的危機に直面した債務者と取引をする相手方が否認権の行使の可能性を意識して萎縮してしまう結果，債務者が自己の財産を換価して経済的再生を図ることが阻害され，再建可能性のある債務者が破綻に追い込まれるおそれがあるという問題などを考慮したものとされている。
　しかし，そのような考慮に基づいて相当価格処分行為についての否認の対象を明確にし限定したとしても，詐害行為取消しの対象がなお不明確かつ広範であると，上記の問題はなお残ることになるし，いわゆる逆転現象の問題も生ずることになる（この補足説明の１参照）。本文(1)は以上の理解を踏まえたものである。
3　同時交換的行為について
　債務者が新たな借入れをするのと同時に又はそれに先立ってその所有する財産をもって当該借入れの相手方に担保を供与する行為（いわゆる同時交換的行為）について，判例は，債権者の一般担保を減少せしめる同時交換的行為には詐害性が認められるが，例えば債務者の生計費や子女の教育費に充てる目的でその所有する家財衣料等を新たな借入れの担保に供するなどの場合には詐害行為には当たらないとの立場を採っているとされている（最判昭和４２年１１月９日民集２１巻９号２３２３頁等参照）。この判例の下では，同時交換的行為による担保供与を受けた受益者（詐害行為取消訴訟の被告）の側が，例えば当該同時交換的行為における借入れは債務者の生計費や子女の教育費等の債務者の有用の資に充てる目的で行われたものであることを主張立証した場合には，当該同時交換的行為は詐害行為取消しの対象とはならないと考えられる。
　これに対して，破産法においては，同時交換的行為は偏頗行為否認の対象から除外されるとともに（同法第１６２条第１項柱書中の括弧書き参照），経済的に見れば同時交換的行為は担保の目的物を処分して資金調達をしたのと同様の実態を有することから，相当価格処分行為と同様の要件の下で否認の対象とすることができると解されている。同時交換的行為についての否認の対象が不明確かつ広範であると，経済的危機に直面した債務者から担保の供与を受けて救済融資をしようとする者が，否認権の行使の可能性を意識して萎縮してしまう結果，債務者が自己の財産を担保に供して救済融資を受けることにより経済的再生を図ることが阻害され，再建可能性のある債務者が破綻に追い込まれるおそれがあるという問題などを考慮して，そのような解釈がされている。
　しかし，そのような考慮に基づいて同時交換的行為についての否認の対象を明確にし限定したとしても，詐害行為取消しの対象がなお不明確かつ広範であると，上記の問題はなお残ることになるし，いわゆる逆転現象の問題も生ずることになる（この補足説明

の1参照)。本文(1)は,以上の理解を踏まえつつ,同時交換的行為には本文(1)の規律が及ぶという解釈(破産法第161条第1項と同様の解釈)がされることを前提に,同時交換的行為を本文には掲げていない。

3　特定の債権者を利する行為の特則
(1) 債務者が既存の債務についてした担保の供与又は債務の消滅に関する行為について,債権者は,次に掲げる要件のいずれにも該当する場合に限り,前記1の取消しの請求をすることができるものとする。
　ア　当該行為が,債務者が支払不能であった時にされたものであること。ただし,当該行為の後,債務者が支払不能でなくなったときを除くものとする。
　イ　当該行為が,債務者と受益者とが通謀して他の債権者を害する意図をもって行われたものであること。
(2) 上記(1)の行為が債務者の義務に属せず,又はその時期が債務者の義務に属しないものである場合において,次に掲げる要件のいずれにも該当するときは,債権者は,その行為について前記1の取消しの請求をすることができるものとする。
　ア　当該行為が,債務者が支払不能になる前30日以内にされたものであること。ただし,当該行為の後30日以内に債務者が支払不能になった後,債務者が支払不能でなくなったときを除くものとする。
　イ　当該行為が,債務者と受益者とが通謀して他の債権者を害する意図をもって行われたものであること。
(3) 上記(1)又は(2)の適用については,受益者が債務者の親族,同居者,取締役,親会社その他の債務者の内部者であったときは,それぞれ上記(1)イ又は(2)イの事実を推定するものとする。上記(1)の行為が債務者の義務に属せず,又はその方法若しくは時期が債務者の義務に属しないものであるときも,同様とするものとする。
(4) 上記(1)の適用については,債務者の支払の停止(上記(1)の行為の前1年以内のものに限る。)があった後は,支払不能であったものと推定するものとする。

(概要)
本文(1)は,偏頗行為に対する詐害行為取消権について,①債務者が支払不能の時に行われたものであること,②債務者と受益者とが通謀して他の債権者を害する意図をもって行われたものであることを要件とするものである。判例(最判昭和33年9月26日民集12巻13号3022頁)は,債務者と受益者とが通謀して他の債権者を害する意思をもって行われた弁済に限り,詐害行為取消しの対象になるとする。他方,破産法第162条第1項第1号は,債務者(破産者)が支払不能になった後に行われた偏頗行為に限り,否認の対象になるとする。本文(1)は,この判例法理の要件と破産法の要件との双方を要求する

ものである。支払不能の要件を課すことによって，否認の対象にならない偏頗行為が詐害行為取消しの対象になるという事態を回避し，通謀・詐害意図の要件を課すことによって，真に取り消されるべき不当な偏頗行為のみを詐害行為取消しの対象にすることを意図するものである。なお，受益者の主観的要件（支払不能の事実や債権者を害すべき事実についての悪意）は，通謀・詐害意図の要件に包摂されると考えられる。

　本文(2)は，破産法第１６２条第１項第２号と同様の趣旨のものである。本文(1)と同様に，破産法上の要件と通謀・詐害意図の要件との双方を要求している。

　本文(3)は，破産法第１６２条第２項と同様の趣旨のものである。なお，本文(2)の柱書の事実が主張立証されると，本文(3)第２文の要件を充足することになるため，本文(2)イの事実が推定されることになる。

　本文(4)は，破産法第１６２条第３項と同様の趣旨のものである。

（補足説明）
1　債務の消滅に関する行為について
　　特定の債権者に対する弁済行為について，判例は，債権者平等の原則は破産手続開始の決定によって初めて生ずるものであるから，特定の債権者に対する弁済が他の債権者の共同担保を減少させる場合においても，その弁済は原則として詐害行為には当たらないが，債務者が特定の債権者と通謀し，他の債権者を害する意思をもってその弁済をした場合には詐害行為に当たるとしている（最判昭和３３年９月２６日民集１２巻１３号３０２２頁参照）。この判例の下では，詐害行為取消訴訟の原告である取消債権者の側が，債務者が特定の債権者と通謀して他の債権者を害する意思をもって弁済をしたことを主張立証した場合には，その弁済は詐害行為に当たることになると考えられる。もっとも，以上の具体的な規律については民法に明文の規定があるわけではない（同法第４２４条参照）。

　　これに対して，破産法は，特定の債権者に対する債務消滅行為について，これを財産減少行為否認の対象から除外するとともに（同法第１６０条第１項柱書中の括弧書き参照），原則として破産者が支払不能になった後又は破産手続開始の申立てがあった後に行われた債務消滅行為のみを偏頗行為否認の対象としている（同法第１６２条第１項第１号）。これは，債務消滅行為は計数上財産状態の悪化をもたらさないことから財産減少行為とは区別されるべきであることに加え，債務消滅行為についての否認の対象が不明確かつ広範であると，経済的危機に直面した債務者の経済活動に著しい支障を生じ，再建可能性のある債務者が破綻に追い込まれるおそれがあるという問題などを考慮したものとされている。

　　しかし，そのような考慮に基づいて債務消滅行為についての否認の対象を明確にし限定したとしても，詐害行為取消しの対象がなお不明確かつ広範であると，上記問題はなお残ることになるし，いわゆる逆転現象の問題も生ずることになる（前記２の補足説明の１参照）。例えば，現状では債務者が支払不能になる前にした弁済（弁済期到来後のもの）は，否認の対象とはなり得ないが，詐害行為取消しの対象とはなり得る。本文(1)アの支払不能要件は，以上の理解を踏まえ，民法の詐害行為取消権にも支払不能要件を導

入するものである(支払不能の概念を民法に導入することの問題点等については,この補足説明の2参照)。

　この支払不能要件の導入は,平成16年の倒産法改正の趣旨及びいわゆる逆転現象の問題に対する考慮に基づくものであるが,民法の詐害行為取消権においては,更に,倒産手続の開始に至らない平時であってもその取消しを認めることができる程度に不当な債務消滅行為のみを詐害行為取消しの対象とすべきであるとの指摘がある。本文(1)イの通謀・詐害意図の要件は,この指摘を踏まえ,真に取り消されるべき不当な債務消滅行為のみを詐害行為取消しの対象とすることを意図するものである。通謀・詐害意図を要件とすることに対しては,基準として不明確であるとの指摘もあるが,本文(1)のア及びイによれば,少なくとも債務者が支払不能になる前にした弁済であれば否認の対象にも詐害行為取消しの対象にもならないから,その意味では基準としての明確性を備えているとの指摘がされている。つまり,経済的危機に直面した債務者から弁済を受けようとする者は,否認権の行使と詐害行為取消権の行使の双方を回避するために,その債務者が支払不能に陥っているかどうかに注意を払いながら行動すべきことになるが(行為規範として機能する支払不能要件),実際の詐害行為取消訴訟においては,弁済をした債務者が支払不能に陥っていたことに加えて,更に,通謀・詐害意図の要件を充足する不当な弁済のみが詐害行為取消しの対象となる(裁判規範として機能する通謀・詐害意図要件)。

　ところで,破産法は,破産者の義務に属せず,又はその時期が破産者の義務に属しない債務消滅行為(例えば期限前弁済など。弁済期到来後の代物弁済はその方法のみが破産者の義務に属しない行為であるから,ここには含まれない。)については,支払不能になる前30日以内にされたものにまで偏頗行為否認の対象を拡張している(同法第162条第1項第2号)。これは,期限前弁済等についての否認の対象を支払不能後のものに限定してしまうと,債務者が近々支払不能になることを察知した債権者が,債務者に期限前弁済を迫ることによって,否認権の行使を潜脱的に回避することが可能となりかねないという問題などを考慮したものとされている。本文(1)アのように,債務消滅行為に対する詐害行為取消権について支払不能要件を設ける場合には,上記の潜脱的な期限前弁済などを阻止する必要があるという考慮も同様に妥当すると考えられる。本文(2)は以上の理解を踏まえたものである。

　以上の本文(1)(2)に対しては,債務者が支払不能になる前に行われる弁済の中には,例えば2か月後に支払不能に陥ることを覚悟した債務者が自己の内部者にだけ優先的な満足を与えるために行う弁済のように悪質なものがあり得るから,支払不能の前後で一律に詐害行為取消しの対象となる弁済の範囲を画するのは相当でないとの指摘がある。これに対しては,そのような悪質な弁済が仮に存在し,かつ,本文(1)(2)の規律ではそのような弁済を的確に捕捉することができないというデメリットがあるとしても,詐害行為取消しの対象となる弁済の範囲を明確にし限定することによるメリットを優先させるべきであり,平成16年の倒産法改正の際にそのような政策判断が行われたはずであるとの指摘がされている。

2　支払不能の概念の導入について

支払不能（又は支払停止）の概念を民法に導入することについては，一般に，否認権の場合には，破産手続開始の決定があった後の段階において，破産者がその債務消滅行為の当時支払不能に陥っていたかどうかを回顧的に判断すればよいのに対して，詐害行為取消権の場合には，破産手続開始の決定がされるかどうか不確定な段階すなわち債務者が一旦支払不能に陥っていたとしてもその後に回復している可能性がある段階において，債務者がその債務消滅行為の当時支払不能に陥っていたかどうかを判断せざるを得ないことから，詐害行為取消権の要件として支払不能の概念を導入すると，取消債権者に過重な主張立証責任の負担を課すことになり，詐害行為取消権の行使を困難にしてしまうおそれがあるとの指摘がある。

　これに対しては，詐害行為取消権も実際には債務者の財産状態が確定的に破綻している場面で行使されることが少なくないとの指摘や，支払不能（又は支払停止）の概念は，破産法上も破産手続開始後における否認という回顧的な場面だけでなく，破産手続開始の原因としても用いられており（破産法第３０条第１項，第１５条参照），回復可能性のある段階における要件ともされているとの指摘がある。また，民法上も，根抵当権の被担保債権の範囲に含まれるための要件として，「債務者の支払の停止」の前に取得した債権であることを定めている例がある（民法第３９８条の３第２項第１号）。さらに，支払停止の事実によって支払不能の事実を推定する本文(4)の規律（破産法第１６２条第３項，第１５条第２項参照）を設けることによって立証の困難さはある程度解消されるとの指摘や，もともと民法が要求している無資力要件の立証もそれほど容易なものではないから支払不能要件の導入によって取消債権者の主張立証責任が従前に比し過重なものとなるわけではないとの指摘もされている。

　また，以上とは異なる観点からの指摘として，破産手続の開始に至らない平時の場合には，債務消滅行為の時に債務者が支払不能であったとしても，その後に債務者が支払不能から回復する可能性があるところ，そのように債務者が支払不能から回復したときは，もはやその債務消滅行為に詐害性があるとは言い難いとの指摘がある。本文(1)アの第２文及び本文(2)アの第２文は，いずれもこの指摘を踏まえたものであり，債務消滅行為の後における支払不能からの回復の事実を詐害行為取消訴訟の被告側の抗弁としている（なお，詐害行為の後における無資力からの回復の事実も一般に被告側の抗弁とされている。大判昭和１２年２月１８日民集１６巻１２０頁等参照）。

3　既存の債務についての担保供与について
　既存の債務についての担保供与について，判例は，担保の供与を受けた債権者は担保の目的物につき他の債権者に優先して弁済を受けられることになり，それによって他の債権者の共同担保が減少することになるから，既存の債務についての担保供与には詐害性が認められるが，例えば継続的な供給を受けてきた仕入先に対する担保供与などのように，債務者の事業の継続のためにやむを得ないものであって，かつ，合理的な限度を超えないものである場合には，詐害行為には当たらないとする立場を採っているとされている（最判昭和３２年１１月１日民集１１巻１２号１８３２頁，最判昭和４４年１２月１９日民集２３巻１２号２５１８頁等参照）。この判例の下では，既存の債務についての担保供与を受けた受益者（詐害行為取消訴訟の被告）の側が，例えば当該担保供与は

債務者の事業の継続のためにやむを得ないものであって、かつ、合理的な限度を超えないものであったことを主張立証した場合には、当該担保供与は詐害行為取消しの対象とはならないと考えられる。もっとも、以上の具体的な規律については民法に明文の規定があるわけではない（同法第４２４条参照）。

これに対して、破産法は、既存の債務についての担保供与については、これを財産減少行為否認の対象から除外するとともに（同法第１６０条第１項柱書中の括弧書き参照）、債務消滅行為に対する否認の要件と同様の趣旨（この補足説明の１参照）から、これと同様の要件を設けている（同法第１６２条第１項）。

しかし、既存の債務についての担保供与に対する否認の対象を明確にし限定したとしても、詐害行為取消しの対象がなお不明確かつ広範であると、債務消滅行為に対する詐害行為取消しにおいて生ずる問題（この補足説明の１参照）と同様の問題が生ずることになる。また、債務消滅行為に対する詐害行為取消権の要件を見直すのであれば、既存の債務についての担保供与に対する詐害行為取消権の要件についても、同様の見直しをすべきであるとの指摘がある。本文(1)(2)は以上を踏まえたものである。

4 本文(3)の推定規定について

本文(3)の推定規定については、第２文の「その方法…が債務者の義務に属しないものである」こと（例えば弁済期到来後の代物弁済であること）をもって、債務者と受益者とが通謀して他の債権者を害する意図をもって行われたものであることを推定するというのは、経験則の裏付けに乏しく相当でないとの指摘がされている。

4 過大な代物弁済等の特則

債務者がした債務の消滅に関する行為であって、受益者の受けた給付の価額が当該行為によって消滅した債務の額より過大であるものについて、前記１の要件（受益者に対する詐害行為取消権の要件）に該当するときは、債権者は、その消滅した債務の額に相当する部分以外の部分に限り、前記１の取消しの請求をすることができるものとする。

（概要）

破産法第１６０条第２項と同様の趣旨のものである。債務の消滅に関する行為には前記３の規律が及ぶため、過大な代物弁済等が前記３の要件に該当するときは、その代物弁済等によって消滅した債務の額に相当する部分かそれ以外の部分かにかかわらず、その代物弁済等の全部の取消しを請求することができる。このことを前提に、本文は、過大な代物弁済等が前記３の要件に該当しない場合であっても、前記１の要件に該当するときは、その代物弁済等によって消滅した債務の額に相当する部分以外の部分に限り、前記１の取消しの請求をすることができるとするものである。

（補足説明）

過大な代物弁済は、全体として偏頗行為の性質を有する一方で、過大な部分については財産減少行為の性質をも有する。そのため、過大な代物弁済のうちの過大な部分について

は，前記3の要件に該当しない場合であっても，前記1の要件に該当するときは，その過大な部分に限り，詐害行為取消しの対象とすることが考えられる。破産法においても，過大な代物弁済は，全体として偏頗行為否認の対象となる一方で（同法第162条第1項第1号，第2項第2号），過大な部分については財産減少行為否認の対象にもなる（同法第160条第2項，第1項）。本文は以上の理解を前提とするものである。

5 転得者に対する詐害行為取消権の要件
 (1) **債権者は，受益者に対する詐害行為取消権を行使することができる場合において，その詐害行為によって逸出した財産を転得した者があるときは，次のア又はイに掲げる区分に応じ，それぞれ当該ア又はイに定める場合に限り，転得者に対する詐害行為取消権の行使として，債務者がした受益者との間の行為の取消しを裁判所に請求することができるものとする。**
　　ア　当該転得者が受益者から転得した者である場合
　　　　当該転得者が，その転得の当時，債務者がした受益者との間の行為について債権者を害すべき事実を知っていた場合
　　イ　当該転得者が他の転得者から転得した者である場合
　　　　当該転得者のほか，当該転得者の前に転得した全ての転得者が，それぞれの転得の当時，債務者がした受益者との間の行為について債権者を害すべき事実を知っていた場合
 (2) **債権者は，上記(1)の請求において，上記(1)の行為の取消しとともに，転得者に対し，当該行為によって逸出した財産の返還を請求することができるものとする。**
 (3) **上記(1)の請求においては，債務者及び転得者（上記(1)及び(2)の請求の相手方である転得者に限る。）を被告とするものとする。**
 (4) **上記(1)の適用については，転得者が債務者の親族，同居者，取締役，親会社その他の債務者の内部者であったときは，当該転得者は，その転得の当時，債務者がした受益者との間の行為について債権者を害すべき事実を知っていたものと推定するものとする。**
　（注）上記(3)については，債務者を被告とするのではなく，債務者に対する訴訟告知を取消債権者に義務付けるとする考え方がある。

（概要）
　本文(1)は，破産法第170条第1項第1号を参考としつつも，同号が「前者に対する否認の原因」についての転得者の悪意を要求しているため「前者の悪意」についての転得者の悪意（いわゆる二重の悪意）を要求する結果となっていることへの批判を踏まえ，そのような二重の悪意を要求せずに，転得者及び前者がいずれも「債権者を害すべき事実」について悪意であれば足りるとするものである。判例（最判昭和49年12月12日集民113号523頁）は，民法第424条第1項ただし書の「債権者を害すべき事実」について，受益者が善意で，転得者が悪意である場合にも，転得者に対する詐害行為取消権の行

使を認めているが，破産法は，取引の安全を図る観点から，一旦善意者を経由した以上，その後に現れた転得者に対しては，たとえその転得者が悪意であったとしても，否認権を行使することができないとしている。
　なお，債務者がした受益者との間の行為が前記2(1)（相当価格処分行為）に該当する場合には，前記2(1)イ及びウの事実（債務者が隠匿等の処分をする意思を有していたこと及び受益者がそのことを知っていたこと）についても転得者の悪意が要求されることを想定している。転得者が前記2(1)アの事実（債務者と受益者との間の行為が隠匿等の処分をするおそれを現に生じさせるものであること，例えば当該行為が「不動産の金銭への換価」であること）を知っているだけで転得者の悪意の要件を満たすことになると，転得者の取引の安全が不当に害されるおそれがあるからである。この限りでいわゆる二重の悪意に類似した要件を要求する結果となるが，上記の不都合を回避するためにはやむを得ないという考慮を前提とする。また，債務者の受益者に対する代物弁済が前記3(1)（偏頗行為）に該当する場合にも，前記3(1)アの事実（債務者が支払不能の時に当該代物弁済がされたこと）についての転得者の悪意に加えて，前記3(1)イの事実（債務者と受益者とが通謀して他の債権者を害する意図をもって当該代物弁済をしたこと）についての転得者の悪意が要求されることを想定している（債務者の受益者に対する代物弁済が前記3(2)に該当する場合も同様である。）。以上のことを条文上も明記すべきか，又は本文(1)ア及びイの「債権者を害すべき事実を知っていた場合」という要件の解釈に委ねるべきかどうかについては，引き続き検討する必要がある。
　本文(2)は，前記1(2)と同様の趣旨のものである。
　本文(3)は，転得者に対する詐害行為取消訴訟においては，詐害行為の取消請求及び逸出財産の返還請求又は価額償還請求の相手方である転得者のみならず，債務者をも被告としなければならないとするものであり，前記1(3)と同様の趣旨のものである。もっとも，詐害行為取消しの効果が債務者にも及ぶことを前提としつつも，取消債権者の手続上の負担等を考慮して，債務者を被告とするのではなく，債務者に対する訴訟告知を取消債権者に義務付ければ足りるという考え方があり，これを（注）で取り上げている。
　本文(4)は，破産法第170条第1項第2号と同様の趣旨のものである。

6　詐害行為取消しの効果

　　詐害行為取消しの訴えに係る請求を認容する確定判決は，債務者の全ての債権者（詐害行為の時又は判決確定の時より後に債権者となった者を含む。）に対してその効力を有するものとする。

（概要）
　詐害行為取消訴訟の認容判決の効力が，債務者の全ての債権者（詐害行為の時又は判決確定の時より後に現れた債権者を含む。）に及ぶことを示すものであり，民法第425条の解釈問題として議論されてきた点に関して，ルールの明確化を図るものである。もっとも，詐害行為取消訴訟の判決の効力が債務者にも及ぶという考え方を採る場合には（前記1(3)，5(3)参照），本文のような規定がなくても，債務者の全ての債権者が債務者の責任財産の

回復を前提として債務者に属する当該責任財産に対する強制執行の申立て等をすることができるようにも思われる。仮にそうであるとすれば，本文のような規定の要否についても引き続き検討する必要がある。

7　詐害行為取消しの範囲

債権者は，詐害行為取消権を行使する場合（前記4の場合を除く。）において，その詐害行為の全部の取消しを請求することができるものとする。この場合において，その詐害行為によって逸出した財産又は消滅した権利の価額が被保全債権の額を超えるときは，債権者は，その詐害行為以外の債務者の行為の取消しを請求することができないものとする。

（注）詐害行為取消権の行使範囲を被保全債権の額の範囲に限定するという考え方がある。

（概要）

詐害行為によって逸出した財産又は消滅した権利等の価額が被保全債権の額を超える場合であっても，その詐害行為の全部の取消しを請求することができるとする一方，その場合には他の詐害行為の取消しを請求することができない旨を定めるものであり，前記第14，2（代位行使の範囲）と類似の発想に立つものである。判例（大判大正9年12月24日民録26輯2024頁）は，被保全債権の額が詐害行為の目的である財産の価額に満たず，かつ，その財産が可分であるときは，被保全債権の額の範囲でのみ詐害行為を取り消すことができるとしているが，前記第14，2（代位行使の範囲）を踏まえ，詐害行為取消しの範囲を拡げる方向で，判例法理とは異なる規律を明文化するものである。もっとも，取消債権者が後記8(1)ウ又は(2)により直接の引渡請求をする場合には，詐害行為取消権の行使範囲を被保全債権の額の範囲に限定すべきであるという考え方があり，これを（注）で取り上げている。

（補足説明）

（概要）に掲載した判例（大判大正9年12月24日民録26輯2024頁）は，詐害行為の目的である財産が可分である場合について，詐害行為取消権の行使範囲を被保全債権の額の範囲に限定しているが，後記8(4)のように詐害行為取消権の債権回収機能を否定するのであれば，他の一般債権者との競合が生ずる可能性を拡げることになるから，その一方で厳密に被保全債権の額の範囲でのみ詐害行為取消権の行使を認めるのでは，取消債権者の利益を不当に害するおそれがあるとの指摘がある。また，詐害行為取消権の場合には，債権者代位権の場合と異なり，詐害行為取消権を行使された受益者又は転得者が債務者の一般債権者として競合してくる可能性が高いから（後記10から13まで参照），より一層，取消債権者の不利益を考慮した制度設計をすべきであるとの指摘もある。本文はこれらの指摘を踏まえたものである。

他方，後記8(4)のように詐害行為取消権の債権回収機能を否定するとしても，取消債権者が後記8(1)ウ又は(2)により直接の引渡請求をする場合には，それによって取消債権者

の無資力のリスクを債務者や他の債権者が負うことになるから，詐害行為取消しの範囲を被保全債権の額の範囲に限定すべきであるとの指摘がある。(注)はこの指摘を踏まえたものである。これに対しては，取消債権者が直接の引渡請求をしない場合であっても，債務者や他の債権者は受益者又は転得者の無資力のリスクを負うのであるから，取消債権者の無資力のリスクを強調するよりも，むしろ他の債権者との競合が生ずる可能性のある取消債権者の不利益に対する考慮を重視すべきであるとの指摘がされている。

8 逸出財産の返還の方法等
 (1) 債権者は，前記1(2)又は5(2)により逸出した財産の現物の返還を請求する場合には，受益者又は転得者に対し，次のアからエまでに掲げる区分に応じ，それぞれ当該アからエまでに定める方法によって行うことを求めるものとする。
  ア 詐害行為による財産の逸出について登記（登録を含む。）がされている場合（下記イの場合を除く。）
    当該登記の抹消登記手続又は債務者を登記権利者とする移転登記手続をする方法
  イ 詐害行為によって逸出した財産が債権である場合
   (ｱ) 当該債権の逸出について債権譲渡通知がされているときは，当該債権の債務者に対して当該債権が受益者又は転得者から債務者に移転した旨の通知をする方法
   (ｲ) 当該債権の逸出について債権譲渡登記がされているときは，債権譲渡登記の抹消登記手続又は債務者を譲受人とする債権譲渡登記手続をする方法。ただし，上記(ｱ)の債権譲渡通知の方法によって行うことを求めることもできるものとする。
  ウ 詐害行為によって逸出した財産が金銭その他の動産である場合
    金銭その他の動産を債務者に対して引き渡す方法。この場合において，債権者は，金銭その他の動産を自己に対して引き渡すことを求めることもできるものとする。
  エ 上記アからウまでの場合以外の場合
    詐害行為によって逸出した財産の性質に従い，当該財産の債務者への回復に必要な方法
 (2) 上記(1)の現物の返還が困難であるときは，債権者は，受益者又は転得者に対し，価額の償還を請求することができるものとする。この場合において，債権者は，その償還金を自己に対して支払うことを求めることもできるものとする。
 (3) 上記(1)ウ又は(2)により受益者又は転得者が債権者に対して金銭その他の動産を引き渡したときは，債務者は，受益者又は転得者に対し，金銭その他の動産の引渡しを請求することができないものとする。受益者又は転得者が債務者に対して金銭その他の動産を引き渡したときは，債権者は，受益者又

は転得者に対し，金銭その他の動産の引渡しを請求することができないものとする。
　(4) 上記(1)ウ又は(2)により受益者又は転得者が債権者に対して金銭その他の動産を引き渡したときは，債権者は，その金銭その他の動産を債務者に対して返還しなければならないものとする。この場合において，債権者は，その返還に係る債務を受働債権とする相殺をすることができないものとする。
　(注1) 上記(1)ウ及び(2)については，取消債権者による直接の引渡請求を認めない旨の規定を設けるという考え方がある。
　(注2) 上記(4)については，規定を設けない（相殺を禁止しない）という考え方がある。

(概要)
　本文(1)アは，詐害行為による財産の逸出について登記（登録）がされている場合に関する現物返還の方法について定めるものであり，判例法理（最判昭和39年7月10日民集18巻6号1078頁，最判昭和40年9月17日集民80巻361頁等）を明文化するものである。
　本文(1)イは，詐害行為による債権の逸出について債権譲渡通知がされている場合と債権譲渡登記がされている場合とに分けて，債権の現物返還の方法について定めるものである。債権譲渡の対抗要件に関する後記第18，2(1)の甲案を採る場合において，逸出財産が金銭債権であるときは，常に，①債権譲渡登記の抹消又は移転の登記手続及び②当該登記に関する書面による通知の方法を求めることになる。
　本文(1)ウは，詐害行為によって逸出した財産が金銭その他の動産である場合には，取消債権者は，それを債務者に対して引き渡すことを求めることができる一方，自己に対する直接の引渡しを求めることもできる旨を定めるものであり，判例法理（大判大正10年6月18日民録27輯1168頁）を明文化するものである。もっとも，この判例法理に対しては，詐害行為取消権の債権回収機能を否定する立場から，取消債権者による直接の引渡請求を認めた上で相殺を禁止するのではなく，直接の引渡請求自体を否定すべきであるという考え方があり，これを（注1）で取り上げている。
　本文(1)エは，同アからウまでに該当しない場合の現物返還の方法に関する受皿的な規定を設けるものである。
　本文(2)第1文は，価額償還請求の要件について定めるものである。判例（大判昭和7年9月15日民集11巻1841頁等）は，原則として現物返還を命じ，現物返還が不可能又は困難であるときは例外的に価額償還を認めているとされている。本文(2)第1文は，この判例法理を明文化するものである。価額「償還」という文言は，破産法第169条を参照したものである。本文(2)第2文は，本文(1)ウと同様に，取消債権者による直接の支払請求を認めるものである。また，（注1）でこれを認めない考え方を取り上げている。
　本文(3)は，詐害行為取消しの効果が債務者にも及ぶことにより（前記1(3)，5(3)参照），詐害行為を取り消す旨の判決が確定すると債務者は自ら受益者又は転得者に対して債権（逸出財産の返還を求める債権等）を取得することになることを前提として，受益者又

転得者が取消債権者に対して直接の引渡しをしたときは，債務者は，受益者又は転得者に対して上記債権を行使することができず，他方，受益者又は転得者が債務者に対して引渡しをしたときは，取消債権者は，受益者又は転得者に対して直接の引渡しを請求することができないことを示すものである。詐害行為取消しの効果を債務者にも及ぼす場合における債務者の受益者又は転得者に対する債権と，取消債権者による直接の引渡請求との関係を整理する趣旨のものである。

　本文(4)は，取消債権者が直接の引渡しを受けた金銭その他の動産を債務者に返還する債務を負うこと，取消債権者はその返還債務（金銭債務）を受働債権とする相殺をすることができないこと（債権回収機能の否定）をそれぞれ示すものである。判例（上記大判昭和7年9月15日等）は，本文(4)のような規定のない現行法の下で，債権回収機能は妨げられないことを前提としており，この考え方を（注2）で取り上げている。しかし，責任財産の保全という詐害行為取消権の制度趣旨を超えて被保全債権の強制的な満足を得てしまうこと等に対しては批判があり（前記第14，3(2)の概要も参照），加えて，詐害行為取消権の場合には，先に弁済を受けた者が後に弁済を受けようとした者から詐害行為取消権を行使されると，後に弁済を受けようとした者のみが債権の回収を実現することになりかねないとの批判もある。本文(4)は，このような観点から，新たな規定を設けることとするものである。この規定の下では，取消債権者は，受益者又は転得者から直接受領した金銭の債務者への返還債務（自己に対して債務者が有する返還債権）に対して強制執行（債権執行）をすることになる。また，受益者又は転得者から直接金銭を受領せずに，詐害行為を取り消す旨の判決の確定によって生ずる債務者の受益者又は転得者に対する上記債権に対して強制執行（債権執行）をすることも可能である。

（補足説明）
1　債権者代位権の債権回収機能に関する前記第14，3の補足説明の1に記載したところと同様に，現在の判例法理（大判昭和7年9月15日民集11巻1841頁等）の下では，債務者の責任財産を保全するための制度である詐害行為取消権を利用すれば，被保全債権の存在が債務名義によって確認されていなくても，また，債務者や第三債務者（受益者又は転得者）の正当な利益を守るための手続が履践されていなくても，取消債権者は，受益者又は転得者に対して直接に権利行使をした上で相殺による債権回収を実現することができ，債務者の責任財産の保全を超えて，強制執行制度を利用した場合と同様の結果（債権の満足）を得ることができてしまう。このことが法制度として一貫せず，民事手続法が用意するシステムとの間で不整合を生じていることは否定し難い。また，詐害行為取消権の債権回収機能を認めると，他の債権者より先に弁済を受けた者が，後に弁済を受けようとした者から詐害行為取消権を行使され，その結果，後に弁済を受けようとした者のみが債権の回収を実現することになってしまう。そこで，詐害行為取消権の債権回収機能を見直す必要があるとの指摘がされている。
2　詐害行為取消権の債権回収機能を見直す方法としては，取消債権者による直接の引渡請求自体を否定するという（注1）の考え方がある。この考え方に対しては，債務者が金銭を受領しない場合にまで取消債権者による金銭の受領を否定すると，責任財産の保

全の目的を達成することができないとの指摘がある。また，無資力の債務者が金銭を受領すると，簡単に費消しかねないとの指摘もある。これらに対しては，債務者が金銭を受領しないのであれば，取消債権者としては，詐害行為取消しの効果によって生じた債務者の受益者又は転得者に対する債権についての差押え又は仮差押えの手続を採るべきであるとの指摘や，債務者が金銭を受領した後でこれを費消することは，その費消に関する行為が詐害行為取消しの対象となる場合を除き，取消債権者が干渉すべきものではなく，債務者による費消を回避したいのであれば，取消債権者としては上記の差押え又は仮差押えの手続を採るべきであるとの指摘がされている。

　詐害行為取消権の債権回収機能を見直す方法としては，取消債権者による直接の引渡請求を認めた上で相殺を禁止するという本文(2)の考え方もある。この考え方に対しては，相殺による被保全債権の回収を禁止するのであれば取消債権者による直接の引渡請求を認める意味はないとの指摘がある。これに対しては，少なくとも受益者又は転得者の無資力のリスクを回避するという点においては意味があるとの指摘がされている。

3　以上の債権回収機能を見直す考え方に対しては，詐害行為取消権の債権回収機能は必ずしも債務名義の取得や債権執行手続の履践の潜脱をしようとするものではなく，詐害行為取消権の行使によって相殺適状が生ずることと，民法上相殺という簡易な決済手段が認められていることとによる帰結にすぎないとの指摘がある。これに対しては，詐害行為取消権の行使によって生ずる相殺適状は，債務者の責任財産を保全するための制度を用いることによって初めて生じたものであるから，そのような相殺適状を根拠として債権回収機能を正当化するのは相当でないとの指摘があり得る。

　また，詐害行為取消権の債権回収機能が否定されると，債務者を害する行為を取り消して債権の保全の努力をしようとする取消債権者のインセンティブが奪われるとの指摘がある。これに対しては，相殺による債権回収が否定されたとしても，取消債権者としては，詐害行為を取り消して受益者又は転得者から金銭を受領した上で，債務者の自己に対する返還債権についての強制執行（自らを取立先とする債権執行）を行うことができるのであるから，インセンティブとしては基本的にそれで十分であるとの指摘がされている。詐害行為取消訴訟において債務者をも被告とする場合には（前記1(3)，5(3)参照），通常は詐害行為取消訴訟の判決確定時までに被保全債権についての債務名義を取得していることが想定され，直ちに債権執行の手続を採ることが可能な状態になっていると考えられることから，これも上記のインセンティブを補完する事情となり得る。また，他の債権者との競合が生ずることに備えて，詐害行為取消権の行使範囲を被保全債権の額の範囲に限定していないことや（前記7参照），詐害行為取消権の行使のために支出した費用の債務者への償還請求権を認め，これに一般の先取特権を与えていることも（後記9参照），取消債権者のインセンティブを向上させる方向に働く事情となり得る。むしろ，詐害行為取消権の本来の制度趣旨を逸脱する債権回収機能を付与してまで，取消債権者のインセンティブを確保するのは相当でないとの指摘がされている。

　他方，労働債権の保護を主張する立場から次のような指摘がされている。すなわち，我が国では企業が倒産状態に陥った場合に，管財人が選任される破産手続や更生手続であれば債権者平等原則に基づく公平な分配がされるが，管財人が選任されない任意整理

等であればそのような公平な分配がされないから，労働者としては，詐害行為取消権を行使して労働債権の回収を図る必要がある。その意味で詐害行為取消権の債権回収機能は労働債権の回収のために重要なものであるから，これが否定されると労働債権の回収に支障を生ずるとの指摘である。
4 詐害行為取消権の債権回収機能を見直す方法としては，この補足説明の2に記載した二つの考え方（取消債権者による直接の引渡請求を否定する考え方，取消債権者による直接の引渡請求を認めた上で相殺を禁止する考え方）のほかに，取消債権者が受益者又は転得者から金銭を受領した時から一定期間（例えば1か月）が経過するまでに，他の債権者（受益者又は転得者を含む。）が債務者の取消債権者に対する金銭債権（取消債権者が受益者又は転得者から受領した金銭の債務者への返還債務）について差押え又は仮差押えをしなかった場合に限り，取消債権者は相殺をすることができるとする考え方がある。また，上記一定期間の経過に加えて取消債権者が被保全債権について債務名義を有することを要件とする考え方や，上記一定期間の経過は要件とせずに取消債権者が被保全債権について債務名義を有することのみを要件とする考え方もある。

これらの考え方は，いずれも詐害行為取消権の債権回収機能についての問題点を認識しつつも，相殺による債権回収を全面的に否定するのは相当でないとの観点から，折衷的な考え方を模索しようとするものである。これらの考え方に対しては，上記一定期間の経過は債務名義の取得や強制執行手続の履践をしないままに強制的な債権回収を実現することを正当化する根拠とはならないとの指摘や，取消債権者が被保全債権について債務名義を有しているのであれば直ちに債権執行手続（自らを取立先とする債権執行手続）を採ればよいとの指摘がされている。

9 詐害行為取消権の行使に必要な費用
(1) 債権者は，詐害行為取消権を行使するために必要な費用を支出したときは，債務者に対し，その費用の償還を請求することができるものとする。この場合において，債権者は，その費用の償還請求権について，共益費用に関する一般の先取特権を有するものとする。
(2) 上記(1)の一般の先取特権は，後記11(2)の特別の先取特権に優先するものとする。

（概要）
本文(1)は，詐害行為取消権の行使に必要な費用を支出した取消債権者が費用償還請求権を取得すること，その費用償還請求権について共益費用に関する一般の先取特権（民法第306条第1号）を有することをそれぞれ示すものである。詐害行為取消権が行使された場合における費用負担についての一般的な理解に従った規定を設けることにより，ルールの明確化を図るものである。費用償還請求権の共益性については，とりわけ債権回収機能が否定される場合には，異論のないところであると考えられる。

本文(2)は，取消債権者の一般先取特権（本文(1)）と受益者の特別先取特権（後記11(2)）との優劣を示すものである。取消債権者が詐害行為取消権の行使のために必要な費用

を支出した場合にそれを最優先で回収することができないのでは詐害行為取消権を行使するインセンティブが確保されないこと等を根拠に，取消債権者の一般先取特権が優先するものとしている。

(補足説明)
　債権者代位権における代位債権者の債務者に対する費用償還請求権は代位債権者と債務者との間の法定委任又は事務管理の関係を根拠とするが（前記第１４，５の補足説明参照），詐害行為取消権については，これと同様の説明をすることはできない。もっとも，取消債権者が詐害行為取消権の行使に必要な費用を支出することは，債務者の責任財産の保全に資するものであるから，一般的には，取消債権者は債務者に対してその費用の償還請求権を取得し，その費用償還請求権について共益費用に関する一般の先取特権（民法第３０６条第１号）を有すると解されている。現実的に見ても，取消債権者が詐害行為取消権の行使に必要な費用を支出した場合において，それを優先的に回収できないのでは，詐害行為取消権を行使するインセンティブが確保されないとの指摘がある。本文(1)はこの指摘を踏まえたものである。
　また，同じく取消債権者のインセンティブを確保するという観点から，取消債権者の費用償還請求権についての一般の先取特権は，受益者の反対給付返還請求権についての特別の先取特権（後記１１(2)参照）に優先すべきであるとの指摘がある。破産法上，受益者は，破産管財人が受益者の反対給付を返還するのと引き換えでなければ破産者から取得した財産を返還しないという同時履行の抗弁を主張することができるため，受益者の反対給付返還請求権は，否認権の行使のために必要な費用の回収に先立ってその回収を実現することができると説明されている。もっとも，取消債権者が支出した費用については，一般債権者の一人にすぎない取消債権者が債務者の責任財産を保全するために支出した費用であるから，破産法上の上記取扱いとは異なり，その費用の回収を最優先とすべきであるとの指摘である。本文(2)はこの指摘を踏まえたものである。

10　受益者の債権の回復
　　債務者がした債務の消滅に関する行為が取り消された場合において，受益者が債務者から受けた給付を返還し，又はその価額を償還したときは，受益者の債務者に対する債権は，これによって原状に復するものとする。

(概要)
　受益者の債権の回復について定めるものであり，破産法第１６９条と同様の趣旨のものである。判例（大判昭和１６年２月１０日民集２０巻７９頁）も，債務者の受益者に対する弁済又は代物弁済が取り消されたときは，受益者の債務者に対する債権が復活するとしている。なお，受益者が給付の返還又はその価額の償還をする前に，その返還又は償還の債務に係る債権が差し押さえられた場合であっても，受益者は，その返還又は償還をすること（具体的には執行供託をすること）を停止条件として回復すべき債権を被保全債権として，上記差押えに係る債権（自己を債務者とする債権）に対する仮差押えをし（民事保

全法第20条第2項参照），それによって上記差押えに係る執行手続において配当等を受けるべき債権者の地位を確保することができる（民事執行法第165条参照）。また，債務者がした過大な代物弁済のうち当該代物弁済によって消滅した債務の額に相当する部分以外の部分のみが前記4により取り消された場合には，受益者がその取り消された部分についての価額を償還したとしても，当該代物弁済によって消滅した債務の額に相当する部分についての価額を償還したことにはならないから，受益者の債権は回復しない。

11 受益者が現物の返還をすべき場合における受益者の反対給付
　(1) 債務者がした財産の処分に関する行為が取り消された場合において，受益者が債務者から取得した財産（金銭を除く。）を返還したときは，受益者は，債務者に対し，当該財産を取得するためにした反対給付の現物の返還を請求することができるものとする。この場合において，反対給付の現物の返還が困難であるときは，受益者は，債務者に対し，価額の償還を請求することができるものとする。
　(2) 上記(1)の場合において，受益者は，債務者に対する金銭の返還又は価額の償還の請求権について，債務者に返還した財産を目的とする特別の先取特権を有するものとする。ただし，債務者が，当該財産を受益者に処分した当時，その反対給付について隠匿等の処分（前記2(1)ア参照）をする意思を有しており，かつ，受益者が，その当時，債務者が隠匿等の処分をする意思を有していたことを知っていたときは，受益者は，その特別の先取特権を有しないものとする。
　(3) 上記(2)の適用については，受益者が債務者の親族，同居者，取締役，親会社その他の債務者の内部者であったときは，受益者は，当該行為の当時，債務者が隠匿等の処分をする意思を有していたことを知っていたものと推定するものとする。

（概要）

　本文(1)は，判例法理（大連判明治44年3月24日民録17輯117頁）と異なり詐害行為取消しの効果が債務者にも及ぶことを前提に（前記1(3)参照），受益者が現物返還をした場合には直ちに反対給付の現物の返還又はその価額の償還を請求することができる旨を定めるものである。現在の判例法理の下では，受益者が現物返還をした場合であっても，その財産によって取消債権者を含む債権者らが債権の満足を得たときに初めて，受益者は債務者に対する不当利得返還請求権を行使することができるにすぎないとされており，これを合理的な規律に改めるものである。
　本文(2)第1文は，破産法第168条第1項第2号と同様の趣旨により，反対給付の返還請求権が金銭債権である場合にその債権について優先権を認めるものである。本文(2)第1文により受益者が不動産を目的とする特別の先取特権を有する場合については，当該先取特権に基づき受益者が配当等を受けるべき債権者の地位を確保するためには，受益者の債務者に対する当該先取特権の登記請求権を認める必要があると考えられることから（民事

執行法第87条第1項第4号参照。民事保全法第53条，第23条第3項も参照），その規定の要否について引き続き検討する必要があり，その際に先取特権の順位に関する規定を設ける必要もある。
　本文(2)第2文は，破産法第168条第2項と同様の趣旨のものであるが，同項のように反対給付によって生じた債務者の現存利益の有無により取扱いを異にすると規律が不明確かつ複雑なものになってしまうとの指摘や，債務者の隠匿等の処分をする意思を知っていた受益者に優先権を与える必要はないとの指摘があることから，一律に優先権を否定することとしている。
　本文(3)は，破産法第168条第3項と同様の趣旨のものである。

（補足説明）
　現在の判例法理（大連判明治44年3月24日民録17輯117頁）の下では，詐害行為取消しの効果が債務者には及ばないため，受益者は，債務者から取得した財産を返還した場合であっても，債務者に対してその財産を取得するためにした反対給付の返還又はその価額の償還を請求することができないとされている。受益者は，債務者に返還した財産によって取消債権者を含む債権者らが債権の満足を得たときに初めて，債務者に対して不当利得の返還請求をすることができるにすぎないとされている。したがって，受益者は，債務者に対してした反対給付の返還又は償還の請求権について，取消債権者及び他の一般債権者に劣後することになる。一方，取消債権者及び他の一般債権者は，受益者が債務者に返還した財産と，受益者がその財産を取得するためにした反対給付の双方を，債務者の責任財産として把握することになる。
　これに対して，破産法においては，受益者はその反対給付が破産財団中に現存する場合にはその反対給付の返還を請求することができ（同法第168条第1項第1号），反対給付が破産財団中に現存しない場合にはその反対給付の価額の償還を財団債権者として請求することができるとしている（同項第2号）。これは，受益者が優先的に反対給付の返還又は償還の請求をすることができるとしておかなければ，破産財団において，受益者が破産者に返還した財産と，受益者が当該財産の取得のためにした反対給付の双方を，不当に（二重に）利得することになってしまうという問題を考慮したものとされている。このような考慮は，詐害行為取消権においても同様に妥当するものと考えられる。また，詐害行為取消しの効果を債務者にも及ぼすのであれば（前記1の補足説明の1参照），現在の判例法理の下で採られている論理（この補足説明の第1パラグラフ参照）を採る必要はない。本文は以上の理解を前提とするものである。

12　受益者が金銭の返還又は価額の償還をすべき場合における受益者の反対給付
　(1)　債務者がした財産の処分に関する行為が取り消された場合において，受益者が債務者から取得した財産である金銭を返還し，又は債務者から取得した財産の価額を償還すべきときは，受益者は，当該金銭の額又は当該財産の価額からこれを取得するためにした反対給付の価額を控除した額の返還又は償還をすることができるものとする。ただし，債務者が，当該財産を受益者に

処分した当時，その反対給付について隠匿等の処分（前記2(1)ア参照）をする意思を有しており，かつ，受益者が，その当時，債務者が隠匿等の処分をする意思を有していたことを知っていたときは，受益者は，当該金銭の額又は当該財産の価額の全額の返還又は償還をしなければならないものとする。
(2) 上記(1)の場合において，受益者が全額の返還又は償還をしたときは，受益者は，債務者に対し，反対給付の現物の返還を請求することができるものとする。この場合において，反対給付の現物の返還が困難であるときは，受益者は，債務者に対し，価額の償還を請求することができるものとする。
(3) 上記(1)の適用については，受益者が債務者の親族，同居者，取締役，親会社その他の債務者の内部者であったときは，受益者は，当該行為の当時，債務者が隠匿等の処分をする意思を有していたことを知っていたものと推定するものとする。

（概要）
　本文(1)第1文は，受益者が金銭をもって返還をする場合における受益者の反対給付の取扱いについて，受益者が現物返還をする場合（前記11参照）と異なり，受益者の側に全額の返還をするか反対給付との差額の返還をするかを選択させることとするものである。この規律によると，受益者は，取消債権者による全額の返還請求に対して差額の返還を主張することができることとなり，その場合には，受益者の反対給付の返還請求権が取消債権者の費用償還請求権に優先する結果となる。もっとも，実際上，受益者が返還した差額によって取消債権者が費用償還請求権の満足すら得られない事態はほとんど生じない（そのような事態が生じ得る場面ではそもそも詐害行為取消権の行使はされないことがほとんどである）との指摘がある。この指摘を踏まえ，受益者の反対給付の取扱いを可能な限り簡易に処理することを優先させたものである。
　本文(1)第2文は，前記11(2)第2文と同様の趣旨のものである。
　本文(2)は，本文(1)により受益者が全額の返還又は償還をしたときは，前記11(1)と同様に受益者は反対給付の現物の返還又はその価額の償還を請求することができる旨を定めるものである。
　本文(3)は，前記11(3)と同様の趣旨のものである。

（補足説明）
　本文(2)の「受益者が全額の返還又は償還をしたとき」に該当する場合としては，①受益者が本文(1)第1文により差額の返還をすることができるのにあえて全額の返還をした場合と，②受益者が本文(1)第2文により全額の返還をしなければならない場合とがある。①の場合については，受益者が差額の返還をすることにより反対給付の優先的な回収を実現することができたのにあえて全額の返還をしたこと，②の場合については，受益者が債務者の隠匿等の処分をする意思について悪意であったことから，いずれの場合についても，受益者は反対給付の返還請求権が金銭債権である場合の先取特権（前記11(2)参照）を有しないことを前提としている。

13 転得者の前者に対する反対給付等
　債務者がした受益者との間の行為が転得者に対する詐害行為取消権の行使によって取り消された場合において，転得者が前者から取得した財産を返還し，又はその価額を償還したときは，転得者は，受益者が当該財産を返還し，又はその価額を償還したとすれば前記10によって回復すべき債権又は前記11によって生ずべき反対給付の返還若しくは償還に係る請求権を，転得者の前者に対する反対給付の価額又は転得者が前者に対して有していた債権の価額の限度で，行使することができるものとする。
　　（注）このような規定を設けない（解釈に委ねる）という考え方，詐害行為取消権を行使された転得者の前者に対する反対給付の全額の返還請求又は転得者が前者に対して有していた債権の全額の回復を無条件に認めるという考え方がある。

（概要）
　転得者が現物を返還し，又はその価額を償還した場合における転得者の前者に対する反対給付又は転得者が前者に対して有していた債権の取扱いについて定めるものである。転得者に対して行使された詐害行為取消権の効果は転得者の前者には及ばないことを前提とすると，転得者が債務者に現物返還又は価額償還をした場合であっても，前者に対する反対給付の返還請求又は前者に対して有していた債権の回復は認められず，転得者がした現物返還又は価額償還に係る財産によって取消債権者を含む債権者らが債務者に対する債権の満足を得たときに初めて，転得者は債務者に対する不当利得返還請求権を行使することができるにすぎないとされている。これに対して，本文は，転得者に対して行使された詐害行為取消権の効果は転得者の前者には及ばないことを前提としつつも，受益者の反対給付及び債権に関する前記10から12までの取扱いを踏まえ，転得者の反対給付及び債権についても一定の保護を図ることを意図するものである。この場合において，転得者の前者に対する反対給付等の価額が，受益者の債務者に対する反対給付等の価額より大きいために，転得者が受益者の行使することのできる権利を行使するだけでは，転得者の前者に対する反対給付等の価額に満たないというときは，前者に詐害行為取消しの原因があるときに限り，転得者は前者に対してその不足分の支払を請求することができるとする考え方もある。この考え方を採るかどうかについては，引き続き解釈に委ねることとしている。
　以上に対し，転得者の保護については特段の規定を設けずに引き続き解釈に委ねるべきであるという考え方があり，他方，転得者の保護を本文より更に進めて，転得者の前者に対する反対給付の全額の返還請求又は転得者が前者に対して有していた債権の全額の回復を無条件に認めるべきであるという考え方がある。これらの考え方を（注）で取り上げている。後者の考え方は，転得者に対して行使された詐害行為取消権の効果は転得者の前者には及ばないことを前提としつつも，詐害行為取消権を行使された転得者の前者に対する反対給付の返還請求又は転得者が前者に対して有していた債権の回復の場面においてはそのことを殊更に強調すべきではないという発想に立つものと整理することも可能である。

また，本文の救済方法と併存させることも可能であることを前提としている。

（補足説明）
1 現在の判例法理（大連判明治４４年３月２４日民録１７輯１１７頁）の下でも，この中間試案の下でも，転得者に対して行使された詐害行為取消権の効果は転得者の前者には及ばないから，転得者が債務者に現物返還又は価額償還をした場合であっても，転得者の前者に対する反対給付の返還請求又は前者に対して有していた債権の回復は認められない。転得者は，債務者に返還又は償還した財産によって取消債権者を含む債権者らが債務者に対する債権の満足を得たときに初めて，債務者に対して不当利得の返還請求をすることができるにすぎない。

他方，受益者の反対給付の場合と異なり，この場合の取消債権者及び他の一般債権者は，転得者が債務者に返還又は償還した財産に加えて，転得者がその財産を取得するためにした反対給付や当該財産の取得によって消滅した債権の価額分を債務者の責任財産として把握するわけではない（前記１１の補足説明の第１パラグラフ参照）。なぜなら，債務者の直接の相手方である受益者が債務者から当該財産を取得するためにした反対給付の価額等と，転得者が前者から当該財産を取得するためにした反対給付の価額等は，必ずしも一致するわけではないからである。例えば，受益者が債務者から贈与を受けた目的物を，転得者が受益者から買い受けた場合には，転得者が当該目的物を債務者に返還又は償還したとしても，債務者の責任財産は当該目的物の価額分のみ増加するにすぎない。

もっとも，受益者の反対給付について取消債権者及び他の一般債権者に優先して回収することを可能にするのであれば（前記１１，１２参照），転得者が前者に対してした反対給付や前者に対して有していた債権についても，何らかの保護を図るべきであるとの指摘がある。また，この転得者の反対給付及び債権に関する取扱いについては，破産法に規定がなく，破産手続における取扱いも必ずしも明確でないことから，民法の詐害行為取消権における規律を明確にしておくことの意義は大きいとの指摘もある。本文はこれらの指摘を踏まえたものである。

2 （概要）に記載したとおり，本文の考え方を採る場合において，転得者が受益者の行使することのできる権利を行使しただけでは転得者の前者に対する反対給付等の価額に満たないときは，前者に詐害行為取消しの原因があるときに限り，転得者は前者に対してその不足分の支払を請求することができるとする考え方がある。この考え方に対しては，転得者から追及を受けた前者が更にその前者に対して追及をすることができるか，できるとして直接の前者ではなく前者の前者に対して追及をすることができるか，できるとして直接の前者とその前者に対して同時に追及をすることができるか，さらに，当該転得者からの転得者が存在する場合（その転得者にも詐害行為取消しの原因がある場合）にはその転得者に対しても追及をすることができるかなど，多くの問題があるため，引き続き解釈に委ねることとしている。

（注）のうち後者の考え方は，詐害行為取消しの効果が転得者の前者にも及ぶとする立場からも主張されている。この立場に対しては，詐害行為取消訴訟の被告とされず，

訴訟告知もされない前者に詐害行為取消しの効果を及ぼしてよいか疑問を示す指摘がある。

14 詐害行為取消権の行使期間
　　詐害行為取消しの訴えは，債務者が債権者を害することを知って詐害行為をした事実を債権者が知った時から2年を経過したときは，提起することができないものとする。詐害行為の時から［10年］を経過したときも，同様とするものとする。

（概要）
　民法第426条前段は，「取消しの原因」を債権者が知った時から2年の消滅時効を定めているが，これについて，判例（最判昭和47年4月13日判時669号63頁）は，「債務者が債権者を害することを知って法律行為をした事実」を債権者が知った時から起算されるのであって，「詐害行為の客観的事実」を債権者が知った時から起算されるのではないとする。本文第1文は，まず，この起算点についての判例法理を明文化するものである。また，本文第1文は，詐害行為取消権が民法第120条以下の取消権等の実体法上の形成権とは異なるという点に着目し，詐害行為取消権の2年の行使期間を除斥期間ないし出訴期間（会社法第865条第2項，民法第201条等参照）と捉えるものである。時効の中断等の時効障害に関する規定は適用されないこととなる。
　本文第2文は，民法第426条後段の20年の除斥期間を［10年］に改めるものである。詐害行為取消権を行使するには詐害行為時から詐害行為取消権の行使時（詐害行為取消訴訟の事実審口頭弁論終結時）まで債務者の無資力状態が継続することを要するとされているから，20年もの長期間にわたって債務者の行為や財産状態を放置したまま推移させた債権者に詐害行為取消権を行使させる必要性は乏しいと考えられることを理由とする。

（補足説明）
　否認権の行使期間に関する破産法第176条は，「否認権は，破産手続開始の日から二年を経過したときは，行使することができない。否認しようとする行為の日から二十年を経過したときも，同様とする。」と定めているが，この短期及び長期の期間は，いずれも除斥期間と解されている。また，平成16年の倒産法改正の際には，同条の20年の行使期間を短期化すべきであるとの意見があったが，詐害行為取消権の行使期間に関する民法第426条と異なる期間とするのは相当でないとの意見もあり，結局，20年の行使期間が維持された経緯があるとの指摘がされている。

第16 多数当事者の債権及び債務（保証債務を除く。）
1 債務者が複数の場合
　(1) 同一の債務について数人の債務者がある場合において，当該債務の内容がその性質上可分であるときは，各債務者は，分割債務を負担するものとする。ただし，法令又は法律行為の定めがある場合には，各債務者は，連帯債務を

負担するものとする。
(2) 同一の債務について数人の債務者がある場合において，当該債務の内容がその性質上不可分であるときは，各債務者は，不可分債務を負担するものとする。

(概要)
　同一の債務について複数の債務者がある場合に関して，分割債務（民法第４２７条），連帯債務（同法第４３２条），不可分債務（同法第４３０条）の分類を明確化する規定を設けるものである。
　本文(1)は，債務の内容が性質上可分である場合について，分割主義（民法第４２７条）を原則とした上で，その例外として，法令又は法律行為の定めによって連帯債務が成立するものとしている。これは，連帯債務の発生原因に関する一般的な理解を明文化するものである。
　本文(2)は，債務の内容が性質上不可分である場合には，各債務者は，専ら不可分債務を負担するものとしている。これにより，連帯債務と不可分債務とは，内容が性質上可分か不可分かによって区別されることになる。現行法の下では，内容が性質上可分であっても当事者の意思表示によって不可分債務にすることができると解されているが（不可分債権に関する民法第４２８条参照），本文では，これを連帯債務に分類するものとしている。

(補足説明)
1　多数当事者の債権及び債務（保証債務を除く。）に関する規定の再構成
　　現行法は，民法第４２７条が「数人の債権者又は債務者がある場合において」との文言から始まっているように，多数当事者の債権及び債務（保証債務を除く。）について，債務者が複数の場合の規律と債権者が複数の場合の規律とを必ずしも区別せずに規定しているが，このような規定の仕方は分かりやすいものとは言えない。そこで，この中間試案では，債務者が複数の場合の規律と債権者が複数の場合の規律とを書き分けることにしている。
2　債務者が複数の場合の分類の再編成
　(1) 再編成の契機
　　　現行法は，同一の債務について複数の債務者がある場合として，分割債務（民法第４２７条），連帯債務（同法第４３２条），不可分債務（同法第４３０条）の３つの類型を掲げている。不可分債務には，絶対的効力事由に関する規定（同法第４３４条から第４４０条まで）を除く連帯債務の規定が準用される（同法第４３０条括弧書き）から，連帯債務と不可分債務との違いは，絶対的効力事由に関する規定の適用の有無に求められる。
　　　ところで，この中間試案では，連帯債務における絶対的効力事由を見直すものとしており，不可分債務と連帯債務との間の効果の面での差異を解消する考え方を示している（後記３）。
　　　そこで，本文では，連帯債務と不可分債務との違いが絶対的効力事由に関する規定

の適用の有無に求められなくなることを想定して，分割債務，連帯債務，不可分債務の分類を再編成するものとしている。
(2) 債務の内容が性質上可分である場合（本文(1)）
　具体的な再編成の在り方としては，債務の内容が性質上可分であるか不可分であるかという基準を導入して，まず，債務の内容が性質上可分である場合には，各債務者は，原則として分割債務を負担するが（本文(1)第1文），法令又は法律行為の定めがある場合には，例外的に連帯債務を負担するものとしている（本文(1)第2文）。
　本文(1)第1文は，いわゆる分割主義の原則（民法第427条）を維持するものである。
　本文(2)は，現行民法が「数人が連帯債務を負担するときは」（同法第432条）との文言から始まる規定を置くのみで，連帯債務が成立するための要件を何ら明示していないので，連帯債務は法律の規定によるほか，当事者の意思表示によって成立するという一般的な理解に従って，これを補うものである。
(3) 債務の内容が性質上不可分である場合（本文(2)）
　次に，債務の内容が性質上不可分である場合には，各債務者は，専ら不可分債務を負担するものとしている（本文(2)）。現行法は，内容が性質上可分であっても当事者の意思表示によって不可分債務にすることができるとしている（民法第428条）が，本文の分類の下では，このような場合は不可分債務ではなく連帯債務として取り扱われることになる。
　本文のような再編成により，連帯債務と不可分債務とは，絶対的効力事由に関する規定の適用の有無によってではなく，内容が性質上可分か不可分かによって区別されることになる。

2　分割債務（民法第427条関係）
　分割債務を負担する数人の債務者は，当事者間に別段の合意がないときは，それぞれ等しい割合で義務を負うものとする。

（概要）
　民法第427条のうち分割債務に関する規律を維持するものである。

（補足説明）
　民法第427条は，「数人の債権者又は債務者がある場合において」との文言から始まっており，分割債権に関する規律と分割債務に関する規律とが区別されずに規定されていて，分かりにくい。
　そこで，分割債権に関する規律と分割債務に関する規律とを書き分けることとし，本文では，まず分割債務に関する規律を取り上げている（分割債権に関する規律は，後記7で取り上げる。）。内容的には，民法第427条の規律を維持している。

3 連帯債務者の一人について生じた事由の効力等
 (1) 履行の請求(民法第434条関係)
　民法第434条の規律を改め,連帯債務者の一人に対する履行の請求は,当事者間に別段の合意がある場合を除き,他の連帯債務者に対してその効力を生じないものとする。
 (注) 連帯債務者の一人に対する履行の請求が相対的効力事由であることを原則としつつ,各債務者間に協働関係がある場合に限りこれを絶対的効力事由とするという考え方がある。

(概要)
　連帯債務者の一人に対する履行の請求について,これを絶対的効力事由としている民法第434条の規律を改め,相対的効力事由であることを原則とするものである。法令によって連帯債務関係が発生する場面などでは,連帯債務者相互間に密接な関係が存在しないことが少なくないため,履行の請求を絶対的効力事由とすることに対して,履行の請求を受けていない連帯債務者が自分の知らない間に履行遅滞に陥ったり(同法第412条第3項参照),消滅時効が中断したりする(同法第147条第1号参照)などの問題点が指摘されている。他方,履行の請求が絶対的効力を有することについて実務上の有用性が認められ,それが不当でないと考えられる場面(例えば,いわゆるペアローン)もあり得る。これらを踏まえ,相対的効力事由とすることを原則とした上で,当事者間(債権者と履行の請求の効力を及ぼし合う全ての連帯債務者との間)の別段の合意によって絶対的効力を生じさせることは妨げないものとしている。この点に関しては,相対的効力事由であることを原則としつつ,各債務者間に請求を受けたことを互いに連絡し合うことが期待できるような協働関係がある場合に限り絶対的効力事由とする旨の規定に改めるという考え方があり,これを(注)で取り上げている。

(補足説明)
1　問題の所在
　現行法は,連帯債務者の一人について生じた事由の効力は他の連帯債務者には及ばないこと(相対的効力)を原則としつつも(民法第440条),他の連帯債務者にも効力が及ぶ事由(絶対的効力事由)を多く認めている(同法第434条から第439条まで)。そして,連帯債務者の一人に対する履行の請求も,絶対的効力事由とされている(同法第434条)。
　しかし,連帯債務者の一人に対する履行の請求を絶対的効力事由としていることに対しては,連帯債務の担保的機能を強化する方向に作用するため債権者にとっては有利であるが,他方で,履行の請求を受けていない連帯債務者にとっては,自分の知らない間に履行遅滞に陥っていたり(民法第412条第3項参照),消滅時効が中断していたりするなど(同法第147条第1号参照),不測の損害を被るおそれがあるという批判がある。
　そこで,部会の審議においては,連帯債務者の一人に対する履行の請求を相対的効力事由に改めるという考え方も検討の対象とされたが,夫婦が連帯債務者となって住宅ロ

ーンを組む場合（いわゆるペアローン）のように，連帯債務者の一人に対する履行の請求の効力が他の連帯債務者に及ぶことについて実務上の有用性が認められ，それが不当ではない場面もあることから，連帯債務者の一人に対する履行の請求を一律に相対的効力事由に改めることは必ずしも適当とはいえない。

　そうすると，連帯債務者の一人に対する履行の請求を一律に絶対的効力事由としたままにしておくことも，一律に相対的効力事由に改めることも，いずれも適当とはいえず，結局，債権者の利益と連帯債務者の利益との調整の観点から，連帯債務者の一人に対する履行の請求に絶対的効力を認める場合と相対的効力しか認めない場合とを振り分ける基準を設定する必要があるといえる。

2　具体的な基準の在り方
(1) 以上のような問題意識を踏まえ，本文では，連帯債務者の一人に対する履行の請求には相対的効力しか認められないことを原則としつつ，当事者間の別段の合意によって絶対的効力を生じさせることは妨げないものとしている。すなわち，連帯債務者の一人に対する履行の請求に絶対的効力を認める場合と相対的効力しか認めない場合とを振り分ける基準を当事者間の別段の合意の有無に求めているのである。別段の合意をする当事者の範囲に関しては，債権者と履行の請求の効力を及ぼし合う全ての連帯債務者が想定されている。
(2) このほか，連帯債務者間に請求を受けたことを互いに連絡し合うことが期待できるような協働関係があるか否かによって連帯債務者の一人に対する履行の請求に絶対的効力を認める場合と相対的効力しか認めない場合とを振り分けるという考え方もあるので，これを（注）で取り上げている。

　もっとも，この（注）の考え方に対しては，「協働関係」の存否という基準は債権者にとって明確であるとは言えないとの批判がある。債権者としては連帯債務者間に協働関係があると考えて連帯債務者の一人に対してのみ履行の請求をしたのに，実際には連帯債務者間には協働関係がなく，当該履行の請求に絶対的効力が認められないといった事態が生ずるようでは，債権者に不測の不利益が生じかねないというのである。

(2) 更改，相殺等の事由（民法第435条から第440条まで関係）
　民法第435条から第440条まで（同法第436条第1項を除く。）の規律を次のように改めるものとする。
　　ア　連帯債務者の一人について生じた更改，免除，混同，時効の完成その他の事由は，当事者間に別段の合意がある場合を除き，他の連帯債務者に対してその効力を生じないものとする。
　　イ　債務の免除を受けた連帯債務者は，他の連帯債務者からの求償に応じたとしても，債権者に対してその償還を請求することはできないものとする。
　　ウ　連帯債務者の一人が債権者に対して債権を有する場合において，その連帯債務者が相殺を援用しない間は，その連帯債務者の負担部分の限度で，他の連帯債務者は，自己の債務の履行を拒絶することができるものとする。
　　（注）上記アのうち連帯債務者の一人について生じた混同については，その

　　　　連帯債務者の負担部分の限度で他の連帯債務者もその債務を免れるもの
　　　とするという考え方がある。

（概要）
　本文アは，連帯債務者の一人について生じた事由の効力に関して，援用された相殺を絶対的効力事由としている民法第４３６条第１項の規律は維持した上で，更改（同法第４３５条），債務の免除（同法第４３７条），混同（同法第４３８条）及び時効の完成（同法第４３９条）を絶対的効力事由としている現行法の規律を改め，当事者間（債権者と絶対的効力事由を及ぼし合う全ての連帯債務者との間）に別段の合意がある場合を除いてこれらが相対的効力事由（同法第４４０条）であるとするものである。連帯債務は，一人の債務者の無資力の危険を分散するという人的担保の機能を有するとされているところ，上記のような絶対的効力事由が広く存在することに対して，この担保的機能を弱める方向に作用し，通常の債権者の意思に反するという問題点が指摘されていることによる。
　なお，法律の規定により連帯債務とされる典型例である共同不法行為者が負担する損害賠償債務（民法第７１９条）については，共同不法行為者間には必ずしも主観的な関連があるわけではなく，絶対的効力事由を認める基礎を欠くという理論的な理由のほか，被害者の利益保護の観点から連帯債務の担保的機能を弱めることが適当ではないという実際上の理由から，絶対的効力事由に関する一部の規定の適用がない「不真正連帯債務」に該当するとされている（最判昭和５７年３月４日判時１０４２号８７頁）。本文アは，前記(1)とともに，判例上の不真正連帯債務に関する規律を原則的な連帯債務の規律として位置づけるものである。
　以上に対し，連帯債務者の一人について生じた混同については，その連帯債務者の負担部分の限度で他の連帯債務者もその債務を免れるものとするという考え方があるので，これを（注）で取り上げている。
　本文イは，債務の免除を受けた連帯債務者が他の連帯債務者からの求償に応じたときに，債権者に対してその償還を請求することができるものとすると，債務の免除をした債権者の通常の意思に反することになるため，そのような償還の請求を認めないとするものである。
　本文ウは，連帯債務者の一人が債権者に対して債権を有する場合に関する民法第４３６条第２項について，他の連帯債務者が相殺の意思表示をすることができることを定めたものであるとする判例（大判昭和１２年１２月１１日民集１６巻１９４５頁）とは異なり，債権者に対して債権を有する連帯債務者の負担部分の限度で他の連帯債務者は自己の債務の履行を拒絶することができるにとどまることを明文化するものである。上記判例の結論に対して，連帯債務者間で他人の債権を処分することができることになるのは不当であるとの問題点が指摘されていることによる。

（補足説明）
１　問題の所在
　(1)　現行法は，連帯債務者の一人について生じた事由の効力は他の連帯債務者には及ば

ないこと（相対的効力）を原則としつつも（民法第440条），他の連帯債務者にも効力が及ぶ事由（絶対的効力事由）を多く認めている（同法第434条から第439条まで）。

　連帯債務は，一人の債務者の無資力の危険を分散するという人的担保の機能を有するところ，絶対的効力事由が多いことは連帯債務の担保的効力を弱める方向に作用し，債権者の通常の意思に反するのではないかという問題が指摘されている。

　そこで，本文では，連帯債務の担保的効力の観点から，現行法が定める絶対的効力事由を見直すこととしている。

(2) ところで，法律の規定により連帯債務とされるもののうち共同不法行為者が負担する損害賠償債務（民法第719条）については，判例（最判昭和57年3月4日判時1042号87頁）・学説は，絶対的効力事由に関する一部の規定の適用がない不真正連帯債務に該当するとしている。これは，共同不法行為者間には，必ずしも主観的な共同関係があるわけではないことから，他の連帯債務者に影響が及ぶ絶対的効力事由を認める基礎を欠くという理論的な理由のほか，被害者の利益保護の観点から連帯債務の担保的機能を弱めることが適当ではないという実際上の理由に基づくものと解されている。

　連帯債務の絶対的効力事由を見直す際には，この不真正連帯債務の取扱いも視野に入れる必要がある。

2　具体的な見直しの在り方

(1) 連帯債務者の一人との更改（民法第435条関係）

　民法第435条は，連帯債務者の一人と債権者との間に更改があったときは，債権は，すべての連帯債務者の利益のために消滅すると規定する。例えば，A，B，Cの3名の連帯債務者が債権者に対して30万円の連帯債務を負い，その負担部分がそれぞれ平等である場合において，Aが債権者との間でAの債務をA所有の自転車を債権者に引き渡すという債務に変更する旨の更改契約を締結したとすると，これによって，Aの債務のみならず，BとCの債務も消滅することになる。

　しかし，このような帰結に対しては，連帯債務者の一人との間で更改契約を締結する場合の債権者の通常の意思に反するとの批判がある。すなわち，債権者が連帯債務者の一人との間で更改契約を締結したとしても，その更改契約に基づく債務の履行を受けるまでは，債権者は何らの満足も得られないのであるから，債権者は他の連帯債務者の債務を消滅させる意思までは有していないのが通常であるというのである。

　そこで，本文アでは，連帯債務者の一人との更改には相対的効力しか認められないことを原則としつつ，当事者間の別段の合意によって絶対的効力を生じさせることは妨げないものとしている。別段の合意をする当事者の範囲に関しては，債権者と履行の請求の効力を及ぼし合う全ての連帯債務者が想定されている。

　本文アの考え方によれば，上記の例では，Aが債権者との間でAの債務をA所有の自転車を債権者に引き渡すという債務に変更する旨の更改契約を締結したとしても，BとCは債権者に対して連帯して30万円を支払わなければならないままとなる。そして，Aが債権者に対して当該自転車を引き渡すと，Aの更改契約に基づく債務が消

滅するとともにBとCの債務も消滅することになり，AはBとCに対して１０万円ずつの求償をすることができることになる。
(2) 連帯債務者の一人による相殺等（民法第４３６条関係）
　ア　民法第４３６条第１項関係
　　民法第４３６条第１項は，連帯債務者の一人が債権者に対して債権を有する場合において，その連帯債務者が相殺を援用したときは，債権は，すべての連帯債務者の利益のために消滅すると規定している。
　　債務者の一人による相殺に絶対的効力を認めていることに対しては，特に異論は見られないので，本文では，民法第４３６条第１項の規律を維持するものとしている。
　イ　民法第４３６条第２項関係
　　民法第４３６条第２項は，連帯債務者の一人が債権者に対して債権を有する場合に，その連帯債務者が相殺を援用しない間は，その連帯債務者の負担部分について，他の連帯債務者が相殺を援用することができると規定している。そして，判例（大判昭和１２年１２月１１日民集１６巻１９４５頁）は，この規定について，連帯債務者の一人の有する債権を用いて他の連帯債務者が相殺の意思表示をすることができることを定めたものであるとしている。例えば，A，Bの２名の連帯債務者が債権者に対して１００万円の連帯債務を負い，その負担部分がそれぞれ平等である場合において，Aが債権者に対して１００万円の反対債権を有していたとすると，Bは，Aの負担部分（５０万円）の限度でこの反対債権を自働債権とする相殺の意思表示をすることができることになる。その結果，Bは，残りの５０万円を債権者に支払えばよいことになる。仮に，同項が存在しないとすると，上記の例では，Bが債権者に対して１００万円を支払った後，BはAに対して５０万円を求償し，Aは債権者に対して反対債権の請求をすることになるから，結局，求償の循環に類似した状況が生ずることになる。また，債権者が無資力になっていた場合には，Aは反対債権の回収をすることができないことにもなりかねない。
　　しかし，民法第４３６条第２項に対しては，連帯債務者の一人の有する債権を用いて他の連帯債務者が相殺の意思表示をすることができるとすると，連帯債務者の間で相互に他人の債権を処分することができることになって不当であるとの批判がある。そこで，同項は，反対債権を有する連帯債務者の負担部分の限度で，他の連帯債務者が自己の債務の履行を拒絶することができることを定めたものであるとの考え方が主張されている。
　　本文ウでは，この考え方を採用して，連帯債務者の一人が債権者に対して債権を有する場合において，その連帯債務者が相殺を援用しない間は，その連帯債務者の負担部分の限度で，他の連帯債務者は，自己の債務の履行を拒絶することができるものとしている。
(3) 連帯債務者の一人に対する免除（民法第４３７条関係）
　民法第４３７条は，連帯債務者の一人に対する債務の免除は，その免除を受けた連帯債務者の負担部分の限度で絶対的効力を生ずると規定している。例えば，A，B，

Cの3名の連帯債務者が債権者に対して30万円の連帯債務を負い，その負担部分がそれぞれ平等である場合において，債権者がAに対して債務の免除をすると，その免除の効力はAの負担部分である10万円の限度でBとCにも及ぶことになり，その結果，BとCは債権者に対して連帯して20万円を支払えばよいことになる。ここで，Bが債権者に対して20万円を支払うと，BはCに対して10万円の求償をすることができるから，結局，債権者は20万円を受け取り，BとCが10万円ずつを支払ったことになる。仮に，同条が存在しないとすると，上記の例では，債権者がAに対して債務の免除をしても，BとCには何らの影響も及ばず，BとCは債権者に対して連帯して30万円を支払わなければならないままとなる。そして，Bが債権者に対して30万円を支払ったとすると，BはAとCに対して10万円ずつの求償をすることができることになる。ここで，AがBに対して10万円の求償に応じたとすると，Aは債権者から債務の免除を受けたにもかかわらず10万円の支出を強いられたとして，債権者に対して10万円の求償（不当利得返還請求）をすることができると考えられる。そうすると，結局，債権者は差引き20万円を受け取り，BとCは10万円ずつを支払ったことになる（ただし，この例において，債権者は，Bに対する30万円の債権に基づいてBから30万円の支払を受けたにすぎず，法律上の原因なき利益を何ら取得していないから，Aの債権者に対する不当利得返還請求権は発生しないとも考えられる。）。以上のとおり，同条の存否にかかわらず，結果的には，債権者が20万円を受け取り，BとCが10万円ずつを支払うという同一の結論に落ち着くと考えられるが，同条が存在する場合のほうが，求償の循環を避けられるため，手間や費用が少なくて済むし，求償の循環の間に無資力者が現れることによる不公平を回避することもできる。同条の存在意義は，こうした求償の循環や不公平の回避にあるとされている。

　しかし，民法第437条の規定に対しては，連帯債務者の一人に対する債務の免除をする場合の債権者の通常の意思に反するとの批判がある。すなわち，債権者が連帯債務者の一人に対して債務の免除をする場合には，債権者は単にその連帯債務者に対しては請求しないという意思を有しているにすぎず，他の連帯債務者に対してまで債務の免除をするという意思は有していないのが通常であるというのである。連帯債務者の一人に対する債務の免除が単にその連帯債務者に対しては請求しないという意思表示にすぎないのであれば，他の連帯債務者にまでその影響を及ぼすべきではなく，債権者は他の連帯債務者に対しては全額の請求をすることができるとすべきである。また，債務の免除を受けた連帯債務者は，他の連帯債務者からの求償に応じたとしても，債権者に対してその分についての求償（不当利得返還請求）をすることはできないとすべきである。なぜなら，ここで債権者に対する求償を認めてしまうと，債権者の通常の意思に反するのみならず，いたずらに求償の循環を生じさせることになる上，理論的に見ても，前述のとおり，債権者は債務の免除を受けた連帯債務者でない連帯債務者に対する債権に基づいて当該債権額に相当する金銭の支払を受けたにすぎず，法律上の原因なき利益を何ら取得していないから，債務の免除を受けた連帯債務者の債権者に対する不当利得返還請求権は発生しないと考えられるからである。

そこで，本文アでは，連帯債務者の一人に対する免除には相対的効力しか認められないことを原則としつつ，当事者間の別段の合意によって絶対的効力を生じさせることは妨げないものとしている。また，本文イでは，債務の免除を受けた連帯債務者は，他の連帯債務者からの求償に応じたとしても，債権者に対してその償還を請求することはできないものとしている。
　なお，このように連帯債務者の一人に対する免除を相対的効力事由にしたとしても，債権者としては，ある連帯債務者に対して全部免除の意思表示をするとともに，その連帯債務者の負担部分の限度で他の連帯債務者に対しても一部免除の意思表示をすれば，現行民法第437条と同様の帰結を得ることが可能である。
(4) 連帯債務者の一人との間の混同（民法第438条関係）
　民法第438条は，連帯債務者の一人との間に混同があったときは，その連帯債務者は，弁済をしたものとみなすと規定して，連帯債務者の一人との間の混同を絶対的効力事由としている。例えば，A，B，Cの3名の連帯債務者が債権者に対して30万円の連帯債務を負い，その負担部分がそれぞれ平等である場合において，債権者とAとの間で混同が生じると，Aが弁済をしたものとみなされ，AはBとCに対して10万円ずつの求償をすることができるにとどまることとなる。
　しかし，民法第438条の規定に対しては，債権者が他の連帯債務者に対して各自の負担部分について求償することしかできなくなってしまうのは，通常の債権者の意思に反して連帯債務の担保的機能を弱めるものであるという批判がある。
　そこで，本文アでは，連帯債務者の一人との間の混同には相対的効力しか認められないことを原則としつつ，当事者間の別段の合意によって絶対的効力を生じさせることは妨げないものとしている。これによれば，上記の例では，債権者とAとの間で混同が生じたとしても，BとCはAに対して連帯して30万円を支払わなければならないままとなる。そして，BがAに対して30万円を支払うと，BはAとCに対して10万円ずつの求償をすることができることとなる。
　以上に対して，求償の循環を避ける観点から，連帯債務者の一人について生じた混同については，その連帯債務者の負担部分の限度で他の連帯債務者もその債務を免れるものとするという考え方があるので，これを（注）で取り上げている。この（注）の考え方によれば，上記の例では，債権者とAとの間で混同が生じた場合に，Aの負担部分である10万円の限度でBとCはその債務を免れることになり，BとCはAに対して連帯して20万円を支払えばよいことになる。そして，BがAに対して20万円を支払うと，BはCに対して10万円の求償をすることができることになる。
(5) 連帯債務者の一人についての時効の完成（民法第439条関係）
　民法第439条は，連帯債務者の一人について時効が完成した場合には，その時効が完成した連帯債務者の負担部分の限度で絶対的効力を生ずることを規定する。例えば，A，B，Cの3名の連帯債務者が債権者に対して30万円の連帯債務を負い，その負担部分がそれぞれ平等である場合において，Aについて時効が完成したとすると，その効力はAの負担部分である10万円の限度でBとCにも及ぶことになり，その結果，BとCは債権者に対して連帯して20万円を支払えばよいことになる。ここで，

Bが債権者に対して20万円を支払うと，BはCに対して10万円を求償することができるから，結局，債権者は20万円を受け取り，BとCが10万円ずつを支払ったことになる。仮に同条が存在しないとすると，上記の例では，Aについて時効が完成したとしても，BとCには何らの影響も及ばず，BとCは債権者に対して連帯して30万円を支払わなければならないままとなる。そして，Bが債権者に対して30万円を支払った場合において，Aに対して10万円の求償をすることができるとすると，その求償に応じたAは債権者に対して10万円の求償（不当利得返還請求）をすることになり，求償の循環が生ずることになる（ただし，この例において，債権者は，Bに対する30万円の債権に基づいてBから30万円の支払を受けたにすぎず，法律上の原因なき利益を何ら取得していないから，Aの債権者に対する不当利得返還請求権は発生しないとも考えられる。）。また，仮に時効の完成したAに対しては他の連帯債務者は求償をすることができないとすると，Bは，Cに対して10万円の求償をすることができたとしても，自らの負担部分を超える20万円の負担をしなければならないことになり，結局，債権者は30万円を受け取り，Bが20万円を，Cが10万円をそれぞれ支払うという不公平な結果となる。同条の存在意義は，以上に述べた求償の循環や不公平な結果を回避することにあるとされている。

　しかし，民法第439条の規定に対しては，連帯債務者の一人についての時効の完成を絶対的効力事由としてしまうと，債権者は，連帯債務者のうち資力のある一部の者からの弁済をあてにしている場合であっても，資力のない連帯債務者についても時効中断の措置を講じておかなければ，その者についての時効の完成によって，資力のある連帯債務者の債務が縮減されてしまうという思わぬ不利益を被りかねないとの批判がされている。

　そこで，本文アでは，連帯債務者の一人についての時効の完成には相対的効力しか認められないことを原則としつつ，当事者間の別段の合意によって絶対的効力を生じさせることは妨げないものとしている。

　ところで，本文アのように，連帯債務者の一人についての時効の完成を相対的効力事由とする場合には，連帯債務者間の求償関係について，さらに検討をする必要がある。時効制度の目的を，自らが債務を負っていないことや既に弁済をしたことの証拠を保全する負担から債務者を解放することにあると捉えるのであれば，時効の完成した連帯債務者に対して他の連帯債務者が求償することを認めてしまうと，上記の目的を貫徹することができなくなると指摘されている。上記の例で言えば，債権者に対して30万円を支払ったBが，時効の完成したAに対して10万円の求償をすることができるとすると，Aが時効制度によって自らが債務を負っていないことや既に弁済をしたことの証拠を保全する負担から解放されたことの趣旨が没却されるとの指摘である。しかし，一般に，負担部分を有する連帯債務者は，債権者との関係において連帯債務を負うのみならず，他の連帯債務者との関係において求償債務を負う可能性を常に有しているのであるから，債権者との関係において上記証拠を保全する負担から解放されたからといって，他の連帯債務者との関係においても上記証拠を保全する負担から解放されることを期待するのは相当でないとも考えられる。このように考えれば，

連帯債務者の一人について時効が完成した場合であっても，その連帯債務者に対する他の連帯債務者の求償が制限されないことは，特に問題視すべきことではないことになる。

なお，本文では取り上げていないが，今後の検討課題として，このように他の連帯債務者による求償を制限しないとの考え方を採る場合に，債権者に対して求償（不当利得返還請求）をすることを認めてよいかが問題となり得る（本文イ参照）。というのも，このような求償を認めると，いたずらに求償の循環を生じさせる結果となるし，理論的に見ても，債権者はBに対する３０万円の債権に基づいてBから３０万円の支払を受けたにすぎず，法律上の原因なき利益を何ら取得していないから，Aの債権者に対する不当利得返還請求権は発生しないと考えられるからである。

3　不真正連帯債務

前述のように，法律の規定により連帯債務とされるもののうち共同不法行為者が負担する損害賠償債務（民法第７１９条）については，判例・学説は，絶対的効力事由に関する一部の規定の適用がない不真正連帯債務に該当するとしているところ，本文アは，絶対的効力事由を廃止するという点で，前記(1)とともに，判例上の不真正連帯債務に関する規律を原則的な連帯債務の規律として位置づけるものといえる。

これによれば，不真正連帯債務という条文に存在しない概念を用いる必要性は失われることになる。

(3) 破産手続の開始（民法第４４１条関係）
民法第４４１条を削除するものとする。

（概要）

民法第４４１条は，破産法第１０４条があることによってその存在意義を失っていることから，これを削除するものである。

（補足説明）

民法第４４１条は，連帯債務者の全員又はそのうちの数人が破産手続開始の決定を受けたときは，債権者はその債権の全額について各破産財団の配当に加入することができると規定する。これに対し，破産法第１０４条第１項は，数人が各自全部の履行をする義務を負う場合において，その全員又はそのうちの数人若しくは一人について破産手続開始の決定があったときは，債権者は破産手続開始の時において有する債権の全額についてそれぞれの破産手続に参加することができると規定する。

民法第４４１条と破産法第１０４条第１項との関係については，民法第４４１条は債権の全額が破産債権となる旨を規定するのに対し，破産法第１０４条第１項は債権の全額ではなく破産手続開始時における現存額が破産債権となる旨を規定し，これによって，民法第４４１条を制限するものであるとされている。このように，民法第４４１条は，実際には適用されることのない条文となっている。

そこで，本文では，民法第４４１条を削除するものとしている。

4 連帯債務者間の求償関係
(1) 連帯債務者間の求償権（民法第442条第1項関係）
民法第442条第1項の規律を次のように改めるものとする。
ア 連帯債務者の一人が弁済をし，その他自己の財産をもって共同の免責を得たときは，その連帯債務者は，自己の負担部分を超える部分に限り，他の連帯債務者に対し，各自の負担部分について求償権を有するものとする。
イ 連帯債務者の一人が代物弁済をし，又は更改後の債務の履行をして上記アの共同の免責を得たときは，その連帯債務者は，出えんした額のうち自己の負担部分を超える部分に限り，他の連帯債務者に対し，各自の負担部分について求償権を有するものとする。
（注）他の連帯債務者に対する求償権の発生のために自己の負担部分を超える出えんを必要としないものとする考え方がある。

（概要）
本文アは，連帯債務者間の求償について規定する民法第442条の文言からは，他の連帯債務者に対する求償権の発生のために自己の負担部分を超える出えんをする必要があるかどうかが明確でないことから，これについて，判例法理（大判大正6年5月3日民録23輯863頁）と異なり，自己の負担部分を超える出えんをして初めて他の連帯債務者に対して求償をすることができるとするものである。これは，負担部分は各自の固有の義務であるという理解に基づくものであり，不真正連帯債務者間の求償に関する判例法理（最判昭和63年7月1日民集42巻6号451頁参照）と同一の規律となる。他方，本文イは，連帯債務者の一人が代物弁済をしたり，更改後の債務の履行をしたりした場合の求償関係について，本文アの特則を定めるものである。このような場合には，当該連帯債務者が出えんした額と共同の免責を得た額とが必ずしも一致しないことから，本文アのみでは，どの範囲で求償することが可能であるかが判然としないからである。
以上に対し，上記判例法理のとおり，他の連帯債務者に対する求償権の発生のために自己の負担部分を超える出えんを必要としないものとする考え方があり，これを（注）で取り上げている。
なお，この中間試案では差し当たり「出えん」という文言を用いているが，この文言は平成16年の民法現代語化の際に他の文言に置き換えられているので，条文化の際には，適当な用語に改める必要がある。

（補足説明）
1 一部弁済をした場合の求償関係（本文ア）
民法第442条第1項は，「連帯債務者の一人が弁済をし，その他自己の財産をもって共同の免責を得たとき」の求償関係について規定しているが，連帯債務者の一人が一部弁済をした場合の求償関係は明らかではなく，取り分け求償権の発生のために自己の負担部分を超える出えんをする必要があるかどうかについては議論がある。判例（大判大

正6年5月3日民録23輯863頁）は，連帯債務者の一人が自己の負担部分に満たない額の弁済をした場合であっても，他の連帯債務者に対して各自の負担部分の割合に応じた求償をすることができるとしている。これによれば，例えば，A，B，Cの3名の連帯債務者が債権者に対して30万円の連帯債務を負い，その負担部分がそれぞれ平等である場合において，Aが債権者に対して6万円の一部弁済をしたとすると，AはBとCに対して2万円ずつの求償をすることができることになる。

しかし，このような帰結に対しては，負担部分を各自の固有の義務であると解する立場から，自己の負担部分を超える出えんをして初めて他の連帯債務者に対して求償することができると解すべきであるという批判がある。また，判例（最判昭和63年7月1日民集42巻6号451頁参照）も，不真正連帯債務に関しては，自己の負担部分を超える出えんをして初めて他の債務者に対して求償をすることができるとしている。

そこで，本文アでは，連帯債務者の一人が弁済をし，その他自己の財産をもって共同の免責を得たときは，その連帯債務者は，自己の負担部分を超える部分に限り，他の連帯債務者に対し，各自の負担部分について求償権を有するものとしている。

これに対し，上記大判大正6年5月3日が示したルールを明文化して，他の連帯債務者に対する求償権の発生のために自己の負担部分を超える出えんを必要としないものとする考え方があるので，これを（注）で取り上げている。

なお，この中間試案では差し当たり「出えん」という文言を用いているが，この文言は平成16年の民法現代語化の際に他の文言に置き換えられているので，条文化の際には，適当な用語に改める必要がある。

2 代物弁済又は更改後の債務の履行をした場合の求償関係（本文イ）

連帯債務者の一人が代物弁済をしたり，更改後の債務の履行をしたりした場合には，当該連帯債務者が出えんした額と共同の免責を得た額とが必ずしも一致しないことから，本文アだけでは，どの範囲で求償することができるのかが明らかにはならない。

これについて，一般には，代物弁済をし，又は更改後の債務の履行をした連帯債務者は，その出えん額が共同免責額以上である場合には，その共同免責額を基準として他の連帯債務者に対して求償をすることができるにとどまるのに対し，その出えん額が共同免責額に満たない場合には，その出えん額を基準として他の連帯債務者に対して求償をすることができるとされている。そこで，本文イでは，この一般的な理解を明文化して，連帯債務者の一人が代物弁済をし，又は更改後の債務の履行をして本文アの共同の免責を得たときは，その連帯債務者は，出えんした額のうち自己の負担部分を超える部分に限り，他の連帯債務者に対し，各自の負担部分について求償権を有するものとしている。「本文アの共同の免責を得たときは」という言い方をしているのは，その出えん額が共同免責額以上である場合の求償の基準が出えん額ではなく共同免責額となることを示すためである。

本文イによれば，例えば，A，B，Cの3名の連帯債務者が債権者に対して30万円の連帯債務を負い，その負担部分がそれぞれ平等である場合において，Aが債権者との間でAの債務全額の弁済に代えてA所有の自転車を債権者に引き渡す旨の代物弁済の合意をした後，Aが債権者に対して上記代物弁済合意に基づき当該自転車を引き渡したと

きは，当該自転車の価額が共同免責額（３０万円）以上であれば，当該自転車の価額が例えば６０万円であったとしても，ＡはＢとＣに対して１０万円ずつの求償をすることができるにとどまることになる。

(2) 連帯債務者間の通知義務（民法第４４３条関係）

民法第４４３条第１項を削除し，同条第２項の規律を次のように改めるものとする。

連帯債務者の一人が弁済をし，その他自己の財産をもって共同の免責を得た場合において，その連帯債務者が，他に連帯債務者がいることを知りながら，これを他の連帯債務者に通知することを怠っている間に，他の連帯債務者が善意で弁済その他共同の免責のための有償の行為をし，これを先に共同の免責を得た連帯債務者に通知したときは，当該他の連帯債務者は，自己の弁済その他共同の免責のためにした行為を有効であったものとみなすことができるものとする。

(概要)

まず，連帯債務者間の事前の通知義務について定めた民法第４４３条第１項について，履行の請求を受けた連帯債務者に対して，その履行を遅滞させてまで他の連帯債務者に事前の通知をする義務を課すのは相当でないという問題点の指摘を踏まえ，これを削除することとしている。その上で，事後の通知義務に関する同条第２項の規律を改め，先に弁済等をした連帯債務者が他の連帯債務者に対して事後の通知をする前に，当該他の連帯債務者が弁済等をし，これを先に弁済等をした連帯債務者に対して通知した場合には，後に弁済等をした連帯債務者は，自己の弁済等を有効とみなすことができるものとしている。これは，同条第１項を削除した上で同条第２項の規律をそのまま維持した場合には，先に弁済等をした連帯債務者と後に弁済等をした連帯債務者のいずれもが事後の通知を怠ったときに，後に弁済等をした連帯債務者の弁済等が有効とみなされるという不当な結果が生じ得ることによる。

(補足説明)

1 事前の通知制度の廃止（本文第１文）

連帯債務者間の事前の通知制度について定めた民法第４４３条第１項前段は，「連帯債務者の一人が債権者から履行の請求を受けたことを他の連帯債務者に通知しないで弁済をし，その他自己の財産をもって共同の免責を得た場合において，他の連帯債務者は，債権者に対抗することができる事由を有していたときは，その負担部分について，その事由をもってその免責を得た連帯債務者に対抗することができる。」と規定する。この規定の趣旨は，連帯債務者の一人が弁済等をしようとする場合には事前に他の連帯債務者に対して通知をしなければならないとすることによって，債権者に対抗できる事由を有している他の連帯債務者にその事由を主張する機会を与えようとすることにあるとされている。この規定によれば，例えば，ＡとＢが債権者に対して連帯債務を負う一方で，

Aが債権者に対して反対債権を有している場合には，債権者から履行の請求を受けたB
がAに対する事前の通知をせずに債権者に対して弁済をしたとしても，AはBからの求
償を拒むことができる。もっとも，このとき，Aが，債権者に対する債務を免れるとと
もにBからの求償を拒むことができる一方で，債権者に対する反対債権を行使すること
もできるのでは，公平を欠くことになる。そのため，民法第４４３条第１項後段は，「こ
の場合において，相殺をもってその免責を得た連帯債務者に対抗したときは，過失のあ
る連帯債務者は，債権者に対し，相殺によって消滅すべきであった債務の履行を請求す
ることができる。」と規定している。この規定は，Aの上記反対債権がBに移転すること
を定めたものと解されている。
　しかし，民法第４４３条第１項に対しては，連帯債務者は，履行期が到来すれば直ち
に弁済をしなければならない立場にあるから，その弁済を遅滞しつつ他の連帯債務者に
対する事前の通知をせざるを得ないような義務を課すのは相当でないという批判がある。
また，連帯債務者の一人は，他の連帯債務者が債権者に対抗することのできる事由を有
していたとしても，その事由を主張する機会を与える義務を負う筋合いにはないとの批
判もある。
　そこで，本文第１文では，民法第４４３条第１項を削除し，事前の通知制度を廃止す
るものとしている。
２　事後の通知制度の見直し（本文第２文）
　連帯債務者間の事後の通知制度について定めた民法第４４３条第２項は，「連帯債務者
の一人が弁済をし，その他自己の財産をもって共同の免責を得たことを他の連帯債務者
に通知することを怠ったため，他の連帯債務者が善意で弁済をし，その他有償の行為を
もって免責を得たときは，その免責を得た連帯債務者は，自己の弁済その他免責のため
にした行為を有効であったものとみなすことができる。」と規定する。この規定の趣旨は，
連帯債務者の一人が弁済等をした場合には他の連帯債務者に対して事後の通知をしなけ
ればならないとすることによって，他の連帯債務者が二重に弁済等をすることを防ぐこ
とにあるとされている。そして，現行法の下では，ある連帯債務について相次いで弁済
等をした者がいる場合において，先に弁済等をした連帯債務者が事後の通知をせず，か
つ，後に弁済等をした連帯債務者も事前の通知をしなかったときは，後に弁済等をした
連帯債務者は，同条第１項の事前の通知を怠った以上，同条第２項による保護を受ける
ことはできず，自己の弁済等を有効とみなすことができないと解されている（最判昭和
５７年１２月１７日民集３６巻１２号２３９９頁参照）。この場合において，債権者は，
両連帯債務者から二重の弁済等を受けたことになるが，後に弁済等をした連帯債務者は，
自己の弁済等を有効とみなすことができないため，債権者に対して不当利得返還請求を
することになる。
　しかし，事前の通知制度を廃止してしまうと（本文第１文），以上の解釈，すなわち，
後に弁済等をした連帯債務者が事前の通知を怠った場合には民法第４４３条第２項の保
護を受けることができないとの解釈を採ることができなくなるため，後に弁済等をした
連帯債務者による弁済等が常に有効とみなされることにもなりかねない。このような帰
結については，先に弁済等をした連帯債務者が事後の通知を怠ったことによるものであ

って、やむを得ないとの見方が一方ではあり得るが、他方で、先に弁済等をした連帯債務者も後に弁済等をした連帯債務者もいずれも事後の通知を怠ったような場合にまで、後に弁済等をした連帯債務者による弁済等が常に有効とみなされるのは、遅い者勝ちともいうべき事態であって、好ましくないとの見方もあり得る。
　そこで、本文第2文では、先に弁済等をした連帯債務者の弁済等が有効とされるのが原則であることを前提にしつつ、先に弁済等をした連帯債務者が、他に連帯債務者がいることを知りながら、これを他の連帯債務者に通知することを怠っている間に、他の連帯債務者が善意で弁済その他共同の免責のための有償の行為をし、これを先に共同の免責を得た連帯債務者に通知したときは、当該他の連帯債務者は、自己の弁済その他共同の免責のためにした行為を有効であったものとみなすことができるものとしている。このように先に弁済等をした連帯債務者が他に連帯債務者がいることを知っていた場合に場面を限定しているのは、他の連帯債務者の存在を認識することができなかった場合にまで通知を要求するのは酷だからである。
3　備考
　部会の審議では、民法第443条の規律を維持した上で、上記最判昭和57年12月17日が示したルールを明文化するべきであるという意見も示された。この考え方は、現行法を維持する考え方のヴァリエーションに過ぎないことから、（注）で取り上げることまではしていないが、今後の検討対象にはなり得るものである。

(3) 負担部分を有する連帯債務者が全て無資力者である場合の求償関係（民法第444条本文関係）

　民法第444条本文の規律に付け加えて、負担部分を有する全ての連帯債務者が償還をする資力を有しない場合において、負担部分を有しない連帯債務者の一人が弁済をし、その他自己の財産をもって共同の免責を得たときは、その連帯債務者は、負担部分を有しない他の連帯債務者のうちの資力がある者に対し、平等の割合で分割してその償還を請求することができるものとする。

（概要）
　負担部分を有する全ての連帯債務者が無資力である場合において、負担部分を有しない複数の連帯債務者のうちの一人が弁済をしたときは、求償者と他の有資力者との間で平等に負担をすべきであるとする判例法理（大判大正3年10月13日民録20輯751頁）を明文化するものである。

（補足説明）
　民法第444条前段は、連帯債務者の中に償還をする資力のない者があるときは、その償還をすることができない部分は、求償者と他の資力のある者との間で、各自の負担部分に応じて分割して負担すると規定しているが、負担部分を有する有資力者がいない場合に負担部分を有しない有資力者に対して求償をすることができるのかどうか、仮に、負担部

分を有しない有資力者に対して求償をすることができるとして，負担部分を有する有資力者が弁済等をしたときであっても，自己以外に負担部分を有する有資力者がいないときは，負担部分を有しない有資力者に対して求償をすることができるのかどうかについては，必ずしも明確ではない。

　この点に関して，判例（大判大正３年１０月１３日民録２０輯７５１頁）は，負担部分を有する連帯債務者が全て無資力者である場合において，負担部分を有しない複数の連帯債務者のうちの一人が弁済等をしたときは，求償者と他の有資力者との間で平等に負担をすべきであるとしている。この判例の趣旨及び民法第４４４条前段の文理に照らせば，負担部分を有する有資力者がいない場合には，負担部分を有しない有資力者に対して求償をすることができる一方で，負担部分を有する有資力者が弁済等をした場合には，自己以外に負担部分を有する有資力者がいないときであっても，負担部分を有しない有資力者に対して求償をすることはできないと考えることができる。これらの帰結は，負担部分を有しない有資力者に対して求償をすることができるのは，弁済者が負担部分を有しない連帯債務者であって，かつ，負担部分を有する有資力者が一人もいないという例外的な場合に限られるべきであるとの考え方によるものである。

　そこで，本文では，以上の理解を前提として，負担部分を有する連帯債務者が全て無資力者である場合において，負担部分を有しない連帯債務者の一人が弁済等をしたときは，その弁済等をした連帯債務者は，負担部分を有しない他の連帯債務者のうちの有資力者に対し，平等の負担割合による求償をすることができるものとしている。

(4) 連帯の免除をした場合の債権者の負担（民法第４４５条関係）
　　民法第４４５条を削除するものとする。

（概要）
　連帯債務者の一人が連帯の免除を得た場合に，他の連帯債務者の中に無資力である者がいるときは，その無資力の者が弁済をすることのできない部分のうち連帯の免除を得た者が負担すべき部分は，債権者が負担すると規定する民法第４４５条について，連帯の免除をした債権者の通常の意思に反するという一般的な理解に基づき，これを削除するものである。

（補足説明）
　民法第４４５条は，連帯債務者の一人が連帯の免除を得た場合において，他の連帯債務者の中に無資力者がいるときは，その無資力者が弁済をすることのできない部分のうち，連帯の免除を得た者が負担すべき部分は，債権者がこれを負担することを規定している。連帯の免除とは，債権者が連帯債務者に対し，債務の額をその負担部分に限定して，それ以上は請求しないとする意思表示のことをいう（特殊な一部免除であると説明されている。）。債権者が連帯債務者の一人に対して連帯の免除をすると，これを受けた連帯債務者だけが自己の負担部分に応じた額の分割債務を負うことになり，その他の連帯債務者は依然として全額について連帯債務を負うことになる。そのため，連帯債務者の一人に対する

連帯の免除は，その性質上当然に相対的効力事由であると考えられる。民法第445条の趣旨を具体例に即して述べると，次のとおりである。A，B，Cの3名の連帯債務者が債権者に対して30万円の連帯債務を負い，その負担部分がそれぞれ平等である場合において，債権者がCに対して連帯の免除をした後に，Aが債権者に対して30万円を弁済したとする。このとき，AがBとCに対して10万円ずつの求償をしようとしたものの，Bが無資力者であった場合には，民法第444条前段によって，AはCに対して5万円の追加分担の請求をすることができることになる。しかし，このようなCに対する追加分担の請求を認めてしまうと，Cが連帯の免除を受けた意味がなくなる。そこで，Aは，Cに対してではなく，債権者に対して5万円の支払を求めることができる。

しかし，この民法第445条の規定に対しては，連帯の免除をした債権者としては，通常，連帯債務者の内部的な分担についてまで引き受ける意思は有していないという批判があり，同条を削除すべきであるとの見解が主張されている。

そこで，本文では，以上の理解を前提として，民法第445条を削除するものとしている。なお，同条を削除したとしても，連帯の免除という法律行為そのものが否定されるわけではないので，上記の例では，連帯の免除を受けたCは，同法第444条前段に定められたとおり，Aからの5万円の追加分担の請求に応じなければならないことになる。

5 不可分債務
(1) 民法第430条の規律を改め，数人が不可分債務を負担するときは，その性質に反しない限り，連帯債務に関する規定を準用するものとする。
(2) 民法第431条のうち不可分債務に関する規律に付け加えて，不可分債務の内容がその性質上可分となったときは，当事者の合意によって，これを連帯債務とすることができるものとする。

(概要)
本文(1)は，連帯債務者の一人について生じた事由の効力が相対的効力を原則とするものに改められる場合には（前記3参照），不可分債務と連帯債務との間の効果の面での差異が解消されることから，不可分債務について，その性質に反しない限り，連帯債務に関する規定を準用するとするものである。

本文(2)は，不可分債務の債権者及び各債務者は，不可分債務の内容が不可分給付から可分給付となったときに，当事者の合意によって当該債務が連帯債務となることを定めることができるとするものである。これは，不可分債務が可分債務となったときは，各債務者はその負担部分についてのみ履行の責任を負うと規定する民法第431条について，不可分債務の担保的効力を重視していた債権者の意思に反する場合があるという問題点が指摘されていることによる。

(補足説明)
1 連帯債務の規定の準用（本文(1)）
民法第430条は，不可分債務について，絶対的効力事由に関する規定（同法第43

4条から第440条まで)を除いて連帯債務の規定を準用すると規定している。逆に言えば,連帯債務と不可分債務とは,絶対的効力事由に関する規定の適用の有無に違いが設けられているわけである。

　これに対し,前記3(連帯債務者の一人について生じた事由の効力等)における検討の結果として,連帯債務における絶対的効力事由が廃止される場合には,連帯債務と不可分債務との間の効果の面での差異が解消されることになる。

　そこで,本文(1)では,不可分債務について,その性質に反しない限り,連帯債務に関する規定を準用するとするものとしている。

2　不可分債務の内容がその性質上可分となったとき(本文(2))

　民法第431条は,不可分債務が可分債務となったときは,各債務者はその負担部分についてのみ履行の責任を負うと規定する。この規定の趣旨については,不可分債務とは給付を分割することができない場合に認められる特別の概念であるから,給付を分割することができるようになった場合には分割債務となるのが当然であるという説明がされている。

　しかし,債権の目的が不可分給付から可分給付となった場合に必ず分割債務となるというのでは,当事者の意思(特に,不可分債務の担保的効力を重視していた債権者の意思)に反する場合がある。

　そこで,本文(2)では,不可分債務の内容が不可分給付から可分給付となったときに,当事者の合意によってこれを連帯債務とすることができるものとしている。

6　債権者が複数の場合
(1) 同一の債権について数人の債権者がある場合において,当該債権の内容がその性質上可分であるときは,各債権者は,分割債権を有するものとする。ただし,法令又は法律行為の定めがある場合には,各債権者は,連帯債権を有するものとする。
(2) 同一の債権について数人の債権者がある場合において,当該債権の内容がその性質上不可分であるときは,各債権者は,不可分債権を有するものとする。

(概要)

　同一の債権について複数の債権者がある場合に関し,分割債権(民法第427条)と不可分債権(同法第428条)に解釈によって認められている連帯債権を加えた3つの類型があることを踏まえ,同一の債務について数人の債権者がいる場合(前記1)と同様に,分類を明確化する規定を設けるものである。

　本文(1)は,債権の内容が性質上可分である場合について,分割主義(民法第427条)を原則とした上で,その例外として,法令又は法律行為の定めによって連帯債権が成立するものとしている。

　本文(2)は,債権の内容が性質上不可分である場合には,各債権者は,専ら不可分債権を有するものとしている。これにより,連帯債権と不可分債権とは,内容が性質上可分か不

可分かによって区別されることになる。民法第428条は，内容が性質上可分であっても，当事者の意思表示によって不可分債権にすることができると定めているが，本文は，これを連帯債権に分類するものと改めている。

（補足説明）
1　連帯債権という概念の明文化
　　現行法は，同一の債権について複数の債権者がある場合として，分割債権（民法第427条）と不可分債権（同法第428条，第429条，第431条）の規定を置くのみであるが，下級審裁判例（東京地判平成14年12月27日判時1822号68頁等参照）や学説には，連帯債権という概念を認めるものがある。そこでは，連帯債権とは，複数の債権者が債務者に対し，同一の可分給付について有する債権であって，各債権者はそれぞれ独立して全部の給付を請求する権利を有し，そのうちの一人の債権者がその給付を受領すれば全ての債権者の債権が消滅するものであるとされている。また，連帯債権の例としては，復代理人に対する本人及び代理人の権利（民法第107条第2項），転借人に対する賃貸人及び転貸人の権利（同法第613条）などが挙げられている。
　　そこで，本文では，同一の債権について複数の債権者がある場合として，分割債権と不可分債権に連帯債権を加えた3つの類型についての規律を設けた上で，同一の債務について複数の債務者がある場合との対応関係を考慮しながら，その分類を再編成するものとしている。
2　債務の内容が性質上可分である場合（本文(1)）
　　具体的な再編成の在り方としては，同一の債務について複数の債務者がある場合と同様に，債権の内容が性質上可分であるか不可分であるかという基準を導入して，まず，債権の内容が性質上可分であるときには，各債権者は，原則として分割債権を有するが（本文(1)第1文），法令又は法律行為の定めがある場合には，例外的に連帯債権を有するものとしている（本文(1)第2文）。
3　債務の内容が性質上不可分である場合（本文(2)）
　　次に，債権の内容が性質上不可分であるときには，各債権者は，専ら不可分債権を有するものとしている（本文(2)）。現行法は，内容が性質上可分であっても当事者の意思表示によって不可分債権にすることができるとしている（同法第428条）が，本文の分類の下では，このような場合は不可分債権ではなく連帯債権として取り扱われることになる。
　　本文のような再編成により，連帯債権と不可分債権とは，内容が性質上可分か不可分かによって区別されることになる。

7　分割債権（民法第427条関係）
分割債権を有する数人の債権者は，当事者間に別段の合意がないときは，それぞれ等しい割合で権利を有するものとする。

（概要）

民法第４２７条のうち分割債権に関する規律を維持するものである。

（補足説明）
　民法第４２７条は，「数人の債権者又は債務者がある場合において」との文言から始まっており，分割債権に関する規律と分割債務に関する規律とが区別されずに規定されていて，分かりにくい。
　そこで，分割債権に関する規律と分割債務に関する規律とを書き分けることとし，本文では，分割債権に関する規律を取り上げている（分割債務に関する規律は，前記２で取り上げた。）。内容的には，民法第４２７条の規律を維持している。

8　連帯債権
　連帯債権に関する規定を新設し，次のような規律を設けるものとする。
　(1)　連帯債権を有する数人の債権者は，すべての債権者のために履行を請求することができ，その債務者は，すべての債権者のために各債権者に対して履行をすることができるものとする。
　(2)　連帯債権者の一人と債務者との間に更改，免除又は混同があった場合においても，他の連帯債権者は，債務の全部の履行を請求することができるものとする。この場合に，その一人の連帯債権者がその権利を失わなければ分与される利益を債務者に償還しなければならないものとする。
　(3)　上記(2)の場合のほか，連帯債権者の一人の行為又は一人について生じた事由は，他の連帯債権者に対してその効力を生じないものとする。

（概要）
　本文(1)は，不可分債権に関する民法第４２８条と同趣旨の規律を連帯債権について設けるものである。
　本文(2)は，不可分債権者の一人と債務者との間に更改又は免除があった場合に関する民法第４２９条第１項と同趣旨の規律を連帯債権について設けるものである。もっとも，同項は，不可分債権者の一人と債務者との間に混同があった場合にも類推適用されると解されている（最判昭和３６年３月２日民集１５巻３号３３７頁参照）ので，これを反映させている。
　本文(3)は，民法第４２９条第２項と同趣旨の規律を連帯債権について設けるものである。

（補足説明）
1　連帯債権の対外的関係（民法第４２８条参照）（本文(1)）
　民法第４２８条は，不可分債権に関して，数人の債権者は，すべての債権者のために履行を請求することができ，その債務者は，すべての債権者のために各債権者に対して履行をすることができると規定しているところ，連帯債権と不可分債権との間には内容が性質上可分か不可分かの違いしかないことになれば（前記６参照），この規律はそのまま連帯債権にも妥当することになる。

そこで,本文(1)では,不可分債権に関する民法第４２８条と同趣旨の規律を連帯債権について設けて,連帯債権を有する数人の債権者は,すべての債権者のために履行を請求することができ,その債務者は,すべての債権者のために各債権者に対して履行をすることができるものとしている。

2 連帯債権者の一人について生じた事由の効力等（民法第４２９条参照）（本文(2),(3)）
(1) 民法第４２９条第１項は,不可分債権者の一人と債務者との間に更改又は免除があった場合には,他の不可分債権者は債務者に対して債務の全部の履行を請求することはできるものの,更改又は免除により債権を失った不可分債権者に分与すべき利益を債務者に対して償還しなければならないと規定している。例えば,A,Bの2名の不可分債権者が債務者に対して時価１００万円の自動車の引渡しを求める不可分債権を有しており,A,Bの権利割合がそれぞれ平等である場合において,Aが債務者に対して免除の意思表示をしたときは,Bは債務者に対して当該自動車の引渡しを請求することができるものの,免除の意思表示により債権を失ったAに分与すべき利益を債務者に対して償還しなければならない。仮に同項が存在しなかったとすると,上記の例では,Bは債務者に対して当該自動車の引渡しを請求することができるとしても,Aに対してその利益を分与することになり,また,Aは自ら免除をした債務者に対してBから分与を受けた利益を不当利得として返還することになる。同項の存在意義は,このような求償の循環を回避することにあるとされている。

また,判例（最判昭和３６年３月２日民集１５巻３号３３７頁参照）は,不可分債権者の一人と債務者との間の混同についても,民法第４２９条第１項が類推適用されるとしている。

以上の不可分債権に関する規律は,そのまま連帯債権にも妥当することになるので,本文(2)では,民法第４２９条及び上記最判昭和３６年３月２日が示したルールと同趣旨の規律を連帯債権について設けて,連帯債権者の一人と債務者との間に更改,免除又は混同があった場合においても,他の連帯債権者は,債務の全部の履行を請求することができるものの,更改,免除又は混同により債権を失った連帯債権者に分与すべき利益を債務者に対して償還しなければならないものとしている。

(2) 民法第４２９条第２項は,同条第１項で掲げた場合のほか,不可分債権者の一人の行為又は一人について生じた事由は,他の不可分債権者に対してその効力を生じないと規定している。

この規律もまた,そのまま連帯債権に妥当することになるので,本文(3)では,本文(2)の場合のほか,連帯債権者の一人の行為又は一人について生じた事由は,他の連帯債権者に対してその効力を生じないものとしている。

3 備考
この中間試案では,連帯債務者の一人について生じた事由の効力等に関しては,抜本的に見直すものとしているが（前記3）,連帯債権者（不可分債権者）の一人について生じた事由の効力等に関しては,現行法下のルールを維持するものとしている。これは,部会の審議において,債務者が複数の場合については現行法の問題点が多く指摘されたのに対し,債権者が複数の場合についてはそのような特段の問題点の指摘がなかったこ

とによるが，複数の債権者と対峙することになる一人の債務者の利益への配慮を反映した扱いと見ることができる。
　この結果として，連帯債務者の一人について生じた事由の効力等に関するルールと連帯債権者の一人について生じた事由の効力等に関するルールとが，必ずしも相互に対応するものとはなっていない。例えば，連帯債務に関する前記3(1)では，連帯債務者の一人に対する履行の請求は，当事者間に別段の合意がある場合を除き，他の連帯債務者に対してその効力を生じないものとして，請求を原則として相対的効力事由に位置づけているのに，連帯債権に関する本文(1)では，連帯債権者はすべての債権者のために履行を請求することができるものとして，請求を絶対的効力事由に位置づけている。今後の審議においては，連帯債務者の一人について生じた事由の効力等に関するルールと連帯債権者の一人について生じた事由の効力等に関するルールとの対応関係にも留意した検討をする必要がある。

　9　不可分債権
　　(1) 民法第428条の規律を改め，数人が不可分債権を有するときは，その性質に反しない限り，連帯債権に関する規定を準用するものとする。
　　(2) 民法第431条のうち不可分債権に関する規律に付け加えて，不可分債権の内容がその性質上可分となったときは，当事者の合意によって，これを連帯債権とすることができるものとする。

（概要）
　本文(1)は，連帯債権と不可分債権とは，債権の内容が性質上可分であるか不可分であるかによって区別されることを前提に（前記6），不可分債権について，その性質に反しない限り，連帯債権に関する規定を準用するとするものである。
　本文(2)は，不可分債権の債務者及び各債権者は，不可分債権の目的が不可分給付から可分給付となったときに，当事者の合意によって当該債権は連帯債権となることを定めることができるとするものである。これは，不可分債権が可分債権となったときは，各債権者は自己が権利を有する部分についてのみ履行を請求することができると規定する民法第431条について，当事者の意思に反する場合があるという問題点が指摘されていることによる。

（補足説明）
1　連帯債権の規定の準用（本文(1)）
　　本文(1)は，連帯債権と不可分債権とは，債権の内容が性質上可分であるか不可分であるかによって区別されることを前提に（前記6），不可分債権について，その性質に反しない限り，連帯債権に関する規定を準用するとしている。
2　不可分債権の内容がその性質上可分となったとき（本文(2)）
　　民法第431条は，不可分債権が可分債権となったときは，各債権者は自己が権利を有する部分についてのみ履行を請求することができると規定している。この規定の趣旨

については，不可分債権とは給付を分割することができない場合に認められる特別の概念であるから，給付を分割することができるようになった場合には分割債権となるのが当然であるという説明がされている。

　しかし，債権の目的が不可分給付から可分給付となった場合に必ず分割債権になるというのでは，当事者の意思に反する場合がある。また，不可分債務について，その目的が不可分給付から可分給付となったときに当該債務は連帯債務となることを当事者の合意によって定めることができるとするのであれば（前記5(2)），不可分債権についても，同様の取扱いを認めるべきであると考えられる。

　そこで，本文(2)では，不可分債権の内容がその性質上可分となったときは，当事者の合意によって，これを連帯債権とすることができるものとしている。

第17　保証債務
1　保証債務の付従性（民法第448条関係）
　保証債務の付従性に関する民法第448条の規律を維持した上で，新たに次のような規律を付け加えるものとする。
　(1) 主たる債務の目的又は態様が保証契約の締結後に減縮された場合には，保証人の負担は，主たる債務の限度に減縮されるものとする。
　(2) 主たる債務の目的又は態様が保証契約の締結後に加重された場合には，保証人の負担は，加重されないものとする。

（概要）
　本文(1)は，民法第448条の解釈として，保証契約の締結後に主債務の目的又は態様が減縮された場合には，保証人の負担もそれに応じて減縮されるとされている（大連判明治37年12月13日民録10輯1591頁参照）ことから，これを明文化するものである。
　本文(2)は，保証契約の締結後に主債務の目的又は態様が加重された場合の処理について，一般的な理解を明文化するものである。

（補足説明）
1　主たる債務の目的又は態様が保証契約の締結後に減縮された場合（本文(1)）
　一般に，保証債務には，付従性（主債務を担保する目的のために存するという性質），随伴性（主債務が移転するときはこれと共に移転するという性質），補充性（主債務が履行されないときに初めて履行しなければならなくなるという性質）等があるとされている。また，付従性には，成立における付従性（主債務がなければ成立しないという性質），内容における付従性（主債務より重くなることはないという性質），消滅における付従性（主債務が消滅すれば消滅するという性質）があるとされている。
　このうちの内容における付従性について，民法第448条は，主債務の内容（債務の目的又は態様）が主債務よりも重い場合には，保証債務の内容も主債務の限度に減縮されることを規定する。また，この規定の解釈として，保証契約の締結後に主債務の内容が減縮された場合には，保証債務の内容もそれに応じて減縮されるとされている。例え

ば，主債務の弁済期が延期された場合には，その効力は保証債務にも及ぶと解されている（大連判明治37年12月13日民録10輯1591頁）。
　そこで，本文(1)では，これを明文化して，主たる債務の目的又は態様が保証契約の締結後に減縮された場合には，保証人の負担は，主たる債務の限度に減縮されるものとしている。
2　主たる債務の目的又は態様が保証契約の締結後に加重された場合（本文(2)）
　以上に対し，保証契約の締結後に主債務の内容が加重された場合の処理については，明文の規定が存在しないが，付従性の趣旨に照らせば，保証契約の締結後に主債務の内容が加重された場合であっても，保証債務にその影響は及ばないと解されている。
　そこで，本文(2)では，これを明文化して，主たる債務の目的又は態様が保証契約の締結後に加重された場合であっても，保証人の負担は加重されないものとしている。

２　主たる債務者の有する抗弁（民法第457条第2項関係）
　　民法第457条第2項の規律を次のように改めるものとする。
　(1)　保証人は，主たる債務者が主張することができる抗弁をもって債権者に対抗することができるものとする。
　(2)　主たる債務者が債権者に対して相殺権，取消権又は解除権を有するときは，これらの権利の行使によって主たる債務者が主たる債務の履行を免れる限度で，保証人は，債権者に対して債務の履行を拒むことができるものとする。

（概要）
　主たる債務者が債権者に対して抗弁権を有している場合について，主たる債務者の相殺のみを定めている民法第457条第2項を改め，類似の状況を規律する会社法第581条の表現を参考にして，規律の明確化を図るものである。
　本文(1)は，主たる債務者が債権者に対して抗弁権を有している場合全般を対象として，一般的な理解（最判昭和40年9月21日民集19巻6号1542頁参照）を明文化するものであり，会社法第581条第1項に相当する。
　本文(2)は，主たる債務者が債権者に対して相殺権を有する場合のほか，取消権又は解除権を有する場合に関する近時の一般的な理解を明文化するものであり，会社法第581条第2項に相当する。

（補足説明）
1　主債務者が主張することのできる抗弁（本文(1)）
　一般に，保証人は，保証債務の付従性に基づき，主債務者の有する抗弁を主張することができるとされている（最判昭和40年9月21日民集19巻6号1542頁参照）。したがって，例えば，主債務者が，契約の無効の抗弁（主債務の不発生），弁済・相殺の抗弁（主債務の消滅），同時履行の抗弁（主債務の履行請求の阻止）などの抗弁を有する場合には，保証人も，債権者に対してそれらの抗弁を主張することができる。つまり，主債務者が相殺権，取消権，解除権を行使した場合には，保証人は主債務者の主張する

ことのできる相殺の抗弁（主債務の消滅），契約取消し・契約解除の抗弁（主債務の不発生あるいは消滅）を主張することができる。ただし，上記各抗弁のうち，主債務の不発生や消滅に関する抗弁については，主債務者の主張することのできる抗弁を保証人が主張するというより，むしろ，保証債務の成立の付従性や消滅の付従性に基づいて，保証人自身が自己の有する抗弁として主張することができると理解するほうが自然であるとも言い得る。もっとも，他方で，主債務の履行請求の阻止に関する同時履行の抗弁などについては，保証人自身の有する抗弁とは言い難いようにも思われる。これらを踏まえれば，「主債務者が債権者に対して主張することのできる抗弁」を保証人も債権者に対して主張することができると規定しておくことには，十分意味があると考えられる。

　また，会社法第５８１条第１項は，社員が持分会社の債務を弁済する責任を負う場合において，その社員は，持分会社が主張することのできる抗弁をもって，持分会社の債権者に対抗することができると規定しているところ，一般に，持分会社が同条第２項の相殺権，取消権，解除権を行使した場合には，その社員は，同条第１項に基づき，持分会社の主張することのできる抗弁を債権者に対して主張することができると解されている。

　そこで，本文(1)では，以上の理解に基づき，会社法第５８１条第１項を参考として，保証人は，主たる債務者が主張することができる抗弁をもって債権者に対抗することができるものとしている。

2　主債務者が行使することのできる相殺権，取消権又は解除権（本文(2)）
(1) 民法第４５７条第２項は，保証人は主債務者の反対債権による相殺をもって債権者に対抗することができると規定している。この規定については，保証人が主債務者の有する反対債権を自働債権として相殺の意思表示をすることができることを定めたものとする見解があり，下級審裁判例にも，この規定の類推適用により，物上保証人が，抵当権者に対し，被担保債権の債務者が抵当権者に対して有する反対債権を自働債権として相殺の意思表示をすることができるとしたものがある（大阪高判昭和５６年６月２３日下民集３２巻５＝６＝７＝８号４３６頁）。しかし，通説は，他人である主債務者の有する反対債権の処分権限まで保証人に与えるのは過大であるとして，保証人は，主債務が相殺によって消滅する限度で保証債務の履行を拒絶することができるにとどまると解している。

　　ところで，持分会社の社員は，一定の場合に持分会社の債務を弁済する責任を負うという点で，保証人に類似した立場に置かれているところ（会社法第５８０条参照），同法第５８１条第２項は，社員が持分会社の債務を弁済する責任を負う場合において，持分会社がその債権者に対して相殺権を有するときは，社員は債権者に対して債務の履行を拒むことができると規定している。一般に，この規定は，上記の通説の立場を前提としたものであるとされている。

(2) 現行民法は，主債務者が債権者に対して相殺権を有する場合についての規定を置くのみであり，主債務者が取消権，解除権等を有する場合の処理は，解釈に委ねられているところ，一般に，主債務者が取消権又は解除権を有する場合には，保証人は，取消権又は解除権が行使されるかどうかが確定するまでの間，保証債務の履行を拒絶す

ることができると解されている。
　また，前述のとおり，会社法第５８１条第２項は，社員が持分会社の債務を弁済する責任を負う場合において，持分会社が債権者に対して取消権又は解除権を有するときは，社員は債権者に対して債務の履行を拒むことができると規定している。
(3) そこで，本文(2)では，以上の理解に基づき，会社法第５８１条第２項を参考として，主たる債務者が債権者に対して相殺権，取消権又は解除権を有するときは，これらの権利の行使によって主たる債務者が主たる債務の履行を免れる限度で，保証人は，債権者に対して債務の履行を拒むことができるものとしている。

3　保証人の求償権
(1) 委託を受けた保証人の求償権（民法第４５９条・第４６０条関係）
　民法第４５９条及び第４６０条の規律を基本的に維持した上で，次のように改めるものとする。
　ア　民法第４５９条第１項の規律に付け加えて，保証人が主たる債務者の委託を受けて保証をした場合において，主たる債務の期限が到来する前に，弁済その他自己の財産をもって債務を消滅させるべき行為をしたときは，主たる債務者は，主たる債務の期限が到来した後に，債務が消滅した当時に利益を受けた限度で，同項による求償に応ずれば足りるものとする。
　イ　民法第４６０条第３号を削除するものとする。

(概要)
　本文アは，委託を受けた保証人が主たる債務の期限の到来前に弁済等をした場合の求償権について，そのような弁済等は委託の趣旨に反するものと評価できることから，委託を受けない保証人の求償権（民法第４６２条第１項）と同様の規律とするものである。
　本文イは，民法第４６０条第３号の事前求償権の発生事由（債務の弁済期が不確定で，かつ，その最長期をも確定することができない場合において，保証契約の後１０年を経過したとき）には，そもそも主たる債務の額すら不明であって事前求償になじむ場面ではないという問題点が指摘されていることから，同号を削除するものである。

(補足説明)
1　委託を受けた保証人が期限前に弁済等をした場合の事後求償権（本文(1)）
　民法第４５９条第１項は，委託を受けた保証人が弁済や代物弁済等によって主債務を消滅させた場合の求償関係について規定している。保証委託契約は，委任契約であるから，委託を受けた保証人が弁済に要する費用については，委任事務の処理に要する費用として，委任者である主債務者に対して請求をすることができるところ（同法第６４９条，６５０条），このような委任に関する規定の特則として，委託を受けた保証人の求償権に関する規定（同法第４５９条から第４６１条まで，第４６３条）が置かれている。
　ところで，委託を受けた保証人が，主債務の弁済期が到来する前に，保証債務の期限の利益を放棄して弁済等をすることがあるが，このような保証債務の期限前弁済は，保

証委託の趣旨に反することがあるとの指摘がされている。例えば，主債務者も保証人も債権者に対する反対債権を有していたところ，債権者の資力が悪化したため，保証人が保証債務の期限の利益を放棄して債権者に対して自己の反対債権を自働債権とする相殺を行うことがあり得るが，これは，債権者の無資力のリスクを主債務者に負わせて自己の利益を図るものであるというのである。

そこで，委託を受けた保証人が期限前に弁済等をした場合については，保証委託の趣旨に反することがあることを踏まえ，その場合の事後求償権の範囲を，委託を受けない保証人の事後求償権の範囲と同様のものにとどめるべきであるとの考え方が示されている。すなわち，事後求償権が認められる範囲を，委託を受けた保証人が期限前弁済等をした当時に主債務者が利益を受けた限度（民法第４６２条第１項参照）にとどめるべきであるというのである。また，判例（大判大正３年６月１５日民録２０輯４７６頁）は，委託を受けた保証人が期限前に弁済等をした場合においては，主債務者の期限の利益を害さないようにするため，その保証人による事後求償権の行使は，主債務の期限の到来を待たなければならないとしている。

本文(1)は，以上を明文化して，保証人が主たる債務者の委託を受けて保証をした場合において，主たる債務の期限が到来する前に，弁済その他自己の財産をもって債務を消滅させるべき行為をしたときは，主たる債務者は，主たる債務の期限が到来した後に，債務が消滅した当時に利益を受けた限度で，同項による求償に応ずれば足りるものとしている。

2 委託を受けた保証人の事前求償権（本文(2)）
(1) 民法第４６０条は，委託を受けた保証人が事前求償権を行使することができる場合として，主債務者が破産手続開始の決定を受け，かつ，債権者がその破産財団の配当に加入しないとき（同条第１号），主債務が弁済期にあるとき（同条第２号），主債務の弁済期が不確定で，かつ，その最長期をも確定することができない場合において，保証契約の後１０年を経過したとき（同条第３号）を挙げている。このほか，過失なく債権者に弁済をすべき旨の裁判の言渡しを受けたとき（同法第４５９条第１項）も，委託を受けた保証人が事前求償権を行使することができる場合の一つであると解されている。

保証委託契約は，委任契約であるから，委託を受けた保証人が弁済をするのに必要な費用については，委任者である主債務者に対して前払請求をすることができるところ（同法第６４９条），委託を受けた保証人について，常にこの前払請求を認めてしまうと，主債務者にとっては，保証人に保証委託をした意味がなくなる。したがって，保証委託契約の趣旨からは，一般の委任契約の場合とは異なり，費用前払請求権は認められないのが原則となる。しかし，委託を受けた保証人であっても，事前に求償をしなければ主債務者の財産が散逸してしまうなどの危険があり得るため，例外的に事前求償権を認める必要がある。委託を受けた保証人の事前求償権は，このような観点から，委任契約における受任者の費用前払請求権を制限しつつ，必要な範囲で例外的に認められたものと考えられる。

(2) 部会の審議においては，債権者には，保証人との関係でその負担を不当に重くする

ことがないように行動すべき信義則上の義務があり，債権者がこの義務に違反して主債務者に対する債権回収を著しく怠った場合には，保証人は一定の範囲で免責される旨の規定を設けるという考え方が示され，このような規定が設けられるのであれば，事前求償権の規定を削除しても委託を受けた保証人の保護を図ることができるという指摘もあった。

しかし，以上のような債権者が主債務者に対する債権の回収を著しく怠った場合に保証人を免責するという考え方に対しては異論もあり，したがって，事前求償権の規定を削除する考え方は採られなかった。

(3) もっとも，民法第460条第3号の事前求償権の発生事由（債務の弁済期が不確定で，かつ，その最長期をも確定することができない場合において，保証契約の後10年を経過したとき）については，そもそも事前求償権という制度になじまないとの指摘がされている。債務の弁済期が不確定で，かつ，その最長期をも確定することができない場合の例としては，終身定期金債務の保証などが挙げられているが，これについては，主債務の額が定まらないなどの問題があるから，事前の求償にはなじまないというのである。

そこで，本文(2)では，この民法第460条第3号のみを削除するものとしている。

(2) 保証人の通知義務

民法第463条の規律を次のように改めるものとする。

ア　保証人が主たる債務者の委託を受けて保証をした場合において，保証人が弁済その他自己の財産をもって主たる債務者にその債務を免れさせる行為をしたにもかかわらず，これを主たる債務者に通知することを怠っている間に，主たる債務者が善意で弁済その他免責のための有償の行為をし，これを保証人に通知したときは，主たる債務者は，自己の弁済その他免責のためにした行為を有効であったものとみなすことができるものとする。

イ　保証人が主たる債務者の委託を受けて保証をした場合において，主たる債務者が弁済その他自己の財産をもって債務を消滅させるべき行為をしたにもかかわらず，これを保証人に通知することを怠っている間に，保証人が善意で弁済その他免責のための有償の行為をし，これを主たる債務者に通知したときは，保証人は，自己の弁済その他免責のためにした行為を有効であったものとみなすことができるものとする。

ウ　保証人が主たる債務者の委託を受けないで保証をした場合（主たる債務者の意思に反して保証をした場合を除く。）において，保証人が弁済その他自己の財産をもって主たる債務者にその債務を免れさせる行為をしたにもかかわらず，これを主たる債務者に通知することを怠っている間に，主たる債務者が善意で弁済その他免責のための有償の行為をしたときは，主たる債務者は，自己の弁済その他免責のためにした行為を有効であったものとみなすことができるものとする。

(概要)
　保証人の事前の通知義務(民法第463条第1項による同法第443条第1項前段の準用)は,廃止するものとしている(連帯債務者間の事前の通知義務の廃止について前記第16,4(2)参照)。委託を受けた保証人については,履行を遅滞させてまで主たる債務者への事前の通知をする義務を課すのは相当ではないという問題点が指摘されており,また,委託を受けない保証人については,主たる債務者が債権者に対抗することのできる事由を有していた場合には,事前の通知をしていたとしてもその事由に係る分の金額については求償をすることができない(同法第462条第1項,第2項)のであるから,これを義務づける意義が乏しいという問題点が指摘されていることを考慮したものである。
　その上で,本文アは,委託を受けた保証人と主たる債務者との間の事後の通知義務に関する規律として,先に弁済等をした保証人が事後の通知をする前に,後に弁済等をした主たる債務者が事後の通知をした場合には,主たる債務者は,自己の弁済等を有効とみなすことができるものとしている。委託を受けた保証人に関して,連帯債務者間の事後の通知義務の見直し(前記第16,4(2))と同様の見直しをする趣旨である。
　本文イは,委託を受けた保証人がある場合に,先に弁済等をした主たる債務者が事後の通知をする前に,後に弁済等をした保証人が事後の通知をしたときについて,保証人は,自己の弁済等を有効とみなすことができるものとしている。現行の民法第463条第2項に相当するものである。
　本文ウは,主たる債務者の委託を受けないが,その意思に反しないで保証をした保証人の事後の通知義務に関して,現行の民法第443条第2項(同法第463条第1項で保証人に準用)の規律を維持するものである。
　なお,主たる債務者の意思に反して保証をした保証人については,事後の通知義務を廃止するものとしている。この保証人は,事後の通知をしたとしても,主たる債務者が求償時までに債権者に対抗することのできる事由を有していた場合には,その事由に係る分の金額については求償をすることができない(民法第462条第2項)のであるから,事後の通知を義務づける意義が乏しいという問題点が指摘されていることによる。

(補足説明)
1　委託を受けた保証人の通知義務(本文ア,イ)
　(1) 民法第463条第1項は,連帯債務者間の事前通知について規定する同法第443条第1項を保証人について準用している。この趣旨は,保証人が弁済等をしようとするときに,主債務者への事前通知を義務付けることによって,主債務者が債権者に対抗することのできる事由を有している場合にそれを主張する機会を与えようとする点にある。
　　もっとも,この中間試案では,連帯債務者による事前通知の制度については,これを廃止するものとされている(前記第16,4(2))。その理由としては,連帯債務者の一人は,履行期が到来すれば直ちに弁済をしなければならない立場にあるから,その弁済を遅滞しつつ他の連帯債務者に対する事前の通知をせざるを得ないような義務を課すのは相当でないことなどが挙げられている。委託を受けた保証人も,連帯債務

者と同様に，履行期が到来すれば直ちに弁済をしなければならない立場にあるから，履行を遅滞させてまで主たる債務者への事前の通知をする義務を課すのは相当ではないといえる。

そこで，本文では，委託を受けた保証人による事前通知の制度を廃止するものとしている。
(2) 委託を受けた保証人による事前通知の制度を廃止して，委託を受けた保証人による事後通知の制度（民法第463条第1項，第443条第2項）及び主債務者による事後通知の制度（同法第463条第2項，第443条第2項）のみを残す場合（なお，求償権を取得することのない主債務者による事前通知の制度は，もともと存在しないと解されている。）において，先に弁済等をした者と後に弁済等をした者とがいずれも事後の通知を怠ったときに，同法第443条第2項によって，後に弁済等をした者の弁済等が常に有効となるのでは，遅い者勝ちともいうべき事態となって，好ましくないと考えられる。

そこで，本文アでは，保証人が主たる債務者の委託を受けて保証をした場合において，保証人が弁済その他自己の財産をもって主たる債務者にその債務を免れさせる行為をしたにもかかわらず，これを主たる債務者に通知することを怠っている間に，主たる債務者が善意で弁済その他免責のための有償の行為をし，これを保証人に通知したときは，主たる債務者は，自己の弁済その他免責のためにした行為を有効であったものとみなすことができるものとしている。

他方，本文イでは，保証人が主たる債務者の委託を受けて保証をした場合において，主たる債務者が弁済その他自己の財産をもって債務を消滅させるべき行為をしたにもかかわらず，これを保証人に通知することを怠っている間に，保証人が善意で弁済その他免責のための有償の行為をし，これを主たる債務者に通知したときは，保証人は，自己の弁済その他免責のためにした行為を有効であったものとみなすことができるものとしている。
2 委託を受けないが主債務者の意思に反しない保証人の通知義務（本文ウ）
(1) 前述のとおり，民法第463条第1項は，連帯債務者間の事前通知について規定する同法第443条第1項を保証人について準用している。

ところが，委託を受けないが主債務者の意思に反しない保証人については，その求償権の範囲が，主債務者が「その当時利益を受けた限度」（民法第462条第1項）にとどまるとされている。そして，委託を受けないが主債務者の意思に反しない保証人が弁済等をした当時，主債務者が債権者に対抗することのできる事由を有していた場合には，その事由に係る分の金額については「その当時利益を受けた限度」から除外されることになる。したがって，委託を受けないが主債務者の意思に反しない保証人は，主債務者に対する事前の通知を怠ったかどうかにかかわらず，その保証債務の弁済等をした当時，主債務者が債権者に対抗することのできる事由を有していた場合には，その事由に係る分の金額について求償をすることができないことになる。そうすると，委託を受けないが主債務者の意思に反しない保証人については，事前通知を義務づける意義が乏しい。

そこで，本文では，委託を受けないが主債務者の意思に反しない保証人による事前通知の制度を廃止するものとしている。
(2) 民法第463条第1項，第443条第2項，第462条第1項によれば，委託を受けないが主債務者の意思に反しない保証人が主債務者よりも先に弁済等をした場合において，保証人が主債務者に対して事後の通知をする前に，主債務者が弁済等をしたときは，主債務者は，自己の弁済等を有効とみなすことができる。なお，委託を受けない保証人に対する主債務者による事前通知や事後通知の制度は存在しない（民法第443条第2項参照）。
　　本文ウでは，この現行法下における帰結をそのまま明文化するものとしている。
3　委託を受けず主債務者の意思にも反する保証人の通知義務
(1) 前述のとおり，民法第463条第1項は，連帯債務者間の事前通知について規定する同法第443条を保証人について準用している。
　　ところが，委託を受けず主債務者の意思にも反する保証人については，その求償権の範囲が，主債務者が「現に利益を受けている限度」（民法第462条第2項）にとどまるとされている。そして，委託を受けず主債務者の意思にも反する保証人が主債務者に対して求償をした時までに，主債務者が債権者に対抗することのできる事由を有していた場合には，その事由に係る分の金額については「現に利益を受けた限度」から除外されることになる。したがって，委託を受けず主債務者の意思にも反する保証人は，主債務者に対する事前の通知を怠ったかどうかにかかわらず，主債務者に対して求償をした時までに主債務者が債権者に対抗することのできる事由を有していた場合には，その事由に係る分の金額について求償をすることができないことになる。そうすると，委託を受けず主債務者の意思にも反しない保証人については，事前通知を義務づける意義が乏しい。
　　そこで，本文では，委託を受けず主債務者の意思にも反する保証人による事前通知の制度を廃止するものとしている。
(2) 委託を受けず主債務者の意思にも反する保証人については，上記のとおり，その求償権の範囲が，主債務者が「現に利益を受けている限度」（民法第462条第2項）にとどまるとされているから，保証人が主債務者に対して求償をした時までに，主債務者が債権者に対抗することのできる事由を有していた場合には，その事由に係る分の金額の求償をすることができないことになる。したがって，保証人が事後の通知を怠ったかどうかにかかわらず，保証人が主債務者に対して求償をした時までに主債務者が弁済等をしていた場合には，その弁済等に係る金額の求償をすることができないことになる。つまり，主債務者は，自己の弁済等を有効とみなすことができることになる。そうすると，委託を受けず主債務者の意思にも反する保証人については，事前の通知のみならず，事後の通知を義務づける意義も乏しいことになる。
　　そこで，本文では，委託を受けず主債務者の意思にも反する保証人については，事後通知の制度も廃止するものとしている。

4 連帯保証人に対する履行の請求の効力（民法第458条関係）

連帯保証人に対する履行の請求は，当事者間に別段の合意がある場合を除き，主たる債務者に対してその効力を生じないものとする。

（注）連帯保証人に対する履行の請求が相対的効力事由であることを原則としつつ，主たる債務者と連帯保証人との間に協働関係がある場合に限りこれを絶対的効力事由とするという考え方がある。

（概要）

民法第458条は，連帯債務者の一人について生じた事由の効力が他の連帯債務者にも及ぶかどうかに関する同法第434条から第440条までの規定を連帯保証に準用しているが，主債務者について生じた事由の効力に関しては，保証債務の付従性によって保証人にも及ぶことから，同法第458条の規定は，専ら連帯保証人について生じた事由の効力が主債務者にも及ぶかどうかに関するものと解されている。そして，連帯保証人に対する履行の請求の効力が主たる債務者にも及ぶこと（同法第458条，第434条）に対しては，連帯保証人は主たる債務者の関与なしに出現し得るのであるから，主たる債務者に不測の損害を与えかねないという問題点が指摘されている。そこで，当事者間に別段の合意がない場合には，連帯保証人に対する履行の請求は，主たる債務者に対してその効力を生じないものとしている。この点に関しては，相対的効力事由であることを原則としつつ，連帯保証人と主たる債務者との間に請求を受けたことの連絡を期待できるような協働関係がある場合に限り絶対的効力事由とする旨の規定に改めるという考え方があり，これを（注）で取り上げている。なお，連帯債務に関する民法第434条についても，以上と同様の見直しが検討されている（前記第16，3(1)）。

（補足説明）

1 民法第458条は，連帯債務者の一人について生じた事由の効力が他の連帯債務者にも及ぶかどうかに関する同法第434条から第440条までの規定を連帯保証に準用している。もっとも，主債務者について生じた事由の効力に関しては，保証債務の付従性によって保証人にも及ぶことから，同法第458条の規定は，専ら連帯保証人について生じた事由の効力が主債務者にも及ぶかどうかに関するものと解されている。

したがって，連帯保証人に対する履行の請求の効力は，民法第458条，第434条によって，主債務者にも及ぶことになるが，このような帰結に対しては，連帯保証人は主債務者の関与がなくとも債権者と連帯保証人との間の契約のみによって出現し得るところ，主債務者の関知しない連帯保証人に対して履行の請求がされたというだけで，主債務者との関係でも履行の請求の効力が生ずるのでは，主債務者に不測の損害を与えかねないという批判がある。

そこで，本文では，連帯債務者の一人に対する履行の請求（前記第16，3(1)）と同様に，連帯保証人に対する履行の請求は，当事者間に別段の合意がある場合を除き，主債務者に対してその効力を生じないものとしている。連帯保証人に対する履行の請求に主たる債務者に対する効力を認める場合と認めない場合とを振り分ける基準を当事者間

の別段の合意の有無に求めているのである。
　こうした考え方に対しては，例えば主債務者が行方不明となった場合に主債務について履行の請求の効力を及ぼすことが難しくなってしまうという不都合が指摘されている。また，保証人の事後求償権の消滅時効は，たとえ事前求償権が生じていたとしても保証人による弁済等があった時点から進行を開始するとされているから（最判昭和６０年２月１２日民集３９巻１号８９頁），主債務者の関知しない連帯保証人が弁済等をすれば主債務者は新たな求償債務を負うことになり，実質的にはその時点での主債務の消滅時効に対する期待を失うことになる。したがって，連帯保証人に対する履行の請求を相対的効力事由としたとしても，主債務者の関知しない連帯保証人によって主債務の消滅時効に対する期待が失われる事態を回避することができるわけではないとの指摘もされている。

2　また，連帯債務者の一人に対する履行の請求（前記第１６，３(1)）と同様に，連帯保証人に対する履行の請求は原則として主債務者にはその効力を生じないものとしつつ，主債務者と連帯保証人との間に協働関係がある場合には例外的にその効力が主債務者にも及ぶという考え方があるので，これを（注）で取り上げている。「協働関係」の存否という基準は債権者にとって明確であるとは言えないとの批判がされているのも，連帯債務者の一人に対する履行の請求（前記第１６，３(1)）と同様である。債権者としては主債務者と連帯保証人との間に協働関係があると考えて連帯保証人に対してのみ履行の請求をしたのに，実際には主債務者と連帯保証人との間には協働関係がなかったために当該履行の請求の効力が主債務者には及ばないといった事態が生じかねず，債権者に不測の不利益を与えるおそれがあるというのである。

　5　根保証
　　(1)　民法第４６５条の２（極度額）及び第４６５条の４（元本確定事由）の規律の適用範囲を拡大し，保証人が個人である根保証契約一般に適用するものとする。
　　(2)　民法第４６５条の３（元本確定期日）の規律の適用範囲を上記(1)と同様に拡大するかどうかについて，引き続き検討する。
　　(3)　一定の特別な事情がある場合に根保証契約の保証人が主たる債務の元本の確定を請求することができるものとするかどうかについて，引き続き検討する。

（概要）
　本文(1)は，現在は貸金等根保証契約のみを対象としている民法第４６５条の２（極度額）と同法第４６５条の４（元本確定事由）の規律について，その適用範囲を拡大し，主たる債務の範囲に貸金等債務が含まれないものにまで及ぼすものである。根保証契約を締結する個人にとって，その責任の上限を予測可能なものとすること（極度額）や，契約締結後に著しい事情変更に該当すると考えられる定型的な事由が生じた場合に，その責任の拡大を防止すべきこと（元本確定事由）は，貸金等債務が含まれない根保証にも一般に当ては

まる要請であると考えられるからである。
　本文(2)は，民法第４６５条の３（元本確定期日）の規律の適用範囲の拡大について，引き続き検討すべき課題として取り上げるものである。元本確定期日の規律については，例えば，建物賃貸借の保証に関して，賃貸借契約が自動更新されるなどして継続しているのに根保証契約のみが終了するのは妥当でないなどの指摘があることから，仮に元本確定期日の規律の適用範囲を拡大するとしても，一定の例外を設ける必要性の有無及び例外を設ける場合の基準等について，更に検討を進める必要があるからである。
　なお，民法第４６５条の５（求償権の保証）については，本文(1)(2)の検討を踏まえた所要の見直しを行うことになると考えられる。
　本文(3)は，主債務者と保証人との関係，債権者と主債務者との関係（取引態様），主債務者の資産状態に著しい事情の変更があった場合など，一定の特別な事情がある場合に根保証契約の保証人が主たる債務の元本の確定を請求する権利（いわゆる特別解約権）を有する旨の規定を設けるかどうかについて，引き続き検討すべき課題として取り上げるものである。後記６の検討課題とも関連するが，仮に特別解約権に関する規定を設ける必要があるとされた場合には，その具体的な要件の定め方について，更に検討を進める必要があるからである。

（補足説明）
1　根保証の規定の適用範囲の拡大（本文(1)，(2)）
　(1)　根保証契約に関しては，平成１６年の民法改正により，主たる債務の範囲に金銭の貸渡し又は手形の割引を受けることによって負担する債務（貸金等債務）が含まれるもの（保証人が法人であるものを除く。貸金等根保証契約）については，保証人が予想を超える過大な責任を負わないようにするための見直しが行われ，民法第４６５条の２から第４６５条の５までの規定が新設された。これらの規定の適用対象が，その主債務の範囲に貸金等債務が含まれる根保証に限定されたのは，様々な経済取引において利用されている根保証契約一般を適用対象とすると，各種取引への影響の有無等を把握しつつ検討作業を進めるのに相当の時間を要することが見込まれたことから，早急に措置を講ずる必要性が指摘されていた部分に対象を絞り込んだためとされる。
　　　平成１６年改正による新設規定の適用対象が限定されたことに対しては，参議院法務委員会において，「貸金等債務のみならず，継続的な商品売買に係る代金債務や不動産賃貸借に係る賃借人の債務を主たる債務とする根保証契約についても，取引の実態を勘案しつつ，保証人を保護するための措置を講ずる必要性の有無について検討すること。」との附帯決議がされ，また，衆議院法務委員会においても，「個人の保証人保護の観点から，引き続き，各種取引の実態やそこにおける保証制度の利用状況を注視し，必要があれば早急に，継続的な商品売買に係る代金債務や不動産賃貸借に係る賃借人の債務など，貸金等債務以外の債務を主たる債務とする根保証契約についても，個人保証人を保護する措置を検討すること。」との附帯決議がされている。
　(2)　そこで，根保証契約については，保証人保護を更に拡充する観点から，平成１６年改正で新設された規定を貸金等債務が含まれない根保証にまで及ぼすことが考えられ

る。

　第44回会議及び第1分科会第4回会議では，民法第465条の2以下の根保証に関する規定の適用範囲について，貸金等債務が主債務の範囲に含まれるものという要件（同条第1項）を削除し，保証人が個人である根保証契約一般に拡大するという考え方が検討の対象とされた。

　しかし，この考え方に対しては，パブリック・コメントの手続において，①賃借人の債務についての根保証契約は，明渡し時までの賃料，原状回復費用，故意又は過失による損害賠償債務等の一切の賃借人の債務を保証することに意味があり，賃貸人及び保証人もそのような認識の下で根保証契約を締結しているのであるから，極度額や元本確定期日の設定にはなじまないことを指摘する意見，②中小企業に対してその仕入代金，事務用品の購入費，社用車の給油費等の事業活動のために必要な費用の決済に用いるクレジットカードを発行する場合には，当該企業の代表者との間で根保証契約を締結することが多いところ，この根保証契約にまで規定の適用範囲が拡大されてしまうと，元本確定期日が到来するたびに根保証契約を締結し直さなければならないことになり，ひいては中小企業にとっての利便性をも損なうことになりかねないことを指摘する意見，③信販会社と加盟店との間のクレジットカードの取扱いに関する加盟店契約においては，当該加盟店の代表者との間で根保証契約を締結することが多いところ，その根保証契約は主として加盟店が健全なクレジット取引を阻害する行為をした場合における信販会社に対する損害賠償債務等を保証するものであるから，極度額や元本確定期日の設定にはなじまないことを指摘する意見などが寄せられており，また，家賃債務保証に関する実態調査（部会参考資料9－2，10－2）においても，民法第465条の2以下の根保証に関する規定の適用範囲を家賃債務保証（建物賃借人の債務の保証）に拡大することに対して，賃貸借契約が継続しているのに根保証契約のみが終了するのは妥当ではないとして，これに反対する意見が寄せられている。

　このような意見の状況を踏まえると，民法第465条の2以下の根保証に関する規定のうち，極度額及び元本確定事由に関する規律と元本確定期日に関する規律とを区別して議論するのが相当であると思われる。そして，部会の審議においては，極度額の規律（民法第465条の2）と元本確定事由に関する規律（同法第465条の4）については，保証人が個人である根保証契約一般に拡大することに特段の異論は見られなかった。

　以上を踏まえて，本文(1)では，民法第465条の2（極度額）及び第465条の4（元本確定事由）の規律の適用範囲を拡大し，保証人が個人である根保証契約一般に適用するものとし，本文(2)では，同法第465条の3（元本確定期日）の規律の適用範囲を本文(1)と同様に拡大するかどうかについて，引き続き検討するものとしている。

2　特別の元本確定請求権（特別解約権）（本文(3)）

　平成16年の民法改正の際に見送られた検討課題には，根保証の規定の適用範囲の拡大（本文(1)，(2)）のほかにも，特別の元本確定請求権（特別解約権）を明文化するかどうかという問題がある。すなわち，根保証契約の保証人は，法定の又は合意による元本確定期日の到来前であっても，①主債務者と保証人との関係，②債権者と主債務者と

の関係(取引態様),③主債務者の資産状態のいずれかに著しい事情の変更があった場合など,一定の特別な事由がある場合には,保証すべき債権の元本の確定を請求することができると解されていることを前提として,これを明文化するかどうかという検討課題である(特別解約権を認めたものと解されている判例として,大判昭和9年2月27日民集13巻215頁参照)。

上記のような事情変更の徴表と見られる定型的な幾つかの事由については,平成16年改正において,法律上当然の元本確定事由として明文化された(民法第465条の4)。しかし,特別の元本確定請求権(特別解約権)の明文化については,現行法の下でも信義則等の一般条項により救済が図られており,特段の手当てをしなくても現在よりも保証人の保護が後退することにはならないと考えられる反面,法律上に明文の規定を設けることに対しては,考慮すべき様々な要素を的確に表現することが極めて困難であり,裁判規範としてあまりにも不明確なものとなるおそれがあるという問題が指摘されていたことなどを踏まえ,改正を見送ることとされた。この点については,平成16年改正の際に,参議院法務委員会において,「保証人の保護の在り方については,契約締結後に事情変更があった場合の負担等にも配慮し,法施行後の実施状況を勘案しつつ,引き続き検討を行うこと。」との附帯決議がされている。

特別の元本確定請求権(特別解約権)の明文化に当たっては,まず,元本確定期日に関する制限(民法第465条の3)が設けられている貸金等根保証契約を対象として検討するのか,それ以外の根保証契約,特に法人が保証人である根保証契約をも対象として検討するのかが問題となる。その上で,具体的にどのような条文を想定するのかを検討する必要があるが,この作業が困難である事情は,平成16年改正の当時と大きな変化はなく,これまでのところ特段の立法提案も示されていない。

そこで,本文(3)では,以上のような議論の状況を踏まえ,一定の特別な事情がある場合に根保証契約の保証人が主たる債務の元本の確定を請求することができるものとするかどうかについて,引き続き検討するものとしている。

3 その余の検討事項
(1) 元本確定前における保証債務の履行請求
ア 現行法は,根保証契約における主債務の元本が確定する前に,債権者が保証人に対して保証債務の履行を請求することができるかどうかについて,明文の規定を置いていないところ,これについては,学説上,肯定・否定の両説が対立している。

否定説は,①根保証も,根抵当権その他のいわゆる根担保の一種であるから,基本的には根抵当権と同様の規律に従うべきであること,②実際上も,債権者と根保証人の合理的な意思としては,主債務の元本が確定して初めて保証債務の履行が可能になることを前提としているはずであることなどを理由として,元本確定前における保証債務の履行請求を認めるべきでないと主張する。

これに対し,肯定説は,①根保証は,根抵当権その他の根担保物権とは異なり,根保証人自身が独自の債務を負担するものであって,その法的性質は,複数の主債務についての保証の集合体とも言うべきものであること,②実際上も,元本確定期日の前に主債務者が債務不履行に陥った場合において,元本確定期日又は元本確定

事由の発生時まで保証債務の履行請求を待たなければならないというのは，債権者にとって受け入れ難い帰結であるし，現に，実務では元本確定前に保証債務の履行請求をする例が見られることなどを理由として，元本確定前における保証債務の履行請求を認めるべきであると主張する。その場合において，保証人が保証債務を履行したときは，その履行がされた額の限度で当該根保証契約の極度額が減少すると考えるべきであるとする。

イ　部会の審議においては，ルールを明確なものとする観点から，元本確定前における保証債務の履行請求の可否についての明文の規定を設けるべきであるという意見もあった。

この点については，最近になって，最判平成２４年１２月１４日金判１４０８号１６頁が，元本確定前における保証債務の履行請求を肯定する判示をした。このことを受けて，この最高裁判決を条文上明記してルールの明確化を図るべきであるという考え方がある一方で，この点について立法をするには，この最高裁判決に対する学界・実務界からの評価を見極める必要があり，明文化は時期尚早であるという考え方とに分かれている。

このような意見の対立があることから，中間試案では，元本確定前における保証債務の履行請求に関する論点は取り上げられていない。

(2) 元本確定前における保証債務の随伴性

ア　現行法は，根保証契約における主債務の元本が確定する前に主債務の範囲に属する債権が譲渡された場合において，その債権の譲受人に対して保証人が保証債務を負うかどうか（保証債務の随伴性）について，明文の規定を置いていないところ，これについては，学説上，肯定・否定の両説が対立している。

否定説は，①根保証も，根抵当権その他のいわゆる根担保の一種であるから，基本的には，根抵当権と同様の規律（民法第３９８条の７参照）に従うべきであること，②実際上も，債権者と根保証人の合理的な意思としては，主債務の元本が確定するまでは，当初の債権者に対する不特定の債務を保証することを前提としているはずであること，③随伴性を認めてしまうと，複数の債権者との関係で主債務が存することとなり，法律関係が徒に複雑化してしまうことなどを理由として，元本確定前における保証債務の随伴性を否定すべきであると主張する。

これに対し，肯定説は，①根保証は，根抵当その他の根担保物権とは異なり，根保証人自身が独自の債務を負担するものであって，その法的性質は，複数の主債務についての保証の集合体とも言うべきものであること，②随伴性を認めたとしても，保証人が譲渡債権に随伴した保証債務の履行をすればその履行がされた額の限度で保証人の責任が減少すると解されるので，特に法律関係が複雑化するわけではないことなどを理由として，元本確定前における保証債務の随伴性を肯定すべきであると主張する。

イ　部会の審議においては，ルールを明確なものとする観点から，元本確定前における保証債務の随伴性の有無についての明文の規定を設けるべきであるという意見もあった。

しかし，上記最判平成２４年１２月１４日が，元本確定前における保証債務の随伴性を肯定する判示をしたことについては，この補足説明の上記(1)イで述べたのと同様に，この最高裁判決に対する学界・実務界からの評価を見極める必要があり，明文化は時期尚早であるという考え方もある。
　　そこで，この中間試案では，元本確定前における保証債務の随伴性に関する論点は取り上げられていない。

６　保証人保護の方策の拡充
　(1)　個人保証の制限
　　　次に掲げる保証契約は，保証人が主たる債務者の［いわゆる経営者］であるものを除き，無効とするかどうかについて，引き続き検討する。
　　ア　主たる債務の範囲に金銭の貸渡し又は手形の割引を受けることによって負担する債務（貸金等債務）が含まれる根保証契約であって，保証人が個人であるもの
　　イ　債務者が事業者である貸金等債務を主たる債務とする保証契約であって，保証人が個人であるもの

（概要）
　保証契約は，不動産等の物的担保の対象となる財産を持たない債務者が自己の信用を補う手段として，実務上重要な意義を有しているが，その一方で，個人の保証人が必ずしも想定していなかった多額の保証債務の履行を求められ，生活の破綻に追い込まれるような事例が後を絶たないことから，原則として個人保証を無効とする規定を設けるべきであるなどの考え方が示されている。これを踏まえ，民法第４６５条の２第１項にいう貸金等根保証契約（本文ア）と，事業者の貸金等債務（同項参照）を主たる債務とする個人の保証契約（本文イ）を適用対象として個人保証を原則的に無効とした上で，いわゆる経営者保証をその対象範囲から除外するという案について，引き続き検討すべき課題として取り上げている。適用対象とする保証契約の範囲がアとイに掲げるものでよいかどうか（例えば，イに関しては，債務者が事業者である債務一般を主たる債務とする保証契約であって，保証人が個人であるものにその範囲を拡大すべきであるという意見がある。），除外すべき「経営者」をどのように定義するか等について，更に検討を進める必要がある。

（補足説明）
１　問題の所在
　保証契約は，不動産等の物的担保の対象となる財産を持たない債務者が自己の信用を補う手段として，実務上重要な意義を有しているが，その一方で，個人の保証人が必ずしも想定していなかった多額の保証債務の履行を求められ，生活の破綻に追い込まれるような事例が後を絶たないことから，一定の類型の保証契約については，これを一律に無効とする旨の規定を設けることにより，当該類型の保証を制度として廃止すべきであるとの見解や，この見解を更に推し進めて，個人を保証人とする保証契約を全て一律に

無効とする見解などが主張されている。
2　部会における審議の概況等

　　第44回会議では，こうした見解のうち，主債務者が消費者の場合における個人保証や，主債務者が事業者の場合における経営者以外の個人を保証人とする個人保証については，一定の例外（債権者が消費者である場合など）を除き，無効とするとの見解（部会資料36第2，7(1)）が審議の対象として取り上げられた。さらに，第1分科会第4回会議では，第44回会議において提示された新たな立法提案等を踏まえて，個人保証は，限定列挙された一定の例外を除き，原則としてその効力を生じないものとする考え方（分科会資料3第1）が審議の対象として取り上げられた。

　　第1分科会第4回会議では，原則として個人保証を無効とする規定を設けた上で，その例外として，有用性の認められる個人保証を個別的に列挙する規定を設けていくというアプローチの仕方では，現実的な成案を得ることが困難ではないかという問題提起があった。すなわち，例外的に個人保証を許容すべき場合の主たる債務として，例えば，①居住用建物の賃貸借契約に基づく賃借人の債務，②医療契約に基づく患者の債務，③高齢者施設等の利用契約に基づく利用者の債務，④奨学金の貸与に係る契約に基づく借主の債務（分科会資料3第1，2(3)参照）等を挙げる見解があるが，このような個別列挙の方式によって，有用と考えられる個人保証を漏れなくリストアップすることは困難であり，また，個別列挙するものとしないものとの選別をすべて合理的に説明することも困難である。したがって，今般の改正作業の中で，このような仕方で成案を得ることは困難ではないかというのである。

　　そして，こうした問題意識を前提にして，個人保証の原則的無効というアプローチを採るとしても，その対象範囲は相当に限定したものとすべきではないかという提案があり，また，現実的な選択肢として，主たる債務が事業用の融資である保証契約のうち，いわゆる経営者保証は除外する方向で検討を進めるべきではないかという提案があった。

3　本文の趣旨
(1) 個人保証を原則的に無効とする場合の対象範囲については，保証をめぐる社会的な問題が類型的に見て現実化していると考えられるものに限定することが考えられる。その有力な選択肢として，平成16年民法改正で導入された貸金等根保証契約（民法第465条の2第1項）という類型に限定するという案があり得る。貸金等根保証契約は，継続的に事業用の融資がされる場合に利用されるため，極度額の定めがあるとはいえ，主たる債務の額が高額になりがちであり，かつ，保証人が現実に負担することとなる額の予測が困難であるという特質がある。上記の案は，その考え方の根拠として，このような貸金等根保証契約の特質を挙げることになると考えられる。本文アは，この案を対象として，引き続き検討するものとしている。

　　他の考え方として，主たる債務が事業者の貸金等債務（民法第465条の2第1項）であるものを対象とするという案もあり得る。貸金等債務には，住宅ローンや奨学金など，社会生活上の様々な類型のものが含まれ得るため，保証をめぐる社会的な問題が類型的に見て現実化しているとは言い難い。そこで，事業者の貸金等債務に限って，原則的無効の対象とするというのである。本文イでは，この考え方を取り上げて，引

き続き検討するものとしている。本文イに関しては，これをさらに拡大する方向の意見として，債務者が事業者である債務一般を主たる債務とする保証契約であって，保証人が個人であるものを対象とすべきであるとするものもある。

なお，実務においては，既に，平成18年3月31日には，中小企業庁が，信用保証協会の行う信用保証制度において経営者本人以外の第三者を保証人として求めることを原則として禁止すると発表しており，また，平成23年7月14日には，金融庁が，「主要行等向けの総合的な監督指針」及び「中小・地域金融機関向けの総合的な監督指針」を改正して，経営者以外の第三者による個人連帯保証等の慣行の見直しを行う旨を発表している。本文ア，イは，こうした実務の動向を踏まえたものであるが，金融庁の上記監督指針の対象とはされていない者による融資の場面をも対象としつつ，それに違反した第三者保証の効力を否定することとなる点で，保証人保護を現状よりも前進させるものということができる。

(2) 以上のように個人保証の原則的無効の対象を限定した上で，さらに，いわゆる経営者保証を除外すべきであるという考え方がある。

経営者保証については，多くの中小企業（個人事業主を含む。）において家計と経営が未分離であることや財務諸表の信頼性が必ずしも十分でないことなどから，企業の信用補完や経営に対する規律付けの観点から，経営者に対する個人保証を求める場合があると指摘されている。このように経営者保証の有用性が否定されない場合があるとすると，これを一律に無効とするのは適切でなく，経営者である保証人の保護は後記3等の他の方策によって図るのが相当であると考えられる。本文は，このような観点から，いわゆる経営者保証を除外するものとしている。

ここでは，「経営者」をどのように定義して除外するのかが重要となるが，これについてはなお議論が成熟していないことから，本文では「いわゆる経営者」という文言をブラケットで囲んで示している。これについては，まず，「主たる債務者の経営に関与している者」というような実質に着目した定義をすることが考えられるが，この考え方では個人保証の原則無効の対象から除外されるか否かを客観的に判断することが容易でなく，契約の有効無効を判断する規範としての明確性を欠くという指摘があり得る。これに対して，例えば，「法人である債務者の代表権を有する者」であるとか「直接又は間接に債務者の議決権の過半数を有する者」などというように，形式的な基準による要件を必要に応じて列挙する考え方もあり得る。この考え方は，客観的かつ明確な基準を提供することができるものの，経営者保証の実情を反映した要件を書き尽くすことが可能かという問題も指摘されている。

4　その余の検討事項

以上のほか，保証契約については，保証人において自己の責任を十分に認識していない場合が少なくないことなどを考慮し，保証契約が慎重に締結されるようにする観点から，保証契約書における一定の重要部分について保証人による手書きを要求したり，一定額を超える保証契約については保証人に説明した内容を公正証書に残すことを債権者に義務付けたりするなどの方策を採用すべきであるとの考え方が示されている。

しかしながら，この立法提案に対しては，第44回会議及び第1分科会第4回会議に

おいて，実務的なコストを懸念する意見やペーパーレス化という時代の流れに逆行するという意見，執行証書は直ちに債務名義として用いることが可能であるから必ずしも保証人の保護に資するわけではないという意見が示されたほか，本文で取り上げた個人保証の制限がどのような態様で実現するかによっても変わり得るとの指摘があった。手書き等を義務付ける立法提案は，主に貸金等債務に関して情義に基づいて行われる第三者の保証の場合を念頭において，厳重な様式性を要求するものであると考えられるので，本文で取り上げた検討課題が実現する場合には不要になるものと考えられる。また，本文で取り上げた範囲を超えて，いわゆる経営者保証や，主たる債務が貸金等債務でない場合の保証についても手書き等を義務付けることに対しては，過剰な規制であるという批判があり得るように思われる。

そこで，手書き等を義務づける立法提案については，本文で取り上げた検討課題が実現しない場合に改めて検討するのが適当であり，本文では取り上げていない。

(2) 契約締結時の説明義務，情報提供義務

事業者である債権者が，個人を保証人とする保証契約を締結しようとする場合には，保証人に対し，次のような事項を説明しなければならないものとし，債権者がこれを怠ったときは，保証人がその保証契約を取り消すことができるものとするかどうかについて，引き続き検討する。

ア 保証人は主たる債務者がその債務を履行しないときにその履行をする責任を負うこと。

イ 連帯保証である場合には，連帯保証人は催告の抗弁，検索の抗弁及び分別の利益を有しないこと。

ウ 主たる債務の内容（元本の額，利息・損害金の内容，条件・期限の定め等）

エ 保証人が主たる債務者の委託を受けて保証をした場合には，主たる債務者の［信用状況］

(概要)

契約締結時の説明義務・情報提供義務に関する規定を設けることについて，引き続き検討すべき課題として取り上げたものであり，前記(1)の検討結果を踏まえた上で，更に検討を進める必要がある。取り分け主たる債務者の「信用状況」(本文エ)に関しては，債権者が主たる債務者の信用状況を把握しているとは限らず，仮に把握していたとしても企業秘密に当たるという意見がある一方で，契約締結時に債権者が知っているか，又は容易に知ることができた主たる債務者の財産状態（資産，収入等）や，主たる債務者が債務を履行することができなくなるおそれに関する事実（弁済計画等）を説明の対象とすることを提案する意見があったことなどを踏まえて，説明すべき要件とその具体的内容等について，更に検討する必要がある。

(補足説明)

契約締結時の説明義務，情報提供義務に関しては，平成１６年の民法改正の際に，参議院法務委員会において，「契約の書面化，根保証期間の制限，極度額の定め等の今回の改正の趣旨が保証人の保護にあることにかんがみ，保証契約の締結に際し，銀行を始めとする融資機関の保証人への説明責任が十分果たされるよう必要な措置を講ずること。」との附帯決議がされていたところ，なお一層の保証人保護の拡充を求める立場から，保証人が保証の意味を理解するのに十分な説明をすることを債権者に義務付けたり，主債務者の資力に関する情報を保証人に提供することを債権者に義務付けたりするなどの方策を採用すべきであるという意見がある。

　本文では，こうした意見を踏まえて，事業者である債権者が，個人を保証人とする保証契約を締結しようとする場合には，保証人に対し，保証人は主たる債務者がその債務を履行しないときにその履行をする責任を負うこと（本文ア），連帯保証である場合には，連帯保証人は催告の抗弁，検索の抗弁及び分別の利益を有しないこと（本文イ），主たる債務の内容（元本の額，利息・損害金の内容，条件・期限の定め等）（本文ウ），保証人が主たる債務者の委託を受けて保証をした場合には，主たる債務者の信用状況（本文エ）を説明しなければならないものとし，債権者がこれを怠ったときは，保証人がその保証契約を取り消すことができるという考え方を取り上げ，引き続き検討するものとしている。取り分け主たる債務者の「信用状況」（本文エ）に関しては，債権者が主たる債務者の信用状況を把握しているとは限らず，仮に把握していたとしても企業秘密に当たるという意見がある一方で，契約締結時に債権者が知っているか，又は容易に知ることができた主たる債務者の財産状態（資産，収入等）や，主たる債務者が債務を履行することができなくなるおそれに関する事実（弁済計画等）を説明の対象とすることを提案する意見があったことなどを踏まえて，説明すべき要件とその具体的内容等について，更に検討する必要があることから，ここではブラケットで囲んで示している。

　もっとも，本文の考え方に対しては，第４４回会議及び第１分科会第４回会議において，実務的なコストを懸念する意見や主たる債務者である事業者の経営者が保証人になろうとする場合には意味を見出し難いという意見などが示されたほか，前記(1)の個人保証の制限がどのような態様で実現するかによって本文の考え方を採用する必要性も変わり得るとの指摘があった。本文の考え方は，いわゆる経営者保証の場合には適用する必要性がないとの考え方があり得る。また，主たる債務が貸金等債務ではない場合の保証を適用対象とするかどうかは，両論があり得るように思われる。このほか，保証に限られない一般的な説明義務や情報提供義務（前記第２７，２参照）を超える義務をこの場合にだけ設けることに対する疑問も，以前から示されている。

(3) 主たる債務の履行状況に関する情報提供義務

　　事業者である債権者が，個人を保証人とする保証契約を締結した場合には，保証人に対し，以下のような説明義務を負うものとし，債権者がこれを怠ったときは，その義務を怠っている間に発生した遅延損害金に係る保証債務の履行を請求することができないものとするかどうかについて，引き続き検討する。

ア　債権者は，保証人から照会があったときは，保証人に対し，遅滞なく主たる債務の残額［その他の履行の状況］を通知しなければならないものとする。
　　イ　債権者は，主たる債務の履行が遅延したときは，保証人に対し，遅滞なくその事実を通知しなければならないものとする。

（概要）
　主債務についての期限の利益の喪失を回避する機会を保証人に付与するために，主債務者の返済状況を保証人に通知することを債権者に義務付ける等の方策について，引き続き検討すべき課題として取り上げたものである。前記(1)の検討結果を踏まえた上で，主たる債務者の履行状況などに関して説明すべき要件とその具体的内容等について，更に検討を進める必要がある。

（補足説明）
　現行法の下では，主たる債務が履行遅滞となった場合には，債権者は保証人に対しても当然に期限の利益の喪失や遅延損害金の発生を主張できるところ，保証人に期限の利益の喪失を回避する機会を付与するために，主債務者の返済状況を保証人に通知することを債権者に義務付けたり，分割払の約定がある主債務の期限の利益を喪失させる場合には保証人に期限の利益を維持する機会を与えることを債権者に義務付けたりするなどの方策を採用すべきであるとの意見がある。
　そこで，本文では，事業者である債権者が，個人を保証人とする保証契約を締結した場合には，債権者は，保証人から照会があったときは，保証人に対し，遅滞なく主たる債務の残額［その他の履行の状況］を通知しなければならず（本文ア），また，債権者は，主たる債務の履行が遅延したときは，保証人に対し，遅滞なくその事実を通知しなければならないものとし（本文イ），債権者がこれらの義務を怠ったときは，その義務を怠っている間に発生した遅延損害金に係る保証債務の履行を請求することができないものとするという考え方を取り上げ，引き続き検討するものとしている。
　本文の考え方に対しては，第４４回会議及び第１分科会第４回会議において，こうした情報提供義務に関する明文の規定が設けられることによって，守秘義務との関係が整理されることを歓迎する意見が示された一方で，実務的なコストを懸念する意見も示され，また，本文で取り上げた個人保証の制限がどのような態様で実現するかによっても変わり得るとの指摘もあった。情報提供義務に関する明文の規定を設ける立法提案は，主に貸金等債務を念頭に置いて，保証人に期限の利益を維持する機会を与えるものであると考えられるので，本文で取り上げた検討課題が実現する場合には不要になるものと考えられる。

　(4)　その他の方策
　　　保証人が個人である場合におけるその責任制限の方策として，次のような制度を設けるかどうかについて，引き続き検討する。
　　ア　裁判所は，主たる債務の内容，保証契約の締結に至る経緯やその後の経

過，保証期間，保証人の支払能力その他一切の事情を考慮して，保証債務の額を減免することができるものとする。
　イ　保証契約を締結した当時における保証債務の内容がその当時における保証人の財産・収入に照らして過大であったときは，債権者は，保証債務の履行を請求する時点におけるその内容がその時点における保証人の財産・収入に照らして過大でないときを除き，保証人に対し，保証債務の［過大な部分の］履行を請求することができないものとする。

（概要）
　保証契約については，特に情義に基づいて行われる場合には，保証人が保証の意味・内容を十分に理解したとしても，その締結を拒むことができない事態が生じ得ることが指摘されており，保証人が個人である場合におけるその責任制限の方策を採用すべきであるとの考え方が示されている。これについての立法提案として，本文アでは身元保証に関する法律第5条の規定を参考にした保証債務の減免に関するものを取り上げている。これは，保証債務履行請求訴訟における認容額の認定の場面で機能することが想定されている。本文イではいわゆる比例原則に関するものを取り上げている。これらの方策は，個人保証の制限の対象からいわゆる経営者保証を除外した場合（前記(1)参照）における経営者保証人の保護の方策として機能することが想定されるものである。もっとも，以上については，前記(1)の検討結果を踏まえる必要があるほか，それぞれの具体的な制度設計と判断基準等について，更に検討を進める必要がある。

（補足説明）
　保証契約については，特に情義に基づいて行われる場合には，保証人が保証の意味・内容を十分に理解したとしても，その締結を拒むことができない事態が生じ得ることが指摘されており，なお一層の保証人保護の拡充を求める立場からは，保証人の資力に照らして過大な保証を禁止する（比例原則）などの方策を採用すべきであるとの意見がある。
　本文では，こうした意見を踏まえた考え方として，身元保証に関する法律第5条の規定を参考にした保証債務の減免に関するもの（本文ア）と比例原則を明文化するもの（本文イ）を取り上げて，引き続き検討するものとしている。比例原則を明文化する考え方については，保証債務の過大な部分についてのみ履行の請求が許されないとするのか，保証債務全体について履行の請求が許されないとするのかについて議論があるので，これについてはブラケットで囲んで示している。
　これらの考え方は，個人保証の制限の対象からいわゆる経営者保証を除外した場合（前記(1)）における経営者保証人の保護の方策として機能することが想定されるものであるが，部会の審議においては，経営者保証人の保護は本来的には金融機関の債権放棄に無税償却が認められるかどうかという観点から議論すべきであるという指摘があった。本文アの考え方に対しては，過大な保証がなぜ禁止されるのかについて，保証人の意思形成への影響といった観点からの理論的な考察の必要性を指摘する意見があった。さらに，個人の保証人の財産の状況は，倒産手続を用いるなどしなければ明らかにすることができず，過大か

どうかを判断することに困難が生ずるという指摘もあり得る。加えて，本文アのような制度を設けた場合には，過大な保証をして支払不能の状態に陥ったとしても，その保証債務の額が支払不能の状態を脱する程度に減免され得るのであれば，倒産手続の開始原因を充足しないこととなるのかどうかを検討する必要があるように思われる。また，本文イの考え方に対しては，保証債務は減免されるのに他の債務は減免されないことの当否を問う意見や，保証債務が減免されてもなお経済的更生を果たせずに倒産手続が開始した場合に減免の効果は取り消されるのかどうかなどといった倒産手続との関係についての整理の必要性を指摘する意見があった。

第18 債権譲渡

1 債権の譲渡性とその制限（民法第466条関係）

民法第466条の規律を次のように改めるものとする。
 (1) 債権は，譲り渡すことができるものとする。ただし，その性質がこれを許さないときは，この限りでないものとする。
 (2) 当事者が上記(1)に反する内容の特約（以下「譲渡制限特約」という。）をした場合であっても，債権の譲渡は，下記(3)の限度での制限があるほか，その効力を妨げられないものとする。
 (3) 譲渡制限特約のある債権が譲渡された場合において，譲受人に悪意又は重大な過失があるときは，債務者は，当該特約をもって譲受人に対抗することができるものとする。この場合において，当該特約は，次に掲げる効力を有するものとする。
　ア　債務者は，譲受人が権利行使要件（後記2(1)【甲案】ウ又は【乙案】イの通知をすることをいう。以下同じ。）を備えた後であっても，譲受人に対して債務の履行を拒むことができること。
　イ　債務者は，譲受人が権利行使要件を備えた後であっても，譲渡人に対して弁済その他の当該債権を消滅させる行為をすることができ，かつ，その事由をもって譲受人に対抗することができること。
 (4) 上記(3)に該当する場合であっても，次に掲げる事由が生じたときは，債務者は，譲渡制限特約をもって譲受人に対抗することができないものとする。この場合において，債務者は，当該特約を譲受人に対抗することができなくなった時まで（ウについては，当該特約を対抗することができなくなったことを債務者が知った時まで）に譲渡人に対して生じた事由をもって譲受人に対抗することができるものとする。
　ア　債務者が譲渡人又は譲受人に対して，当該債権の譲渡を承諾したこと。
　イ　債務者が債務の履行について遅滞の責任を負う場合において，譲受人が債務者に対し，相当の期間を定めて譲渡人に履行すべき旨の催告をし，その期間内に履行がないこと。
　ウ　譲受人がその債権譲渡を第三者に対抗することができる要件を備えた場合において，譲渡人について破産手続開始，再生手続開始又は更生手続開

始の決定があったこと。
　　エ　譲受人がその債権譲渡を第三者に対抗することができる要件を備えた場合において，譲渡人の債権者が当該債権を差し押さえたこと。
　(5)　譲渡制限特約のある債権が差し押さえられたときは，債務者は，当該特約をもって差押債権者に対抗することができないものとする。
　（注1）　上記(4)ウ及びエについては，規定を設けないという考え方がある。
　（注2）　民法第466条の規律を維持するという考え方がある。

(概要)
　本文(1)は，民法第466条第1項を維持するものである。
　本文(2)は，当事者間で債権譲渡を禁止する等の特約がある場合であっても，原則としてその効力は妨げられない旨を定めるものである。近時の判例（最判平成9年6月5日民集51巻5号2053頁，最判平成21年3月27日民集63巻3号449頁）の下で，譲渡禁止特約に関する法律関係が不透明であるとの指摘があることを踏まえ，取引の安定性を高める観点から，譲渡禁止特約は債務者の利益を保護するためのものであるという考え方を貫徹して法律関係を整理することによって，ルールの明確化を図るとともに，譲渡禁止特約が債権譲渡による資金調達の支障となっている状況を改善しようとするものである。ここでは，譲渡の禁止を合意したもののほか，本文(3)で示す内容の合意をしたものを含む趣旨で，「上記(1)に反する内容の特約」という表現を用い，これに譲渡制限特約という仮の名称を与えている。
　本文(3)は，当事者間における譲渡制限特約が，これについて悪意又は重過失のある譲受人にも対抗することができる旨を定めるものである。民法第466条第2項の基本的な枠組みを維持する点で判例法理（最判昭和48年7月19日民集27巻7号823頁）を明文化するものである。また，本文(3)第2文では，譲渡制限特約の効力が弁済の相手方を固定するという債務者の利益を確保する範囲に限定される旨を定めている。当事者間で譲渡の禁止を合意した場合であっても，その効力は，本文(3)第2文の限度で認められることになる。
　本文(4)アは，債務者が譲渡人又は譲受人に対して債権譲渡を承諾したときは，譲渡制限特約を譲受人に対抗することができないという一般的な理解を明文化するものである。
　本文(4)イは，債務者が履行を遅滞している場合に，債務者に対して譲渡人への履行の催告をする権限を譲受人に付与するものである。特約違反の債権譲渡を有効としつつ，弁済の相手方を譲渡人に固定する限度で特約の効力を認める場合（本文(3)参照）には，譲渡人は，自己の責任財産に帰属しない債権を回収するインセンティブを持たないおそれがあるため，これへの対応を図る趣旨である。
　本文(4)ウは，譲受人が第三者対抗要件を具備した後に譲渡人について倒産手続開始の決定があった場合に，譲受人に対して譲渡制限特約を対抗することができないとするものである。譲渡人の受領権限を破産管財人等が承継すると，譲渡制限特約付債権は破産財団等に帰属しないにもかかわらず，譲受人が債権全額の回収を受けることができなくなるおそれが生じ，譲受人の保護に欠けることになる一方で，譲渡人からその破産管財人等が受領

権限を承継するのであるから，債務者にとっては，弁済の相手方を固定する債務者の利益はもはや失われている場合であると評価することができることを考慮したものである。

　本文(4)エは，譲受人に劣後する差押債権者が譲渡制限特約付債権を差し押さえた場合に，譲受人に対して譲渡制限特約を対抗することができないとするものである。譲渡制限特約付債権が差し押さえられると，本来，債務者は特約を対抗することができず（本文(5)），特約によって保護されるべき債務者の利益が失われたと評価することができる一方で，差押えがされる局面においては，譲受人が債権全額を回収することができないおそれがあるため，譲受人を保護する必要性が高い点を考慮したものである。

　これに対して，債務者の利益保護の観点から，本文(4)ウ及びエのような規定を設けるべきではないとする考え方があり，これを（注１）で取り上げた。

　なお，本文(4)アからエまでの各事由が生じ，債務者が譲受人に対して譲渡制限特約を対抗することができなくなった場合に，各事由が発生するまでに生じていた譲渡人に対する抗弁を譲受人に対して対抗することができないとすると，譲渡制限特約によってそれまで保護されていた債務者の抗弁が各事由の発生によって失われることになるが，それでは債務者に生ずる不利益が大きい。本文(4)柱書第２文は，債務者による抗弁の主張を認めるために，現民法第４６８条第２項の特則を定めることによって，債務者の保護を図るものである。

　本文(5)は，譲渡制限特約付債権が差し押さえられたときは，債務者は，特約を差押債権者に対抗することができないことを明らかにするものであり，判例法理（最判昭和４５年４月１０日民集２４巻４号２４０頁）の実質的な内容を維持する趣旨である。

　以上に対して，このような民法第４６６条の改正は，譲渡人の債権者の債権回収に悪影響を及ぼすおそれがあるとして，同条を維持すべきであるという考え方があり，これを（注２）で取り上げている。

（補足説明）
1　民法第４６６条第２項は，当事者間の合意により譲渡禁止特約を付すことができ，これを「悪意」の第三者に対抗することができるとしている。譲渡禁止特約に違反する譲渡の効力については，従来の学説上，譲渡禁止特約が「物権的」な効力を有し，譲渡禁止特約に違反する譲渡の効力を第三者に対抗することができないだけではなく，譲渡当事者間でも譲渡は無効であるとする見解（物権的効力説）が有力であり，判例は，明確な判断を示していないものの，この物権的効力説を前提としているとされてきた。もっとも，比較的近時の判例には，譲受人が悪意であっても，債務者がその後に債権譲渡に承諾を与えた場合には，当該譲渡は譲渡時に遡って有効となるが，第三者の権利を害することはできないとしたものや（最判昭和５２年３月１７日民集３１巻２号３０８頁，最判平成９年６月５日民集５１巻５号２０５３頁），譲渡人は，譲渡禁止特約の存在を理由に譲渡の無効を主張する独自の利益を有しないとしたもの（最判平成２１年３月２７日民集６３巻３号４４９頁）など，物権的効力説からは直ちに導くことができない結論を採るものが現れており，学説上も，物権的効力説に疑問を呈する見解が有力に主張されるようになっている。このように，譲渡禁止特約については，特約の効力の不透明さ

が問題となっている。

　また、このほか、債権は自由に譲渡できるのが原則であるとしながら、譲渡禁止特約にこのような強い効力が認められたことについては、その立法時から批判があったところである。近時では、売掛債権を担保とする方法を始めとする債権譲渡による資金調達が、特に中小企業にとって重要となっており、これまでの不動産担保や保証による資金調達に代わり得るものとして積極的に活用しようとする動きがあるが、このような立場からは、譲渡禁止特約が債権譲渡による資金調達の支障となっているという問題が指摘されている。この点について金融機関等に対する実態調査の結果によれば、次のような具体的な問題点が指摘されている。すなわち、①譲渡禁止特約が力関係において優位にある債務者によって定型的に用いられていることが多く、譲渡禁止特約付債権を譲渡する必要が生じ個別に債務者に承諾を求めても、その承諾を得られないことがある、②譲渡禁止特約付債権を譲渡するために債務者に承諾を求めると、それによって自らの信用状態に懸念を持たれるおそれがあることから、債務者に承諾を求めることなく債権譲渡を断念することがある、③債権譲渡による資金調達は、譲渡の対象となる債権の資産価値（債務者の信用力）を利用して資金調達をするものであるが、譲渡禁止特約が物権的効力を有するという理解を前提とすると、譲渡禁止特約付債権による資金調達の場合には、最終的に債務者の承諾が得られないと譲渡人に債権の買戻しを求めなければならなくなるため、債務者の信用力だけでなく譲渡人の信用力を勘案する必要が生じ、その結果、譲渡債権の債務者の信用力が高い場合であっても資金調達に要するリスクを低減させることができないといった点などである（部会第１９回会議で配布された参考資料５－２、５－３及び６－２、部会第２９回会議で配布された参考資料５－４参照）。このような実態を踏まえ、特に中小企業による資金調達の可能性を拡充するために、譲渡禁止特約の効力を制限することを求める意見がある。

　債権の譲渡性とこれを制限する特約については、以上のような問題を解決するための改正の必要性が指摘されている。

2　本文(2)は、当事者間で債権譲渡を禁止する等の特約がある場合であっても、原則としてその効力は妨げられない旨を定めるものである。これによって、譲渡制限特約付債権が悪意の譲受人に譲渡された場合であっても、その譲渡制限特約付債権は譲受人に帰属することになる点で、物権的効力説を貫徹した場合に導かれる帰結とは違いが生ずるが、本文(3)によって、債務者の譲渡人に対する履行に弁済の効力が認められるとともに、譲受人への履行を拒むことができるので、債務者の利益は引き続き保護されることになる。ここで譲渡制限特約付債権の譲渡を有効とするのは、近時の判例（上記最判平成２１年３月２７日等）の下で、譲渡禁止特約に関する法律関係が不透明であるとの指摘があることを踏まえ、取引の安定性を高める観点から、譲渡禁止特約は債務者の利益を保護するためのものであるという考え方を貫徹して法律関係を整理することによって、ルールの明確化を図るとともに、譲渡制限特約付きの債権を譲り受けた悪意の譲受人が債権を確定的に取得するという結論を採ることによって譲渡禁止特約が債権譲渡による資金調達の支障となっている問題を解消しようとするものである。

　なお、ここでは、譲渡の禁止を合意したもののほか、譲渡自体は許容するものの、譲

渡がされた場合には本文(3)で示す限度の制約がある旨の合意をしたものを含む趣旨で、「上記(1)に反する内容の特約」という表現を用い、これに譲渡制限特約という仮の名称を与えている。譲渡制限特約付債権の譲渡が常に債務者との関係で債務不履行を構成するのであれば、債務不履行となってまで債権を譲渡するのは容易ではないから、譲渡禁止特約が資金調達の支障となっている現状を改善することができないとの指摘がある。本文(2)は、このような指摘を踏まえ、後者のような内容の合意に、現在の譲渡禁止特約で達成しようとされている債務者の利益を保護する効果を認めることによって、譲渡人の債務者に対する債務不履行を構成することなく、譲渡制限特約付債権を第三者に譲渡することができるようにするものである。他方、当事者間で譲渡の禁止を合意した場合であっても、その効力は、本文(3)第2文の限度で認められることになる。

3 譲渡制限特約付債権の譲受人が悪意重過失であって、本文(3)第2文の効力が認められる場合であっても、債務者が、例外的に譲渡制限特約を譲受人に対抗することができない事由があることを定めるのが、本文(4)である。

このうち、本文(4)イは、債務者が履行を遅滞している場合に、債務者に対して譲渡人への履行の催告をする権限を譲受人に付与するものである。特約違反の債権譲渡を有効としつつ、弁済の相手方を譲渡人に固定する限度で特約の効力を認める場合（本文(3)参照）には、譲渡人と譲受人のいずれも債務者に対して履行を請求することができないことになるが、そうすると、譲受人にとっては債務者が任意に債務を履行しない場合に債権の回収が困難となる一方で、債務者が履行を遅滞している場合にまで、譲受人の債権回収の必要性を犠牲にして譲渡制限特約によって債務者の利益を保護する必要はないとの考慮に基づく考え方である。

本文(4)ウは、譲受人が第三者対抗要件を具備した後に譲渡人について倒産手続開始の決定があった場合に、譲受人に対して譲渡制限特約を対抗することができないとするものである。譲渡人について倒産手続開始の決定があった場合に、倒産手続を通じて回収しなければならないとすると、譲受人が債権額全額の回収をすることができないおそれがあるが、譲受人は譲渡人の一般債権者に対して、譲渡制限特約付債権が自らの責任財産に帰属することを対抗することができることを考慮すれば、このような事態を避ける必要がある。また、譲渡人について破産手続開始の決定があった場合には、破産管財人が譲渡人の受領権限を承継する結果、破産管財人が債権を回収して譲受人に引き渡さなければならないことになると考えられるが、破産管財人が譲受人のためにこのような事務負担を強いられることを疑問視する見解がある。他方、譲渡人について破産手続開始又は更生手続開始の決定があったときは、もはや債務者は元の債権者である破産者又は更生会社に対して債務を履行することができなくなるから、弁済の相手方を固定する債務者の利益はもはや失われていると評価することができる。また、譲渡人について再生手続開始の決定があった場合には、再生債務者に対して直ちに債務を履行することができなくなるわけではないものの、債務の履行をすることができなくなる可能性があることを踏まえれば（民事再生法第76条第2項、第3項参照）、債権の譲受人の利益を犠牲にしてまで債務者の利益を保護する必要性が失われていると評価することが可能であるという点を考慮したものである。

本文(4)エは、譲渡制限特約付債権が差し押さえられると、本来、債務者は特約を対抗することができず（本文(5)）、特約によって保護されるべき債務者の利益が失われたと評価することができる一方で、差押えがされる局面においては、譲受人が債権全額を回収することができないおそれがあるため、譲受人を保護する必要性が高い点を考慮したものである。

本文(4)ウ及びエについては、規定を設けるべきでないという意見が主張されている。具体的には、①これらのような規定が設けられると、第三者対抗要件を具備した譲受人が現れた場合に、その記録を保管しなければならない負担を債務者が強いられることになるが、それは現実的に対応が困難であるという意見、②譲渡人についての倒産手続開始の決定によって、債務者の利益が失われるとすることを正当化することはできないという意見である。このうち、①の意見については、譲受人が善意無重過失である可能性があることを考慮すれば、譲渡制限特約が付されていても、債務者は通知の到達等の記録を保管していなければ、誤弁済のリスクを負担することになるはずであるので、本文ウ及びエが債務者に新たな負担を強いるわけではないと言えることに加えて、本文ウ及びエが、第三者対抗要件及び権利行使要件を譲受人が具備したことについての主張立証責任を、譲受人自身が負担することを前提としていることを考慮すると、これらの規定が設けられることによって債務者が記録保管の負担を当然に強いられるわけではないように思われる。②の意見に対しては、譲渡人に倒産手続開始の決定があったときや譲渡人の債権者が譲渡制限特約付債権を差し押さえたときに、譲受人がその債権を他の譲渡人の債権者に優先して回収し得ることが担保されていることが、資金調達の支障の除去という観点からは不可欠であるという反論がある。

なお、譲渡制限特約付債権による資金調達を促進する観点から、本文(4)ウ及びエに加えて、例えば、譲渡人に支払の停止があった場合に、債務者が譲渡制限特約を譲受人に対抗することができない旨の規定を設けるべきであるとの意見もあるが、これに対しては、譲渡人の支払の停止のみで債務者の利益が奪われることを正当化することが困難であるとの批判があり、ここでは取り上げられていない。

4 本文の規律による法律関係の整理

本文は、譲渡制限特約は債務者の利益を保護するためのものであるという考え方を貫徹して法律関係を整理することによって、ルールの明確化と規律の合理化を図るものであるが、これによると、譲渡制限特約に関する法律関係は、以下のように整理されることになる。いずれも、Aを債権者、Bを債務者とする甲債権について譲渡制限特約が付されている事例で、この甲債権について譲受人Cが現れた後、第二譲渡や差押え等がされるというものである。

(1) 設例1

Aが譲渡制限特約について悪意のCに対して甲債権を譲渡し、Cが第三者対抗要件及び権利行使要件を具備した後、Aが譲渡制限特約について悪意のDに対して甲債権を譲渡し、Dが第三者対抗要件及び権利行使要件を具備した場合

① BはAに対して履行することができる（本文(3)イ）。

② BはCに対して、譲渡を承諾した上で、履行することができる（本文(4)ア、本

文(2),後記2(2)【甲案】ア又は【乙案】ア)
③ BはDに対して,譲渡を承諾したとしても,履行することはできない(本文(2),後記2(2)【甲案】ア又は【乙案】ア)。
④ AがBに対して訴訟で履行を請求しても,請求は認容されない(本文(2))。
(2) 設例2
Aが譲渡制限特約について悪意のCに対して甲債権を譲渡し,Cが第三者対抗要件及び権利行使要件を具備した後,Aが譲渡制限特約について善意無重過失のDに対して甲債権を譲渡し,Dが第三者対抗要件及び権利行使要件を具備した場合
① BはAに対して履行することができる(本文(3)イ)。
② BはCに対して,譲渡を承諾した上で,履行することができる(本文(4)ア,本文(2),後記2(2)【甲案】ア又は【乙案】ア)。
③ BはDに対して,譲渡を承諾したとしても,履行することはできない(本文(2),後記2(2)【甲案】ア又は【乙案】ア)。
④ AがBに対して訴訟で履行を請求しても,請求は認容されない(本文(2))。
(3) 設例3
Aが譲渡制限特約について悪意のCに対して甲債権を譲渡し,Cが第三者対抗要件及び権利行使要件を具備した後,Aの一般債権者であるDが甲債権を差し押さえた場合
① BはAに対して履行することができない(本文(4)エ)。
② BはCに対して履行しなければならない(本文(4)エ,後記2(2)【甲案】ア又は【乙案】ア)。
③ BはDに対して履行することはできない(本文(2),後記2(2)【甲案】ア又は【乙案】ア)。
④ AがBに対して訴訟で履行を請求しても,請求は認容されない(本文(4)エ)。
(4) 設例4
Aが譲渡制限特約について悪意のCに対して甲債権を譲渡し,Cが第三者対抗要件及び権利行使要件を具備した後,Aについて破産手続開始の決定があった場合
この場合には,Bは譲渡制限特約をCに対して対抗することができず,BはCに対して履行しなければならない(本文(4)ウ)。
なお,設例1及び設例2の④については,AがBに対して訴訟で履行を請求すれば,請求が認容されると考える別案もある。この別案の立場からは,本文(4)イについて,譲渡人からの催告に債務者が応じない場合に,譲受人が債務者に対して直接債務の履行を請求することができるようにするという考え方もあり得る。もっとも,これに対しては,自らの意思で債権を譲渡した譲渡人が,債務者に対して履行を請求することを認める必要はないとの意見がある。
また,債務者が弁済供託をすることによって債務を消滅させることができるという結論も維持されてよいと考えられるが,その当否及び結論を導くための規定を設けることの要否についても,更に検討する必要がある。
5 「譲渡禁止特約」の効力の改正の必要性

この補足説明4の各設例の検討を通じて明らかなように，本文のように規律を整理することによって，債務者は，譲渡人又は後記2(2)の規律によって履行を受けることができる譲受人（若しくはその承継人）のいずれかに債務を履行すればよく，他方，譲渡制限特約付債権の譲受人や差押債権者間の関係は，譲渡制限特約がない債権の譲渡と同様に，対抗要件のルールによって決せられることになる。すなわち，法律関係を簡明化するために「譲渡禁止特約」に関する従来の通説的な見解を採らないこととするものであるが，具体的には以下の考慮に基づくものである。
　従来の通説によると，譲渡制限特約付債権が多重に譲渡された場合には，債権譲渡の対抗関係の優劣の他，各譲受人の主観も考慮して履行の相手方を判断しなければならないことから，法律関係が複雑となり，弁済の相手方の判断が困難となり得るが，これでは弁済の相手方を固定することにより債務者の利益を保護しようとする譲渡制限特約の趣旨を貫徹することができないという問題がある。これに対して，本文の規律の下では，譲渡制限特約について悪意又は重過失の譲受人に対抗関係で劣後する第三者（善意の譲受人や差押債権者）が現れたとしても，債務者は対抗関係で劣後する第三者の存在を考慮する必要はなく，譲渡人又は後記2(2)の規律によって履行を受けることができる譲受人のいずれかに履行すればよい。すなわち，本文の規律によれば，債務者の立場からは，現在よりも法律関係が簡明化し，弁済の相手方の判断が容易になるので，譲渡制限特約によって，債務者の利益はより保護されることになると言える。
　また，従来の通説のルールを前提とすると，譲渡制限特約について悪意又は重過失の譲受人が債権を譲り受けた後で，差押債権者や善意無重過失の債権の譲受人が現れた場合に，対抗関係で劣後するはずの後者が，譲渡制限特約が付されていたことを理由として前者に優先すると解されるが，これによって，対抗関係の優劣以外に考慮すべき要素が増えることによる法律関係の複雑さが生ずるだけでなく，債務者の利益を保護するために付される譲渡制限特約に過大な効果を認めることになり，第三者間の公平という観点からも妥当ではないと評価することもできる。このような問題意識に基づき，譲受人や差押債権者等の第三者間の関係を対抗関係の優劣のみで決することができるように譲渡制限特約の効力を制限することで，規律の合理化を図ることも意図するものである。
　もっとも，これに対して，本文のような改正を行うべきでないという意見もある。具体的には，譲渡禁止特約付債権が譲渡人の責任財産から逸出することを認めるのは，譲渡人に対する労働債権確保の観点から問題があるとして，現在の規律を維持すべきであるという意見であり，これを（注2）で取り上げている。

2　対抗要件制度（民法第467条関係）
　(1)　第三者対抗要件及び権利行使要件
　　　民法第467条の規律について，次のいずれかの案により改めるものとする。
　　【甲案】（第三者対抗要件を登記・確定日付ある譲渡書面とする案）
　　ア　金銭債権の譲渡は，その譲渡について登記をしなければ，債務者以外の第三者に対抗することができないものとする。

イ　金銭債権以外の債権の譲渡は，譲渡契約書その他の譲渡の事実を証する書面に確定日付を付さなければ，債務者以外の第三者に対抗することができないものとする。
ウ(ア)　債権の譲渡人又は譲受人が上記アの登記の内容を証する書面又は上記イの書面を当該債権の債務者に交付して債務者に通知をしなければ，譲受人は，債権者の地位にあることを債務者に対して主張することができないものとする。
(イ)　上記(ア)の通知がない場合であっても，債権の譲渡人が債務者に通知をしたときは，譲受人は，債権者の地位にあることを債務者に対して主張することができるものとする。
【乙案】（債務者の承諾を第三者対抗要件等とはしない案）
特例法（動産及び債権の譲渡の対抗要件に関する民法の特例等に関する法律）と民法との関係について，現状を維持した上で，民法第４６７条の規律を次のように改めるものとする。
ア　債権の譲渡は，譲渡人が確定日付のある証書によって債務者に対して通知をしなければ，債務者以外の第三者に対抗することができないものとする。
イ　債権の譲受人は，譲渡人が当該債権の債務者に対して通知をしなければ，債権者の地位にあることを債務者に対して主張することができないものとする。
（注）第三者対抗要件及び権利行使要件について現状を維持するという考え方がある。

（概要）
1　甲案
　本文の甲案は，①金銭債権の譲渡の第三者対抗要件を登記に一元化するとともに（甲案ア），②金銭債権以外の債権の譲渡の第三者対抗要件を確定日付の付された譲渡の事実を証する書面に改める（甲案イ）ものである。現在の民法上の対抗要件制度に対しては，債権譲渡の当事者ではない債務者が，譲渡の有無の照会を受けたり，譲渡通知が到達した順序の正確な把握を求められるなどの負担を強いられていることについて，実務上・理論上の問題点が指摘されている。甲案は，このような問題点を解消して債務者の負担を軽減するとともに，特に金銭債権の譲渡について取引の安全を保護することを意図するものである。なお，ここでの登記は，必ずしも特例法上の債権譲渡登記制度の現状を前提とするものではなく，①登記することができる債権譲渡の対象を自然人を譲渡人とするものに拡張すること，②第三者対抗要件を登記に一元化することで登記数が増加すること，③根担保権の設定の登記のように現在の債権譲渡登記制度では困難であると指摘されている対抗要件具備方法があることに対応するために，債権の特定方法の見直し，登記申請に関するアクセスの改善その他の必要な改善をすることを前提とする。甲案イの「譲渡契約書その他の譲渡の事実を証する書面」とは，譲渡契約書である必要はなく，

譲渡対象となる債権が特定され,かつ,当該債権を譲渡する旨の当事者の意思が明らかとなっている書面であれば足りるという考えに基づくものである。

甲案ウでは,登記の内容を証する書面(金銭債権の場合)又は譲渡契約書その他の譲渡の事実を証する書面(金銭債権以外の債権の場合)を当該債権の債務者に交付して譲渡人又は譲受人が通知をすることとは別に(甲案ウ(ア)),第三者対抗要件を具備する必要のない債権譲渡に対応するため,単なる譲渡通知を譲渡人が債務者に対してすることも債務者に対する権利行使要件としている(甲案ウ(イ))。この両者の通知が競合した場合については,本文アの登記の内容を証する書面又は本文イの書面を交付して通知をした譲受人に対して債務を履行しなければならない旨のルールを設けている(後記(2)甲案ウ)。

2　乙案

本文の乙案は,特例法上の対抗要件と民法上の対抗要件とが併存する関係を維持した上で,民法上の第三者対抗要件について,確定日付のある証書による通知のみとするものである。債務者をインフォメーション・センターとする対抗要件制度を維持するとしても,債務者の承諾については,第三者対抗要件としての効力発生時期が不明確であるという指摘のほか,債権譲渡の当事者ではない債務者が譲受人の対抗要件具備のために積極的関与を求められるのは,債務者に不合理な負担となることが指摘されている。乙案は,このような指摘に応える方策として,確定日付のある証書による債務者の承諾を第三者対抗要件としないこととするものである。

もっとも,現在,債権譲渡の第三者対抗要件が債務者の承諾について問題が指摘されているとしても,債務者の承諾を第三者対抗要件から削除する必要まではなく,基本的に現在の対抗要件制度を維持すべきとの考え方があり,これを(注)として取り上げた。

乙案イでは,債務者の承諾を権利行使要件とはしないこととしている(甲案ウも同様)。これは,債務者に弁済の相手方を選択する利益を積極的に認めることは必要なく,かつ,譲渡当事者の利益保護の観点から適当ではないという考慮の他,債権譲渡の当事者でもない債務者が,譲受人の権利行使要件具備のために,承諾という積極的関与を要求されることは,制度としての合理性に疑問があるという考え方に基づき,債権譲渡制度の中で債務者が果たす役割を小さくすることによって,できる限り債務者に負担がかからない制度とすることを意図するものである。

(補足説明)
1　民法第４６７条は,確定日付のある証書によってされた通知又は承諾を債務者以外の第三者に対する対抗要件としている。これは,債権譲渡の有無についての債務者の認識を通じ,債務者によってそれが第三者に表示され得ることを期待した制度であるとされている。しかし,この制度については,債務者には第三者からの照会に回答する義務があるわけではなく,債務者が真実の回答をしなければ機能しないという問題が指摘されているほか,実務上は,債権を譲り受けようとする者が債権譲渡に先立って債務者に直接確認することを譲渡人から拒絶される事態や債務者が守秘義務等を理由に回答しない事態も少なくなく,債務者の認識を通じて譲渡の有無を確認する制度としては十分に機

能していないという指摘もある。
　また，判例（最判昭和４９年３月７日民集２８巻２号１７４頁）は，第三者対抗要件を具備した複数の債権譲渡がされたときは，その優劣は債務者への通知が到達した日時又は債務者の承諾の日時の先後によって決せられるとしている。この判例の準則は，債務者が通知の到達や承諾の時点の先後を正確に把握している場合でなければ機能しない上，そもそも，債権譲渡に関与していない債務者が，これらの先後を正確に把握した上で，弁済すべき相手方を判断しなければならないという負担を負うこと自体が不合理であるという指摘がある。また，債務者が通知の到達や承諾の時点の先後を常に正確に把握できるとは限らない。例えば，競合する譲渡の通知が債務者のＡ支店とＢ支店という異なる支店に相次いで到達することが実際にあるが，その到達の先後を把握することは，債務者にとっても容易ではないと言われている。さらに，この判例の準則を前提とすると，債務者は，通知又は承諾の記録を管理し続けなければならないことになるが，これは債務者にとっては強いられる必要のない負担であって不合理であるとの指摘もある。債務者は，このような対抗要件制度から生ずる負担を避けるために譲渡禁止特約を付すことがあると指摘されているが，譲渡禁止特約を付すことができない立場の債務者は，上記のような負担を回避することができない。
　債権譲渡の対抗要件制度については，以上のように，債務者の負担を軽減することと，公示の不十分さを補う観点から，改正の必要性が指摘されている。
　これに対して，現在の対抗要件制度には，特に具体的な問題が生じていないという意見や，簡易かつ安価に対抗要件を具備することができるという利点があるとの意見があり，このような立場から，対抗要件制度の改正に否定的な考え方も主張されている。
　債権譲渡の対抗要件制度については，以上のような問題状況を踏まえて，改正の要否が検討されてきた。

２　甲案
(1) 甲案の概要
　　本文の甲案は，対抗要件制度について指摘されている上記の問題点を解決する観点から，①金銭債権の譲渡の第三者対抗要件を登記に一元化するとともに（甲案ア），②金銭債権以外の債権の譲渡の第三者対抗要件を確定日付の付された譲渡の事実を証する書面に改める（甲案イ）ものである。債務者に公示機関のような役割を強いる制度を採らないこととすることによって，債務者の負担を軽減するとともに，特に取引の安全保護の要請が高い金銭債権の譲渡については，対抗要件を登記に一元化することで公示の不十分さを解消しようとするものである。
　　ここで，①により登記に一元化する金銭債権の譲渡の範囲には，法人を譲渡人とする債権譲渡に限らず，自然人を譲渡人とする債権譲渡も含めることとしている。これは，医師が診療報酬債権を担保として金銭を借り入れる場合のように，自然人であっても債権譲渡により資金調達をする必要性がある場合があると指摘されていることへの対応を図る趣旨である。自然人一般を対象とするとしても，現実に債権譲渡が行われ，その債権譲渡に関して法的紛争が生ずる可能性があるのは，実際上，事業に関する債権譲渡の場面に限られると考えられるが，適用対象を事業者に限定すると，譲渡

人である自然人が事業者に該当するか否かの判断が必要になり，運用が複雑になり得るという問題を避けるため，同じ金銭債権の譲渡については全て登記に一元化する考え方を提示している（本文甲案ア）。

　金銭債権以外の債権に関する②では，金銭債権の譲渡とは異なり，登記ではなく，確定日付を付した「譲渡契約書その他の譲渡の事実を証する書面」を第三者対抗要件としている（本文甲案イ）。確定日付を付する対象は，譲渡契約書のほか「譲渡の事実を証する書面」で足りることとしているが，これは，譲渡契約書には債権の売買代金のように他者に知られたくない情報が含まれている可能性があるという指摘を踏まえたものである。この「譲渡の事実を証する書面」とは，譲渡対象となる債権が特定され，かつ，当該債権を譲渡する旨の当事者の意思が明らかとなっている書面であれば足りると考えられる。金銭債権と金銭債権以外の債権で第三者対抗要件を異にする理由は，金銭債権以外の債権については，第三者への対抗が問題となるような譲渡がされることが多くないため，公示のためにコストをかけるよりも，紛争となった際に先後を明確に判断できる要件を整備することで実務的な対応に問題は生じないとの判断に基づく。もっとも，このように金銭債権と金銭債権以外の債権の対抗要件を別にすることについては，例えば，金銭債権と金銭債権以外の債権とが一緒に譲渡されるときにそれぞれの対抗要件を具備しなければならないのは煩雑であることなどを理由とする批判がある。甲案を採る場合には，金銭債権以外の債権の譲渡に関する実態を踏まえて，金銭債権以外の債権についても対抗要件を登記に一元化することの当否も今後の検討課題となり得るように思われる。

(2) 登記制度の具体的な在り方

　本文甲案の考え方は，現在の債権譲渡登記制度を改めることを前提とする考え方である。本文甲案の採用の前提としては，特に，①オンラインによる登記申請制度の改善等による登記申請に関するアクセスの改善，②債権の特定方法の改善，③登記事項証明書の記載内容を簡易に確認及び取得することができるようにするなど登記されている事項の確認方法の拡充が重要であると指摘されている。登記制度の具体的な在り方については，更なる検討が必要であるが，甲案を採る場合には，登記することができる債権譲渡の対象を自然人を譲渡人とするものに拡張すること，第三者対抗要件を登記に一元化することで登記数が増加すること，通知・承諾による対抗要件の具備をすることができなくなることに対応するために，上記の①から③までの指摘について，必要な改善をすることを前提とする。

　上記の指摘のうち，②については，現在の登記事項は債権の特定を厳格に要求しすぎているとする意見がある一方で，現在の登記事項では譲渡の対象となっている債権を特定することが困難であり，より厳格な特定を要求すべきであるとする意見がある。これらの意見は矛盾する意見であるようにも思われるが，いずれも，現在の債権の特定方法が硬直的であり，取引の実態に合致しない点があるという理由に基づく意見であると整理することが可能であるように思われる。このような観点からは，例えば，登記事項を整理した上で，記載方法を譲渡当事者の自己責任に委ねる事項を増やすことや，登記するか否かを当事者の任意に委ねる事項を増やすことによって，柔軟な債

権の特定を可能とするという方法が考えられ得るが，これについては，登記制度の信頼性を確保するという観点とのバランスも考慮しつつ，検討することが必要である。
　上記の①から③までの他にも，特に現在の債権譲渡登記制度によれば困難であると指摘されている対抗要件具備方法があるという点について，対応を検討する必要がある。例えば，根担保権の設定の登記や，担保権の一部譲渡の登記が困難であるとの指摘については，極度額を登記事項として加えることや，担保権の一部譲渡を登記原因として加える方法などにより対応することが考えられる。また，一括決済システム等のように多数の譲渡人から一人の譲受人に対して債権を譲渡する取引において対抗要件具備のために要する手間やコストの負担が重いとの問題も指摘されるが，少なくとも手間の問題については，債権の特定方法を簡易化することをはじめとして，登記申請方法について工夫する余地があるように思われる。
　自然人を譲渡人とする債権譲渡の第三者対抗要件を登記とすることについては，氏名や住所等の変更を把握することができないので，公示制度として不完全なものとなることを指摘し，現時点では，自然人を譲渡人とする債権譲渡の第三者対抗要件を登記にすることができないと主張する意見がある。しかし，自然人の債権譲渡に関して，氏名や住所等の変更にも常に対応可能な制度を構築するという考え方は，その制度が実際に果たす役割との比較で，制度を構築するコストが大きすぎ，現実的ではないように思われる。また，譲渡人の氏名等の変更を債務者が把握できるわけではないから，同じ問題は現在の民法上の対抗要件制度にも内在していることを踏まえると，このことが自然人を譲渡人とする債権譲渡の対抗要件を登記にすることの支障になるとは考えられない。自然人の債権譲渡登記に関しては，登記申請の際にその氏名・住所・生年月日等が住民票等の記載と一致することを求めることとした上で，他に譲渡登記がないことの証明に関しては，必要に応じて譲渡人の側から戸籍の附票（住民基本台帳法第16条から第20条まで参照）の情報を提供すれば足りると考えられる。以上のような考慮に基づき，本文甲案は，自然人の金銭債権の譲渡の対抗要件を登記に一元化するとしても，自然人の氏名等の変更を登記によって把握することを想定しない制度とすることを前提とするものである。

(3) 権利行使要件（債務者対抗要件）
　民法第467条第1項は，「債務者その他の第三者」に対する対抗要件を定め，同条第2項は，「債務者以外の第三者」に対する対抗要件を定めているが，この点については，これらの条文の関係が不明確であるという批判があるほか，債務者との関係は対抗関係ではないため，同条第1項が，債務者に「対抗することができない」としているのは不適切であると指摘されている。そこで，ここでは，債務者との関係について，「対抗することができない」という文言を「債権者の地位にあることを債務者に対して主張することができない」に改めることとしており，これに伴い，債務者対抗要件ではなく，権利行使要件という用語を用いることとしている。もっとも，この点は，民法全体で「対抗」という文言をどのような意味で用いるのかという点と関係する問題であるので，今後，横断的な検討をする必要がある。
　本文甲案では，登記事項を証する書面（金銭債権の場合）又は譲渡契約書その他の

譲渡の事実を証する書面（金銭債権以外の債権の場合）を当該債権の債務者に交付して譲渡人又は譲受人が通知をすることと並んで（本文甲案ウ(ｱ)），譲渡人が債務者に対して単なる通知をすることも債務者に対する権利行使要件としている（本文甲案ウ(ｲ)）。第三者対抗要件を具備する必要のない譲渡が少なくないことに対応するものであるが，この両者の通知が競合した場合については，第三者対抗要件具備に関する書面を交付して通知をした譲受人に対して債務を履行しなければならないこととしている（後記(2)本文甲案ウ）。なお，承諾を権利行使要件としない理由等については，この補足説明の4を参照されたい。

3 乙案
(1) 乙案の概要
　　債務者をインフォメーション・センターとする対抗要件制度を肯定するとしても，債務者の承諾をめぐって，いくつかの問題が指摘された。具体的には，①確定日付のある書面で承諾をするのではなく，債務者が承諾をした後にその書面に確定日付を付した場合であっても，第三者対抗要件として有効であると解されているため，債務者にとって第三者対抗要件の具備された時点を認識することが困難な事態が生ずることがあり得る，②債権譲渡前の債務者による包括的な承諾のように，対抗要件としての有効性に疑義が生じ得る利用実態がある，③債権譲渡の当事者ではない債務者が，譲受人の対抗要件具備のために承諾という積極的な関与を求められるのは，債務者に過大な負担となることがあり得る，④債務者は観念の通知としての承諾をすれば足りるとされているが，その程度の関与によって，債務者が実際にインフォメーション・センターとしての機能を果たし得るのか疑問である（母法国のフランスでは債務者の意思的関与のある場合が想定されている）などの問題があるという点である。このような問題を解消する観点から，本文乙案は，特例法上の対抗要件と民法上の対抗要件とが併存する関係を維持した上で，債務者の承諾を民法上の第三者対抗要件とはしないこととするものである。
(2) 乙案に対する批判等
　　これに対して，債権譲渡に関して債務者の承諾が得られた場合には当該債権の担保価値が高く評価されるなど，債務者の承諾の有無が実務において重要な役割を果たす場合があることを指摘して，債務者の承諾を対抗要件として維持すべきであるとする意見がある。しかし，そこにいう承諾の重要な役割は，承諾を第三者対抗要件とすることと不可分に連動しているとは言えない。すなわち，現行法の下では，異議をとどめない承諾（民法第468条第1項）によって対抗要件が具備されることにより，①抗弁が切断されるとともに，②優先する譲渡があることを債務者が主張しなかったことが確認される結果，譲受人は譲り受けた債権について確実に弁済を受けられると考えられるので，担保価値が高いと評価されると指摘されている。しかし，債務者の承諾を第三者対抗要件から削除しても，①は債務者から抗弁の放棄の意思表示を得ることにより，また②は優先する譲渡の有無について債務者から確認の言明を得ることによって実現できるから，担保として同等の評価を受け得るはずである。すなわち，債務者の承諾の上記のような実務的な役割は，債務者の承諾が対抗要件であるかどうか

とは直接関係しないと考えられる。そして、上記①②の承諾の機能は、単なる承諾によってではなく、それぞれの機能に即した関与を債務者に求めることによって実現するのが債務者保護の観点からも望ましい。

　また、金融機関等が多数の譲渡人が有する同一の債務者に対する債権を譲り受ける一括決済システムのような取引においては、債務者が承諾することによって簡易に対抗要件を具備することができている実態があり、承諾を対抗要件としないと不都合が生ずるのではないかとの指摘があるが、これに対しては、譲受人が譲渡人から基本契約において代理権を受領した上でまとめて通知をすれば、簡易に対抗要件を具備することができることに違いはなく、不都合は生じないとの指摘もある。

　以上の意見とは別に、債務者の承諾をめぐって問題が指摘されているとしても、その解決方法として承諾を第三者対抗要件としないというのは適当ではなく、承諾を第三者対抗要件として維持しつつ、指摘された問題に対応する方策を検討すべきとの意見がある。今後はこのような方向も含めて検討を進める必要があるが、事前の承諾が有効となり得る要件について規定を設けることは困難であるとの指摘があるように、債務者の承諾について指摘されている問題に完全に対応することは難しいように思われることに留意する必要がある。

(3) 権利行使要件

　本文乙案では、債務者に対する通知のみが権利行使要件とされている。承諾を権利行使要件としないことの理由等については、この補足説明の4を参照されたい。

4　権利行使要件としての債務者の承諾

　債務者の承諾を第三者対抗要件としないことの当否と区別することができる問題として、債務者の承諾を権利行使要件としないことの当否が問題となるが、本文甲案及び乙案では、債務者の承諾を権利行使要件とはしないこととしている（本文甲案ウ、本文乙案イ）。権利行使要件としての債務者の承諾は、債務者が弁済の相手方を選択することを認める機能を果たすものであるが、これに対しては、弁済受領権者を変えない趣旨であえて債務者に対して譲渡の情報を伝えていない場合にまで債務者が一方的に承諾によって譲受人に弁済できるとすれば、譲渡当事者の意図に反する結果になり、譲渡当事者の利益保護の観点から妥当でないとの批判や、債務者に弁済の相手方を選択する利益を認める必要性に乏しいとの指摘がある。また、債務者が譲渡の事実を譲渡人又は譲受人から知らされていないにもかかわらず、譲渡を承諾し譲受人に対して弁済するのは、債務者が誤弁済のリスクを覚悟して譲受人に弁済するもので、必ずしも合理的な行動とは評価できないとも指摘されている。このほか、債権譲渡の当事者でもない債務者が、譲受人の権利行使要件具備のために、承諾という積極的関与を要求されることは制度として合理性に疑問があるという指摘もある。本文は、以上のような指摘を踏まえたものである。

　なお、債務者の承諾を権利行使要件としないことに関連して、譲渡当事者が権利行使要件としての通知をしないにもかかわらず、債務者の側から一方的に（権利行使要件ではない）承諾をした上で、譲受人に対して弁済をすることができるかどうかについても部会で審議されたが、意見が分かれたことから、本文は、譲受人が権利行使要件を具備

しない場合に債務者が譲受人に有効に弁済し得るか否かについては，解釈に委ねることを前提としている。
5　（注）について
　　以上に対して，現在の対抗要件制度を基本的に維持すべきであるとの考え方がある。これは，簡易かつ安価に対抗要件を具備することができる現在の対抗要件制度の利点を重視する立場のほか，譲渡当事者にとっては債務者をインフォメーション・センターとする制度であることによって特段の支障が生じていないという現状認識に基づく立場から主張されているものである。また，債務者の承諾を権利行使要件としない考え方については，サイレントで行われる債権譲渡を保護する必要性に疑問を呈する意見があった。このような意見があることを踏まえ，（注）において，第三者対抗要件及び権利行使要件について，基本的に現状を維持する考え方を取り上げている。
6　指名債権という用語
　　民法第４６７条は「指名債権」の譲渡について定めているが，今般の見直しにおいて，いわゆる証券的債権に関する規定を廃止し，有価証券に関する規定に改めるとすると（後記第１９参照），指名債権という概念を維持する必要がないと指摘されている。この中間試案では，差し当たり，指名債権という概念を用いていないが，指名債権という概念は民法以外の法律でも用いられているので（電子記録債権法第７７条第２項，動産及び債権の譲渡の対抗要件に関する民法の特例等に関する法律第４条第１項等），最終的にこれを維持することの要否については，他の法律との関係の検討結果を踏まえて決する必要がある。

　(2)　**債権譲渡が競合した場合における規律**
　　　債権譲渡が競合した場合における規律について，次のいずれかの案により新たに規定を設けるものとする。
　　【甲案】　前記(1)において甲案を採用する場合
　　ア　前記(1)【甲案】アの登記をした譲渡又は同イの譲渡の事実を証する書面に確定日付が付された譲渡が競合した場合には，債務者は，前記(1)【甲案】ウ(ｱ)の通知をした譲受人のうち，先に登記をした譲受人又は譲渡の事実を証する書面に付された確定日付が先の譲受人に対して，債務を履行しなければならないものとする。
　　イ　前記(1)【甲案】ウ(ｲ)の通知がされた譲渡が競合した場合には，債務者は，いずれの譲受人に対しても，履行することができるものとする。この場合において，債務者は，通知が競合することを理由として，履行を拒絶することはできないものとする。
　　ウ　前記(1)【甲案】ウ(ｱ)の通知がされた譲渡と同(ｲ)の通知がされた譲渡とが競合した場合には，債務者は，同(ｱ)の通知をした譲受人に対して，債務を履行しなければならないものとする。
　　エ　上記アの場合において，最も先に登記をした譲渡に係る譲受人について同時に登記をした他の譲受人があるときは，債務者は，いずれの譲受人に

対しても，履行することができるものとする。最も確定日付が先の譲受人について確定日付が同日である他の譲受人があるときも，同様とするものとする。これらの場合において，債務者は，同時に登記をした他の譲受人又は確定日付が同日である他の譲受人があることを理由として，履行を拒絶することはできないものとする。

オ　上記エにより履行を受けることができる譲受人が複数ある場合において，債務者がその譲受人の一人に対して履行したときは，他の譲受人は，履行を受けた譲受人に対して，その受けた額を各譲受人の債権額で按分した額の償還を請求することができるものとする。

【乙案】　前記(1)において乙案を採用する場合

ア　前記(1)【乙案】アの通知がされた譲渡が競合した場合には，債務者は，その通知が先に到達した譲受人に対して，債務を履行しなければならないものとする。

イ　上記アの場合において，最も先に通知が到達した譲渡に係る譲受人について同時に通知が到達した譲渡に係る他の譲受人があるときは，債務者は，いずれの譲受人に対しても，履行することができるものとする。この場合において，債務者は，同時に通知が到達した他の譲受人があることを理由として，履行を拒絶することはできないものとする。

（注）甲案・乙案それぞれに付け加えて，権利行使要件を具備した譲受人がいない場合には，債務者は，譲渡人と譲受人のいずれに対しても，履行することができるものとするが，通知がないことを理由として，譲受人に対する履行を拒絶することができるものとする規定を設けるという考え方がある。

（概要）

1　前記(1)の見直しの内容を踏まえて，第三者対抗要件を具備した債権譲渡が競合した場合に関する規律を明文化するものである。現在は，債務者にとっては譲渡が競合した場合における弁済の相手方の判断準則が明らかではないので，そのルールの明確化を図るものである。

2　本文の甲案（前記(1)において甲案を採る場合）

本文の甲案アは，金銭債権の譲渡については登記の先後によって，金銭債権以外の債権の譲渡については確定日付の先後によって，それぞれ優劣が決せられ，債務者は優先する譲受人に対して履行しなければならないことを明らかにするものである。

甲案イは，前記(1)甲案ウ(イ)の単なる通知をした譲受人が複数いる場合に，債務者がいずれの譲受人に対しても債務を履行することができるが，通知が競合することを理由として履行を拒絶することができないとするものである。

甲案ウは，第三者対抗要件具備に関する書面を交付してする通知（前記(1)甲案ウ(ア)）と単なる通知（同(イ)）とが競合した場合には，前者の通知をした譲受人に債務を履行しなければならないとするものである。後者の単なる通知は，譲受人が簡易に権利行使す

ることを可能とする趣旨で認められるものに過ぎず，譲渡が競合した場合には，権利行使要件としての意味を持たないものとして位置付けるのが相当であるからである。
　甲案エは，同時に対抗要件を具備した譲受人が複数いる場合に，債務者がいずれの譲受人に対しても債務を履行することができるとする判例法理（最判昭和５５年１月１１日民集３４巻１号４２頁）を明文化するとともに，この場合には，いずれの譲受人に対しても履行を拒絶することができないことを明らかにするものである。
　甲案オは，譲受人間の公平を図るために，甲案エにより履行を受けることができる譲受人が複数ある場合において，債務者がその譲受人の一人に対して履行したときに，譲受人間で各譲受人の債権額に応じた按分額の償還を請求することを認めるものである。この場合には，最初に債務の履行を受けた譲受人がいわば分配機関としての役割を果たすことになるが，甲案によれば，同時に対抗要件を具備した譲受人の存否及び数を登記によって確認することができるから，乙案と異なり，当該譲受人の負担が必ずしも大きくないと言える点を考慮したものである。
　なお，譲受人が権利行使要件を具備するまで，債務者が譲渡人と譲受人のいずれに対しても履行をすることができるかどうかについては，債務者に弁済の相手方を選択する利益を認めること（弁済の相手方を譲渡人に固定したい譲渡当事者の利益を認めないこと）の当否をめぐって見解が対立していることから，解釈に委ねることとしている。もっとも，この点について，現在のルールを維持する方向で規定を設けるべきであるという考え方があり，その具体的な内容を（注）として取り上げた。
3　本文の乙案（前記(1)において乙案を採る場合）
　本文の乙案アは，譲渡の優劣が通知の到達の先後によって決せられ，債務者は優先する譲受人に対して債務を履行しなければならないことを明らかにするものである。現在は，確定日付のある証書によらない通知であっても，その到達後に確定日付を付した場合には，その付した時を基準として競合する他の譲渡との優劣を決するものと解する見解も有力であるが，これによると債務者が対抗要件具備の時点を知ることができないという問題が指摘されている。このような問題を解消するため，通知到達後に確定日付を付しても，当該通知に第三者対抗要件としての効力を認めないことを含意する趣旨で，乙案アは，確定日付のある証書による通知の到達の先後によって競合する譲渡の優劣を決すると明記するものであり，判例（大判大正４年２月９日民録２１輯９３頁参照）とは異なる考え方を採るものである。
　乙案イは，甲案エと同様の趣旨である。

（補足説明）
1　債権譲渡が競合した場合における法律関係について，判例（最判昭和４９年３月７日民集２８巻２号１７４頁）は，第三者対抗要件を具備した複数の債権譲渡がされたときは，その優劣は債務者への通知が到達した日時又は債務者の承諾の日時の先後によって決せられるとしているが，このようなルールについて現在は規定が設けられていない。債権譲渡が競合した場合における履行の相手方の判断準則は，債権譲渡取引の当事者ではない債務者を保護する観点から重要であるから，そのルールの明確化の必要性が指摘

されている。
2 本文の甲案オ
　本文甲案のアからエまで及び乙案のア及びイは，いずれも，債権譲渡が競合した場合における債務者の履行の相手方に関するルールを定めるものであり，その内容は（概要）記載のとおりであるが，本文の甲案オは，譲受人間の関係に関するルールを定めるものである。同時に対抗要件を具備した譲受人が複数いる場合に，債務者がいずれの譲受人に対しても債務を履行することができるとする判例法理（最判昭和55年1月11日民集34巻1号42頁）を明文化する甲案エの下でも，譲受人の一人が履行を受けた場合に，その譲受人に対してそれ以外の譲受人がどのような請求をすることができるかについては，学説上，請求の可否や，請求が可能と考える理論的根拠をめぐって争いがある。判例（最判平成5年3月30日民集47巻4号3334頁）は，債権譲渡の通知と債権の差押えの通知が競合し，到達の先後関係が不明であった事案について，これを同時到達と扱うべきであると判断した上で，公平の原則に照らし，譲受人と差押債権者が債権額に応じて供託金額を按分した額の供託金還付請求権を分割取得すると判断している。この判例を根拠として，譲受人間の分配請求を認めるべきであるという見解も主張されているが，他方，この判例は，専ら供託金還付請求権の帰属について判示したものであって，譲受人間での受領額の分配の可否について判断したものではないとも指摘されている。
　本文の甲案オは，以上の問題状況を踏まえて，ルールを明確化するために，甲案エにより履行を受けることができる譲受人が複数ある場合において，債務者がその譲受人の一人に対して履行したときに，譲受人間で各譲受人の債権額に応じた按分額の償還を請求することを認めるものである。按分額の償還請求を認めるルールを採ることとしたのは，譲受人間の公平の観点から適当であると考えられるとともに，最初に債務者から履行を受けた譲受人に対する按分額の償還を認めないというルールを採る場合には，債務者に対する取立てが過酷になるおそれがあるとの懸念が示されていることを踏まえたものである。
　なお，本文の甲案オのルールの下では，最初に債務の履行を受けた譲受人がいわば分配機関としての役割を果たすことになるため，履行を受けた譲受人の負担が重くなることを懸念する意見があるが，甲案によれば，履行を受けた譲受人は，同時に対抗要件を具備した譲受人の存否及び数を登記によって確認することができるから，当該譲受人の負担が必ずしも大きくないと言える点を考慮したものである。これに対して，本文の乙案の下では，債務者をインフォメーション・センターとする対抗要件制度を維持することが前提とされており，履行を受けた譲受人は，他に同時に対抗要件を具備した譲受人の存否及び数を確認することができないため，他の譲受人からの償還請求を認めると，誤弁済の危険を負うおそれがあることを考慮し，本文甲案オのような規定は設けないこととしている。
3　前記(1)で（注）を採用する場合
　前記(1)において（注）の考え方を採用し，現在の対抗要件制度を維持する場合には，本文のようなルールを設けることは想定されていない。これは，前記(1)の補足説明記載

のとおり，現在のルールの下では承諾の効力発生時期が明らかではないという問題があるところ，その解決は困難であるため，本論点についてもルールを明確化することはできないと判断したものである。

3 債権譲渡と債務者の抗弁（民法第468条関係）
(1) 異議をとどめない承諾による抗弁の切断
民法第468条の規律を次のように改めるものとする。
ア 債権が譲渡された場合において，債務者は，譲受人が権利行使要件を備える時までに譲渡人に対して生じた事由をもって譲受人に対抗することができるものとする。
イ 上記アの抗弁を放棄する旨の債務者の意思表示は，書面でしなければ，その効力を生じないものとする。

（概要）
本文アは，異議をとどめない承諾による抗弁の切断の制度（民法第468条第1項）を廃止した上で，同条第2項の規律を維持するものである。異議をとどめない承諾の制度を廃止するのは，単に債権が譲渡されたことを認識した旨を債務者が通知しただけで抗弁の喪失という債務者にとって予期しない効果が生ずることが，債務者の保護の観点から妥当でないという考慮に基づくものである。その結果，抗弁の切断は，抗弁を放棄するという意思表示の一般的な規律に委ねられることになる。
本文イは，抗弁放棄の意思表示は一方的な利益の放棄であり，慎重にされる必要があると考えられることから，抗弁を放棄する意思表示に書面要件を課すものである。

（補足説明）
1 異議をとどめない承諾の制度を廃止することとした趣旨は，（概要）記載のとおりである。
　異議をとどめない承諾の制度を廃止することによって，債務者が抗弁を放棄するという意思を表示しなければ抗弁が切断されないことになるが，包括的な抗弁放棄の意思表示の効力が認められるのであれば，異議をとどめない承諾の制度を廃止して債務者の保護を図ろうとした趣旨を達することができないおそれがあるという問題意識から，包括的な抗弁の放棄の意思表示の効力を認めず，抗弁の放棄に当たっては，放棄の対象となる抗弁を特定しなければならない旨の規定を設けるべきであるとの意見がある。しかし，これに対しては，譲受人が，債務者が有する抗弁を知り得ない場合が多く，常に放棄の対象となる抗弁を特定しなければならないとすることは，債権譲渡取引の当事者に必要以上の負担を課すものであるとして反対する意見がある。また，債権譲渡取引の安全を重視する立場からは，包括的な抗弁放棄の意思表示の効力が認められないのであれば，異議をとどめない承諾の制度を廃止することに反対する意見もある。このような意見の対立があることを踏まえて，包括的な抗弁の放棄の意思表示を認めない旨の規定を設ける考え方は取り上げず，その効力は解釈に委ねることとしている。

2　なお，異議をとどめない承諾の制度（民法第４６８条第１項前段）を廃止し，抗弁の切断は一般の意思表示の規律に従うこととした場合には，同項後段の在り方が問題となる。この規定は，譲渡人が債務者の損失において不当に利得することを防止するために置かれた規定であると言われている。現行法の下でこの規定の合理性に疑問を呈する見解は特に見当たらないが，これは，抗弁を放棄する明確な意思がない場合であっても抗弁を失う結果となり得る債務者と，抗弁が付着した債権を譲渡した譲渡人との間のリスク分配の在り方として，譲渡人にリスクを負担させるのが妥当であるという考慮に基づくものであると考えられる。

しかし，民法第４６８条第１項前段を削除して，抗弁の切断を抗弁放棄の意思表示の規律に委ねるという本文アの提案の下では，例えば，弁済後にされた債権譲渡の譲受人に対して債務者が抗弁放棄の意思表示をすることは，通常あり得ないので，同法第４６８条第１項後段が適用されるべき場面を想定することが困難である。また，この規定を削除したとしても，債務者の保護が必要となる場合については，錯誤（同法第９５条）等の意思表示の規定や抗弁放棄の意思表示の解釈によって図ることができると考えられる。以上を踏まえ，本文アでは，同法第４６８条第１項前段とともに同項後段をも削除することとしている。

3　本文イは，抗弁放棄の意思表示は一方的な利益の放棄であり，慎重にされる必要があると考えられることから，抗弁を放棄する意思表示に書面要件を課すものである。もっとも，債権が譲渡された場合における抗弁放棄の意思表示についてのみ，書面要件を課すことが適当と言えるか否かという問題があり得るほか，民法においてどのような法律行為に書面要件を課すかについては，横断的な検討が更に必要であるようにも思われる。

(2) 債権譲渡と相殺の抗弁

　　ア　債権の譲渡があった場合に，譲渡人に対して有する反対債権が次に掲げるいずれかに該当するものであるときは，債務者は，当該債権による相殺をもって譲受人に対抗することができるものとする。
　　　(ｱ)　権利行使要件の具備前に生じた原因に基づいて債務者が取得した債権
　　　(ｲ)　将来発生する債権が譲渡された場合において，権利行使要件の具備後に生じた原因に基づいて債務者が取得した債権であって，その原因が譲受人の取得する債権を発生させる契約と同一の契約であるもの
　　イ　上記アにかかわらず，債務者は，権利行使要件の具備後に他人から取得した債権による相殺をもって譲受人に対抗することはできないものとする。

（概要）

債権譲渡がされた場合に債務者が譲受人に対して主張することができる相殺の抗弁の範囲について，ルールの明確化を図るために，新たに規定を設けるものである。ここでは，まず，権利行使要件の具備時に相殺適状にある必要はなく，自働債権と受働債権の弁済期の先後を問わず，相殺の抗弁を対抗することができるという見解（無制限説）を採用することとしている（最判昭和５０年１２月８日民集２９巻１１号１８６４頁参照）。なお，権

利行使要件の具備時を基準時としているのは，民法第468条第2項の規律内容を実質的に維持すること（前記(1)ア参照）を前提とするものである。

本文アは，以上に加えて，①権利行使要件の具備時に債権の発生原因が既に存在していた場合について，当該発生原因に基づき発生した債権を自働債権とする相殺を可能とするとともに，②権利行使要件の具備時に債権の発生原因が存在していない場合でも，譲渡された債権と同一の契約から発生する債権を自働債権とする相殺を可能とするものである。①は，権利行使要件の具備時に債権が未発生であっても，発生原因が存在する債権を反対債権とする相殺については，相殺の期待が保護に値すると考えられることに基づくものであり，法定相殺と差押え（後記第23，4）と同趣旨である。また，②は，将来債権が譲渡された場合については，譲渡後も譲渡人と債務者との間における取引が継続することが想定されるので，法定相殺と差押えの場合よりも相殺の期待を広く保護する必要性が高いという考慮に基づき，相殺の抗弁を対抗することができるとするものである。

本文イは，本文アの要件に該当する債権であっても，権利行使要件の具備後に他人から取得した債権によって相殺することができないとするものである。この場合には権利行使要件具備時に債務者に相殺の期待がないのだから，相殺を認める必要がないと考えられるからである。

（補足説明）
1　債権譲渡がされた場合に，債務者は，譲渡の「通知を受けるまでに譲渡人に対して生じた事由」をもって債権の譲受人に対抗することができるが（民法第468条第2項），譲受人に対して相殺の抗弁を対抗するための具体的な要件は明らかではなく，法定相殺と差押えに関する問題（後記第23，4）と関連して，議論の対象とされてきた。学説上は，債権譲渡の取引の安全を保護する必要があることや，債務者は譲渡禁止特約を付すことによって相殺の期待を自ら確保することが可能であるということを理由として，債務者が相殺の抗弁を主張することができるのは，譲渡の通知が到達した時点で既に相殺適状にあった場合に限られるとする見解や，自働債権の弁済期が受働債権の弁済期よりも先に到来する場合に限られるとする見解などが有力に主張されてきた。また，この点についての判例（最判昭和50年12月8日民集29巻11号1864頁）は，債権譲渡の権利行使要件が具備される時までに債務者が自働債権を取得していれば，自働債権と受働債権の弁済期の先後を問わず，相殺適状になった場合には相殺を対抗することができるとしたが，やや特殊な事案についての判断であり，債権譲渡と相殺の関係一般についての判例の立場は必ずしも明確でないとされている。以上のように，債権譲渡がされた場合に債務者が相殺の抗弁を主張できるための要件は，現在不明確な状況にある。

2　本文は，権利行使要件の具備前に債務者が取得した債権を自働債権とするのであれば，権利行使要件の具備時に相殺適状にある必要はなく，自働債権と受働債権の弁済期の先後を問わず，相殺の抗弁を対抗することができるという見解（無制限説）を採用することに加えて，①権利行使要件の具備時に債権の発生原因が既に存在していた場合について，当該発生原因に基づき発生した債権を自働債権とする相殺を可能とするとともに，②権利行使要件の具備時に債権の発生原因が存在していない場合でも，譲渡された債権

と同一の契約から発生する債権を自働債権とする相殺を可能とするものである。①及び②のような相殺を認めるのは，将来債権の譲渡が広く行われるようになっている実態を踏まえると，債務者の相殺の期待を保護する必要性が高くなっているとの考慮に基づくものである。

このうち，①を設けた上で，権利行使要件の具備後に他人から取得した債権による相殺をもって譲受人に対抗することはできないこととするのは，法定相殺と差押えの論点と同内容の規律とすることを意図するものであるので，その内容については，後記第23，4の補足説明を参照されたい。また，②は，将来債権が譲渡された場合には，譲渡後も譲渡人と債務者との間における取引が継続することが想定されるので，法定相殺と差押えの場合よりも債務者の相殺の期待を広く保護する必要性が高いという考慮に基づくものであり，その具体例としては，譲渡された将来の売買代金債権と，当該売買代金債権を発生させる売買契約の目的物の瑕疵を理由とする買主の損害賠償債権との相殺が挙げられる。

4 将来債権譲渡
 (1) 将来発生する債権（以下「将来債権」という。）は，譲り渡すことができるものとする。将来債権の譲受人は，発生した債権を当然に取得するものとする。
 (2) 将来債権の譲渡は，前記2(1)の方法によって第三者対抗要件を具備しなければ，第三者に対抗することができないものとする。
 (3) 将来債権が譲渡され，権利行使要件が具備された場合には，その後に譲渡制限特約がされたときであっても，債務者は，これをもって譲受人に対抗することができないものとする。
 (4) 将来債権の譲受人は，上記(1)第2文にかかわらず，譲渡人以外の第三者が当事者となった契約上の地位に基づき発生した債権を取得することができないものとする。ただし，譲渡人から第三者がその契約上の地位を承継した場合には，譲受人は，その地位に基づいて発生した債権を取得することができるものとする。
 (注1) 上記(3)については，規定を設けない（解釈に委ねる）という考え方がある。
 (注2) 上記(4)に付け加えて，将来発生する不動産の賃料債権の譲受人は，譲渡人から第三者が譲り受けた契約上の地位に基づき発生した債権であっても，当該債権を取得することができない旨の規定を設けるという考え方がある。

（概要）
本文(1)は，既発生の債権だけでなく，将来発生する債権についても譲渡の対象とすることができ，将来債権の譲受人が具体的に発生する債権を当然に取得するとするものであり，判例（最判平成11年1月29日民集53巻1号151頁，最判平成19年2月15日民

集61巻1号243頁)を明文化するものである。
　本文(2)は,将来債権の譲渡についても,既発生の債権譲渡と同様の方法で第三者対抗要件を具備することができるとする判例(最判平成13年11月22日民集55巻6号1056頁)を明文化するものである。
　本文(3)は,権利行使要件の具備後に,譲渡人と債務者との間で譲渡制限特約(前記1(2)参照)がされたときには,債務者がその特約をもって譲受人に対抗することができないとしている。現在不明確なルールを明確化することにより,取引の安全を図ろうとするものである。これに対して,本文(3)のルール自体の合理性に疑問を呈し,このような規律を設けず,解釈に委ねるべきであるという考え方があり,これを(注1)として取り上げた。
　将来債権の譲渡は,譲渡人が処分権を有する範囲でなければ効力が認められないため,譲渡人以外の第三者が締結した契約に基づき発生した債権については,将来債権譲渡の効力が及ばないのが原則である。しかし,第三者が譲渡人から承継した契約から現実に発生する債権については,譲渡人の処分権が及んでいたものなので,将来債権譲渡の効力が及ぶと解されている。本文(4)は,以上のような解釈を明文化することによって,ルールの明確化を図るものである。
　本文(4)のルールの下では,将来の賃料債権が譲渡された不動産が流通するおそれがあるが,これは不動産の流通保護の観点から問題があるとの指摘がある。このような立場から,将来発生する不動産の賃料債権の譲受人は,第三者が譲渡人から承継した契約から発生した債権であっても,これを取得しないとする例外を設ける考え方が主張されており,これを(注2)で取り上げた。

(補足説明)
1　将来債権を譲渡することができ,指名債権の譲渡の対抗要件の方法により対抗要件を具備することができることについては,判例上認められており,学説上も異論がないが,厳密な意味で民法第466条第1項等における「債権」に該当するかどうかに疑義があり,現在は条文上ルールが必ずしも明確ではない。そこで,将来債権の譲渡に関するルールを条文上明確にすることが望ましいと指摘されている。
　なお,ここで「将来債権」とは何かという点が問題となり得る。例えば,①発生原因は存在するが未発生の債権と,②発生原因すら存在しない債権がこれに含まれることに争いはないように思われるが,③条件付債権と④期限付債権が,将来債権に含まれるかという点については見解が分かれている。しかし,本文の各規律は,③と④が将来債権に含まれるか否かによって,結論に違いを生ずるものではない。そこで,この中間試案では,将来債権に何が含まれるかという点については,解釈に委ねることを前提としている。
2　本文(1)及び(2)は,判例法理を明文化するものであり,その内容は(概要)記載のとおりである。なお,将来債権の譲渡は原則として有効であるが,公序良俗の観点からその効力が認められない場合があることについては,判例(上記最判平成11年1月29日)がその傍論で明らかにしており,このような一般論については,特に異論は見られない。本文(1)もこれを否定するものではないが,具体的な要件設定や,規定を設ける場

合における暴利行為等の他の法理との関係の整理等が困難であると考えられることから、この点については規定を設けることなく、解釈に委ねることとしている。
3　将来債権が譲渡された後、具体的に発生する債権を譲受人が取得するまでに、譲渡人と債務者との間で譲渡禁止特約が付された場合に、債務者が譲渡禁止特約を譲受人に対抗することができるか否かについては、現在、見解が対立している。この点について、債権譲渡の取引の安全を図る観点から、ルールを明らかにすべきであるとの指摘がある。本文(3)はこのような指摘を踏まえて、ルールの明確化を図るものである。

具体的な規律内容として、権利行使要件の具備時までに譲渡制限特約が付された場合には、譲受人に対して特約を対抗することができるとしている。債権が譲渡されていたことを知らない債務者が、譲渡制限特約によって自らの利益を確保する必要がある一方で、譲受人は、将来債権を譲り受けた後に譲渡制限特約が付されるリスクがあることを考慮した上で取引に入ることが可能であるからである。他方、権利行使要件の具備後に譲渡制限特約が付された場合には、その対抗を認めないこととしている。権利行使要件の具備により将来債権譲渡の事実を知った債務者は、譲渡を望まないのであれば、当該債権を発生させる取引をしないなどの方法をとることが可能であるから、この場合にまで譲渡制限特約の対抗を認める必要はないとの考慮に基づくものである。

なお、既発生の債権が譲渡された後、権利行使要件の具備前に、譲渡制限特約が付された場合における特約の対抗の可否についても、前記3(1)アによって、本文(3)と同様のルールが妥当すると考えられる。

もっとも、このようなルールを設けること及びその内容については異論がある。具体的に、債務者の立場からは、債権が譲渡された後に付された譲渡制限特約であっても、常に譲受人に対抗することができるとした方が望ましいとの意見が主張されている。この意見に対しては、債権譲渡の取引の安定性を損なうとの批判があるほか、債権が完全に譲受人に移転しているにもかかわらず、譲渡人と債務者との間の譲渡制限特約を譲受人に対抗することができるとする結論の妥当性を疑問視する意見があるので、案としては取り上げなかったが、本文のルールで固定することに反対する意見があったことを踏まえて、（注1）で、この問題について解釈に委ねるという考え方を取り上げている。

4(1)　将来債権譲渡の効力については、公序良俗の観点からの限界の他、譲渡人の地位の変動に伴う限界があるという見解がある。これは、将来債権譲渡の効力は、譲渡人の処分権の範囲内でのみ及ぶものであるところ、将来債権の譲渡後に、当該将来債権を発生させる譲渡人の地位に変動があった場合には、地位の変動後に発生する債権について譲渡人の処分権が及ばないという意味で、将来債権譲渡の効力に限界があるのではないかというものである。

この点については、見解が対立しているところではあるが、将来債権譲渡の効力は、原則として、譲渡人の地位の変動後に第三者の下で発生した債権には及ばないという見解が有力に主張されている。これは、将来債権譲渡の基礎となる処分権は、債権を発生させる契約上の地位に基づくものであるとした上で、譲渡人以外の第三者の下で発生する将来債権については、譲渡人には処分権がないから、譲渡人による譲渡の効力が原則として及ばないが、当該第三者が譲渡人の契約上の地位を承継した者である

場合には，当該契約から生じた債権は譲渡人によって既に処分されており，当該第三者はそれを前提とした契約上の地位を承継することになるため，当該譲渡の効力が及ぶというものである。そして，上記最判平成１９年２月１５日との整合性については，判示の中に「譲渡人の処分権能が及ぶ限り」という限定が当然に組み込まれているものであるから，この判決と矛盾するものではないという説明がされている。また，将来発生する不動産賃料債権が差し押さえられた後に，当該不動産が譲渡され，賃貸人たる地位が移転した場合であっても，差押えの効力が不動産の譲受人の下で発生する賃料債権に及ぶとした最判平成１０年３月２４日民集５２巻２号３９９頁とも整合的な考え方であると評価されている。

　本文(4)は，上記の有力な見解を踏まえて，規定を設けることにより，ルールの明確化を図るものである。これによると，例えば，不動産から将来発生する賃料債権が譲渡され，第三者対抗要件が具備された後に，当該不動産が譲渡された場合に，①不動産の譲受人が，譲渡人から賃貸借契約上の地位を承継した場合には，当該賃貸借契約から発生する賃料債権には，将来債権譲渡の効力が及ぶが，②不動産の譲受人が新たに締結した賃貸借契約から発生する賃料債権には，将来債権譲渡の効力が及ばないということになる。

(2) 本論点については，特に金融実務の観点から，規定を設ける場合には，再生手続等の倒産手続の開始決定後に発生した債権にも，将来債権譲渡の効力が及ぶことを明確にすべきであるという意見が主張されているなど，今般の民法（債権関係）の改正において，倒産手続の開始決定後に発生した債権に将来債権譲渡の効力が及ぶか否かという問題について，立法的に解決すべきであるという意見が主張されている。しかし，この問題は，倒産手続における管財人の地位についての理解を始めとして，倒産法上の論点と密接に関わる上に，倒産手続開始決定後における債権の譲受人とその他の一般債権者との利益調整についての政策的な判断を必要とする問題であるので，倒産法の分野の問題として議論されるべきものであると考えられる。このような認識については，部会の審議においても異論がなかった。以上を踏まえ，本文(4)は，上記の問題についての結論を得ることを意図するものではなく，引き続き，倒産法上の議論に委ねられるという理解を前提としている。

(3) 将来債権譲渡に関する一般的なルールとして本文(4)の考え方を採る場合であっても，将来発生する不動産賃料債権の譲渡の効力については，制限的に考えるべきであるという見解が有力に主張されてきた。その理由として，不動産の取引においては，不動産登記という公示制度が整備されているにもかかわらず，将来発生する賃料債権の譲渡についての公示が不十分であるため，収益を取得できない不動産であることを知らずに取引が行われるおそれがあり，不動産取引の安全を害するという問題が指摘されている。また，不動産の場合には，法定果実である不動産賃料債権を，不動産の所有権から分離して長期間にわたって譲渡することの可否という物権法上の理論的な問題も指摘されており，このような問題意識から，将来発生する不動産賃料債権の譲渡の効力については，不動産の所有権の移転に対抗することができないとすべきであるという考え方が有力に主張されてきた。実態調査の結果においても，不動産の売買

契約締結前に当該不動産から発生する賃料債権の譲渡の有無を確認することは困難であるのが実態であるという指摘が見られる（部会第16回会議で配布された参考資料4－2）。（注2）は，以上のような問題意識を踏まえて，将来発生する不動産の賃料債権の譲受人は，第三者が譲渡人から承継した契約から発生した債権であっても，賃料債権の譲受人は債権を取得しないとする例外を設ける考え方を取り上げるものである。

　もっとも，法定果実が所有権から長期間にわたって分離するという物権法上の理論的な問題を根拠とする意見に対しては，なぜこれを理由として，不動産賃料債権についてのみ特別の規定を設けることが正当化されるのかという疑問が呈されている。また，（注2）のような規定を設けなければ不動産取引の安全を害することを理由とする意見に対しては，そもそもこの問題が，債権譲渡の対抗要件の公示機能の低さから生ずる問題であり，本来は，対抗要件制度を見直すことにより対応すべき問題であるとの指摘もある。すなわち，不動産を譲り受ける際に，当該不動産から将来発生する債権が第三者に譲渡されていないかを確認しなければならないが，これらの取引においては，不動産の売買契約締結前に債務者である不動産の賃借人に接触することを不動産の譲渡人から拒絶されるのが一般的であり，先行する債権譲渡の有無を確認することは現実的には不可能であるから，不動産の譲受人は，将来債権が第三者に譲渡されているかもしれないというリスクを抱えたまま取引を行わざるを得なくなっているとの問題が指摘されていることを背景として，（注2）の考え方が主張されている。しかし，この問題は，債務者をインフォメーション・センターとする現在の対抗要件制度に起因して生じているものであるので，債権譲渡の対抗要件制度を改めることで解消する方向を目指すことが考えられる。

第19　有価証券

　民法第469条から第473条まで，第86条第3項，第363条及び第365条の規律に代えて，次のように，有価証券に関する規律を整備する。
1　指図証券について
　(1)ア　指図証券の譲渡は，その証券に譲渡の裏書をして譲受人に交付しなければ，その効力を生じないものとする。
　　　イ　指図証券の譲渡の裏書の方式，裏書の連続による権利の推定，善意取得及び善意の譲受人に対する抗弁の制限については，現行法の規律（商法第519条，民法第472条）と同旨の規律を整備する。
　　　ウ　指図証券を質権の目的とする場合については，ア及びイに準じた規律を整備する。
　(2)　指図証券の弁済の場所，履行遅滞の時期及び債務者の免責については，現行法の規律（商法第516条第2項，第517条，民法第470条）と同旨の規律を整備する。
　(3)　指図証券の公示催告手続については，現行法の規律（民法施行法第57条，商法第518条）と同旨の規律を整備する。

2 記名式所持人払証券について
　(1) ア　記名式所持人払証券（債権者を指名する記載がされている証券であって，その所持人に弁済をすべき旨が付記されているものをいう。以下同じ。）の譲渡は，譲受人にその証券を交付しなければ，その効力を生じないものとする。
　　　イ　記名式所持人払証券の占有による権利の推定，善意取得及び善意の譲受人に対する抗弁の制限については，現行法の規律（商法第519条等）と同旨の規律を整備する。
　　　ウ　記名式所持人払証券を質権の目的とする場合については，ア及びイに準じた規律を整備する。
　(2) 記名式所持人払証券の弁済及び公示催告手続については，1(2)及び(3)に準じた規律を整備する。
3　1及び2以外の記名証券について
　(1) 債権者を指名する記載がされている証券であって，指図証券及び記名式所持人払証券以外のものは，債権の譲渡又はこれを目的とする質権の設定に関する方式に従い，かつ，その効力をもってのみ，譲渡し，又は質権の目的とすることができるものとする。
　(2) (1)の証券の公示催告手続については，1(3)に準じた規律を整備する。
4　無記名証券について
　　無記名証券の譲渡，弁済等については，記名式所持人払証券に準じた規律を整備する。
　(注) 上記3については，規定を設けないという考え方がある。

(概要)
1　基本方針
　(1) 民法第469条から第473条まで，第86条第3項，第363条及び第365条の規律に代えて，有価証券に関する規律を整備するものである。有価証券と区別される意味での証券的債権に関する規律は，民法に設けないこととする。
　(2) 現行制度でも，船荷証券，記名式・無記名式の社債券，国立大学法人等債券，無記名式の社会医療法人債券等の一部の有価証券（商取引によるものに限られない。）については，民法の規定の適用の余地があることから，民法に有価証券に関する規律を整備して存置することが適当であるが，特別法による有価証券を除くと多くの典型例があるわけではない。そこで，民法，商法及び民法施行法に規定されている証券的債権又は有価証券に関する規律について，民法の規律と有価証券法理とが抵触する部分はこれを解消するものの，基本的には規律の内容を維持したまま，民法に規定を整備することとする。
2　指図証券
　(1) 本文1(1)アは，証券と権利が結合しているという有価証券の性質を踏まえ，譲渡の裏書及び証書の交付を対抗要件とする民法第469条の規律に代えて，これらを譲渡

の効力要件とするものである。

　本文1(1)イは，指図証券の譲渡の裏書の方式，裏書の連続による権利の推定，善意取得及び善意の譲受人に対する抗弁の制限に関する現行法の規律（商法第519条，手形法第12条，第13条，第14条第2項，小切手法第19条，第21条，民法第472条）と同旨の規律を整備するものである。

　本文1(1)ウは，指図証券の質入れについて，証書の交付を効力要件とし，質権の設定の裏書を第三者対抗要件とする民法第363条及び第365条の規律に代えて，これらを質入れの効力要件とするほか，質入裏書の方式，権利の推定，質権の善意取得及び抗弁の制限に関し，譲渡の場合に準じた規律を整備するものである。

(2) 本文1(2)は，指図証券の弁済の場所，履行遅滞の時期及び債務者の免責に関する現行法の規律（商法第516条第2項，第517条，民法第470条）と同旨の規律を整備するものである。

(3) 本文1(3)は，指図証券の公示催告手続に関する現行法の規律（民法施行法第57条，商法第518条）と同旨の規律を整備するものである。

3　記名式所持人払証券

(1) 本文2(1)アは，証券と権利が結合しているという有価証券の性質を踏まえ，証券の交付を譲渡の効力要件とするものである。

　本文2(1)イは，記名式所持人払証券の占有による権利の推定，善意取得及び善意の譲受人に対する抗弁の制限に関する現行法の規律（商法第519条，小切手法第21条，民法第472条類推）と同旨の規律を整備するものである。

　本文2(1)ウは，記名式所持人払証券の質入れについて，効力要件，権利の推定，質権の善意取得及び抗弁の制限に関し，譲渡の場合に準じた規律を整備するものである。

(2) 本文2(2)は，記名式所持人払証券の弁済及び公示催告手続について，現行法の規律（民法第471条，民法施行法第57条，商法第518条）を維持しつつ，指図証券に準じた規律を整備するものである。

4　指図証券及び記名式所持人払証券以外の記名証券

　本文3(1)は，指図証券及び記名式所持人払証券以外の記名証券の譲渡又は質入れの効力要件及び第三者対抗要件については，手形法第11条第2項の裏書禁止手形と同様の見解の対立があり，特定の見解を採用することは困難であることから，同項と同様の規定振りとする一方で，指図証券，記名式所持人払証券及び無記名証券と異なり，権利の推定，善意取得及び抗弁の制限に関する規律を設けないことにより，証券の法的性質を明らかにする趣旨のものである。また，本文3(2)は，公示催告手続について，指図証券等に準じた規律を整備するものである。

　もっとも，指図証券及び記名式所持人払証券以外の記名証券については，その性質上，有価証券に当たらないとする考え方もあり得ることから，本文3の規律を設けるべきでないという考え方を（注）で取り上げている。

5　無記名証券

　本文4は，無記名債権を動産とみなすという民法第86条第3項の規律に代えて，無記名証券も有価証券の一種類であることを踏まえ，無記名証券につき，記名式所持人払

証券に準じた規律を整備するものである。

(補足説明)
1 基本方針について
 (1) 民法第469条から第473条まで,第86条第3項,第363条及び第365条は,有価証券について定めた規定であるとする見解が一般的であるが,証券と権利が結合しているという有価証券の性質上適切でない規定がある上,指図証券,記名式所持人払証券及び無記名証券について必要な規律が網羅されておらず,一部の証券についてのみ規定を欠く事項があり,また,「指図証券及び記名式所持人払証券以外の記名証券」に関する規定もない。さらに,有価証券に関する規定は,商法及び民法施行法にもあるところ,これらの規律を整理する必要もある。そこで,民法の上記規定に代えて,有価証券に関する規律を整備することとしている。
  なお,民法の上記規定については,有価証券とは別にこれらの規定の適用を受けるべき証券的債権の存在を観念した上で,このような証券的債権について定めたものであるとする見解もあるが,有価証券と区別される意味での証券的債権は,その具体例を想定することが困難であり,あえてその概念を明確化して規律を整備する必要性に乏しいことから,これに関する規律は,設けないこととしている。
 (2) 有価証券については,特別法で個別の規定が設けられている例が多く,民法の規定の適用がある有価証券の典型例は必ずしも明確ではないが,①指図債権である有価証券のうち特別法に債務者の免責及び抗弁の制限に関する規定がないもの(貨物引換証,船荷証券等)については,民法第470条及び第472条の適用の余地がある。また,②記名式所持人払債権である有価証券のうち特別法に債務者の免責に関する規定がないもの(記名式の社債券等)については,民法第471条の適用の余地がある。さらに,③無記名債権である有価証券のうち特別法に抗弁の制限に関する規定がないもの(無記名式の社債券,国立大学法人等債券,無記名式の社会医療法人債券等)のほか,その内容に応じて乗車券,劇場観覧券,商品券等については,民法第473条の適用の余地がある。
  このように,現行制度においても一部の有価証券(商取引によるものに限らない。)について民法の規定の適用の余地があることから,同法に有価証券に関する規定を整備して存置することが適当であるが,他方,特別法による有価証券を除くと,民法の規定の適用がある有価証券の典型例は多くないため,規律の内容の変更の要否やその合理性を検討することが困難である。そこで,前記(1)のとおり,民法,商法及び民法施行法に規定されている証券的債権又は有価証券に関する規律について,有価証券法理との抵触を生ずる部分はこれを解消し,必要な規律を欠く部分はこれを補うなどするものの,基本的には規律の内容を維持したまま,民法に規定を整備することとしている。
 (3) 有価証券という用語について,部会では,定義を設けるべきであるとの指摘がある一方,現時点における特定の見解に基づいた定義を設けることで概念を固定すべきではないとの指摘もあった。この点については,我が国の法令上,有価証券の用語を定

義なく使用する例があり（民事執行法第122条第1項等），基本的に規律の内容を維持したまま民法に有価証券に関する規定を整備する場合には，有価証券の定義に関する現在の解釈も維持されるべきであって，新たに定義規定を設ける必要性は高くないと考えられる。
2 指図証券について
 (1) 指図証券の譲渡について，現行法は，譲渡の裏書及び証書の交付を対抗要件としている（民法第469条）が，証券と権利が結合しているという有価証券の性質を踏まえ，試案では，これを効力要件に改めている（本文1(1)ア）。
  指図証券の質入れについて，現行法は，証書の交付を効力要件とし，質権の設定の裏書を第三者対抗要件としている（民法第363条及び第365条）が，証券と権利が結合している有価証券においては，譲渡の場合と質入れの場合とを区別する理由がないことから，試案では，質権の設定の裏書及び証券の交付を効力要件に改めるとともに，質入裏書の方式，権利の推定，質権の善意取得及び抗弁の制限に関する規律を補っている（本文1(1)ウ）。
 (2) 本文1(2)に関し，部会では，債務者の免責に際しての注意義務の内容や免責が認められるための主観的要件（民法第470条関係）を手形法第40条第3項の規律に従うように改める旨の提案も検討されたが，有価証券の中には，手形と同様の高度の流通性を確保する必要性に乏しいものもあり，基本的には規律の内容を維持するという観点から，本文のとおりとしている。
3 記名式所持人払証券について
 (1) 記名式所持人払証券の譲渡について，現行法には規定がないが，証券と権利が結合しているという有価証券の性質を踏まえ，試案では，証券の交付を効力要件としている（本文2(1)ア）。
  記名式所持人払証券の抗弁の制限について，現行法には，指図債権に関する民法第472条を準用する規定がないが，判例上，同条の類推適用が認められている（大判大正5年12月19日民録22輯2450頁）ことから，試案では，これを明文化し，同条と同旨の規律を整備することとしている（本文2(1)イ）。
  記名式所持人払証券の質入れについて，現行法には，証券の交付を効力要件とする規定（民法第363条）はあるものの，権利の推定，質権の善意取得及び抗弁の制限に関する規定がないことから，これらの規律を補っている（本文2(1)ウ）。
 (2) 記名式所持人払証券の弁済の場所及び履行遅滞の時期について，現行法には，指図債権及び無記名債権に関する商法第516条第2項及び第517条に相当する規定がないが，記名式所持人払証券は，その所持人が履行を請求することができる点では，無記名証券と異ならないから，試案では，これらの規律を補っている（本文2(2)）。
4 指図証券及び記名式所持人払証券以外の記名証券について
 (1) 指図証券及び記名式所持人払証券以外の記名証券については，裏書禁止手形，裏書禁止船荷証券等がその典型例であり，一般に，権利の行使に証券の提示が必要とされ，権利の行使の場面では有価証券としての性質を有すると解されているところ，証券の盗取，滅失等の場合に公示催告手続の利用を可能とするため，上記記名証券に関する

基本的な規律を設ける必要がある。
　上記記名証券の譲渡又は質入れについて，民法には規定がないが，少なくとも権利の推定，善意取得及び抗弁の制限に関する有価証券法理の適用はないと解されている反面，譲渡又は質入れの効力要件及び第三者対抗要件に関しては，手形法第11条第2項の解釈と同様に，①譲渡の意思表示を効力要件とし，債権譲渡通知を対抗要件とする見解，②上記①に加えて証券の交付を効力要件とする見解，③上記②のうち対抗要件を不要とする見解等がいずれも有力に主張されており，特定の見解を採用することは困難である。しかし，上記記名証券について，譲渡方法等に関する規定を設けずに公示催告手続に関する規定のみを設ける場合には，善意取得等の有価証券法理の適用がないという特徴的な性質さえも明らかにならない。そこで，本文3では，上記記名証券の譲渡又は質入れの効力要件等について，特定の見解を採用しないことを前提に，手形法第11条第2項と同様の表現をとりつつ，指図証券，記名式所持人払証券及び無記名証券と異なり，権利の推定，善意取得及び抗弁の制限に関する規律を設けないことにより，その法的性質を明らかにし，その上で，上記記名証券の公示催告手続に関する規律を整備することとしている。
(2) 以上に対し，（注）で取り上げた考え方は，上記(1)のような性質を有する上記記名証券については，そもそも有価証券に当たらないとして，公示催告手続に関する規律を含め，本文3の規律を設けるべきではないとするものである。

5　無記名証券について
(1) 現行法では，無記名債権は動産とみなされ（民法第86条第3項），無記名証券の譲渡，質入れ等について動産の譲渡，質入れ等の規律が適用されるが，無記名証券は，その所持人が履行を請求することができる点では，記名式所持人払証券と異ならないから，試案では，記名式所持人払証券と同様の規律を整備するように改めている（本文4）。
(2) この規律による場合には，民法第86条第3項により無記名債権を動産とみなす場合と比べ，次のような差異がある。
　　ア　無記名債権の譲渡は，意思表示が効力要件であり，引渡しが第三者対抗要件である（民法第176条及び第178条）のに対し，本文の規律では，無記名証券の交付が譲渡の効力要件となる。
　　イ　無記名債権の取得者は，即時取得（民法第192条）により保護されるのに対し，本文の規律では，無記名証券の取得者は，悪意又は重大な過失がない限り善意取得により保護されることとなり，その主観的要件等が異なる。
　　ウ　無記名債権の質入れは，動産質とみなされ，即時取得の適用があるのに対し，本文の規律では，無記名証券の質入れについては，上記イの善意取得により保護され，動産質に関する規定の適用はなく，権利質に関する規定（民法第366条等）の適用があることとなる。
　　エ　無記名証券に係る債務者の免責について，明文の規定がなかったのに対し，本文の規律では，新たに，指図証券及び記名式所持人払証券と同様の規律（民法第470条，第471条）が整備されることとなる。

第20　債務引受
　1　併存的債務引受
　　(1)　併存的債務引受の引受人は，債務者と連帯して，債務者が債権者に対して負担する債務と同一の債務を負担するものとする。
　　(2)　併存的債務引受は，引受人と債権者との間で，引受人が上記(1)の債務を負担する旨を合意することによってするものとする。
　　(3)　上記(2)のほか，併存的債務引受は，引受人と債務者との間で，引受人が上記(1)の債務を負担する旨を合意することによってすることもできるものとする。この場合において，債権者の権利は，債権者が引受人に対して承諾をした時に発生するものとする。
　　(4)　引受人は，併存的債務引受による自己の債務について，その負担をした時に債務者が有する抗弁をもって，債権者に対抗することができるものとする。
　　（注）以上に付け加えて，併存的債務引受のうち，①引受人が債務者の負う債務を保証することを主たる目的とする場合，②債務者が引受人の負う債務を保証することを主たる目的とする場合について，保証の規定のうち，保証人の保護に関わるもの（民法第４４６条第２項等）を準用する旨の規定を設けるという考え方がある。

（概要）
　本文(1)から(3)までは，併存的債務引受の要件と基本的な効果についての規定を設けるものである。その成立要件としては，債権者，債務者及び引受人の三者間の合意は必要ではなく，債権者と引受人との合意（本文(2)）か，債務者と引受人との合意（本文(3)）のいずれかがあればよいという一般的な理解を明文化している。他方，その効果については，引受人が，債務者と連帯して債務を負担するものとしている（本文(1)）。判例（最判昭和４１年１２月２０日民集２０巻１０号２１３９頁）は特段の事情のない限り連帯債務になるとしているが，連帯債務者の一人に生じた事由については原則として相対的効力事由とする方向での改正が検討されており（前記第１６，３参照），原則と例外が入れ替わることとなる。
　また，本文(3)第２文は，債務者と引受人との合意によって成立する併存的債務引受は，第三者のためにする契約であり，これについて受益者の権利取得に受益の意思表示を必要とする民法５３７条第２項を維持することを前提に，ルールを明確化するものである。
　本文(4)は，併存的債務引受がされた場合に，引受人は，債務を負担した時に債務者が有する抗弁をもって債権者に対抗することができるとする一般的な理解を明文化するものである。なお，引受人は他人の債権を処分することはできないため，債務者の有する相殺権を行使することはできず，連帯債務の規律（前記第１６，３(2)ウ）に従うことになる。
　以上に付け加えて，併存的債務引受のうち，①引受人が債務者の負う債務を保証することを主たる目的とする場合と，②債務者が引受人の負う債務を保証することを主たる目的とする場合について，保証の規定のうち，保証人の保護に関わるもの（民法第４４６条第

2項等)を準用するという考え方があり,これを(注)で取り上げた。

(補足説明)

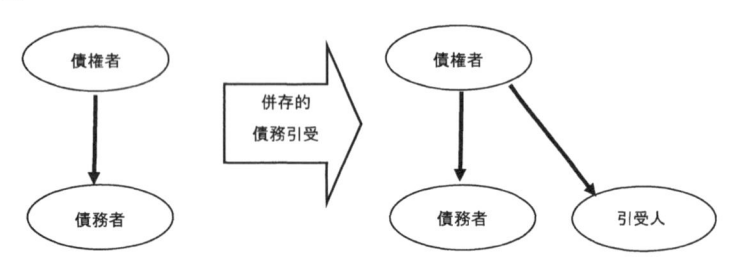

```
債権者              債権者
  ↓    併存的       ↓   ↘
  ↓    債務引受      ↓    ↘
債務者              債務者   引受人
```

1 債務引受については,明文の規定がないものの,これが可能であることには判例・学説とも異論はなく,実務上も重要な機能を果たしていると指摘されている。また,債務引受には,債務者と引受人とが併存して債務を負う併存的債務引受と,債務者が免責され引受人のみが債務を負う免責的債務引受があることが認められている。この両者は要件・効果を異にするので,併存的債務引受と免責的債務引受のそれぞれについて,要件・効果を規定するものである。
2 本文(1)は,引受人が負担する債務と債務者が負担する債務との関係が,連帯債務になるとしている。判例(最判昭和41年12月20日民集20巻10号2139頁)は両者の関係について,特段の事情のない限り連帯債務になるとしている。しかし,学説上は,併存的債務引受により債務者と引受人が負担する債務が連帯債務になるとすると,絶対的効力事由が広く認められることになり,債務を負う者の数が増加することについての債権者の期待に反する結果になるとして,原則として不真正連帯債務になるという見解が有力に主張されている。不真正連帯債務は,弁済のように債権を満足させる事由以外については,相対的効力しか認められず,民法第434条から第439条までの規定が適用されない点で,連帯債務と異なると言われていることに基づく問題意識である。もっとも,この点について,この中間試案では,連帯債務者の一人に生じた事由については原則として相対的効力事由とする方向での改正が検討されており(前記第16,3参照),かつ,連帯債務とは異なるカテゴリーとしての不真正連帯債務に関する規定を設けないこととされている。

　本文(1)は,上記学説の問題意識を踏まえ,連帯債務の絶対的効力事由が現在よりも限定されることを前提として,併存的債務引受によって引受人が負担する債務と債務者が従前から負担している債務との関係を,連帯債務とするものであり,判例の考え方を採用するものではないことに留意する必要がある。
3 本文(2)は,債権者と引受人との合意によって併存的債務引受が成立することを認めるものであるが,これについては,債務者の意思に反する場合でも認められるかという点が問題となる。この点について,判例(大判大正15年3月25日民集5巻219頁)は,債務者の意思に反する保証が認められるところ,併存的債務引受は,債権の履行を

確保するという点において，保証と同様の機能を有することから，債務者の意思に反する併存的債務引受も認められるとしており，本文(2)は，これを踏襲するものである。
4 引受人は，債務者が負担している債務と同一内容の債務を負担することになるため，併存的債務引受の効果として，債務者が引受けの時点で有する抗弁事由を引受人は主張することができると考えられている。しかし，解除権や取消権のように，契約当事者としての地位にある者が行使できる権利については，引受人は行使することができないと考えられている。判例も，契約上の地位の譲渡の事案においてであるが，その趣旨を述べている（大判大正14年12月15日民集4巻710頁）。本文(4)は，このうち前者についての規定を設けるものであり，後者については規定を設けなくても当然のことであるという理解に基づき，規定を設けないこととしている。また，引受人は他人の債権を処分することはできないため，債務者の有する相殺権を行使することはできず，債務者の負担する債務と引受人の負担する債務との関係を連帯債務とすることに伴い，連帯債務の規律（前記第16，3(2)ウ）に従うことになる。
5 併存的債務引受と保証との区別は，契約の解釈によって決せられるところ，当事者の意思としては明らかに併存的債務引受を採用していると言えるが，その実質が保証と異ならないという場合があり得る。保証の規定の潜脱を防止するためには，推定規定を設けることでは足りず，併存的債務引受の一定の類型に保証の規定を準用することが必要となるとの指摘がある。このような指摘を踏まえて，本文(1)から(4)までに付け加えて，併存的債務引受のうち，①引受人が債務者の負う債務を保証することを主たる目的とする場合と，②債務者が引受人の負う債務を保証することを主たる目的とする場合について，保証の規定のうち，保証人の保護に関わるもの（民法第446条第2項等）を準用するという考え方があり，これを（注）で取り上げた。

もっとも，（注）のような規定を設ける場合には，特に要件の在り方が今後の課題となる。ここでは，「引受人が債務者の負う債務（又は債務者が引受人の負う債務）を保証することを主たる目的とする場合」という考え方を取り上げているが，この考え方に対してはどのような場合が射程に入るのか不明確であるとの批判のほか，この要件に該当するものは基本的に保証と認定されるはずであるから，保証の規定の潜脱を防止するために規定を設けるという趣旨と整合しないとの批判がある。引受人が債務者との関係でわずかに内部負担をすることによって保証の規定の適用を免れることを防止する必要があるということに異論はないと思われるが，これに対応するための規定を設けることができるか否かについては，規定の適用範囲について一定の共通理解を形成することができるか，その適用範囲を表す要件を適切に設定することが可能かという点が検討課題となるものと考えられる。

2 免責的債務引受
(1) 免責的債務引受においては，引受人は債務者が債権者に対して負担する債務と同一の債務を引き受け，債務者は自己の債務を免れるものとする。
(2) 免責的債務引受は，引受人が上記(1)の債務を引き受けるとともに債権者が債務者の債務を免責する旨を引受人と債権者との間で合意し，債権者が債務

者に対して免責の意思表示をすることによってするものとする。この場合においては、債権者が免責の意思表示をした時に、債権者の引受人に対する権利が発生し、債務者は自己の債務を免れるものとする。
(3) 上記(2)の場合において、債務者に損害が生じたときは、債権者は、その損害を賠償しなければならないものとする。
(4) 上記(2)のほか、免責的債務引受は、引受人が上記(1)の債務を引き受けるとともに債務者が自己の債務を免れる旨を引受人と債務者との間で合意し、債権者が引受人に対してこれを承諾することによってすることもできるものとする。この場合においては、債権者が承諾をした時に、債権者の引受人に対する権利が発生し、債務者は自己の債務を免れるものとする。

(概要)
　本文(1)は、免責的債務引受においては、引受人は債務者が債権者に対して負担する債務と同一の債務を引き受け、債務者は自己の債務を免れるという免責的債務引受の基本的な効果についての規定を設けるものである。
　本文(2)と(4)は、免責的債務引受の要件について規定するものである。免責的債務引受は、債権者、債務者及び引受人の三者間の合意は必要ではなく、債権者と引受人との合意か、債務者と引受人との合意のいずれかがあれば成立することが認められている。しかし、債権者と引受人との合意のみによって免責的債務引受が成立することを認めると、債務者が自らの関与しないところで契約関係から離脱することになり不当であると指摘されている。本文(2)は、この指摘を踏まえて、債権者と引受人との合意に加えて、債権者の債務者に対する免責の意思表示を要件とするとともに、本文(3)では、免除の規律（後記第２５）と平仄を合わせて、免責的債務引受によって債務者に生じた損害を債権者が賠償しなければならないこととしている。
　本文(4)は、債務者と引受人との合意によって免責的債務引受が成立することを認めるものである。もっとも、債権者の関与なく債務者が交替することを認めると、債権者の利益を害するため、この場合には、債権者の承諾がなければ免責的債務引受の効力を生じないとされている。本文(4)は、基本的にこのような一般的な理解を明文化するものであるが、承諾の効力発生時期を遡及させる必要性は乏しいと考えられることから、承諾の時点で免責的債務引受が成立するとしている。

(補足説明)

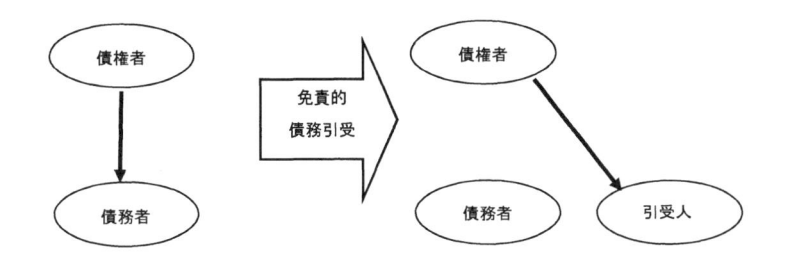

1　免責的債務引受は，債権者，債務者及び引受人の三者間の合意は必要ではなく，債権者と引受人との合意か，債務者と引受人との合意のいずれかがあれば成立することが認められている。本文(2)は，このうち，債権者と引受人との合意のみによって，免責的債務引受が成立することを明らかにするものである。

　ところで，債権者と引受人との合意のみによって成立する免責的債務引受について，債務者の意思に反しないことが要件として必要であるかという点に関して，見解が対立している。判例（大判大正１０年５月９日民録２７輯８９９頁）は，第三者の弁済（民法第４７４条）や債務者の交替による更改（同法第５１４条）と同様に，債務者の意思に反する免責的債務引受は認められないとしているが，これに対して，債権者による債務免除があったと考えれば，現行法の下では債務者の意思を問題とする必要はないとして，債務者の意思に反する場合であっても免責的債務引受をすることができるとする見解が有力に主張されている。

　また，上記の論点の対立と関連して，そもそも，債務者の関与なく免責的債務引受が成立することを認めてよいのかという点も問題となる。すなわち，債務者の意思に反する場合であっても免責的債務引受をすることができるという見解を採るとしても，債務者が一切関与しないまま，免責的債務引受が成立し，債権債務関係から離脱することを認めるのは，債務者に予期しない効果が発生することになり不当であるとの指摘の他，債務の免除についても債務者に対する意思表示を必要とされていることと整合しないとの指摘がある。

　以上の問題意識を踏まえて，本文(2)では，債権者の債務者に対する免責の意思表示を要件とし，これによって，債務者の知らないうちに債務者が免責される効果が生じないようにするとともに，本文(3)では，免除の規律（後記第２５）との整合性を考慮し，免責的債務引受によって債務者に生じた損害を債権者が賠償しなければならないこととしている。

2　本文(4)は，債務者と引受人との合意によって免責的債務引受が成立することを認めるものである。もっとも，債権者の関与なく債務者が交替することを認めると，債権者の利益を害するため，この場合には，債権者の承諾がなければ免責的債務引受の効力を生じないとされている。本文(4)は，基本的にこのような一般的な理解を明文化するものである。

　なお，従来は，この債権者の承諾があったときには，債務者と引受人との間の合意の

時点に遡って免責的債務引受の効力を生ずるという見解が有力に主張されてきた。その法律構成としては，民法第１１６条を類推適用するものなどが主張されているが，債権者の承諾が免責的債務引受の要件とされているにもかかわらず，その効力が遡及的に発生するという構成は，分かりやすいとは言い難い上，そもそも承諾の効力発生時期を遡及させる必要性は乏しいと考えられる。そこで，本文(4)では，承諾の時点で免責的債務引受が成立するとしている。

3 免責的債務引受による引受けの効果
(1) 引受人は，免責的債務引受により前記２(1)の債務を引き受けたことによって，**債務者に対して求償することはできないものとする。**
(2) 引受人は，免責的債務引受により引き受けた自己の債務について，その引受けをした時に債務者が有していた抗弁をもって，**債権者に対抗することができるものとする。**
(注) 上記(1)については，規定を設けない（解釈に委ねる）という考え方がある。

(概要)
本文(1)は，免責的債務引受によって，引受人が債務者に対して求償権を取得しない旨を定めるものである。免責的債務引受がされることによって，債務者は，債権債務関係から完全に解放されると期待すると考えられることから，この期待を保護し，規律の合理化を図るものである。もっとも，求償権の発生の有無について一律に定めるのは適当ではなく，解釈に委ねるべきであるとの考え方があり，これを（注）で取り上げている。

本文(2)は，併存的債務引受についての前記１(3)と同様の趣旨である。

(補足説明)
1 本文(1)は，免責的債務引受がされることによって，債務者は，債権債務関係から完全に解放されると期待すると考えられることから，この期待を保護しようとするものである。すなわち，この規定は，事務管理（民法第７０２条），不当利得（同法第７０３条）等によっても求償権が発生しない旨を定める趣旨である。

なお，本文(1)の規定を設ける場合であっても，引受人が債務者の債務を引き受けた上で，債務者に対して求償権を取得することを希望するときには，併存的債務引受をした上で債権者が債務者の債務のみを免除するという方法や，債務引受ではなく（債務者の委託を受けない）保証契約を締結する方法によることが考えられる。また，本文(1)は，債務者と引受人との間の委任契約等において，引受けの対価を支払う約束をすることを妨げるものでもない。すなわち，免責的債務引受を利用した現在の取引については，上記のような合意を組み合わせることによって維持することができるようにすることを意図するものである。

もっとも，一律に求償権が発生しないとするのは免責的債務引受をした当事者の期待に合致するとは言えないとして，本文(1)のような規定を設けることに反対する意見があ

る。(注)は，このような意見を踏まえて，求償権の有無について解釈に委ねる考え方を取り上げるものである。
2 本文(2)は，併存的債務引受についての前記1(3)と同様の趣旨である。なお，解除権や取消権のように，契約当事者としての地位にある者が行使できる権利について，引受人は行使することができないことと，債務者が債権者に対して有する相殺権を行使することができないことを前提としている点も，併存的債務引受と同じである。

4 免責的債務引受による担保権等の移転
(1) 債権者は，引受前の債務の担保として設定された担保権及び保証を引受後の債務を担保するものとして移すことができるものとする。
(2) 上記(1)の担保の移転は，免責的債務引受と同時にする意思表示によってしなければならないものとする。
(3) 上記(1)の担保権が免責的債務引受の合意の当事者以外の者の設定したものである場合には，その承諾を得なければならないものとする。
(4) 保証人が上記(1)により引受後の債務を履行する責任を負うためには，保証人が，書面をもって，その責任を負う旨の承諾をすることを要するものとする。

(概要)
　本文(1)は，債務者が負担する債務のために設定されていた担保権及び保証を引受人が負担する債務を担保するものとして移転することができるという一般的な理解を明文化するものである。なお，ここで債権者の単独の意思表示で担保を移転させることができるとするのは，更改に関する後記第24，5と同様の趣旨である。
　本文(2)は，本文(1)の債権者の意思表示が，免責的債務引受と同時にされなければならないとするものである。担保の付従性との関係で，免責的債務引受と同時に担保権の処遇を決することが望ましいと考えられるからである。
　本文(3)は，民法第518条ただし書と同様の趣旨である。
　本文(4)は，保証の移転に関して，民法第446条第2項との整合性を図るものである。

(補足説明)
　債権者の単独の意思表示で担保権を移転させることができることとしている点については，後記第24，5の補足説明を参照されたい。
　なお，本文(3)は，「免責的債務引受の合意の当事者以外の者」が担保権の設定者である場合に，その承諾を必要としているが，債務者が設定した担保権の移転に関する債務者の承諾の要否については，以下のような整理となる。
　前記2(2)により免責的債務引受が成立する場合には，債務者が「免責的債務引受の合意の当事者以外の者」に該当するため，本文(3)によって債務者の承諾が必要となる。
　前記2(4)により免責的債務引受が成立する場合には，債務者は免責的債務引受の当事者に該当するため，本文(3)の適用はない。しかし，債務者としては，担保権が移転する可能

性があることも考慮した上で，免責的債務引受の合意をするか否かを決することができるのだから，本文(3)の適用がないとしても債務者の保護という観点から問題が生ずることはないと考えられる。

第21　契約上の地位の移転

契約の当事者の一方が第三者との間で契約上の地位を譲渡する旨の合意をし，その契約の相手方が当該合意を承諾したときは，譲受人は，譲渡人の契約上の地位を承継するものとする。

（注）このような規定に付け加えて，相手方がその承諾を拒絶することに利益を有しない場合には，相手方の承諾を要しない旨の規定を設けるという考え方がある。

（概要）

契約上の地位の移転についてのルールの明確化を図るため，その要件・効果を定める規定を新たに設けるものである。

要件については，契約上の地位を譲渡する旨の譲渡人と譲受人の合意とともに，契約の相手方の承諾を要するのが原則であるが，賃貸借契約における賃貸人たる地位を譲渡する場合のように，契約上の地位が譲受人に承継されないことによって保護される利益が相手方にないのであれば，例外的に契約の相手方の承諾を要しないとされている。このような一般的な理解を否定する趣旨ではないが，相手方の承諾が不要となる場合の要件を適切に規律することが困難であることから，本文は，相手方の承諾が不要となる場合を解釈に委ねるものである。これに対して，相手方の承諾が不要となる場合の要件を「相手方がその承諾を拒絶することに利益を有しない場合」とする考え方があり，これを（注）で取り上げている。

効果については，契約上の地位の移転によって，当然に譲渡人が契約から離脱することを定めており，これも，これまでの一般的な理解を明文化するものである。

（補足説明）

1　契約当事者の一方（譲渡人）と第三者（譲受人）との間の合意によって，当該契約当事者の契約上の地位を移転させることができることについては，民法に規定はないものの，現在ではほとんど異論なく認められていると言われている。このような合意には，個々の債権債務のみならず，解除権等の形成権も第三者に移転させることができるという機能が認められており，特に賃貸借契約などの継続的契約において，当事者の一方の変更にもかかわらず，将来に向かって契約の効力を存続させることができる有用な法技術として，実務上広く用いられている。そこで，民法にこの法技術についての明文の規定を設けることとしている。

なお，この法技術の呼称については，契約上の地位の移転，契約上の地位の譲渡，契約譲渡又は契約引受などとするものがあり，必ずしも統一されているわけではない。呼称の違いは，この法技術の構造等に関する理解の違いを反映するところもあると思われ

るが,中間試案では差し当たり,契約上の地位の移転という呼称を用いることとしている。
2　要件については,契約上の地位を譲渡する旨の譲渡人と譲受人の合意とともに,契約の相手方の承諾を要するのが原則であるが,賃貸借契約における賃貸人たる地位を譲渡する場合のように,契約上の地位が譲受人に承継されないことによって保護される利益が相手方にないのであれば,例外的に契約の相手方の承諾を要しないとされている。そこで,契約上の地位の移転に関する規定を設ける場合には,その例外の要件をどのように規定するかという点が問題となる。この点については,これまで,「譲渡の対象とされる契約の性質によって」承諾が不要となる場合があるとする要件が検討対象とされていた(部会資料38[18頁])。しかし,例えば,合意による賃貸借契約の地位の移転については,賃貸人たる地位の移転に賃借人の承諾が不要となる場合があることが一般に認められている一方で,賃貸借の目的物の移転を伴わずに合意によって賃貸人たる地位のみを第三者に移転する場合には,賃借人の承諾が必要であると現在は考えられているほか,賃借人たる地位の移転には賃貸人の承諾が必要である(民法第612条)。このように,賃貸借契約の地位の移転であっても,契約の相手方の承諾が必要な場合と不要な場合とがあり,「譲渡の対象とされる契約の性質によって」とする一般的要件では,その規律内容を適切に表すことができていないと考えられる。

　　ところで,契約の相手方の承諾なしに契約上の地位が移転する場合の典型とされる賃貸人たる地位の移転のケースについては,今般の改正で新たに規定を設けることが検討されている(後記第38,5参照)。また,このケース以外に,契約上の地位の移転について契約の相手方の承諾が不要であるとした最高裁判例は存在せず,学説上も異論なく承認されている例は見当たらない。以上を踏まえると,契約上の地位の移転について契約の相手方の承諾が不要な場合の要件を積極的に定める必要はなく,解釈に委ねればよいと考えられる。本文は,このような考慮に基づき,例外的に契約の相手方の承諾が不要である場合についての規定を設けないとするものである。

　　これに対して,分かりやすさの観点からは,契約上の地位の相手方の承諾が不要である場合がどのような場合か,できる限り要件を明確化すべきであるとの意見がある。そして,このような立場からは,「契約上の地位が承継されないことについて相手方に利益がない」場合に,相手方の承諾なく契約上の地位を承継させられるとの規定を設けることが考えられるとの考え方があり,これを(注)で取り上げた。この立場は,例えば,ライセンス契約の地位の移転のように,契約の相手方の承諾が不要となるか争いがあるものについて,例外の要件の解釈の問題として議論の枠組みを設定することができるという利点があることを指摘する。
3　契約の相手方の承諾の時期について,部会では,事前の承諾が有効であることを明らかにする考え方が取り上げられ,検討対象とされた(部会資料38[18頁])。債権譲渡の対抗要件としての承諾について,事前の承諾の有効性が疑問視されるのは,譲渡が実際にされていない段階で債務者が承諾をしても,債務者がインフォメーション・センターとしての役割を果たし得ないからであるが,契約上の地位の移転についての契約の相手方の承諾はこれと趣旨を異にし,その相手方の保護のために必要とされるものであ

るから，事前の承諾の有効性を否定する必要がないという考え方である。
　しかし，これに対しては，労働契約の地位の移転については，労働者の保護の必要性を理由として，包括的な事前承諾の有効性を否定する考え方が有力であることを踏まえて，事前の承諾が有効であることを明記することに反対する意見があった。このような議論の状況を踏まえて，契約の相手方の承諾の時期については，明記しないこととしている。
4　契約上の地位の移転の効果に関して，譲渡人が当然に免責されるか否かについては，争いがある。
　この点について，契約上の地位の移転とは，これによって譲渡人が当然に免責されるということを含意するものではなく，譲渡人と譲受人とが併存的に契約上の責任を負うこともあり得るという理解に基づき，契約上の地位の移転の要件として，契約の相手方の承諾とは別に，譲渡人を免責する旨の相手方の意思表示が必要であり，免責の意思表示がされない場合には，譲渡人と譲受人が併存的に責任を負うとする見解がある。しかし，本文は，契約上の地位の移転とは，契約上の地位が同一性を保ったまま譲受人に移転することを表す概念であるという理解を踏まえ，契約上の地位の移転に伴って，譲渡人は免責されるのが原則であるとの見解を前提とするものである。

第22　弁済

1　弁済の意義
　　債務が履行されたときは，その債権は，弁済によって消滅するものとする。

（概要）
　弁済が債権の消滅原因であることを明記する規定を新設するものである。現在は，弁済の款の冒頭に「第三者の弁済」という異例な事態を扱った規定が置かれ，弁済の意味に関する基本的な定めが欠けていることから，このような現状を改める趣旨である。弁済という用語は，「債務の履行」との関係で，現行法では必ずしも明確に使い分けられていないが，ここでは，「更改によって消滅する」（民法第513条第1項）という表現と同様に，その消滅原因の呼称を表すもの（ないし消滅という結果に着目するもの）として用いている。

（補足説明）
　現在は，弁済の款の冒頭に「第三者の弁済」という異例な事態を扱った規定が置かれている。他方，弁済によって債権が消滅するということは，民法上の最も基本的なルールの一つであるが，そのことを明示する規定は置かれておらず，弁済に関する規定が「債権の消滅」という節（第3編第1章第5節）に置かれていることから，弁済が債権の消滅原因であることを読み取ることができるのみである。本文は，基本的なルールはできる限り条文上明確にすることが必要であるという考慮に基づき，弁済によって債権が消滅する旨の規定を設けることとするものである。

2 第三者の弁済(民法第474条関係)

民法第474条第2項の規律を次のように改めるものとする。

(1) 民法第474条第1項の規定により債務を履行しようとする第三者が債務の履行をするについて正当な利益を有する者でないときは、債権者は、その履行を受けることを拒むことができるものとする。ただし、その第三者が債務を履行するについて債務者の承諾を得た場合において、そのことを債権者が知ったときは、この限りでないものとする。

(2) 債権者が上記(1)によって第三者による履行を受けることを拒むことができるにもかかわらず履行を受けた場合において、その第三者による履行が債務者の意思に反したときは、その弁済は、無効とするものとする。

(注) 上記(1)(2)に代えて、債権者が債務を履行するについて正当な利益を有する者以外の第三者による履行を受けた場合において、その第三者による履行が債務者の意思に反したときはその履行は弁済としての効力を有するものとした上で、その第三者は債務者に対して求償することができない旨の規定を設けるという考え方がある。

(概要)

本文(1)は、正当な利益を有する者以外の第三者による弁済について、債権者が受け取りを拒むことができるとするものである。現在は、第三者による履行の提供が債務者の意思に反しない場合(民法第474条第2項参照)には、債権者は受け取りを拒絶することができないと一般に考えられているため、債権者は、債務者の意思に反することが事後的に判明したときは履行を受けた物を返還しなければならないリスクを覚悟して、債務者の意思に反するかどうかの確認を待たずに、その履行を受けざるを得ないという問題が指摘されている。そこで、この問題に対応するため、客観的に判断可能な要件に該当する場合でない限り、債権者は受け取りを拒むことができることとするものである。なお、本文(1)で、当然に第三者による弁済をすることができる者の要件を「正当な利益を有する者」としているのは、法定代位が認められる要件(同法第500条)と一致させることによってルールの明確化を図る趣旨である。また、本文(1)第2文では、債務者による履行の承諾を第三者が得たことを知った場合には、債権者は受領を拒むことができないとしている。債務者の意思が客観的に外部に明らかになっている場合には、債権者による受領の拒絶を認める必要はなく、特に履行引受のような取引で行われる第三者による債務の履行が引き続き認められる必要があるという考慮に基づくものである。

本文(2)は、以上の見直しにかかわらず、正当な利益を有しない第三者の弁済によって、その第三者から求償されることを望まないという債務者の利益を引き続き保護するため、民法第474条第2項を維持するものである。もっとも、その適用場面は、本文(1)によって現在よりも限定されることとなる。

これに対して、本文の考え方によると、債務者の意思が不明な場合には債権者が第三者による履行を受けることができないという状況に変わりはないので、その場合であっても弁済としての効力を認めた上で、その第三者は債務者に対して求償することができないと

する考え方があり，これを（注）で取り上げている。

（補足説明）
1 民法第474条は，債務者の意思に反して第三者が弁済をするためには，その者が「利害関係」（同条第2項）を有する必要がある旨を規定している。他方，弁済をした第三者が「正当な利益を有する者」である場合には，その第三者は，求償権を取得するとともに，当然に債権者に代位すること（法定代位）が認められている（同法第500条）。この「利害関係」を有する第三者と「正当な利益を有する者」の関係について，保証人や連帯債務者のように自ら債務を負う者は，第三者弁済をする「利害関係」を有する者には該当せず，「正当な利益を有する者」のみに該当するという差異がある旨の指摘がある。しかし，「利害関係」と「正当な利益を有する者」という文言の使い分けから，このような差異を読み取ることは困難である。また，法定代位が認められる「正当な利益を有する者」以外の第三者が「利害関係を有しない」者とされるのであるから，あえて異なる用語を用いなくても規定することは可能ではないかという考え方が示されている。また，法定代位制度の目的が第三者による弁済を促進することにあるとされているように，両者が連続性のある制度であることから，両者の要件を共通にすることによって，両者の関係を条文上も明らかにすることが望ましいとの指摘もある。本文(1)は，以上を踏まえ，当然に第三者による弁済をすることができる者の要件を「正当な利益を有する者」として，法定代位が認められる要件と一致させ，ルールの明確化を図るものである。
2 (1) 利害関係を有しない第三者は，債務者の意思に反して弁済をすることができないとされている（民法第474条第2項）。このような制限が設けられた理由として，他人の弁済によって恩義を受けることを欲しない債務者の意思を尊重することと，弁済をした第三者による過酷な求償権の行使から債務者を保護することが挙げられているが，前者の理由については，民法において貫徹されているわけではない（保証人に関する同法第462条第2項，免除に関する同法第519条など）という指摘がある。また，利害関係を有しない第三者による債務者の意思に反しない弁済の提供について，債権者は受領を拒絶することができないと一般に考えられているため，債権者は，債務者の意思に反するかどうかの確認を待たずに第三者から受領してしまうことがあり得る。この場合において，債務者の意思に反することが事後的に判明したときに，債権者に対して給付物の返還という不利益を甘受させてまで，債務者を保護する必要があるか疑問であるとの指摘もされている。

民法第474条第2項については，以上のような指摘に対応するための改正の必要性があると指摘されている。
(2) 本文(1)は，正当な利益を有する者以外の第三者による弁済について，客観的に判断可能な要件に該当する場合でない限り，債権者が受け取りを拒むことができるとすることによって，上記の問題に対応しようとするものである。このうち，「第三者が債務を履行するについて債務者の承諾を得たことを債権者が知ったとき」に債権者が受領を拒絶することができないとすることとしているのは，特に履行引受のような取引で行われる第三者による債務の履行が，現在よりも制約されることがあるのは適当では

ないという考慮に基づくものであるが，債務者の承諾があったことを「債権者が知った」と評価することができるまでは，履行を受けることを拒むことができるとすることによって，債権者の保護を図ることを意図している。そして，本文(2)は，以上の見直しにかかわらず，正当な利益を有しない第三者の弁済によって，その第三者から求償されることを望まないという債務者の利益を引き続き保護するため，民法第474条第2項を維持するものである。もっとも，その適用場面は，本文(1)によって現在よりも限定されることとなる。

本文の考え方に対しては，債務者が行方不明などの事情により，債務者の意思が不明な場合には債権者が第三者による履行を受けることができないという状況に変わりはないとの批判がある。(注)は，このような批判を踏まえ，正当な利益を有する者以外の第三者は，債務者の意思に反するか否かにかかわらず，有効に弁済をすることができるが，その第三者は債務者に対して求償することができないとする考え方を取り上げるものである。第三者が求償権を取得しないとするのは，このような考え方を採用するとしても，正当な利益を有する者以外の第三者は，債務者の意思に反しないことを確認した上で履行することができる立場にあり，仮に債務者の意思を確認できない事情があるとしても，そもそも履行をしないことによって不利益を受ける立場にはないのであるから，当該履行の結果，仮に求償権を取得しないという効果が生ずるとしても，やむを得ないと言えることを考慮したものである。(注)の考え方によれば，第三者からの弁済の提供があったときに，債権者は，債務者の意思にかかわらず履行として受け取ればよいので，債権者が対応に苦慮することがあるという問題は解消される。

3 弁済として引き渡した物の取戻し（民法第476条関係）
民法第476条を削除するものとする。

（概要）

行為能力の制限を受けた所有者が弁済としてした物の引渡しに関する民法第476条を削除するものである。同条の具体的な適用場面は制限行為能力者が代物弁済をした場合に限られる一方で，その適用場面においても，再度の債務の履行と引き渡した物の取戻しとの間に同時履行の関係が認められないのは，売買等の他の有償契約の取消しの場合との均衡を欠き，不合理であると指摘されている。このような一般的な理解を踏まえ，同条を削除することによって，規律の合理化を図るものである。なお，同条の削除に伴い，同法第477条の適用範囲は，同法第475条の場合に限定されることになる。

（補足説明）

弁済者が制限行為能力者であった場合に関する民法第476条については，弁済を法律行為と見ない今日の理解のもとでは，弁済そのものの取消しではなく，給付の内容である法律行為の取消しにのみ適用されるものであると考えられており，具体的な適用場面は，制限行為能力者が代物弁済をした場合などに限られるとも言われている。このため，その

存在意義が疑問視されている。また，代物弁済を諾成契約として改める場合には，例えば，売買の取消しと代物弁済の取消しとで，同じ諾成契約の取消しであるにもかかわらず，弁済者が引き渡した物の返還請求に関する結論が異なる。すなわち，売買の取消しの場合は引き渡した物と対価の返還が同時履行の関係となると解されているのに対して，代物弁済の取消しの場合は弁済者が引き渡した物の返還との関係で有効な弁済が先履行の関係となるが，このような結論の違いは，妥当ではないという指摘もある。

本文は，以上のような問題意識を踏まえ，民法第476条を削除するものである。

4 債務の履行の相手方（民法第478条，第480条関係）
(1) 民法第478条の規律を次のように改めるものとする。
ア　債務の履行は，次に掲げる者のいずれかに対してしたときは，弁済としての効力を有するものとする。
(ｱ) 債権者
(ｲ) 債権者が履行を受ける権限を与えた第三者
(ｳ) 法令の規定により履行を受ける権限を有する第三者
イ　上記アに掲げる者（以下「受取権者」という。）以外の者であって受取権者としての外観を有するものに対してした債務の履行は，当該者が受取権者であると信じたことにつき正当な理由がある場合に限り，弁済としての効力を有するものとする。
(2) 民法第480条を削除するものとする。
(注) 上記(1)イについては，債務者の善意又は無過失という民法第478条の文言を維持するという考え方がある。

（概要）
本文(1)アは，債務の履行の相手方に関する基本的なルールを定めるものである。受取権者でない者に対する履行が例外的に有効となる要件を定める民法第478条の規律に先立って，原則的な場面を明示しようとする趣旨である。債権者のほかに履行を受けることができる者として，債権者が受取権限を与えた第三者（例えば，代理人）と，法令によって受取権限を有する第三者（例えば，破産管財人）を挙げている。

本文(1)イは，民法第478条を以下の2点で改めるものである。第1に，同条の「債権の準占有者」という要件を，受取権者としての外観を有する者という要件に改めることとしている。債権者の代理人と称する者も「債権の準占有者」に該当するとした判例法理（最判昭和37年8月21日民集16巻9号1809頁等）を明文化するとともに，「債権の準占有者」という用語自体の分かりにくさを解消することを意図するものである。第2に，同条の善意無過失という要件について，文言を正当な理由に改めている。善意無過失という要件は，その文言上，弁済の時において相手方に受取権限があると信じたことについての過失を問題としているように読めるが，判例（最判平成15年4月8日民集57巻4号337頁）は，これにとどまらず，機械払システムの設置管理についての注意義務違反の有無のように，弁済時の弁済者の主観面と直接関係しない事情をも考慮することを明らか

にした。このことを踏まえ、「正当な理由」の有無を要件とすることによって、弁済に関する事情を総合的に考慮するというルールを条文上明確にすることを意図するものである。このうち、第2の点については善意無過失という現在の規律を改める必要性がなく、文言を維持すべきであるとの考え方があり、これを（注）で取り上げている。

本文(2)は、受取証書の持参人に対する弁済について定めた民法第480条を削除するものである。同条が真正の受取証書の持参人だけを適用対象としていることについて、合理性がないと批判されているほか、偽造の受取証書の持参人については同法第478条が適用されることも分かりにくくなっていると批判されている。そこで、同法第480条を削除して、真正の受取証書の持参人についても同法第478条が適用されるとすることにより、規律の合理化と簡明化を図るものである。

（補足説明）
1 債権者以外の第三者に対する弁済に関して、現行民法には、第三者が受取権限を有しない場合の規定が置かれているが（民法第478条から第481条まで）、第三者が受取権限を有する場合については、明文の規定が置かれていない。しかし、債権者以外の第三者に受取権限を与えて弁済を受け取らせること（代理受領）は、債権担保や債権回収の手段として実務上広く活用され、重要な機能を果たしていると指摘されている。そこで、本文では、債権者以外の第三者に対する弁済であっても、その第三者が受取権限を有する場合には弁済が有効となることを確認する旨の規定を設けることとしている。

債権者のほかに履行を受けることができる者として、債権者が受取権限を与えた第三者と、法令によって受取権限を有する第三者を挙げており、後者の例としては、破産管財人の他、債権者代位権を行使した代位債権者（前記第14、3参照）が挙げられる。

2 民法第478条は、弁済の相手方が債権者その他弁済の受領権限を有する者でなかった場合においても、その者が「債権の準占有者」に該当するときは、一定の要件の下で弁済が有効となることを認めている。

この「債権の準占有者」という文言については、そもそも用語として分かりにくいという問題が指摘されている。また、自ら債権者であると称する者がこれに含まれ得ることは明らかである一方、債権者の代理人と称する者が含まれるかどうかが、文言からは必ずしも明らかではない。すなわち、財産権の準占有に関する民法205条において「自己のためにする意思」が必要とされていることに照らすと、同法第478条の「準占有者」についても、同様に「自己のためにする意思」が必要とも考えられ、そうだとすると、債権者の代理人と称する者に対する弁済は同条によっては保護されないのではないのではないかとする見解も主張されてきた。沿革的にも、債権者の代理人と称する者に対する弁済には、同条の適用は想定されていなかったと言われる。また、債権者の代理人と称する者に対する弁済については、債権者の帰責事由が独立の要件とされる表見代理の規定で対応すべきであるとも考えられ、民法第478条を適用することには異論もあった。しかし、判例（最判昭和37年8月21日民集16巻9号1809頁等）は、債権者の代理人と称する者も準占有者に該当するとし、その後の学説の多くもこれを支持している。

そこで，条文の文言からその適用範囲を読み取ることができるようにするため，「債権の準占有者」という文言を改めることが必要となる。
　本文(1)イは，以上の問題意識に基づき，受取権者以外の者であって受取権者としての外観を有するものに対する履行の効力についての規定を設けるものである。債権の準占有者としては，以下の①から⑥までが含まれると解されてきたが，本文(1)イは，本文(2)の限度での見直しを行う他は，この解釈を踏襲するものである。
① 表見相続人（大判昭和１５年５月２９日民集１９巻９０３号）
② 無効な債権譲渡の譲受人（大判大正７年１２月７日民録２４輯２３１０頁）
③ 債権が二重譲渡された場合に劣後する譲受人（最判昭和６１年４月１１日民集４０巻３号５５８頁）
④ 偽造の債権証書・受取証書の所持人（大判昭和２年６月２２日民集６巻４０８頁）
⑤ 詐称代理人（最判昭和３７年８月２１日民集１６巻９号１８０９頁等）
⑥ 預金通帳と届出印の持参人（大判昭和１６年６月２０日民集２０巻９２１頁）
3　民法第４７８条は，債権の準占有者への弁済が有効となる要件として，弁済者の善意無過失が必要であるとしている。この要件は，同条が，権利の存在についての外観を信頼した弁済者を保護するための規定であることに基づき必要とされるものである。
　ところで，この善意無過失の要件に関して，判例（最判平成１５年４月８日民集５７巻４号３３７頁）は，通帳を盗取した第三者が通帳機械払方式による払戻しを受けた場合における当該払戻しの有効性が問題となった事案において，払戻し時における過失の有無のみならず，機械払システムの設置管理についての過失の有無をも考慮して判断した。このような機械払方式による払戻しの事案については，過失の判断を柔軟に行うことによって対応できていることを理由に，規定の見直しの必要性を疑問視する意見もある。しかし，民法第４７８条の過失は，文言を素直に読めば，弁済の時において相手方に受領権限があると信じたことについての過失を問題としており，機械払システムの設置管理についての過失のように，弁済時の弁済者の主観面と直接関係しない過失を考慮することは，同条の条文の文言から直ちに導かれるものではない。
　今後，ＡＴＭ等による機械払だけでなく，インターネット等を利用した非対面型の決済がこれまで以上に増加すると予想され，前記判例のような適用場面が増えると考えられることから，前記判例を踏まえて，民法第４７８条の善意無過失要件を適切な文言に改めることが必要であるという問題意識が示されている。
　本文(1)イは，上記の問題意識に基づき，債務者の主観面に関する過失の有無に限らない事情を総合的に勘案できるような規範的な要件とするという観点から，「当該者が受取権者であると信じたことにつき正当な理由がある場合」を要件とするものである。これによって，実質的なルールを改めようとするものではなく，むしろ，現在妥当する実質的なルールを条文上適切に表現しようと試みるものである。
　もっとも，本文のような改正をすることに反対する意見がある。これは，善意無過失という要件の下でも，現在の実質的なルールを読み取ることが困難とは言えないという意見のほか，「正当な理由」と文言を改めることによって，債権者の帰責事由の有無が考慮されやすくなるのではないかと懸念する意見である。後者の意見は，特に民法第１１

０条の「正当な事由」と同じ文言が用いられることによって，同条と同じ解釈がされることになることを懸念するものである。しかし，後者の意見に対しては，現在の要件の下でも債権者の帰責事由の有無が債務者の免責の可否を決するに当たって考慮されているとの意見，「正当な理由」と文言を改めることによって，債権者の帰責事由の有無が現在より考慮されるようになるという関係を疑問視する意見，同条の「正当な理由」と同じ文言を用いたとしても，これと異なる解釈がされることは妨げられないとする意見などの反論がある。

4 　民法第４７８条をめぐっては，真の債権者の帰責事由を独立の要件としていないものの，同条が外観に対する信頼保護の法理に基づくものであるという理解に基づき，同様の法理に基づく民法上の他の制度（表見代理，虚偽表示等）と同様に，真の債権者に帰責事由があることを要するものと解釈すべきであるという見解が有力に主張されている。他方で，真の債権者の帰責事由を独立の要件としないことを支持する見解も有力である。債務の弁済は既存の義務の履行であり，弁済しなければ債務不履行責任を負わされる立場にあるから，新たな取引を行う場合である表見代理等の適用場面に比して，より外観への信頼を保護する必要があるとして，債権者の帰責事由を独立の要件とすべきではないとするものである。

　この点について，本文(1)イは，債権者の帰責事由を独立の要件とはしない考え方を前提としている。債権者の帰責事由を独立の要件として必要とする考え方に対しては，弁済者からは知り得ない債権者の帰責事由の有無が独立の要件とされると，円滑迅速な決済の実現が不可能になり，実務に与える影響が大きいという批判のほか，例えば，表見相続人に対する弁済のように，債権者に帰責事由があることが想定できないようなものもあるため，一律に債権者の帰責事由を独立の要件とすると，弁済者が免責される場面が限定されてしまうとの批判があることなどを考慮したものである。

　もっとも，このような考え方を採ることは，債権者に帰責事由がない場合であっても，債務者が免責される場合があり得ることを意味するにとどまり，本文(1)イのルールの適用に当たって，債権者の帰責事由の有無を一切考慮しないということを意味するものではない。現在は，債権者の帰責事由が独立の要件としては不要であるという立場からも，債務者の過失の有無の判断に当たって，債権者の帰責事由の有無が考慮されるとの見解が主張されている。これと同じように，今般の見直し後においても，免責の可否を決するに当たって債権者の帰責事由の有無を考慮するという解釈を否定するものではない点で，現状を維持するものであることに留意する必要がある。

5 　民法第４８０条は，受取証書の持参人であれば債権者から受領権限を与えられているのが通常であるとして，受取証書の持参人に対して弁済した者を特に保護する趣旨から，同法第４７８条とは異なり，受取証書の持参人に対する弁済の効力を否定する側に，弁済者の主観的要件の主張・立証責任を課している。

　しかし，このような民法第４８０条の趣旨に対しては，①受領権限の証明方法として重要なものは，受取証書の持参以外にもあり，受取証書の持参についてのみ特別な規定を設ける必要性が低いと考えられること，②同条が適用されるには，真正の受取証書の持参人であることを弁済者が立証する必要がある（後記判例参照）と考えられるところ，

真正の受取証書の持参人に対する弁済であることが立証されたのであれば，弁済者の善意無過失を事実上推定してよいと考えられることから，同法第478条が適用される場合と本質的な相違はないこと等の指摘があり，これらを理由として，同法第480条の存在意義を疑問視する見解が主張されている。また，判例（大判明治41年1月23日新聞479号8頁）によると，同条は真正の受取証書の持参人についてのみ適用され，偽造の受取証書の持参人については，同法第478条が適用されることになるが，受取証書が真正か偽造かによって適用される条文が異なるのは分かりにくいという指摘もされている。

　本文(2)は，以上のような指摘等を踏まえ，民法第480条を削除し，受取証書の持参人に対する弁済についても同法第478条の適用に委ねることを提案するものである。

5　代物弁済（民法第482条関係）
　民法第482条の規律を次のように改めるものとする。
　(1)　債務者が，債権者との間で，その負担した給付に代えて他の給付をすることにより債務を消滅させる旨の契約をした場合において，債務者が当該他の給付をしたときは，その債権は，消滅するものとする。
　(2)　上記(1)の契約がされた場合であっても，債務者が当初負担した給付をすること及び債権者が当初の給付を請求することは，妨げられないものとする。

（概要）
　本文(1)は，代物弁済契約が諾成契約であることと，代物の給付によって債権が消滅することを条文上明らかにするものである。代物弁済契約が要物契約であるという解釈が有力に主張されているが，これに対しては，合意の効力発生時期と債権の消滅時期とが一致することによって，代物の給付前に不動産の所有権が移転するとした判例法理との関係などをめぐって法律関係が分かりにくいという問題が指摘されていた。このことを踏まえ，合意のみで代物弁済契約が成立することを確認することによって，代物弁済をめぐる法律関係の明確化を図るものである。

　本文(2)は，代物弁済契約が締結された場合であっても，債務者は当初負担した債務を履行することができるとともに，債権者も当初の給付を請求することができることを明らかにするものである。代物弁済契約の成立によって，当初の給付をする債務と代物の給付をする債務とが併存することになるため，当事者間の合意がない場合における両者の関係についてルールを明確化することを意図するものである。

（補足説明）
1　代物弁済については，伝統的に要物契約であるという見解が有力に主張されてきた。これは，代物弁済による債権の消滅の効力が代物の給付が現実にされることによって生ずることに着目したものであるが，実際には，代物弁済の予約や停止条件付代物弁済のように諾成的な代物弁済の合意が，特に担保取引において利用されることが多いと指摘されている。また，判例は，代物弁済が要物契約か諾成契約かについて，明示的には判

断していないが，代物弁済として不動産を給付した事案において，代物弁済による債務消滅の効果は原則として所有権移転登記手続を完了した時に生ずるが，代物弁済の目的である不動産の所有権移転の効果は，原則として当事者間の代物弁済契約の成立した時に，その意思表示の効果として生ずることを妨げないとしている（最判昭和５７年６月４日判時１０４８号９７頁，最判昭和６０年１２月２０日判時１２０７号５３頁）。この判例の結論は，代物弁済を諾成契約とする立場からは容易に説明できるが，要物契約とする立場からは，所有権移転原因たる代物弁済契約がまだ成立していない時点での物権変動を認めることになってしまうため，説明が難しいとされている。そして，現在では，諾成的な代物弁済の合意が有効であることを明確に認める見解が有力であるとされている。

代物弁済の合意が実務において重要な役割を果たしていることからすると，代物弁済をめぐる法律関係を明確にするために，規定を整備することが望ましいが，その前提として，まずは，諾成的な代物弁済の合意が有効であることと，債権の消滅時期は代物の給付の時点であることを確認することが必要である。そこで，本文(1)では，代物弁済契約が諾成契約であることを明らかにするとともに，代物の給付により債権が消滅することを確認する規定を設けることとしている。

2 　諾成的な代物弁済の合意が有効であることを明確にしても，なお，代物弁済をめぐる法律関係には不明確な点が多いとの指摘がある。諾成的な代物弁済の合意が有効であるとすると，債務者が代物を給付するまでの間，本来の給付義務が消滅しないという点には争いがないが，本来の給付義務と代物の給付義務との関係が問題となる。具体的には，①債務者が引き続き本来の給付をすることができるかという点と，②債権者が債務者に対して本来の給付を請求することができるかという点である。そして，この点については，現行法下で諾成的な代物弁済の合意の効力を認める見解の下でも，①②のいずれも可能であるという見解と，①②のいずれも不可能であるという見解が主張されている。

本文(2)は上記の問題について，上記①②のいずれもが可能であるということを明らかにするものである。代物弁済が担保目的で利用されることが多いという実態を踏まえると，当事者の合意がない場合の任意規定としては，代物弁済の合意後も，債務者が当初負担した給付をすることを許容するとともに，債権者がこれを請求することができるというルールとすることが合理的であるという理由に基づくものである。

もっとも，本文(2)は，上記①②のいずれもが可能であるということを明らかにするにとどまり，例えば，債権者が代物の給付を求めたにもかかわらず，債務者が本来の給付をすることによって債務を免れることができるかどうかという点などについては，解釈に委ねることを前提としている。

6 　弁済の方法（民法第４８３条から第４８７条まで関係）
(1) 民法第４８３条を削除するものとする。
(2) 法令又は慣習により取引時間の定めがある場合には，その取引時間内に限り，債務の履行をし，又はその履行の請求をすることができるものとする。
(3) 民法第４８６条の規律を改め，債務者は，受取証書の交付を受けるまでは，

自己の債務の履行を拒むことができるものとする。
(4) 債権者の預金口座に金銭を振り込む方法によって債務を履行するときは，債権者の預金口座において当該振込額の入金が記録される時に，弁済の効力が生ずるものとする。
（注）上記(4)については，規定を設けない（解釈に委ねる）という考え方がある。

（概要）
　本文(1)は，特定物の引渡しに関する民法第483条を削除するものである。同条は，実際にその適用が問題となる場面が乏しい反面，履行期の状態で引き渡せば，合意内容とは異なる性状で目的物を引き渡したとしても責任を負わないという誤った解釈を導くおそれがあると指摘されていることによる。
　本文(2)は，弁済の時間について，商法第520条の規律を一般化して民法に設けるものである。現在は弁済の時間に関する規定は民法に置かれていないが，商法第520条の規律内容は，必ずしも商取引に特有のものではなく，取引一般について，信義則上，当然に同様の規律が当てはまるという一般的な理解を明文化するものである。
　本文(3)は，受取証書の交付と債務の履行が同時履行の関係にあるという一般的な理解に従って，民法第486条を改めるものである。
　本文(4)は，債権者の預金口座への振込みによって金銭債務の履行をすることが許容されている場合に，振込みがされたときは，その弁済の効力は入金記帳時に生ずるとするものである。金銭債務の履行の多くが預金口座への振込みによってされる実態を踏まえて，その基本的なルールを明らかにすることを意図するものである。もっとも，このような規定を設ける必要性がないという考え方があり，これを（注）で取り上げている。

（補足説明）
1　民法第483条は，特定物の引渡しに関する当事者の通常の意思によれば，契約時や実際の引渡時ではなく，本来の履行期の現状を基準とするであろうと推測されることを根拠として，特定物の引渡債務について，履行期の現状で引き渡すべきことを定めたという趣旨の規定であるとされている。そして，このような理解を前提とすると，債権発生後に目的物が滅失・損傷した場合には，基本的には保存義務としての善管注意義務（同法第400条）違反に基づく債務不履行又は危険負担の問題として処理されることになるため，同法第483条が実際に問題となる場面は乏しいと指摘されており，判例集等においても，同条が直接問題となった事案はほとんど見当たらないと指摘されている。また，同条が同法第400条と別に置かれていることによって，債務者が保存義務を尽くさなかった場合であっても，免責される余地があるかのように誤解されるおそれがあるとの指摘もある。この点について，部会では，同法第483条は，債権者と債務者との間で，引き渡すべき物の性状に関する明示的な合意がない場合における補充規範として機能するのではないかとの意見もあったが，これに対して，この意見も同法第400条に違反した場合には履行期の現状で引き渡しても免責されないことを認めるのだから，

あえて重ねて規定を設ける意義を説明することができていないとの批判があった。また，特定物についても，売買における売主の責任の有無を契約の趣旨に照らして規範的に判断する考え方を採用する以上（後記第３５，３以降参照），引き渡すべき目的物の品質が債務の内容を構成せず引渡しをすべき時の現状で引き渡せば一切の責任を負わないという事態は想定し難いようにも思われる。

　　本文(1)は，以上のような指摘等を踏まえ，民法第４８３条を削除することとしたものである。
2　本文(2)は，（概要）記載のとおりである。
3　民法第４８６条は，弁済者に受取証書の交付請求権があることを規定している。この受取証書の交付請求権と債務の履行との関係について，同条の文言上は，弁済が先履行であるようにも読めるが，受取証書は弁済の証拠として重要であるから，弁済者が債務の履行との同時履行を求めることが正当化されるとして，受取証書の交付は債務の履行と同時履行であると理解されている。受取証書が弁済の証拠として重要な役割を果たしていることからすると，上記の解釈に基づき条文を改める必要がある。そこで，本文(3)は，条文上，受取証書の交付と債務の履行が同時履行であることを明確にする方向で規定を改めることとしている。
4　金銭債務の決済の多くは流動性預金口座を通じた振込み等によって行われているが，この点について民法には特に規定がない。そのため，例えば，①流動性預金口座への振込みによる金銭債務の履行が弁済に当たるかという点や，②流動性預金口座への振込みによる金銭債務の消滅時期がいつかという点などの基本的な法律関係が必ずしも明らかではないと指摘されている。そこで，流動性預金口座への振込みが金銭債務の履行方法として重要な役割を果たしていることを踏まえて，民法に規定を設けることが検討課題となる。

　　①流動性預金口座への振込みによる金銭債務の履行が弁済に該当するかについては，流動性預金口座への振込みが金銭債務の弁済と代物弁済（民法第４８２条）のいずれに該当するかが争われているが，これは，預金債務を通貨と同視することができるかという問題と関わるものである。この点について，流動性預金口座への振込みが弁済に該当するとする見解は，銀行振出の自己宛小切手（預手）の交付が債務の本旨に従った弁済の提供となると判断した判例（最判昭和３７年９月２１日民集１６巻９号２０４１頁）について，預手の交付による預金債権の取得が現金の交付に相当するということを含意していると見るものである。これに対して，流動性預金口座への振込みが代物弁済に該当するという見解は，債権者が預金債権を取得したとしても，銀行からの相殺の主張や第三者からの預金債権の差押え等，現金払いの場合には生じない不利益が発生するおそれがあることから，現金払いと同視することはできないとして，これを代物弁済とし，債権者の承諾を必要とすべきであるとするものである。また，②流動性預金口座への振込みによる金銭債務の消滅時期は，預金債権の成立時期とも関連する問題であるが，通説は，被仕向銀行が受取人の預金口座に入金記帳をした時点であるとしている。

　　本文(4)は，上記①②の問題について，①流動性預金口座への振込みが金銭債務の弁済と位置付けられ得ることとともに，②金銭債務の消滅時期が受取人の預金口座に入金記

帳がされた時であることを明確にするものである。この考え方からは，例えば，振込依頼人が受取人への振込みを依頼したにもかかわらず，仕向銀行や被仕向銀行の過誤等によって受取人の預金口座に入金記帳がされなかった場合には，振込依頼人の受取人に対する債権は消滅しないという結論が導かれることになる。

なお，本文(4)は，明示又は黙示の合意によって振込み以外の方法によって履行するとされた場合に適用されるものではない。また，本文(4)のルールに対して，債権者が想定していなかった預金口座に債務者から金銭が振り込まれた場合にも弁済の効力があったとされるのではないかとの懸念が示されているが，このような場合には，通常は，当該口座への振込みによる履行を許容しないという黙示の合意があったと評価されることにより，弁済の効力が認められないことになると考えられる。

もっとも，本文(4)の考え方に対しては，預金口座への振込みによる債務の履行について一律のルールを設けることが適当ではないとして，規定を設けることに反対する意見がある。(注)はこのような意見を踏まえて，規定を設けず，引き続き解釈に委ねるとする考え方を取り上げたものである。

7　弁済の充当（民法第488条から第491条まで関係）
　　民法第488条から第491条までの規律を次のように改めるものとする。
(1) 次に掲げるいずれかの場合に該当し，かつ，履行をする者がその債務の全部を消滅させるのに足りない給付をした場合において，当事者間に充当の順序に関する合意があるときは，その順序に従い充当するものとする。
　　ア　債務者が同一の債権者に対して同種の給付を内容とする数個の債務を負担する場合（下記ウに該当する場合を除く。）
　　イ　債務者が一個の債務について元本のほか利息及び費用を支払うべき場合（下記ウに該当する場合を除く。）
　　ウ　債務者が同一の債権者に対して同種の給付を内容とする数個の債務を負担する場合において，そのうち一個又は数個の債務について元本のほか利息及び費用を支払うべきとき
(2) 上記(1)アに該当する場合において，上記(1)の合意がないときは，民法第488条及び第489条の規律によるものとする。
(3) 上記(1)イに該当する場合において，上記(1)の合意がないときは，民法第491条の規律によるものとする。
(4) 上記(1)ウに該当する場合において，上記(1)の合意がないときは，まず民法第491条の規律によるものとする。この場合において，数個の債務の費用，利息又は元本のうちいずれかの全部を消滅させるのに足りないときは，民法第488条及び第489条の規律によるものとする。
(5) 民法第490条を削除するものとする。
(6) 民事執行手続における配当についても，上記(1)から(4)までの規律（民法第488条による指定充当の規律を除く。）が適用されるものとする。
　　(注) 上記(6)については，規定を設けないという考え方がある。

（概要）
　弁済の充当に関する民法第488条から第491条までについて，規定相互の関係が必ずしも分かりやすくないと指摘されてきたこと等を踏まえ，これらのルールの関係を整理し，規律の明確化を図るものである。
　本文(1)は，弁済の充当に関する当事者間の合意がある場合には，その合意に従って充当されることを明らかにする規定を新たに設けるものである。弁済の充当に関しては，実務上，合意の果たす役割が大きいと指摘されていることを踏まえたものである。
　本文(2)は，現在の民法第488条（指定充当）及び第489条（法定充当）の規律を維持するものである。
　本文(3)は，一個の債務について元本，利息及び費用を支払うべき場合に関して，現在の民法第491条の規律を維持するものである。
　本文(4)は，一個又は数個の債務について元本，利息及び費用を支払うべき場合に関して，現在の民法第491条の規律を維持した上で，残額がある費用，利息又は元本の間においては同法第488条及び第489条の規律が適用されるとするものである。この場合に指定充当が認められるとする点は，現在争いがある問題について，ルールを明確化するものである。
　本文(5)は，民法第490条を削除するものである。同条が規律する一個の債務の弁済として数個の給付をすべき場合（例えば，定期金債権に基づいて支分権である個別の債務が発生する場合）については，弁済の充当に関しては，数個の債務が成立していると捉えることが可能であり，あえて特別の規定を存置する意義に乏しいと思われるからである。
　本文(6)は，民事執行手続における配当について，当事者間に充当に関する特約があったとしても，法定充当によると判断した判例（最判昭和62年12月18日民集41巻8号1592頁）の帰結を改め，合意による充当を認めることとするものである。法定充当しか認められないことによって担保付きの債権が先に消滅するという実務的な不都合が生じている等の指摘がある反面，配当後の充当関係について一律に法定充当によらなければ執行手続上の支障が生ずるとは必ずしも言えないとの指摘があることを考慮したものである。もっとも，上記の判例は民事執行の円滑で公平な処理に資するもので変更の必要はなく，仮に合意充当を認めれば民事執行の手続に混乱と紛争を惹起し，執行妨害等の弊害が懸念されるとの指摘があり，このような規定を設けないとする考え方を（注）で取り上げている。

（補足説明）
1　弁済の充当については，民法第488条から第491条までに規定が置かれているが，条文相互の関係が分かりにくいことなどから，弁済の充当に関する規律内容が明確ではないと指摘されている。今般の見直しに当たっては，実際に適用される規律内容を条文から容易に読み取ることができるように，規定を整理することが検討課題となる。
2　本文(1)は，民法第488条から第491条までの規定にかかわらず，当事者間に充当に関する合意がある場合には，当該合意に従い充当されることを明らかにするものであ

る。これは，同法第488条から第491条までが任意規定であるという意味であるが，実務では合意による充当がされることが多いという指摘を踏まえると，弁済の充当に関する重層的で複雑な規律を分かりやすく整理する観点から，第1順位として当事者間の合意に従うべきことを条文上明確にすることが望ましいとの考慮に基づくものである。
3 本文(2)及び(3)は，(概要)記載のとおりである。
4 本文(4)は，債務者が同一の債権者に対して同種の給付を内容とする数個の債務を負担する場合において，そのうち一個又は数個の債務について元本のほか利息及び費用を支払うべきときについて，現在の民法第491条の規律を維持した上で，残額がある費用，利息又は元本の間においては同法第488条及び第489条の規律が適用されるとするものである。

　判例（大判大正6年3月31日民録23輯591頁）・学説は，民法第491条が，充当の指定に関する同法第488条の適用を排除しており，この場合には一方当事者による充当順序の指定は認められないと理解している。費用は，債務者が負担すべきものを債権者が立て替えているのであるから，最初に支払われるべきである。また，利息よりも先に元本に充当して利息が生じなくすることは，元本を交付した債権者の通常の期待に反し，債務者を過当に有利にすることになるため，利息は，元本よりも先に充当されるべきである。同法第491条は，このような考慮に基づく規定であるから，その順序を一方当事者の指定により変更するのは適当でないというのである。現在の同法第491条の規律を維持するのは，以上の考慮に基づくものである。

　また，費用相互間，利息相互間又は元本相互間の充当の順序が問題となる場合に関して，民法第491条第2項は，同法第489条（法定充当）のみを準用し，同法第488条（指定充当）を準用していない。そのため，現行法の解釈としては指定充当を否定する見解があり，その理由として，債務者にとって有利な充当を認めることが当事者の意思に合致し，公平であることが挙げられている。しかし，この場合に限って指定充当を否定すべき合理性は，必ずしもないとの指摘や，また，当事者の意思に合致することを理由として指定充当を否定する点については，指定充当を認めるほうが，当事者の意思に合致する帰結を導くことができるとの指摘がある。本文(4)は，以上の指摘を踏まえて，現在のルールを改め，同法第488条の規律を準用することを明らかにするものである。
5 本文(5)は，(概要)記載のとおりである。
6 本文(6)は，民事執行手続における配当について，当事者間に充当に関する特約があったとしても，法定充当によると判断した判例（最判昭和62年12月18日民集41巻8号1592頁）の帰結を改め，合意による充当を認めることとするものである。

　判例は，担保権の実行としての不動産競売の手続において債権者と債務者との間に弁済充当の指定に関する特約があっても，当該特約に基づく指定充当は認められず，民法第489条から第491条までの規定に従った弁済充当がされるとしている。これは，不動産競売の手続は執行機関がその職責において遂行するものであって，その配当に際して債務者又は債権者の意思表示が予定されておらず，画一的に，最も公平妥当な充当方法である法定充当によることが競売制度の趣旨に合致することを理由とするものであ

る。そして，この判例の考え方は，強制執行による配当における充当についても妥当すると考えられている。
　しかし，これに対しては，法定充当しか認められないことによって実務的な不都合が生じているとの指摘がある。例えば，法定充当によると，担保付きの債権から先に消滅することになってしまうが，債権者はこれを避けることができないことが問題であるとするものなどである。また，配当後の充当関係について一律に法定充当によらなければ執行手続上の支障が生ずるとは必ずしも言えないとの指摘がある。この点について，法定充当以外の充当方法が認められることによって，執行手続に影響が生じ得るとする立場からは，同一事件において2回目以降の配当が実施される場合において，2回目以降の配当の際に債権者が提出した債権計算書に記載された債権額が，法定充当後の債権額と一致しないことがあるという点が指摘されている。しかし，これに対しては，配当手続が終了する前に，手続外で一部弁済がされた場合のように，現在でも，2回目以降の配当の際に債権者が提出した債権計算書に記載された債権額が，法定充当後の債権額よりも少なくなることがあり得るのであり，合意充当を認める事によって，今までになかった問題が新たに執行手続に生ずるわけではないし，この点が現在の執行手続において問題であるとの指摘も見当たらないと反論されている。すなわち，合意充当を認めるとしても，執行裁判所は，債権者が提出した債権計算書に従って配当表を作成すればよく，現在でも実務ではそのように運用されているのだから，合意充当を認めたとしても執行手続に支障は生じないとの指摘である。
　もっとも，上記のような指摘を踏まえてもなお，上記の判例は民事執行の円滑で公平な処理に資するもので変更の必要はなく，仮に合意充当を認めれば民事執行の手続に混乱と紛争を惹起し，執行妨害等の弊害が生じ得るとの懸念が示されている。この立場は，上記のとおり，法定充当以外の充当方法が認められることによって新たな問題が生ずるわけではないとしても，2回目以降の配当の際に債権者が提出する債権計算書に記載された額と法定充当後の債権額とが一致しない事態が増加すれば，それによる手続の遅延や配当手続の結果をめぐる紛争が増加することを懸念する意見であると思われる。このような意見を主張する立場から，本文のような規定を設けず，現在の判例を維持すべきとする考え方が主張されているので，これを（注）で取り上げている。

8　弁済の提供（民法第492条関係）

民法第492条の規律を次のように改めるものとする。
(1) 債務者は，弁済の提供の時から，履行遅滞を理由とする損害賠償の責任その他の債務の不履行によって生ずべき一切の責任を免れるものとする。
(2) 前記第11，1によれば契約の解除をすることができる場合であっても，債務者が弁済の提供をしたときは，債権者は，契約の解除をすることができないものとする。

（概要）
　本文(1)は，弁済の提供の効果として履行遅滞を理由とする損害賠償の責任を免れること

を，民法第４９２条に具体的に例示するものである。これによって，現在は不明確であるとされる受領（受取）遅滞の効果（前記第１３）との関係を整理し，ルールの明確化を図るものである。

　本文(2)は，弁済の提供によって，本文(1)の効果の他，契約の解除をすることができなくなるという一般的に認められている解釈を明文化するものである。

（補足説明）
1　民法は，弁済の提供の効果について，「債務の不履行によって生ずべき一切の責任を免れる」とだけ規定し（同法第４９２条），他方，受領遅滞の効果については，「履行の提供があったときから遅滞の責任を負う」とだけ規定している（同法第４１３条）が，これらの具体的な効果を，条文の文言から読み取ることは困難である。そこで，それぞれの効果について，両者の区別を明らかにしながら，明確化することが検討課題となる。

　弁済の提供とこれに基づく受領遅滞の効果として，以下の①から⑤までの効果が生ずるという点にはおおむね異論がない。
① 　債務者の債務不履行責任の不発生
② 　債権者の同時履行の抗弁権の消滅
③ 　特定物の引渡しの場合における注意義務の軽減
④ 　増加費用の債権者負担
⑤ 　目的物滅失等の場合における危険の移転

　この①から⑤までが弁済の提供と受領遅滞のいずれの効果となるかについては，学説上，様々な見解が示されているところではあるが，本文は，弁済の提供の効果として①②を想定した上で，①のみを規定することとしている。これは，弁済の提供が専ら債務者の行為を規律するものであるから，債務者が行うべき行為に基づく効果のみを弁済の提供の効果として位置付けるという考え方に基づき，①②を弁済の提供の効果として整理する立場である。①②はいずれも，債権者の行為とは無関係に，債務者の行為から発生する効果であると見るのが自然であるのに対し，③から⑤までは，専ら債権者の責任や負担が加重されるという効果であり，債権者の行為と結びつく効果であると整理するのが妥当であるからである。そして，②は民法第５３３条において既に規定されている内容であるから，同条が維持される限りは，同法第４９２条では，①のみを規定する趣旨で，履行遅滞を理由とする損害賠償と解除ができないとすることを挙げることとしている。

2　このうち，解除については，今般の見直しにおいて，解除を契約の拘束力から解放するための制度として位置付けるべきとの考え方が示されており，解除することができなくなることを①の中に位置付けるのは，この考え方と整合しないので，適切ではないとの意見があった。もっとも，この考え方も，弁済の提供によって，債権者が解除をすることができなくなるということを否定するものではないため，現在の民法第４９２条を明確化する本文アに付け加えて，本文イで，弁済の提供によって，解除をすることができなくなる旨を明らかにする規定を設けることとしている。

9 弁済の目的物の供託（民法第494条から第498条まで関係）
　弁済供託に関する民法第494条から第498条までの規律を基本的に維持した上で，次のように改めるものとする。
(1) 民法第494条の規律を次のように改めるものとする。
　ア　履行をすることができる者は，次に掲げる事由があったときは，債権者のために弁済の目的物を供託することができるものとする。この場合においては，履行をすることができる者が供託をした時に，債権は消滅するものとする。
　　(ｱ) 弁済の提供をした場合において，債権者がその受取を拒んだとき
　　(ｲ) 債権者が履行を受け取ることができないとき
　イ　履行をすることができる者が債権者を確知することができないときも，上記アと同様とするものとする。ただし，履行をすることができる者に過失があるときは，この限りでないものとする。
(2) 民法第497条前段の規律を次のように改めるものとする。
　弁済の目的物が供託に適しないとき，その物について滅失，損傷その他の事由による価格の低落のおそれがあるとき，又はその物を供託することが困難であるときは，履行をすることができる者は，裁判所の許可を得て，これを競売に付し，その代金を供託することができるものとする。
(3) 民法第498条の規律の前に付け加え，弁済の目的物が供託された場合には，債権者は，供託物の還付を請求することができるものとする。

（概要）

　本文(1)ア(ｱ)は，受領拒絶を供託原因とする弁済供託の要件として，受領拒絶に先立つ弁済の提供が必要であるという判例法理（大判大正10年4月30日民録27輯832頁）を明文化するとともに，弁済供託の効果として，弁済の目的物の供託をした時点で債権が消滅することを明文化することによって，弁済供託に関する基本的なルールを明確化するものである。口頭の提供をしても債権者が受け取らないことが明らかな場合に，弁済の提供をすることなく供託することができるとする現在の判例（大判大正11年10月25日民集1巻616頁）及び供託実務は，引き続き維持されることが前提である。同(ｲ)は，受領不能を供託原因とする現状を維持するものである。
　本文(1)イは，債権者の確知不能を供託原因とする弁済供託の要件のうち，債務者が自己の無過失の主張・立証責任を負うとされている点を改め，債権者が債務者に過失があることの主張・立証責任を負担することとするものである。債権者不確知の原因の多くが債権者側の事情であることを踏まえると，債務者に過失があることについて，債権者が主張・立証責任を負うとすることが合理的であると考えられるからである。
　本文(2)は，金銭又は有価証券以外の物品の自助売却に関する民法第497条前段の要件のうち，「滅失若しくは損傷のおそれがあるとき」を「滅失，損傷その他の事由による価格の低落のおそれがあるとき」と改めるものである。物理的な価値の低下でなくても，市場での価格の変動が激しく，放置しておけば価値が暴落し得るようなものについては，自助

売却を認める必要があるという実益に応えようとするものである。また、同条前段の要件として、新たに「弁済の目的物を供託することが困難なとき」を加えている。供託所について特別の法令の定めがない場合に、裁判所が適当な供託所又は保管者を選任すること（同法第495条第2項参照）は現実的に難しく、物品供託をすることは困難であるが、自助売却までに時間がかかるという実務的な不都合が指摘されていることを踏まえて、債務の履行地に当該物品を保管することができる供託法所定の供託所が存在しない場合には、同項の規定による供託所の指定又は供託物保管者の選任を得る見込みの有無にかかわらず、迅速に自助売却をすることができるようにするものである。

本文(3)は、弁済供託によって債権者が供託物の還付請求権を取得するという基本的なルールを明文化するものである。

（補足説明）
1　民法第494条は、弁済供託の供託原因として、債権者の受領拒絶、債権者の受領不能及び債権者不確知を挙げている。このうち、債権者の受領拒絶を原因とする供託の要件として、債務者がそれに先立って弁済の提供をしたことが必要かという点は、条文上明示されていない。この点について、判例（大判大正10年4月30日民録27輯832頁）は、債権者の受領拒絶を原因として供託をするためには、供託に先立って、弁済の提供をすることが必要であると判示している。学説上も、弁済供託が、債権者による受領という過程を経ないで債権を消滅させる効果を持ち、また、供託物の還付請求の手続を要する等の点で本来の弁済よりも債権者に不利益があり得ることから、弁済の提供をして債権者を受領遅滞にすることを要するという見解が有力である。本文ア(ｱ)は、以上を踏まえ、受領拒絶を原因とする供託の要件として、弁済の提供があったことが必要であることを条文上明確にするものである。

　もっとも、本文(1)ア(ｱ)は、口頭の提供をしても債権者が受け取らないことが明らかな場合に、弁済の提供をすることなく供託することができるとする現在の判例（大判大正11年10月25日民集1巻616頁）及び供託実務を、引き続き維持することが前提である。
2　債権者不確知を供託原因とする供託については、債権者を確知することができないことについての弁済をすることができる者の無過失が要件とされている（民法第494条後段）。この弁済をすることができる者の無過失の主張・立証責任の所在については、必ずしも確立した見解は存在しないようであるが、条文の構造からは、弁済をすることができる者が負うように解される。

　弁済をすることができる者の無過失の主張・立証責任の在り方については、債権者不確知の原因の多くが債権者側の事情と考えられることに留意する必要があるとの指摘がある。例えば、債権譲渡の効力の有無について当事者間に争いがある場合には債権者不確知を供託原因とする供託が可能であるとされているが、譲渡当事者の一方の主張が明らかに不当である場合には弁済をすることができる者の無過失が認められないとすると、譲渡の有効性に関する争いにおける当事者の主張の合理性についての主張・立証責任が弁済をすることができる者に課されることになり、不当ではないかという問題意識に基

づくものである。
　本文(1)イは，以上のような問題意識を踏まえて，履行をすることができる者の無過失の主張・立証責任を，債権者などの供託の有効性を争う者が負うこととするために，民法第４９４条後段を改めるものである。

3　金銭又は有価証券以外の物品を目的物とする供託（以下「物品供託」という。）は，法務大臣が指定する倉庫営業者又は銀行（以下「倉庫営業者等」という。）を供託所とするとされているが（供託法第５条第１項），法務大臣の指定を受けている倉庫営業者等は全国で１８社（平成１１年１２月１日現在）と少数であり，この倉庫営業者等は，その営業の部類に属する物であって保管することができる数量に限り，保管する義務を負うのみである（同条第２項）。また，物品供託を受け入れた倉庫営業者等は，供託物の保管料について供託物を受け取るべき者に対して請求することとなっている（同法第７条）。実際には，被供託者が所在不明又は供託物の受取りを拒否した場合や，受け取るべき者が確定しない場合には，倉庫営業者等は，保管料の収受が見込めないこととなるという問題があり，また，倉庫営業者等は，その営業の部類に属しないことや，保管することができる数量を超えていることを理由として，物品供託の受入れを拒否することにより，物品供託がされることはほとんどないという事情がある。このため，債務者が物品供託をしようとしても，債務の履行地にはその物品を保管する倉庫営業者等が存在しないという事態が生じている。このような事態が生じた場合には，弁済者の請求により，裁判所が供託所の指定や供託物の保管者の選任をする（民法第４９５条第２項）とされているが，適当な供託所又は保管者を選任することは現実的には難しいと言われている。
　このように，債務の履行地に供託法所定の供託所が存在せず，かつ，民法第４９５条第２項の規定による供託所の指定又は供託物保管者の選任を得る見込みがないために，事実上，物品供託を利用することができない場合には，弁済の目的物が「供託に適しないとき」（同法第４９７条）に該当すると解されており，自助売却による代金の供託が可能である。しかし，適切な供託所又は保管者を見つけられない場合のように，弁済の目的物の性質とは関係なく，供託が困難である場合に自助売却が認められることは，「弁済の目的物が供託に適しないとき」という同法第４９７条の条文の文言からは必ずしも明らかではない。また，実際には，同法第４９５条第２項の規定による供託所の指定又は供託物保管者の選任を得る見込みの有無が明らかになるまでには，相当の時間が必要となる。供託が認められるまでに時間がかかれば，その間は遅延損害金等が発生することになるが，時間をかけて供託所又は保管者を探しても，現実的には適切な供託所又は保管者を見つけることは難しいと言われており，このような現状は，弁済者の利益保護の観点からは問題があると考えられる。そこで，例えば，債務の履行地に当該物品を保管することができる供託法所定の供託所が存在しない場合には，民法第４９５条第２項の規定による供託所の指定又は供託物保管者の選任を得る見込みの有無にかかわらず，自助売却を認めることが検討課題となる。
　本文(2)は，以上を踏まえ，新たな自助売却の要件として，「弁済の目的物を供託することが困難なとき」を加えるとともに，「供託に適しないとき」や「滅失若しくは損傷のおそれがないとき」（この補足説明４参照）は，新たに加える「供託することが困難なと

き」の例示として位置付けることとしている。これによって，前記のとおり，弁済の目的物の性質とは関係がなくても自助売却が認められることを明らかにする趣旨であり，債務の履行地に当該物品を保管することができる供託法所定の供託所が存在しない場合もこれに含まれることを意図するものである。

4　民法第497条は，弁済の目的物が「滅失若しくは損傷のおそれがあるとき」にも，自助売却による競売代金の供託を認めているところ，この「滅失若しくは損傷のおそれがある」弁済の目的物の例としては，例えば，腐りやすい食品や変質のおそれがある薬品等，物理的な価値の低下のおそれがある物が想定されている。しかし，物理的な価値の低下でなくても，市場での価格の変動が激しく，放置しておけば価値が暴落し得るようなものについては，自助売却を認める必要があると指摘されている。上記の方向で自助売却の要件を拡張するという考え方に基づき規定を改める場合の具体的な要件の在り方として，商法第524条第2項を参照しつつ，「滅失，損傷その他の事由による価格の低落のおそれがある」とすることが考えられる。同項は，商事売買について「損傷その他の事由による価格の低落のおそれがある物」の無催告での自助売却を認めているところ，この「損傷その他の事由による価格の低落のおそれがある物」とは，物理的な価格の低落に限らず，市場での価格の変動が激しく，放置しておけば暴落するような場合も含まれるとされているので，民法第497条の要件として，商法第524条第2項の要件を参照することが考えられるのである。もっとも，民法第497条には，商法第524条第2項にはない「滅失」のおそれという文言があるが，あえてこれを削除するのは相当でないと考えられる。

　そこで，本文(2)では，「その物について滅失，損傷その他の事由による価格の低落のおそれがあるとき」を，自助売却の要件として付け加えることとしている。

5　弁済供託がされると，債権者は供託物の還付請求権を取得することになる。このことは，現在も民法第498条が間接的に示しているところであるが，必ずしも明確であると言えない。基本的なルールを条文から明確に読み取れるようにするという観点からは，還付請求権の取得という弁済供託の重要な効果についても条文上明確にすることが必要である。そこで，本文(3)では，同条に付け加えて，債権者が供託物の還付請求権を取得することを明らかにする規定を設けることとしている。

10　弁済による代位
(1)　任意代位制度（民法第499条関係）
民法第499条第1項の規律を改め，債権者の承諾を得ることを任意代位の要件から削除するものとする。
（注）民法第499条を削除するという考え方がある。

（概要）

任意代位の要件から，債権者の承諾を削除するものである。弁済を受領したにもかかわらず，代位のみを拒絶することを認めるのは不当であるから，代位について債権者の承諾を要件とする必要はないという考慮に基づくものである。

もっとも，法定代位をすることができる者を除いて第三者による弁済は制限されているにもかかわらず，このような第三者による弁済を積極的に奨励する趣旨の任意代位制度を存置するのは制度間の整合性を欠くので，この制度を廃止すべきであるとの考え方もあり，これを（注）で取り上げた。

（補足説明）
1　任意代位の制度（民法第４９９条）は，その要件として，弁済と同時に債権者の承諾を得ることが必要であるとされているが，この点については，利害関係のない第三者が債務者の意思に反することなく弁済する場合に，債権者はその弁済を受領した上で，代位のみを拒否できることになるが，このような対応は不当であり，任意代位の要件として債権者の承諾を得ることを要求すべきではないとの批判がされている。
　　本文は，この批判に対応する観点から，任意代位の要件から，債権者の承諾を削除するものである。
2　任意代位の制度については，これとは別の観点からの批判もある。任意代位の制度は，「弁済をするについて正当な利益を有する者」（民法第５００条）以外の第三者が弁済をした場合に，債権者に代位することを認める制度である。この制度は，第三者による弁済の奨励という目的に基づくものであると言われている。この任意代位の制度によって債権者に代位することが想定されているのは，「利害関係を有しない第三者」（同法第４７４条第２項）が債務者の意思に反することなく弁済した場合であるが，同項が，利害関係を有しない第三者による弁済を制限しているにもかかわらず，任意代位制度によって第三者による弁済を奨励するというのは，制度間の整合性を欠いているとの批判である。また，本文の考え方に対しては，債権者の意思に反するにもかかわらず，実質的に債権譲渡が強制されるにも等しい事態が生じ得ることを問題視する見解もある。（注）は，以上を踏まえ，任意代位の制度を廃止する考え方を取り上げるものである。これは，債務者のために履行をする第三者が代位の制度による保護を受けたいと考えるのであれば，債権者との間で保証契約や債務引受契約などを締結し，法定代位（同法第５００条）の規定の適用を受け得る地位を得た上で，履行をすればよいという考え方に基づくものである。
　　もっとも，（注）の考え方に対しては，上記のような問題があるとしても，任意代位の制度を廃止することによって，債務者のために履行をした第三者の保護が不十分となることを懸念する意見がある。

(2)　法定代位者相互間の関係（民法第５０１条関係）
　　民法第５０１条後段の規律を次のように改めるものとする。
　ア　民法第５０１条第１号及び第６号を削除するとともに，保証人及び物上保証人は，債務者から担保目的物を譲り受けた第三取得者に対して債権者に代位することができるものとする。
　イ　民法第５０１条第２号の規律を改め，第三取得者は，保証人及び物上保証人に対して債権者に代位しないものとする。

ウ　民法第501条第3号の「各不動産の価格」を「各財産の価格」に改めるものとする。
　エ　保証人の一人は，その数に応じて，他の保証人に対して債権者に代位するものとする。
　オ　民法第501条第5号の規律に付け加え，保証人と物上保証人とを兼ねる者がある場合には，同号により代位の割合を定めるに当たっては，その者を一人の保証人として計算するものとする。
　カ　物上保証人から担保目的物を譲り受けた者については，物上保証人とみなすものとする。
　　（注）上記オについては，規定を設けない（解釈に委ねる）という考え方がある。

（概要）
　本文アのうち，保証人が第三取得者に対して代位することができることは民法第501条第1号が前提としているルールを明文化するものであり，物上保証人が第三取得者に対して代位することができることは現在規定が欠けている部分のルールを補うものである。また，本文アでは，保証人が不動産の第三取得者に対して代位するにはあらかじめ付記登記をすることを要するという同号の規定を削除することとしている。同号の規律は債権が消滅したという不動産の第三取得者の信頼を保護する趣旨であるとされているが，そもそも付記登記がない場合に債権が消滅したという第三取得者の信頼が生ずると言えるか疑問である上，抵当権付きの債権が譲渡された場合に，付記登記が担保権取得の第三者対抗要件とされていないこととのバランスを失しているという問題意識に基づくものである。
　本文イは，第三取得者は，保証人のほか物上保証人に対しても代位しないという一般的な理解を明らかにするため，民法第501条第2号を改めるものである。
　本文ウは，民法第501条第3号の「各不動産の価格」を「各財産の価格」と改めるものである。同号の適用範囲は，担保権付の不動産を取得した第三取得者に限られないと考えられており，そのルールの明確化を図るものである。
　本文エは，保証人が複数いる場合における保証人間の代位割合について，その数に応じて，他の保証人に対して債権者に代位することができるという一般的な理解を明文化するものである。
　本文オは，民法第501条第5号について，保証人と物上保証人を兼ねる者（二重資格者）がいた場合に，二重資格者を一人として扱った上で，頭数で按分した割合を代位割合とする判例法理（最判昭和61年11月27日民集40巻7号1205頁）を明文化するものである。もっとも，この判例については，二重資格者の相互間においても代位割合を頭数で按分するのが適当ではないとする批判や，事案によっては二重資格者の負担が保証人でない物上保証人よりも軽いという不当な帰結になり得るとの批判などがあることを踏まえ，引き続き解釈に委ねる考え方を（注）で取り上げた。
　本文カは，物上保証人から担保目的物を譲り受けた者を物上保証人とみなす旨の規律を新たに設けるものである。物上保証人から担保目的物を譲り受けた者の取扱いについての

一般的な理解を明文化するものである。

(補足説明)
1　民法第501条は，第1号から第6号までにおいて，法定代位者相互間の関係に関する規定を置いている。しかし，法定代位者相互間の関係については，同条からは明らかではない問題が多く，これらについて判例・学説によって規律を補っているという状況にある。法定代位者相互間の関係に関するルールは，関係者間の先鋭な利害対立を調整するものとして重要であることから，できる限り条文上明確にすることが望ましい。本文アからカまでは，このような問題意識に基づき，ルールの明確化を図るものである。
2　本文アのうち，保証人が第三取得者に対して代位することができることを明らかにする点は，現在は規定が欠けているが，民法第501条第1号が前提としているルールを補うものである。同号は，物上保証人が第三取得者に対して代位することができることを当然の前提とした上で，その要件として，あらかじめ付記登記をすることが必要である旨を定めるが，同条第2号から第5号までは，代位の可否についても明文で明らかにしている。そこで，本文アは，同条第1号についても，前提となる代位の可否についての規定を設けることとするものである。

　　また，本文アでは，物上保証人が第三取得者に対して代位することができることを併せて明らかにしている。これは，現在規定が欠けているが，解釈上異論なく認められているルールを補うものである。

　　以上に加えて，本文アでは，保証人が不動産の第三取得者に対して代位するにはあらかじめ付記登記をすることを要するという民法第501条第1号及びこれを準用する同条第6号の規定を削除することとしている。同条第1号の規定は債権が消滅したという不動産の第三取得者の信頼を保護する趣旨であるとされているが，そもそも付記登記がないことを理由として債権が消滅したという第三取得者の信頼が生ずると言えるか疑問であるとの批判の他，抵当権付きの債権が譲渡された場合に，付記登記が担保権取得の第三者対抗要件とされていないこととのバランスを失しているとの批判がある。これらの問題意識に基づき，本文アは，同号の規定を削除することとしている。本文アによると，付記登記は，第三取得者等の第三者に対して債権者に代位することを対抗するための要件ではなく，担保権を実行する際における承継を証する公文書（民事執行法第181条第3項）として位置付けられるものになる。すなわち，付記登記がない場合であっても，弁済による代位によって担保権が移転したことを第三者に対抗することができるとともに，代位をする者が，他に承継を証する公文書を提出することができれば，付記登記がなくとも担保権を実行することができる。
3　民法第501条第2号は，第三取得者が保証人に対して債権者に代位しないことのみを規定しているが，第三取得者は，物上保証人に対しても代位しないという理解に異論は見られない。本文イは，このような一般的な理解を明らかにするため，民法第501条第2号を改めるものである。
4　本文エは，複数の保証人間の関係を取り上げるものである。この点について，現在は規定が置かれていない。他方，複数の保証人間の求償権については，民法第465条に

規定があり，取得する求償権の範囲については，原則として保証人の人数に応じて平等の割合で，求償権を取得すると解されている。求償権の確保のための代位制度についても統一的に考えるべきことから，共同保証人間では，原則として人数に応じて平等の割合で代位することができると考えられている。すなわち，複数の保証人間で代位によって行使することができる権利の範囲は，債務者に対する求償権によって上限が画されるだけでなく，保証人の人数に応じても上限が画されることになる。

　本文エは，以上のような一般的な理解に基づき，その数に応じて，他の保証人に対して債権者に代位することができるという規定を設けるものである。

　なお，保証人間で負担部分に関する合意がある場合には，他の保証人に対して取得する求償権の方が，代位によって当該保証人に対して取得する保証債権より小さくなる場合もあり得る。この場合には，代位によって行使することができる権利の範囲は，他の保証人に対して取得する求償権によって上限が画されると考えられている。本文エも，この理解に基づくものであるが，これは，民法第５０１条柱書（「自己の権利に基づいて求償をすることができる範囲内において」）から導かれる帰結であるから，この点については特に規定を設けることとしていない。

5　本文オは，保証人と物上保証人との関係を取り上げるものである。民法第５０１条第５号は，保証人と物上保証人を兼ねる者（二重資格者）の扱いについて規定を設けていないが，判例（最判昭和６１年１１月２７日民集４０巻７号１２０５頁）は，公平の理念を理由として，この者を一人として扱った上で，全員の頭数に応じた平等の割合で代位の割合を決すべきであるという考え方を採っている。本文は，この判例法理を明文化するものである。

　もっとも，この判例法理に対しては，有力な批判がある。すなわち，二重資格者の相互間においても代位割合を頭数で按分すると，二重資格者が設定している物上保証の負担の大きさが考慮されないことになり，適当ではないとする批判や，事案によっては二重資格者の負担が保証人でない物上保証人よりも軽いという不当な帰結になり得るとの批判などがある。この立場からは，二重資格者を保証人と物上保証人の二人として扱う考え方などが示されている。このような批判があることを踏まえ，引き続き解釈に委ねる考え方を（注）で取り上げた。

　（注）のような考え方に対しては，仮に二重資格者を保証人と物上保証人の二人として扱うのであれば，二重資格者の負担が過大になって適当ではないとの批判があるほか，実際の取引において二重資格者が現れることは少なくないので，これを解釈に委ねるのは適当ではなく，二重資格者の扱いについてどのような立場を採るか明らかにして規定を設けるべきであるとの批判もある。

6　現在の民法第５０１条第３号から第５号までの基準や二重資格者の扱いに関する判例法理によると，根保証の保証人と通常の保証人との間や，根抵当権の設定者と通常の抵当権の設定者との間では，その差異は負担割合の違いに反映されない。また，ある債権の額の一部を保証又は物上保証した者とその債権の全額を保証又は物上保証した者との間でも，その差異は負担割合の違いに反映されない。これらの点について，その差異を適切に反映すべきであるという批判がある。例えば，債権額の一部を物上保証する物上

保証人と債権全額を物上保証する物上保証人との負担割合が，被担保債権額の違いが考慮されることなく，財産の価格のみによって決せられることになる点を問題視するものである。
　このような問題を解消するために，保証人又は物上保証人の負担割合については，①極度額の定めがある場合には極度額に応じて，②極度額の定めがない場合には保証債務の額又は被担保債権の額（一部保証の場合）若しくは財産の価格（全部保証の場合）に応じて，決すべきであるという考え方があり得る。このような考え方については，その問題意識は理解することができる一方で，なお，負担割合の算定基準時をどのように考えるかという問題や，極度額の定めが担保権を設定した財産の価格よりも大きい場合の負担割合の在り方をどのように考えるかという問題など，検討すべき課題があるように思われる。

(3) 一部弁済による代位の要件・効果（民法第502条関係）
　民法第502条第1項の規律を次のように改めるものとする。
　ア　債権の一部について第三者が履行し，これによって債権者に代位するときは，代位者は，債権者の同意を得て，その弁済をした価額に応じて，債権者とともにその権利を行使することができるものとする。
　イ　上記アのときであっても，債権者は，単独でその権利を行使することができるものとする。
　ウ　上記ア又はイに基づく権利の行使によって得られる担保目的物の売却代金その他の金銭については，債権者が代位者に優先するものとする。

（概要）
　本文アは，一部弁済による代位の要件について，代位者が単独で抵当権を実行することができるとした判例（大決昭和6年4月7日民集10巻535号）を改め，代位者による単独での抵当権の実行を認めないこととした上で，これを抵当権以外の権利行使にも一般化して明文化するものである。この場合の代位者が単独で権利を行使することができるとすると，本来の担保権者である債権者が換価時期を選択する利益を奪われるなど，求償権の保護という代位制度の目的を逸脱して債権者に不当な不利益を与えることになるという問題意識に基づくものである。
　本文イは，一部弁済による代位が認められる場合であっても，債権者は単独で権利行使することが妨げられないとするものである。債権者による権利の行使が，債権の一部を弁済したに過ぎない代位者によって制約されるべきではないという一般的な理解を明文化するものである。
　本文ウは，一部弁済による代位の効果について，抵当権が実行された場合における配当の事例で債権者が優先すると判断した判例（最判昭和60年5月23日民集39巻4号940頁，最判昭和62年4月23日金法1169号29頁）を，抵当権以外の権利行使にも一般化して明文化するものである。

（補足説明）
1　債権の一部について弁済があったときは，代位者は，「債権者とともにその権利を行使する」とされている（民法第５０２条第１項）が，権利行使の要件・効果のそれぞれについて，その規律内容を条文から読み取ることができないと指摘されている。
　　一部弁済による代位があったときの権利行使の要件について，大審院の判例（大決昭和６年４月７日民集１０巻５３５号）には，代位者が単独で抵当権を実行することができるとしたものがある。しかし，この判例の結論に対して，学説からは，代位者が単独で抵当権を実行できるとすると，本来の権利者である債権者が換価時期を選択する利益を奪われることになり，求償権の保護という代位制度の目的を逸脱して債権者に不利益を与えることになる等の強い批判がある。このような批判を踏まえて，代位者は債権者との共同でなければ抵当権を実行することができないという見解が有力に主張されている。また，近時の下級審の裁判例（東京高決昭和５５年１０月２０日判タ４２９号１０６頁）には，代位者は，債権者から独立して抵当権を実行することは許されないと判断したものも現れている。他方，一部弁済による代位があったときに，本来の権利者である債権者が単独で抵当権等の権利を行使することができるかという点については，判例上，代位者が単独で権利行使できるとされていることとの均衡上，債権者も権利行使できるという見解が主張されているものの，必ずしも確立した見解が存在するわけではない。
　　また，一部弁済による代位があった場合における抵当権の実行による配当について，民法起草者は，債権者と代位者が平等に配当を受領することができると考えていたとされるが，近時の判例（最判昭和６０年５月２３日民集３９巻４号９４０頁，最判昭和６２年４月２３日金法１１６９号２９頁）は，弁済による代位は求償権を確保するための制度であり，そのために債権者が不利益を被ることを予定するものではなく，抵当権が実行された場合における配当について債権者の利益を害する理由がないとして，債権者が優先すると判断した。しかし，条文の文言からは，この判例法理の結論を導くことが困難であると指摘されている。
　　以上のように，一部弁済による代位があったときの債権者又は代位者による権利行使については，その要件・効果に関する規律内容が不透明であるので，これを明確化することが必要であるが，その具体的な規定の在り方については，判例法理の見直しも含めて検討課題となる。
2　本文アは，一部弁済による代位の要件について，代位者が単独で抵当権を実行することができるとした判例（上記大決昭和６年４月７日）を改め，代位者による単独での抵当権の実行を認めないこととした上で，これを抵当権以外の権利行使にも一般化して明文化するものである。判例に対しては，前述のように，代位者単独での抵当権の実行を認めることは求償権の保護という代位制度の目的を逸脱して債権者に不利益を与えるものであるという批判があり，この批判は説得的であると考えられる。また，弁済による代位が実務的に問題となるのは，おおむね金融取引であると考えられるが，金融取引の実務においては，一部弁済があった場合には，債権者の同意がなければ，代位によって取得した権利を行使することができないという特約が置かれるのが一般的であるとされ

ている。本文アは，以上のような問題意識に基づくものである。
　本文イ及びウは，（概要）記載のとおりである。
3　ところで，一部弁済による代位に関する上記判例は，いずれも抵当権の実行に関するものであるが，本文アからウまでは，いずれも適用対象を抵当権の実行に限るものでなく，抵当権以外の担保権や原債権についての保証債権のような抵当権以外の権利の行使についても，適用対象とするものである。これは，抵当権以外の権利の行使についても，この（概要）及び補足説明記載の問題意識は同様に妥当するという考えに基づくものである。
　なお，本文の規律を倒産手続開始決定後に及ぼすとすると，例えば，保証人の一人が債務の一部を弁済したことによって，他の保証人に対して代位することができる場合において，他の保証人について破産手続開始の決定があったときは，配当の場面で，原債権者と代位者の債権額を合算した額に対する配当の中から，原債権者は代位者に優先して満足を得ることになると考えられるが，これは，破産手続開始決定前に一部弁済があった場合には，原債権者と代位者がそれぞれ権利を行使することができ，平等に配当を受けることができるという破産法第１０４条の考え方とは抵触する。しかし，本文の規律は一部弁済をした者が取得する求償権の行使には適用されないので，求償権の行使については同条の規定が適用されるとしつつ，代位によって取得する保証債権の行使については本文の規律により上記のようなルールが適用されると考えることに，特に問題はないとの指摘がある。
　そこで，本文は，一部弁済によって代位により取得した権利の破産手続開始決定後における行使の在り方については，破産法第１０４条の解釈の問題として，破産法の議論に委ねることを前提としている。

(4) 担保保存義務（民法第５０４条関係）
　　民法第５０４条の規律を次のように改めるものとする。
　　ア　債権者は，民法第５００条の規定により代位をすることができる者のために，担保を喪失又は減少させない義務を負うものとする。
　　イ　債権者が故意又は過失によって上記アの義務に違反した場合には，上記アの代位をすることができる者は，その喪失又は減少によって償還を受けることができなくなった限度において，その責任を免れるものとする。ただし，その担保の喪失又は減少が代位をすることができる者の正当な代位の期待に反しないときは，この限りでないものとする。
　　ウ　上記イによって物上保証人，物上保証人から担保目的物を譲り受けた者又は第三取得者が免責されたときは，その後にその者から担保目的物を譲り受けた者も，免責の効果を主張することができるものとする。
　　（注）上記イ第２文については，規定を設けないという考え方がある。

（概要）
　本文アは，債権者が，代位権者に対して担保保存義務を負うことを明らかにするもので

あり，民法第504条が含意しているルールの明確化を図るものである。
　本文イは，担保保存義務違反の要件として，故意又は過失による担保の喪失又は減少と，それが正当な代位の期待に反するものであることを明らかにするとともに，その効果として，担保の喪失又は減少によって償還を受けることができなくなった限度において，代位権者が免責されるとするものである。要件については，民法第504条によると，取引上合理的と評価される担保の差し替えであっても，形式的には同条の要件を充足することになり，不合理であると指摘されてきたことを踏まえて，規律の合理化を図るものである。なお，本文の規律は，引き続き担保保存義務免除特約の効力が認められるとともに，その効力の限界に関する判例（最判平成7年6月23日民集49巻6号1737頁）も維持されるとの考えに基づくものである。
　本文ウは，本文イによる免責が生じた場合には，その後に担保目的物を取得した第三者も免責の効果を主張することができるとする判例法理（最判平成3年9月3日民集45巻7号1121頁）を明文化するものである。

（補足説明）
1　本文アは，（概要）記載のとおりである。
2　民法第504条は，債権者の担保保存義務を定めるものであるが，特に銀行実務の立場から，規定の内容の合理性が疑問視されている。すなわち，銀行取引では，債務者の経営状況の変化等に伴い，債務者から担保の差替えや一部解除の要請がしばしば行われるところ，担保の差替えや一部解除は，少なくとも形式的には同条が定める担保の喪失又は減少に該当するため，この要請が合理的なものであったとしても，債権者としては，法定代位者全員の個別の同意を得ない限り，債務者からの要請に応ずることができず，時宜に応じた円滑な取引を行うことができないという指摘である。このため，金融機関等は，実務上，法定代位者である保証人や物上保証人との間で，担保保存義務を免除する旨の特約を事前に結ぶことにより，このような不都合に対応しているとされる。
　　この担保保存義務の免除特約は古くからその有効性が認められてきたが（大判昭和12年5月15日新聞4133号16頁），常に有効とされるわけではない。判例（最判平成7年6月23日民集49巻6号1737頁）は，債権者の行為が「金融取引上の通念から見て合理性を有し，保証人等が特約の文言等にかかわらず正当に有し，又は有し得べき代位の期待を奪うものとはいえないとき」には，特約の効力の主張は，原則として信義則違反又は権利の濫用に当たらないとして，特約の効力に一定の限界があることを明らかにしている。
　　このように，現在は，担保保存義務を定める民法第504条の規定を前提として，その全部を排除する特約が締結された上で，特約の効力の一部が信義則によって制限されており，担保保存義務をめぐる法律関係が分かりにくくなっていると指摘されている。また，例えば，担保不動産の第三取得者のような特約を締結することができない者との関係では，同条の適用の有無が問題になる。そこで，担保保存義務に関する規定の在り方を見直すことが検討課題となる。
3　本文イの規律は，以上のような問題意識を踏まえて，民法第504条の規定の合理化

を図るものである。
　本文イで「担保の喪失又は減少が代位をすることができる者の正当な代位の期待に反しないとき」に免責の効果が生じないとしているのは、民法第５０４条の趣旨が、代位をすることができる者の代位の期待の保護にあるとされていることを考慮したものである。この要件を充足する場合として具体的に想定されるのは、①担保目的物を売却した上で、当該売却代金で債務の一部を弁済するために、担保を解除する場合や、②担保を解除する代わりに、同等の価値を有するものを新たに担保として差し入れる場合などであり、担保保存義務免除特約の有効性に関するこれまでの判例の判断枠組みを参照することを意図するものである。
　なお、本文の規律は、引き続き担保保存義務免除特約の効力が認められるとともに、その効力の限界に関する判例（上記最判平成７年６月２３日）も維持されるとの考えに基づくものである。債権者と代位権者との間で担保保存義務違反の有無が争われる事案において、担保保存義務免除特約が締結されている場合には、担保保存義務違反があったことを主張する代位権者が、債権者の行為が「金融取引上の通念から見て合理性を有し、保証人等が特約の文言等にかかわらず正当に有し、又は有し得べき代位の期待を奪うものとはいえない」ことを主張立証する責任を負うのに対し、担保保存義務免除特約が締結されていない場合には、債権者が本文イ第２文の要件についての主張立証責任を負うことになる点で違いが生ずることになると考えられる。
　もっとも、現状で不都合が生じていないという現状認識を前提として、本文イ第２文を付け加える必要がないという意見もあるため、（注）で、基本的に現在の民法第５０４条の規律を維持する考え方を取り上げている。

4　債権者が担保保存義務に違反して担保の喪失等をした後に、物上保証人等から抵当不動産を譲り受けた第三者が、担保保存義務違反による免責の効力を債権者に対して主張することができるかどうかについて、判例（最判平成３年９月３日民集４５巻７号１１２１頁）は、債務者から抵当不動産を譲り受けた第三取得者は、債権者が抵当権によって把握した不動産の交換価値の限度において債権者に対する責任を負担するものに過ぎないから、債権者が故意又は懈怠により担保を喪失又は減少したときは、民法第５０４条の規定により、担保の喪失又は減少によって償還を受けることができなくなった金額の限度において抵当不動産によって負担すべき責任の全部又は一部が当然に消滅し、当該不動産が更に第三者に譲渡された場合においても、責任消滅の効果は影響を受けないとしている。この判例は、合意の相対効の例外を認めたものではなく、担保保存義務違反によって生じた法律関係が、債務者からの第三取得者や物上保証人からの譲受人に承継されることを明らかにしたものであるとされるが、このような規律を条文から読み取ることはできない。そこで、本文ウは、この判例法理を明文化することとしている。

第23　相殺
1　相殺禁止の意思表示（民法第５０５条第２項関係）
　民法第５０５条第２項ただし書の善意という要件を善意無重過失に改めるものとする。

(概要)
　相殺禁止の特約に関する民法第５０５条第２項ただし書の善意という要件を善意無重過失に改めるものである。特約の効力を第三者に対抗するための要件について，債権の譲渡禁止特約に関する同法第４６６条第２項の見直し（前記第１８，１参照）を参照しつつ，これと整合的な見直しを図るものである。

2　時効消滅した債権を自働債権とする相殺（民法第５０８条関係）
　民法第５０８条の規律を次のように改めるものとする。
　債権者は，時効期間が満了した債権について，債務者が時効を援用するまでの間は，当該債権を自働債権として相殺をすることができるものとする。ただし，時効期間が満了した債権を他人から取得した場合には，この限りでないものとする。
　（注）民法第５０８条の規律を維持するという考え方がある。

(概要)
　時効期間が満了した債権を自働債権とする相殺は，債務者が時効を援用するまでの間はすることができるとするものである。時効の援用がされた後であっても相殺することができるとする同条の規律に対しては，時効の援用をした債務者を不当に不安定な地位に置くものであるとの指摘がある。また，同条が時効期間の満了前に相殺適状にあった場合に限って相殺することができるとする点についても，時効の援用を停止条件として時効の効果が確定的に生ずるとする判例（最判昭和６１年３月１７日民集４０巻２号４２０頁）と整合的でなく，合理的ではないと指摘されている。以上の問題意識を踏まえ，規律の合理化を図るものである。また，時効期間が満了した債権を他人から取得した場合には，これを自働債権として相殺することができないとする判例法理（最判昭和３６年４月１４日民集１５巻４号７６５頁）を併せて明文化している。もっとも，同条については現状を維持すべきであるとの意見もあり，これを（注）で取り上げている。

(補足説明)
1　民法第５０８条は，時効によって消滅した債権についても，消滅以前に相殺適状にあった場合に，当該債権を自働債権とする相殺を認めている。この趣旨は，相殺適状にある債権債務は既に清算されているという当事者の期待を保護する必要があるという点にあるとされる。しかし，この規定については，以下の点においてその内容が合理的ではないとの批判がある。
　第１に，相殺の意思表示前に債務者が時効を援用していた場合であっても，相殺することができるとされている点である。すなわち，時効が援用されることによって債権消滅の効果が確定的に生ずると説明されているが，民法第５０８条により相殺の意思表示がされた場合には，時効援用の効果は覆滅されることになる。しかも，相殺の意思表示について特に期間制限は設けられていないため，債務者は時効を援用していたとしても，

債権者から，予期せぬ時期に相殺の主張を受けるおそれがある。時効制度の趣旨の一つとして，過去の事実の立証の困難からの保護という点が挙げられるが，上記のようなおそれがあるため，同条の規定はこの時効制度の趣旨にも反するとの指摘がある。また，同条が適用されるのは，時効期間の満了前に相殺適状が生じていた場合であるから，同条により相殺をする債権者は，時効期間の満了前に相殺の意思表示をすることが可能であった。それにもかかわらず，債務者が積極的に時効を援用した後であっても，債権者が相殺をすることができるという同条の規律内容は不公平であるという指摘もある。

　第2に，民法第508条により相殺することができるとされるのは，時効期間の満了前に相殺適状にあった場合に限られている点である。時効の効果の発生時期について，判例（最判昭和61年3月17日民集40巻2号420頁）は，債務者の時効の援用を停止条件として時効の効果が確定的に生ずるとする不確定効果説を採用していると言われている。すなわち，この判例を前提とすると，時効期間の満了によって債権が消滅するわけではないから，上記の解釈は，債権の「消滅以前に相殺に適するようになっていた場合」に相殺をすることができるとする同条の文言と整合的ではなく，時効期間満了後に相殺適状になった場合でも，時効の援用前であれば，相殺することができるとするほうが，同条の文言と整合的であるとの指摘がある。また，実質的にも，相殺は現に相殺適状にある債権債務を，意思表示によって対当額で消滅させる決済手段として機能している以上，相殺をすることができる要件を時効期間の満了前に相殺適状にあった場合に限定することについて，合理的な理由が見当たらないとの指摘もある。

　本文第1文は，以上の指摘に対応する観点から，①相殺の意思表示をすることができる場合を，債務者が時効を援用するまでの間に限定するとともに，②時効期間の満了時までに相殺適状にあったことを相殺の意思表示の要件とはしないとして，民法第508条の規律を改めるものである。

2　判例（最判昭和36年4月14日民集15巻4号765頁）は，民法第506条及び第508条の法意に照らし，時効期間が満了した債権を他人から取得した場合には，これを自働債権として相殺することができないとしている。民法第508条の要件を形式的に充足するとしても，このような相殺の期待は保護に値しないとの判断に基づくものと考えられるところ，この判例の結論を支持する立場からは，本文第1文の改正をするとしても，この判例を明文化すべきとの考え方が示されている。本文第2文は，この考え方を採用するものである。

3　本文の考え方に対しては，特に過払金返還請求の事案を念頭に置いて，過払金返還請求権について時効が援用された場合に，同条を根拠として債務者が相殺の意思表示をすることによって，債務者が救済されているという事例があるとして，反対する意見がある。しかし，これに対しては，この事案における現在の結論が妥当であるとしても，過払金返還請求という特殊な事案を一般化して同条を維持するのは，適当ではなく，同条を本文のように改正した上で，過払金返還請求の事案については，過払金返還請求権の時効の完成に関する考え方を再構成するなどの別の法理によって債務者の救済を図るべきであるとの批判がある。

　また，銀行実務の立場からは，民法第508条が改正されると，貸金債権と預金債務

との間で相殺の期待を有していた場合において，自動継続定期預金のように判例によって時効が完成しないとされる預金債務を負担しているときは，貸金債権について時効が完成してしまうと，銀行の債権回収の方法は同条による相殺しかないとして，規定の見直しに反対する意見があった。
　以上のような反対意見があったことを踏まえ，(注)では，民法第508条の規律を維持する考え方を取り上げている。

3　不法行為債権を受働債権とする相殺の禁止（民法第509条関係）

民法第509条の規律を改め，次に掲げる債権の債務者は，相殺をもって債権者に対抗することができないものとする。
(1) 債務者が債権者に対して損害を与える意図で加えた不法行為に基づく損害賠償債権
(2) 債務者が債権者に対して損害を与える意図で債務を履行しなかったことに基づく損害賠償債権
(3) 生命又は身体の侵害があったことに基づく損害賠償債権

（概要）
　民法第509条については，現実の給付を得させることによる被害者の保護と不法行為の誘発の防止にあるという規定の趣旨からしても，相殺禁止の範囲が広すぎると批判されており，簡易な決済という相殺の利点を活かす観点から，相殺禁止の対象を同条の趣旨を実現するために必要な範囲に制限するものである。また，同条は，不法行為によって生じた債権を受働債権とする相殺のみを禁止しているが，同条の趣旨は債務不履行によって生じた債権にも妥当する場合があると指摘されている。この指摘を踏まえて，規律の合理化を図るものである。

（補足説明）
1　民法第509条は，不法行為によって生じた債権を受働債権とする相殺を禁止している。この規定の趣旨は，被害者に現実の給付を得させることによる被害者の保護と不法行為の誘発の防止にあるとされている。しかし，前者（被害者の保護）については，被害者の損害が生命や身体にかかわる重大なものである場合にはともかく，財産上の損害である場合には必ずしも妥当しないし，後者（不法行為の誘発防止）については，故意による不法行為の場合だけを禁止すれば足りると考えられることから，同条による相殺禁止の範囲が広すぎるのではないのではないかと批判されている。そこで，学説上，簡易な決済の実現という相殺の利点を活かす観点から，同条の趣旨に反しない場合には相殺することができるとすべきであるという見解が有力に主張されている。
　また，民法第509条については，上記の他にも，債務不履行による損害賠償債権を受働債権とする相殺にも同条の規律を及ぼすべきかという点が問題とされている。医療過誤のように債務不履行と不法行為が競合する場合に，いずれに基づく損害賠償債権であるかによって相殺の可否が異なるのは不合理であるので，このような場合には，債務

不履行に基づく損害賠償債権についても相殺が禁止されるべきであるという見解が主張されている。
2 本文は,以上の問題に対応するために民法第509条の規律を改めるものである。これは,同条の趣旨のうち,不法行為の誘発禁止という点からは,故意又はこれに準ずる不法行為に基づく損害賠償債権を受働債権とする相殺のみを禁止すればよいとし,また,被害者に現実の給付を得させることによる被害者の保護という点からは,生命又は身体に生じた損害についてのみ妥当するものであり,例えば物損については,相殺を禁止してまで現実の給付を得させる必要はないとする実質的な考慮に基づく考え方である。その上で,債務不履行に基づく損害賠償債権についても,上記の趣旨が当てはまるものについては,これを受働債権とする相殺を禁止するものである。
3 本文のような改正をする考え方に対しては,自動車事故のように責任保険の保険給付によって損害が填補され得る場合には,相殺を認めず,保険給付を利用してそれぞれの損害を現実に賠償させる方が,被害者の保護という民法第509条の趣旨に合致すると指摘し,懸念を示す意見がある。
 しかし,不法行為に基づく損害賠償債権を受働債権とする相殺が認められたからといって,それによって保険会社の責任保険の保険給付義務が消滅するわけではない。すなわち,損害賠償債権が相殺で消滅したとしても,損害賠償債権が成立したことまで否定されるものではなく,かつ,相殺の場合には,相殺権者の出えんによって債権が消滅するのであり,保険給付によって填補されるべき損害は生じていると言えるので,相殺がされたとしても責任保険の保険給付を受ける権利は失われないとの見解が主張されている。そして,この見解によると,不法行為に基づく損害賠償債権を受働債権とする相殺を認めたとしても,双方が責任保険に加入しているような場面では,双方が保険給付を受けられるのであるから,相手方の保護に欠けることにはならないと考えられる。

4 支払の差止めを受けた債権を受働債権とする相殺(民法第511条関係)
 民法第511条の規律を次のように改めるものとする。
 (1) 債権の差押えがあった場合であっても,第三債務者は,差押えの前に生じた原因に基づいて取得した債権による相殺をもって差押債権者に対抗することができるものとする。
 (2) 第三債務者が取得した上記(1)の債権が差押え後に他人から取得したものである場合には,これによる相殺は,差押債権者に対抗することができないものとする。

(概要)
 差し押さえられた債権を自働債権としてする相殺については,差押え時に相殺適状にある必要はなく,自働債権と受働債権の弁済期の先後を問わず,相殺を対抗することができるという見解(無制限説)を採る判例法理(最大判昭和45年6月24日民集24巻6号587頁)を明文化するものである。
 また,破産手続開始の決定前に発生原因が存在する債権であれば,これを自働債権とす

る相殺をすることができるとする判例(最判平成24年5月28日判時2156号46頁)を踏まえ,本文(1)では,差押え時に具体的に発生していない債権を自働債権とする相殺についても相殺の期待を保護することとしている。受働債権が差し押さえられた場合における相殺の範囲は,債権者平等がより強く要請される破産手続開始の決定後に認められる相殺の範囲よりも狭くないという解釈を条文上明らかにするものである。なお,差押え後に他人の債権を取得した場合には,これによって本文(1)の要件を形式的に充足するとしても,差押え時に保護すべき相殺の期待が存しないという点に異論は見られないので,この場合に相殺することができないことを本文(2)で明らかにしている。

(補足説明)
1 債権差押え等により支払の差止めを受けた第三債務者は,その後に取得した債権を自働債権とする相殺をもって差押債権者に対抗することはできないとされている(民法第511条)。しかし,受働債権が差し押さえられた場合に,第三債務者が差押債権者に相殺を対抗するためには,差押え時に自働債権と受働債権の弁済期がいずれも到来していなければならないか,また,到来している必要がないとしても自働債権と受働債権の弁済期の先後が問題となるかという点は,必ずしも条文上明らかではない。この点について,最大判昭和39年12月23日民集18巻10号2217頁は,差押え時に相殺適状にある必要はないが,自働債権の弁済期が受働債権の弁済期より先に到来する場合に限り,相殺を対抗することができるという見解(制限説)を採ったが,その後,最大判昭和45年6月24日民集24巻6号587頁(以下「昭和45年判決」という。)は,差押え前に取得した債権を自働債権とするのであれば,差押え時に相殺適状にある必要はなく,自働債権と受働債権の弁済期の先後を問わず,相殺を対抗することができるという見解(無制限説)を採ることを明らかにした。

最高裁は,昭和45年判決の後も無制限説を採ることを明らかにしているが(最判昭和51年11月25日民集30巻10号939頁等),他方で,学説では,制限説を支持する見解が,なお有力に主張されている。これは,無制限説によると,自働債権の弁済期が受働債権の弁済期より後に到来する場合に,受働債権を履行しないで,受働債権の弁済期が到来するのを待った上で相殺することが許容されることになるが,このように自らの債務不履行を前提として相殺しようとする不誠実な第三債務者の相殺の期待は,保護に値しないということを理由とするものである。また,無制限説に対しては,債権者平等の原則に反し,相殺の担保的機能を過大に評価するものであるとの批判もある。

法定相殺と差押えとの関係は,以上のように見解が対立している状況ではあるものの,実務において特に重要な問題であるので,この点についていずれの見解を採るかを明文化することが検討課題となる。

本文は,この点について,無制限説の採用を前提としている。これは,以下の理由に基づくものである。

第一に,弁済期の先後という偶然の事情によって相殺の可否が決せられるのは不当であるという無制限説からの主張は説得的であるという点である。特に,第三債務者である金融機関が自働債権の返済期限を延長し,自働債権と受働債権の弁済期の先後が入れ

替わることがあるとの指摘のように，自働債権の弁済期が後に到来するとしても，相殺の期待を保護してよいと思われる場合があり，自働債権の弁済期が受働債権の弁済期よりも後に到来するということのみで相殺を差押債権者に対抗することができないとすることは，差押債権者と第三債務者との間の利害調整の在り方として適当ではないと考えられる。また，制限説が問題視するような不誠実な第三債務者からの相殺については，相殺権濫用の法理によって効力を否定することが可能であり，これによって，事情に応じた柔軟な解決が可能となるという利点もある。

以上の理由については，なお賛否があり得るとしても，第二に，昭和４５年判決以来，無制限説を前提として実務上の運用がされてきたという実態を指摘することができる。すなわち，無制限説を前提とした相殺の担保的機能は，社会において広く認知されており，公示が不完全であるとはいえ，これによって差押債権者の期待が害されるとは言い難いことからすると，この実務を改めなければならない必要性は必ずしも高くないと考えられる。

2　上記の問題とは別の問題として，民法第５１１条については，差押え時に具体的に発生していないものの発生原因が存在する債権を自働債権とする相殺が禁止されるか否かが明らかではないと指摘されており，下級審裁判例の中には，同条により相殺が禁止されると判断したものがある（東京地判昭和５８年９月２６日判時１１０５号６３頁）。このような相殺の可否は，例えば，委託を受けた保証人が差押え後に保証債務を履行したことにより生じた事後求償権を自働債権とする相殺や，差押え前に締結されていた銀行取引約定書に基づき差押え後に生じた手形買戻請求権を自働債権とする相殺などについて問題となる。

これに関連する問題として，判例（最判平成２４年５月２８日判時２１５６号４６頁）は，委託を受けた保証人が破産手続開始の決定後に保証債務を履行したことにより生じた事後求償権を自働債権として相殺することができると判示した。そして，部会の審議において，上記判例を踏まえて，差押え時に具体的に発生していないものの発生原因が存在する債権を自働債権とする相殺を許容すべきであるとする意見があった。これは，破産手続開始の決定後に相殺の認められる範囲が差押え後の相殺よりも広いとすれば，バランスを失するのではないかということを問題とするものであるが，この点については，債権者平等が強く要請される破産手続開始決定後における相殺の範囲が差押え後よりも拡張されることを正当化することは困難であるとする見解が示されている。

そこで，差押え時に具体的に発生していないものの発生原因が存在する債権については，これを自働債権とする相殺を許容することが適切であると考えられる。もっとも，破産法との規定の違いを踏まえると，このような結論を現在の民法第５１１条の解釈から導き出すことは困難であると考えられることから，本文(1)は，破産法の規定を参照しつつ，「差押えの前に生じた原因に基づいて取得した債権による相殺」を認めることとして，民法第５１１条を改めるものである。

本文(1)の考え方を採る場合であっても，差押え前に発生原因が存在する債権を差押え後に他人から譲り受けたときは，保護すべき相殺の期待が認められないため，当該債権を自働債権とする相殺を許容すべきではないという点に，異論はないと思われる（破産

法第72条第1項第1号参照)。そこで，本文(2)では，第三債務者が差押え後に他人から取得した債権によって相殺することができないこととしている。
　なお，上記最判平成24年5月28日の法廷意見は，委託を受けない保証の保証人が，破産手続開始後に保証債務を履行したことにより生じた事後求償権を自働債権とする相殺について，破産法第72条第1項第1号の類推適用によって，相殺することはできないとしている。本文の提案は，差押え後と破産手続開始の決定後とで規律内容を異にする必要はないと考えられることから，委託を受けない保証の保証人は，差押え後に保証債務を履行したことにより生じた事後求償権を自働債権として相殺することができないという理解に立つものであり，このことを示す趣旨で，現在の破産法の規定と同様の表現ぶりを用いることとしている。例えば，上記判例の法廷意見を前提とすると，本文(2)を類推適用することによって，相殺することができないという結論を採ることが可能であると考えられる。
3　本文は，差押え前に生じた原因に基づいて取得した債権以外の債権は一切相殺の対象とはしないという点で，債権譲渡と相殺の抗弁（前記第18，3(2)）について相殺が認められる範囲よりも狭いものとしている。この点については，債権譲渡について，特に将来債権が譲渡される場合には，譲渡人と債務者との間で引き続き取引が継続することが想定され，このような場合における債務者の相殺の期待を保護する必要がある一方で，差押えがされた場合には，その後も差押え前と変わらずに取引を継続するということが想定されにくいため，差押え前に生じた原因に基づいて取得した債権以外の債権との間で相殺を認める必要性に乏しいとの意見があった。このように，差押えの場合には，差押え前に生じた原因に基づいて取得した債権以外の債権によって保護すべき相殺の期待があるとは言えないという考慮に基づき，債権譲渡と相殺の抗弁の要件よりも相殺が認められる範囲を狭くすることとしたものである。
4　本文の考え方によると，差押債権者に相殺を対抗することができる範囲が広いため，不当な相殺の効力を否定するために，相殺権の濫用についての規定を併せて設けるべきであるとの考え方が主張された。例えば，本論点について無制限説を採ることを支持する立場からも，制限説が問題視するような不誠実な第三債務者による相殺については，相殺権の濫用法理によって，一定の場合には相殺の効力を否定すべきであるとの意見が主張されている。本文の考え方は，本文の要件を形式的に充足する場合であっても，相殺権の濫用法理によって相殺の効力が否定される場合があり得ることを否定するものではないが，相殺権の濫用については，適切な要件設定が困難であるとの考慮に基づき，解釈に委ねることとしている。

5　相殺の充当（民法第512条関係）
　民法第512条の規律を次のように改めるものとする。
(1) 相殺をする債権者の債権が債務者に対して負担する債務の全部を消滅させるのに足りない場合において，当事者間に充当の順序に関する合意があるときは，その順序に従い充当するものとする。
(2) 上記(1)の合意がないときは，相殺に適するようになった時期の順序に従っ

て充当するものとする。
(3) 上記(2)の場合において，相殺に適するようになった時期を同じくする債務が複数あるときは，弁済の充当に関する規律（前記第22, 7）のうち，法定充当の規律を準用するものとする。

(概要)
　相殺の充当に関して，合意がある場合には合意に従って充当されることを明らかにするとともに，充当に関する合意がない場合に，複数の債務を相殺するときには，相殺適状となった時期の順序に従って相殺するとした現在の判例法理（最判昭和56年7月2日民集35巻5号881頁）を明文化するものである。もっとも，相殺に遡及効を認める場合には，指定充当を認めることが整合的ではないとする指摘を踏まえて，指定充当を認めないこととして判例法理を修正している。

(補足説明)
　民法第512条は，相殺をした場合における充当について，弁済の充当の規定（同法第488条から第491条まで）を準用するとしている。しかし，相殺に遡及効を認めることを前提とすると，自働債権又は受働債権として複数の債権があり，当事者間に相殺の順序についての合意がない場合には，どの時点まで遡及するかが確定しないと充当の対象となる利息・遅延損害金の金額が定まらず，直ちに同法第491条を準用することができない。そこで，複数の元本債権相互間の相殺の順序をどのように決するかが問題となるが，この点について判例（最判昭和56年7月2日民集35巻5号881頁）は，民法第512条及び第489条の規定の趣旨にのっとり，元本債権相互間では相殺適状となった時期の順に従って相殺し，その時期を同じくする元本債権相互間及び元本債権とこれについての利息・費用債権との間では，同法第489条及び第491条を準用して相殺充当を行うとしている。これは，相殺制度の趣旨が，相対立する債権が差引計算されるという当事者の期待を保護し，当事者間の衡平を図る点にあることからすると，相殺適状が生じた順序に従って相殺をすることが，当事者の期待に合致し，衡平の理念にもかなうことを根拠とするものである。この判例法理を条文から読み取ることは困難であるため，本文は，これを条文上明確にするものである。
　なお，判例法理を明文化するとしても，相殺に遡及効を認めることと指定充当を認めることとが整合的ではないので，これを改めるべきであるとする指摘があった。この指摘を踏まえて，本文は，指定充当を認めないこととして判例法理を修正している。

第24　更改
1　更改の要件及び効果（民法第513条関係）
　民法第513条の規律を改め，当事者が債務を消滅させ，その債務とは給付の内容が異なる新たな債務を成立させる契約をしたときは，従前の債務は，更改によって消滅するものとする。

（概要）
　民法第５１３条第１項の「債務の要素」の内容として，債務の給付の内容（目的）が含まれるという一般的な理解を明らかにするとともに，更改の成立のために更改の意思が必要であるとする判例（大判昭和７年１０月２９日新聞３４８３号１８頁）・学説を明文化するものである。なお，「債務の要素」という要件を用いないことと，更改の意思が必要であることを明示することに伴い，同条第２項については，削除することとしている。

（補足説明）
1　民法第５１３条は，「債務の要素を変更する契約」をすることを更改の要件としている。この「債務の要素を変更する」とは，更改前の債務（以下「旧債務」という。）が消滅して更改後の新たな債務（以下「新債務」という。）が成立したと言えるほど，債務内容の重要な部分を変更することであり，具体的には，債権者の交替，債務者の交替及び債務の目的の変更を意味すると言われている。
　　このうち，債権者の交替と債務者の交替については，民法第５１４条から第５１６条までで規定されていることから，債務の目的の変更によって更改が成立することを明確化する観点から，同法第５１３条を改めるものである。また，債務の目的の変更とは，具体的には給付内容の変更を意味するとされていることから，この点も併せて明確化している。
2　更改は旧債務の消滅とこれに伴う担保権や抗弁権の消滅という重大な効果を伴うものであるため，「債務の要素」の変更という客観的要件のみで更改の成否を判断すると，当事者がそのような効果を発生させる意思を有していない場合にも，旧債務の消滅等の重大な効果が発生し，当事者が予想していない不利益を受けるおそれがある。また，「債務の要素」が変更される場合であっても，債権譲渡，債務引受又は代物弁済である可能性があり，客観的要件のみから更改の成否を判断することは困難である。このようなことから，判例（大判昭和７年１０月２９日新聞３４８３号１８頁）は，更改の意思が特に明確でない限り，更改には当たらないと解すべきであるとしている。学説も，当事者が更改の意思を有することを要件とすることにより更改概念がより明確になるとして，判例を支持する見解が有力である。
　　そこで，本文では，更改とは，旧債務を消滅させた上で，それとは「債務の要素」を異にする新債務を成立させる旨の当事者間の合意であるという趣旨を明示することによって，債務の要素の変更とともに当事者が旧債務を消滅させる意思を有することが更改の要件であることを，条文上明確にしている。
3　本文では，「債務の要素」の内容を具体化する方針を採っており，これに伴い，条件に関する変更を債務の要素の変更とみなすとする民法第５１３条第２項についても改正が必要となる。しかし，同項に規定されている条件に関する変更は更改の意思を伴わないことが通常と思われ，これをあえて更改とみることの合理性には疑問がある。同項が適用されて更改が認定された事例は公表裁判例には見いだされず，あえて存置する実務的必要性にも乏しいように思われる。また，更改の意思が必要であることを明らかにしたことに伴い，「給付の内容」の変更を柔軟に解釈することも許容されると考えられるため，

更改によって条件に関する変更をすることが必要な場合があるのであれば、「給付の内容」の変更と位置付けることも可能であると考えられる。
　本文で民法第５１３条第２項を削除することとしているのは、以上の考慮に基づくものである。

２　債務者の交替による更改（民法第５１４条関係）
　民法第５１４条の規律を改め、債権者、債務者及び第三者の間で、従前の債務を消滅させ、第三者が債権者に対して新たな債務を負担する契約をしたときも、従前の債務は、更改によって消滅するものとする。

（概要）
　本文は、債務者の交替による更改をすることができるとする民法第５１４条を存置しつつ、更改によって債務が消滅するという重大な効果が生ずることを認めるには、三当事者の全員が更改を成立させる意思を有する場合に限定すべきであるという問題意識に基づき、債権者、債務者及び第三者の三者間の合意を成立要件とするものである。また、本文は、更改の成立に更改の意思が必要であるという判例・学説を明文化することを意図する点において、前記１と同様である。

（補足説明）
１　本文及び後記３は、更改による当事者の交替の制度を存続させるものである。この制度については、これまで廃止の当否が検討されてきた（部会資料４０第１、２）。廃止の理由は、債権譲渡や免責的債務引受と重複し得る制度であるためである。しかし、これに対しては、国際的金融取引を中心として、更改によって当事者を交替する取引がされることがあるため、制度を廃止することによって弊害が生じないか慎重に検討する必要があるとの指摘があった。また、中間的な論点整理に対するパブリック・コメントにおいて、決済の場面における法律関係を当事者の交替による更改で説明することがあることを理由に、更改による当事者の交替の制度を廃止することに慎重な検討を求める意見があり、部会の審議においてもこれと同趣旨の意見があった。これに対して、更改による当事者の交替の制度が存在していることによって、実務上の弊害が生じているとの指摘は現在のところ特に見当たらない。本文及び後記３において更改による当事者の交替の制度を廃止しないこととしているのは、以上を考慮したものである。
２　本文は、債務者の交替による更改の成立について、債権者、債務者及び第三者の三者間の合意を成立要件とするものである。民法第５１４条は、更改前の債務者の意思に反しないことを要件として、債権者と第三者との間の合意によって債務者の交替による更改が成立することを認めているが、これには、免責的債務引受に対する批判と同様に、債務者が関与することなく債権債務関係から離脱することになってしまうという批判がある。そこで、債務者の交替による更改の成立に債務者が関与することができるように要件を改める必要があるが、効果によって債務が消滅するという重大な効果が生ずることに鑑みれば、債権者、債務者及び第三者の三者間の合意があることを要件とすること

が適当であると考えられる。
　また，このほか，債務者の交替による更改についても，その成立に更改の意思が必要であると考えられていることから，債務者の交替による更改とは，旧債務を消滅させた上で，第三者が債権者に対して新たに債務を負担する旨の当事者間の合意であるという趣旨を明示することによって，前記1と同様に，更改の意思が必要であることを明らかにしている。

3　債権者の交替による更改（民法第515条・第516条関係）
　　債権者の交替による更改（民法第515条・第516条）の規律を次のように改めるものとする。
　(1) 債権者，債務者及び第三者の間で，従前の債務を消滅させ，第三者が債務者に対する新たな債権を取得する契約をしたときも，従前の債務は，更改によって消滅するものとする。
　(2) 債権者の交替による更改の第三者対抗要件を，債権譲渡の第三者対抗要件（前記第18，2）と整合的な制度に改めるものとする。
　(3) 民法第516条を削除するものとする。

（概要）
　本文(1)は，債権者の交替による更改が，旧債権者，新債権者及び債務者の三者間で合意しなければならないという現行法の規律を維持しつつ，債権者の交替による更改が債権の消滅原因であることを明らかにするものである。また，本文(1)は，更改の成立に更改の意思が必要であるという判例・学説を明文化することを意図する点において，前記1及び2と同様である。
　本文(2)は，債権者の交替による更改の第三者対抗要件を，債権譲渡の第三者対抗要件制度と整合的な制度として，民法第515条の規律を改めるものであり，同条を実質的に維持することを意図するものである。債権譲渡の第三者対抗要件が登記・確定日付のある譲渡書面となる場合にはこれと同じものとなり，債権譲渡の第三者対抗要件が確定日付のある証書による通知となる場合には，同条を現状のまま維持することになる。
　本文(3)は，債権譲渡の抗弁の切断について民法第468条第1項の規定を削除することが提案されていること（前記第18，3(1)参照）を踏まえて，同項を準用していた同法第516条を削除するものである。なお，債権譲渡の抗弁放棄の意思表示を書面によってしなければならないとする規律を準用することを提案していないのは，債権者の交替による更改は，債務者が契約当事者として契約に関与する点で債権譲渡との違いがあることを考慮したものである。

4　更改の効力と旧債務の帰すう（民法第517条関係）
　　民法第517条を削除するものとする。

（概要）

民法第517条を削除し，更改後の債務に無効・取消しの原因があった場合における旧債務の帰すうについては，債権者に免除の意思表示があったと言えるかどうかに関する個別の事案ごとの判断に委ねることとするものである。同条は，更改後の債務に無効・取消しの原因があることを当事者が知っていたときは旧債務が消滅することを前提としている。これは上記原因を知っていた債権者が，一律に免除の意思表示をしたものとみなすに等しいが，これに合理性があるとは言い難いという考慮に基づく。

5　更改後の債務への担保の移転（民法第518条関係）
　民法第518条の規律を次のように改めるものとする。
(1) 債権者は，更改前の債務の限度において，その債務の担保として設定された担保権及び保証を更改後の債務に移すことができるものとする。
(2) 上記(1)の担保の移転は，更改契約と同時にする意思表示によってしなければならないものとする。
(3) 上記(1)の担保権が第三者の設定したものである場合には，その承諾を得なければならないものとする。
(4) 更改前の債務の保証人が上記(1)により更改後の債務を履行する責任を負うためには，保証人が，書面をもって，その責任を負う旨の承諾をすることを要するものとする。

（概要）
　本文(1)は，担保・保証の移転について，債権者の単独の意思表示によってすることができることとするものである。民法第518条は，更改の当事者の合意によって，質権又は抵当権を更改後の債務に移すことができるとしているが，担保の移転について担保設定者ではない債務者の関与を必要とすることには合理的な理由がなく，また，移転の対象は質権又は抵当権に限られないと考えられることを考慮したものである，
　本文(2)は，本文(1)の債権者の意思表示が，更改契約と同時にされなければならないとするものである。同時性を要求するのは，更改契約の後は，担保権の付従性により当該担保権が消滅すると考えられるためである。
　本文(3)は，民法第518条ただし書を維持するものである。
　本文(4)は，保証の移転に関して，民法第446条第2項との整合性を図るものである。

（補足説明）
1　更改によって旧債務が消滅するという効果が生ずるので，旧債務のために設定された担保は消滅するのが原則であるが，民法第518条は，旧債務の目的の限度で質権又は抵当権を新債務に移すことができるとしている。同条には，後順位担保権者が存在する場合に，担保の順位を維持することができるという意義があるとされており，この規定の基本的な内容を見直すべきであるという見解は，現在のところ見当たらない。
　もっとも，同条の規律内容には，不明確な点があるという指摘もあり，これを明確にするための見直しが必要であるという考え方が示されている。

2　民法第518条は，更改の当事者の合意によって，質権又は抵当権を更改後の債務に移すことができるとしているが，担保の移転に，担保設定者ではない債務者の関与を必要とすることについては，合理的な理由がないという指摘がある。また，移転の対象となる担保として，質権又は抵当権を挙げているが，譲渡担保や仮登記担保などの非典型担保についても，同様に担保の移転を認めるべきであるという見解が主張されている。もっとも，この見解も，先取特権などの法定担保については担保の移転を認めるべきではないとする。これは，更改によって債務の性質が変更されると，先取特権の被担保債権としての性格が失われるということを根拠とするものである。

そこで，本文(1)は，移転の対象となる担保の範囲を質権と抵当権に限らず，法定担保以外の物的担保全般が対象となるとするとともに，債権者の単独の意思表示によって担保を移転することができる旨の規定に改めるものである。そして，本文(2)は，この債権者の意思表示について，更改契約との同時性を要求しているが，これは，更改契約の後は，担保権の付従性により当該担保権が消滅すると考えられることのほか，更改契約においてされることを要件とすることにより，更改契約と担保の移転についての債権者の意思表示との先後関係などを考慮する必要がなくなり，簡明であると考えられることを理由とするものである。

なお，民法第518条は，担保を設定している第三者の承諾を担保の移転の要件としているが，この承諾を要する者の範囲に担保を設定していた債務者が含まれるのかという点について，現在は，債務者の交替による更改の場合には，債務者が更改契約の当事者とならないので，担保の移転について債務者の承諾が必要であり，それ以外の場合には，債務者は更改契約の当事者であるので，債務者の承諾は不要であると解されている。これに対して，今般の改正において債務者の交替による更改の要件を改めることによって（前記2参照），債務者は常に更改の当事者となるので，担保の移転について承諾を要する「第三者」に債務者は含まれないこととなる。

3　旧債務を主債務とする保証債権については，物的担保のように後順位担保権者との関係を考慮する必要がないため，新債務に保証債権を移す必要性は乏しいが，保証人が移転を承諾するのであれば，これを認めない理由もない。そこで，本文(1)では，保証債権を移転することを認めることとしている。

もっとも，保証契約が書面で締結される必要があるとされている（民法第446条第2項）ことを踏まえると，保証債権の移転についての保証人の承諾もまた書面でされなければならないとすることが整合的であることから，本文(4)では，これを保証債権の移転の要件としている。

6　三面更改

(1) 債権者，債務者及び第三者の間で，従前の債務を消滅させ，債権者の第三者に対する新たな債権と，第三者の債務者に対する新たな債権とが成立する契約をしたときも，従前の債務は，更改によって消滅するものとする。

(2) 上記(1)の契約によって成立する新たな債権は，いずれも，消滅する従前の債務と同一の給付を内容とするものとする。

(3) 将来債権について上記(1)の契約をした場合において，**債権が発生したとき****は，その時に，その債権に係る債務は，当然に更改によって消滅するものと****する。**
(4) 上記(1)の更改の第三者対抗要件として，前記3(2)（債権者の交替による更改の第三者対抗要件）の規律を準用するものとする。
　（注）これらのような規定を設けないという考え方がある。また，上記(4)については，規定を設けない（解釈に委ねる）という考え方がある。

（概要）

　本文(1)は，債権者の債務者に対する一つの債権を，給付の内容を変更しないまま，債権者の第三者に対する債権と第三者の債務者に対する債権とに置き換えるという実務的に行われている取引（例えば，集中決済機関を介在させた取引）を，更改の概念によって説明することを可能とすることによって，取引の安定性を高めることを意図するものである。この新たな類型の更改について，中間試案では，三面更改と呼称する。

　本文(2)は，本文(1)の契約によって置き換えられた後の二つの債権は，置き換えによって消滅する債権と給付の内容が同一であるという基本的な効果を明らかにするものである。

　本文(3)は，将来債権（前記第18，4(1)参照）についても更改によって債権の置き換えをすることができ，その場合には債権が発生した時に債権消滅の効果が生ずることを明らかにするものである。債権の消滅時期を明らかにすることによって法律関係を明確化するとともに，取引の安定性を高めることを意図するものである。

　本文(4)は，本文(1)の契約の第三者対抗要件として，債権者の交替による更改の第三者対抗要件の規律（前記3(2)）を準用するものである。三面更改の制度が債権譲渡や債権者の交替による更改と共通の性質を有することを理由とするものである。なお，債権譲渡の第三者対抗要件が登記・確定日付のある譲渡書面となる場合には，三面更改の第三者対抗要件もこれと同じものとなり，債権譲渡の第三者対抗要件が確定日付のある証書による通知となる場合には，三面更改の合意を証する確定日付のある証書（当事者の異なる複数の三面更改の合意が組み合わさる場合は，全当事者で一通の確定日付のある証書を作ることで，全ての三面更改の合意について第三者に対抗することができる。）となる。

　以上に対し，三面更改の規律を設ける必要性がないという考え方のほか，差押債権者等の第三者との関係については，債務引受や債務者の交替による更改と同様に解釈に委ねるべきであるとの考え方があり，これを（注）で取り上げている。

（補足説明）
1　現代では，取引の複雑化に伴い，同一の取引に多数の当事者が関与することがあると指摘されている。その一例として，以下の図におけるAB間の債権をAX間の債権とXB間の債権に置き換えるという取引が頻繁に行われていると言われる。このような取引に該当し得ると考えられる代表例としては，図のXを集中決済機関（セントラル・カウンター・パーティー）とする取引があり，そこでは，取引参加者であるAのBに対する債権が，AのXに対する債権とXのBに対する債権とに置き換えられていると見ること

317

ができる。このような取引は，資金決済，証券決済，デリバティブ決済等の大規模な決済において広く行われているだけでなく，電子マネーを用いた取引における電子マネー発行会社同士の決済のほか，グループ企業間で相互に有する債権債務を差引計算して，その差額を清算する場合（例えば，キャッシュ・マネジメント・システムにおいて，このような決済手法が採られる場合があるとされる。）においても，このような取引が行われていると指摘されている。多数当事者間の決済において下図のような債権の置き換えを介在させる必要があるのは，多数当事者間の債権債務を一括して安定的に決済するための適切な法概念がないことに起因すると指摘されている。

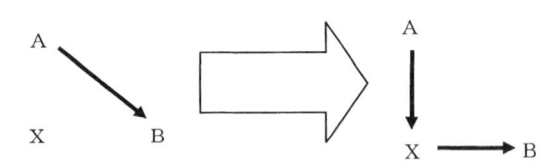

　このような債権の置き換えを実現するための法律構成として，現在は，BのAに対する債務をXが引き受けるという免責的債務引受が行われるとともに，XがBに対してその対価としての債権を取得するというものが採用されていることが多い。AがXに対してAB間の債権を譲渡するとともに，AがXに対する譲渡代金債権を取得するという構成でも同様の法律関係を形成することができるが，これによると，第三者対抗要件の具備のための実務的な負担が過大であるという問題があるため，免責的債務引受という法律構成が採用されていると言われている。

　しかし，実際に用いられている上記のような法律構成では，契約当事者の意図や取引の実態を必ずしも十分に反映することができていないのではないかとの指摘もある。すなわち，債権の置き換えを免責的債務引受とその対価の取得であると構成した場合には，例えば，Bが免責的債務引受の対価としての金銭債務を履行しないことによって，免責的債務引受そのものが解除されることになり得るが，決済目的で行われる上記のような取引において，Bによる債務不履行があった場合に債権の置き換えの効力が覆されるとするのでは，決済の安定を求める当事者の意図に反すると指摘されている。このほか，債権の置き換えによってAX間の債権とXB間の債権の内容が同一になることを意図していると言われるが，免責的債務引受とその対価であるとする法律構成によると，これを容易に説明することができないとの指摘もされている。

　また，免責的債務引受構成によると，AB間の債権の譲受人や差押債権者等の第三者との関係が不明確であるという指摘もある。すなわち，この法律構成によれば，将来発生する債務についての包括的な免責的債務引受が行われることになるが，その後にAB間の債権が差し押さえられた場合における差押えの効力との関係が必ずしも明らかではないという指摘である。

　このような取引について，近時では，新たな法律構成を模索する動きがある。これは，AB間の債権債務の成立時に取引を一旦解除し，債権を消滅させるとともに，AX間及びXB間に新たな取引を成立させることにより債権を発生させるものである。このよう

な法律構成が採られているのは，上記のような問題意識を踏まえて，決済の安定性をより高めることを目的とするものであると思われる。
　以上のような実態を踏まえ，上図のような債権債務を置き換える取引をより安定させるための法技術を民法に新たに設けることが検討課題とされてきた。
2　本文は，上記のような問題意識に基づき，民法に新たな類型の更改を導入することとしている。新たな類型の更改と位置付けることとしたのは，ＡＢ間の債権をＡＸ間の債権とＸＢ間の債権に置き換えることは，当事者を追加する形で債権者と債務者を同時に交替したものと見ることができるから，債務内容の重要な部分である「債務の要素」を変更するものであると評価することができるという理解に基づくものである。そして，更改に関して，通説は，更改契約によって成立した新債務が履行されない場合であっても更改契約を解除することはできないと解しているので，ＡＢ間の債権をＡＸ間の債権とＸＢ間の債権に置き換えた後に，債務者であるＸ又はＢの債務不履行があった場合についても，上記通説の解釈に基づき，債権の置き換えの効力が覆ることを避けることができる。また，免責的債務引受と対価の支払債務の負担によって債権の置き換えを実現する場合には，置き換え後に生ずる２つの債権の時効期間等に違いが生じ得るのに対し，更改という構成を用いることによって，置き換え後に生ずる２つの債権を同一の内容のものとすることができる。これによって決済の安定性を一層確実なものとすることができるという利点がある。
　また，上記の法律関係を更改という法律構成で説明することにより，ＡＸ間の債権とＸＢ間の債権の発生原因がＡＢ間の債権の発生原因と同一ではないとする点や，ＡＢ間の債権の抗弁をＡＸ間の債権とＸＢ間の債権が承継しない点について，現在利用されている法律構成に比して容易に説明することができるという利点もあるほか，この債権の置き換えを更改の概念によって説明する例が多い諸外国の法制とも整合的であるため，我が国の決済システムの安定性を対外的に説明しやすくなるとの指摘もある。
　上図の債権債務を置き換える取引をより安定させるための法技術を新たな類型の更改を導入することとしているのは，以上の考慮に基づくものである。なお，この新たな類型の更改について，中間試案では，三面更改と呼称する。
3　三面更改の要件として，本文(1)では，債権者，債務者及び第三者の三者間の合意を要件としている。これは，債権が消滅し，抗弁が切断されるという重大な効果が生ずることを考慮し，全員が合意当事者となることを必要とするものである。また，本文(1)は，更改の意思が要件として必要であることを明らかにする点で，前記１から３までと同様である。これらの要件を課すことによって，抗弁が容易に切断されることにつながらないようにするものである。
　また，本文(4)では，債権者の交替による更改の第三者対抗要件の規律を準用することとしている。これは，第三者対抗要件を具備しなくても第三者に対抗することができるとすると債権譲渡のルールと抵触し，債権譲渡の取引の安全を害するおそれがあるとの問題意識に対応しようとするものである。具体的には，債権譲渡の第三者対抗要件について登記又は確定日付のある譲渡書面とする考え方（前記第１８，２(1)甲案）によれば三面更改の第三者対抗要件は登記又は確定日付のある譲渡の事実を証する書面というこ

とになり，債権譲渡の第三者対抗要件を確定日付のある証書による通知とする考え方（前記第18，2(1)乙案）によれば，関係者が当事者となっているため通知は必要なく，確定日付のある証書の作成ということになると考えられる。なお，このうち，確定日付のある証書を第三者対抗要件とする場合には，集中決済機関を介在させた取引のように複数の三面更改が組み合わさって成立する取引については，全当事者で作成した一通の合意を証する書面に確定日付を付することによって，全ての三面更改について第三者対抗要件を具備することができるとすることを想定している。

本文(4)のような規定を設けることに対しては，対抗要件具備の負担を理由に現在の実務が免責的債務引受構成を採っていることを踏まえれば，三面更改を導入したとしても，実務では利用されないものとなるおそれがあるとの懸念が示されている。このような懸念を示す立場から，第三者との関係については解釈に委ねることが望ましいとの主張がされており，これを（注）で取り上げている。もっとも，これに対しては，民法に設ける一般的な規定としては本文(4)を設けた上で，実務的に第三者対抗要件を具備することが困難な取引について，特別法において特定の取引について第三者対抗要件の具備を要しない旨の規定を設けることを容認する方向で対処するほうが，決済の安定性を高める観点からは望ましいと指摘する意見もある。

4　以上に対し，三面更改の規律を民法に設ける必要がないとの意見がある。これは，現在の免責的債務引受構成によっても決済に支障は生じないという認識に基づく意見のほか，新たな法技術が必要であるという認識を前提としても，限定された取引に関する法技術であるから民法に規定を設ける必要はなく，特別法に規定を設ければよいとする意見である。しかし，この後者の意見については，その趣旨が必ずしも判然としないところがあるように思われる。すなわち，民法ではなく特別法に規定を設けることの意義は，三面更改の当事者となることができる者や三面更改を利用することができる取引を限定する点にあると思われるが，免責的債務引受と構成する場合にこれを利用することができる者やその対象となる取引を制限すべきであるとの問題意識は，特に示されていない。他方，三面更改については，免責的債務引受という構成とは異なり，第三者対抗要件を具備することが必要とされている。これらを踏まえると，三面更改についてのみ適用対象を限定しようとするのは，その趣旨が明らかでないという問題があるように思われる。また，特別法の制定は一般法に対して特則を置くという意味を持つが，債権の消滅原因の一つであり，かつ，債権譲渡や債務引受と異なった形で当事者の組み替えを可能にする基本的法制度について，民法上の根拠なしに特別法に創設的な規定を置くことは，一般法である民法との関係で困難であるとの指摘がある。

これに対して，三面更改の規定を民法に導入すべきとする立場からは，債権の消滅原因という基本的な法概念については，基本法である民法に規定を設けることが適切であるとの指摘がある。

第25　免除

民法第519条の規律に付け加えて，免除によって**債務者に損害が生じたとき**は，債権者は，その損害を賠償しなければならないものとする。

(注) 債権者と債務者との間で債務を免除する旨の合意があったときは，その債権は，消滅するが，債務者が債務を履行することについて利益を有しない場合には，債務者の承諾があったものとみなすとして，民法第５１９条の規律を改めるという考え方がある。

(概要)
　債権者の単独行為によって免除をすることができるという民法第５１９条の要件に，免除によって債務者に損害が生じたときは，債権者は，その損害を賠償しなければならないとする規定を付け加えるものである。債権者が受領義務を課されている場合などには，債権者が債務を免除したとしても，当該受領義務に違反したときに負うべき損害賠償責任を免れないと解されており，このような一般的な理解を明文化するものである。これに対して，免除を合意によって成立すると改めることとした上で，免除の成立が必要以上に困難とならないようにする観点から，債務者の意思的関与を必要としない場面について債務者の承諾があったものとみなす考え方があり，これを（注）で取り上げている。

(補足説明)
　本文の規律によって，債権者が免除により債務者に対して損害賠償責任を負う場合として想定されるのは，債権者が受領義務を負う場合である。債権者が受領義務を負うとしても，債務が免除されてしまえば，受領義務自体が消滅し，損害賠償責任を免れるようにも考え得る。しかし，例えば，目的物の引渡債務について受領義務を負っている場合に，債権者が引渡債務を免除したとしても，その後に債務者が目的物を持ち帰るための費用や余分にかかった保管費用などについては，債権者が損害賠償責任を負うべきであると考えられる。このことについて，部会では異論がなかった。本文は，上記のような場合に債権者が損害賠償責任を負うことを明らかにする趣旨である。これは，民法第１３６条と基本的な考え方を共通にする規定を設けようとするものである。
　これに対して，（注）の考え方は，上記のように金銭的な損害を被る可能性がある事態から債務者を保護することにとどまらず，債務を履行することへの債務者の期待を保護する観点から，免除を合意構成として民法第５１９条を改めるものである。同条は債権者の単独の意思表示によって債務を免除することができるとしており，債務者の意思的関与が求められていないところ，例えば，芸術的なパフォーマンスをする債務のような，なす債務については，債務者が債務を履行することについて強い期待を持っており，仮に債権者に損害賠償責任を負わせたとしても，債務を履行することについての債務者の利益を完全に保護することができないという問題意識に基づくものである。もっとも，債務者が債務を履行する利益を有しない場合であれば，債務者の意思的関与を要求する必要がないことに異論はないと思われるため，この場合には債務者の承諾があったものと擬制することとしている。
　なお，本文と（注）のいずれの考え方によったとしても，実務上，免除が利用される典型的な場合である金銭債務の免除については，現在と同様，債権者の意思表示のみによって免除をすることができ，これによって債権者が損害賠償責任を負うこともないものと考

えられる。これは，金銭債務の免除によって債務者が損害を被ることは想定されず，また，金銭債務を履行することについて債務者が利益を有すると評価することはできないからである。

第26 契約に関する基本原則等
1 契約内容の自由
契約の当事者は，法令の制限内において，自由に契約の内容を決定することができるものとする。

（概要）

契約自由の原則のうち契約内容を決定する自由について，新たに明文の規定を設けるものである。いわゆる契約自由の原則について民法は明文の規定を設けていないが，これが契約に関する基本原則の一つであることは異論なく認められている。このような基本原則は，できる限り条文に明記されることが望ましいと考えられる。契約自由の原則の中でも契約内容を決定する自由は，単に原則や理念であるにとどまらず，契約内容が当事者の合意によって定まるという私法上の効果を持つものであり，比較的条文化になじみやすい。以上を考慮して，本文では，契約自由の原則のうち契約内容を決定する自由のみを取り上げ，規定を設けることとしている。

本文では，契約の当事者が契約の内容を自由に決定することができることと併せて，契約内容を決定する自由には法令による制限があることを明記している。この法令には，具体的には，民法第９０条やその他の強行規定が含まれる。

（補足説明）
1 契約自由の原則には，①契約を締結し又は締結しない自由（契約締結の自由），②契約の相手方を選択する自由（相手方選択の自由），③契約の内容を決定する自由（内容決定の自由），④契約締結の方式の自由（方式の自由）が含まれているとされている。これが契約に関する基本原則であることにはおおむね異論がないが，民法にはこれを直接定めた規定はない。本文は，このうち③内容決定の自由について明文の規定を設けようとするものである。
2 契約自由の原則に含まれる４つの原則のうち，内容決定の自由は，単に原則や理念であるにとどまらず，契約内容（契約に基づく当事者間の権利義務関係）が当事者の合意によって定まるという私法上の効果を持つものであり，比較的条文化になじみやすいと考えられる。以上を考慮して，本文では，契約自由の原則のうち契約内容を決定する自由のみを取り上げ，規定を設けることとしている。

このような規定を設けると，民法第９１条との関係が問題になる。同条は，契約に即して言えば，当事者の意思表示の内容が任意規定と異なっている場合には契約上の権利義務の内容は意思表示の内容に基づいて決定されるということになるから，これは，内容決定の自由と重なることになる。本文においては，内容決定の自由は，当事者が自己決定権の一内容として契約の内容を決定することができることを意味しており，このこ

とは契約法の基礎となる根本的な原理であるから、契約に関する箇所でこの原理を改めて明示しておくことに意味があるという考え方に基づき、同条とは別に、内容決定の自由について規定を設けることとしているが、両者の関係については更に検討を深める必要があると考えられる。

3 (1) 契約内容の自由については、特に現代社会においては、契約の一方当事者が他方当事者に対して不当な内容の条項を押しつけるという弊害が指摘されており、単に契約内容の自由だけを規定するのではなく、それに対する制約原理があることの明文化も併せて問題になる。

　内容決定の自由に対する制約として、民法第９０条（公序良俗）やその他の強行規定による制約などがあることには争いがない。しかし、これら以外の制約があるかどうか、どのような制約があるかについては、見解が一致しているとは言えない。部会においては、公序良俗及び強行規定以外の制約に言及する意見もあったが、本文は、少なくとも、公序良俗及び強行規定以外の新たな制約をこの規定に書き込むのは適当でないという考え方に立っている。

　まず、公序良俗及び強行規定以外にどのような制約原理があるかについては、部会においてこれに言及する意見があったものの、現時点で十分な合意が形成できているとは言えない。

　また、公序良俗と異なる制約原理があるとすると、これと公序良俗との関係をどのように考えるかという問題が生ずる。「公序良俗」の概念自体が抽象的な一般条項であるから、内容決定の自由に対する制約は公序良俗に含めて理解すれば足り、公序良俗及び強行規定とは異なる制約原理の存在を観念するよりも、内容決定の自由を逸脱するものとして合意の効力が否定される根拠は公序良俗違反に求められると考えれば足り、公序良俗とは異なる制約原理として規定を設ける必要はないように思われる。

　さらに、仮に、公序良俗及び強行規定以外の制約があるとしても、当事者がその制約を超える合意をすればその効力が認められないという実体的な私法上の効果を持たせるのであれば、そのことを正面から定める規定を別途設ける必要があり、契約の自由に関する規定にその制約として書き込むという方法は適切ではないと考えられる。

(2) 以上から、公序良俗及び強行規定以外の制約原理を書き込まないとすると、およそ制約には言及せず端的に内容自由の原則を明文化するという方法や、公序良俗及び強行規定による制約があることを確認的に明らかにするという方法も考えられる。

　しかし、前者の方法については当事者が合意さえすればどのような内容の契約でも締結することができるとか、合意した以上どのような内容の契約であっても拘束されるという誤ったメッセージを発信することになるという意見も強い。また、後者の考え方については、制約原理として公序良俗及び強行規定以外のものを認めないことに対する懸念はなお強くある。この補足説明の(1)で述べたように、契約内容に対する制約は公序良俗に取り込んで整理することができると思われるが、これと異なる整理の余地を否定すべきではないとも考えられる。

　そこで、本文では、内容決定の自由について法令上の制約があることを明らかにすることとし、制約の具体的な内容については、個々の法令の規定に委ねることとして

いる。
(3) 本文にいう「法令」は，当事者が契約内容として合意してもその法令に反した場合には合意の効力が認められないものを指し，民法第９０条やその他の強行規定が含まれる。その違反が契約の無効をもたらすかどうかが問題になるものとして，いわゆる行政取締規定がある。行政取締規定に反する法律行為が無効であるとされる場合もあるが，この場合には，その行政取締規定もここにいう「法令」に該当することになる。行政取締規定に反する法律行為の効力の有無がどのような基準で判断されるかについては様々な考え方が主張されているが，その基準を示すことは本文の規定の役割ではなく，これについて特定の考え方を示すものではない。

4 契約内容の自由について明文の規定を設けるのに対し，契約締結の自由，相手方選択の自由，方式の自由については，引き続き，明文の規定を設けないこととしている。

その理由として，まず，仮に，当事者が契約締結の自由及び相手方選択の自由を有する旨の明文の規定を設けたとしても，その規定の私法上の権利義務に関する要件・効果は観念しにくく，原則や理念を述べたにとどまることになることが挙げられる。このような規定を設けることの意義には疑問が残るというのである。

また，今日においては，契約締結の自由及び相手方選択の自由については，その存在よりもむしろこれらの自由に対する制約の存在を示すことが重要であるとの指摘もある。例えば，契約の相手方を選択するに当たり，その国籍や職業等を理由に差別的な取扱いをすることや，契約交渉が一定段階に進んだ後に一方当事者が契約交渉を不当に破棄することまで自由なわけではなく，不法行為に関する規定や契約交渉の不当破棄に関する規定（後記第２７，１）の解釈・適用によって損害賠償責任を負うことになると考えられるが，契約締結の自由や相手方選択の自由についての明文の規定を設けることにより，これらの場合について，責任が認められにくくなる方向での影響が生ずることを懸念するものである。

以上から，契約締結の自由及び相手方選択の自由については，これらの自由が存在するという形で明文の規定を設けることとはしていない。もっとも，一定の要件の下で契約交渉の不当破棄によって損害賠償責任が生ずる旨の規定を設けることに伴い，その前提として，原則としては契約交渉の破棄が損害賠償責任を生じさせないという規定を設け，間接的な方法で，契約締結の自由の原則があることを示すものとしている（後記第２７，１）。

2 履行請求権の限界事由が契約成立時に生じていた場合の契約の効力
契約は，それに基づく債権の履行請求権の限界事由が契約の成立の時点で既に生じていたことによっては，その効力を妨げられないものとする。
（注）このような規定を設けないという考え方がある。

（概要）
契約に基づく債務の履行が契約成立時に既に物理的に不可能になっていた場合など，履行請求権の限界事由（前記第９，２）が契約成立時に既に生じていた場合であっても，そ

のことのみによっては契約の効力は否定されない旨の規定を新たに設けるものである。そのような場合に契約が有効であるかどうかは一律に定まるものではなく，当事者が履行請求の可能性についてどのようなリスク分配をしたかに委ねるべきであるという考え方に基づく。このような規定の下でも，履行請求権の限界事由が生ずることが契約が有効であるための解除条件となっている場合には当該契約は無効となる（民法第１３１条第１項参照）ほか，履行請求権の限界事由が生じていないと当事者が信じて契約を締結した場合には錯誤を理由に当該契約を取り消すことができる場合があり得る（民法第９５条，前記第３，２参照）。

　これに対し，履行請求権の限界事由が契約成立の時点で生じていた場合は，実務上は契約は無効であると考えられているという理由や，契約が有効であるか無効であるかは個々の事案ごとの個別具体的な解釈に委ねるのが相当であるという理由を挙げて，本文のような規定を設けないという考え方があり，これを（注）で取り上げている。

（補足説明）
1　契約に基づく債務の履行が契約成立時に既に物理的に不可能になっていた場合など，履行請求権の限界事由（前記第９，２）が契約成立時に既に生じていた場合に，その契約が有効であるか無効であるかという問題について規定を設けようとするものである。この問題は，従来は，原始的に不能な契約の効力として論じられていたものであるが，前記第９，２では，それが生ずれば履行を請求することができなくなる事由を「不能」という文言を使わずに表現しようとしており，ここでも，これに従って，契約成立の時点で履行請求権の限界事由が既に生じていたという表現を用いている。
2　伝統的には，原始的に履行することが不可能な債務を発生させることを目的とする契約は無効であるという見解が学説上有力であり，また，判例にも一般論としてこの見解に従ったもの（最判昭和２５年１０月２６日民集４巻１０号４９７頁等）がある。この見解は，①「契約の対象は，可能なものでなければならない」という考え方，②もし履行不能を知っていればそのような契約を締結しなかったというのが当事者の通常の意思であるという考え方に基づくと言われている。他方，近時の学説においては，原始的不能の全ての場合を一律に無効とすべき必然性はないとの批判や，履行不能が契約締結の前であるか後であるかという偶然によって契約の有効性や損害賠償の範囲などについて結論が大きく異なるのは妥当ではないとの批判などがあり，それに基づく債務が原始的に不能であっても契約が当然に無効になるわけではないという見解が有力になっている。

　契約成立時に既に履行請求権の限界事由が生じていた場合の中には，①履行の請求が可能であるかどうかを当事者が特に意識しないまま契約をする場合，②履行請求権の限界事由の有無が不明であることを前提に当事者が投機的な取引を行う場合，③履行が可能であることを債務者が保証した上で契約を締結する場合など，様々なケースが考えられ，特に②や③のケースを念頭に置くと，これらを一律に有効又は無効とするのは適当でないと考えられる。そこで，本文では，契約締結時に既に履行請求権の限界事由が生じていた場合であっても，契約の効力は当然には妨げられないという立場を条文上明確にするものである。

契約成立時に既に履行請求権の限界事由が生じている場合に，契約が常に無効になる訳ではないとしても，一定の場合には，履行請求権の限界事由が生じていること自体を理由として契約を無効とすべきであるという考え方がある。例えば，当事者が，締結時に既に履行請求権の限界事由が生じていた場合には契約を無効とする旨の合意をしていた場合である。しかし，このような合意がある場合には，契約の効力に条件が付されていたと解することもでき，ほかに契約を無効とすべき場合にも，条件や錯誤など他の無効原因がある場合が多いと考えられる。そこで，本文では，履行請求権の限界事由が生じていたこと自体は無効原因ではないという立場を採っている。

3 本文のような考え方の下では，契約成立時に履行請求権の限界事由が生じていることは契約の無効原因ではなく，ほかに契約を無効とする原因がなければ契約は有効となる。契約が有効な場合の法律関係は，以下のようになると考えられる。

(1) 履行請求権の限界事由が生じている債務について，その債権者は，履行を求めることができない（前記第9，2）。この場合に債権者に与えられる救済手段は，後発的に履行請求権の限界事由が生じた場合と同様であり，履行に代わる損害賠償と契約の解除が救済手段として用意されていることになる。

(2) 損害賠償請求の可否については，契約成立後に履行請求権の限界事由が生じた場合と同様に，前記第10，1(2)の免責事由があるかどうかによって判断されることになると考えられる。これによれば，「債務の不履行が，当該契約の趣旨に照らして債務者の責めに帰することのできない事由によるものであるとき」には免責されることになる。帰責事由の有無がどのように判断されるかは，現在の解釈論の下でも，原始的不能の契約が有効になり得るという見解を採る場合には生ずる問題である。学説には，債務者が結果の実現を保証していたと認められる場合には，履行不能となったのが（履行請求権の限界事由が生じたのが）不可抗力によるときにのみ債務者は免責されるとするものがある。他方，一定の結果の実現を目的とする義務においては，債務者は，自己のコントロールを超えた客観的障害によって結果を実現することができないことが免責事由になるという一般論を採った上で，原始的不能についてこれを判断すると，債務者の過失で目的物が滅失した場合のほか，目的物の滅失については帰責事由がないが目的物滅失について過失で知らなかった場合にも債務者の帰責事由が肯定されるとの見解がある（したがって，債務者が免責されるには，目的物の滅失について過失がないだけでなく，契約時に滅失を知らなかったことについても過失がないことが必要となる。）。このほか，原始的不能の内容を目的とした契約締結について帰責事由がある場合は信頼利益の損害賠償を請求することができるにとどまるのに対し，内容の実現を原始的に不能にしたことについて帰責事由がある場合には履行利益賠償を認めるというように，「帰責事由」の内容によって損害賠償の範囲を区別する見解もある。このように，原始的不能については，不能になったことについての帰責事由を問題にする見解と，債務者がそれを知らなかったことについての帰責事由を問題にする見解とがあるが，本文は特定の立場を支持するものではない。以上の点については，前記第10，1(2)の「債務の不履行が，当該契約の趣旨に照らして債務者の責めに帰することのできない事由によるものであるとき」に該当するかどうかの解釈適用に委ねら

れる。

　契約が有効である場合における損害賠償請求権の範囲は，後発的に履行請求権の限界事由が生じた場合と同様であり，前記第１０，６によって決定されることになる。原始的不能の契約が無効であるとする伝統的な見解によれば，契約当事者が原始的不能の契約を締結したことについて帰責事由がある場合には相手方はいわゆる信頼利益の賠償を請求することができるとされてきたが，本文のように，契約成立時に既に履行請求権の限界事由が生じている場合でも契約が有効になり得るという立場を採れば，契約が有効であるときは損害賠償請求権の範囲が信頼利益に限定されない点で，伝統的な無効説と異なることになる。

(3) 契約の成立時に既に履行請求権の限界事由が生じている場合であってその契約が有効とされるときは，その債権者は解除をすることもできる。債権者が解除する場合の要件及び効果は，履行請求権の限界事由が後発的に生じた場合と同様である。

4　本文のような考え方の下では，契約締結時に既に履行請求権の限界事由が生じていたこと自体は無効原因ではない。しかし，契約成立時に履行請求権の限界事由が生じていたことが，多の無効原因に該当することはあり得，この場合に契約が無効になることは言うまでもない。例えば，履行請求権の限界事由の発生が契約の有効性の解除条件となっている場合には，解除条件が原始的に成就していたことになるので，当該契約は無効となる（民法第１３１条第１項参照）。このような条件が付されていたかどうかは契約の解釈の問題であり，明示的に合意がなくても，当事者が履行の可能性を有効性の条件としていたと解釈される場合もあり得る。

　また，履行請求権の限界事由が生じていないと当事者が信じて契約を締結した場合には錯誤を理由に当該契約を取り消すことができる場合があり得る。契約の成立時に既に履行請求権の限界事由が生じていた場合において，当事者がこのことを知らずに契約を締結した場合には，当事者には動機の錯誤があると言うことができ，動機の錯誤に関する規定の要件（前記第３，２）を満たす限り，その契約は錯誤を理由として契約は無効（前記第３，２の考え方によると，取消可能）となると考えられる。

5　本文の考え方の下で契約が無効とされる場合に，債権者にはどのような救済手段が与えられるか。従来は，原始的に不能な契約は無効であるとする伝統的な見解は，原始的に不能な契約を締結したことについて当事者に帰責事由がある場合には，信頼利益の賠償が認められるとする。また，原始的不能の契約が有効になり得るという立場を前提としながらも，契約準備交渉段階での情報収集・調査面において債務者側に信義則に反する行為が見られた場合には，「契約準備交渉段階での義務違反」を理由とする損害賠償責任が債務者に発生し，原始的不能の給付を目的とした契約が無効である場合には，投下費用の賠償その他の原状回復を目的とした損害の賠償を請求することができるという見解が示されている。本文の考え方も，このような解釈論を否定するものではない。

3　付随義務及び保護義務

(1) 契約の当事者は，当該契約において明示又は黙示に合意されていない場合であっても，相手方が当該契約によって得ようとした利益を得ることができ

るよう，当該契約の趣旨に照らして必要と認められる行為をしなければならないものとする。
(2) 契約の当事者は，当該契約において明示又は黙示に合意されていない場合であっても，当該契約の締結又は当該契約に基づく債権の行使若しくは債務の履行に当たり，相手方の生命，身体，財産その他の利益を害しないために当該契約の趣旨に照らして必要と認められる行為をしなければならないものとする。
(注) これらのような規定を設けないという考え方がある。

(概要)
　本文(1)は，契約の当事者が，当事者間で合意された義務のほか，相手方が契約を通じて獲得することを意図した利益を獲得することができるように必要な行為をする義務（付随義務）を負う旨の明文の規定を設けるものである。相手方が契約を通じて獲得することを意図した利益を獲得するためであればどのような行為であってもこの義務の範囲内に含まれるのではなく，どのような行為が必要であるかは，契約の趣旨に照らして判断されることになる。
　本文(2)は，契約の当事者が，契約の締結，債権の行使又は債務の履行に当たり，当事者が契約を通じて獲得することを意図した利益ではなく，相手方の生命・身体・財産などその他の利益を害しないように必要な行為をする義務（保護義務）を負う旨の明文の規定を設けるものである。本文(1)と同様に，相手方の利益を保護するためにどのような行為が必要であるかは，契約の趣旨に照らして判断されることになる。
　契約の当事者がこれらの義務を負うことについて，民法上は信義則以外に規定が設けられていないが，個別の事実関係に応じて契約の当事者がこれらの義務を負うことを認めた裁判例も多く，また，学説上も支持されている。本文(1)及び(2)は，このようなルールの存在を条文から読み取ることができるようにする趣旨のものである。もっとも，このような規定は民法第１条第２項と重複するものであって敢えて設ける必要はなく，信義則の具体化は個々の事案における個別の事情に即した妥当な解決を阻害するおそれがあるなどとして，規定を設けないという考え方もあり，これを（注）で取り上げている。

(補足説明)
1　債務者は，契約上の中心的な義務である給付義務（例えば，売買契約における目的物引渡義務や代金支払義務）のほかに，これに付随する義務など様々な義務を負うとされており，個別の事実関係の下で契約当事者に給付義務以外の義務の存在を認めた裁判例も多い。給付義務以外の義務についても，当事者間で合意がされていれば当事者がその義務を負うことは明らかであるが，給付義務以外の様々な義務については合意がされていないことも多く，その場合には，信義則を根拠として，その義務が認められてきた。
　学説においても，契約上の義務の内容がどのように確定されるかについて様々な考え方が主張されており，当事者の合意に基づいて自律的に決定されることを重視する考え方や，意思を超える規範形成を重視する考え方などがあるが，自律的な規範形成を重視

する考え方からも，当事者の合意や意思が尽きたところで信義則によって契約内容が補充されることは否定されていない。
　そこで，本文では，当事者間で合意されていなくても，当事者が給付義務のほか，付随義務及び保護義務を負う旨の明文の規定を設けることとした。
2 (1) 債務者が給付義務のほかに信義則に基づいて負うとされる義務として，給付義務の存在を前提としてこれを契約の趣旨に従って実現できるように配慮し，給付結果・給付利益を保護すべき注意義務（付随義務）があるとされてきた。例えば，商品の売買に当たってその商品の適切な使い方を説明することなどがその例として挙げられる。信義則に基づいて契約当事者にこのような義務が課される場合があることは異論がないと思われるが，法律の専門家とは言えない一般の契約当事者にとって，契約上の権利義務が合意されたものに限られず，それを補充する多くの義務が伴っていることを理解することは必ずしも容易ではないと考えられ，むしろ，当事者が合意していない以上，法的にはそのような義務を負わないとの誤解も招きかねない。少なくとも，民法第1条第2項の文言から付随義務の存在を読み取ることが容易とは言えない。そこで，本文(1)は，これまで信義則に委ねられていた付随義務の存在及びその内容について明文の規定を設けることとした。「相手方が当該契約によって得ようとした利益を得ることができるよう，当該契約の趣旨に照らして必要と認められる行為をしなければならない」というのは，これを表現しようとしたものである。これまで信義則に基づいて当事者に課されてきた義務を表現しようとしたものであり，従来の義務の範囲を超えてより広い義務を当事者に負担させようという趣旨ではない。
(2) 本文(1)で付随義務を負う主体は「契約の当事者」となっており，必ずしも給付義務の履行に当たっての債務者の義務のみを対象とするものではない。債権者も，相手方に対して契約に基づく給付を求めることができることに付随する義務を負う場合があるとされているおり，これも本文(1)の義務に含まれる。例えば，債権者は弁済の受領義務を一般的に負うわけではないとされているが，契約の内容等に照らし，債権者が信義則上受領義務を負う場合があるとされており，受領義務を肯定した裁判例もある。また，貸金業者の金銭消費貸借契約における付随義務として，債務者に対して信義則上，取引履歴開示義務を負うとした裁判例がある。また，例えば請負契約に該当するとされるシステム開発契約においては，注文者の側から必要な機能等について十分な指示がなく，開発者側の債務の履行に支障を来すことがあるとの指摘があるが，開発者が適切に債務を履行するために必要な協力をする義務も，本文(1)の付随義務に該当すると考えられる。
(3) 「相手方が当該契約によって得ようとした利益を得ることができるよう」というのは，付随義務が，相手方の契約利益の獲得を目的として課されるものであることを示すものである。契約の当事者は何らかの利益を獲得することを目的として契約を締結するのであり，給付義務に加えて契約当事者が様々な付随義務を負うのは，当事者が契約を通じて獲得しようとした利益を適切に獲得し保持することを可能にするためであると考えられるからである。例えば，商品を購入する者はその物を適切に使用するために購入するのであり，売主にその使用方法の説明が義務付けられるのは，購入者

にとってのこの目的を適切に達成するために必要であるからである。
(4) 「当該契約の趣旨に照らして必要と認められる行為」というのは、付随義務の内容として当事者が義務を負うのは相手方の契約利益の獲得のために必要な行為であることを示すとともに、その行為を当事者がすることの必要性（その行為について義務を負うかどうか）は契約の趣旨に照らして判断されることを示すものである。

 相手方が契約を通じて獲得することを意図した利益を獲得するために必要な行為の内容は多様であり、その全てが付随義務の範囲内に含まれるわけではない。信義則を根拠として付随義務が認められていた従来においても、一方の当事者が付随義務としてある行為をする義務を負うかどうかは、例えば、その契約が有償か無償か、当事者がその契約に関して持っている知識、経験、当事者の属性、契約に至る経緯など、その契約に関する事情を踏まえて判断されてきた。例えば、目的物の使用方法を説明する義務が付随義務の例として挙げられることがあるが、その使用方法が一般的によく知られていたり、容易に理解するものであったりする場合や、相手方が使用方法を理解していることが明らかな場合にまで、その説明義務を負うわけではないと考えられる。本文(1)も、従来からのこのような考え方を変更するものではなく、契約に関する上記のような諸事情を踏まえて義務の内容が判断されることを「当該契約の趣旨に照らして」で表現しようとしている。

3 (1) 債務者が給付義務のほかに信義則に基づいて負うとされる義務としては、付随義務のほか、権利の行使又は債務の履行に当たって相手方の生命・身体・財産などを害しないように配慮する義務（保護義務）があるとされる。例えば、家具の売買契約において、売主が買主の自宅に家具を搬入するに当たって買主の他の家財を傷つけてはならない義務や、食品の売買において食中毒の原因となる物質の付着した食品を売り渡してそれを食べた買主の身体を傷つけてはならない義務などが、これに当たる。本文(1)は、契約当事者が契約を通じて獲得することを意図した利益を適切に獲得できるように必要な行為をする義務について定めるものであるが、保護義務はそれ以外の利益の保護を目的とする義務である点で異なる。

 保護義務も従来は信義則によって基礎づけられてきたが、これを民法第1条第2項のみから読み取るのは容易ではないことから、本文(2)では、保護義務の存在及びその内容について明文の規定を設けることとした。「当該契約の締結又は当該契約に基づく債権の行使若しくは債務の履行に当たり、相手方の生命、身体、財産その他の利益を害しないために当該契約の趣旨に照らして必要と認められる行為をしなければならない」というのは、これを表現しようとしたものである。本文(1)と同様、これまで信義則に基づいて当事者に課されてきた義務を表現しようとしたものであり、従来の義務の範囲を超えてより広い義務を当事者に負担させようという趣旨ではない。

(2) 本文(2)は、保護義務の主体を「契約の当事者」とし、「当該契約の締結又は当該契約に基づく債権の行使若しくは債務の履行に当たり」保護義務を負うとする。これは、債権者が権利の行使に当たって債務者の利益を保護すべき場合があることや、保護義務が契約の成立後だけでなく契約締結段階でも問題になることを示している。

 債権者が権利の行使に当たって保護義務を負う場合として、例えば、債務の履行の

ために債権者方に赴いた債務者が債権者のペットによって危害を加えられないように配慮すべき義務などが考えられる。

　また，部会においては，保護義務は契約締結過程でも問題になるとの指摘があった。これは，その情報を知らなければ相手方の生命・身体・財産などに危険が及ぶような情報の提供は，契約の締結後に限らず契約締結過程の段階でも問題になることを指摘するものである。契約を締結するかどうかの判断に影響を与える情報の提供義務に関する規定を設けることが検討されており（後記第27，2），上記のような危険を回避するための情報もこれに該当する場合もあるが，常にこれによってカバーされるとは限らない。また，危険を回避するための情報の提供は，その契約を通じて得ようとした利益を得るために必要な場合もあり，この場合には本文(1)によって義務づけられるが，安全性自体は契約利益に含まれるとは言えない場合であっても，当事者の生命や身体に対する危険を回避するために，必要な情報を提供すべき場合がある。このような情報の提供は，必ずしも契約締結後に限られず，契約締結段階でも問題になる。「契約締結段階」が本文(2)において明示されているのは，このような趣旨である。

　なお，保護義務に関する本文の規律が契約の場面について設けられているのは，保護義務のような信義則に由来する義務が生ずる典型的な場面が契約当事者間だからであり，契約以外の特別な社会的接触関係において同様の義務があるという解釈論を否定したり，本文の規律が類推適用されることを否定したりする趣旨ではない。

(3)　「当該契約の趣旨に照らして必要と認められる行為」というのは，本文(1)におけるのと同様に，ある行為をすることが保護義務の内容となるかどうかは契約の趣旨に照らして判断されることを示すものである。したがって，債務の履行又は債権の行使に当たって，一見，相手方の生命・身体等の利益を侵害する結果が生じたように見える場合であっても，契約の内容，当事者がその契約に関して持っている知識，経験，当事者の属性，契約に至る経緯など，その契約に関する事情を踏まえて，その結果を回避することがその当事者に求められていると言える場合でなければ，本文(2)の義務違反があったとは言えない。例えば，債務の履行を強く求めた結果，債務者が不快に感じたということがあったとしても，取立ての態様が社会通念上許容される範囲にとどまっているのであれば，本文(2)の義務違反に該当する訳ではない。

4　本文(1)及び(2)のような規定を設けることに対しては，これと契約の解釈との関係が不明瞭であるとの指摘がある。契約に基づく義務の内容が，その義務について明示又は黙示に合意されているかどうかにかかわらず，契約の解釈という作業によって導き出されるのであれば，本文(1)及び(2)のような規定は必ずしも必要ではないということになる。本文(1)及び(2)は，これまでも，契約の解釈によって確定される各当事者の義務の内容とは別に，信義則に基づく付随義務の存在が承認されてきたという理解に基づいて，信義則に基づく付随義務及び保護義務について条文上の基礎を設けようとするものであるが，契約解釈との関係をどのように整理することができるかについては，引き続き検討を深める必要がある。

5　本文(1)及び(2)のように，信義則を具体化する規定を設けることに対しては，民法第1条第2項という一般的な規定があれば足り，これに加えて特別な規定を設ける必要は

ないとの批判がある。また，信義則は様々な場面で適用されており，そのうちの特定の場面を取り上げて規定を設けることに対しては，なぜその場面についてのみ規定を設けるのかという疑問が生じ得る。さらに，信義則は個々の事案におけるそれぞれの事情を踏まえて妥当な解決を導いてきたのであり，これを具体化した規定を設けることによって柔軟な解決が阻害されるおそれがあるという指摘もある。

本文(1)及び(2)は，信義則に関する民法第1条第2項の文言が極めて抽象的であることに鑑みると，学説において議論の蓄積があり，裁判例も集積していることにより，信義則から派生した一般的なルールを抽出できる場合には，信義則の具体的な適用場面を明らかにする観点から望ましいという考え方から，これらの規定を設けようとするものであるが，信義則から派生した法理を明文化することに対する上記のような批判にも留意する必要がある。

また，本文(1)及び(2)に対しては，信義則から派生した法理を明文化すること自体に対する批判に加え，現在信義則の適用の結果として形成されてきたルールを過不足なく適切に明文化することは困難であるという指摘もある。

以上のような指摘を踏まえ，本文(1)及び(2)のような規定を設けないという考え方を（注）で取り上げている。

4 信義則等の適用に当たっての考慮要素

消費者と事業者との間で締結される契約（消費者契約）のほか，情報の質及び量並びに交渉力の格差がある当事者間で締結される契約に関しては，民法第1条第2項及び第3項その他の規定の適用に当たって，その格差の存在を考慮しなければならないものとする。

（注）このような規定を設けないという考え方がある。また，「消費者と事業者との間で締結される契約（消費者契約）のほか，」という例示を設けないという考え方がある。

（概要）

消費者契約を始めとして，契約の当事者間に情報や交渉力の格差があるものに関しては，従来から，信義則を規定する民法第1条第2項，権利の濫用を規定する同条第3項などの一定の抽象性を備えた規定の解釈・適用に当たって，その格差の存在も一つの考慮要素とされてきた。具体的には，当事者間の情報，交渉力等に格差がある場合に，これを放置することが妥当な結論を導かないと考えられるときは，信義則上の義務が生じたり，権利の行使が濫用に当たるものとして阻止されることがある。今日においては，民法の適用場面のうちの多くは，消費者契約その他の格差のある当事者間の契約であることにかんがみ，上記のような考慮が必要であることを明らかにする規定を設けるものである。これに対して，内容の明確性や実務的な有用性に疑問がある，様々な考慮要素のうち格差のみを取り出すことは相当ではない等として，このような規定を設けるべきでないという考え方があり，また，例示として消費者契約を挙げるべきでないという考え方がある。これらを（注）で取り上げている。

(補足説明)
1 本文の考え方に至る議論の経緯
 (1) 民法は，当事者の特定の属性を考慮せずに抽象的な「人」という概念を想定し，対等な当事者同士の取引に適用されるルールを定めたものであるという考え方がある。現に，現在の民法には，一部の規定を除き，人の属性に着目して適用範囲を限定する規定は置かれていない。
  しかし，今日の市民社会においては構成員の多様性が顕著になって情報や交渉力における構成員間の格差が拡大するとともに，民法が適用される現実の取引においては当事者間の知識や経験において格差があることのほうがむしろ多数を占めるに至っていることから，このような多様性を民法にも反映させる必要があるとの指摘がある。中でも，経済取引という観点から重要性を持つのは消費者と事業者との間で締結される契約（消費者契約）であり，消費者と事業者との間には知識や経験において構造的な格差があること等から，消費者契約については，民法の一般的な原則とは異なるルールを適用すべき場合がある。このように格差のある当事者間の取引についてのルールをどこに設けるかは，民法をどのような法律と捉えるかに関連するが，取引が対等な知識や経験を有する当事者間で行われることが「原則」であるとは言えなくなっているという認識に基づいて，消費者取引や事業者間の取引に関する基本的な特則を一般法である民法に設けることを一律に排除すべきでないとの考え方も主張されている。
 (2) 以上のような指摘を踏まえて，部会においては，まず，「消費者」「事業者」に関する規定を民法に設けるかどうかが検討された。消費者に関する規定を民法に設けるとしても，その具体的な在り方として，2つの方法が考えられる。
  一つは，民法に設けられた個々の規定について，それをそのまま消費者や事業者に適用するのが必ずしも適当でない場合には，当事者の属性に着目した特則を個別に設け，原則となる規定と併せて民法の中に置くという方法である。例えば，受任者が委任事務を処理するに当たって過失なく損害を被ったときは，委任者はその損害を賠償しなければならないとされているが（民法第650条第3項），受任者が事業者であり委任者が消費者である委任契約においては，委任者が無過失であった場合はこの賠償責任を負わない旨の特則を設けるなどである。このように消費者について個別に特則を設けるかどうかについて，部会では，一般的，抽象的にその可否を判断するよりも，個別の特則の必要性を個々に検討することとされた。このような特則の必要性はそれぞれ関連する箇所で検討されたが，意見の一致を見るのが困難なものが多く，中間試案においては多くは取り上げられていない。
  もう一つの考え方は，消費者と事業者との間の契約においては，構造的に当事者間に情報の質や量，交渉力に格差があることに留意し，消費者の利益に配慮して民法を解釈しなければならない旨の一般条項的な規定を設けるというものである。さらに，この考え方を一般化すると，格差があるのは消費者と事業者との間に限らないことから，消費者であるか事業者であるかにかかわらず，契約の当事者間に情報や交渉力の格差がある場合には，そのことに留意し，劣後する当事者の利益に配慮して民法を解

釈しなければならない旨の抽象的な規定を設けるという考え方に至る（部会資料４９第４，１(1)［１４頁］参照）。本文の考え方は，このような一般的，抽象的な規定を設けるという考え方を基本的に受け継ぐものである。
(3) もっとも，本文は，情報，交渉力等の格差がある当事者間で締結される契約に関して，その格差の存在を民法の解釈基準とするのではなく，一定の抽象性を備えた規定の適用に当たって考慮しなければならないという規律に改めている。民法の各規定の解釈自体は，格差がない契約や，格差があっても当事者の属性等を考慮すればその是正のために特段の措置を要しない契約にも適用されることを踏まえた上で統一的に行う必要があり，このような民法の解釈のレベルよりも，個別の事案への規定の適用，特に信義則や権利濫用などの一定の抽象性を備えた規定の適用に当たって，当事者間の格差への配慮がより大きな問題になると考えられるからである。

　信義則を規定する民法第１条第２項，権利の濫用を規定する同条第３項などの一定の抽象性を備えた規定の解釈・適用に当たっては，当事者間に情報や交渉力の格差がある契約が対象となるときは，従来から，その格差の存在も一つの考慮要素とされてきた。具体的には，当事者間の情報，交渉力等に格差がある場合に，これを放置することが妥当な結論を導かないと考えられるときは，信義則上の義務が生じたり，権利の行使が濫用に当たるものとして阻止されることがある。このこと自体には異論がないと思われ，これらの規定の適用に当たって格差を考慮すべきであるという一般的な規定を設けても，従来の考え方を転換するものではない。今日においては，民法の適用場面のうちの多くは，消費者契約その他の格差のある当事者間の契約であり，その格差を適切に考慮することが妥当な結論を導く上で重要性を増していることから，多くの考慮要素の中から特に格差を考慮すべき旨を確認的に規定したものであると説明されることになる。本文は，一定の抽象性を備えた規定の解釈・適用に当たって，格差がある場合にはそれを考慮しなければならないという規律を設けているが，これは，以上のような考え方に基づくものである。

2　本文の規律の内容
(1) 本文では，「情報の質及び量並びに交渉力の格差がある当事者間で締結される契約」についてその格差を考慮しなければならないこととし，その具体例として，消費者契約を挙げている。消費者契約は，当事者間に情報や交渉力の差がある代表的な契約類型であると考えられている上（消費者契約法第１条参照），現代社会において量的にも大きな比重を占めていることから，例示として掲げた。もっとも，民法は抽象的な人を念頭に置いてどのような当事者間にも妥当する一般的なルールを設けるものであるという理由から「消費者」や「事業者」という概念を民法に取り込むことに対する反対もあり，敢えて「消費者契約」という例示を設ける必要はないという考え方もある。また，格差のある契約は消費者契約だけでなく労働契約などもあるから，敢えて消費者契約を掲げる必要はないという指摘もある。これらを踏まえて，消費者契約を例示として掲げないという考え方を（注）で取り上げている。

　消費者契約が挙げられているのは飽くまで例示であって，これに限定されるものではなく，同様の格差があると考えられる契約においては格差の考慮が求められること

になる。例えば，知識や経験において消費者と大きな差がない小規模な事業者や，本来の事業に属する取引以外の取引を行う事業者（例えば，食品の製造を主たる事業として行っている会社が営業所を設置するために賃貸借契約を締結する場合など）には，相手方との間に格差があると言える場合もあると考えられる。さらに，個人が事業者と取引をする場合においても，例えばその個人の所有物を売却する場合のその目的物に関する情報については専らその個人が有しており，むしろ事業者が情報において劣位にあると言える場合もある。このように，情報や交渉力において劣位にあるのが事業者であることもあり得るが，他方で，事業者については，自ら事業の主体となって経済活動を営む以上はそれに必要な情報を収集する態勢を整えたり，情報収集の失敗のリスクを引き受けたりすべきであるという側面もあるため，格差が考慮されるとしても，その考慮の在り方は，情報において劣位にある者が消費者である場合とは異なってくると考えられる。

(2) その適用において格差の考慮が問題になるのは，「民法第1条第2項及び第3項その他の規定」である。ここで想定されているのは，その適用に当たって規範的な評価が問題になるような規定であり，その典型的な具体例として，信義則の規定及び権利濫用に関する規定が挙げられている。従来の裁判例等においては，信義則を根拠として，契約当事者の一方がその取引について専門性を有している場合などの情報や交渉力の格差を考慮して，一方の当事者に様々な義務（例えば，保護義務，情報提供義務等）が課されてきたことにも現れているように，民法第1条第2項（信義則）は，それぞれの事案における様々な事情を考慮して妥当な解決を導くという機能を果たしており，その適用に当たって格差が考慮される規定として代表的なものであると言える。また，同条第3項（権利濫用）も，同様に，代表的な一般条項として，個別の事案における様々な考慮要素を踏まえて妥当な解決を導くという機能を有している。そこで，これらを，その適用に当たって規範的な評価がされる条項の典型例として例示した。

信義則から派生した法理として，付随義務・保護義務に関する規律（前記3）や，契約交渉の不当破棄に関する規律（後記第27，1），情報提供義務に関する規律（後記第27，2）などがあり，これらを明文化することが検討されているが，仮にこれらの規定が設けられた場合には，その適用に当たっても，当事者の有する情報の格差，交渉力の格差等が考慮され，損害賠償の可否が判断されることになると考えられる。

その適用に当たって規範的評価がされるのは，これらの一般条項やそこから派生した規定のみではない。例えば，ある効果を発生させるために「過失」「正当な理由」等のいわゆる規範的要件が必要とされている場合にも，その者の行為に過失があったと言えるか，信頼に正当な理由があったと言えるかなどの判断に当たり，その者と相手方との間の格差をも考慮した上で，事案に即した妥当な判断を行うことになると考えられる。

(3) 従来から，信義則，権利濫用，規範的要件などの適用に当たっては，その事案に関する一切の事情が考慮され，その考慮要素の一つとして，当事者間の情報の質及び量の差なども考慮された上で，当事者間の情報，交渉力等の格差を放置することが不公平であると考えられるときは，信義則上の義務が生じたり，権利の行使が濫用に当た

るものとして阻止されることがあると考えられてきた。「格差を考慮しなければならないものとする」は，このような従来の扱いを確認するものである。当事者間の格差がある場合にその格差を他の考慮要素よりも重視しなければならないという趣旨ではなく，飽くまで事案に即して適切にその適用を判断する上で，その格差をも一つの要素として考慮しなければならないことを示すものである。また，格差を適切に考慮に入れて適用の判断をしなければならないという趣旨であり，考慮した結果として，その格差がない場合に比べて，必ず情報等において劣位にある者にとって有利な結論を出さなければならないというものではない。

3 本文の考え方に対しては，規定を設けないという考え方もある。まず，民法は，抽象的な人を念頭に置き，対等な当事者間の取引についての規律を設けるものであるという民法観に基づき，本文のような規律を設けると民法の性質を大きく修正することになるという指摘がある。また，本文のような規律を設けるとしても，規律の内容が必ずしも明確でなく，また，実務的にも有用なものとなるかどうかは疑問である上，規範的要件の適用に当たっては様々な要素が考慮されるのであり，格差のみを取り出して規定するのは相当でないとの指摘もある。これらの考え方を（注）で取り上げている。

第27 契約交渉段階
1 契約締結の自由と契約交渉の不当破棄
契約を締結するための交渉の当事者の一方は，契約が成立しなかった場合であっても，これによって相手方に生じた損害を賠償する責任を負わないものとする。ただし，相手方が契約の成立が確実であると信じ，かつ，契約の性質，当事者の知識及び経験，交渉の進捗状況その他交渉に関する一切の事情に照らしてそのように信ずることが相当であると認められる場合において，その当事者の一方が，正当な理由なく契約の成立を妨げたときは，その当事者の一方は，これによって相手方に生じた損害を賠償する責任を負うものとする。
　（注）このような規定を設けないという考え方がある。

（概要）

契約を締結するための交渉が開始されても，交渉の当事者は契約を締結するかどうかを自由に決定することができ，結果的に契約の成立に至らなかったとしても，互いに，相手方に対して契約が成立しなかったことによる損害を賠償する義務を負わないのが原則である。本文第1文は，この原則を明らかにするものである。もっとも，交渉の当事者が契約を締結する自由を有するということ自体は，一種の原則や理念にすぎず，私法上の効果を持つものではないことから，ここでは，契約が成立しなかった場合でも損害賠償責任を負わないという私法上の効果のみを規定することとし，契約締結の自由の原則は間接的に示すにとどめている。

もっとも，契約交渉の一方の当事者が契約の成立が確実であると信じて費用を支出した後に，他方の当事者が正当な理由なく契約締結を拒絶した場合などの個別の事実関係の下で，信義則上の義務違反を理由に，契約の締結を拒絶した当事者が相手方に対して損害賠

償責任を負うとした裁判例もあり，学説上も，契約を締結するかどうかの自由に対する信義則上の制約があることは支持されている。そこで，これを踏まえ，本文第２文では，契約交渉の当事者が契約の成立が確実であると信じ，かつ，そのように信ずることが相当であると言える段階に至っていた場合に，その後に他方の当事者が正当な理由なく契約の成立を妨げたときは，それによって生じた損害を賠償しなければならないこととしている。契約の成立を妨げるとは，典型的には，交渉の当事者が自ら契約の締結を拒絶した場合であるが，交渉の当事者が不誠実な交渉態度に終始したために，相手方が契約の締結を断念せざるを得なくなった場合も含まれる。

　以上に対して，本文のような規定は民法第１条第２項と重複するものであって敢えて設ける必要はなく，信義則の具体化は個々の事案における個別の事情に即した妥当な解決を阻害するおそれがあるとして，このような規定を設けるべきでないという考え方もあり，これを（注）で取り上げている。

（補足説明）
1　本文第１文については，（概要）のほか，前記第２６，１の（補足説明）１及び４も参照していただきたい。
　　なお，ここでいう「交渉当事者」とは，自分が契約の当事者になることを目的として，自ら又は代理人などの補助者を利用して交渉を行っている者であり，交渉の担当者という意味ではない。
2　本文第１文が原則であることには異論がないと考えられるが，交渉の経緯によっては，当事者が正当な理由なく契約締結を拒絶した場合などに，信義則上の義務違反を理由に，契約の締結を拒絶した当事者が相手方に対して損害賠償責任を負うとした裁判例もあり，学説上も，契約を締結するかどうかの自由に対する信義則上の制約があることは支持されている。本文第２文は，これらの判例や学説を踏まえて，契約が結果的に成立しなかった場合に，交渉当事者に損害賠償義務が発生する要件を規定するものである。
　　契約交渉の不当破棄等に基づく責任は，裁判例においては信義則によって基礎づけられていることが多く，また，学説にもこのような構成を支持するものが多い。しかし，民法第１条第２項の抽象的な文言から，信義則が契約交渉段階で交渉を不当に破棄してはならない義務を課す根拠になることを読み取るのが容易であるとは言えない上，契約交渉段階での信義則の機能については，学説や判例の集積が進み，信義則の様々な適用場面の中でも，類型的に要件や効果を論ずることが可能になっていることから，これまで信義則に委ねられてきた契約交渉の不当破棄等に関する法理を明文化しようとするものである。これは，従来から裁判例によって認められ，学説上も支持されてきた考え方を明示しようとするものであり，これまで認められてきた範囲を超えて当事者の責任を加重したり，軽減したりしようとするものではない。
3 (1)　損害賠償義務が発生するための要件として，まず，相手方が契約の成立が確実であると信じたことが必要である。契約締結の拒絶等が自由であるという原則の例外として損害賠償義務が発生するのは，契約が締結されるという相手方の信頼を保護するためであるからである。

これに対しては，契約成立が確実であると信じたという要件を限定し過ぎており，従来の実務から見ても，損害賠償が認められるための要件が狭いという指摘がある。しかし，従来の判例や学説などに照らしても，契約の成立についての相手方の信頼は要件として必要であるとされてきたように思われるし，実質的にも，契約の成立が確実であるかどうかが不明な段階で先行して費用を投下した場合（例えば契約成立への期待から行われる場合や，交渉相手へのサービスとして行われる場合があると思われる。）には，そのリスクは費用を投下した当事者自身が負担すべきであると考えられる。
(2)　次に，契約の成立が確実であると「信ずることが相当であると認められる」ことが必要である。単に相手方が一方的に契約の成立が確実であると思いこんだだけで損害賠償義務を負担させるのは当事者にとって予想外の負担を強いることになるから，損害賠償の要件としては契約の成立が確実であるという相手方の信頼が合理的なものであることが必要である。相手方の信頼が相当であると認められることが必要とされるのは，このような趣旨に基づく。
　どのような場合に契約の成立が確実であると信ずるのが相当であるかは事案に応じて個別に判断されるが，その際に考慮すべきこととして，本文では，「契約の性質，当事者の知識及び経験，交渉の進捗状況その他交渉に関する一切の事情」を挙げている。契約の性質としては，例えば，複雑な取引であってその種の取引については契約書に調印するまでは契約が成立していないという理解が一般である場合には，契約書が作成されていないことは信頼の相当性を否定する方向に働き，一方，契約書の作成前に履行に着手することが一般的であるとかそもそも契約書が作成されないことが多い取引類型においては，当事者の口頭のやりとりのみで契約成立への信頼が相当であると判断されることがあると考えられる。また，交渉の進捗状況としては，例えば，必ず契約すると当事者が約束したとか，相手方が契約の締結や債務の履行に必要な準備行為を始めることを承認したなどの当事者の先行行為，契約条項の大部分が合意されているなどの事情があれば，信頼の相当性が認められる方向で考慮されることになると考えられる。これに対して，交渉のたびに中間的な合意が書面化され，それが交渉の到達点を示すものに過ぎず，契約の成立を示すものではないということが確認されていれば，信頼の相当性を否定する方向に働く事情として考慮されることになると考えられる。
　本文のような規律を設けることに対しては，消費者保護という観点から懸念を示す声がある。事業者が消費者に対して商品の購入等を勧誘し，消費者が断り切れずに長時間その説明を受けたとか，検討して後日回答するなどと答えた場合に，事業者に契約成立への相当な信頼が生じ，その後に消費者が契約の締結を拒絶すると損害賠償義務を負担させられることになるのではないかとの懸念である。このような場合には，そもそも事業者が契約の成立が確実であると信じたと言えるかどうか自体に疑問がある場合が多いと考えられるが，仮に信頼自体は認定できる場合があるとしても，事業者による執拗な勧誘が先行しているという交渉の経緯や，当事者の知識，経験などの事情に照らすと，事業者が契約の成立が確実であると信じたことが相当であるとは認められないケースが多いと考えられる。

(3) 第3に、当事者の一方が「契約の成立を妨げた」ことが必要である。「契約の成立を妨げた」に該当する典型的なケースは、交渉の当事者が自ら契約の締結を拒絶した場合である。もっとも、これに限らず、契約交渉が破綻するような事態を故意に招来したときは、「契約の成立を妨げた」に該当すると考えられる。例えば、当事者の一方が契約の締結を回避するために言を左右にして契約交渉を引き延ばしたとか、相手方が契約締結を断念するように敢えて相手方が到底受諾しないような契約条件を提示したなど不誠実な交渉態度に終始し、そのために相手方が契約の締結を断念し、交渉が終了した場合である。この場合には、形式的には交渉を拒絶したのは相手方であるが、契約交渉が破綻する原因を故意に作り出したのはもう一方の当事者であり、この当事者が「契約の成立を妨げた」と言える。

　本文は、当事者の一方がこのような形で契約の成立を妨げた場合の損害賠償責任について定めるものであるが、契約の成否に関連するものでなくても、契約交渉の態度が不誠実であると評価しうる場合がある。学説においては、例えば、交渉過程において相手方が誤解に基づいて行動していることを認識し得た場合に、信義則上、その誤解を指摘して是正すべき義務を負う場合があることを認めるものや、契約の成立に至るまで一定期間交渉を繰り返す必要がある種類の契約においては、交渉が一定期間にわたり実際に反復継続するに至った以上、契約成立の信頼が生ずるかどうかにかかわらず、契約成立に向かって誠実に交渉する義務が生じ、正当な理由なくこの義務に反した者はその義務違反によって生じた賠償責任を負うとするものがある。このような不誠実な契約交渉を広く対象として、損害賠償義務を課する規定を設けることも考えられる。しかし、契約交渉の態度が不誠実であった場合一般について、損害賠償義務の根拠となる規定を設けると、単に契約交渉の機会に不法行為が行われた場合にまで適用対象が広がりかねない。そこで、本文は、契約交渉過程以外の場面でも問題になり得る行為は一般不法行為の規律に委ね、飽くまで契約の成立過程に特有の問題として、契約の成立が確実であるという相手方の信頼を保護する必要がある場面について、規定を設けようとするものである。

(4) 第4に、当事者が契約の成立を妨げたことについて正当な理由がないことが必要である。相手方が契約成立が確実であると信頼するのが相当である場合であっても、この時点ではまだ契約は成立しておらず、原則として契約締結の拒絶等も自由であることを考えると、当事者に契約を締結しない正当な理由がある場合にまで損害賠償を負担させることはできないからである。正当な理由があると言えるかどうかは事案に応じて個別に判断されるが、例えば、契約交渉が進展し、互いに契約の成立が確実であると当事者が相互に考えるようになった段階で、相手方が反社会的勢力の構成員であることが判明した場合などには、正当な理由があると考えられる。

(5) 本文の規定によって損害賠償の対象となるのは、当事者が契約の成立を妨げたことによって相手方に生じた損害である。その具体的な範囲は、これまでと同様に事案に応じて個別に判断されることになるが、例えば、売買目的物を購入するための資金を金融機関から借り入れた場合の利息相当額、転売先に対して所有権を移転できなかったことに基づいて支払った違約金相当額などがこれに含まれ得ると考えられる。これ

らの損害は，従来の裁判例等において信頼利益という表現で損害賠償の対象とされてきたものに相当すると考えられる。

4 本文は，これまで信義則の適用によって形成されてきたルールを明文化しようとするものであるが，このように信義則を具体化する規定を設けることに対しては，民法第1条第2項という一般的な規定があれば足り，これに加えて特別な規定を設ける必要はないとの批判がある。また，信義則の様々な適用場面のうちなぜ特定の場面についてのみ規定を設けるのかという疑問が生じ得る。さらに，信義則を具体化した規定を設けることによって柔軟な解決が阻害されるおそれがあるという指摘もある。本文は，同項の文言が極めて抽象的であることに鑑みると，学説における議論の蓄積や裁判例の集積により信義則から派生した一般的なルールを抽出できる場合には，信義則の具体的な適用場面を明らかにする観点から，そのルールを明文化することが望ましいという考え方に基づき，規定を設けようとするものであるが，信義則から派生した法理を明文化することに対する上記のような批判にも留意する必要がある。

また，本文の考え方に対しては，信義則から派生した法理を明文化すること自体に対する批判に加え，現在信義則の適用の結果として形成されてきたルールを過不足なく適切に明文化することは困難であるという指摘もある。

以上のような指摘を踏まえ，本文のような規定を設けないという考え方を（注）で取り上げている。

2 契約締結過程における情報提供義務

契約の当事者の一方がある情報を契約締結前に知らずに当該契約を締結したために損害を受けた場合であっても，相手方は，その損害を賠償する責任を負わないものとする。ただし，次のいずれにも該当する場合には，相手方は，その損害を賠償しなければならないものとする。

(1) 相手方が当該情報を契約締結前に知り，又は知ることができたこと。
(2) その当事者の一方が当該情報を契約締結前に知っていれば当該契約を締結せず，又はその内容では当該契約を締結しなかったと認められ，かつ，それを相手方が知ることができたこと。
(3) 契約の性質，当事者の知識及び経験，契約を締結する目的，契約交渉の経緯その他当該契約に関する一切の事情に照らし，その当事者の一方が自ら当該情報を入手することを期待することができないこと。
(4) その内容で当該契約を締結したことによって生ずる不利益をその当事者の一方に負担させることが，上記(3)の事情に照らして相当でないこと

（注）このような規定を設けないという考え方がある。

（概要）

契約を締結するかどうかの判断の基礎となる情報は，各当事者がそれぞれの責任で収集すべきであり，ある情報を知らずに契約を締結したことによって損害を受けたとしても，相手方は，そのことによって何ら責任を負わないのが原則である。これが原則であること

には異論がなく，本文柱書の第1文は，これを明文化した規定を新たに設けるものである。

　もっとも，この原則に対する例外として，当事者の属性等によっては，個別の事実関係に応じて，信義則に基づき，相手方がその当事者の一方に対して情報を提供しなければならないとした裁判例も多く，また，このような義務が生ずる場合があることは学説上も支持されてきた。本文柱書の第2文は，これらの裁判例等を踏まえ，交渉の当事者の一方に対して相手方が情報提供義務を負う場合がある旨の規定を新たに設けるものである。

　情報提供義務が発生するための要件として，①情報を提供すべき当事者がその情報を知り，又は知ることができたこと，②情報の提供を受けるべき当事者がその情報を知っていたら全く契約を締結しないか，その条件では契約を締結しなかったことを，情報を提供すべき当事者が知ることができたこと，③情報の提供を受けるべき当事者が自ら情報を入手することを期待できないこと，④情報の提供を受けるべき当事者に情報を知らなかったことによる不利益を負担させることが相当でないことという四つを掲げている。また，情報提供義務違反の効果としては，損害賠償を想定している。

　情報提供義務に関する規定を設けることに対しては，契約交渉における当事者の関係は多様であって，一律の規定を設けるのは困難であることから，規定を設けないという考え方があり，この考え方を（注）で取り上げている。

（補足説明）
1　本文柱書第1文について
　　契約を締結するかどうかの判断の基礎となる情報は，各当事者がそれぞれの責任で収集すべきであるのが原則である。ある情報を知らなかったために，それを知っていれば締結しなかったはずの契約を締結し，又はそれを知っていたときとは異なる条件でその契約を締結し，その結果として損害を被ったとしても，その情報を収集しなかったことのリスクはその当事者が負担することになる。すなわち，もう一方の当事者がその情報を知っていたのに告げなかったとしても，損害賠償などの責任を負うわけではない。これが原則であることには異論がなく，本文柱書の第1文は，これを明文化した規定を新たに設けるものである。
2　契約を締結するかどうかの判断の基礎となる情報の提供義務
　　もっとも，本文柱書第1文の原則に対する例外として，信義則に基づき，当事者が契約を締結するかどうかの判断に影響を与えるべき情報を相手方が提供しなければならない場合があり得るとされている。裁判例にも，個々の事案に即して，信義則上の情報提供を義務づけた判例は多数見られ，このことは学説上も支持されている。本文柱書の第2文は，これらの裁判例等を踏まえ，交渉の当事者の一方に対して相手方が情報提供義務を負う場合がある旨の規定を新たに設けるものである。

　　情報提供義務は，契約を締結するかどうかを判断するための情報の提供のほか，様々な場面で問題になる。例えば，売買契約の目的を達成するには目的物の使用方法を知る必要があり，それが複雑なものである場合には，売主が使用方法を説明する義務を負う場合がある。適切な情報が与えられないことにより契約によって得ようとした利益以外の利益に危険が及ぶ場合には，その危険を回避するための情報を提供する義務を負う場

合もある（このような義務を認めたと評価されている裁判例として，最判平成１７年９月１６日判タ１１９２号２５６頁）。また，契約によっては，情報の提供それ自体が契約の目的（の一つ）となっている場合がある。

しかし，①契約を締結するかどうかの判断に当たって必要な事項を対象とする説明義務と②それ以外の事項を対象とする説明義務は，趣旨・目的や機能する場面等が異なる。例えば，①が契約の締結における実質的な契約自由を確保することを目的とするのに対し，②は当事者が契約を締結した目的を適切に達成することを目的としていること，①は契約交渉段階で問題になるのに対し，②は契約交渉段階だけでなく債務の履行の過程でも問題になることなどの差異を挙げることができる。そこで，本文はこれらを区別し，①のみを対象として，明文化しようとするものである。①は情報提供義務と言われるものの中でも典型的で重要な類型であること，②は契約の解釈から導くことができることも多く，付随義務・保護義務（前記第２６，３）の内容に含まれる場合もあるが，①は契約締結前でしか機能しないため，明文がなければ信義則という一般条項から導くほかないことを考慮したものである。

このように，対象を①に限定するとして，これを明文化するかどうかが問題となるが，これまで情報提供義務の根拠とされてきた民法第１条第２項の抽象的な文言から情報提供義務に関して形成されてきた法理を読み取るのが容易であるとは言えないこと，信義則の様々な適用場面のうち，情報提供義務については学説や判例の集積が進み，類型的に要件や効果を論ずることが可能になっていることから，本文は，これまで信義則に委ねられてきた情報提供義務に関する法理を明文化しようとするものである。これは，従来から裁判例によって認められ，学説上も支持されてきた考え方を明示しようとするものであり，これまで認められてきた範囲を超えて当事者の責任を加重したり，軽減したりしようとするものではない。

以上のように①のみについて明文の規定を設けることに対しては，①と②の区別が困難であること，当事者によって同じ情報の提供が①に該当するか②に該当するかが異なり得ること，①について規定を設けると②の説明義務の根拠が相対的に弱まるおそれがあることなどが指摘されている。また，生命・身体・財産への侵害を防止するために必要な情報は，①に限らず②に該当する場合であっても，契約締結段階において提供する義務を負うことを明文化すべきであるという指摘もある。本文は，既に述べた理由から①と②を区別し，説明義務の箇所では①について規定を設け，②については保護義務などに委ねる趣旨であるが，このような整理の是非については，上記の指摘をも含めて更に検討を深める必要がある。

なお，各種の業法には，説明義務を規定するものがあるが，これらは，行政的規制の目的のため，特に情報提供が必要な場面について要件を具体化したものであると考えられる。その違反の効果として行政上の制裁等が定められている場合には本文の規律と何ら矛盾なく両立するものであり，その違反の効果として損害賠償が定められている場合は本文の規律を基礎としつつ，これを更に具体化したものということができると考えられる。いずれにしても，本文の規律を設けることにより，現在信義則に基づいて私法上認められる説明義務・情報提供義務と業法上の説明義務との関係が変更されるものでは

ない。
3 情報提供義務が発生するための要件
　本文(1)から(4)まででは，情報提供義務が発生するための要件を明文化しようとするものである。
(1) 本文(1)では，情報提供義務の要件として，まず，情報を提供する側の当事者がその情報を知っているか，知ることができたことが必要であるとしている。当事者が知り得ない情報についてまで情報提供義務を負担させることはできないから，知り得ない情報が除外されているのは当然である。
　当該情報を現に知っていた場合だけでなく，現実には知らないが知ることができた場合にまで情報提供義務を負うことがあるか。例えば専門家がその専門性を理由として情報提供義務が課される場合に，情報収集義務を怠ってその情報を知らなかったときには情報提供義務を負わないのは不合理な場合がある。例えば，フランチャイズ契約の締結に当たって，フランチャイザーが不正確な売上予測情報を示したためにフランチャイジーが損害を被った場合に損害賠償を認容した裁判例があるが，このような場合には，フランチャイザーは正確な情報を知っていたわけではない。そこで，本文(1)では，情報を知っていた場合だけでなく，その情報を知ることができた場合にも，情報提供義務を負う場合があることとしている。もっとも，情報を提供する側の当事者は常に情報の収集義務，調査義務を負うわけではなく，その情報を提供する義務を負うかどうかは，本文(2)から(4)までの要件を満たさなければならないのは言うまでもない。
(2) 本文(2)は，問題となる情報が契約締結の可否又は契約条件の判断に影響を与えるものであること，情報を受けるべき側の当事者のこれらの判断に影響を与えるものであることを情報を提供する側の当事者が知ることができたことを要件とするものである。
　これまで信義則を根拠として情報提供義務が課されてきたのは，契約を締結するかどうか，どのような条件で契約を締結するかを適切に判断することができるようにするためであると考えられる。そこで，その情報が契約締結の可否又は契約条件の判断に影響を与えないものについては，情報提供義務の対象から除外されることになる。判断に影響するかどうかは，その当事者が適切に判断できるかどうかを問題にするものであるから，情報を受けるべき個別の当事者を基準として判断されるのであり，取引通念など従って客観的に判断されるのではない。
　これに対し，情報提供義務に関する規定を設けるのであれば，情報提供義務を負うかどうかが判断できるよう，例えば「契約の目的物の内容及び取引条件」など，対象を画するための客観的に明確な基準を設けるべきであるという意見がある。もっとも，情報提供義務が認められるためには，情報を提供する側の当事者が，その情報が相手方の判断に影響を与えることを知り得たことが要件とされていることなどから，対象となる情報の範囲という形で限定しなくても，不当に情報提供義務の範囲が拡大し，情報を提供する側の当事者に過大な義務を課すことになるとは言えない。逆に提供義務の生じ得る情報の範囲を客観的に限定すると，その範囲には含まれないが特定の当事者にとって重要性を持つ情報についてはおよそ情報提供義務が生ずる余地がないこ

とになる。しかし、相手方が、その当事者にとっての当該情報の重要性を知っている場合にまで、情報提供義務を一切否定する必要はないと考えられる。

　当事者が情報提供義務を負うためには、その情報が相手方の判断に影響することをその当事者が知っている必要がある。情報提供義務は、従来信義則を根拠に認められてきたが、契約の当事者の態度が信義則に反すると言えるためには、少なくとも、その情報が相手方の判断に影響することを知っていたか知り得たことにもかかわらず、その提供を怠ったことが必要であると考えられるからである。

(3) 本文(3)は、情報の提供を受けるべき者が、問題となる情報を入手することを期待できないことを要件としている。問題となる情報を相手方が自ら取得することが期待されるのであれば、相手方以外の者に情報提供を義務付ける必要はないからである。

　相手方が自ら取得することを期待できない場合の典型としては、当該相手方にとって、当該情報を取得することが不可能又は著しく困難である場合が挙げられる。また、その相手方が調査を尽くせばその情報を取得することが著しく困難であるとまでは言えない場合であっても、取引通念上、同種の取引において相手方の立場に置かれた者がそのような情報収集を行うべきであると一般に解されていない場合も、「期待することができない」に該当する。

　相手方自身に情報収集を期待することができるかどうかは、契約の性質、当事者の知識及び経験、契約を締結する目的、契約交渉の経緯その他当該契約に関する一切の事情に照らして判断される。「契約の性質」として、例えば、その取引が複雑で専門的なものか、それとも一般的・日常的に行われている取引か、投機的な取引など当事者が損害を被るリスクの高いものであるかどうか、そのリスクが一般に認知されているかどうか等が考慮されることになると考えられる。「当事者の知識及び経験」としては、例えば、その取引について専門的な知識や経験を有する者であるかどうか、その契約を締結するかどうかを適切に判断するために必要な情報の収集手段を有しているかどうか、職業、教育歴等を考慮することになると考えられる。

(4) 取引において、一方が他方に対して情報において優位にあることを利用して利益を得ることは、それ自体としては信義則に反するものではない。一方当事者が有する情報を他方当事者に有償で提供するという契約もあり、このような契約を想定すると形式的には本文(1)から(3)までの要件を満たすようであるが、このような場合に情報提供義務を認めてはその取引自体が成り立たない。また、情報の提供そのものが契約の内容になっている場合でなくても、ビジネスにおいては、努力して情報を取得した者がその努力に応じて有利な立場で取引を行うことができるのは自由競争の範囲内であり、むしろ望ましいことであると言える。したがって、本文(1)から(3)までの要件だけでは情報提供義務が発生するための要件として広すぎ、これを限定する必要がある。そこで、本文(4)は、その情報を知らずに契約をすることによって相手方に生ずる不利益を負担させることが相当でない場合に限って、情報提供義務が生ずることとしている。

　本文(1)から(3)までの要件を満たすとしても、そもそも契約の締結に当たって考慮することが社会的に相当とは言えない情報がある。部会においては、そのような例と

して，労働契約を締結するかどうかを判断するに当たって，労働者となろうとする者の思想・信条などプライバシーに属する情報を考慮することが挙げられた。情報の提供を受ける側の当事者がこのような情報を重視していることを相手方が知らない（本文(2)の要件を満たさない）ことが多いと考えられるが，仮に満たす場合があったとしても，その情報を知らないで契約をしたことによる損害はその当事者が負担すべきであり，本文(4)の要件を満たすとも言えない。

なお，この「相当でない」という要件を満たすかどうかも，本文(3)と同様に，その取引に関する一切の事情を考慮して判断される。例えば，ビジネスの世界では情報を提供せずに有利な条件で取引をすることが自由競争として許容される場合であっても，消費者に対する関係では，信義則上，その情報を提供しないことによる負担を相手方に課するのが相当でないと判断されることがあり得る。

(5) 本文(1)から(4)までは，従来から判例上認められてきた情報提供義務をそのまま明文化しようとするものであり，これまで判例上認められてきた情報提供義務の範囲を拡大したり，縮小したりしようとするものではない。本文(1)から(4)までがこれまでの判例の要件を適格に要件化することができているか，理論的にも一方の契約当事者が本文(1)から(4)までの要件の下で相手方に情報提供義務を負うことを正当化することができるかどうかについては，引き続き，検討を深めることが必要である。

例えば，相手方がその条件では契約を締結しなかったことを認識することができただけではなく，契約の性質等に照らして相手方にその情報を提供することが期待されるという要件を必要とすべきであるという考え方もある。もっとも，どのような場合にその情報を提供することが期待されるかということが正に問題であり，これをどのように具体化していくかが更に問題になると考えられる。

4 情報提供義務違反の効果

本文の柱書第2文は，情報提供義務違反の効果として，相手方は，その損害を賠償しなければならないものとする。これまでも情報提供義務違反の効果としては損害賠償が認められており，損害の範囲等について従来の考え方を変更するものではない。

情報提供義務違反の効果については，損害賠償のほか，当該契約を取消可能とすることが考えられる。もっとも，契約を締結するかどうかを判断するに当たって必要な情報を提供しなかったことに基づく取消しを認める制度としては，錯誤や詐欺が考えられ，情報提供義務違反の効果として取消しを認めるのであれば，錯誤の要素性や故意などが要件とされるこれらの制度と同程度の要件が必要になると考えられる。しかし，従来の裁判例では，錯誤無効や詐欺による取消しが認められない場合であっても，信義則上の情報提供義務違反による損害賠償責任は認められており，これらのケースで取消しを認めることは，錯誤や詐欺とのバランスを失することになると考えられる。また，情報提供義務を理由に損害賠償が請求される場面の中には，不適切な情報の提供によって締結された契約の履行がすでに終了しており，契約を取り消して原状を回復することが必ずしも適切な解決にならない場面も含まれる。

そこで，本文では，情報提供義務違反の効果を損害賠償にとどめ，契約の取消しが認められるのは，情報を提供しないことが錯誤又は詐欺に該当する場合に限定することに

している。

5　規定を設けない考え方

　本文は，これまで信義則の適用によって形成されてきたルールを明文化しようとするものであるが，このように信義則を具体化する規定を設けることに対しては，民法第1条第2項という一般的な規定があれば足り，これに加えて特別な規定を設ける必要はないとの批判がある。また，信義則の様々な適用場面のうちなぜ特定の場面についてのみ規定を設けるのかという疑問が生じ得る。さらに，信義則を具体化した規定を設けることによって柔軟な解決が阻害されるおそれがあるという指摘もある。本文は，同項の文言が極めて抽象的であることに鑑みると，学説における議論の蓄積や裁判例の集積により信義則から派生した一般的なルールを抽出できる場合には，信義則の具体的な適用場面を明らかにする観点から，そのルールを明文化することが望ましいという考え方に基づき，規定を設けようとするものであるが，信義則から派生した法理を明文化することに対する上記のような批判にも留意する必要がある。

　また，本文の考え方に対しては，信義則から派生した法理を明文化すること自体に対する批判に加え，現在信義則の適用の結果として形成されてきたルールを過不足なく適切に明文化することは困難であるという指摘もある。信義則が適用される場面を具体的にルールとして記述することがそもそも難しい上，情報提供義務が課される場面は千差万別であって一律の規定を設けることが難しいという指摘である。過不足のない規律が設けられなければ，説明義務が過剰に強調されて企業の事業活動が阻害されることが懸念されている。

　以上のような指摘を踏まえ，本文のような規定を設けないという考え方を（注）で取り上げている。

第28　契約の成立

1　申込みと承諾

　（1）契約の申込みに対して，相手方がこれを承諾したときは，契約が成立するものとする。

　（2）上記（1）の申込みは，それに対する承諾があった場合に契約を成立させるのに足りる程度に，契約の内容を示したものであることを要するものとする。

（概要）

　本文（1）は，申込みと承諾によって契約が成立するという基本的な法理を新たに明文化するものである。民法が暗黙の前提としている法理を明示するとともに，これにより後記2以下で提示する申込みや承諾の法的意味をより明瞭にすることを意図するものである。なお，本文の規律は，申込みと承諾とに整理することが必ずしも適当でない態様の合意（いわゆる練り上げ型）によっても契約が成立し得ることを否定するものではない。

　本文（2）は，申込みという用語の意味を一般的理解に従って明文化するものである。申込みは，相手方に申込みをさせようとする行為にすぎない申込みの誘引と異なり，承諾があればそれだけで契約を成立させるという意思表示であるため，契約内容を確定するに足

りる事項が提示されている必要があることから,これを定めている。

(補足説明)
1 契約成立に関する基本的規定の新設(本文(1))
　民法は,「契約の成立」という款において,申込みと承諾に関するいくつかの規定を設けている。しかし,これらの多くは,隔地者間における意思表示の延着や不着,意思表示の発信後到達までに一定の事由が生じた場合の扱いなど,イレギュラーな事態が生じた場合の取扱いを定めるものであって,申込みと承諾との関係を明らかにし,どのような場合に契約が成立するかを理解することができるような基本的な規定は置かれていない。そこで,本文(1)は,現行法には書かれていない前提を補う趣旨で,申込みに対する承諾があったときに契約が成立する旨の明文規定を新たに設けるものである。
　もっとも,今日の取引においては,契約の成立までに交渉が行われ,交渉を通じて契約の内容が徐々に形成されていくことが多い(いわゆる練り上げ型)。このような契約においては,先行する交渉中の当事者の行動を強いて申込みと承諾に分解して説明しても無意味であるなどとして,申込みと承諾の合致による契約の成立というモデルが現実の取引に適合的であるか疑わしいとする指摘もある。このような考え方に立てば,申込みと承諾についての規定を整備するよりも,むしろどのような合意があれば契約が成立したと言えるかに関する規定を整備すべきであるとも考えられる。
　しかし,今日においても,申込みと承諾との合致によって成立する契約は,必ずしも少数であるとは言えず,注文書の送付に応じてそれをそのまま受け入れる請書を出して契約を成立させる実務は,企業間においても広く行われている。そこで,本文(1)では,契約成立の一般的な要件として,申込みに対する承諾によって契約が成立する旨の規定を設けることとしている。ただし,これによって,申込みと承諾の合致以外の方法で契約が成立することが否定されるわけではない。全ての契約の成立を申込みと承諾の合致というモデルで説明するか,申込みと承諾をあくまで契約が成立する場面の一つと考えるかは,解釈に委ねることとしている。
2 申込みと承諾に関する現行規定の要否
　申込みと承諾に関する民法の規定は,隔地者間における意思表示の延着や不着,意思表示の発信後到達までに一定の事由が生じた場合の扱いなどが規定の中心になっている。しかし,通信手段が発達した今日においては,意思表示の発信から到達までに時間を要しないことが増えていることから,これらの規定の必要性は必ずしも高くないとの指摘もある。
　しかし,通信手段が発達したとはいえ,申込みや承諾の意思表示の方法として,郵送や物品の送付など発信から到達までに時間を要する手段が使用されることは,今日においてもなお一般的である。さらに,伝統的な通信手段ではなく,電子メールのように意思表示の発信と到達の時間的間隔が極めて短時間であるような高度な通信手段が用いられる場合であっても,不着や延着のリスクは存在する。そのため,申込みと承諾についての規定を設けておく意義は今日においてもなお失われていないと考えられる。なお,諸外国においても,申込みと承諾に関する規定を設けている例が多い。

2 承諾の期間の定めのある申込み(民法第521条第1項・第522条関係)
 (1) 民法第521条第1項の規律を改め,承諾の期間を定めてした契約の申込みは,申込者が反対の意思を表示した場合を除き,撤回することができないものとする。
 (2) 民法第522条を削除するものとする。

(概要)

本文(1)は,承諾期間の定めのある申込みは撤回することができない旨の民法第521条第1項の規律を維持しつつ,申込者の意思表示によって撤回をする権利を留保することができる旨の規律を付け加えるものである。このような場合には,申込みの撤回を認めても相手方に不当な損害を及ぼすことはないと考えられるからであり,同項の一般的な解釈を明文化するものである。

本文(2)は,契約の成立の場面においても他の意思表示と同様に到達主義を採る(後記6(1))のであれば,承諾の意思表示についてのみ,その延着について他の意思表示と異なる扱いをする必要はないと考えられることから,民法第522条を削除するものである。

(補足説明)

本文(2)では民法第522条を削除することとしているが,これに対して,仮に契約の成立について到達主義を採る(後記6(1))としても同条を維持するという考え方がある。その理由としては,通常の場合には承諾期間内に到達すべき時に承諾の通知を発送した承諾者については,その通知が承諾期間内に到達するという期待を保護するべきであるということが挙げられる。

しかし,契約の成立について到達主義を採るのであれば,基本的に,承諾の通知の延着のリスクについて他の意思表示と異なる扱いをする必要はないと考えられる。また,民法第522条については,申込者が延着の通知を発信したが承諾者に到達しなかった場合の処理が不明確であること,「通常の場合には承諾期間内に到達した」と言えるかどうかの判断が申込者にとって必ずしも容易ではないことから,承諾が延着した場合の規律として妥当でないとの批判もある。そこで,本文(2)では,同条を削除することとしている。

3 承諾の期間の定めのない申込み(民法第524条関係)
 民法第524条の規律を次のように改めるものとする。
 (1) 承諾の期間を定めないでした申込みは,申込者が承諾の通知を受けるのに相当な期間を経過するまでは,撤回することができないものとする。ただし,申込者が反対の意思を表示したときは,その期間内であっても撤回することができるものとする。
 (2) 上記(1)の申込みは,申込みの相手方が承諾することはないと合理的に考えられる期間が経過したときは,効力を失うものとする。
 (注) 民法第524条の規律を維持するという考え方がある。

(概要)
　本文(1)は，民法第５２４条の規律を維持しつつ，その適用対象を隔地者以外に拡大するとともに，前記２(1)と同様の趣旨から，申込者の意思表示によって撤回をする権利を留保することができる旨の規律を付け加えるものである。同条の趣旨は，申込みを承諾するか否かを決めるために費用を投じた相手方が，申込みの撤回によって損失を被ることを防止するところにある。隔地者とは，通説的な見解によれば，意思表示の発信から到達までに時間的な隔たりがある者をいうが，同条の趣旨は，このような時間的な隔たりの有無にかかわらず当てはまると考えられる。そこで，本文(1)では，隔地者に限定せずに同条を適用することとしている。他方，このように同条の規律を改めると，労働者の側から労働契約を合意解約する旨の申込みをした場合について，撤回を認めてきた裁判例の考え方に影響を与えるおそれがあることを指摘して，同条の規律を維持すべきであるとする考え方があり，これを（注）で取り上げている。
　本文(2)は，承諾期間の定めのない申込みについて，承諾適格（承諾があれば契約が成立するという申込みの効力）の存続期間を新たに定めるものである。申込み後に，もはや相手方が承諾することはないと申込者が考えるのももっともであると言える程度に時間が経過すれば，その信頼は保護すべきと考えられるからである。なお，承諾適格の存続期間は，基本的に，申込みの撤回が許されない期間を定める民法第５２４条の「承諾の通知を受けるのに相当な期間」よりも長くなると考えられる。申込者は承諾期間の定めをしなかったのであるから，その撤回が許されない期間を過ぎた後であっても承諾者の側から承諾の意思表示をすることは妨げられないと考えられるからである。

(補足説明)
1　「隔地者」要件の削除（本文(1)）
　　民法第５２４条のほか，同法第５２５条及び第５２６条において，「隔地者」という概念が用いられているが，これらの「隔地者」の概念を整理すべきであるとの指摘がある。
　　民法第５２５条は隔地者に対する意思表示の扱いを定める同法第９７条第２項の適用に関する規定であり，申込みの意思表示から到達までに時間を要する場合に生じる問題を扱っている。これに対して，同法第５２４条は，申込みの承諾適格が一定期間持続する場合の申込みの撤回の可否についての規定であり，適用の対象は必ずしも申込みの意思表示の発信から到達までに時間を要する場合に限られない。例えば，対話者間で申込みがされたが，相手方には承諾の可否を判断するために時間的余裕が与えられている場合にも，申込みの撤回可能性が問題になりうる。また，同法第５２６条は，契約の成立の時期を定めるとともに，発信された承諾が到達しなかった場合の不着のリスクを申込者と承諾者のいずれが負担するかという問題についても規定していると考えられるが，これは発信から到達までの時間的間隔の存否とは異なる問題である。
　　以上のように，「隔地者」という文言を用いた規定はいくつかの異なる場面を扱っていると考えられるが，通説的な見解によれば，「隔地者」は，意思表示の発信から到達までに時間的な隔たりがある者をいうとされている。このように捉えると，民法第５２４条

及び第526条（同条のうち不着のリスクを扱う面）については，発信から到達までの時間的間隔が無視できるほどに短い場合であっても意味のあるルールであるから，「隔地者」という概念で適用対象を画する必要はないと考えられる。これらについては，「隔地者」という概念を用いず，承諾期間の定めのない申込みの承諾適格がいつまで存続するか，承諾が申込者に到達しなかった場合に契約が成立するかどうかを端的に規律すれば足りると考えられる。本文(1)で，隔地者に限定しないこととしているのは，このような考慮に基づくものである。

このほか，民法第524条に関しては，原則として撤回を自由とした上で一定の場合に撤回を制限するという規律に改めるべきであるという意見もあった。国際物品売買契約に関する国際連合条約第16条にそのような趣旨の定めがあるとされるが，同条は原則として撤回を自由に認めつつ，相手方が撤回はないと信頼し，それに基づいて行動した場合などには撤回できないものとしており，自由に撤回できる場面は制限されている上，制限の基準には英米法の約束的禁反言の原則にならった裁量的な表現が用いられている点に留意が必要である。また，この規定は，申込みの撤回を原則として自由とすることで，承諾者が早期に承諾することを促し，契約締結の迅速性を確保することを意図しているといわれ，商取引のプロが当事者となる国際取引には適合的であるとされる。これに対して，民法第524条のように申込みの撤回に一定の制限を設ける考え方は，承諾者が申込みを承諾する可能性を確保したまま，より良い条件を示す取引相手を探すことを可能とし，契約締結の迅速性よりも承諾者の利益を保護しようとするものである。

2　労働契約を合意解約する申込みの撤回について（本文(1)）

労働契約を合意解約する場面においても申込みに関する民法第521条や第524条等の規定が適用されるとすれば，合意解約の申込みをした後の一定期間は撤回が制限される。しかし，特に労働者側からの合意解約の申込みは，強引な勧奨によるものであるとか，一時的な衝動によるものであるといった理由から，翻意した労働者が申込み直後にその撤回を求めるような事態が少なくなく，このような場合には自由な撤回を認めて労働者の保護を図るべきであるとする考え方がある。下級審裁判例においても，労働者側からの労働契約の解約の申込みにはこれらの規定を適用しないと判断したものがある。また，公務員の辞職願の撤回に関しては，退職辞令が本人に到達するまでの間は自由になし得るとする判例（最判昭和34年6月26日民集13巻6号843頁）がある。民間の労働者については，最高裁の判例には労働契約を解約する申込みの撤回の可否を直接に判断したものはないが，使用者が承諾する前であれば信義則に反しない限り解約の申込みの撤回を認める裁判例が多い。その中には，①民法第521条以下の規定は新しく契約を締結しようとする申込みの場合に典型的に機能するのであって，継続的に存続してきた雇用関係を終了させる合意についての申込みとは同列に論ずることができないこと，②労働者からなされる労働契約の合意解約の申込みは一時的な衝動からなされる場合があることなどを理由として，同法第521条以下の適用を明示的に排除しているものがある（名古屋高判昭和56年11月30日判時1045130頁，函館地判昭和47年12月21日判タ295号344頁参照）。これに対して，特段理由を述べずに，いわば当然の法理として申込みの撤回を認める裁判例もある。

学説上も，労働者側からの解約の申込みについて，これらの規定の適用を排除し，撤回を自由に認めるべきであるとする考え方が有力である。例えば，これまで継続的に契約関係にあった当事者間での契約関係終了の場面では，被申込者の側に契約関係を維持することに利益があると考える方が合理的であるため，申込みの撤回を認めても被申込者の保護に欠けることがないとするものや，労働者側からの解約の申込みの場合は使用者からの慰留を期待したり，解約にちゅうちょがみられることが多々あることから合意解約の申込みには黙示的に撤回の自由が留保されていると解するのが妥当だとするものがある。
　このように，労働者側からの労働契約の解約の申込みについては，民法第521条や第524条を適用しない考え方が有力であると見られる。そのため，本文(1)のように同法第524条の「隔地者」という要件を削除した場合には，労働者側からの労働契約の解約の申込みについて，現在では申込みの撤回が認められる可能性が高いケースにおいても，これが否定されるおそれがあり，労働者保護が後退しかねないとの指摘がある。本文（注）は，このような考え方を取り上げたものである。
　もっとも，労働者側から労働契約の解約の申込みがされた後にその撤回を緩やかに認めるべきであると考える場合に，その根拠は，申込みが隔地者間で行われたか否かとはかかわらないと考えられる。例えば，解約の申込みが郵送でなされたか，直接口頭でなされたかによって，撤回の可否が異なることは必ずしも妥当な結論とはいえないからである。このように考えると，労働契約の合意解約の申込みに関する扱いは，本文(1)の改正が行われた場合であっても，これによって影響を受けることはなく，引き続き，労働契約の特殊性に着目した解釈論として維持されるものと考えられる。

4　対話者間における申込み
(1)　対話者間における申込みは，対話が終了するまでの間は，いつでも撤回することができるものとする。
(2)　対話者間における承諾期間の定めのない申込みは，対話が終了するまでの間に承諾しなかったときは，効力を失うものとする。ただし，申込者がこれと異なる意思を表示したときは，その意思に従うものとする。

（概要）
　本文(1)は，申込みが対話者間でされた場合の撤回について，民法第521条第1項及び前記3(1)で改めた場合の同法第524条の特則を新たに定めるものである。
　承諾期間の定めのない申込みの撤回については，対話者間についての規律がなく（民法第524条参照），学説上は対話が終了するまでの間は自由に認める見解が有力である。その理由としては，対話者間では相手の反応を察知して新たな内容の提案をすることも許されるべきであること，対話継続中に相手方が何らかの準備をすることも考えにくく撤回によって相手方が害されることはないことが挙げられる。これに対して，承諾期間の定めがある申込みについては，対話者間にも同法第521条第1項が適用されるため，申込みの撤回は制限される。しかし，上記の理由として挙げたことは承諾期間の定めの有無に関わ

りなく当てはまると考えられる。そこで，本文(1)では，承諾期間の定めの有無にかかわらず対話者間の申込み一般を対象として対話者間における申込みの規律を設けることとしている。
　本文(2)は，申込みが対話者間でされた場合の承諾適格について，前記3(2)で改めた場合の同法第524条の特則を新たに定めるものである。学説上，対話者間においては，相手方が直ちに承諾をしなかったときは承諾適格が失われるとする商法第507条の規律が妥当するという見解が有力であることを踏まえ，これを明文化するものである。

　5　申込者及び承諾者の死亡等（民法第525条関係）
　　民法第525条の規律を次のように改めるものとする。
　(1) 申込者が申込みの通知を発した後に死亡し，意思能力を喪失した常況にある者となり，又は行為能力の制限を受けた場合において，相手方が承諾の通知を発するまでにその事実を知ったときは，その申込みは，効力を有しないものとする。ただし，申込者が反対の意思を表示したときには，この限りでないものとする。
　(2) 承諾者が承諾の通知を発した後に死亡し，意思能力を喪失した常況にある者となり，又は行為能力の制限を受けた場合において，その承諾の通知が到達するまでに相手方がその事実を知ったときは，その承諾は，効力を有しないものとする。ただし，承諾者が反対の意思を表示したときには，この限りでないものとする。

（概要）
　本文(1)は，以下の点で民法第525条の規律を改めるものである。
　まず，民法第525条の「申込者が反対の意思を表示した場合」という文言を削除するものとする。同法第97条第2項は，申込みの場合以外であっても当事者の反対の意思表示によって適用を排除できると考えられるため，これを申込みの場面において特に明示する必要がないからである。
　申込者が意思能力を喪失した場合の規律を付け加えるものとする。判断能力を欠く状態であるという点では意思能力を喪失した場合も行為能力の制限を受けた場合と異ならないと考えられるからである。ただし，酩酊状態になった場合など一時的な意思能力の喪失状態を排除するため，意思能力が喪失した常況にあることを要するとしている。また，「行為能力の喪失」という文言を「行為能力の制限」に改めるものとする。民法第97条第2項の「行為能力の喪失」には保佐及び補助が含まれることが認められているとして，その文言を「行為能力の制限」に修正することが検討されており（第3，4(4)），これと同様の修正をするものである。なお，申込者の行為能力の一部が制限されているにとどまり，当該契約を締結するための行為能力は有している場合には，本文(1)の規律は適用されないと考えられる。
　民法第525条の要件に該当した場合の効果として，申込みの効力を有しない旨を明示するものとする。申込みの発信時に完全な能力を有していた申込者が契約成立前に死亡等

した場合には，そのまま契約を成立させることが申込者の通常の意思に反することから，この意思を尊重して申込みの効力を否定するものである。また，このような理解によれば，承諾者が申込者の死亡等の事実を知った時期についても，これを申込みの到達時までに限定する理由はないことから，承諾の発信までの間に承諾者が申込者の死亡等を知った場合に，同条を適用するものとしている。

さらに，民法第525条の規律を申込者の意思表示で排除することができることを明示するものとする。同条の趣旨を以上のように捉えると，申込者が望む場合には同法第97条第2項が適用されるべきであると考えられるからである。

本文(2)は，契約の成立について到達主義を採る（後記6(1)）と，承諾の発信後到達前に承諾者に死亡等の事情が生じた場合も，承諾の効力について申込みと同様の問題が生じることから，同様の規律を新たに設けるものである。

（補足説明）
1 民法第525条が適用される場合の効果（本文(1)）
　本文(1)では，民法第525条の要件に該当した場合の効果について，一律に申込みの効力が失われることとしている。これに対して，申込みの発信後に申込者が行為能力の制限を受け，このことを申込みの相手方が知った場合には，当該申込みは制限行為能力者の意思表示と扱われ，取り消すことができるものになるとする考え方がある。
　しかし，意思表示の内容は完全な能力がある時点で形成されているのであるから，判断力の減退を理由に取消権を与える行為能力制度の趣旨は，ここでは必ずしも妥当しないと考えられる。むしろ，民法第525条の趣旨は，①申込みの発信時に完全な能力を有していた申込者が契約成立前に死亡した場合等には，そのまま契約を成立させることが申込者の通常の意思に反すると考えられること，②申込みは承諾と合致して初めて契約を成立させるものであって，その効力が暫定的・経過的なものであるため，効力を否定した場合の影響も少ないことから，申込みの効力を否定することにあると理解することが妥当と考えられる。このように同条の趣旨を理解した場合には，その効果としては，取り消すことができるようにするよりも，無効とする方が適切であることから，本文(1)は，その効果として，申込みが効力を有しないものとなる旨を定めている。
2 申込者の死亡等の時期について（本文(1)）
　民法第525条は，申込みの相手方が申込者の死亡又は行為能力の喪失の事実を知っていた場合には，死亡又は行為能力の喪失が申込みの効力に影響することを規定している。この規定は，申込みを発信してから到達するまでに生じた死亡等に限って適用されるのか，申込みの到達後に生じた場合にも適用されるのか，見解が分かれている。
　通説的見解は，民法第97条第2項は，同条第1項が到達主義を採っていることを受けて，到達までに生じた死亡等の事由が意思表示の効力に影響を与えるかどうかを問題としており，同法第525条はこれを排除するに過ぎないから，同条が適用されるのは申込みの到達までに生じた死亡等についてのみであるとする。しかし，申込みの発信から到達までに生じた死亡等の事由のみに適用されるのであればほとんど適用の場面がなくなる。また，同条の趣旨を申込者が死亡した場合等における契約の帰すうに関する申

込者の通常の意思に求める（この補足説明の第1参照）のであれば，死亡等の事由が申込みの到達までに生じたか到達後に生じたかによって扱いを異ならせることは適切ではないと考えられる。そこで，本文(1)は，申込みの到達後に生じた死亡等についてもその規律が適用されることとしている。ただし，契約が成立すると信頼した相手方の利益を害しないように，承諾の発信までに相手方が申込者の死亡等の事実を知ったことを要件としている。

3 承諾者の死亡等（本文(2)）

契約の成立について到達主義を採るのであれば，申込みについて民法第525条が設けられていることとの均衡上，承諾についても同法第97条第2項の特則を設けるかどうかが問題となる。

到達までに意思表示をした者が死亡するなどの事情が生じた場合に，相手方がこのことを知っていれば，意思表示が効力を生じないこととしても相手方を害しないという状況は，承諾についても同様とも考えられる。そこで，本文(2)は，承諾の発信後到達前に承諾者に死亡等の事情が生じた場合について，申込みと同様の規定を設けることとしている。

他方で，申込みだけでは何ら法律効果が生じないから，その効力を否定しても当事者間の法律関係への影響が大きくないといえるのに対し，承諾は到達すれば契約が成立するという法律効果が生じる点で申込みとは質的に異なるともいえる。このため，申込者の認識の内容によってその効果が左右されることになると当事者間の法律関係への影響が大きく，申込みと承諾とは同列に扱うことができないとの指摘もあり得る。

6 契約の成立時期（民法第526条第1項・第527条関係）

(1) 民法第526条第1項を削除するものとする。
(2) 民法第527条を削除するものとする。

（注）上記(1)については，民法第526条第1項を維持するという考え方がある。

（概要）

本文(1)は，隔地者間の契約の成立時期について発信主義を採っている民法第526条第1項を削除し，契約の成立についても原則として到達主義（同法第97条第1項）を採ることとするものである。契約の成立について発信主義を採った趣旨は，早期に契約を成立させることで取引の迅速を図ることにあった。しかし，今日の発達した通信手段の下で発信から到達までの時間は短縮されており，この趣旨を実現するために例外を設けてまで発信主義を採る必要はないと考えられるため，他の意思表示と同様に到達主義を採ることとするものである。

他方，多数の申込みを受ける企業等にとっては契約の成立時を一律に把握することが必要であるとして，契約の成立について現状の発信主義を維持するべきであるとする考え方があり，これを（注）で取り上げている。なお，本文(1)の規律の下でも，予め当事者間で，当該契約の成立時期について発信主義を採用する合意をすることは可能である。

本文(2)は，契約の成立時期について本文(1)で発信主義の特則を廃止することに伴って，民法第527条を削除するものである。発信主義の下では，承諾者自身は，承諾の発信と申込みの撤回の到達の先後を把握して契約の成否を知り得ることから，申込みの撤回が延着した場合に承諾者がそれを通知しなければならないとされている。これに対して，到達主義を採るとすれば，契約の成否は承諾の到達と申込みの撤回の到達の先後で決まることになるが，承諾者はその先後関係を知ることができないからである。

(補足説明)
1　発信主義から到達主義への転換
　隔地者に対する意思表示の効力が生ずる時期は，到達時が原則であるが（民法第97条第1項），同法第526条第1項は，隔地者間の契約は承諾の通知を発した時に成立すると定めており，承諾の効力発生時期については，例外的に発信主義が採られている。
　民法第526条第1項によって到達主義の原則に対する例外が定められた趣旨は，契約の成立を欲する取引当事者間においては承諾の発信があればその到達を待たないで直ちに契約を成立するものとすることが取引の円滑と迅速に資するためであると説明される。しかし，通信手段が高度に発達した現代においては，承諾通知が延着したり，不到達になる現実的な可能性は低く，また，発信から到達までの時間も，当事者が短縮を望めば様々な手段が提供されており，上記のような理由で，到達主義の原則に対する例外を設ける必要性が乏しいと指摘されている。現に，契約に関する国際的なルールなどにおいても，契約の成立について到達主義をとる例が多い。そこで，本文(1)では，現代社会に適合する規律を設ける観点から，承諾についても意思表示の効力についての原則どおりに到達主義を採用することとしている。
　なお，電子商取引における契約の成立時期については，既に民法の例外として到達主義が採用されている。発信主義を到達主義に転換するために民法第526条第1項の適用が排除されているが，それに加えて同法第527条も適用しないこととされている（電子消費者契約及び電子承諾通知に関する民法の特例に関する法律第4条）。民法第526条第1項の適用がない到達主義の下では，契約が成立するか否かは，承諾の通知の到達と申込みの撤回の通知の到達の先後によって判断されることになるが，申込みの撤回通知が承諾者に到達した時点では承諾者はその先後を知らず，申込者は撤回通知の延着を知らない。このような場面で，承諾者のみが通知義務を負う理由がないことが根拠として挙げられる。また，到達主義の下で同法第527条を適用すると，承諾通知が到達する前に申込みが撤回された場合にも，申込みの撤回の延着の通知を発することによって契約が成立するかのようであり，適当でない。電子商取引に限らず契約の成立一般について，同法第526条を削除して到達主義を採用するのであれば，同様に同法第527条も削除することが妥当と考えられる（本文(2)）。
2　申込みの撤回の意思表示
　契約の成立についても到達主義を貫徹するならば，申込みの撤回の意思表示の効力が認められるかは，承諾と申込みの撤回の意思表示の到達の先後で決まる。これに対して，

申込みの撤回は承諾の意思表示の発信時までに承諾者に到達する必要があるという考え方がある。この考え方を採れば，承諾者にとっては契約の成否が明確になり，また，承諾の意思表示を発信した者の契約の成立に対する期待を保護することができる。しかし，申込みを撤回した申込者にとっては契約の成否が不明確であるし，承諾者の契約の成立に対する期待は，申込みの撤回可能性に制限をかけることによって一定程度保護されている。承諾の通知を受けるのに相当な期間（同法第524条）を過ぎた後にされる承諾について，さらに，その意思表示を発信しさえすれば申込みの撤回ができなくなるとする必要はないと考えられる。そのため，本文ではこのような考え方は採用していない。

7 懸賞広告
懸賞広告に関する民法第529条から第532条までの規律を基本的に維持した上で，次のように改めるものとする。
(1) 民法第529条の規律に付け加えて，指定した行為をした者が懸賞広告を知らなかった場合であっても，懸賞広告者は，その行為をした者に対して報酬を与える義務を負うものとする。
(2) 懸賞広告の効力に関する次の規律を設けるものとする。
　ア　懸賞広告者がその指定した行為をする期間を定めた場合において，当該期間内に指定した行為が行われなかったときは，懸賞広告は，その効力を失うものとする。
　イ　懸賞広告者がその指定した行為をする期間を定めなかった場合において，指定した行為が行われることはないと合理的に考えられる期間が経過したときは，懸賞広告は，その効力を失うものとする。
(3) 民法第530条の規律を次のように改めるものとする。
　ア　懸賞広告者は，その指定した行為をする期間を定めた場合には，その懸賞広告を撤回することができないものとする。ただし，懸賞広告者がこれと反対の意思を表示したときは，懸賞広告を撤回することができるものとする。
　イ　懸賞広告者は，その指定した行為をする期間を定めなかった場合には，その指定した行為を完了する者がない間は，その懸賞広告を撤回することができるものとする。
　ウ　懸賞広告の撤回は，前の広告と同一の方法によるほか，他の方法によってすることもできるものとする。ただし，他の方法によって撤回をした場合には，これを知った者に対してのみ，その効力を有するものとする。

（概要）
本文(1)は，指定行為をした者が懸賞広告を知らない場合であっても，報酬請求権を取得することを明確化するものである。このような場合であっても客観的には懸賞広告者の期待が実現されているのであるから，原則として懸賞広告者に報酬支払義務を負担させるべきであると考えられるからである。

本文(2)は，申込みについて承諾期間を定めた場合の承諾適格の存続期間の定め（民法第５２１条第２項）と同様の趣旨の定め（同ア）と，申込みについて承諾期間を定めなかった場合の承諾適格の存続期間の定め（前記３(2)）と同様の趣旨の定め（同イ）を，懸賞広告について新たに設けるものである。
　本文(3)アは，民法第５３０条第１項及び第３項の規律を改め，指定行為をする期間の定めがある懸賞広告では，これを撤回する権利を放棄したものと推定するのではなく，反対の意思の表示がない限り撤回は許されない旨を定めるものである。懸賞広告に応じようとする者は当該期間内に指定行為を完了すれば報酬請求権を取得すると信頼するのが通常であり，懸賞広告に応じようとする者が懸賞広告者の反証によって予想外に裏切られることは適切でないと考えられるからである。
　本文(3)イは，指定行為をする期間を定めていない場合について民法第５３０条第１項の規律を維持するものである。
　本文(3)ウは，民法第５３０条第２項を改め，撤回の方法は当事者が選択できることとした上で，前の広告の方法と異なる方法によって撤回した場合にはこれを知った者に対してのみ効果が生ずることとするものである。同項は懸賞広告と同一の方法による撤回が可能である限りは，それによらなければならないとしている。しかし，他の方法によって撤回したときであっても，これを知った者に対してのみ効果が生ずるとすれば，これを許容しても不測の損害を与えることもないと考えられるからである。

（補足説明）
1　懸賞広告の法的な位置づけ
　　懸賞広告を知らずに指定行為をした者が報酬請求権を有するか等については，懸賞広告が単独行為であるか契約の申込みであるかという法的性質の問題と関連するものとして議論されてきた。懸賞広告を知らないで指定行為をした者に対しても報酬支払義務を負うという帰結は，単独行為説に親和性があるとされているが，契約説に立ったとしても，懸賞広告を特殊な契約と見れば同様の帰結を導き得るとの指摘もあり，法的性質は必ずしも決定的な要因ではない。本文(1)は，懸賞広告の法的性質については引き続き学説等に委ねることを前提とするものである。
2　懸賞広告の効力の存続期間（本文(2)）
　(1)　民法上，懸賞広告の効力の存続期間に関しては明文の定めがないため，懸賞広告者は撤回をしない限り，指定行為を完了した者がいれば，報酬を与える義務をいつまでも負うのかという問題がある。
　　　懸賞広告が契約の申込みであるか単独行為であるかについては争いがあるが，懸賞広告を単独行為と捉えるとしても，懸賞広告に対して指定行為を行うことで報酬請求権が発生するという関係は，申込みに対して承諾があれば契約が成立するという関係に類似している。すなわち，懸賞広告をした者の利益と，指定行為を行う者の報酬請求権に対する期待をどのように調整するかは，申込みをした者の利益と，承諾をする者の契約の成立に対する期待の調整と同様の考慮が必要であると考えられる。
　(2)　本文(2)アでは，指定行為をする期間の定めのある懸賞広告について，承諾期間の定

めのある申込みの承諾適格に関する民法第521条第2項の規律内容と同様に、当該期間を経過したときには効力が失われるとしている。同項が設けられた理由は、契約の申込みを受けた者は、定められた期間までに調査その他の準備をするのが普通であるから、申込者が任意にその申込みを撤回できるとすると相手方が不測の損害を被るおそれがあるところにある。同様に、懸賞広告に指定行為を行う期間の定めがあれば、指定行為を行う者はその期間内は懸賞広告が撤回されないことを信頼するのが通常であると考えられることから、この期間内の撤回を制限することとしたものである。

(3) 本文(2)イでは、懸賞広告において指定行為をする期間が定められていなかった場合に、その効力がいつまで存続するかを定めるものである。承諾期間の定めのない申込みの承諾適格については民法上規定がないが、前記3(2)では、申込みの相手方が承諾することはないと合理的に考えられる期間が経過したときは承諾適格が失われる旨の規定を設けることとしている。そこで、本文(2)イでは、これに倣って、指定行為が行われることはないと合理的に考えられる期間が経過したときは、懸賞広告の効力が失われることとしている。承諾期間の定めのない申込みがされた場合と同様（前記2の（概要）参照）に、このような期間が経過した後に指定行為が行われた場合には懸賞広告者に予想外の義務を負担させることになって相当でないと考えられる一方、このような期間内に指定行為が行われれば、指定行為をする期間を定めなかった以上、報酬支払義務を負うのもやむを得ないと考えられるからである。

3 指定行為をする期間の定めがない懸賞広告の撤回（本文(3)イ）

この補足説明の2のとおり、懸賞広告をした者の利益と、指定行為を行う者の報酬請求権に対する期待をどのように調整するかは、申込みをした者の利益と、承諾をする者の契約の成立に対する期待の調整と同様の考慮が必要であると考えられることから、懸賞広告の存続期間（本文(2)ア、イ）や、指定行為を行う期間の定めがある懸賞広告の撤回の可否（本文(3)ア）については、承諾適格の存続期間（民法第521条第2項、前記3(2)）や、承諾期間の定めがある申込み撤回の可否（同条第1項、前記2(1)）と類似の規律を設けることとしている。しかし、本文(3)イは指定行為を完了する者がない間は懸賞広告を撤回できるとする同法第530条第1項を維持することとしており、承諾期間の定めのない申込みの撤回を制限する同法第524条とは異なる規律となっている。

この点について、懸賞広告については不特定多数に対する契約の申込みと同様に考えられる面があることから、契約の申込みの撤回と同様に、期間の定めがなくても承諾の通知を受けるのに相当な期間を経過するまでは撤回ができないこととする考え方があり得る。また、指定行為を完了していなくても、指定行為に着手した者がいれば、その者には報酬に対する正当な期待が既に発生していると言えることから、遅くともこの段階に至れば撤回を許さないこととするべきであるという考え方もある。

しかし、懸賞広告の指定行為を行う者は、指定行為に着手してもそれを完了することができるかどうかは未確定であるし、その者が完了するまでに他の者が完了すれば報酬を得られないこともある。そのため、指定行為に着手しただけで報酬に対する正当な期待が生じているとはいえず、申込みを受けて契約締結の検討や準備を開始した承諾者の契約の成立の期待とは異なっている。そこで、懸賞広告者は指定行為の完了によって初

めて報酬支払の義務を負担するのであり，それまでは，指定行為に着手した者は，自らの計算と危険において指定行為を完了しようと試みるものであると考え，本文(3)イでは民法第530条を維持することとしている。

第29　契約の解釈
1　契約の内容について当事者が共通の理解をしていたときは，契約は，その理解に従って解釈しなければならないものとする。
2　契約の内容についての当事者の共通の理解が明らかでないときは，契約は，当事者が用いた文言その他の表現の通常の意味のほか，当該契約に関する一切の事情を考慮して，当該契約の当事者が合理的に考えれば理解したと認められる意味に従って解釈しなければならないものとする。
3　上記1及び2によって確定することができない事項が残る場合において，当事者がそのことを知っていれば合意したと認められる内容を確定することができるときは，契約は，その内容に従って解釈しなければならないものとする。
　（注）契約の解釈に関する規定を設けないという考え方がある。また，上記3のような規定のみを設けないという考え方がある。

（概要）
　契約をめぐる紛争には契約の解釈によって解決が図られるものが少なくないが，民法には契約の解釈に関する規定が設けられていない。本文1から3までは，契約の解釈という作業の重要性に鑑み，これに関する基本的な原則を新たに規定するものである。
　本文1は，契約の内容についての理解が当事者間で共通している場合における契約解釈の原則を定めるものである。これは，典型的には，契約書の記載や口頭での会話における表現について，当事者がそれを同一の意味で理解している場合であるが，このような場合には，その表現が一般にどのような意味で理解されているかにかかわらず，当事者の理解する意味に従って解釈しなければならないとするものであり，契約解釈に関する最も基本的な原則を明文化するものである。
　本文2は，契約の内容について本文1にいう当事者の共通の理解があるとは言えない場合における解釈の原則を定めるものである。「当事者の共通の理解が明らかでない場合」には，当事者が契約内容を共通の意味で理解していたかどうかが明らかでない場合のほか，当事者が契約内容について異なる理解をしていた場合も含まれる。このような場合には，当事者が契約の締結に当たって用いた契約書の記載や口頭での会話における表現が通常どのように理解されているかが重要な考慮要素となるが，これにそのまま従うのではなく，当該契約の個別の事情を踏まえて，当事者がその表示をどのように理解するのが合理的かを基準とすることとしている。
　本文3は，本文1及び2によっても契約内容を確定することができない事項が残るが，契約の成立自体は認められる場合における契約解釈（いわゆる補充的解釈）の基準を取り上げるものである。その契約にとって本質的に重要な事項についてその内容を確定することができないときは，そもそも契約の成立が認められない。これに対し，その内容を確定

することができない事項があるが，契約の成立自体は認められるときは，その内容を補充することが必要になる。補充が問題になる場合として，典型的には，例えば，当事者が合意していなかった付随的な事項について紛争が生じた場合が考えられる。これらの場合にも，慣習，任意規定，条理など，一般的な場面を想定して設けられたルールを直ちに適用するよりも，まず，当該契約に即した法律関係を形成することを考えることが契約制度の趣旨に合致するという考え方に従い，本文3は，契約内容を確定することができない事項があることを当事者が知り，その事項について合意をするとすればどのような合意をすると考えられるかが確定することができるのであれば，その合意の内容に従って契約を解釈するという規定を設けることとしている。

　以上に対し，契約の解釈に関する規定は解釈の硬直化を招き，事案ごとの個別の解釈に委ねるのが相当である等として，設けるべきではないとの考え方があるほか，本文3は必ずしも確立されたものではないとして，本文3のような規定のみを設けるべきでないとの考え方があり，これらの考え方を（注）で取り上げている。

（補足説明）
1　契約関係をめぐって紛争が発生すると，まずは契約解釈によって契約の内容を明らかにすることが必要になる。民法には契約の解釈に関する規定が設けられていないが，契約解釈が契約に基づく法律関係の内容を明らかにするという重要な役割を担っていることに鑑みると，それがどのような考え方に従って行われるべきかが条文上明確でないのは望ましくないという指摘がある。このような指摘を踏まえ，本文1から3まででは，契約解釈に関する基本的な原則を新たに規定しようとしている。
2 (1)　本文1は，契約の内容についての理解が当事者間で共通している場合における契約解釈の原則を定めるものであり，この場合には，その共通の理解に従って契約を解釈しなければならないとするものである。契約内容は合意によって決定されるから，当事者の共通の理解を認定することができるときはこれに従って解釈するのが最も基本的な原則であると考えられ，これを明文化するものである。契約の内容はその成立の時点での当事者の合意によって形成されるから，共通の理解の存否も，契約成立時の当事者の理解を基準として判断される。

　　　例えば，典型的には，契約書の記載や口頭での会話における表現について当事者がその表現を同一の意味で理解している場合である。このような場合には，その表現が取引通念上一般にどのような意味で理解されているかにかかわらず，当事者の理解する意味に従って解釈しなければならない。
　(2)　契約の解釈は当事者の内心の意思を探求することではなく，契約書の記載や口頭の会話において用いられた表現の客観的な意味を明らかにすることであるとの見解もあり，これを前提に，当事者がどのようにその表示を理解していたかよりも，社会通念上一般的にその表現がどのような意味で理解されているかを重視して契約を解釈するという立場もある。しかし，当事者の理解が一致しているにもかかわらず，これと異なる意味で契約を解釈することは，当事者が自分に関する法律関係を自由に形成できるという原則からしても相当でないと考えられる。本文1は，当事者の意思を離れた

客観的な意味に従って解釈するという立場とは異なる立場を明示的に採るものである。
　もっとも、これは契約書の記載等の表現の客観的な意味は契約解釈において重視されないということを意味するものではない。契約当事者は、言葉の通常の意味に従って契約内容を表現し、これが一致することによって契約が成立するのが一般的であるから、契約書の記載その他の表現の客観的な意味は、当事者の共通の理解を明らかにする上での考慮要素として最も重要なものであると言える。本文１は契約書の記載等のこのような重要性を否定するものではないが、表現の客観的な意味とは異なる意味で当事者が理解していたことを認定することができるときにまで、その客観的意味に従って解釈すべきではない。このように、表現の客観的な意味の重要性は否定されないが、それ自体が契約解釈の基準となるのではなく、飽くまでそれを通じて確定される当事者の共通の理解に従って契約解釈されるべきであると考えられる。本文１はこのような考え方に従うものである。

(3) 部会における審議においては、本文１のような考え方に対し、次のような問題提起があった。例えば、当事者が１００万円で目的物を売買するつもりであったのに、契約書にはあえてその代金額として「１００万ドル」と記載したという事例を考えると、従来の考え方によれば、これは当事者が虚偽表示を行った場合に該当し、例えば売主から１００万ドルの支払を求められた売主は、１００万ドルで売買するという意思表示は虚偽表示であるという抗弁を主張する必要がある。しかし、本文１の考え方の下では、この契約は１００万円での売買契約であることになるから、買主は１００万ドルでの売買契約が成立したことを否認すれば足りることになり、従来の考え方と攻撃防御の構造が変化するのではないかという指摘である。
　上記の事例が虚偽表示に該当するという理解に従うと、１００万ドルで売買するという意思表示は無効になるが、１００万円での売買契約の成立を否定することはできないから、虚偽表示として無効になる契約とは別に、１００万円で売買するという契約があることになる。したがって、この理解に従うと、２つの契約について解釈が問題になる。まず、１００万ドルで売買するという契約においては、当事者が１００万ドルという外形を作出するために「１００万ドル」という記載をしているのであるから、この記載が１００万ドルという意味であるという共通の理解に基づいて意思表示をしたと言うことができ、この契約は「１００万ドルで目的物を売買する」という意味であると解釈されることになると考えられる。売主がこのような契約に基づいて１００万ドルの支払を求めた場合には、買主は、この契約が実際には虚偽のものであるという合意が併せてされていたという事実を抗弁として主張することになる。これは従来の攻撃防御方法の考え方に変更を加えるものではない。当事者間にはこのほかに、その物を１００万円で売買するという別の契約があり、この契約においては代金が１００万円であるという共通の理解がされているから、それに従った解釈がされる。
　これに対し、当事者が１００万円という意味のつもりで「１００万ドル」と記載した場合がある。例えば、当事者は「１００万円」と書くつもりであったが誤って「１００万ドル」と記載してしまった場合や、当事者間の特殊な記号として１００万円を意味するために「１００万ドル」という表現を用いていた場合である。この場合は、

契約は一つであり，本文1に従えば，この「100万ドル」は100万円という意味で解釈されるべきことになる。仮に，売主が，たまたま契約書に「100万ドル」と記載されていることを奇貨として100万ドルの支払を求めた場合，売主は，買主は代金額を否認して請求を争うことになる。100万ドルの支払を請求する者が，代金額が100万円ではなく100万ドルであったことを主張立証する責任を負うのは当然のことであって，この帰結は何ら従来の扱いを変更するものではない（契約書に「100万ドル」と書いてあることは，有力ではあるが証拠方法に過ぎず，このような記載があるからと言って，真の代金額の主張立証責任を相手方が負うわけではない。）。

3 本文2は，契約の内容について本文1にいう当事者の共通の理解があるとは言えない場合における解釈の原則を定めるものである。「当事者の共通の理解が明らかでない場合」には，当事者が用いた表現を共通の意味で理解していたかどうかが明らかでない場合のほか，当事者が用いた表現について異なる理解をしていたことが明らかである場合も含まれる。

　当事者の意思が合致していない場合には，当事者の意思を基準とすることはできず，この場合には当事者が用いた表現の客観的な意味に従って解釈するという考え方も主張されている。しかし，ここでも，当事者が契約をした趣旨や目的とは離れてその表現が一般的にどのような意味で理解されていたかを探求するのではなく，契約の趣旨・目的に沿って当事者が用いた表現の意味を確定することが契約制度の趣旨に合致すると考えられる。そこで，本文2では，契約目的や当該契約に至る交渉の経緯などを踏まえ，その状況の下で，その表現をどのように理解するのが当該契約の当事者にとって合理的であったかを基準とすべきであるとしている。これは，できる限りその契約の趣旨や目的に即した法律関係を形成するため，同種の合理的な人ではなく当該当事者を基準として，しかしその主観にそのまま従うのではなく，その当事者が合理的に考えればどのようにその表現を理解するのが合理的かを問題とするという考え方である。

　通常の当事者であれば言葉の通常の意味で表現を理解するから，当事者が契約の締結に当たって用いた契約書の記載や口頭での会話における表現が通常どのように理解されているかは，ここでも，当該当事者が合理的に考えたときにどのように理解するのかを確定する上で最も重要な考慮要素となる。したがって，本文2の考え方が当該当事者を基準とするからと言って，用いられた表現の通常理解されている意味が軽視されるわけではない。ただ，これにそのまま従うのではなく，上記で挙げた当該契約の個別の事情を考慮して，何が当事者にとっての合理的な理解であるかを検討するというのが本文2の考え方である。例えば，契約書に「金100グラムをα円で売却する」と記載されており，売主は金100オンスを売却するつもりであったが，買主は金100グラムを買うと理解していたという事例を考えると，この記載は，原則として，100グラムを売却すると解釈するのが合理的である。しかし，代金額を確定する際に準拠した金の相場表がオンス単位であり，α円が金100オンスに対応した金額であるという事情があるときは，当該事情のもとでは「金100グラムをα円で売却する」という表現は「金100オンスをα円で売却する」という意味で理解するのが合理的であったということができる。これは，実務において一般に行われている契約解釈とも整合的であると考えら

れる。
　なお，契約書で用いられた表現の意味について当事者の理解が異なっている場合には，いずれかの当事者に錯誤があることになる。当事者に錯誤があるかどうかの判断に当たっては，まず契約の解釈が先行し，これによって契約の意味を明らかにした上で，当事者に確定された意味に対応する意思があるかどうかを問題にすることになると考えられる。契約の解釈の結果確定されたその表現の解釈によって契約内容が明らかにされるが，これに対応する意思が当事者に欠けている場合には，これが要素の錯誤に該当するときは契約は無効（前記第3，3の考え方によると，取消可能）となる。他方，要素の錯誤に該当しないときは契約は確定的に有効であり，契約解釈によって確定された意味内容に従って法律関係が形成されることになる。

4 (1) 本文3は，本文1及び2によっても契約内容を確定することができない事項が残るが，契約の成立自体は認められる場合における契約解釈（いわゆる補充的解釈）の基準を取り上げるものである。
　その契約にとって本質的に重要な事項についてその内容を確定することができないときは，そもそも契約の成立が認められない。これに対し，当事者がある事項について特に合意をしていないことなどによってその事項について内容を確定することができない場合でも，それが付随的な事項であるときは契約の成立自体は認められるため，その後，その事項について紛争が生じた場合には，その事項について契約内容を補充することが必要になる。これがいわゆる補充的解釈であり，本文3の「上記1及び2によって確定することができない事項が残る場合」というのは補充的解釈が必要となる場面を示すものである。

(2) 契約内容を確定することができない事項が残る場合には，慣習，任意規定，条理などを適用することによって当事者の法律関係を明らかにするという方法がある。しかし，これらは同種事案についての一般的な場面を想定して形成されてきたルールであり，個別の契約に適用するのが必ずしも適当でない場合がある。慣習や任意規定等の一般的なルールを直ちに適用するよりも，個別の契約に即して，当該契約の趣旨や目的などに合致する補充の方法を確定することができるのであれば，それに従って法律関係を形成することが望ましいと考えられる。そこで，当事者の意思にできるだけ即して補充を行うという観点から，本文3では，契約内容を確定することができない事項が残っていることを当事者が知っていればその事項についてどのような合意をしたと考えられるかをまず検討し，このような合意をしたであろうという内容を確定することができるときは，それに従って契約内容を補充するという考え方を採っている。
　補充的解釈の具体的な例として，部会の審議の中では，賃貸借契約においては貸主が目的物の修繕義務を負うとされている（民法第606条）が，通常よりもかなり安価な賃料で賃貸借が締結されている場合には，軽微な瑕疵については貸主が修繕義務を負わないと解釈する余地があるという例が挙げられた。このほか，契約において一定の場合について定められているときに，直接にはそれに該当しない場合について，趣旨に照らしてその定めを類推することも，補充的解釈に該当する。例えば，建物の賃貸借において「ピアノ演奏禁止」と定められている場合には，騒音による近所迷惑

を防止するという趣旨に照らすと、ヴァイオリンやチェロの演奏も禁止されるが、ヘッドホンをつけて電子ピアノを演奏することは禁止されないと解釈され得る。当事者の仮定的な意思によって契約を解釈するという手法がこのようなものであるとすると、これは現在の実務においても取られている手法であり、本文3の考え方が必ずしも現在の実務からみて特殊なものであるとは言えない。当事者が定めていない事項について紛争が生じた場合に、「当事者の合理的な意思の解釈」などを根拠として解決が図られることがあるが、このような方法も、本文3と同様の手法によるものであると考えられる。

(3) 本文3の考え方については、当事者の仮定的な意思を事後的に認定することが実務的に困難であるとの指摘、法律行為の内容が不確定な場合にはその法律行為は無効であるという原則との関係も十分に整理する必要があるとの指摘、当事者の仮定的意思に従って解釈するという考え方が実務的にも学説上も確立したものとして受け入れられている訳ではないとの指摘などがある。これらの問題意識から、本文1及び2のような規律を設けることには賛成する立場からも、本文3の規律については慎重な検討を求める意見がある。この考え方を（注）の第2文で取り上げている。

5 本文1から3までのような規律を設けることに対しては、そもそも契約解釈に関する規律を設けるべきではないという考え方がある。まず、契約の解釈に関する規律を設けると個々の事案に応じて柔軟にされるべき契約解釈という作業の硬直化を招くことになるから、事案ごとの個別の解釈に委ねるのが相当であるという指摘がある。また、契約解釈という作業が事実認定の問題か法律問題かについても考え方が分かれているなどその法的な性質は必ずしも明確になっておらず、民事実体法に置かれるべき法規範としてなじむかどうかにも疑問があるという指摘がある。

以上のような指摘を踏まえて、契約解釈に関する規定を設けないという考え方を（注）の第1文で取り上げている。

6 部会の審議においては、約款の解釈に当たっては「条項使用者不利の原則」に従うという規定を設けるかどうかについても検討が行われた。これは、約款に含まれる条項については、一般的な契約解釈の手法、すなわち、当事者の共通の意思を探求し、共通の意思がない場合には当該契約に関する事情の下で当事者がどのように理解するのが合理的であるかを探求したとしてもなお複数の解釈の可能性が残る場合には、約款の使用者に不利な解釈を採用すべきであるという考え方である。この考え方は、約款が使用された場合のように、契約当事者の一方が契約条項を作成し、他方当事者が契約内容の形成に実質的に関与することができない場合において、一般的な契約解釈の手法によってもなお複数の解釈の可能性が残されているときは、そのリスクは契約条項を一方的に形成した側の当事者が負担するのが公平であることを理由とする。また、当事者の一方が契約内容の形成に実質的に関与しておらず、問題となる条項について現実の認識を有していないこともあるような場合には、その当事者が、当該状況の下で、どのようにその条項を理解するのが合理的であるかを確定するのは困難であることも、根拠として挙げられている。

この考え方については、契約解釈に関する伝統的に確立した準則であるとして強く支

持する意見がある一方，強い批判もある。批判的な考え方として，約款の使用者といえども将来におけるあらゆる事象を想定して契約条項を作成することは不可能であるから，予測不可能なリスクが契約条項の使用者に一方的に負担させられるのは適当でないとの指摘や，契約ごとの事情を踏まえて柔軟にされるべき契約解釈が，条項使用者不利の原則の下で硬直的に運用されるおそれがあるとの指摘などである。また，条項使用者不利の準則の位置づけについて，本文1から3までのルールと同一のレベルで並列されるべき準則であるのか，そうでないとすればどのような関係に立つのか，本文1から3までのルールが当事者の意思にできるだけ即して個別の当事者の観点から契約内容を確定しようという基本的な考え方を背景としているのに対して条項使用者不利の原則はやや異質な観点を持っているようにも思われ，本文1から3までとどのように整合するのかなども，十分に整理されていないようにも思われる。

　以上のように，条項使用者不利の原則については強い批判もあって十分な合意が形成されなかったことから，本文では取り上げていない。

第30　約款
1　約款の定義

　約款とは，多数の相手方との契約の締結を予定してあらかじめ準備される契約条項の総体であって，それらの契約の内容を画一的に定めることを目的として使用するものをいうものとする。

　（注）約款に関する規律を設けないという考え方がある。

（概要）

　約款に関する後記2以下の規律を新たに設ける前提として，それらの規律の対象とすべき約款の定義を定めるものである。

　現代社会においては，大量の定型的取引を迅速かつ効率的に行うことが求められる場面が多い。これを実現するため，契約の一方当事者があらかじめ一定の契約条項を定めたいわゆる約款を準備して，個別の交渉を省き画一的な内容の契約を結ぶことが必要だといわれている。しかし，民法の原則上，当事者の合意がない契約条項が拘束力を有することは本来ないため，このような約款に拘束力が認められるかどうかが明らかでない。そこで，約款を用いた取引の法的安定性を確保する見地から，本文において約款を定義した上で，後記2において約款が個別の合意がなくても契約内容となる根拠規定を設けることとしている。

　ここでは，契約内容を画一的に定める目的の有無に着目した定義をすることとしている。すなわち，ある契約条項の総体について，約款の使用者がどのような目的でそれを用いているかによって，約款に当たるかどうかを定めることとしている。例えば，いわゆるひな形は，それを基礎として交渉を行い，相手ごとに異なった内容の契約を締結する目的で用いる場合には，約款には当たらない。これに対して，市販のひな形をそのまま多数の相手方との間で画一的に契約内容とする目的で用いるならば，約款に当たり得る。

　他方で，約款に関して新たな規律を設ける必要性が乏しいとして，規律を設けるべきで

ないとする意見があり、これを（注）で取り上げている。

（補足説明）
1 約款の拘束力に関する判例・学説
  (1) 約款には、多数の相手方との契約を画一化することで商品やサービスを安価・迅速に提供できるようにするという機能がある。また、保険などの契約においては、商品自体が複雑に組み合わされた契約条項で構成されており、それを提供するためには約款を用いることが不可欠である。このように、約款は今日の取引において重要な機能を有している。
     しかし、契約の拘束力は当事者の合意に根拠があると考えられているのに対し、約款を用いた契約においては、約款を構成する条項について交渉がされず、そもそも相手方が条項の内容を認識していないことも多いため、約款に含まれる契約条項に契約としての拘束力が認められるか疑問が生じ得る。他方で、契約条項に拘束力を与えるために常に当事者がその条項一つ一つについて合意しなければならないとすると、取引の迅速性等の要請に対応することができない。そのため、判例や学説において、どのような場合に約款に含まれる契約条項に拘束力が認められるかが議論されてきた。
  (2) 約款の拘束力に関するリーディングケースとされる判例は大判大正4年12月24日民録21輯2182頁であり、火災保険について、保険加入者は反証のない限り約款の内容による意思で契約をしたものと推定すべきであると判示した。この判例の見解は、意思推定説と呼ばれる。この判例が「約款の内容を知悉しなかったときであっても、一応これ（約款）による意思を持って契約したものと推定するのを当然とする」と判示し、それ以上特段の説明なく約款に含まれる条項の拘束力を肯定していることからすると、この判例は、相手方に「約款による意思」があれば約款が契約内容になることを前提にしているようである。もっとも、この判例は、上記の判示部分に至るまでに、世間一般の実情として、火災保険契約に当たっては約款による意思を有していることが通常であること、約款が概して適当な内容であるという信頼があることなどに言及している。そのため、このような実情や相手方からの信頼が確立しているとは言えない分野の取引について、当事者の「約款による意思」が推定されるのか、また、「約款による意思」があれば直ちに約款の拘束力が肯定されることになるのかは、必ずしも明確ではない。
     その後の裁判例には、当事者が約款に含まれる条項の内容を認識していなかった場合に、その条項が契約内容になったことを否定したものがある。例えば、札幌地判昭和54年3月30日判時941号111頁は、自動車保険の約款中に、満26歳以上の者が運転し事故が惹起された場合のみ保険会社が損害保険金を負担するという特約が付されていた事案で、この特約の存在を明記した保険証券を契約締結後に保険契約者に送付したのみで、保険契約者と保険会社の間の契約内容にこの特約が含まれていると解することは相当でないとした。同様の事例で、結論的には効力を認めたものの、自動車保険の重要な免責条項については、契約締結前に実質的かつ直接的な告知がされることが必要であるとした裁判例（東京地判昭和57年3月25日判タ473号2

４３頁）もある。また，山口地裁昭和６２年５月２１日判時１２５６号８６頁は，警備請負契約において，依頼者が自己の事由で解約するときには契約期間５年間分の警備料相当額を支払うことが定められていた事案について，依頼者が本件解約金条項の存在を知らなかったことも無理はなく，右条項は依頼者にとって予期しないものと言うべきであるから，右条項が当事者双方にとって合理的なものと認められない限り，合意の対象になっているものとは言いがたいと判示した。これらの裁判例は，重要な契約条項の内容を当事者が具体的に知らなかった場合には当事者を拘束しないことがあるという考え方を採ったものと言える。

　以上のように，約款の拘束力に関する判例のルールは必ずしも明確ではなく，また，約款の組入れの問題と内容規制の問題が明確に区別されないで処理されているとの指摘もある。

(3) 学説上は，約款の拘束力を当事者の意思ではなくその法規性に求める見解や，約款を使用した契約も契約であることを重視してその拘束力を意思に求めるという原則を維持し，「その約款による」という意思に拘束力の根拠を求める見解などが主張されてきた。現在は，後者の見解が有力化しているとされているが，約款の拘束力の根拠を意思以外に求める見解もなお有力である。

2　約款の定義

(1) 約款の定義に関する立法提案として，「多数の契約に用いるためにあらかじめ定式化された契約条項の総体をいう」とするものがある。

　約款をこのように定義する理由として，このような契約条項が使用された場合には，両当事者が交渉を通じて共に契約内容の形成に関与して契約を締結する場合とは異なる状況があることが挙げられている。具体的には，このように多数の契約に用いるために一方当事者があらかじめ定式化した契約条項については，相手方がその内容を認識しないまま契約を締結することが起こりうるために契約条項の拘束力の有無が問題になること，相手方が約款の内容を認識していた場合でも，契約条項の定型性は条項をあらかじめ準備した者と相手方との間に構造的な交渉力の不均衡を生じさせることが指摘されている。

(2) これに対しては，事業者が準備している契約書のひな形などが約款に該当することになる点で，定義が広すぎるとの意見がある。この意見は，約款の拘束力が問題となるのは，一方の当事者が定型的に示した契約条項について，他方の当事者がそのまま受け入れるか否かの選択を迫られ，交渉をして契約条項を修正する余地がない場合であって，そのような場合には相手方は契約条項について吟味する意味が乏しいために個別の契約条項を確認して合意することも期待できないという特質があることから，この点に着目して定義を置くべきであるとする。これによれば，約款は交渉による修正が予定されていないものに限定すべきであって，契約書のひな形がそれに基づいて交渉を行うことを予定して使用される場合には，これを約款から除外することが考えられる。

　本文では，このような指摘を踏まえ，約款であるかどうかは，それが契約の内容を画一的に定めることを目的として使用されているかによって定めることとしている。

ある契約条項の総体について、交渉による修正を予定しているか否かは、その契約の内容などの客観的な要素によって一義的に定まるものではなく、主にその契約条項を準備した者の目的によって定まるものと考えられるからである。
(3) なお、この定義によれば、契約条項の総体を準備した者がそれによって多数の相手方と契約内容を画一的に定める目的を有していれば定義上の約款にあたる。しかし、その後、実際の契約締結過程において交渉が行われるなど、当事者が当該契約条項について個別に合意した場合には、後記2の組入要件を満たす必要はなく、後記3ないし5の適用はない。このような契約条項は通常の合意による契約と異ならないからである。

3 消費者契約との関係

約款は事業者と消費者の間における取引で用いられることが多いことから、このような取引に特化して規律を設けるべきであるとする考え方がある。確かに、約款が使用される場合には相手方は類型的に情報が乏しいことなどを理由に、そのような当事者間の交渉力や情報の格差を解消して相手方を保護するための規定を設けるのであれば、約款使用者が事業者であり、相手方が消費者である場合に適用対象を限定して、組入要件に関する規定を設けることも考えられる。

しかし、組入要件の規定に関してまず問題になるのは、契約内容についての認識と合意を厳格に要求すれば拘束力を正当化することが困難な場合について、どのような要件で契約内容としての拘束力を認めるかということである。これは、情報や交渉力の格差をどのように是正するかとは別の、契約内容がどのように決定されるかという私法上の権利義務に関する一般的な問題であり、本文ではこのような意味での組入要件を設けることを意図している。そこで、本文においては事業者と消費者との間の取引に限定せずに約款を用いた取引を対象として規定を設けることとしている。

2 約款の組入要件の内容

契約の当事者がその契約に約款を用いることを合意し、かつ、その約款を準備した者（以下「約款使用者」という。）によって、契約締結時までに、相手方が合理的な行動を取れば約款の内容を知ることができる機会が確保されている場合には、約款は、その契約の内容となるものとする。

(注) 約款使用者が相手方に対して、契約締結時までに約款を明示的に提示することを原則的な要件として定めた上で、開示が困難な場合に例外を設けるとする考え方がある。

（概要）

約款が契約内容となるための要件を新たに定めるものである。

約款を使用した契約においても、約款の拘束力の根拠は、究極的には当事者の意思に求めるべきであると考えられることから、まず、約款を準備した契約当事者（約款使用者）と相手方との間に約款を用いる合意があることを要件としている。なお、この合意は必ずしも明示的な合意である必要はない。

そして，相手方が当該約款を用いた契約を締結することに合意するか否かを判断できるよう，契約締結時までに相手方が約款の内容を認識する機会が確保されている必要がある。その上で，約款の内容を認識する機会をどの程度保障すべきかについては，約款の定義（前記1）との関係が問題となる。約款の定義において，契約内容を画一的に定めることを目的として使用するものに対象を限定し，個別の条項に関して交渉可能性が乏しいものが想定されていることからすると，ここで開示を厳格に求めるのは，相手方にとって煩雑でメリットが乏しい反面，約款使用者にとっては取引コストを不必要に高めることになる。このことを踏まえ，本文では，約款使用者の相手方が合理的に期待することができる行動を取った場合に約款の内容を知ることができる状態が約款使用者によって確保されていれば足りることとしている。ここでいう合理的に期待することができる行動は一律に定まるものではなく，その契約の内容や取引の態様，相手方の属性，約款の開示の容易性，約款の内容の合理性についての公法的な規制の有無等の事情を考慮して定まるものと考えられる。他方で，契約の拘束力を当事者の意思に求める原則をより重視する観点から，約款使用者が相手方に対して事前に約款の内容を明示的に提示することを原則的な要件として定めるべきであるという意見があり，これを（注）で取り上げている。

（補足説明）
1　約款を用いることの合意
　　約款の拘束力については，前記1の補足説明1のとおり，その根拠を意思以外に求める学説も主張されてきた。例えば，約款に法規性を認める見解があるが，私的な存在に過ぎない企業などに法規を定める権限が認められるのか疑問であるといった指摘がある。近時は，約款を使用した契約も契約であることを重視し，その拘束力の根拠を当事者の意思に求める見解（契約説）が有力である。本文は，この契約説に従い，少なくとも約款を用いることへの合意が必要であるとしている。なお，通常の契約においては個別の契約条項についての合意が求められるのに対して，ここでいう合意とは，約款の全体を契約で用いることへの包括的な合意である。
　　ただし，合意一般に言えることであるが，組入合意が必要であるとしても，明示的な合意が必要なわけではなく，黙示の合意でも足りる。契約の締結に当たって契約書が作成されるようなケースで，契約書とは別に約款が使用される場合には，契約書中で，契約内容の詳細はその約款による旨の明示的な合意がされることが多いと考えられる。これに対して，例えば公共交通機関を利用する場合には，その契約に旅客運送約款などを用いることが明示的に合意されているわけではないものの，利用に当たって約款を用いることが黙示的に合意されていると考えられる。
2　約款の内容を知ることができる機会
(1)　当事者の合意に拘束力の根拠を求める以上は，少なくとも契約締結より前に約款の内容を認識する機会が相手方に与えられるべきであるという点については異論がない。その理由としては，およそ知ることもできなかった約款について組入合意があってもその合意に拘束力を認めることはできないことが挙げられる。また，相手方に，約款の内容を確認し，不都合な内容であれば契約を締結しないという選択の機会を与える

という点に実質的な意義があると考えられる。
(2) 約款の内容を知ることができる機会を与えることとした場合に、当事者の合意を約款の法的拘束力の基礎にする以上は、原則として約款を相手方に提示することを求めるべきであるとする意見がある。その上で、契約の性質上、相手方に約款を現実に提示することが困難な場合に限って例外を認めるというものである。本文の（注）ではこのような考え方を取り上げている。

これに対しては、約款が効率的な経済取引を可能にしているなどの社会的機能を担っていることや社会全体のコストを考慮すると、あまり厳格な組入要件を定めるべきではないとの指摘があった。約款を用いる取引の中には、公共交通機関や宅配便などの、少額の契約が日常的に締結されているような場合や、電話での会話によって契約が締結されるような場合もある。このような場合には、約款の開示要件を厳格に課すのは現実的ではないと考えられる。また、約款を用いる取引は様々であり、どのような取引であれば約款の事前の開示の例外を認められるかを明確にかつ取引の実情に合わせて規定することは困難であるという指摘もあった。

そこで、本文では、約款を明示的に提示することを必ずしも原則的な要件とはしないで、比較的緩やかな要件を設定し、これに基づく具体的な開示の方法については個別の契約ごとに様々な要素を考慮して判断することとしている。

(3) 上記のように、約款を契約内容とするために、常に現実の提示があること等は必要でないとしても、具体的にどの程度の認識可能性があれば足りるかが問題となる。相手方が特段の行動を起こさなくても約款の内容を認識しようとすれば容易に認識できる状態に相手方を置くことが必要とする考え方や、あるいは契約締結時までに約款の開示を求められれば開示できるという状況にあれば約款の組入を認めて良いという考え方もありうる。

この点については、約款を契約内容とする組入合意の存在を前提としていることや、約款の使用は必ずしも約款使用者だけではなく相手方にとっても効率的な取引を可能にする面があることに鑑みると、相手方が約款の内容を知るために必要な措置をすべて約款使用者の側に負担させるのではなく、約款の内容を知るための行動を相手方が取ることを前提とする要件を設定することも合理性があると考えられる。そこで、本文では、相手方が合理的な行動を取れば約款の内容を知ることができる機会が確保されていることを要件としている。

例えば、書面その他の記録媒体に約款の内容を記録して交付したり、契約締結場所に掲示したりすれば、相手方が約款内容を現実に知りたいと考えたときにはそれを閲読することを合理的な行動として期待することができる。また、多くの取引においては、約款の内容をウェブサイトの分かりやすい場所に掲示しておけば、相手方がその内容を知りたいときにはウェブサイトにアクセスして閲覧することを期待することができると考えられる。さらに、相手方の属性によっては、例えば相手方も事業者でありその種の取引の経験が豊富である場合には、相手方が約款内容を知りたければ自ら申し出るという行動を期待することもできると考えられる（したがって、この場合には、相手方からの申し出があった場合には閲読させる準備があれば足りる。）。他方、

遠方の事業所のみに約款が備置されているような場合には，相手方に事業者に赴いて約款内容を閲読するように求めることが適当でないこともあり得ると考えられる。
3 労働契約の内容を規定する定型的契約条項と約款の組入要件
　就業規則については，労働契約法第7条にそれが労働契約の内容となるための要件が定められている。仮に就業規則が約款に該当するとしても，同条が約款の組入要件に関する民法の規定に対する特別規定と位置づけられるため，当該規定が適用されることになる。
　他方，労働契約の内容を定めるために作成された定型的契約条項であって，これらの労働関係法規の適用を受けないものがあるとすれば，それに約款の組入要件に関する規定が適用されるかどうかが問題になる。仮に民法上の約款に関する規律が適用されると，内容の合理性やそれを周知したか（労働契約法第7条）を問わず労働契約の内容となる可能性がある点で問題があるとする意見がある。
　しかし，労働者が就業上遵守すべき規律及び労働条件に関する具体的細目について定めた規則類であれば，その作成が義務づけられている（労働基準法第89条）か否かにかかわらず，就業規則に当たる（平成24年8月10日付け労働基準局長通達「労働契約法の施行について」（基発0810第2号）第3の2(2)イ(エ)）。そのため，労働契約の内容を定めるために作成された定型的契約条項は，多くの場合は就業規則として労働契約法第7条が適用されることになり，このような問題が生じる場面はあまり生じないとも考えられる。

3　不意打ち条項

**　約款に含まれている契約条項であって，他の契約条項の内容，約款使用者の説明，相手方の知識及び経験その他の当該契約に関する一切の事情に照らし，相手方が約款に含まれていることを合理的に予測することができないものは，前記2によっては契約の内容とはならないものとする。**

（概要）
　約款が前記2の組入要件を満たす場合であっても，その約款中に含まれているとは合理的に予測できない条項（不意打ち条項）があるときは，その条項には組入の合意が及んでいないと考えられる。そこで，約款の拘束力を当事者の合意に求めること（前記2）の帰結として，不意打ち条項については，その内容の当否を問わず契約内容にならないとするものである。ある契約条項が不意打ち条項か否かの判断を，個別の相手方ごとに具体的にするか，想定している相手方の類型ごとに抽象的にするかについては，解釈に委ねることとしている。なお，ある契約条項の総体が前記1でいう約款に該当する場合であっても，結果的に個別の契約条項について当事者が合意をした場合には，その契約条項は，不意打ち条項には当たらない。この場合は，その契約条項は当該合意によって契約の内容になったと考えられるからである。本文において，不意打ち条項である場合に「上記2によっては」契約の内容とはならないとあるのは，このことを表現するものである。

(補足説明)
　不意打ち条項にあたるか否かは，内容の不当性にかかわらず当該条項が当該契約類型において予測できるものであるか否かによって定まる点で，不当条項にあたるか否かとは概念的に異なる。例えば，ある商品についての売買契約の約款について，商品の購入後，継続的にその商品の付属品の購入をしたり，メンテナンスなどのサービスを受けたりしなければならないという条項が含まれていた場合には，交渉の経緯や他の契約書面などから予測できないようなものであれば，価格が適正であっても不意打ち条項には当たり得ると考えられる。
　これに対して，当事者にとって不意打ちとなるような契約条項は同時に不当条項であると評価される場合が多く，不当条項に該当しない場合であっても説明義務・情報提供義務違反の問題として処理することができることから，敢えて不意打ち条項に関する規定を設ける必要はないとの指摘もある。

4　約款の変更
　約款の変更に関して次のような規律を設けるかどうかについて，引き続き検討する。
　(1) 約款が前記2によって契約内容となっている場合において，次のいずれにも該当するときは，約款使用者は，当該約款を変更することにより，相手方の同意を得ることなく契約内容の変更をすることができるものとする。
　　ア　当該約款の内容を画一的に変更すべき合理的な必要性があること。
　　イ　当該約款を使用した契約が現に多数あり，その全ての相手方から契約内容の変更についての同意を得ることが著しく困難であること。
　　ウ　上記アの必要性に照らして，当該約款の変更の内容が合理的であり，かつ，変更の範囲及び程度が相当なものであること。
　　エ　当該約款の変更の内容が相手方に不利益なものである場合にあっては，その不利益の程度に応じて適切な措置が講じられていること。
　(2) 上記(1)の約款の変更は，約款使用者が，当該約款を使用した契約の相手方に，約款を変更する旨及び変更後の約款の内容を合理的な方法により周知することにより，効力を生ずるものとする。

(概要)
　本文(1)(2)は，契約の成立後に，組み入れられた約款の内容を変更するための要件を定めるものである。
　約款を使用した契約関係がある程度の期間にわたり継続する場合には，法令の改正や社会の状況の変化により，約款の内容を画一的に変更すべき必要性が生ずることがあるが，多数の相手方との間で契約内容を変更する個別の同意を得ることは，実際上極めて困難な場合がある。このため，実務上は約款使用者による約款の変更がしばしば行われており，取引の安定性を確保する観点から，このような約款の変更の要件を民法に定める必要があると指摘されている。本文(1)(2)は，このような指摘を踏まえ，約款の変更の要件に関す

る試みの案を提示し，引き続き検討すべき課題として取り上げている。これらの要件の当否について，更に検討を進める必要がある。

（補足説明）
1　契約継続中の約款の変更
　　約款を用いた契約は，相手方が多数であることから，契約の継続中に約款の内容を変更する必要が生じても個別の同意を得ることが困難であるが，法令の改正などの事情により約款を変更する合理的な必要性が生ずる場合も多い。他方，契約の一般原則からすれば，既に成立した契約の内容を他方当事者の同意なく変更することは，本来は許されないはずである。そのため，約款の内容を個別の相手方の同意を得ないで変更した場合，その変更が事後的に無効とされる可能性は否定できない。
　　現在でも，約款の変更は一定の取引類型においては実務上しばしば行われていると言われており，判例にも，一方当事者による変更後の約款が相手方に適用されることを認めたものがある。例えば，最判平成１３年３月２７日民集５５巻２号４３４頁は，加入電話契約の締結後に電話事業者が新たなサービスを開始し，約款にその旨の条項を追加した場合について，加入者は当該サービスに係る料金を支払う義務があることを前提としている。もっとも，これは，約款の変更の効力が主たる争点となった事案ではなく，学説においても，約款に基づく契約締結後に約款の使用者が一方的にこれを変更するための要件や変更できる範囲等について十分な議論の蓄積があるわけではない。そこで，本文では約款の変更に関する規律を引き続き検討すべき課題とした上で，試みの案を示している。
2　約款の変更の要件
(1)　本文アは，約款の内容に変更を加えなければならない合理的な必要性が生じたことを求めている。例えば，関連する法令に改正があった場合などがこれに当たる。また，個別の合意ができる相手方についてのみ変更するのでは足りず，契約の相手方全てとの間で画一的に変更する必要があることを要件としている。
(2)　本文イは，約款の特質に照らして例外を認めるべき場合を限定する趣旨で，約款を使用した契約が現に多数あることと，個別の同意を得ることが著しく困難であることを要件とするものである。この要件に関しては，プリペイドカードのように約款を用いた契約の相手方が不特定である場合にも約款の内容の変更について同意を得ることが著しく困難であるとして，相手方が多数でなくても不特定であれば足りるものとするべきであるとの意見があった。
(3)　本文ウは，アで挙げた変更の必要性に照らして，当該約款の変更が相当な範囲に収まっているかという点を問題としている。変更の必要性に照らして変更の内容が合理的であり，かつ，変更が加えられる権利や義務の範囲及びその変更の質的・量的な程度が相当であることを要件としている。
(4)　本文エは，変更の内容が相手方にとって不利益なものである場合の手当てを問題としている。契約の一方当事者が，その契約内容を相手方にとって不利益に変更することは，その同意がない限り認められないとする考え方もある。しかし，現実には，相

手方に不利益な変更も行われており，その中には合理性を認めるべきものがあるとの指摘がある。そこで，本文ア，イ及びウのような必要性・合理性といった要件のほかに，どのような要件を満たせば相手方にとって不利益な変更を正当化することができるかという観点から，不利益の程度に応じて適切な措置が講じられているという要件を立てている。その具体的な内容は，今後の検討課題であるが，「適切な措置」の一例としては，約款の変更に異議がある相手方に対して，違約金，手数料その他の不利益を課されることなく，契約から離脱（解除）することを認めることなどが考えられる。

3 個別の契約条項について合意がある場合

前記2の約款の組入要件によって契約の内容となった契約条項については，相手方は，実際上，個々の条項の内容を把握して約款の組入れに合意するのではなく，その内容が合理的に予期できる範囲内のものであるという信頼に基づいて組入れに合意することが通常であると考えられる。そのため，変更がその範囲内のものにとどまる限り，相手方の期待を損なうわけではないとも考えられる。これに対して，前記2の約款の組入要件によらないで相手方が個別に同意した契約条項は，その具体的な内容を認識した上で同意しているのであるから，一方的に変更を加えると相手方の期待を損なうおそれがあると考えられる。

そこで，本文では，変更を可能とする対象を前記2の組入要件によって契約の内容となった約款の契約条項に限定している。すなわち，前記1で約款の定義に当てはまるものであっても，結果的に契約の締結にあたって個別に同意がされた契約条項については，本文のような規律によって変更することはできないことになる。

他方で，このような規律を採用すると，約款使用者にとっては，相手方から個別の合意を得ない方が，その後も，個別の合意を要しないという点でより容易に契約内容を変更することが可能になるため，かえって契約条項について個別の交渉に応じたり合意を得ることを避けるようになるおそれがあるなどとして，個別の合意を得た契約条項であっても組入要件によって契約内容となったものと同様の要件に基づいて変更できるようにするべきであるとする考え方もある。

4 変更の通知

約款の変更権の行使が意思表示であるとすると，その効果が生ずるためには，その意思表示が相手方に到達する必要がある（民法第97条第1項）。そうすると，約款を変更するためには，その旨を通知することが必要になると考えられる。

これに対し，実務的には，約款の変更の都度その通知を行わなければならないとすると煩瑣であって事務的な負担が大きいとの指摘がある。例えば，相手方の権利義務に関する重要な変更については個別に通知するが，相手方にとっての不利益がそれほど大きいとまでは言えない変更については，例えばウェブサイトに変更の通知とその内容を掲載して相手方が確認する機会を設けるにとどめることを許容すべきであるという考え方である。

そこで，通知の方法については一律に定めることはせず，合理的な方法により周知することとしている。

5　不当条項規制
　前記2によって契約の内容となった契約条項は，当該条項が存在しない場合に比し，約款使用者の相手方の権利を制限し，又は相手方の義務を加重するものであって，その制限又は加重の内容，契約内容の全体，契約締結時の状況その他一切の事情を考慮して相手方に過大な不利益を与える場合には，無効とするものとする。
　（注）このような規定を設けないという考え方がある。

（概要）

　約款に含まれる個別の契約条項のうち約款使用者の相手方に過大な不利益を与えると認められるものを無効とする規律を設けるものである。このような契約条項は，現在も民法第90条を通じて無効とされ得るものであるが，当事者の交渉や合意によって合理性を確保する過程を経たものではない点で他の契約条項と異なる面がある上，もともと同条の公序良俗に反するという規定のみでは予測可能性が低いという難点がある。そのため，同条のような契約の一般条項に委ねるのではなく，別途の規定を設け，約款の個別条項に対する規律を明確化する必要があると考えられる。他方で，ある契約条項の総体が前記1にいう約款に当てはまる場合であっても，それに含まれる条項のうち当事者が個別に合意したものについては，合意の過程において一定の合理性を確保されているものと考えられるため，本文の規律の対象とならない。本文の対象を「前記2によって契約内容となった契約条項は」としているのは，個別の合意がある条項を本文の適用対象から除外し，あくまで約款の組入要件の規定を通じて契約内容となった条項に適用対象を限定しようとするものである。
　不当条項であるか否かの判断基準については，これを明確にする観点から，比較対象とすべき標準的な内容を条文上明らかにすることとしている。具体的には，その条項がなかったとすれば適用され得たあらゆる規律，すなわち，明文の規定に限らず，判例等によって確立しているルールや，信義則等の一般条項，明文のない基本法理等を適用した場合と比較して，当該条項が相手方の権利を制限し又は義務を加重し，その結果相手方に過大な不利益を与えているかどうかという観点から判断するものとしている。本文に「当該条項が存在しない場合と比し」とあるのは，このことを表現するものである。
　民法第90条に関して検討されている暴利行為の規定（第1，2(2)）では，「著しく過大な不利益を与える」という基準が示されているが，その対象とされているのは，困窮等の事情があるとはいえ，相手方が一応その内容を理解した上で契約をした場合である。これに対し，ここでは契約内容について個別の合意がされていない場面を念頭に置いていることから，暴利行為の規定のように「著しく」過大な不利益であることまでは求めていない。
　不当条項であると評価された場合の効果については，無効としている。不当条項に関する同様の規律である消費者契約法第8条から第10条までや，民法第90条の効果が無効とされていることを踏まえたものである。
　他方，契約条項の内容を制限する規律を設けると，自由な経済活動を阻害するおそれが

あるとして,本文のような規律を設けるべきでないという意見があり,これを(注)で取り上げている。

(補足説明)
1 不当条項に関する規律を設けることの意義
　契約については契約自由の原則が一般に妥当し,当事者は自由に契約内容を決定することができるのが原則である。しかし,この原則は無制限なものではなく,契約に含まれる条項の内容が,一方の当事者に対して不当に不利益を与えるものである場合には,その条項の適用が否定される場合があるとされている。最高裁判例を含む裁判例においても,条項を無効としたものは多くないものの,条項の文言を形式的に理解するのではなく,解釈を通じてその条項が適用される場面を合理的な範囲に制限すること(いわゆる隠れた内容規制)が多く行われてきたと言われている。そこで,これまでも約款の契約条項に対して司法的コントロールが行われてきたことを踏まえて,司法的コントロールの内容を明らかにして予測可能性を高めるため,約款の契約条項の合理性を担保するための具体的規律を置く必要があると考えられる。
　特に,契約を無効とする場合に適用される民法第90条の「公の秩序又は善良の風俗」という文言は,抽象的で,どのような場合にこの規定が用いられるのかを予測することが困難である。公序良俗違反は,当初は国家秩序や道徳秩序に反するという限定的な意味で理解されてきたが,その後の判例・学説の展開を通じて,一方の当事者にとって不当な不利益を与えるという類型も公序良俗違反に含まれると理解されるに至っている。このことにも示されているように,公序良俗の概念は必ずしも明確ではない。そこで,一方当事者にとって不当な不利益を与えるという類型が公序良俗違反に当たることを明文化する必要があると考えられる。
　また,従来,契約は当事者の合意があって初めて当事者を拘束するということが前提とされてきたが,契約の締結過程において相手方が契約の内容を明確に認識した上でそれに拘束されることを合意する限り,その内容の合理性も一定程度確保されると考えることが可能である。これに対して,約款による契約は相手方が個別の契約条項についてそれを受け入れるか否かを判断しておらず,内容の合理性が必ずしも確認されていない点で異なる。そのため,本文では,約款について,内容の不当性の判断に当たって個別合意がある契約条項とは別に規定を設けることとしている。
2 不当条項の対象
　契約の中心部分に関する条項については,市場メカニズムによって決まるものであって不当性を判断する基準がなく,裁判官による判断に適さず,暴利行為の法理に該当するような場合にのみ無効とされるべきであるという意見がある。また,中心部分は当事者が自覚的に選択していることが多いことから,これを不当条項規制の対象から除外すべきであるとする意見もある。ここにいう中心部分に関する条項は,商品や役務の対価を定める条項(すなわち,一方の当事者が相手方に対してすべき給付と,それに対して得られる反対給付との対価的な均衡が確保されているかどうか。)が典型である。
　しかし,商品や役務の対価以外にどのような条項が含まれるか必ずしも明らかではな

く，中心部分とそれ以外の付随的部分を区別することは困難であるとの指摘がある。また，対価に関する条項であっても，携帯電話の料金体系などにみられるような複雑なものがあり，当事者がどこまで自覚的に選択したか判然としない場合もあることから，不当条項規制の対象を中心部分に限定するべきではないとする意見もある。

　この点については，なお見解が分かれていることから，本文では，中心部分に関する条項が不当条項規制の対象となるかどうかについては明文で定めることはせず，解釈に委ねることとしている。

3　不当性判断の基準
(1) 不当性を判断するに当たって比較対照すべき標準的な内容について，任意規定がこれに当たることに異論はない。問題は，判例等によって確立しているルールや，明文のない基本法理等を含むかどうかである。任意規定に比較対象を限定した場合には，任意規定に規律がない場合には，そのような事項に関する条項は，「相手方に過大な不利益を与えるか」という判断を行うまでもなく不当条項に該当しないとの結論を導く可能性が生じ，その限りで不当条項規制が及ぶ領域を限定することになると考えられる。

　しかし，当該契約条項がなければその当事者に認められていたはずの権利義務を不利に変更しているかどうかを問題とするのであれば，比較の対象を明文の任意規定に限定する必要はないと考えられる。そこで，本文では，当該契約条項が存在しない場合の当事者の権利義務を比較対象とすることとしている。

(2) 本文では，契約条項の不当性を判断するに当たって「契約内容の全体」を考慮することとし，かつ，それが「過大な不利益を与える」ものであることを要するとしている。すなわち，問題となる契約条項だけではなく，他の契約条項を含めて契約全体でどのような権利義務が定められているかを勘案し，それが相手方に過大な不利益を与えているかを判断することとしている。例えば，ある一つの契約条項が，当該条項が存在しない場合に比して相手方にとって不利益なものであっても，他の契約条項にはその不利益を補うような相手方に有利な定めがあるために，契約内容の全体を見れば不利益が相手方にとって過大ではないと判断される場合には，その契約条項は不当条項ではないことになる。

(3) 本文のような規定がない現在でも，明示的に合意されていない契約条項が，一方の当事者に対して過大な不利益を与えるものである場合には，民法第９０条を通して司法的なコントロールが及び得る。しかし，このような規律を「公の秩序又は善良な風俗」という同条の文言から読み取ることは困難である。本文は，同条に基づいて実際に適用されているルールの透明性を高める観点から，このような現行の規律を明文化するものであって，弱者保護などの政策課題を実現しようとするものではない。このような政策課題の実現は，基本的に消費者契約法等に委ねることになる。

4　不当性判断の類型性
　約款について不当条項規制をする場合に，これに含まれる条項の不当性を個々の相手方との関係で個別に判断するか，多数の相手方に対して一律に適用されることを前提に画一的に判断するかという問題が指摘されている。この点については，多数の相手方に

対して一律に使用することが予定されているという約款の特質からすると画一的に判断すべきであるという考え方と，約款を使用した契約も個別の相手方との契約であるところ，不当性判断は当事者の属性によっても異なり得ることなどを理由に，個別に判断すべきであるとの考え方があるが，本文では，これを解釈に委ねることとしている。

5　不当条項に当たる場合の効果

　不当な契約条項の効力を否定するための手法として，無効とするか取消可能とするかについては，現在の消費者契約法第8条から第10条までとの整合性や，不当条項規制を公序良俗の規定を具体化したものと捉える見地から，本文では，その効果を無効とすることとしている。

　これに対して，不当条項規制は，契約当事者のうち一方の利益を保護する機能を有しており，その効力の否定を主張することができるのも一方当事者に限定されるという考え方もある。

第31　第三者のためにする契約

1　第三者のためにする契約の成立等（民法第537条関係）

　民法第537条の規律を次のように改めるものとする。

　(1) 契約により当事者の一方が第三者に対してある給付をすることを約したときは，その第三者（以下「受益者」という。）は，その当事者の一方（以下「諾約者」という。）に対して直接にその給付を請求する権利を有するものとする。

　(2) 上記(1)の契約は，その締結時に受益者が胎児その他の現に存しない者である場合であっても，効力を生ずるものとする。

　(3) 上記(1)の場合において，受益者の権利は，その受益者が諾約者に対して上記(1)の契約の利益を享受する意思を表示した時に発生するものとする。

　(4) 上記(1)の場合において，上記(1)の契約の相手方（以下「要約者」という。）は，諾約者に対し，受益者への債務の履行を請求することができるものとする。

(概要)

　本文(1)は，民法第537条第1項の規律を維持するものである。その際，受益者，諾約者，要約者（本文(1)，(4)参照）という用語法が定着していることから，これを用いた表現を提示している。

　本文(2)は，第三者のためにする契約の締結時には受益者は現存している必要はなく，胎児や設立中の法人のように現に存しない者を受益者とする第三者のためにする契約であっても有効に成立するという判例法理（最判昭和37年6月26日民集16巻7号1397頁等）を明文化するものである。

　本文(3)は，民法第537条第2項の規律を維持するものである。

　本文(4)は，要約者が諾約者に対して受益者への債務の履行を請求することができるとする一般的な理解を明文化するものである。

(補足説明)

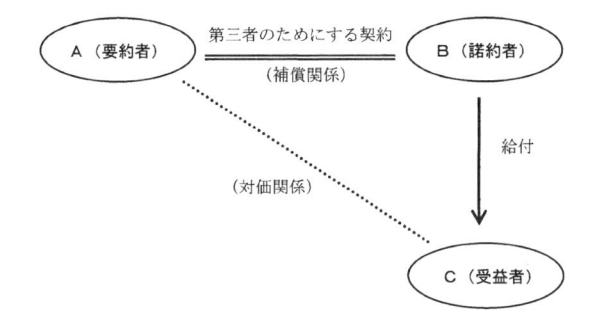

```
         第三者のためにする契約
  A（要約者）═══════════════ B（諾約者）
         （補償関係）
       ＼                    │
        ＼                   │給付
         ＼（対価関係）       │
          ＼                 ▼
                          C（受益者）
```

1 民法第５３７条の規律の維持（本文(1)，(3)）
 (1) 民法第５３７条２項は，「第三者の権利は，その第三者が債務者に対して……契約の利益を享受する意思を表示した時に発生する」と規定して，受益者（第三者）の受益の意思表示を第三者のためにする契約における受益者の権利の発生要件としている。受益者の権利の発生のために受益の意思表示が必要とされたのは，受益者が権利の取得を望まない場合であっても当然にその権利が発生するとするのは行き過ぎであると考えられたことなどによる。

  もっとも，受益者の権利の発生のために受益の意思表示を必要としていることに対しては，裁判実務においてその実態にそぐわない場面があることが指摘されている。例えば，裁判例には，出産に関する医療において胎児に対する医師の義務を導くため，親と医療機関との間で，生まれてくる子のための安全な分娩の確保等を内容とする第三者のためにする契約が締結されているという構成を用いた上で，子が生まれた直後に親が子を代理して受益の意思表示を黙示に行ったと認定したものがあるが（東京地判昭和５４年４月２４日判タ３８８号１４７頁，名古屋地判平成元年２月１７日判タ７０３号２０４頁等），これらは民法の規定と整合させるために技巧的な認定をせざるを得なかった例であると見ることもできる。

  そこで，部会では，受益者の権利の発生のために受益の意思表示を要求することの当否が審議された。

 (2) 具体的には，受益者が負担なしに権利を取得する場合には，受益者の権利の発生のために受益の意思表示を必要としないという考え方の当否が審議の対象となった。この考え方が，受益者が負担なしに権利を取得する場合に限って受益の意思表示を不要としているのは，受益者の権利の取得に負担が伴うのであれば，負担を甘受して権利を取得するかどうかを判断する機会を受益者に与えるべきであり，その判断がされるまでは権利の発生の効果は生じさせないことが望ましいとの考慮による。

  第三者のためにする契約の一種である第三者のためにする傷害保険契約（保険法第８条），第三者のためにする生命保険契約（同法第４２条），第三者のためにする傷害

疾病定額保険契約（同法第７１条）では，既にこのような考え方が採用されており，受益者（保険金受取人）は当然に当該保険契約の利益を享受するものとされ，保険給付請求権の発生のために受益の意思表示は不要とされている。これは，保険契約関係においては，受益者（保険金受取人）となることによって不利益を被るものではないし，受益者（保険金受取人）となったとしてもその地位を放棄することは自由であるという考慮に基づくものである。また，第三者のためにする契約と類似した構造を有する第三者を受益者とする信託においても，原則として，受益者は受益の意思表示をすることなく当然に受益権を取得するものとされている（信託法第８８条第１項）。

部会の審議においては，上記の保険契約や信託との制度間の整合性を確保する観点からこの考え方を支持する意見があった。また，この考え方を支持する意見には，新生児や精神上の障害により事理弁識能力を欠いているにもかかわらず後見開始の審判がされていない者などが受益者となる場合を想定するものがあった。

これに対して，受益者の権利の発生のために受益の意思表示を必要としないものとすると，反社会的勢力が関係する債権等を押し付けられることになったり，権利の取得時期が不明確となって時効管理や会計処理等に支障が生ずることになったりしかねないとして，受益者が負担なしに権利を取得する場合であっても受益の意思表示を必要とするべきであるとする意見も少なくなかった。

(3) そこで，本文(1)，(3)では，それぞれ民法第５３７条第１項の規律と同条第２項の規律を維持して，受益者の権利の発生のために受益の意思表示を要求するものとしている。

なお，第三者のためにする契約に関しては，「受益者」，「諾約者」，「要約者」という用語法が定着していることから，この中間試案では，これを用いた表現を提示している。

2　将来出現する第三者のためにする契約（本文(2)）

現行民法は，受益者の現存性について，特段の規定を設けていないが，判例は，第三者のためにする契約の締結時に受益者が現存している必要はなく，胎児や設立中の法人のように将来出現することが予期された者を受益者として第三者のためにする契約を締結することができるとしている（設立中の法人を受益者とする第三者のためにする契約を有効としたものとして，最判昭和３７年６月２６日民集１６巻７号１３９７頁）。

そこで，本文(2)では，第三者のためにする契約は，その締結時に受益者が胎児その他の現に存しない者である場合であっても，効力を生ずるものとするとして，以上の判例法理を明文化している。

3　要約者の諾約者に対する履行請求（本文(4)）

(1) 現行民法には，第三者のためにする契約において受益者のみならず要約者も諾約者に対して受益者への履行を請求することができるかどうかについての規定が置かれていない。また，古い判例（大判大正６年２月１４日民録２３輯１５２頁）にはこれを肯定したものもあるが，その後の下級審裁判例（神戸地伊丹支判昭和５０年２月１７日判タ３３２号３１４頁）にはこれを否定したものもあり，この点に関する判例法理も明確ではない。

もっとも，学説上は，第三者のためにする契約が受益者に対する贈与の趣旨で行われたときのように，要約者からの履行請求を肯定しなければ第三者のためにする契約の趣旨を貫徹できない場合があるとして，要約者は諾約者に対して受益者への履行を請求することができるとする見解が通説とされている。
　そこで，本文(4)では，この通説を明文化して，要約者は，諾約者に対し，受益者への債務の履行を請求することができるものとしている。
　なお，学説には，要約者の諾約者に対する履行請求は，受益者が受益の意思を表示する前から可能であるという見解もあるが，受益者の権利の発生のために受益の意思表示を必要としないものとすると，反社会的勢力が関係する債権等を押し付けられることになったり，権利の取得時期が不明確となって時効管理や会計処理等に支障が生ずることになったりしかねないとして，受益者が負担なしに権利を取得する場合であっても受益の意思表示を必要とするべきであると考えるのであれば（本文(3)参照），要約者の諾約者に対する履行請求もまた，受益者が受益の意思を表示した後にのみ認められるべきである。そこで，本文(4)では，要約者は諾約者に対し受益者への「給付」を請求することができると表現するのではなく，要約者は諾約者に対し受益者への「債務の履行」を請求することができると表現することにより，受益者が受益の意思を表示して要約者の受益者に対する「債務」が発生していることが必要であることを示している。
(2) 本文(4)の考え方に対しては，要約者による履行請求訴訟の既判力の及ぶ範囲やその執行方法，受益者による履行請求訴訟との関係等について整理しておく必要があるという指摘がある。現に，上記神戸地伊丹支判昭和５０年２月１７日は，要約者の諾約者に対する受益者への履行請求を否定する一つの理由として，これを肯定した場合に受益者による履行請求訴訟との二重訴訟の生起や要約者による履行請求訴訟の既判力・執行力の範囲等に関して救い難い混乱が生ずるであろうことを掲げている。
　この点については，実務上も学説上も明文の規定を設けるにはまだ必ずしも議論が成熟していないともいえるが，例えば，次のように整理することが考えられる。すなわち，要約者による履行請求訴訟の訴訟物は，受益者の諾約者に対する権利ではなく，要約者の諾約者に対する作為請求権であるから，受益者の諾約者に対する権利を訴訟物とする受益者による履行請求訴訟とは訴訟物を異にする。したがって，要約者による履行請求訴訟と受益者による履行請求訴訟とは，互いに抵触し合う関係にはなく，要約者による履行請求訴訟の既判力は，その当事者である要約者と諾約者の間にしか及ばない。そして，要約者の履行請求権は作為請求権であるから，その執行方法は代替執行（民事執行法第１７１条）又は間接強制（同法第１７２条）となるのが原則である。

2　要約者による解除権の行使（民法第５３８条関係）
　民法第５３８条の規律に付け加えて，諾約者が受益者に対する債務を履行しない場合には，要約者は，受益者の承諾を得て，契約を解除することができるものとする。

（概要）
　諾約者が受益者への債務を履行しない場合に，諾約者の要約者に対する債務の不履行に基づき，要約者が当該第三者のためにする契約を解除することができるかどうかについて，民法第５３８条の趣旨に照らし，受益者の諾約者に対する履行請求権を受益者に無断で奪うことは妥当ではないと考えられることから，要約者は，受益者の承諾なしには，当該第三者のためにする契約を解除することができないとするものである。この場合の解除の手続（催告の要否等）については，契約の解除に関する規定によることになる。

（補足説明）
　第三者のためにする契約において，諾約者がその債務を履行しない場合に，要約者が当該第三者のためにする契約を解除することができるかどうかについては，民法第５３８条が「第三者の権利が発生した後は，当事者は，これを変更し，又は消滅させることができない」と規定していることとの関係で，議論がある。
　学説には，民法第５３８条の趣旨に照らして，要約者は，受益者の承諾なしには，当該第三者のためにする契約を解除することができないとする見解と，同条は当該第三者のためにする契約の当事者（要約者と諾約者）が合意によって受益者の権利を消滅させることを禁じたものに過ぎず，要約者は，受益者の承諾なしに，当該第三者のためにする契約を解除することができるとする見解とがある。
　この点については，受益者の諾約者に対する履行請求権を受益者に無断で奪うことは妥当ではないから，本文では，要約者は，受益者の承諾なしには，当該第三者のためにする契約を解除することができないものとしている。この場合の解除の手続（催告の要否等）については，契約の解除に関する規定によることになる。

第32　事情変更の法理
　契約の締結後に，その契約において前提となっていた事情に変更が生じた場合において，その事情の変更が次に掲げる要件のいずれにも該当するなど一定の要件を満たすときは，当事者は，［契約の解除／契約の解除又は契約の改訂の請求］をすることができるものとするかどうかについて，引き続き検討する。
　　ア　その事情の変更が契約締結時に当事者が予見することができず，かつ，当事者の責めに帰することのできない事由により生じたものであること。
　　イ　その事情の変更により，契約をした目的を達することができず，又は当初の契約内容を維持することが当事者間の衡平を著しく害することとなること。

（概要）
　事情変更の法理（「事情変更の原則」とも言われる。）については，現行民法には明文の規定がないものの，その法理の存在自体は異論なく承認されている。そして，予測困難な例外的場面を扱う法理であるために，個々の契約で対応を図ることが実際上困難であることから，当事者間の利害を適切に調整する法的仕組みとして，事情変更の法理の明文規定

を整備する必要があるとの指摘がある。
　事情変更の法理を明文化する場合に、その要件の在り方については、判例（最判平成9年7月1日民集51巻6号2452頁等）・学説の理解を踏まえ、契約の前提となっていた事情に変更が生じたことのほか、本文ア及びイとすることが考えられるが、これらを踏まえつつ、引き続き検討する必要があると考えられる。
　また、効果の在り方については、まず、契約の解除を規定することが考えられる。他方、契約の改訂については、そのような解決のメニューが合理性を有する場面（例えば、請負契約において材料費が海外での戦争勃発等の影響により著しく高騰したときに、注文者が当初の報酬額を主張するのに対し、報酬額の増額調整を認める判決をするのが相当と考えられる場面）があるものの、具体的にどのような改訂をどのような枠組みで許容するかなど、具体的な制度設計につき、引き続き検討を深める必要があると考えられる。また、事情変更の法理の効果としての契約の解除及び契約の改訂につき、それぞれ裁判上の行使を要するものとするかどうかについても、引き続き検討を深める必要があると考えられる。
　以上を踏まえ、事情変更の法理の明文化の要否及びその要件効果などの具体的な在り方につき、引き続き検討すべき課題として取り上げるものである。

（補足説明）
1　事情変更の法理を明文化することの当否
　(1)　事情変更の法理の明文化を検討する必要性
　　　事情変更の法理（「事情変更の原則」とも言われる。この呼称については後述する。）とは、契約当事者が契約締結時に基礎とした事情が著しく変動したことなどによって、当初の約定内容のまま当事者を拘束することが著しく不当であると認められる場合に、契約の解除又は契約の改訂が認められるとするものである。諸外国の立法例には、契約の基礎となる事情が大きく変動した場合等に契約の解除又は契約の改訂を認めるとするものが多く見られる。我が国の民法には事情変更の法理を明記した規定は存在しないが、事情変更の法理を提唱する学説は古くから存在し、現在ではこの法理の存在自体を否定する学説は見当たらない。そして、下級審裁判例には、事情変更の法理の適用を肯定したものが少なくない（具体例として、部会資料19-2第2の補足説明中に掲げたもの[16頁]参照）。最高裁の判例には、事情変更の法理の適用を肯定したものは存在しないが（大審院判例の肯定的な適用例として、大判昭和19年12月6日民集23巻613頁）、事情変更の法理の存在自体は肯定した上でその要件の該当性を判断したものは複数あり（最判平成9年7月1日民集51巻6号2452頁等）、この法理の存在自体は裁判実務上も承認されていると考えられる。
　　　そして、事情変更の法理が適用される場合の効果として、契約の解除が認められるほか、契約関係を維持したままその約定内容の一部を変更すること（契約の改訂）が認められるとされる（もっとも、契約の改訂については否定する学説もある。）。下級審裁判例には、実際に契約の改訂を認めたものがあるほか、最高裁の判例にも当事者が事情変更による契約の改訂を求めた事案において、事情変更の法理の適用の可否を判断しているものがあり（前記最判平成9年7月1日）、裁判実務においても、事情変

更の法理により契約の改訂があり得ることは前提としているとの評価がある。

そこで，事情変更の法理の明文化の要否及びその要件効果などの具体的な在り方につき，引き続き検討すべき課題として取り上げるものである。

なお，この法理が極めて例外的にしか発動されないにもかかわらず「原則」と称するのは適当でないとの指摘があることを踏まえ，「事情変更の原則」と称するのと避けて，差し当たり「事情変更の法理」と称するものとしているが，この法理の適切な呼称についても，引き続き検討する必要がある。

(2) 明文化の当否をめぐる議論の状況

部会の審議においては，事情変更の法理の存在自体を否定する意見はなかったが，事情変更の法理を明文化することに対しては，積極的な意見と消極的な意見とが示された。消極論は，事情変更の法理を明文化することへの懸念として，極めて例外的にしか適用されない法理を明文化することにより原則と例外が逆転し，濫用されるおそれが高まることを指摘しており，同様の指摘が中間的な論点整理に対するパブリック・コメントの手続に寄せられた意見の中にも多く見られる。これらの懸念の背景には，事情変更の法理につき濫用的な主張が多いという実務の実態があるものとも推察されることから，明文化を検討するに際しては十分な留意が必要であると考えられる。

他方，事情変更の法理の明文化に積極的な立場からは，次のような指摘がされている。第1に，この法理が適用される場面が極めて限られた例外的場面であると言っても，我が国では，巨大地震のほか集中豪雨や火山の噴火活動など，甚大な被害をもたらす様々な自然災害が毎年のように起きている。個々の企業や個人のレベルで見れば極めて例外的であると言えても，日本全体で見れば，この法理の適用可能性が問題となり得る場面は，決して少なくないとも言える。第2に，予測困難な例外的場面を取り扱う法理であるからこそ，法律に規定を設けておくべき必要性が高い。予測困難なリスクへの対処を当事者間の合意によるアレンジメントのみに委ねるのは現実的とは言えないからである。諸外国の立法例に，我が国の事情変更の法理と類似する立法例が多く見られるのも，契約の前提とされていた事情が激変したような場面において柔軟に契約当事者間の利害を調整する制度的インフラが必要であるとの認識が，世界的に広く共有されていることの現れであると言える。

また，積極論の立場からは，事情変更の法理について濫用的な主張が多いと言われることに対しても，次のような指摘がされている。すなわち，仮にそのような実態があるとして，その原因の一つには，事情変更の法理の適用要件が条文で明示されていないことがあるとも考え得る。我が国の裁判実務においては，一般に，事情変更の法理が非常に厳格に運用されていると評価されており，このような判例・学説を踏まえた要件を明文化することは，むしろ，認容される見込みのない濫用的主張を一定程度抑制する方向に作用すると考えられる。これに関連して，事情変更の法理を明文化することへの消極論が，事情変更の法理の存在を国民一般から見えにくくすることにより訴訟で援用される機会を減らそうと意図しているのであれば，それは明らかに相当でないとの指摘もある。

事情変更の法理を明文化することについては，その効果面からの不安が指摘されて

いる。すなわち，事情変更の効果として契約の解除が認められることについては異論がないと見られるが，契約の改訂については，①裁判所に広範な契約の改訂権限を認めることが私的自治への過度の介入になることや，②当該契約に通暁しない裁判所に適切な契約改訂を行うことが可能か否か疑問であるとの懸念が示されている。学説の一部が事情変更の法理の効果として契約の解除のみを認めるべきであるとしているのも，これらの懸念に基づくものと考えられる。

　しかし，事情変更の法理が問題となる場面の中には，例えば，請負契約において材料費が海外での戦争勃発等の影響により著しく高騰したときに，注文者が当初の報酬額を主張するのに対し，報酬額の増額調整を認める判決をするのが相当と考えられる場面に典型的に見られるように，解除により契約関係を解消することが問題の解決につながらず，契約関係を維持したままコスト負担の調整等をはじめとした契約内容の改訂が要請される場合があると指摘されている。前記最判平成９年７月１日の事例（ゴルフクラブ会員が会員権等の存在の確認訴訟を提起したのに対し，ゴルフ場側がゴルフ場ののり面の崩壊等の事情変更を理由に会員権の一部である優先的優待的利用権の不存在を主張したもの）も，事情変更の法理の適用が肯定される場合には契約の改訂が問題となり得る事案であるとの指摘もある。そうであるならば，今後の検討においても，契約の改訂を明記する可能性を念頭に，上記①の懸念（私的自治への過度の介入）を踏まえ，具体的な契約改訂の要件やその内容について，引き続き検討を進めるのが適当であるように思われる。また，仮に裁判所による契約改訂を認めるとしても，裁判所に対してどの程度の裁量の幅を付与するかは，具体的な制度設計に関わる問題として別途検討すべきである。

2　事情変更の法理の基本的な要件に関する検討課題

　事情変更の法理については，これまでの判例・学説の理解を前提としつつ，極めて例外的な事情の変更があったときにのみ適用されるものと考えられていることをも踏まえて，明文化する際の要件の在り方につき，引き続き検討を深める必要があると考えられる。

　事情変更の法理が適用されるためには，一般に，次の要件を満たす必要があるという考え方が，学説レベルで概ね共有されているものと思われる。

①　契約締結後その基礎となっていた事情が変更すること。
②　当該事情の変更が，当事者において予見可能でなかったこと。
③　当該事情の変更が，当事者の責めに帰することのできない事情により生じたこと。
④　当該事情変更の結果，当初の契約内容に当事者を拘束することが信義則上著しく不当であると認められること。

　そして，裁判実務も前記①から④までの学説による要件設定を前提にその当てはめを論じているものと考えられ（前記最判平成９年７月１日の調査官解説もその旨示唆する。），諸外国の立法例もおおむね類似した要件設定をしている。そこで，本文でも，前記①から④までの整理を踏襲した要件を提示している。なお,，本文イの「その事情の変更により，契約をした目的を達することができず，又は当初の契約内容を維持することが当事者間の衡平を著しく害することとなること」という要件は，上記④の要件につい

て,次のような整理を提示する考え方を参考にしている。すなわち,上記④に該当する場合とは,「経済的不能」(債務の履行に要するコストと履行により債務者にもたらされる利益(対価)とが著しく均衡を欠いていること),「等価関係の破壊」,「契約目的の達成不能」の3つがあり,このうち,「経済的不能」と「等価関係の破壊」については,「契約当事者の利害に著しい不均衡を生じさせること」と包摂した上で,「契約目的の達成不能」と併せて,上記④に対応する要件として具体化するのが相当であるとする。

その上で,この法理がごく例外的な場面に限って発動されることを強調する見地からは,本文で提示したような要件設定を骨格としつつ,例えば,想定を超える自然災害,大事故,戦争など,事情変更の法理が発動され得る場面の例示を付加するかどうかなどを検討する必要があると考えられる。分科会(第2分科会第6回会議)における審議を通じて,経済変動により目的物の価格が著しく高騰したという程度では事情変更の法理を発動すべき場面ではないことにつき,おおむね共通の理解が形成されたように思われる。このような,事情変更の法理の発動されるべき場面についてのイメージを法文に表現する際に,例えば,「中華人民共和国最高人民法院による『中華人民共和国契約法』の適用上の若干の問題に関する解釈(二)」26条が,「契約成立後に,当事者が契約締結時に予見し得ず,不可抗力によらずまた商業上のリスクに含まれない客観的事情につき重大な変化が生じ」として,「商業上のリスク」による事情の変更を除外しているのが参考になるとの指摘もあった。

3 事情変更の法理の効果に関する検討課題

事情変更の法理を明文化する際には,どのような法的効果を規定するかを検討する必要がある。

部会の審議においては,事情変更の法理を明文化するとした場合に,契約の解除を規定することにはおおむね異論がなかった。他方,契約の解除を併せて契約の改訂を規定することについては,実務家メンバーを中心に,私的自治への過度な介入となるおそれがあることなどを理由とした反対意見が多かった。もっとも,事情変更の法理の適用が問題となる事案の中には,契約関係を維持しつつ当事者間の権利義務を調整することにより解決するのが適切なものがあることにはおおむね異論がなく,議論の焦点は,そのような契約の改訂があり得ることを条文上明記するか,それともこの点について明文のルールを設けずに解釈に委ねるのが相当かにあるものと考えられる。

契約の改訂を規定する場合には,改訂の具体的内容を事前に法定することは困難であるから,契約の改訂の請求については,裁判上の行使に限定して認めるものとすることが考えられる。この場合にも,契約の改訂を明文化することに対する懸念に対応する観点から,当事者が具体的な改訂案を示して契約の改訂を請求している場合であって,当該改訂案の内容が合理的と認めるときに限り,裁判所が当該改訂案により契約の改訂をすることができる旨の規律とするとの考え方がある。当事者の改訂の請求を要求することで当事者の予見可能性を確保するとともに,裁判所の判断対象を改訂内容の合理性に限定することで過剰に契約内容に介入することを避ける趣旨である。

契約の改訂を法定してそれを裁判上の行使に限定する場合には,契約の解除についても,契約の改訂と併せて裁判上の行使に限定するものとするか否かが検討課題となる。

また,事情変更の法理を裁判上の行使に限定する場合の裁判手続の規定の具体的な在り方等について,引き続き検討を深める必要がある。具体的には,①裁判手続の位置付けを訴訟手続とするか非訟手続とするか,②事情変更の法理に関する裁判手続と契約上の権利を訴訟物とする本案訴訟との関係をどのように整理するかなどが検討課題となる。

4 その他の検討課題
 (1) 効果発動の前提としての再交渉の履践を規定することの要否
　　事情変更の法理の効果としては,前記のとおり契約の解除と契約の改訂とが検討対象とされているが,それらの効果発生の前提要件として,本文で提示した基本的な要件に付加して,当事者間における契約改訂のための再交渉の履践を要求し,再交渉を尽くしたにもかかわらず合意に至らなかったか,再交渉の申出をしたにもかかわらず相手方が再交渉に誠実に応じなかったことなどを要する旨の要件を設けるべきであるとの考え方がある。事情変更の法理が発動される前に当事者間での自主的な再交渉を促すことが望ましいとの考慮に基づくものである。このような要件を設けることの要否について,引き続き検討する必要があると考えられる。
 (2) 契約の解除と契約の改訂との優先関係についての規定の要否
　　事情変更の法理の効果として契約の解除と契約の改訂とを規定する場合には,一方当事者が契約の改訂を請求し,他方当事者が契約の解除を主張するというように,契約当事者の求める解決方法が異なることがあり得る。とりわけ,契約の解除の要件と契約の改訂の請求の要件がいずれも充足されている場合に,裁判所がいずれを認容するかについて,それを裁量に委ねることも含めて,一定のルールを設けることが考えられる。この点に関する規定を設けることの要否についても,引き続き検討する必要があると考えられる。

5 労働契約への適用を除外することの要否
　部会において,事情変更の法理が労働契約に適用されることで労働者が不当に解雇されたり,使用者が一方的に労働条件を変更するなど,労働者に不利益に作用するおそれがあるとして,労働契約には事情変更の法理が適用されないことを条文上明確にすべきであるとの意見が示された。解雇や労働条件の変更については,労働契約法による規律や労働組合を通じた集団的な労使交渉に委ねるべきであるというのである。
　事情変更の法理を明文化する場合であっても,労働契約については,解雇権濫用の法理を規定した労働契約法第16条や就業規則の変更に関する同法第10条等,労働契約に固有の法理が引き続き適用されると考えられる。事情変更の法理は,現在も解釈上認められているものであり,これを明文化したからといって,労働契約に関する特別ルールとの関係が変化するわけではないからである。それに,事情変更の法理の適用場面は極めて例外的と言われていることに照らすと,使用者が労働契約法第16条等によらずに専ら事情変更の法理を援用して解雇等を求めるような場面は,想定し難いように思われる。
　また,事情変更の法理は使用者のみならず労働者が援用することも可能であるが,労働契約を適用除外とすれば,労働者が事情変更の法理を援用して労働条件の変更を求めることができなくなる。しかし,労働組合がない企業などでは,集団的な労使交渉が実

際上困難な場合もあり得るから，労働契約を適用除外とすると，かえって現状よりも労働者が不利となるおそれもある。

第33　不安の抗弁権

双務契約の当事者のうち自己の債務を先に履行すべき義務を負う者は，相手方につき破産手続開始，再生手続開始又は更生手続開始の申立てがあったことその他の事由により，その反対給付である債権につき履行を得られないおそれがある場合において，その事由が次に掲げる要件のいずれかに該当するときは，その債務の履行を拒むことができるものとする。ただし，相手方が弁済の提供をし，又は相当の担保を供したときは，この限りでないものとする。

ア　契約締結後に生じたものであるときは，それが契約締結の時に予見することができなかったものであること

イ　契約締結時に既に生じていたものであるときは，契約締結の時に正当な理由により知ることができなかったものであること

(注)　このような規定を設けないという考え方がある。また，再生手続又は更生手続が開始された後は，このような権利を行使することができないものとするという考え方がある。

(概要)

双務契約において相手方の信用不安等により反対給付を受けられないおそれが生じたときに，自己の債務の履行を拒絶する権利(いわゆる不安の抗弁権)を明文化するものである。現在も信義則(民法第1条第2項)等を根拠にこのような履行拒絶権を肯定した裁判例が多く見られることなどを踏まえたものである。

この権利を行使することができる者の要件については，双務契約において先履行義務を負担する者としている。先履行義務を負担していないのであれば，同時履行の抗弁権(民法第533条)又は期限の利益を援用すれば足り，不安の抗弁権の援用を認める必要はないと解されるからである。

「履行を得られないおそれがあるとき」を要件としているのは，履行を得られないことの主観的な不安感では足りず，客観的かつ合理的な根拠に基づく蓋然性が，抗弁権行使の時点で現に存在する必要があることを示す趣旨である。そして，そのことをより明確にするために，破産手続開始，再生手続開始又は更生手続開始の申立てがあったことを始めとして，それらに相当する具体的な事由が存在することを要件としている。

そして，上記の具体的な事由につき，それが契約締結後に生じたものであるときは契約締結時に予見することができなかったものであることを要求し(本文ア)，当該事由が契約締結時に既に存在していた場合にはそれを正当な理由により知ることができなかったことを要求している(本文イ)。契約締結に当たって既に織り込まれていたと評価できるリスクが顕在化したにとどまる場合には，不安の抗弁権の行使を認めるべきではないとの考慮に基づくものである。

本文の第2文は，相手方が弁済の提供をし，又は相当の担保を供したときは，不安の抗

弁権を行使することができないとするものである。これらの場合には，先履行義務者の反対給付請求権の履行が得られないおそれが解消されたと見られることによる。
　不安の抗弁権については，濫用のおそれがあるなどとして規定を設けるべきでないとする考え方がある。また，再生手続や更生手続といった再建型倒産手続による事業再建の支障になるおそれがあるなどとして，再建型倒産手続の開始後は行使することができないものとすべきであるとの考え方がある。これらの考え方を（注）で取り上げている。

（補足説明）
1　不安の抗弁権を明文化する趣旨
　不安の抗弁権（この名称の適否については引き続き検討する必要がある。）は，一般に，双務契約において相手方の信用不安等により反対給付を受けられないおそれが生じたときに，自己の債務の履行を拒絶する権利であるとされ，双務契約における両当事者の衡平を確保する趣旨のものとされる。
　現行民法には，不安の抗弁権に関する一般的な規定は存在せず，不安の抗弁権を肯定した最高裁判例は見当たらないが，下級審裁判例には，信義則等を根拠に不安の抗弁権を肯定したものが多くある（東京地判平成2年12月20日判時1389号79頁，東京高判昭和62年3月30日判時1236号75頁，東京地判昭和58年3月3日判時1087号101頁，近時の裁判例として，知財高裁平成19年4月5日裁判所ウェブサイト）。このように，明文規定の不存在にかかわらず，不安の抗弁権については，裁判実務においてもその考え方が広く定着しているものと考えられる。
　以上を踏まえると，取引ルールの透明性を高める観点から，双務契約の通則として，不安の抗弁権を明文化することが相当である。
2　不安の抗弁権の要件
(1)　不安の抗弁権については，取引実務における必要性ないし有用性には概ね異論がないものと思われるが，その行使を緩やかに許容すると，とりわけ継続的取引等における取引の相手方に与える打撃が大きいことから，その要件は明確かつ限定的である必要があるとの指摘がある。また，中間的な論点整理に関するパブリック・コメントの手続に寄せられた意見を見ても，不安の抗弁権の明文化に対する懸念は，曖昧な要件設定により不当な支払拒絶を誘発するおそれがあるという点に概ね集約されるものと考えられる。（注）でも，このような懸念に基づき，不安の抗弁権を明文化することに対する反対意見を取り上げている。
　本文では，以上の指摘を踏まえながら，不安の抗弁権が発動されるための要件を設定している。
(2)　不安の抗弁権の行使権者については，双務契約において先履行義務を負う者に限定している。先履行義務を負担していないのであれば，同時履行の抗弁権（民法第533条）又は期限の利益を援用すれば足り，不安の抗弁権の援用を認める必要はないと解されるからである。不安の抗弁権は同時履行の抗弁権が機能しないような，自己が先履行義務を負担する場合に専ら機能するとの指摘があり，このような指摘を踏まえると，同時履行の抗弁権とは区別された不安の抗弁権の役割を明確にするために，不

安の抗弁権と同時履行の抗弁権とにつき，その適用領域を適切に棲み分ける制度設計が望ましいと考えられることをも考慮したものである。
- (3) 「履行を得られないおそれがあるとき」を要件としているのは，履行を得られないことの主観的な不安感では足りず，客観的かつ合理的な根拠に基づく蓋然性が，抗弁権行使の時点で現に存在する必要があることを示す趣旨である（他の法令において「おそれ」という言葉を用いる場合も，おおむね同様の意味で用いていると考えられる）。そして，そのことをより明確にするために，破産手続開始，再生手続開始又は更生手続開始の申立てがあったことを例示として，それらに比肩するような事由（これを「その他の事由」としている。）により，履行が得られないおそれが現に存在することを要するものとしている。

  この「履行を得られないおそれがある場合」に該当するのは，具体的には，財産状態が悪化して債権者への支払いが広範に滞った挙げ句に倒産手続開始の申立てに至ったような場合を典型的なものとして念頭に置いているが，代金先払いの製造物供給契約の事案においては（このような場面も本文の要件を充足し得る。），供給者が保有する工場が自然災害により相当長期間操業できない状態に陥った場合など，倒産手続開始の申立てがあったことと同様に供給者の履行能力の低下を窺わせるような事象の発生が含まれ得る。
- (4) 本文に掲げた倒産手続開始決定その他の債権の履行可能性に疑念をもたらす事由については，契約締結後に生じたものであるときは，当該事由が契約締結時点で予見不可能であることを要求している（本文ア）。また，契約締結時に当該事情が存在していたときは，それを知らなかったことにつき正当な理由があることを要求している（本文イ）。これらの要件は，当該事由から生ずる不履行のリスクが契約上織り込み可能である場合にまで不安の抗弁権を認める必要はないとの考慮に基づくものである。裁判例にも，履行可能性に疑念を抱かせる事情の予見可能性又は認識可能性を問題にしていると解されるものがある。例えば，前記知財高裁平成１９年４月５日は，不安の抗弁権を肯定すべき「後履行義務の履行が危殆化された場合」の具体的内容として，「契約締結当時予想されなかった後履行義務者の財産状態の著しい悪化のほか，後履行義務者が履行の意思を全く有しないことが契約締結後に判明したような場合も含まれると解するのが相当である。」旨判示している。

  上記の予見可能性又は認識可能性は，不安の抗弁権行使の積極要件であり，不安の抗弁権を主張する者が，履行可能性に疑念を抱かせるべき事情が予見不可能であったことや認識不可能であったことの主張立証責任を負担するものと考えられる。
3 不安の抗弁権の効果及びその阻却要件

  不安の抗弁権の効果として，当事者は自己の債務の履行を拒絶することができる。不安の抗弁権の行使により履行を拒絶した場合であっても，債務不履行による損害賠償の責任を負わず，また相手方は債務不履行を理由に契約を解除することはできない。例えば，請負契約における請負人が報酬支払に先立って履行すべき仕事完成義務につき（民法第６３３条参照），注文者の財産状態悪化を理由に不安の抗弁権を行使した場合には，注文者は請負人の債務不履行を理由に損害賠償を請求することができず，また，契約の

解除をすることができない。しかし，不安の抗弁権の行使は，その効果として，先履行義務者が自らの債務を履行しないで反対給付を請求できることまで許容するものではない。したがって，不安の抗弁権の行使要件を充足する場合であっても，請負人は仕事を完成させなければその報酬を請求することができない。

また，債権の実現可能性に疑念を抱かせる事由が生じた場合であっても，相手方が弁済の提供をしたとき又は相当の担保を提供したときは，不安の抗弁権を認める必要がなくなると考えられる。そこで，本文第2文では，「相手方が弁済の提供をし，又は相当の担保を提供したとき」という不安の抗弁権の阻却要件を設けるものとしている。不安の抗弁権の行使を受ける者が，弁済の提供をし，又は相当の担保を供したことの主張立証責任を負担するものと考えられる。

4 倒産手続と不安の抗弁権との関係

部会においては，再生手続及び更生手続といった再建型倒産手続開始の申立てを履行能力に疑念をもたらす事由として規定に掲げることに反対する意見があった。これらの申立てがあったことのみで不安の抗弁権の行使を一律に認めると，事業再建にとって支障となるおそれがあることを理由とするものである。もとより，本文の規律は，あくまで「履行を得られないおそれ」が抗弁権行使の時点で現に存在する必要があるものとしており，これらの申立てがあったのみで抗弁権の行使を一律に許容するものではないが，再建型倒産手続の申立てがあったことを「履行を得られないおそれ」を定型的に惹起し得る事由の例示として規定に掲げるのが相当か否かは，引き続き，実務の実情を踏まえた検討を要する。

また，部会においては，（注）の第2文で取り上げているように，再建型倒産手続が開始された後は不安の抗弁権を行使できないものとすべきであるとの意見があった。先履行義務者が手続開始の申立て後にその義務を履行すると，その反対給付である債権が再生債権又は更生債権として処遇されるが，これは先履行義務者にとって酷であるとして，再建型を含めた倒産手続開始の申立てがあった時以後においては不安の抗弁権の行使を許容すべきであるとする。その上で，倒産手続開始後は反対給付である債権が共益債権として処遇されるから（民事再生法第49条第4項，会社更生法第61条第4項），不安の抗弁権を認める必要はないとするのである。しかし，再建型倒産手続の開始決定があった場合でも，債務者の財産状態が共益債権をも満足できないほど悪化している事態もあり得るから，そのような場合であっても事業再建の必要性のみを根拠に不安の抗弁権を否定することの合理性には疑問の余地がある。もとより，債務者につき破産手続開始に至らないような場合には共益債権の支払原資に問題がないのが通常であると考えられるが，そのような場合であれば，「履行を得られないおそれがあるとき」という，不安の抗弁権の行使要件を充足しないものと考えられる。

5 双務契約以外の契約への適用等

本文(1)では，不安の抗弁権が適用される契約を双務契約としている。不安の抗弁権が機能する契約の大部分が売買契約や請負契約のような双務契約であることは疑いがないと思われるが，厳密には双務契約とは言えない契約類型においても，不安の抗弁権ないしそれに類似する抗弁権の必要性が考えられる。

例えば、書面による消費貸借契約を諾成契約化するものとしているが（後記第３７，１），貸主が貸す債務を履行する前に借主の信用状態の悪化が生じたときに，それが予見できないものであったときには，貸主に貸す債務の履行拒絶権を認める必要性があるのではないかとの問題意識があり得る。諾成的消費貸借については，貸す債務と返す債務とが対価関係に立たず，双務契約には該当しないと考えられており，契約の通則として設ける不安の抗弁権の適用範囲を「双務契約」という概念で画した場合，消費貸借契約に不安の抗弁権は適用されないとも考えられる。

仮に，消費貸借を諾成契約化する場合に，貸主に不安の抗弁権を認めるためには，本論点で検討対象となっている契約の通則としての不安の抗弁権につき適用範囲を双務契約よりも広く画することとするか，消費貸借等の各契約類型のパートに，必要に応じて当該契約固有の不安の抗弁権に関するルールを設ける必要があると考えられる。

第34 継続的契約
1 期間の定めのある契約の終了
(1) 期間の定めのある契約は，その期間の満了によって終了するものとする。
(2) 上記(1)にかかわらず，当事者の一方が契約の更新を申し入れた場合において，当該契約の趣旨，契約に定めた期間の長短，従前の更新の有無及びその経緯その他の事情に照らし，当該契約を存続させることにつき正当な事由があると認められるときは，当該契約は，従前と同一の条件で更新されたものとみなすものとする。ただし，その期間は，定めがないものとする。
（注）これらのような規定を設けない（解釈に委ねる）という考え方がある。

（概要）

いわゆる継続的契約の中には，賃貸借のように性質上当然にそれに該当するものがある一方で，継続的な物品供給契約のようにある典型契約（売買・請負）のうちの一部がそれに該当するものがあり，また，フランチャイズ契約等のように典型契約とはされていないものがある。そのため，契約の終了の場面を中心として継続的契約をめぐる法的紛争が生ずることが少なくないにもかかわらず，その解決は解釈に委ねられることが多いとの指摘がある。そこで，個別の典型契約の規律とは別に，継続的契約の終了に関する一般的な規律を設けることが望ましいと考えられる。

本文(1)(2)は，期間の定めのある契約は期間の満了によって終了する（当事者の一方から更新の申入れがあっても相手方は自由に拒絶することができる）という原則を確認した上で（本文(1)），例外的に更新の申入れを拒絶することができずに契約が更新される場合があり得る旨を定めるものであり（本文(2)），期間の定めのある継続的契約の終了に関する裁判例及び学説における一般的な理解を明文化するものである（札幌高決昭和６２年９月３０日判時１２５８号７６頁，福岡高判平成１９年６月１９日判タ１２６５号２５３頁等参照）。継続的契約には様々な類型のものがあるため，これを定義して要件化するのではなく，ここでは「期間の定めのある契約」，後記２では「期間の定めのない契約」をそれぞれの規律の適用対象とした上で，契約の更新の可否（本文(2)）や解約の申入れの可否（後

記2(3))に関する具体的な規律の中で,各々の契約が継続性を保護すべき要請の高い類型のものかどうかを個別に判断するものとしている。また,本文(2)では,契約の更新が擬制された場合における当事者間の法律関係について,従前の契約と同一の条件で更新したものとみなしつつ,期間についてのみ定めがないものとしている。借地借家法第26条第1項と同様の趣旨のものである。

　もっとも,以上の規律に対しては,そもそも継続的契約には様々な類型のものがあるためその更新に関して一律に適用されるべき規定を設けることは困難であるとして,特段の規定を設けずに引き続き解釈に委ねるべきであるという考え方があり,これを(注)で取り上げている。

(補足説明)

　契約各則や特別法の中に契約の継続性を前提とする規定がある場合には,それらの規定は,本文(1)(2)及び後記2に優先して適用される。例えば,民法第617条(期間の定めのない賃貸借の解約の申入れ),第627条(期間の定めのない雇用の解約の申入れ),第628条(やむを得ない事由による雇用の解除),借地借家法第5条(借地契約の更新請求等),第6条(借地契約の更新拒絶の要件),第26条(建物賃貸借契約の更新等),第27条(解約による建物賃貸借の終了),第28条(建物賃貸借契約の更新拒絶等の要件),労働契約法第16条(解雇),第17条(契約期間中の解雇等),労働契約法の一部を改正する法律(平成24年法律第56号)による改正後の労働契約法第19条(有期労働契約の更新等)は,本文(1)(2)及び後記2に優先して適用されることになる。

2　期間の定めのない契約の終了

(1) 期間の定めのない契約の当事者の一方は,相手方に対し,いつでも解約の申入れをすることができるものとする。

(2) 上記(1)の解約の申入れがされたときは,当該契約は,解約の申入れの日から相当な期間を経過することによって終了するものとする。この場合において,解約の申入れに相当な予告期間が付されていたときは,当該契約は,その予告期間を経過することによって終了するものとする。

(3) 上記(1)及び(2)にかかわらず,当事者の一方が解約の申入れをした場合において,当該契約の趣旨,契約の締結から解約の申入れまでの期間の長短,予告期間の有無その他の事情に照らし,当該契約を存続させることにつき正当な事由があると認められるときは,当該契約は,その解約の申入れによっては終了しないものとする。

(注) これらのような規定を設けない(解釈に委ねる)という考え方がある。

(概要)

　本文(1)及び本文(2)第1文は,期間の定めのない契約の当事者はいつでも解約の申入れをすることができるという原則を確認した上で(本文(1)),解約の申入れがされたときは相当な期間を経過することによって契約が終了することを示すものである(本文(2)第1

文)。民法第617条第1項や同法第627条第1項と同様の趣旨のものである。この「期間の定めのない契約」も，前記1の「期間の定めのある契約」も，いずれも契約の存続期間を観念することができることを前提とする概念であり，特に「期間の定めのない契約」という概念は，一回の給付で終了する契約を含む趣旨ではなく，契約の存続期間を観念することができるため期間を定めることも可能であるが期間を定めなかった契約という意味で用いている（期間の定めのない賃貸借に関する民法第617条，期間の定めのある賃貸借に関する同法第618条参照）。本文(2)第2文は，相当な予告期間を付して解約の申入れがされたときはその予告期間を経過することによって契約が終了することを示すものである。相当でない予告期間を付して解約の申入れがされたときは，本文(2)第1文によることになる。

　本文(3)は，期間の定めのない契約の当事者はいつでも解約の申入れをすることができるという本文(1)の原則を前提とした上で，例外的に解約の申入れによっても契約が終了しない（解約の申入れの効力が生じない）場合があり得る旨を定めるものであり，期間の定めのない継続的契約の終了に関する裁判例及び学説における一般的な理解を明文化するものである（名古屋高判昭和46年3月29日下民集22巻3・4号334頁，大阪地判平成17年9月16日判時1920号96頁等参照）。

　もっとも，以上の規律に対しては，そもそも継続的契約には様々な類型のものがあるためその解約の申入れに関して一律に適用されるべき規定を設けることは困難であるとして，特段の規定を設けずに引き続き解釈に委ねるべきであるという考え方があり，これを（注）で取り上げている。

（補足説明）
　本文(3)においては，「当該契約の趣旨」，「契約の締結から解約の申入れまでの期間の長短」，「予告期間の有無」を考慮要素として例示する一方で，「予告期間の長短」を考慮要素として例示していない。これは，予告期間の長短（予告期間の相当性）を事後的に評価して解約の申入れの有効性を判断するのは相当でないとの指摘を踏まえ，考慮要素とするかどうかは本文(3)の「その他の事情」の解釈・運用に委ねることとするものである。

3　解除の効力
　　前記1(1)又は2(1)の契約を解除した場合には，その解除は，将来に向かってのみその効力を生ずるものとする。

（概要）
　契約の存続期間を観念することができる前記1(1)及び2(1)の契約（期間の定めのある契約及び期間の定めのない契約）の解除には遡及効がない旨を定めるものであり，継続的契約の解除に関する一般的な理解を明文化するものである（民法第620条等参照）。なお，前記2の解約の申入れは，ここにいう解除には該当しないが，遡及効がないことを当然の前提としている。

(補足説明)
　契約の存続期間を観念することができる前記1(1)及び2(1)の契約（期間の定めのある契約及び期間の定めのない契約）の解除に遡及効を認めると，既に経過した期間における双方の履行済みの給付を全て原状回復しなければならないこととなり，徒に法律関係を複雑にしてしまうおそれがあることから，その解除には遡及効を認めるべきではないとされている。現行民法においても，賃貸借に関する同法第620条がその旨を規定し，雇用に関する同法第630条，委任に関する同法第652条，組合に関する同法第684条がこれを準用している。

第35　売買
1　売買の予約（民法第556条関係）
　民法第556条第1項の規律を改め，売買の予約とは，当事者の一方又は双方に対して，予め定めた内容の売買契約を単独の意思表示によって成立させる権利を与える旨の当事者間の合意をいうものとする。

(概要)
　民法第556条第1項を売買の予約の意義が明らかになる規定に改めるとともに，当事者の一方だけでなく双方が予約完結権を有する形態の予約が許容されることを規定上明らかにするものである。

(補足説明)
1　売買の予約の意義を明確化する必要性
　現行民法における売買の一方の予約（民法第556条）は，売買契約の一方当事者に予約完結権を付与するものであり，この予約完結権は形成権であって，予約完結権を行使した場合には相手方の承諾を要せずに当事者間に売買契約が成立すると解されている。
　「予約」という用語につき，現行民法には定義が設けられていないが，日常用語におけるホテルの予約のように，本契約自体は成立していて単に履行期が将来であるものと紛らわしいという問題が指摘されている。また，講学上，一方当事者が予約完結権を行使することで当然に契約が成立する予約ではなく，一方当事者の申込みに対して相手方が承諾義務を負うにとどまるという，民法第556条の予約とは異なる概念も提唱されている。そこで，同条が規律の対象とする予約概念の意義を明確にする必要があると考えられる。
　また，民法第556条は，規定対象を「売買の一方の予約」としていて，契約当事者の双方が予約完結権を有する形態の予約については規定がない。これは，当事者の双方が予約完結権を有するのは本契約が成立しているのと大差ないことから，双方の予約について規定する実益が乏しいためとされている。もっとも，当事者双方が予約完結権を有する予約を認めることについての特段の弊害がないのであれば，双方の予約をあえて規定上排除する必要まではないとも考え得る。
　以上を踏まえ，本文では，民法第556条第1項の規律を改め，同項が規定する「予

約」の意義を明らかにするとともに，その際に，契約当事者の双方が予約完結権を有する形態の予約が許容されることを条文上明らかにするものとしている。

なお，売買の一方の予約の規定は，民法第５５９条により有償契約に原則として準用されているが，部会においては，同条が有償契約に準用される場面を念頭に，当該有償契約が要式契約である場合（例えば，借地借家法第２２条による定期借地権の設定契約等）には，その予約についても当該契約に所定の方式を備える必要がある旨を規定することの要否も検討された。もっとも，民法はもとより特別法においても，一定の売買につき要式行為とする規定は見当たらないため，売買の予約のルールとして，要式行為とされる場合を念頭に置いた規定を置くことが技術的に困難であるという問題がある。また，部会においては，この点につき特に規定を設けなくとも，本契約において方式を要求している場合には，要式が履践されていない予約を用いたとしても，その予約完結権の行使によって本契約が成立することは解釈上あり得ないとも指摘されている。そこで，中間試案では，本契約の成立に一定の方式の履践が要求されている場合に，予約についても当該方式を履践する必要がある旨の規定を設けるとの考え方は，取り上げていない。

2　予約に関する規定の置き場所

予約に関する規定は，現行法では売買の節（第３編第２章第３節）に置かれており，それが民法第５５９条により有償契約に準用されている。この点につき，部会においては，予約のような複数の契約類型に適用ないし準用される規定については，その位置を，契約総則か，契約総則と契約各則の中間的な階層に移すべきではないかとの指摘があった。

もっとも，予約に関する規定が現実の取引において売買以外の契約類型にどの程度活用されているかについては必ずしも明らかではないことも踏まえると，最も典型的に予約が用いられている売買のパートに予約の規定を設けた上で，民法第５５９条ただし書の「有償契約の性質」というフィルターを介して各契約類型への準用の可否を個別に検討するという，現行法の規定の在り方を維持するのが適切であると考えられる。そこで，予約の規定の置き場所については，現状を維持するものとしている。

２　手付（民法第５５７条関係）

民法第５５７条第１項の規律を次のように改めるものとする。

買主が売主に手付を交付したときは，買主はその手付を放棄し，売主はその倍額を現実に提供して，契約の解除をすることができるものとする。ただし，その相手方が契約の履行に着手した後は，この限りでないものとする。

（概要）

民法第５５７条第１項が規定する手付解除の要件につき，判例等を踏まえた明確化を図るものである。具体的には，まず，「履行に着手」したのが手付解除をする本人であるときは手付解除が否定されないとする判例法理（最判昭和４０年１１月２４日民集１９巻８号２０１９頁）を明文化し，その際，「履行の着手」があったことの主張立証責任は手付解除を争う相手方が負担すると解されていることとを表現する趣旨で，その旨を第２文で表記

している。また，売主による手付倍戻しによる解除は，倍額につき現実の償還までは要しないが現実に提供する必要があるとの判例（最判平成6年3月22日民集48巻3号859頁）を踏まえ，「償還」を「現実に提供」に改めている。

（補足説明）
1 手付解除の主体に関する判例法理の明文化
　いわゆる手付解除について規定する民法第557条について，「当事者の一方が契約の履行に着手するまで」という文言のみからは，手付解除をしようとする者自身が履行に着手した場合にも手付解除ができなくなるように読める。しかし，判例（最判昭和40年11月24日民集19巻8号2019頁）は，同条は解除の相手方を保護するための制度であるとの理解を示した上で，相手方が履行に着手するまでは，履行に着手した当事者による手付解除が可能であるとしており，不動産売買の実務等においては，この判例法理に基づく取扱いが定着していると言われている。本文は，この判例法理を明文化するものである。
　この判例法理に対しては，履行に着手した当事者による手付解除を無制限に認めると，相手方に不測の損害を与えるおそれがあるとして，判例に反対する学説も有力である（上記判例にも反対意見が付されている。）。もっとも，履行を信頼したことにより損害を被る場合は，その当事者について履行の着手があると評価できることが多いと思われるとの指摘がある。また，部会においては，当事者が履行の着手をしたことにより相手方に契約が解除されることはないとの期待を抱かせたにもかかわらず，それを不当に裏切るような行為に対しては，信義則違反（民法第1条第2項）に基づく損害賠償等の救済は否定されていないとの理解も示されている。
2 「償還」を「現実に提供」に改める理由
　売主からの手付解除（いわゆる手付倍戻し）の要件として，民法第557条の文言は「倍額を償還」とあり，「償還」という文言からは現実の払渡し（買主が受領を拒んだ場合には倍額の供託）を要するようにも読めるが，売主は，現実の払渡しをしなくても買主に倍額の提供をすることにより手付解除をすることができ，買主が倍額の受領を拒んだ場合にも供託は必要ないとするのが判例（大判大正3年12月8日民録20巻1058頁等）・通説である。本文は，この確立しているとされる考え方を明文化する趣旨で，「償還」の文言を「提供」に改めるものとしている。
　これに加えて，売主がなすべき「提供」については，相手方の態度如何によらず現実の提供を要するとする判例（最判平成6年3月22日民集48巻3号859頁）を踏まえ，「現実に提供」としている。買主の態度如何によって例外的に口頭の提供等で足りる場面があるか否かについては，解釈に委ねるものとしている。

3 売主の義務
　(1) 売主は，財産権を買主に移転する義務を負うほか，売買の内容に従い，次に掲げる義務を負うものとする。
　　ア 買主に売買の目的物を引き渡す義務

イ　買主に，登記，登録その他の売買の内容である権利の移転を第三者に対抗するための要件を具備させる義務
(2) 売主が買主に引き渡すべき目的物は，種類，品質及び数量に関して，当該売買契約の趣旨に適合するものでなければならないものとする。
(3) 売主が買主に移転すべき権利は，当該売買契約の趣旨に適合しない他人の地上権，抵当権その他の権利による負担又は当該売買契約の趣旨に適合しない法令の制限がないものでなければならないものとする。
(4) 他人の権利を売買の内容としたとき（権利の一部が他人に属するときを含む。）は，売主は，その権利を取得して買主に移転する義務を負うものとする。
　（注）上記(2)については，民法第５７０条の「瑕疵」という文言を維持して表現するという考え方がある。

(概要)
　本文(1)は，売買契約に基づいて売主が負う基本的な義務を明記するものである。
　本文(2)は，売主が引き渡すべき目的物が種類，数量及び品質に関して，当該売買契約の趣旨に適合したものでなければならない旨を明記するものである（「契約の趣旨」の意味については，前記第８，１参照）。これにより，民法第５６５条（数量不足及び一部滅失）及び第５７０条（隠れた瑕疵）の適用場面をカバーするが，後記４で取り上げるように，同条の「隠れた」という要件は設けないものとしている。引き渡された目的物が契約の趣旨に適合しないことは，売主の債務不履行を構成する。なお，「瑕疵」が定着した用語であることを理由に，引き続き「瑕疵」という文言を用いて規律を表現すべきであるとの考え方があり，これを（注）で取り上げている。この（注）の考え方は，「瑕疵」という文言を売買と同様に置き換えるものとしている贈与（後記第３６，２），消費貸借（後記第３７，５），請負（後記第４０，２）についても同様に当てはまる。
　本文(3)は，売主が移転すべき権利につき，当該売買契約の趣旨に適合しない他人の用益物権，担保物権又は建築基準法等の法令による制限がないものであることを要する旨を明記するものである。これにより，権利の瑕疵と称されることのある民法第５６６条及び第５６７条の適用場面をカバーする。移転に係る権利に当該売買契約の趣旨に反するような他人の権利による負担等が存することは，売主の債務不履行を構成する。
　本文(4)は，他人物売買の場合に，売主が権利を取得して買主に移転する義務を負う旨を定める民法第５６０条を維持するものである。移転すべき権利の全部（同法第５６１条参照）が他人に属する場合だけでなく，その一部が他人に属する場合（同法第５６３条第１項参照）をも適用場面としており，そのことを括弧書きにより明らかにしている。

(補足説明)
１　売主の基本的義務としての財産権移転義務，目的物引渡義務及び対抗要件具備義務（本文(1)）
　　本文(1)は，売買契約に基づく売主の基本的義務として，財産権移転義務，目的物引渡義務及び対抗要件具備義務を条文上明記するものである。いずれも，売主の基本的義務

として異論のないものである。
2 目的物の種類，品質及び数量に関する売主の義務（本文(2)）
 (1) 売買の目的物の品質等に関する売主の義務についての基本的な考え方
　　目的物の品質等に関する売主の責任の在り方については，主には民法第５７０条の解釈論（取り分け同条の法的性質論）として論じられてきた。その背景には，同条及び同条が準用する同法第５６６条は，買主の救済手段として，損害賠償請求権及び解除権の２つを示すのみであり，同法第５７０条と債務不履行の一般原則との関係や，当該瑕疵に基づいて買主が売主に対して瑕疵の修補や代替物の引渡しなどの履行の追完を請求できるか否かといった基本的な問題点について，規定上不明確なことがある。そして，これらの問題の解決について，いわゆる瑕疵担保責任の法的性質の理解とも絡む多様な学説があるほか，判例の立場も必ずしも一貫した理解が容易でないと指摘されているなど，解釈論レベルでの対応も安定的なものとは言い難い状況にある（瑕疵担保責任を巡る判例・学説の状況については，部会資料１４－２第２，２(1)の（補足説明）１から３まで［９頁～１５頁］参照）。
　　しかし，目的物が種類物か特定物かによって救済の体系を峻別し，前者については一般原則によるとして買主の追完請求権や損害賠償請求権や契約の解除権を肯定しつつ，特定物である場合には民法第５７０条によるとして売主の追完義務を一律に否定するという，典型的な法定責任説の考え方が，非常に硬直的であって工業製品が目的物の中心となっている現代の取引実務に適合的でないとの認識は，広く共有されていると考えられる。そうすると，民法において規定すべき売主の義務としては，目的物が種類物であるか特定物であるかを問わず，売主は当該売買契約の趣旨に適合した目的物を引き渡す契約上の義務を負っているとするのが適切である。
　　以上を踏まえ，引き渡された目的物が契約の趣旨に適合しないことが売主の債務不履行を構成することを明確にするために，本文(2)は，売主が買主に引き渡すべき目的物は，それが特定物か種類物であるかを問わず，種類，品質及び数量に関して，当該売買契約の趣旨に適合したものでなければならないものとするものである。これにより，民法第５６５条（数量不足及び一部滅失）及び第５７０条（隠れた瑕疵）の適用場面をカバーする。数量不足及び一部滅失をここに含めているのは，これらは講学上いわゆる権利の瑕疵と分類されているが，むしろ物理的な欠陥と質的な連続性があると考えられ，そうすると，履行の追完を請求する権利や代金減額請求権を含む買主の救済手段のあり方についても物理的な欠陥の場合と共通の処理をすべきであると考えられることによる。引き渡された目的物が本文(2)に違反して契約の趣旨に適合しない場合に買主が採ることのできる救済手段については，後記４及び５参照。
　　また，本文(2)では，現行民法第５７０条に設けられている「隠れた」という要件を設けないものとしているが，その理由については，後記４の（補足説明）の４を参照。
 (2) 「瑕疵」の判断基準の明確化等
　　本文(2)では，民法第５７０条の「瑕疵」という文言に代えて，「瑕疵」に関する解釈の蓄積及び裁判実務における取扱いを踏まえ，「売主が買主に引き渡すべき目的物は，種類，品質及び数量に関して，当該売買契約の趣旨に適合するものでなければならな

い」として，売主の責任の成否は，目的物の品質等につき契約の趣旨に適合しているか否かによって決せられることを直截に表現するものとしている。これは，以下のような考慮による。

「瑕疵」という言葉は，法律専門家でない者にとってなじみの薄い言葉である上，裁判実務においては，物理的な欠陥のみならず，いわゆる環境的・心理的瑕疵も「瑕疵」に含める解釈がされるなど，現行の実務における「瑕疵」の用語法は，国民一般から見て分かりにくいことは否定し難い。そうすると，法律用語としては定着していると言われる「瑕疵」という用語を条文上維持するか否かにかかわらず，これまでの「瑕疵」についての解釈の蓄積等を踏まえ，その意味内容を可能な限り条文上明らかにする方途を講じることが望ましいと考えられる。

そして，民法第５７０条にいう「瑕疵」の有無の判断は，より具体的には，目的物が本来備えるべき品質等を確定した上で，その「備えるべき品質等」との対比において，実際の目的物が当該「備えるべき品質等」を有しているかどうかの評価であると考えられる。したがって，瑕疵の意義を条文上明記するのに際しては，「備えるべき性状等」を確定する際に何を基準に求めるかを整理した上で，それを条文においてどのように表現するかを検討する必要がある。

この「備えるべき品質等」をどのように画するかにつき，学説上，いわゆる主観的瑕疵概念と客観的瑕疵概念との対立が言われることがある。すなわち，主観的瑕疵概念は，契約において予定されていた品質，性状等を欠いていることをもって瑕疵を有すると考えるのに対し，客観的瑕疵概念は，目的物が通常有すべき性状を欠いているか否かという基準により瑕疵の有無を判断するとされる。もっとも，両者を対立的に捉える必要はないように思われる。すなわち，主観的瑕疵概念を採る立場においても，あるべき品質等の確定につき，明示ないし黙示の合意内容を探求することのみに終始することなく，契約をめぐる諸事情から認められる契約の趣旨に照らして（そこでは，取引通念も考慮要素に含まれ得る。「契約の趣旨」の意味については，前記第８，１も参照），目的物が有しているべき品質等を確定するのであって，そこでは客観的・規範的考慮が排除されているわけではない。また，客観的瑕疵概念に依拠するとしても，「通常有するべき品質等」を画定する際に，契約をした目的等を一切捨象しているわけではないし，目的物の品質等につき当事者間に合意がある場合にはそれが優先的に考慮されると考えられる。そうすると，瑕疵の存否は，結局，契約の趣旨を踏まえて目的物が有するべき品質，性状等を確定した上で，引き渡された目的物が当該あるべき品質等に適合しているか否かについての客観的・規範的判断に帰着すると考えられ，裁判実務においても，民法第５７０条の「瑕疵」に該当するか否かは，基本的にこのような手法で判断していると考えられる（最判平成２２年６月１日民集６４巻４号９５３頁，最判平成２５年３月２２日裁判所ウェブサイト等）。

その上で，上記のような解釈の蓄積や裁判実務における取扱い等を踏まえ，「瑕疵」の判断基準を具体的に書き下すこととすることが望ましいと考えられるが，その際に，（注）でも取り上げたように，「瑕疵」という言葉が法令用語としては定着していることを重視して，「瑕疵」という言葉を維持してその定義として示すことも技術的には考

え得る。しかし,「瑕疵」という言葉の難解さに加え,この言葉が場合によっては物理的な欠陥のみを想起させることからすると,適切でないように思われる。部会においても,売主の義務につき,「瑕疵がない目的物を引き渡さなければならない」とするよりも,「売主が引き渡す目的物は,契約において予定されていると認められる(契約の趣旨に照らして備えるべきと認められる)品質,数量等に適合していなければならない」などと表現するほうが分かりやすいとの指摘があった。

　以上の考慮に基づき,本文(2)では,「売主が買主に引き渡すべき目的物は,種類,品質及び数量に関して,当該売買契約の趣旨に適合したものでなければならない」として,民法第570条の「瑕疵」の実質的な判断基準を直接に法文上に表現するものとしている。

　なお,以上の議論は,「瑕疵」という文言を売買と同様に置き換えるものとしている贈与(後記第36,2),消費貸借(後記第37,5),請負(後記第40,2)についても同様に当てはまる。

(3) その他

　現行法の解釈において,民法第570条の「瑕疵」の一内容として読まれることがある建築基準法,都市計画法等の法令による用途制限(いわゆる「法律上の瑕疵」)がある場合については,本文(3)により規律することとしている(後記参照)。

　また,本文(2)に関連して,瑕疵担保責任の法的性質に関するいわゆる法定責任説との親和性が指摘される民法第400条(特定物の引渡しの場合の注意義務)と同法第483条(特定物の現状による引渡し)との関係をどのように整理するかが問題となる。同法第400条については,前記第8,1の(補足説明)参照。同法第483条については,単純に削除するものとしている(前記第22,6(1))。

3　移転すべき権利に関する売主の義務(本文(3))

(1) 移転すべき権利に関する売主の義務の基本的な考え方

　いわゆる権利の瑕疵に関する民法第561条以下の規定群については,物の瑕疵に関する民法第570条と同様,債務不履行の一般原則との関係が必ずしも明確でないと指摘されており,理論的にもいわゆる法定責任説と契約責任説とが対立するなど,規定内容の理解が困難な領域の一つと言われる。

　もっとも,判例は,他人物売買において,民法第561条の規定にかかわらず,買主が他人物であることにつき悪意の場合でも,他人の権利を移転しないことにつき売主に帰責事由がある限り,債務不履行責任を追及できるとしている(最判昭和41年9月8日民集20巻7号1325頁)。また,この判決の調査官解説は,不可抗力でもない限り売主の帰責事由は肯定されると指摘している。これらを見ると,権利の瑕疵に関する売主の責任を論ずるに当たって,売主が売買の目的たる権利の移転をどこまで引き受けていたかについての契約解釈が重要な意味を有するとの認識は,裁判実務においても受容されていると思われる。このような解釈については,権利の瑕疵に関して個別の局面ごとに規定を置く現行民法との整合性に疑問を呈する指摘があるものの,上記判例等が示した考え方の実質的な妥当性については,大きな異論はないと思われる。また,契約実務においても,抵当権等の担保権及び賃借権等の用益権その他

買主の完全な所有権の行使を阻害する一切の負担を排除する等の約定が，不動産売買を中心に，広く用いられていると考えられる。そうすると，いわゆる権利の瑕疵と称される場面，すなわち民法第５６３条（権利の一部が他人に属する場合），第５６６条（地上権等がある場合）及び第５６７条（抵当権等がある場合）の適用場面については，売主の義務を基本的に契約上の義務と整理した上で，その規定内容を明確化すること相当である。

以上を踏まえ，本文(3)は，売主が移転すべき権利につき，当該売買契約の趣旨に適合しない他人の用益物権，担保物権又は建築基準法等の法令による制限がないものであることを要する旨を明記するものである。これにより，権利の瑕疵と称されることのある場面のうち民法第５６６条及び第５６７条の適用場面をカバーする（第５６３条については本文(4)で，第５６５条に関しては本文(2)でそれぞれカバーする。）。移転すべき権利に当該売買契約の趣旨に適合しない他人の権利による負担等が存することは，売主の債務不履行を構成する。その場合に買主が採り得る救済手段については，後記８参照。

(2) いわゆる法律上の瑕疵の取扱い

所有権等の売買契約により移転すべき権利につき建築基準法等の法令による制限（いわゆる法律上の瑕疵）がある場合について，本文(3)で規律するものとしているのは，以下のような考慮による。

法律上の瑕疵が民法第５７０条の「（隠れた）瑕疵」に含まれるとする判例（最判昭和４１年４月１４日民集２０巻４号６４９頁）があるが，法律上の瑕疵が同条の「瑕疵」に含まれるとすると，現行法の下では競売における担保責任の救済範囲から外れることになり（同条ただし書），この点を不当として，法律上の瑕疵を権利の瑕疵と捉えるべきであるとの考え方も有力である。近時の下級審裁判例にも，競売における担保責任に関して，同条ではなく同法第５６８条及び第５６６条を類推適用して買受人の救済を図ったものがある（東京高判平成１５年２月１７日高民集５６巻１号１頁，名古屋高判平成２３年２月１７日判例時報２１４５号４２頁）。また，法律上の瑕疵を本文(2)と(3)のいずれで規律するかは，消滅時効と区別された短期の期間制限を設ける場合にその規律を及ぼすか否かにおいて実質的な相違が生じるが，後記６で短期期間制限を維持する乙案を採用する場合であっても，法令による制限の有無は時間の経過により判断が困難になるとは考え難いから，法律上の瑕疵については，目的物の契約不適合につき短期期間制限を正当化する理由付けが妥当しないと考えられる。なお，競売における買受人の権利の特則（後記９）においては，本文(2)と(3)のいずれに該当するかによって取扱いに違いはない。

4 他人物売買における売主の義務（本文(4)）

本文(4)は，他人物売買の場合に，売主が権利を取得して買主に移転する義務を負う旨を定める民法第５６０条を維持するものである。移転すべき権利の全部（同法第５６１条参照）が他人に属する場合だけでなく，その一部が他人に属する場合（同法第５６３条第１項参照）をも適用場面としており，そのことを括弧書きにより明らかにしている。

4 目的物が契約の趣旨に適合しない場合の売主の責任
　民法第565条及び第570条本文の規律（代金減額請求・期間制限に関するものを除く。）を次のように改めるものとする。
　(1) 引き渡された目的物が前記3(2)に違反して契約の趣旨に適合しないものであるときは，買主は，その内容に応じて，売主に対し，目的物の修補，不足分の引渡し又は代替物の引渡しによる履行の追完を請求することができるものとする。ただし，その権利につき履行請求権の限界事由があるときは，この限りでないものとする。
　(2) 引き渡された目的物が前記3(2)に違反して契約の趣旨に適合しないものであるときは，買主は，売主に対し，債務不履行の一般原則に従って，その不履行による損害の賠償を請求し，又はその不履行による契約の解除をすることができるものとする。
　(3) 売主の提供する履行の追完の方法が買主の請求する方法と異なる場合には，売主の提供する方法が契約の趣旨に適合し，かつ，買主に不相当な負担を課するものでないときに限り，履行の追完は，売主が提供する方法によるものとする。

（概要）
　民法第565条及び第570条本文の規律を改めるものである。その際，代金減額請求権の規律を付け加えるかどうか（後記5）や，買主の権利の期間制限に関する同法第565条及び第570条本文（それぞれ同法第564条・第566条第3項の準用）の規律をどのように見直すか（後記6）等については，後の項目で取り上げている。
　本文(1)第1文は，売買の目的物が契約の趣旨に適合しないものである場合に，目的物の欠陥か数量不足かといった契約不適合の内容に応じて，その修補を請求し，又は代替物若しくは不足分の引渡しを請求することができる（履行の追完を請求する権利を有する）とするものである。ある契約不適合の追完につき修補による対応と代替物等の引渡しによる対応等のいずれもが想定される場合に，いずれを請求するかは買主の選択に委ねることを前提としている。第2文では，それらの履行の追完を請求する権利の限界事由（履行不能）につき，履行請求権の限界事由の一般原則に従うことを明らかにしている（その内容につき，前記第9，2）。
　本文(2)は，売主が引き渡した目的物が前記3(2)に違反して契約の趣旨に適合しないものである場合に，債務不履行の一般原則に従って，債務不履行による損害賠償の請求をし，又は債務不履行による契約の解除ができるとするものである。
　本文(3)は，買主の選択する履行の追完の方法と売主が提供する追完の方法とが異なるときは，売主の提供する追完の方法が契約の趣旨に適合し，かつ買主に不相当な負担を課すものでないときに限り，履行の追完は，売主が提供した方法によるとするものである。追完手段の選択が買主に委ねられるという本文(1)の原則に対する制約であることから，買主による選択の利益を不当に害しないものとするために，限定的な要件を設けるものである。売主が本文(3)の要件を満たす履行の追完の提供をしたときは，弁済の提供としての効力が

生じ，買主は当初選択した方法による履行の追完の請求ができない。
　以上で取り上げたような目的物が契約に適合しない場合の買主の権利（後記5の代金減額請求権も含む。）の行使要件について，その不適合が「隠れた」（民法第570条）ものであるという要件を設けないこととしている。「隠れた」とは，瑕疵の存在についての買主の善意無過失を意味するとされてきたが，売主が引き渡した目的物が契約に適合しないにもかかわらず買主に過失があることのみをもって救済を一律に否定することは適切ではなく，むしろ，目的物に存する欠陥等がどこまで売買契約に織り込まれていたかを契約の趣旨を踏まえて判断すべきであるとの指摘を踏まえたものである。

（補足説明）
1　目的物が契約の趣旨に適合しない場合の売主の責任の基本的在り方
　　民法第570条本文は，目的物に隠れた瑕疵があった場合等について，買主に損害賠償請求権及び契約の解除権がある旨を規定している（数量不足等に関する同法第565条も同じ）。今回の改正では，前記3(2)の売主の義務を前提として，引き渡された目的物が契約の趣旨に適合しない場合の売主の責任を債務不履行の一般原則に従うと整理しており，その観点から規律内容を改めるものとしている。その際，代金減額請求権の規律を付け加えるかどうか（後記5）や，買主の権利の期間制限に関する同法第565条及び第570条本文（それぞれ同法第564条・第566条第3項の準用）の規律をどのように見直すか（後記6）等については，後の項目で取り上げている。
2　目的物が契約の趣旨に適合しない場合の履行の追完を請求する権利（本文(1)）
　　民法第570条は，目的物に瑕疵があった場合に，買主がその修補や代替物の引渡しといった履行の追完の請求をすることができるか否かについて言及していない。そして，同条の法的性質の理解がこの点の帰結の相違に結びつくと考えられてきた。しかし，売買の目的物における工業製品等の占める割合が大きくなっている現代においては，種類物売買の重要性が高まるとともに，例えば中古車売買のように特定物か種類物かの区別によって取扱いを異にする合理性が乏しいと考えられる場面が増えており，このため，目的物が種類物か特定物かを問わず，修補又は代替物の引渡しといった追完による対応が合理的と認められる場面は広く存在するようになっている。これを踏まえ，本文(1)の第1文において，引き渡された目的物が前記3(2)に違反して契約の趣旨に適合しないものであるときは，買主は，その内容に応じて，売主に対し，目的物の修補，不足分の引渡し又は代替物の引渡しによる履行の追完を請求することができるものとしている。例えば新品の機械の売買において目的物に不具合がある場合など，ある契約不適合の追完につき修補による対応と代替物等の引渡しによる対応のいずれもが想定される場合に，いずれを請求するかは買主の選択に委ねることを前提としている。適切な追完がされることに最も強い利害を有するのは買主であるから，買主に第一次的な選択権を与えるのが相当であると考えられることによる。
　　本文(1)の第2文は，履行の追完を請求する権利につき，履行請求権の限界事由に関する一般原則に服することを示すものである（前記第9，2）。
3　目的物が契約の趣旨に適合しない場合の債務不履行による損害賠償責任及び契約の解

除（本文(2)）

　売主が契約の趣旨に適合した目的物を引き渡す契約上の義務を負うことを前提として，本文(2)は，売買の目的物が契約の趣旨に適合しない場合には，一般原則に基づき，買主は債務不履行による損害賠償を請求し，又は契約の解除をすることができるとするものである。それぞれの要件については，前記第１０及び第１１参照。

　本文のように売主が瑕疵のない目的物給付義務を負うことを明文化する場合に，民法第５７０条を法定責任とみる解釈論との対比において，帰結の相違等の有無が問題となる。

　まず，売主の債務不履行による損害賠償の負担について見ると，瑕疵担保責任についての法定責任説の立場からは民法第５７０条による損害賠償責任は債務不履行の一般原則と異なり無過失責任である（免責が認められない）と解する一方，損害賠償の範囲については，信頼利益にとどまり履行利益までは認められないとの理解が示されることがある（もとよりこの点は法定責任説に分類される学説の間でも一様でない。）。この理解を前提とすると，瑕疵ある目的物引渡しを売主の債務不履行と構成してその損害賠償責任の在り方につき一般原則に委ねることとする場合には，一定の場合に免責を認める点では売主の責任が軽減される一方，損害賠償の範囲が履行利益にも及び得るとされる点では売主の責任が加重されることになるように見える。

　もっとも，免責の可否について，売主の債務のような結果債務については，債務不履行の一般原則によっても，帰責事由の欠如により損害賠償責任につき免責されるのは実際上不可抗力の場合などに限られるとの見方もあり，また，損害賠償責任につき免責事由があるとされる場合でも代金減額請求権（後記５参照）が行使可能であるとするならば，具体的な帰結は法定責任説で理解される現行法と実質において相違はないということができる。また，損害賠償の範囲についても，そもそも伝統的学説や裁判例で言及される信頼利益や履行利益という概念自体，内実が不明確であるとの指摘があるほか，下級審裁判例においても，信頼利益の名の下に，瑕疵の修補に要した費用の賠償を認めるなど，実質的には履行利益の賠償を認めているものがあるとの指摘もあることからすると，損害賠償の範囲を一般原則に委ねることにより損害賠償責任の負担が重くなるというのは，必ずしも当を得た評価とは言えない。損害賠償の範囲が契約の趣旨を踏まえて確定されるのであれば（前記第１０，６参照），その範囲確定のあり方が現在の実務と大きく変更されるような事態は，想定しにくいように思われる。

　契約の解除について見ると，民法第５７０条において準用する同法第５６６条は，契約の解除の要件として，瑕疵が「契約をした目的を達することができない」程度のものであることを要するとしている。債務不履行による契約の解除については，債務不履行が「契約をした目的」に与える影響如何によって解除の可否が決められるとの考え方に基づいて，その要件の具体化を図るものとしているが（具体的な要件設定の在り方については，前記第１１，１参照），これによれば，解除が可能であるとされる範囲は，同法第５７０条を適用した場合とおおむね同一となるものと思われる。なお，部会においては，目的物に瑕疵がある場合を催告解除の対象とすることについて疑問を呈する意見があった。これは，物の瑕疵の程度は催告期間の経過によってその重大性が変化するもの

ではないから，催告解除の対象とすることは疑問であるとの問題意識に基づくものと思われる。もっとも，契約をした目的を達することができるか否かの判断において，目的物の瑕疵の程度とそれに関する「相当の期間」内の売主による追完の態様等とを総合的に考慮することもあり得るとするならば，物の瑕疵に関する場面を催告解除の対象からあえて除外する必要はないものと考えられる。本文(1)は，引き渡された目的物が契約の趣旨に適合しないものである場面についても，催告解除の規律が妥当し得ることを前提としている。

他方，解除の要件としての帰責事由の点を見ると，民法第570条による解除について，条文上は売主の帰責事由は要件とされていない。前記第11，1では，解除一般の要件として債務者の帰責事由の有無を問わないものとしているから，帰責事由の要否との関係で解除が可能とされる範囲に変更はない。しかし，仮に解除一般について債務者に帰責事由がない場合の解除を認めない旨を条文上明記することとして（前記第11，1の（注）の考え方），それを目的物の契約不適合の場面にも適用する場合には，現行法と比して，買主が解除権を行使できる場面が（少なくとも論理的には）狭まるようにも思われる。

4 追完の方法の選択に関して売主の提供する方法が優先する場合（本文(3)）

目的物の契約不適合の内容によっては，目的物の修補と代替物との交換といった複数の追完手段による対応が考え得る場面がある。このような場合に，追完方法の選択につき当事者間の主張が対立する場面を念頭に，売主の提供する追完方法と買主の請求する追完方法とが異なる場合には，原則として買主の選択する追完方法によることとしつつ，一定の要件を満たす場合に売主の提供する追完方法が優先する旨の規定を設けるものである。

具体的には，買主の選択する履行の追完の方法と売主が提供する追完の方法とが異なるときは，売主の提供する追完の方法が契約の趣旨に適合し，かつ買主に不相当な負担を課すものでないときに限り，履行の追完は，売主が提供した方法によるとするものである。追完手段の選択が買主に委ねられるという本文(1)の原則に対する制約であることから，買主による選択の利益を不当に害しないものとするために，限定的な要件を設けるものである。売主が本文(3)の要件を満たす履行の追完の提供をしたときは，弁済の提供としての効力が生じ，買主は当初選択した方法による履行の追完の請求ができない。

このような規律を設けることについては，債務不履行をした売主に権利的な対抗手段を認めることには違和感があるとして，信義則や権利濫用（民法第1条第2項及び第3項）等の一般条項による解決に委ねれば足りるとの指摘があった。これに対しては，契約の趣旨に適合しない目的物を引き渡した売主に対する非難可能性はさまざまであって買主による追完方法の選択を常に甘受すべきであるとは言えないし，追完方法の適否は，売主と買主の利害が最も先鋭的に対立し，深刻な紛争となりやすい場面でもあるから，追完方法の選択を巡る紛争の解決を一般条項の解釈に委ねるのみでは，紛争解決の透明性の観点からは不十分であるとの指摘があり，これを踏まえたものである。

5 「隠れた」という要件を設けないこと

以上で取り上げたような目的物が契約の趣旨に適合しない場合の買主の権利（後記5

の代金減額請求権も含む。）の行使要件について，その不適合が「隠れた」（民法第５７０条）ものであるという要件は設けないこととしている。その理由は，以下のとおりである。
(1) 瑕疵が「隠れた」ものであるとの要件は，明白な瑕疵は代金に織り込まれているはずであるとの想定に基づくとされる。その具体的な意義について，判例は瑕疵に関する買主の（契約締結時における）善意無過失と解していると一般に言われており（大判昭和５年４月１６日民集９巻７６頁参照），瑕疵担保責任につき売主の契約責任と理解しない立場からは，買主が瑕疵担保責任による救済に値するか否かのメルクマールとしての意義を有すると説明されることもある。しかしながら，判例が「隠れた」という要件充足を否定するのは買主に重過失があるような場合に限られているとの指摘もある。そうであれば，判例の「隠れた」という要件の判断は，一見すると瑕疵が物理的に表見しているか否かを問題にするような要件において，買主の主観を問題にしてその瑕疵の存在が代金価格決定に織り込まれているか否かを評価しているのと実質的に異ならないと言うことができ，「隠れた」という文言が，判例の実際の判断の在り方を適切に反映していないと見る余地がある。

また，明白な瑕疵は代金決定の際に織り込まれているはずであるとの想定が「隠れた」要件を設ける正当化根拠であると理解するのであれば，当該瑕疵等が代金決定に当たって織り込まれているか否かの判断は，結局（契約の趣旨を踏まえた）瑕疵の有無の判断に帰着するように思われ，それに重ねて瑕疵が隠れているか否かを問題にする意義は乏しいと考えられる。そして，そのような考え方が，判例の実際の判断の在り方にも適合的であると見ることができる。
(2) 「隠れた」という要件につき買主の善意無過失という前記の一般的理解にそのまま従うと，過失があった買主については救済を全て否定することになるが，このような帰結については，買主に酷であるとの疑問が呈されており，買主の過失で瑕疵を見落としたような場合でもそれは過失相殺（民法第４１８条）で考慮する方が事案に応じた弾力的な解決が可能であるとの指摘がある。

また，契約当事者が契約締結時点では瑕疵の存在を認識していても，売主が当該瑕疵を修補した上で買主に引渡す義務を負うと解すべき事案があることも念頭に置くと（工業製品の売買においてはこのような場合は少なくないように思われる。），契約締結時点における買主の主観的要件で一律に救済の可否を決する規律の在り方は適切でないと考えられる。むしろ，価格決定のプロセス等から当該売買契約で目的物に予定された品質等が何かを確定した上で，その品質等に適合しているか否かを問題にするほうが，適切な解決を図ることができるのではないかと思われる。
(3) 「隠れた」という要件は，従来は，専ら特定物売買を念頭に契約締結時の善意・無過失を意味すると解されてきた。しかし，前記のように，目的物が契約の趣旨に適合しない場合の売主の責任につき特定物か種類物かの区別を排するにもかかわらず，種類物売買について「隠れた」という要件を適用するとすると，引渡し（受領）時点での買主の善意・無過失を問う要件であるとの理解に至り得る。しかし，これは非商人を含めた買主一般に受領時点での検査義務を課してその懈怠に失権効を規定するのに

等しいものとなる可能性があり，著しく買主に酷であるように思われる。

5　目的物が契約の趣旨に適合しない場合における買主の代金減額請求権
　　前記4（民法第565条・第570条関係）に，次のような規律を付け加えるものとする。
　(1) 引き渡された目的物が前記3(2)に違反して契約の趣旨に適合しないものである場合において，買主が相当の期間を定めて履行の追完の催告をし，売主がその期間内に履行の追完をしないときは，買主は，意思表示により，その不適合の程度に応じて代金の減額を請求することができるものとする。
　(2) 次に掲げる場合には，上記(1)の催告を要しないものとする。
　　ア　履行の追完を請求する権利につき，履行請求権の限界事由があるとき。
　　イ　売主が履行の追完をする意思がない旨を表示したことその他の事由により，売主が履行の追完をする見込みがないことが明白であるとき。
　(3) 上記(1)の意思表示は，履行の追完を請求する権利（履行の追完に代わる損害の賠償を請求する権利を含む。）及び契約の解除をする権利を放棄する旨の意思表示と同時にしなければ，その効力を生じないものとする。

（概要）
　本文(1)は，引き渡された目的物が契約に適合しない場合における買主の救済手段として，その不適合の程度に応じて代金の減額を請求する権利（代金減額請求権）を設けるものである。この権利は，履行の追完を請求する権利につき履行請求権の限界事由がある場合や，債務不履行による損害賠償につき免責事由がある場合であっても行使することができる点に存在意義がある。代金減額請求権は形成権であり，訴訟外における買主の一方的な意思表示で効力が生ずる。売主が不適合を追完する利益に配慮する観点から，その原則的な行使要件として，相当の期間を定めた追完の催告を経ることを必要としている。その期間内に買主が求める内容による追完の提供がされたときは，代金減額請求権は行使することができないのはもとより，売主が買主の選択と異なる追完の提供をした場合であっても，その内容が前記4(3)に該当するときには弁済の提供の効力が生じるから，履行の追完に代わる損害賠償及び契約の解除の場合と同様に，代金減額請求権を行使することができない。
　本文(2)は，代金減額請求権の行使要件としての追完の催告が不要となる場合を規定するものである。履行に代わる損害賠償の要件と平仄を合わせたものとしている（前記第10，3参照）。
　本文(3)は，代金減額請求権行使の意思表示につき，履行の追完を請求する権利（履行の追完に代わる損害の賠償を請求する権利を含む。）及び契約の解除をする権利を放棄する旨の意思表示と同時にしなければその効力を生じないものとするものである。代金減額請求権は，代金を減額することによって確定的に法律関係を処理し，それと矛盾する救済手段は行使しないという場面で機能することが想定されている権利であることから，そのような代金減額請求権の性格付けを明確にするための規律を設けるものである。履行の追完を請求する権利等を放棄する旨の意思表示を代金減額請求権の行使要件に織り込んでいるの

は，代金減額請求権が形成権であることに関連して，その行使によりこれと矛盾する権利を喪失するとの規律を単純に導入すると，目的物の不適合が露見した後における交渉において値引きの要求をしたことが代金減額請求権行使の意思表示とされて，履行の追完を請求する権利等を喪失するという予想外の事態が生じるおそれがあるとの指摘があることを踏まえたものである。

（補足説明）
1 目的物が契約の趣旨に適合しない場合の代金減額請求権の新設（本文(1)(2)）
　　現行民法では，売買の目的物が契約に適合しないものである場合の買主の救済手段として，代金減額請求権が規定されていない。その理由として，物の契約不適合については減少すべき金額の算定が困難であること，契約不適合による減価分につき損害賠償を認めることにより代金減額請求権を認めた場合と実質的に同様の帰結を確保できることなどが言われている。
　　しかしながら，売買契約のような典型的な有償契約において対価関係にある債権債務の等価的均衡を維持する必要性があることには異論がないと考えられるが，そうであれば，権利の一部移転不能や数量不足の場合（民法第５６３条，第５６５条）と同様に，目的物に契約不適合があった場合にも等価的均衡を維持する必要性は認められる以上，代金減額請求権をも認めるのが相当であると考えられる。減額すべき価額の算定が困難であるとの指摘については，瑕疵による減価分についての損害賠償が認められている以上，代金減額請求権を否定する理由として必ずしも説得的なものとは言えないと考えられる。
　　以上を踏まえ，本文(1)は，引き渡された目的物が契約に適合しない場合における買主の救済手段として，その不適合の程度に応じて代金の減額を請求する権利（代金減額請求権）を設けるものである。この権利は，履行の追完を請求する権利につき履行請求権の限界事由がある場合や，債務不履行による損害賠償につき免責事由がある場合であっても行使することができる点に存在意義がある。代金減額請求権は形成権であり，訴訟外における買主の一方的な意思表示で効力が生ずる。
　　本文(1)では，代金減額請求権の行使要件として，売主の追完に対する利益に配慮する観点から，催告が無意味であると考えられる一定の場合を除き，売主に対して履行の追完の催告を要するものとしている。催告が不要とされる場合の要件は本文(2)で示しているが，この要件設定は，債務者に催告をすることなく履行に代わる損害賠償（填補賠償）の請求をするための要件である前記第１０，３(1)ア及び(2)にならったものとしている。いかなる方法による履行の追完の催告をするか（瑕疵の修補か代替物等の引渡しか）は，第一次的に買主が選択するものとしている。
　　売主としては，相当の期間内に買主が催告した内容による履行の追完の提供をすれば，代金減額請求権の行使を免れることができる。また，売主が買主の選択とは異なる方法によって履行の追完の提供をした場合であっても，その方法が契約の趣旨に適合したものであり，かつ，買主に不相当な負担を課するものでないときは，売主による履行の追完の提供が効力を有するから（前記４(3)），やはり売主は代金減額請求権の行使を免れることができる。

2　代金減額請求権の行使要件としての権利放棄の意思表示（本文(3)）
　本文(3)は，代金減額請求権行使の意思表示につき，履行の追完を請求する権利（履行の追完に代わる損害の賠償を請求する権利を含む。）及び契約の解除をする権利を放棄する旨の意思表示と同時にしなければ，その効力を生じないものとするものである。代金減額請求権は，代金を減額することによって確定的に法律関係を処理し，それと矛盾する救済手段は行使しないという場面で機能することが想定されている権利であることから，そのような代金減額請求権の性格付けを明確にするための規律を設けるものである。履行の追完を請求する権利等を放棄する旨の意思表示を代金減額請求権の行使要件に織り込んでいるのは，代金減額請求権が形成権であることに関連して，その行使によりこれと矛盾する権利を喪失するとの規律を単純に導入すると，目的物の不適合が露見した後における交渉において値引きによる解決を提案したことが代金減額請求権行使の意思表示とされて，履行の追完を請求する権利等を喪失するという予想外の事態が生じるおそれがあり，そうすると失権を恐れる余り紛争解決の交渉が硬直化しかねないとの指摘があることを踏まえたものである。

6　目的物が契約の趣旨に適合しない場合における買主の権利の期間制限
　民法第５６５条及び第５７０条本文の規律のうち期間制限に関するものは，次のいずれかの案のように改めるものとする。
　【甲案】　引き渡された目的物が前記３(2)に違反して契約の趣旨に適合しないものである場合の買主の権利につき，消滅時効の一般原則とは別の期間制限（民法第５６４条，第５６６条第３項参照）を廃止するものとする。
　【乙案】　消滅時効の一般原則に加え，引き渡された目的物が前記３(2)に違反して契約の趣旨に適合しないものであることを買主が知った時から［１年以内］にそれを売主に通知しないときは，買主は，前記４又は５による権利を行使することができないものとする。ただし，売主が引渡しの時に目的物が前記３(2)に違反して契約の趣旨に適合しないものであることを知り，又は重大な過失によって知らなかったときは，この限りでないものとする。

（概要）
　甲案は，目的物が前記３(2)に違反して契約の趣旨に適合しない場合の買主の権利に関して，民法第５６４条及び第５６６条第３項により消滅時効とは別途設けられている期間制限（買主が事実を知った時から１年）を廃止し，買主の権利の期間制限を消滅時効の一般原則に委ねる提案である。
　乙案は，消滅時効とは別に，目的物が前記３(2)に違反して契約の趣旨に適合しないことに関する買主の権利につき，そのことを知った時を起算点とする買主の権利の期間制限（民法第５６４条，第５６６条第３項）を維持するものである。その上で，同法第５６６条第３項では権利保存の要件として「契約の解除又は損害賠償の請求」を１年以内にすることを求めており，これが買主に過重な負担になっているとの指摘があることを踏まえ，これ

を不適合があることの通知に改めるものとしている。また，期間について，現状の１年がやや短すぎるとの指摘があることを踏まえ，１年をブラケットで囲んで提示している。その上で，売主が引渡しの時に目的物が前記３(2)に違反して契約の趣旨に適合しないことを知り，又は知らないことにつき重大な過失があるときは，期間制限を適用しないものとしている。この場合には消滅時効の一般原則に委ねることとなる。

乙案を採用する場合には，商人間の売買の特則である商法第５２６条が権利保存の要件として，乙案と同じく「通知」を定めていることから，同条との適用関係を整理する必要があると考えられる。

（補足説明）
1　問題の所在

民法第５７０条において準用する同法第５６６条第３項は，瑕疵担保責任に基づく権利行使につき「事実を知った時から一年以内」という期間制限を設けており（数量不足・一部滅失に関しても同様である。同法第５６５条，第５６４条），判例は，上記期間内に買主がすべき権利行使の内容につき，「売主に対し具体的に瑕疵の内容とそれに基づく損害賠償請求をする旨を表明し，請求する損害額の根拠を示す」必要がある（最判平成４年１０月２０日民集４６巻７号１１２９頁）としている。また，判例は，上記期間制限とは別に，同法第５７０条による損害賠償請求権につき，物を引き渡した時を起算点とする１０年の消滅時効（同法第１６７条第１項）に服するとしている（最判平成１３年１１月２７日民集５５巻６号１３１１頁）。

売買の目的物が契約の趣旨に適合しない場合の売主の責任を契約責任（債務不履行責任）として構成することを前提としつつ（前記３及び４参照），債権に関する消滅時効の一般原則よりも短期の期間制限に服するとするか否かを決するに当たっては，一般原則の修正を正当化する理由をどのように整理するかが問題となるほか，消滅時効のパートにおける原則的な時効期間についての見直しの在り方（前記第７，２）を踏まえた検討を要するものと考えられる。そこで，目的物が契約の趣旨に適合しない場合における買主の権利の期間制限については，甲案と乙案の２案を併記するものとしている。

2　甲案及びその検討課題

甲案は，目的物が前記３(2)に違反して契約の趣旨に適合しない場合の買主の権利の存続期間につき，他の債務不履行と区別する合理的な理由はないとして，民法第５６４条及び第５６６条第３項により消滅時効とは別途設けられている期間制限（買主が事実を知った時から１年）を廃止し，買主の権利の期間制限を消滅時効の一般原則に委ねる提案である。

期間制限を単純に撤廃して消滅時効の一般原則に委ねるとする甲案を採用する場合に，時効期間につき権利を行使することができる時（判例によると目的物の引渡しの時）から１０年（民法第１６６条，第１６７条第１項）とする現行の規律を単純にあてはめると，現状と比べて，多くのケースで，買主が契約不適合を知った後の買主の権利の存続期間が大幅に伸びる結果となる。しかし，契約不適合に関する法律関係を早期に安定させるべき要請の高い場面の多くが，商人間の売買に関する商法第５２６条でカバーされ

るのであれば，消滅時効の一般原則に委ねても売主の負担が大きく増加することはないとも考え得る。なお，同条を参考にしたルールについては，事業者が買主の場合の特則として民法の売買のパートに設けるものとしている（後記7）。
3　乙案及びその検討課題
　　乙案は，消滅時効とは別に，目的物が前記3(2)に違反して契約の趣旨に適合しないことに関する買主の権利につき，買主がそのことを知った時を起算点とする買主の権利の期間制限（民法第564条，第566条第3項）を維持するものである。その上で，同法第566条第3項では権利保存の要件として「契約の解除又は損害賠償の請求」を1年以内にすることを求めているが，前記最判平成4年10月20日の示す「損害賠償の請求」が買主に過重な負担になっているとの指摘があることを踏まえ，これを不適合があることの通知で足りると改めるものとしている。また，期間について，現状の1年がやや短すぎるとの指摘があることを踏まえ，期間の見直しの要否を問うために1年をブラケットで囲んで提示している。その上で，売主が引渡しの時に目的物が前記3(2)に違反して契約の趣旨に適合しないことを知り，又は知らないことにつき重大な過失があるときは，期間制限を適用しないものとしている。このような場合には短期期間制限で売主を保護する必要がないと解されるからであり，買主の権利の消長は消滅時効の一般原則に委ねられることとなる。
　　目的物が契約の趣旨に適合しない場合に関する買主の権利につき，消滅時効とは区別された短期の期間制限を設けることを正当化する実質的根拠については，以下のようなことが言われている。すなわち，①目的物の引渡し後は履行が終了したとの期待が売主に生ずることから，かかる売主の期待を保護する必要があること，②物の瑕疵の有無は目的物の使用や時間経過による劣化等により比較的短期間で判断が困難となるから，短期の期間制限を設けることにより法律関係を早期に安定化する必要があることなどである。もっとも，①については，このような期待を売主が抱くとしても，それが目的物の契約不適合につき他の債務不履行と取扱いを異にすることを正当化するほどの理由と言えるかについて，疑問があり得る。また，②については，目的物の契約不適合が時間の経過等により急速に判断が困難となるとしても，目的物が契約の趣旨に適合しないことについての主張立証責任を買主が負担するのであれば，買主に主張立証責任を負担させるのを超えて期間制限により一律に買主の権利を否定するのが相当なのかについて，疑問があり得る。
　　また，消滅時効の原則的な時効期間と起算点の見直しも検討課題とされており，権利を行使することができる時から10年という現行の時効期間に加えて，「債権者が債権発生の原因及び債務者を知った時」から［3年間／4年間／5年間］という時効期間を設け，いずれかが満了したときに時効が完成するものとする提案が複数案の一つとして取り上げられている（前記第7，2の乙案）。この提案を採用する場合のブラケット内の期間の数字及び本文の乙案の期間を何年とするかによっては，両案の有意な差がなくなり，消滅時効とは別に期間制限を設ける意義が乏しくなる可能性がある。
　　なお，乙案を採用する場合には，商人間の売買の特則である商法第526条が権利保存の要件として乙案と同じく「通知」を定めていることから，同条との関係を整理する必

要がある（同条の適用範囲を拡張するなどしたルールである後記7についても同様の検討が必要である）。通常，同条（又は後記7の規律）によるほうが失権までの期間が短期であるから，同条の適用を優先することになると考えられ，そうすると，乙案の規律は，当事者のいずれかが商人でない売買（後記7の規律を設ける場合にあっては，買主が事業者でない売買）についてのみ適用されると考えられる。

7 買主が事業者の場合における目的物検査義務及び適時通知義務
　(1) 買主が事業者であり，その事業の範囲内で売買契約をした場合において，買主は，その売買契約に基づき目的物を受け取ったときは，遅滞なくその目的物の検査をしなければならないものとする。
　(2) 上記(1)の場合において，買主は，受け取った目的物が前記3(2)に違反して契約の趣旨に適合しないものであることを知ったときは，相当な期間内にそれを売主に通知しなければならないものとする。
　(3) 買主は，上記(2)の期間内に通知をしなかったときは，前記4又は5による権利を行使することができないものとする。上記(1)の検査をしなかった場合において，検査をすれば目的物が前記3(2)に違反して契約の趣旨に適合しないことを知ることができた時から相当な期間内にそれを売主に通知しなかったときも，同様とするものとする。
　(4) 上記(3)は，売主が引渡しの時に目的物が前記3(2)に違反して契約の趣旨に適合しないものであることを知り，又は重大な過失によって知らなかったときは，適用しないものとする。
　（注1）これらのような規定を設けないという考え方がある。また，上記(3)についてのみ，規定を設けないという考え方がある。
　（注2）事業者の定義について，引き続き検討する必要がある。

（概要）
　本文(1)は，買主が事業者である場合におけるその事業の範囲内においてした売買について，買主は目的物を受け取った後遅滞なくその目的物の検査をする義務を負うとするものであり，商法第526条第1項を参考とするものである。
　本文(2)は，本文(1)の場合につき，買主は，受け取った目的物が契約に適合しないことを知った時から相当な期間内にそれを売主に通知する義務を負うとするものである。
　本文(3)は，本文(2)に違反した場合の効果として，履行の追完を請求する権利，債務不履行による損害賠償請求権，契約の解除権及び代金減額請求権を行使することができないものとしている。また，本文(1)の検査義務を怠った場合について，検査をすれば目的物が契約に適合しないことを発見することができたと考えられる時から相当な期間内に売主にその事実を通知しなかった場合も，同様に失権するものとしている。
　本文(4)は，売主が引渡しの時に目的物が契約に適合しないことを知り，又は重大な過失により知らなかったときに，本文(3)の失権効が生じないとするものであり，この場合，買主の権利の消長は消滅時効の一般原則に委ねられる。

413

以上の本文(1)から(4)までについては、事業者という概念を民法に導入するのは相当でないことなどを理由に、規定を設けるべきでないとの考え方がある。また、本文(3)については、失権効といった一定の効果を明記する規定を設けないで、債務不履行による損害賠償の一般原則に委ねるとの考え方がある。これらの考え方を（注１）で取り上げている。
　また、本文のような規律を設ける場合、事業者をどのように定義するかが問題となる。本文で「事業者」という概念を用いているのは、商法第５２６条第１項における「商人」という概念（同法第４条第１項）よりも規定の適用範囲を拡げる必要があるという問題意識によるものであるが、このような問題意識を踏まえつつ、事業者をどのように定義するかを検討する必要がある。この検討課題を（注２）で取り上げている。

（補足説明）
１　買主の目的物検査義務及び通知義務を規定する商法第５２６条は売主及び買主の双方が商人である場合に限って適用されているが、その適用範囲を商人間の売買以外にも拡張する必要があることが指摘されている。他方で、後記のように、同条の規定内容には問題も指摘されている。そこで、買主の目的物検査義務及び通知義務に関して、同条の規律内容を参考にしつつ、その内容を一部修正した上で、買主が事業者である場合のルールとして民法に規定を設けるものである。
２　本文(1)は、買主が事業者である場合におけるその事業の範囲内においてした売買について、買主は目的物を受け取った後遅滞なくその目的物の検査をする義務を負うとするものである。売主の属性の如何によって買主の検査通知義務に関する取扱いを変える合理的理由はないと考えられることから、商法第５２６条とは異なり、売主が事業者か否かは問わないものとしている。
　　本文(2)は、本文(1)の場合につき、買主は、受け取った目的物が契約の趣旨に適合しないことを知った時から相当な期間内にそれを売主に通知する義務を負うとするものである。商法第５２６条第２項前段は、瑕疵を知った後「直ちに」通知することを求めているが、これを「相当な期間内に」としている。法令用語としての「直ちに」は一切の遅れを許さないとの趣旨で用いられるとされるが、同項前段の「直ちに」は可及的速やかにという意味であると理解されており、その懈怠の有無は、取引慣行、通知の遅滞により売主が損害を被る可能性等を考慮して決せられていると言われることを踏まえ、その実質的内容により即した言葉を用いるのが適切であると考えられるからである。
　　本文(3)は、本文(2)に違反した場合の効果として、履行の追完を請求する権利、債務不履行による損害賠償請求権、契約の解除権及び代金減額請求権を行使することができないものとしている。また、本文(1)の検査義務を怠った場合について、検査をすれば目的物が契約の趣旨に適合しないことを発見することができたと考えられる時から相当な期間内に売主にその事実を通知しなかった場合も、同様に失権するものとしているが、これは適時に通知を受けるとの売主の期待について、買主が検査義務を尽くして契約不適合の事実を知った場合と同じ程度に保護するのが相当と考えられることによる。なお、商法第５２６条第２項後段は、「売買の目的物に直ちに発見することのできない瑕疵がある場合」につき、買主が目的物の受領（受取）から６か月以内に瑕疵を発見しなかった

ときに失権するものとしているが，土壌汚染の場合など，目的物や契約不適合の性質等によってはその露見に長期間を要する場合があるから，受領から６か月で一律に失権するものとするのは商人間の売買であっても買主に酷な場合があるとの指摘がある。これを踏まえると，買主が検査義務を尽くしても６か月以内に発見することが困難な契約不適合については，受領（受取）から６か月を経過した後であっても買主に救済を認めるのが相当である。そこで，同項後段に相当する規律は設けていない。

本文(3)については，（注１）で取り上げているように，規律を設けるべきでないとの考え方がある。通知義務の懈怠の効果として買主が失権するものとするのは，懈怠に結び付けられる効果が強すぎて買主に過酷に失するとの考え方に基づくものである。この考え方を採用する場合には，義務違反の効果は債務不履行による損害賠償の一般原則に委ねることになると考えられる。具体的には，適時通知義務の懈怠により追完に要する費用が拡大した場合には，損害賠償の範囲の要件（前記第１０，６参照）を満たす限りで，その損害の賠償を請求することができる。実際には，目的物の契約不適合により売主が負担する損害賠償債務と相殺（実質的には契約不適合による損害賠償の減額）により処理されるものと考えられる。

本文(4)は，売主が引渡しの時に目的物が契約に適合しないことを知り，又は重大な過失により知らなかったときに，本文(3)の失権効が生じないとするものであり，この場合，買主の権利の消長は消滅時効の一般原則に委ねられる。売主が悪意の場合に関して商法第５２６条に同様の規律があるが，目的物の契約不適合につき売主が重大な過失によって知らなかったときも，悪意と同視してよいと考えられることから，本文(3)では失権効の例外として重過失の場合も付け加えている（なお，目的物の契約不適合についての一般的な買主の期間制限に関する前記６の乙案の第２文も参照）。

なお，本文(1)から(4)までの規律の適用範囲は商法第５２６条の適用場面を包含しており，本文(1)から(4)までで同条の規律を変更している趣旨は商人間の売買にも妥当することから，本文の規律を設けることに伴い，同条は削除することが考えられる。

3　民法に事業者概念を設けることの当否及びその場合の事業者の定義について

以上の本文(1)から(4)までについては，（注１）で取り上げたように，事業者という概念を民法に導入するのは相当でないことなどを理由に，規定を設けるべきでないとの考え方がある。この問題に関しては，商法典との役割分担を含めた民法典の在り方についての議論を深める必要があるが，その際に，とりわけ商人間の売買の規定（商法第２編第２章）に関しては，実務上，条文を参照する上で不便であるという不都合が指摘されていることにも留意する必要がある。事業上の売買に適用される重要なルールのうち，その断片的な一部のみが商法に置かれているからである。このような，商人間の売買に関して，民法典又は商法典といった単一の法典で完結的に規律せず，断片的な特則のみを商法典に置いてその余の事項を民法典に委ねるという規定の配置は，ドイツにならったものとされる。しかし，このような配置はドイツ固有の歴史的事情に基づくものであって，必ずしも実際上の合理性に裏付けられたものではないとの指摘がされている。

また，本文のような規律を設ける場合，事業者をどのように定義するかが問題となる。本文で「事業者」という概念を用いているのは，商法第５２６条第１項のように「商人」

という概念（同法第4条第1項）で適用範囲を画している現状よりも規定の適用範囲を拡げる必要があるという問題意識に基づく。すなわち，商法第4条第1項は商人を「自己の名をもって商行為をすることを業とする者」としているが，商人概念を画する商行為（商法第501条，第502条等）が限定列挙とされていることから，ある主体の活動が社会的実態としては事業としての形態を有していても，それが商行為に該当しない限りは商人とはされず，商人に関する商法のルールも適用されない。また，協同組合などのいわゆる協同組織については，商行為に該当する事業を営んでいても法人の性格上営利目的を有しないことを理由に商人に該当しないとする判例（例えば，信用金庫に関するものとして，最判昭和63年10月18日民集42巻8号575頁）が定着している。しかし，これらの事業主体の中にはその活動実態が商人と大差ないものも少なくない。このように商法の定める商人概念及びその解釈が硬直的であることが，商法に規定される売買のルールの適用範囲を不当に狭いものにしているとの指摘がある。民法に事業者概念で適用範囲を画するルールを設ける場合には，以上のような問題意識を踏まえつつ，事業者をどのように定義するかを検討する必要がある。この検討課題を（注2）で取り上げている。

8　権利移転義務の不履行に関する売主の責任等
　民法第561条から第567条まで（第565条を除く。）の規律を次のように改めるものとする。
(1) 売主が買主に売買の内容である権利の全部又は一部を移転せず，又は売主が移転した権利に前記3(3)に違反する他人の権利による負担若しくは法令の制限があるときは，買主は，売主に対し，一般原則に従って，その履行を請求し，その不履行による損害の賠償を請求し，又はその不履行による契約の解除をすることができるものとする。
(2) 上記(1)の債務不履行がある場合（移転すべき権利の全部を移転しない場合を除く。）において，買主が相当の期間を定めてその履行の催告をし，売主がその期間内に履行をしないときは，買主は，意思表示により，不履行の程度に応じて代金の減額を請求することができるものとする。
(3) 次に掲げる場合には，上記(2)の催告を要しないものとする。
　ア　履行を請求する権利につき，履行請求権の限界事由があるとき。
　イ　売主が履行をする意思がない旨を表示したことその他の事由により，売主が履行をする見込みがないことが明白であるとき。
(4) 上記(2)の意思表示は，履行を請求する権利（履行に代わる損害の賠償を請求する権利を含む。）及び契約の解除をする権利を放棄する旨の意思表示と同時にしなければ，その効力を生じないものとする。
　（注）上記(2)の規律は，抵当権等の金銭債務の担保を内容とする権利による負担がある場合については，適用しないものとするという考え方がある。

(概要)

民法第561条から第567条まで（第565条を除く。）の規律を改めるものである。同法第565条については，前記4で取り上げている。
　本文(1)は，売主が権利を移転する義務を履行しない場合（権利を全く移転しない場合のほか，一部を移転しないこと及び移転する権利に契約の趣旨に反する他人の権利による負担等がある場合が包含される。）の買主の権利として，その債務の履行の請求，債務不履行による損害賠償の請求及び契約の解除が，それぞれ一般原則に基づいて認められることを明記するものである。損害賠償及び契約の解除について，民法第561条から第567条まで（第565条を除く。）により一般原則とは異なる規律が設けられているのを改めるものである。売買の目的が他人の権利であることにつき売主が善意であった場合に売主が解除権を有することを規定する同法第562条については，権利移転義務を履行しない売主に契約離脱の選択肢を与える合理性が乏しいと指摘されていることによる。また，同法第567条に関しては，抵当権等の負担がある場合の解除の要件として買主が「所有権を失ったとき」としているが，所有権の喪失前であっても契約の解除を認めるべき場面があるとの指摘があることによる。また，権利移転義務の不履行に関しては，前記6のような期間制限に関する規律を取り上げていないが，これは消滅時効とは別の期間制限を設けず，消滅時効の一般原則に委ねる趣旨である。したがって，同法第564条及び第566条第3項は，単純に削除することとなる。
　本文(2)は，引き渡された目的物に契約の趣旨に反する他人の権利の負担等があった場合における買主の救済手段として，その意思表示により，他人の権利による負担の程度に応じて代金を減額することができる権利（代金減額請求権）を設けるものである。引き渡された目的物に契約不適合があった場合に関する前記5(1)と同趣旨の規定である。かっこ書により移転すべき権利の全部を移転しない場合を除外しているのは，この場合は対価の一部を削減するにとどまる代金減額請求権による処理がなじまず，専ら契約全体の解除により処理すれば足りると考えられることによる。なお，本文(2)は，売買の目的である権利に抵当権等の金銭債務の担保を内容とする権利の負担がある場合についても適用されるものとしているが，この場面についても権利の全部を移転しない場合と同様に代金減額請求権による処理がなじまないとして，代金減額請求権の対象から除外するとの考え方があり，これを（注）で取り上げている。
　本文(3)は，代金減額請求権の行使要件としての履行の催告が不要となる場合を規定するものであり，前記5(2)と同趣旨の規定である。履行に代わる損害賠償の要件及び債務不履行による契約の解除の要件と平仄を合わせたものとしている。
　本文(4)は，代金減額請求権行使の意思表示につき，履行を請求する権利（履行に代わる損害の賠償を請求する権利を含む。）及び契約の解除をする権利を放棄する旨の意思表示と同時にしなければその効力を生じないものとするものである。前記5(3)と同趣旨の規定である。

（補足説明）
1　売主が権利移転義務を履行しない場合の買主の救済手段（本文(1)）
　　いわゆる権利の瑕疵の場面については，売主の責任を論ずるに当たって，売主が売買

の目的たる権利の移転をどこまで引き受けていたかについての契約解釈が重要な意味を有するとの認識が，実務においても定着しているものと考えられる。これらを踏まえ，本文(1)は，前記3(1)(3)(4)の権利の移転に関する売主の義務を前提として，売主が買主に売買の内容である権利の全部又は一部を移転せず，又は売主が移転した権利に前記3(3)に違反する他人の権利による負担若しくは法令の制限があるとき（売主が権利移転義務を履行しない場合）には，買主は，売主に対し，一般原則に従って，その履行を請求し（履行請求権の限界事由に関する一般原則（前記第9，2）も妥当する。），その不履行による損害の賠償を請求し（前記第10），又はその不履行による契約の解除をすることができる（前記第11）ものとしている。

これに伴い，民法第561条から第567条まで（第565条を除く。）が損害賠償及び契約の解除に関して一般原則と異なる規律を定めているのを改めるものである。取り分け，以下のような変更を加えるものとしている。

(1) 買主についての主観的要件を設けないこと

権利の瑕疵に関する民法第561条から第567条まで（第565条を除く。）の規定の中には，権利の瑕疵についての善意悪意といった買主の主観的要素を問題にしているものがある。しかし，売主の権利移転義務に関する前記3(1)(3)(4)の規律を前提とすれば，売主がいかなる内容の権利移転義務を負っているかを契約解釈により確定した上で，その義務を履行したか否かを問題にすれば足り，買主が悪意であることのみを理由に一律に救済を否定すべきとする実質的理由はないと考えられる。取り分け，民法第566条第1項は，地上権等がある場合における売主の担保責任の要件として買主の善意を要求しているが，地上権等は登記をしなければ第三者に対抗することができず（民法第177条），不動産について登記を確認しないで売買がされる事態は実際上想定し難いから，買主の善意悪意を問題にするより，むしろ登記されている地上権等の負担につき当事者の間でいかなる約定があったかを契約解釈により明らかにする方が適切な解決を導くことができると考えられ，買主の主観的要件で救済の可否を区別する現行法の規定の在り方は，合理性に乏しいと考えられる。

以上を踏まえ，民法第561条，第563条及び第566条に規定されているような買主の主観的要件は設けないものとしている。もとより，権利の瑕疵についての買主の認識が契約解釈の一資料となることは否定されない。

(2) 民法第562条及び第567条に相当する規律の廃止

売買の目的が他人の権利であることにつき売主が善意であった場合に売主が解除権を有することを規定する同法第562条については，権利移転義務を履行しない売主に契約離脱の選択肢を与える合理性が乏しいと指摘されていることから，同条に相当する規律は設けないものとしている。

また，民法第567条に関して，同条第1項は，抵当権等の負担がある場合の解除の要件として買主が「所有権を失ったとき」としているが，所有権の喪失前であっても契約の解除を認めるべき場面があるとの指摘があることから，解除権発生の要件を一般原則に委ねるものとするのが相当である。また，同条第2項及び第3項の規定内容についても，債務不履行による損害賠償又は第三者弁済による求償に関する一般的

問題として解決可能であって，同条第1項を削除するのであれば，あえて同条第2項及び第3項の規定内容のみを独立して維持する必要性は乏しいと考えられる。以上を踏まえ，同条に相当する規律は設けないものとしている。
(3) いわゆる短期期間制限の廃止
　　権利移転義務の不履行に関しては，前記6のような期間制限に関する規律を取り上げていないが，これは消滅時効と区別された短期の期間制限を設けず，消滅時効の一般原則に委ねる趣旨である。いわゆる権利の瑕疵とされるもののうち権利の一部が他人に属する場合（民法第563条）及び地上権等がある場合（同法第566条）につき，買主の救済手段の行使に関して1年の短期期間制限が設けられている（同法第564条，第566条第3項）が，権利移転義務の不履行については，短期間でその不履行の判断が困難になるとは考え難く，目的物の契約不適合に関して論じられているような，消滅時効の一般原則と異なる短期の期間制限を必要とする趣旨（前記6の（補足説明）欄参照）が妥当しないと考えられることによる。したがって，同法第564条及び第566条第3項は，単純に削除することとなる。
2　権利移転義務の不履行に関する代金減額請求権（本文(2)(3)(4)）
　　数量不足等の場合を除く権利の瑕疵に関して，現行法では，移転すべき権利の一部が他人の属する場合についてのみ代金減額請求権が規定されている（民法第563条第1項）。しかし，目的物が契約の趣旨に適合しない場合について，対価関係にある等価的均衡の維持の必要性等を理由として代金減額請求権を規定するものとしているが，この理は売主の権利移転義務の不履行の場合について，広く妥当するものと考えられる。そこで，本文(2)は，代金減額請求権の適用範囲を拡張するために，売主が売買により移転すべき権利の一部を移転せず，又は売主が移転した権利に前記3(3)に違反する他人の権利による負担若しくは法令の制限があるときの買主の救済手段として，その意思表示により，他人の権利による負担の程度に応じて代金を減額することができる権利（代金減額請求権）を設けるものである。括弧書きにより移転すべき権利の全部を移転しない場合を除外しているのは，この場合は対価の一部を削減するにとどまる代金減額請求権による処理がなじまず，専ら契約全体の解除により処理すれば足りると考えられることによる。
　　なお，本文(2)の規律は，売買の目的である権利に抵当権等の金銭債務の担保を内容とする権利の負担がある場合についても適用されるものとしているが，この場面についても，担保権の実行により買主は売買の内容である権利の全部を取得できない以上，権利の全部を移転しない場合と同様に代金減額請求権による処理になじまないとして，代金減額請求権の対象から除外するとの考え方がある。もっとも，買主が自らのイニシアティブで担保権の負担を消除することを前提に，売主との法律関係については代金減額請求権の行使により終局的に処理することも想定されることを考えると，あえて金銭債務の担保を内容とする権利の負担がある場合について，代金減額請求権を適用除外とするまでの必要はないと考えられる。そこで，上記の考え方は，（注）で取り上げるにとどめている。
　　本文(3)は，代金減額請求権の行使要件としての履行の催告が不要となる場合を規定す

るものであり，前記5(2)と同趣旨の規律である。履行に代わる損害賠償の要件と平仄を合わせた要件としている（前記第10，3参照）。
　本文(4)は，代金減額請求権行使の意思表示につき，履行を請求する権利（履行に代わる損害の賠償を請求する権利を含む。）及び契約の解除をする権利を放棄する旨の意思表示と同時にしなければその効力を生じないものとするものである。前記5(3)と同趣旨の規律である。

9　競売における買受人の権利の特則（民法第568条及び第570条ただし書関係）
　民法第568条及び第570条ただし書の規律を次のように改めるものとする。
(1) 民事執行法その他の法律の規定に基づく競売における買受人は，買い受けた目的物又は権利について買受けの申出の時に知らなかった損傷，他人の権利による負担その他の事情（以下「損傷等」という。）がある場合において，その損傷等により買い受けた目的を達することができないときは，債務者に対し，契約の解除をし，又はその損傷等の程度に応じて代金の減額を請求することができるものとする。ただし，買受人が［重大な］過失によってその損傷等を知らなかったときは，この限りでないものとする。
(2) 上記(1)の場合において，債務者が無資力であるときは，買受人は，代金の配当を受けた債権者に対し，その代金の全部又は一部の返還を請求することができるものとする。
(3) 上記(1)又は(2)の場合において，債務者が目的物若しくは権利の不存在を知りながら申し出なかったとき，又は債権者がこれを知りながら競売を請求したときは，買受人は，これらの者に対し，損害賠償の請求をすることができるものとする。
(4) 買受人は，買い受けた目的物又は権利に損傷等があることを知った時から1年以内にその損傷等を債務者又は配当を受領した債権者に通知しなければ，上記(1)から(3)までの権利を失うものとする。ただし，買い受けた権利の全部が他人に属していたときは，この限りでないものとする。
　（注）競売における担保責任に関して，現状を維持するという考え方がある。
　　　また，上記(2)の規律は，上記(3)の要件を満たす債権者についてのみ適用するという考え方がある。

（概要）
　本文(1)は，民事執行法その他の法律に基づく競売の目的物に損傷等があった場合の買受人の救済手段を整備するものである。民法第568条第1項は，買受人の救済手段に関して，売主の担保責任に関する同法第561条から第567条までの規定に従うこととしているが，それに加えて，同法第570条ただし書のように「(隠れた)瑕疵」を救済の対象から一律に除外する考え方は採らないこととしている。物の瑕疵であっても，買受人にと

って権利の瑕疵と比肩すべき重大な不利益となる場合があり得ることを考慮したものである。このように買受人が救済される場面を拡張するに当たり，本文(1)では，まず，買い受けた目的を達成し得ないことを，解除だけでなく代金減額請求の要件ともしている。また，第２文において，買受人が損傷等を知らなかったことにつき（重大な）過失があった場合には，救済しないこととしている。いずれも，救済の対象を真に必要なものに限定する趣旨である。

　本文(2)及び(3)は，救済の対象となる損傷等が本文(1)で画されることを前提に，一定の場合に，買受人が配当受領者に受領した代金の全部又は一部の返還を請求し，又は債務者若しくは配当受領者に損害賠償の請求ができるとする民法第５６８条第２項及び第３項の規律を維持するものである。

　本文(4)は，前記６（買主の権利の期間制限）の見直しの在り方にかかわらず，競売における担保責任に適用されている民法第５６４条及び第５６６条第３項の期間制限を実質的に維持して，買受人が損傷等を知った時から１年以内にその事実を債務者又は配当受領者に通知しなければ，それらの者に対して本文(1)から(3)までの救済を求める権利を喪失するとするものである。権利保存のための行為を「通知」に改めているのは，前記６の見直し（乙案参照）と平仄を合わせたものである。本文(4)の第２文は，権利の全部が他人に属する場合につき，期間制限が設けられていない現状を維持するものである（同法第５６０条，第５６１条参照）。

　以上に対し，競売手続の結果が実質的に覆滅される場面が現行法よりも拡大することにより配当受領者の地位が不安定になるおそれがあり，執行裁判所がそれを慮って競売手続を慎重に進めざるを得なくなって，手続の円滑が害されるおそれがあることなどを理由に，競売に関する担保責任の規律につき現状を維持すべきであるとの考え方がある。また，本文(2)の規律については，配当受領者につき上記(3)の要件を満たす場合にのみ適用されるものとすべきであるとの考え方がある。これらの考え方を，（注）で取り上げている。

（補足説明）
１　競売の目的物に損傷等があった場合の買受人の救済の在り方（本文(1)）
　(1) 民法第５７０条ただし書をめぐる議論
　　　強制競売における担保責任について規定する民法第５７０条ただし書は，物の（隠れた）瑕疵については，買受人は債務者又は配当受領者に対する担保責任を追及できないとしている。他方，同法第５６８条は，強制競売の目的物にいわゆる権利の瑕疵がある場合に，同法第５６１条から第５６７条までの規定により，債務者に対し，契約の解除又は代金の減額を請求することができ，債務者が無資力の場合には，代金の配当を受けた債権者に対し，代金の全部又は一部の返還を請求することができるとする。この規定の適用対象には，担保権の実行としての競売も含まれると解されている。このように，物の瑕疵と権利の瑕疵とで異なる取扱いがされている理由については，競売ではある程度の瑕疵を織り込んで買受けの申出をするのが通常であること，また瑕疵の有無はその判断が困難であって，所有者である債務者の意思に反して行われるという競売の特質上，瑕疵を巡る円満な解決は期待できず，そのトラブルが深刻なも

のとなりやすいことなどが挙げられている。
　他方，民法第５７０条ただし書の合理性を疑問視する立場からは，以下のような指摘がある。すなわち，公法上の用途制限を同条の「瑕疵」としてしている判例（最判昭和４１年４月１４日民集２０巻４号６４９頁）があるが，この理解を競売手続についても推し及ぼすと競売における担保責任を追及できなくなり不当であるとして学説から批判されていることにも現れているとおり，いずれも契約に適合しない点では共通であるのに，競売手続において物の瑕疵のみにつきカテゴリカルに買受人の救済を否定する合理的な理由はないとの指摘である。
　部会において，物の瑕疵に関しても買受人を救済する方向で民法の規定を改めることが民事執行法の規定や実務のあり方と整合的であるとの指摘があった。すなわち，不動産競売においては，物件明細書，現況調査報告書及び評価書（いわゆる三点セット）をインターネットで開示して公衆が容易に閲覧できるようにし（民事執行法第６２条第２項，民事執行規則第３１条第１項，第３項），また内覧の制度（民事執行法第６４条の２）を整備するなどして，できる限り物件に関する正確な情報を広く提供することにより，業者以外の一般人を含めて広く買受人を募る建前を採用している。それにも関わらず，買受け後に瑕疵が露見した場合にそのリスクを全て買受人に転嫁するのは，そのような建前と整合しないというのである。
　最高裁判例にも，建物の競売において存在することが前提とされた敷地利用権が存在しなかった場合について，民法第５６８条，第５６６条の類推適用により買受人の救済を図ったものがある（最判平成８年１月２６日民集５０巻１号１５５頁）。また，下級審裁判例には，公法上の用途制限を看過して目的物の評価がなされた事案において，同法第５６８条，第５６６条の類推適用により買受人の救済を図ったものがある（東京高判平成１５年２月１７日高民集５６巻１号１頁，名古屋高判平成２３年２月１７日判例時報２１４５号４２頁）。
(2) 本文(1)の規律を設ける趣旨
　本文(1)は，民事執行法その他の法律に基づく競売の目的物に損傷等があった場合の買受人の救済手段を整備するものである。民法第５６８条第１項は，買受人の救済手段に関して，いわゆる権利の瑕疵に関する売主の担保責任についての同法第５６１条から第５６７条までの規定に従うこととしているが，それに加えて，同法第５７０条ただし書のように「(隠れた)瑕疵」を救済の対象から一律に除外する考え方を採らないこととしている。物の瑕疵であっても，買受人にとって権利の瑕疵と比肩すべき重大な不利益となる場合があり得ることを考慮したものである。このように買受人が救済される場面を拡張するに当たり，本文(1)では，いわゆる物の瑕疵と権利の瑕疵とを包摂するものとして「買い受けた目的物又は権利について買受けの申出の時に知らなかった損傷，他人の権利による負担その他の事情（以下「損傷等」という。）がある場合」という要件を提示している。そして，その損傷等の存在により，買受人が買い受けた目的を達成し得ないことを，解除だけでなく代金減額請求の要件ともしている。また，第２文において，買受人が損傷等を知らなかったことにつき（重大な）過失があった場合には，救済しないこととしている。いずれも，救済の対象を真に必要なも

のに限定する趣旨である。
(3) 物の瑕疵を救済対象とすることに反対する考え方について

　物の瑕疵につき買受人の救済を拡大することについては，現状より競売手続の結果が実質的に覆滅される機会が増大することで，配当受領者の地位が不安定になり，また，執行裁判所としては競売手続の結果が覆ることを懸念して手続を慎重に進めざるを得なくなり，競売手続の迅速円滑な進行を妨げるとの指摘がある。このような懸念を重視して，競売における担保責任につき現状を維持すべきであるとする考え方を（注）で取り上げている。

　この点につき，本文(1)では，買受人を救済すべき場面を真に必要な範囲に限定する観点から，買受けの目的不達成という解除の要件を代金減額請求にも及ぼすとともに，損傷等があることを買受人が知らなかったことにつき（重大な）過失がある場合には，買受人を救済しないこととしている（「重大な」という限定を付すのが相当か否かを問うために，ブラケットを用いている。）。強制的な競売手続においては，任意の売買における契約不適合のような要件が妥当せず，不適合の有無を競売手続の趣旨に照らして考える必要があるところ，競売手続においては，ある程度の隠れた損傷等があることを折り込んで売買が行われていると考えられることから，それを要件に反映しようとする趣旨である。このような要件の設定に対しては，権利の瑕疵に関する買受人の保護を従来よりも後退させることになるという懸念が示されているが，実際上，買受人を救済すべき事例は，これらの要件の下でも影響を受けることはないように思われる。

　他方，物の瑕疵に救済範囲を拡大することが競売手続の遅延を招く恐れがあるとの議論の合理性に対しては，疑問が呈する意見がある。部会においては，競売手続における目的物の調査をどの程度の入念に行うかは，目的物の調査等を要求する民事執行法等の趣旨に則して決められるべき問題であって，競売終了後における買受人の救済の在り方によって目的物の評価のための調査の在り方が変更を強いられる関係にはないとの指摘がされている。また，競売手続が遅延するおそれについて，物の瑕疵が事後に発見されても買受人が救済されない現状に対して，買受人を救済する方向での改正をするにもかかわらず，それによって現状よりも手続進行をより慎重にせざるを得なくなるという指摘は，想定外の損傷等に直面した買受人の保護よりもそれ以外の利害関係者（例えば，配当受領者）の利益を優先するような考え方に基づくものとも受け取れるのであって，疑問の余地があるとの指摘もされている。

　競売手続においては，目的物につき民事執行法上採ることのできる調査手段に限界があることに起因して，物の瑕疵の有無やそれが救済に値するか否かの判断が極めて困難であるから，物の瑕疵を一律に救済対象から外すことには合理性があるとも指摘される。しかし，この点については，次のような反論が考えられる。すなわち，競売手続において，目的物の瑕疵が露見するのが代金納付前であれば，買受人は，売却許可決定の取消しによる救済を求めることができるが（同法第75条第1項），下級審裁判例においては，同項による救済の対象となる「損傷」について，物理的なものに限らず，目的物の経済的な価値を低下させる事象を広く「損傷」に当たるとするとともに

に，同項の文言上救済の対象となる「損傷」は「買受けの申出をした後」に生じたものという限定があるにもかかわらず，買受けの申出以前から存在するものであってもそれが目的物の評価過程で看過されていた重大な瑕疵である場合には，同項の類推適用により救済を肯定している事例を数多く見出すことができる（東京高決平成22年4月9日金法1904号122頁，名古屋高決平成22年1月29日判時2068号82頁，東京高決平成19年12月7日判タ1302号293頁等）。また，同項ただし書は目的物の「損傷が軽微」な場合に買受人の救済を否定しており，軽微に該当するか否かにより，損傷が救済に値するものか否かの評価判断がされる。このように，代金納付前については物的瑕疵をはじめとする目的物の価値を低下させる事情の有無やそれが救済に値するものか否かを評価して例外的にせよ買受人の救済が図られている実務を踏まえると，競売手続において，目的物の瑕疵が救済に値するものと売却価額の中に織り込まれているものとを区別することが困難であると一概に言うことはできないとも考え得る。

　なお，物の瑕疵につき買受人の救済を認めると，手続をかく乱する目的で買受人がわざと高額で買い受けた上で，目的物に損傷等があったなどと虚偽の主張をして代金の減額を求めるような濫用の可能性があるとの指摘もある。もっとも，そのような濫用の目的を達するには，買受人が自ら債権者を被告として配当金の返還を求める訴えを提起した上で，買い受けた時点で損傷等が存在していたことや，それにより買い受けた目的を達することができないことについて主張立証しなければならないことを考えると，指摘のような濫用の可能性が現実的なものかについては，疑問の余地があると思われる。

2　民法第568条第2項及び第3項の規定内容の維持（本文(2)(3)）

　本文(2)(3)は，救済の対象となる損傷等が本文(1)で画されることを前提に，一定の場合に，買受人が配当受領者に受領した代金の全部又は一部の返還を請求し，又は債務者若しくは配当受領者に損害賠償の請求ができるとする民法第568条第2項及び第3項の規律を維持するものである。

　これに対して，本文(2)の規律については，配当受領者につき本文(3)の要件を満たす場合にのみ適用されるものとすべきであるとの考え方がある。この考え方を（注）で取り上げているが，これに対しては，従来競売において一切の救済が否定されていた物の瑕疵についてであればともかく，権利の瑕疵の場面についてもこの考え方による場合には，現状よりも買受人の保護が後退する可能性があるとの指摘が妥当するように思われる。

3　買受人の権利の期間制限（本文(4)）

　配当を受領した者の地位の安定に配慮するためには，買受人の権利行使の期間制限については，現状を維持するのが相当であると考えられる。そこで，本文(4)は，前記6（買主の権利の期間制限）の見直しの在り方にかかわらず，競売における担保責任に適用されている民法第564条及び第566条第3項の期間制限を実質的に維持して，買受人が損傷等を知った時から1年以内にその事実を債務者又は配当受領者に通知しなければ，それらの者に対して本文(1)から(3)までの救済を求める権利を喪失す

るとするものである。権利保存のための行為を「通知」に改めているのは，前記6の見直し（乙案参照）と平仄を合わせたものである。本文(4)の第2文は，権利の全部が他人に属する場合につき，期間制限が設けられていない現状を維持するものである（同法第560条，第561条参照）。

10 買主の義務
　買主は，売主に代金を支払う義務を負うほか，次に掲げる義務を負うものとする。
　ア　売買の目的物（当該売買契約の趣旨に適合するものに限る。）を受け取る義務
　イ　前記3(1)イの対抗要件を具備させる義務の履行に必要な協力をする義務

（概要）
　本文は，売買契約による買主の基本的義務として，代金支払義務（民法第555条参照）のほか，目的物の受取義務及び目的物の対抗要件を具備させる義務の履行に必要な協力をする義務（対抗要件引取義務）を条文上明記するものである。括弧書きは，買主の受取義務の対象が契約の趣旨に適合した目的物でなければならないことを明らかにするものである。その違反の効果として，債務不履行の一般原則に従い，債務不履行による損害賠償請求権又は契約の解除権が発生する。

（補足説明）
1　現行民法には，買主が売買の目的物を受け取る義務（ここでは「受領」と「受取」を使い分けることを前提としている。両者の違いについては，前記第13の（補足説明）参照）及び目的物の対抗要件を引き取る義務の有無につき，明文規定がない。本文では，売買契約に基づく基本的義務として，代金支払義務（民法第555条参照）のほか，目的物の受取義務及び目的物の対抗要件を具備させる義務の履行に必要な協力をする義務（対抗要件引取義務）を条文上明記するものである。その違反の効果として，債務不履行の一般原則に従い，債務不履行による損害賠償請求権又は契約の解除権が発生する。
　　なお，本文アの括弧書きは，買主の受取義務の対象が契約の趣旨に適合した目的物でなければならないことを明らかにするものである。本文アの規律を設ける場合には，契約の趣旨に適合しない目的物の引取を買主に強要する根拠になるなどといった誤解のおそれを払拭する必要があるとの指摘を踏まえたものである。
2　買主の目的物受取義務を明文化する理由（本文ア）
　　買主が目的物を受け取らなかった場合に，売主が損害賠償を請求したり，契約の解除をすることの可否については，従来，受領遅滞（民法第413条）の法的性質（法定責任か債務不履行責任か）と絡めて議論されてきたが，受領遅滞の法的性質につきいかなる理解を採用するかにかかわらず，契約解釈や信義則により，契約上の義務として当事者に給付を受け取る義務を導くことができるかを検討し，その義務に違反したことの効果として損害賠償や契約の解除を肯定することは可能であると考えられる。判例にも，

継続的な鉱石供給契約の買主に信義則に基づく目的物引取義務を肯定した上で，売主からの損害賠償請求を認容した事案がある（最判昭和40年12月3日民集25巻9号1472頁）。

このような考え方を踏まえると，売買契約の買主については，契約解釈等により目的物の受取義務を肯定すべき場合が通常であると考えられる。部会においても，買主が代金を先払いしたにもかかわらず目的物を受領しない場合には，売主は契約の解除ができないまま目的物の保管を強いられるという不都合が生じることが指摘されている。そうすると，売買のルールの在り方としては，買主が受取義務を負担するか否かを個別事案ごとの契約解釈に委ねるよりも，任意規定として買主の受取義務を明文化した上で個別事案ごとに特約による修正を許容するほうが，紛争解決の透明性が高まり，望ましいと考えられる。

3　買主の対抗要件引取義務を明文化する理由（本文イ）
　受取義務に関する以上の議論は，本文イの買主の対抗要件引取義務についても同様に妥当する。買主が登記等の移転に協力しない局面においては，不動産の場合には売主がいつまでも固定資産税を負担し続けたり，自動車の場合には売主が運行供用者としての責任（自動車損害賠償保障法第3条参照）を負担するリスクを負い続けることになるとの実態が指摘されている。このような紛争における解決の指針として，本文イのような規律を設けることが合理的であると考えられる。

11　代金の支払場所（民法第574条関係）
　民法第574条の規律を次のように改めるものとする。
　(1)　売買の目的物の引渡しと同時に代金を支払うべきときは，その引渡しの場所において支払わなければならないものとする。
　(2)　上記(1)は，代金の支払前に目的物の引渡しがあったときは，適用しないものとする。

（概要）
　本文(1)は，代金の支払場所に関する民法第574条の規律を維持するものである。
　本文(2)は，売買の目的物の引渡しと同時に代金を支払うべきときであっても，代金の支払前に目的物の引渡しが現にあったときは，同法第574条の適用はなく，弁済の場所に関する原則である民法第484条の規定に従うものとする判例（大判昭和2年12月27日民集6巻743頁）の規律を明文化するものである。

12　権利を失うおそれがある場合の買主による代金支払の拒絶（民法第576条関係）
　民法第576条の規律を次のように改めるものとする。
　売買の目的について権利を主張する者があることその他の事由により，買主がその買い受けた権利の全部又は一部を取得することができないおそれがあるとき，又はこれを失うおそれがあるときは，買主は，その危険の程度に応じて，

代金の全部又は一部の支払を拒むことができるものとする。ただし，売主が相当の担保を供したときは，この限りでないものとする。

(概要)
　買主による代金支払拒絶権を定める民法第５７６条については，買主が既に取得した権利を失うおそれがある場合に加え，買主が権利の取得前にそれを取得することができないおそれがある場合にも適用があると解されている。本文は，このことを規定上も明らかにするとともに，代金支払拒絶権の行使要件である「売買の目的について権利を主張するものがあること」を，権利の喪失又は権利の取得不能を疑うにつき客観的かつ合理的な理由を要することを示すための一つの例示と見て，これと同等の事由がある場合もカバーするために「その他の事由」を付加するものとしている。

(補足説明)
1　本文の規律の趣旨
　民法第５７６条の代金支払拒絶権については，同条の適用範囲に目的物上に用益物権があると主張する第三者が存在する場合が含まれるとされるほか，債権売買において債務者が債務の存在を否定した場合にも類推適用されると解されるなど，解釈により，買主の権利取得に危険が生じた場合に柔軟に代金支払拒絶権を肯定していると解されることから，このような同条についての解釈論を条文に反映させるのが相当である。そこで，買主が既に取得した権利を失うおそれがある場合に加え，買主が権利の取得前にそれを取得することができないおそれがある場合にも適用があることを規定上も明らかにするとともに，代金支払拒絶権の行使要件である「売買の目的について権利を主張するものがあること」を，権利の喪失又は権利の取得不能を疑うにつき客観的かつ合理的な理由を要することを示すための一つの例示と見て，これと同等の事由がある場合もカバーするために「その他の事由」を付加するものとしている。
　「買主がその買い受けた権利の全部又は一部を取得することができないおそれがあるとき，又はこれを失うおそれがあるとき」とは，権利取得を疑うことにつき客観的に合理的な根拠を要する趣旨であり，単なる主観的な危惧感によって代金支払拒絶を肯定する趣旨ではない。
　本文の第２文は，買主が相当の担保を提供した場合に支払拒絶権が消滅するとする同条ただし書の規定内容を維持するものである。
2　不安の抗弁権(前記第３３)との関係について
　民法第５７６条と趣旨を同じくする不安の抗弁権の一般的な規定について，明文化するものとしており(前記第３３)，同条の適用場面について，不安の抗弁権の一般規定で賄うとの考え方もあり得る。もっとも，不安の抗弁権の一般規定については，その典型的な適用場面は予期できなかった信用不安等により相手方から履行が得られないおそれが生じた場面であるとの理解が一般的であると思われ，同条の適用場面にまで不安の抗弁権の射程を拡張することについては，その適用場面が広くなり過ぎるとの批判があり得る。そうすると，同条による支払拒絶権は，信用不安等が問題とならず不安の抗弁権

の一般規定の射程に必ずしも含まれない場面においても行使できるものとする点で、不安の抗弁権の一般規定とは区別された固有の存在意義があると考えられる。

13　抵当権等の登記がある場合の買主による代金支払の拒絶（民法第５７７条関係）
　　民法第５７７条の規律に付け加えて、先取特権、質権又は抵当権の負担を考慮して代金の額が定められたときは、同条の規定は適用しないものとする。

（概要）
　民法第５７７条は、抵当不動産の買主が抵当権消滅請求（同法第３７９条）をする機会を確保するためのものとされるが、当事者が抵当権等の存在を考慮して代金額を決定していたときは、抵当権消滅請求の機会を与える必要がないから（同法第３８０条参照）、同法第５７７条が適用されないことには異論がない。本文は、この異論のない解釈を条文上明記するものである。なお、抵当権消滅請求制度の在り方との整合性に留意する必要がある。

14　目的物の滅失又は損傷に関する危険の移転
　(1)　売主が買主に目的物を引き渡したときは、買主は、その時以後に生じた目的物の滅失又は損傷を理由とする前記４又は５の権利を有しないものとする。ただし、その滅失又は損傷が売主の債務不履行によって生じたときは、この限りでないものとする。
　(2)　売主が当該売買契約の趣旨に適合した目的物の引渡しを提供したにもかかわらず買主がそれを受け取らなかった場合であって、その目的物が買主に引き渡すべきものとして引き続き特定されているときは、引渡しの提供をした時以後に生じたその目的物の滅失又は損傷についても、上記(1)と同様とする。

（概要）
　本文(1)は、いわゆる危険の移転時期に関するルールを、最も適用場面が多いと考えられる売買のパートに新設するものである。民法第５３４条が規定する危険負担の債権者主義については、目的物が引き渡された後に適用場面を制限する解釈が広い支持を得ていることなどを踏まえ、目的物の滅失又は損傷の危険の移転時期を目的物の引渡し時とした上で、買主は、目的物の引渡し時以後に生じた目的物の滅失又は損傷を理由とする債務不履行による損害賠償を請求する権利、契約の解除をする権利又は代金減額請求権を有しない旨を規定するものとしている。もっとも、その滅失又は損傷が売主の債務不履行によって生じたとき（例えば、目的物の滅失又は損傷が引渡し後に生じたがそれが引渡し前の保存義務違反に起因する場合等）は、その滅失又は損傷が引渡し後に生じたものであっても売主にその危険を負担させるのが相当であることから、第２文でその旨を規定している。
　本文(2)は、売主が目的物の引渡しを提供したにもかかわらず買主がそれを受け取らなかったときに、その引渡しの提供をした時点を危険の移転時期として規定するものである。受領遅滞（民法第４１３条）の効果として売主から買主に危険が移転することは異論のな

い解釈とされており，これを踏まえたものである。種類物売買については，危険の移転の効果が発生するには，引渡しの提供があったのみでは足りず，目的物が特定（同法第401条第2項）されている必要があると解されているが，引渡しの提供時以後に生じた目的物の滅失又は損傷のリスクを買主が負担すべきと言えるためには，滅失又は損傷が生じた時点でも引き続き特定されている状態が維持されている必要があると考えられる。そこで，「買主に引き渡すべきものとして引き続き特定されているとき」との要件を設けている。これは種類物売買を念頭に置いた要件であり，特定物売買においては実際上問題となることはないと考えられる。

（補足説明）
1 危険の移転に関するルールの新設と原則的な危険の移転時期（本文(1)）
　民法第534条は，特定物売買等において債務者の帰責事由によらない目的物の滅失又は損傷に関する危険負担の債権者主義を定めており，同条によると，契約と同時に目的物の滅失又は損傷の危険が債権者に移転するが，その帰結は不当であるとしてかねてから批判されており，目的物が引き渡された後など，目的物の実質的な支配が債務者から債権者に移転した時以後に適用場面を制限する解釈が広い支持を得てきた。
　また，債務不履行による解除の要件の見直しにより，解除の要件としての帰責事由を設けないことに伴い，解除制度と危険負担制度との重複領域が生じ得る。今回の改正では，この領域につき解除制度に一元化するものとしているが（前記第12，1），その場合であっても，契約の目的物の滅失等に関するリスクが債務者から債権者に移転する時点（危険の移転時点）に関するルールを設ける必要性については，これまでの審議で特段の異論がなかった。なお，現行法で危険負担制度が適用される場面について解除制度に一元化して処理することの当否と，危険の移転時期に関するルールを設けることの当否とは，解除一元化の考え方を採用している国際物品売買契約に関する国際連合条約（ウィーン売買条約）が危険の移転時期に関する詳細なルールを設けていることからも理解されるとおり，論理的には別の問題であることに留意する必要がある。
　そして，このような危険の移転時期が最も典型的に問題となるのが売買契約であることは明らかであると思われるが，国内売買か国際売買かを問わず，契約実務においては，原則として，目的物の引渡しの時に目的物の滅失等のリスクが売主から買主に移転するとの考え方が定着していると考えられる。
　そこで，本文(1)は，いわゆる危険の移転時期に関するルールを，最も適用場面が多いと考えられる売買のパートに新設するものとし，目的物の滅失又は損傷の危険の移転時期を目的物の引渡し時とした上で，「危険の移転」が意味するところを具体的に明記するために，買主は，目的物の引渡し時以後に生じた目的物の滅失又は損傷を理由とする債務不履行による損害賠償を請求する権利，契約の解除をする権利又は代金減額請求権を有しない旨を規定するものとしている。
　登記又は登録の制度がある不動産等については，危険の移転時期として登記等の移転時期を明記することが考えられるとの指摘もある。もっとも，契約実務においては，不動産の売買においても引渡し時を危険移転時期とするのが通例であると思われる。もと

より，本文の規律は任意規定であるから，個別の契約において危険の移転時期に関して本文の内容と異なる特約をすることを否定するものではない。

以上の規律の例外として，その滅失又は損傷が売主の債務不履行によって生じたとき（例えば，目的物の滅失又は損傷が引渡し後に生じたがそれが引渡し前の保存義務違反（前記第8，1）に起因する場合等）は，その滅失等が引渡し後に生じたものであっても売主にその危険を負担させるのが相当であることから，本文(1)第2文でその旨を規定している。この場合には，買主は，当該滅失等に関して履行の追完等を売主に求める権利を失わない。

2　買主が売買の目的物を受け取らなかった場合の危険の移転（本文(2)）

本文(2)は，売主が目的物の引渡しを提供したにもかかわらず買主がそれを受け取らなかったときに，売主がその引渡しの提供をした時点を危険の移転時期として規定するものである。受領遅滞（民法第413条）の効果として売主から買主に目的物の滅失等の危険が移転することは異論のない解釈とされている。このルールを，危険の移転に関する原則である本文(1)の規律の特則と位置付けた上で規律を設けるものである。

種類物売買については，危険の移転の効果が発生するには，引渡しの提供があったのみでは足りず，目的物が特定（民法第401条第2項）されている必要があると解されているが，引渡しの提供時以後に生じた目的物の滅失又は損傷のリスクを買主が負担すべきと言えるためには，滅失又は損傷が生じた時点でも引き続き特定されている状態が維持されている必要があると考えられる。そこで，「買主に引き渡すべきものとして引き続き特定されているとき」との要件を設けている。これは種類物売買を念頭に置いた要件であり，特定物売買においては実際上問題となることはないと考えられる。

本文(1)第2文の規律はここでも妥当する。買主が目的物を受領しなかった場面では，売主が目的物の引渡しを提供したことにより目的物が特定するとともに（前記第8，2），特定された目的物の保存義務は受領遅滞の効果として軽減されるが（前記第13），売主が目的物につき軽減された保存義務を尽くさなかったために特定された目的物につき滅失等が生じたときには，買主は，その滅失等に関して履行の追完等を売主に求める権利を失わない。

15　買戻し（民法第579条ほか関係）

買戻しに関する民法第579条から第585条までの規律を基本的に維持した上で，次のように改めるものとする。

(1) 民法第579条の規律に付け加えて，売主が返還すべき金額について当事者に別段の合意がある場合には，それに従うものとする。
(2) 民法第581条第1項を次のように改めるものとする。
　　買戻しの特約を登記したときは，買戻しは，第三者に対しても，その効力を有するものとする。

（概要）

本文(1)は，民法第579条が規定する買戻権の行使に際して売主が返還すべき金額につ

き，当事者の合意により定めることができる旨の規定に改めるものである。同条は，買戻権の行使に際して売主が返還すべき金額を強行的に規定しているとされるが，当事者の合意による修正を肯定すべきであるとの指摘があることを踏まえたものである。

　本文(2)は，民法第５８１条第１項の「売買契約と同時に」という文言を削り，買戻しの特約の登記が売買契約の登記（売買を原因とする所有権の移転の登記）より後にすることができるものと改めるものである。

　なお，買戻特約付の売買契約という形式が採られていたとしても，それが債権担保の目的で締結されたものである場合には，その性質は譲渡担保契約であり，民法第５７９条以下の買戻しの規定は適用されないとするのが判例である（最判平成１８年２月７日民集６０巻２号４８０頁等）。本文(1)(2)は，このような判例法理に影響を与えることを意図するものではない。

（補足説明）
1　民法第５７９条の改正（本文(1)）
　民法第５７９条は，買戻しによる売主の返還義務の範囲を「支払った代金及び契約の費用」と定めており，これは強行規定と解されている。しかしながら，この規定の適用を避けるために実務上再売買の予約が用いられているという実態を踏まえると，売主の返還義務の範囲を強行法的に固定する実益は乏しい上，担保以外の目的で買戻しが用いられる場面を念頭に，売主の返還義務の範囲につき柔軟な取扱いを認める実務的要請があるとして，同条の返還義務の範囲につき，別段の定めが許容されるものとすべきであるとの指摘がある。これを踏まえ，本文(1)は，同条が規定する買戻権の行使に際して売主が返還すべき金額につき，当事者の合意により定めることができる旨の規定に改めるものである。
2　民法第５８１条第１項の改正（本文(2)）
　民法第５８１条第１項は，買戻しの登記を売買契約と同時に登記することを求めている。この点につき，買戻し制度を使い易くする観点から，売買契約の登記（売買を原因とする所有権移転登記）の後であっても，買戻しの特約を登記することが可能となるよう，規定を改めるべきであるとの指摘がある。これを踏まえ，本文(2)は，民法第５８１条第１項の「売買契約と同時に」という文言を削り，買戻しの特約の登記が売買契約の登記（売買を原因とする所有権の移転の登記）より後にすることができるものと改めるものである。もとより，買戻しの特約を売買契約と同時にしなければならないこと定める同法第５７１条は，維持することを前提としている。
3　債権担保目的の買戻しに関する判例法理について
　買戻特約付の売買契約という形式が採られていたとしても，それが債権担保の目的で締結されたものである場合には，その性質は譲渡担保契約であり，民法第５７９条以下の買戻しの規定は適用されないとするのが判例である（最判平成１８年２月７日民集６０巻２号４８０頁等）。本文(1)(2)は，このような判例法理に影響を与えることを意図するものではない。
　なお，このような判例法理を明文化することも考えられるが，このような考え方につ

いては，債権担保目的であっても第５７９条以下の全ての規定につき適用を排除することは相当でないとの指摘があり，同条以下の個別の規定につき，債権担保目的の買戻しへの適用の可否を検討することも困難であると考えられる。そこで，この判例法理についての明文化は見合わせ，債権担保目的の場合の取扱いについては，引き続き解釈に委ねるものとしている。

第36 贈与
1 贈与契約の意義（民法第５４９条関係）
民法第５４９条の規律を次のように改めるものとする。

贈与は，当事者の一方が財産権を無償で相手方に移転する意思を表示し，相手方が受諾をすることによって，その効力を生ずるものとする。

（概要）

贈与契約の意義につき，今日では，売買契約と同様に財産権の移転を内容とする契約であるとの理解が一般的であることを踏まえて，民法第５４９条に規定する贈与者の義務の明確化を図るものである。具体的には，贈与の対象につき「財産」を「財産権」に改め，「与える」を「移転する」に改めるものとしている。また，他人の財産権を贈与する契約も有効であると解されていることから，「自己の」という文言を削ることとしている。

（補足説明）

1 贈与者の義務の明確化

民法第５４９条は，贈与の対象物は，条文上「財産」となっており，売買の「財産権」（民法第５５５条）とは異なっている。この点について，贈与と売買とで対象物につき異なる文言を用いることには合理性がないとの指摘がある。そして，今日では贈与は無償の財産権移転契約と一般的に観念されていることから，贈与の対象物を「財産」から売買と同様に「財産権」に改めるとともに，「与える」を「移転する」に改めるべきであるとの考え方がある。本文は，この考え方に従って，民法第５４９条に規定する贈与者の義務の明確化を図るものである。その際，同条は贈与の目的物につき「自己の財産」としているが，他人の財産を目的とする贈与契約（他人物贈与）が有効に成立するとする通説を踏まえ，他人物贈与が有効に成立することを条文上明らかにするために，同条の「自己の」という文言を削るものとしている。

2 贈与の規定を他の無償契約に準用する旨の規定を設けることの当否

贈与契約の意義について，起草者は債務免除も贈与に該当する旨示唆していたとも言われ，学説には，無償の用益物権の設定が贈与に該当するとするものなどがある。本文のように贈与者の義務の明確化を図る場合，「財産権の移転」に必ずしも包摂されないと考えられる用益物権の設定，相手方に対する権利の放棄，債務免除，免責的債務引受，信託契約などについて，従来贈与に包含されるとの理解があったことを踏まえ，贈与の規定を適用ないし準用する旨の規定を設ける必要がないかを検討すべきであるとの指摘がある。

この問題意識に応えるための一つの方策として，売買の規定を有償契約一般に包括的に準用する民法第５５９条に倣い，贈与の規定を無償契約一般に包括的に準用する規定を設けることが考えられるが，部会においては，無償契約には多種多様なものがあるから，贈与の規定を包括的に準用するのは適切でないとして，支持を集めるには至らなかった。また，分科会の審議においては，本文のように贈与者の義務を明確化する際に，その周辺部分に位置付けられる無償での用益物権の設定や債務免除等については，贈与のパートに設けられる規定を手掛かりとした解釈論に委ねても実務上は支障がないとの指摘があった。そこで，「財産権の移転」に包摂されない無償契約について，贈与の規律を適用ないし準用する旨の規定を設けることについては，中間試案に盛り込まれなかった。

２　贈与者の責任（民法第５５１条関係）
　民法第５５１条の規律を次のように改めるものとする。
(1) 贈与者は，次に掲げる事実について，その責任を負わないものとする。ただし，贈与者がこれらの事実を知りながら受贈者に告げなかったときは，この限りでないものとする。
　ア　贈与によって引き渡すべき目的物が存在せず，又は引き渡した目的物が当該贈与契約の趣旨に適合しないものであること。
　イ　贈与者が贈与によって移転すべき権利を有さず，又は贈与者が移転した権利に当該贈与契約の趣旨に適合しない他人の権利による負担若しくは法令の制限があること。
(2) 他人の権利を贈与の内容とした場合（権利の一部が他人に属する場合を含む。）であっても，贈与者がその権利を取得した場合には，その権利を受贈者に移転する義務を負うものとする。
(3) 上記(1)に掲げる事実があることにより，受贈者が贈与契約をした目的を達することができないときは，受贈者は，贈与契約の解除をすることができるものとする。
(4) 負担付贈与の受贈者は，贈与者が贈与契約によって引き渡すべき目的物又は移転すべき権利に上記(1)に掲げる事実があることにより，受贈者の負担の価額がその受け取った物又は権利の価額を超えるときは，受贈者は，その超える額に相当する負担の履行を拒み，又は履行した負担の返還を請求することができるものとする。この場合において，負担を返還することができないときは，負担の価額の償還を請求することができるものとする。
　(注) 上記(1)から(3)までについては，贈与者の履行義務並びにその不履行による損害賠償及び契約の解除に関する規律をそれぞれ一般原則に委ねるという考え方がある。

（概要）
　本文(1)は，贈与者の責任に関する民法第５５１条の実質的な規律内容を維持しつつ（契

約の解除については後述する。),「瑕疵」から「契約の趣旨に適合しないものであること」に改めるなど，主に概念の用い方につき，売買契約における売主の責任に関する規定の見直し（前記第３５，３）と平仄を合わせる観点からの見直しをするものである。もとよりこれは任意規定であり，贈与者がこれよりも厳格な責任を負担する約定の効力を否定する趣旨ではない。この点については，贈与契約についても，贈与者につき契約責任の一般原則と異なる規律を設ける合理性はないとして，物又は権利が契約の趣旨に適合しない場面における贈与者の履行義務や，債務不履行による損害賠償及び契約に解除に関する規律をそれぞれ一般原則に委ねるとの考え方があり，これを（注）で取り上げている。

　本文(2)は，他人物贈与につき，贈与者が他人に属する権利を自ら取得して受贈者に移転する義務は負わないが，その権利を相続等により取得した場合には，それを受贈者に移転する義務を負うものとするものである。

　本文(3)は，本文(1)によりに贈与者が履行又は損害賠償の責任を免れる場合であっても，本文(1)に掲げる事実があることにより贈与契約をした目的を達することができないときは，受贈者は，贈与契約の解除ができるとするものである。本文(1)に掲げる事実につき，贈与者が履行又は損害賠償の責任を負わないとしても，その事実によって贈与契約をした目的が達せられないときには，契約を解消する手段受贈者に認めるのが適切であると考えられることによる。

　本文(4)は，負担付贈与の贈与者の担保責任について規定する民法第５５１条第２項につき，その規律内容に関する一般的な理解に従い，規定内容の明確化を図るものである。この規定は，贈与者が本文(1)により責任を負わない場合にも適用される。

（補足説明）
1　贈与者の責任（本文(1)）

　　現行民法第５５１条は，贈与の目的である物又は権利の瑕疵又は不存在につき，当該瑕疵等を知りながら受贈者に告げなかった場合を除き，責任を負わないとする。これは，贈与契約の無償性を踏まえ，売買よりも贈与者の責任を軽減したものと解されており，売主の物又は権利の瑕疵についての担保責任に関する法定責任説と親和的であるとの指摘がされている。もっとも，売買契約の売主が目的物の品質や移転する権利に関して負う義務を契約責任と整理し（今回の改正では，そのような理解を前提としている。前記第３５，３参照），その理解を贈与契約にも及ぼす場合であっても，贈与契約につきなお民法第５５１条のような規律を維持することは説明が可能であると考えられる。すなわち，贈与者の責任を契約責任と理解することを前提としても，贈与契約の無償性を考慮すれば，贈与者の責任は売買のような有償契約よりも類型的に低いと見ることができる。そして，同条第１項は，理論的には契約責任に関する一般原則を前提としつつも，贈与の無償性を踏まえて贈与者の責任を売買のような有償契約よりも軽減されたものとして具体化・明確化したものと理解することができるのである。

　　以上を踏まえ，本文(1)は，贈与者の責任に関する民法第５５１条の実質的な規律内容を維持しつつ，「瑕疵」から「契約の趣旨に適合しないものであること」に改めるなど，主に概念の用い方につき，売買契約における売主の責任に関する規定の見直し（前記第

３５，３）と平仄を合わせる観点からの見直しをするものである。「その責任を負わない」とは，本文(1)のア又はイに掲げる事由がある場合でも，贈与者は完全な履行をする義務を負わず，また債務不履行による損害賠償の責任を負わないということを意味する（契約の解除については後述する。）。もとよりこれは任意規定であり，贈与者がこれよりも厳格な責任を負担する約定の効力を否定する趣旨ではない。

　この考え方に対しては，贈与契約についても，贈与者につき契約責任の一般原則と異なる規律を設ける合理性はないとして，物又は権利が契約の趣旨に適合しない場面における贈与者の履行義務や，債務不履行による損害賠償及び契約に解除に関する規律をそれぞれ一般原則に委ねるとの考え方があり，これを（注）で取り上げている。この考え方は，贈与者が引き渡すべき目的物や贈与者が移転すべき権利についての義務が契約の趣旨を踏まえて確定されるとしながら，それに違反した場合の責任を民法第５５１条のように広範に免責するのは整合していないとする。そして，贈与契約の無償性を「契約の趣旨」を通じて判断過程に織り込むことにより，無償契約であることを反映した結論を導くべきであるとする。

２　他人物贈与における贈与者の義務（本文(2)）

　本文(2)は，他人物贈与につき，贈与者が他人に属する権利を自ら取得して受贈者に移転する義務は負わないが，その権利を相続等により取得した場合には，それを受贈者に移転する義務を負うとするものである（他人の権利を対象とする贈与が有効であることにつき，前記１参照）。他人物売買における売主の権利取得義務（前記第３５，３(4)）に相応するものであるが，贈与契約の無償性を考慮し，贈与者が尽くすべき義務を有償契約よりも軽減されたものとしている。もとより任意規定であるから，当事者の合意により贈与者がこれよりも厳格な義務を負担することは否定されない。

３　受贈者の解除権（本文(3)）

　本文(3)は，本文(1)により贈与者が履行又は損害賠償の責任を免れる場合であっても，本文(1)に掲げる事実があることにより贈与契約をした目的を達することができないときは，受贈者は，贈与契約の解除ができるとするものである。本文(1)に掲げる事実につき，贈与者が履行又は損害賠償の責任を負わないとしても，その事実によって贈与契約をした目的が達せられないときには，受贈者にそのような給付の保持を強いるのは相当ではなく，契約を解消する手段を受贈者に認めるのが適切であると考えられることによる。本文(1)の第１文に該当する限りで贈与者は完全な履行をする義務を負わないものとしており，そうすると，契約の解除につき，本文(1)ア又はイに該当することを贈与者の債務不履行と見て債務不履行による契約の解除の一般原則（前記第１１）に委ねるのが困難であると考えられることから，契約の解除につき，一般原則とは別に規定を設けるものである。

４　民法第５５１条第２項の具体化（本文(4)）

　民法第５５１条第２項は，負担付贈与における贈与者の担保責任につき，「その負担の限度において，売主と同じく担保の責任を負う」とする。その具体的な意味としては，贈与の目的物の価値と負担の価値とを比較して前者が後者を下回る場合に，受贈者が当該下回る部分につき，負担の履行を拒み，又は既に履行した負担の返還を請求できるこ

ことと解されているが,「負担の限度」などといった簡素な文言からこのような具体的な意味を引き出すことは困難であると思われる。

　以上を踏まえ,本文(4)は,負担付贈与の贈与者の担保責任について規定する民法第５５１条第２項につき,その規律内容に関する前記のような一般的な理解に従い,規定内容の明確化を図るものである。この規定は,贈与者が本文(1)により責任を負わないものとされる場合にも適用される。

3　贈与契約の解除による返還義務の特則
　　贈与契約が解除されたときは,受贈者は,解除の時に現に存していた利益の限度において,返還の義務を負うものとする。

（概要）
　契約の解除に伴う原状回復義務の内容（前記第１１,3）につき,贈与契約に関する特則を定めるものである。贈与契約は無償契約であり,受贈者は贈与者の債務と対価関係にある債務を負担していない。そうすると,贈与契約の当事者に,双務契約を念頭においた解除の一般原則どおりに全面的な原状回復義務（給付を返還できない場合には,価額償還義務）を負担させるのは相当でないと考えられる。そこで,贈与契約の解除による贈与者の返還義務につき,解除の時に存していた利益を限度とするものとしている。

（補足説明）
1　本文の規律の趣旨
　　契約の解除による原状回復請求権の範囲については,契約の解除のパートにおいて規定を設けるものとされており,原則として,給付を受けた者はその給付を受けたもの（その給付されたものを返還することができないときは,その価額）を返還する義務を負う旨の規定を設けることとされている（前記第１１,3）。
　　それに対し,無償契約である贈与契約が解除された場合の受贈者の原状回復義務について,双務契約を念頭に置いた前記のルールを修正すべきであるとの考え方がある。すなわち,贈与契約が解除された場合に受贈者が双務契約と同様の原状回復義務を負うとすると,目的物につき滅失等によって返還できない場合にはその価額を返還すべきこととなる。しかし,贈与契約において,受贈者は無償で目的物を取得できるはずだったのであり,受贈者に双務契約と同様の原状回復義務を負わせることは,実質的に受贈者が贈与者に対価を支払って目的物の取得をするのと同じ帰結に至り得るが,これでは受贈者にその意に反して過大な負担を負わせることとなりかねず,妥当でないとする。そこで,贈与契約については,受贈者が贈与契約の解除によって負担する返還義務の範囲を解除の時の現存利益に限定すべきであるとするのである。
　　以上を踏まえ,本文は,贈与契約が解除された場合の受贈者の返還義務の範囲につき,解除の時に存していた利益を限度とするものしている。これによると,解除時までの利得の消滅に応じて返還義務が縮減されることとなり,原則として,解除前に贈与の目的物が損傷した場合には受贈者は目的物を解除時の現状で返還すれば足りるほか,解除の

前に目的物が滅失した場合には返還義務を免れる。
2 負担付贈与の解除による原状回復義務の取扱いについて
　本文のルールは，負担付贈与への適用を明示には排除していないが，第53回会議においては，負担付贈与についても，その内容によっては契約の解除による一般原則どおりの原状回復義務を肯定すべき場面があるとの指摘があった。確かに負担付贈与の内容によっては，本文のような考え方で対処するのが適切でないと考えられる事案もあり得るが，様々な負担を想定しながら適切な特則を設けることは，必ずしも容易ではない。また，そのような事案については，負担付贈与に双務契約の規定を準用するとする民法第553条を根拠ないし解釈上の手がかりとして，契約の解除の一般原則（前記第11，3）を適宜参照しながら解決を図ることも可能であると考えられる。そこで，本文のルールについて，負担付贈与に関する特則は設けないものとしている。

4 贈与者の困窮による贈与契約の解除
　贈与者が贈与契約の時に予見することのできなかった事情の変更が生じ，これにより贈与者の生活が著しく困窮したときは，贈与者は，贈与契約の解除をすることができるものとする。ただし，履行の終わった部分については，この限りでないものとする。

（概要）
　贈与者が予見することのできなかった贈与契約後の事情変更により贈与者の生活が著しく困窮した場合に，贈与者に解除権を付与する規定を新設するものである。その要件設定の具体的な在り方は更に検討する必要があるが，贈与契約の無償性に照らすと，本文に掲げるこのような場合にまで契約の拘束力を貫徹するのは相当でなく，贈与の解除を認めるべきであるとの指摘があることを踏まえたものである。もっとも，履行が終わった部分についても返還を要するものとすると，贈与者の困窮に責めを負うべき立場にあるとは限らない受贈者に不測の損害を与えるおそれがあることから，第2文により，贈与が終わった部分については解除ができないものとしている。

（補足説明）
　贈与契約後に贈与者の生活が困窮したような場面において，贈与者に贈与契約の解除権を付与する立法例は，諸外国に多く見られる（比較法については，部会資料44の別紙比較法資料参照）。我が国においても，贈与契約の無償性に照らすと，このような場合にまで契約の拘束力を貫徹するのは相当でなく，贈与者が困窮した場合に贈与契約の解除を認めるべきであるとの解釈論が唱えられている。部会においては，贈与契約も契約の拘束力が妥当するから，困窮という専ら贈与者側の事情で解除を認めることが正当化できるのかについて疑問を呈する意見もあったが，贈与契約の履行前であれば受贈者の地位を不当に不安定にするおそれはないとして，後記5の受贈者による著しい非行があった場合の贈与契約の解除を規定することと併せて，贈与者の生活が著しく困窮した場合にも，贈与者の解除権を規定すべきであるとの意見があった。

そこで，本文は，諸外国の立法例等を参考にして，贈与者が贈与契約後に著しく困窮した場合には，一定の要件の下で贈与契約の解除をすることができるとする規律を新設するものである。本文の第1文が，困窮の原因となる「事情の変更」が「贈与契約の時に予見することのできなかった」ものであることを求めているのは，契約締結時に織り込み済みと評価できるような事情の変更により困窮したような場合にまで解除を認める必要はないと考えられることによる。また，本文の第2文が，「履行が終わった部分について」解除ができないとしているのは，贈与者の困窮を理由に無限定に解除を認めるものとすると，贈与者の困窮に責めを負うべき立場にあるとは限らない受贈者に不測の損害を与えるおそれがあることを考慮し，書面によらない贈与の撤回ができる場面を限定する民法第550条ただし書を参考にして解除ができる場面を限定するものである。「履行が終わった」の意義については，同条ただし書の「履行が終わった」の解釈が参照されることを想定している。

もっとも，条文化するに当たっては，本文で提示した要件設定を出発点としつつ，適切な要件設定につき，更に検討を深める必要があると考えられる。部会においては，本文第1文の要件につき，贈与者が扶養義務を負担する者の生活状況をも考慮できるような要件設定を検討すべきであるとの指摘があった。また，本文第2文の要件については，「履行が終わった」の解釈のみで解除できる場面を限定するのは不安があるとして，もう少し解除ができる場面を絞り込むほうが望ましいとの指摘があったほか，本文の解除権に一身専属的なものとするか否かについても検討する必要があるとの指摘があった。

5 受贈者に著しい非行があった場合の贈与契約の解除

(1) 贈与契約の後に，受贈者が贈与者に対して虐待をし，若しくは重大な侮辱を加えたとき，又は受贈者にその他の著しい非行があったときは，贈与者は，贈与契約の解除をすることができるものとする。
(2) 上記(1)の解除権は，贈与者の一身に専属するものとする。ただし，受贈者が上記(1)に該当する行為により贈与者を死亡させたときは，この限りでないものとする。
(3) 上記(1)の解除があったときは，受贈者は，上記(1)の解除の原因が生じた時に現に存していた利益の限度で，返還の義務を負うものとする。
(4) 上記(1)の解除権は，贈与の履行が終わった時から［10年］を経過したときは，その部分については行使できないものとする。

(概要)

本文(1)は，受贈者に，推定相続人の廃除事由（民法第892条参照）に該当し得る贈与者に対する著しい非行があった場合に，贈与者が贈与契約を解除することができるとする規律を新設するものである。学説上，受贈者が贈与契約の基礎となる人間関係を破壊し，贈与者の身体又は人格等を著しく蹂躙したような場合には，贈与者を契約に拘束するのは相当でなく，その解消を認めるべきであるとの見解は古くから唱えられており，裁判例にも，このような場合に負担付贈与の「負担」の解釈その他の法的構成により贈与者の救済を図ったものが存在することを踏まえたものである。

本文(2)第1文は，本文(1)の解除権が贈与者の一身に専属し，原則として相続の対象にならないとするものである（民法第896条ただし書参照）。この解除権は贈与者と受贈者の人間関係の破綻等を根拠とするものだからである。第2文は，受贈者が本文(1)アに該当する行為により贈与者を死亡させたときは，相続人による解除権の行使を認めるものである。このような場合には，解除するかどうかを贈与者自身が意思決定する機会が受贈者の行為により奪われたのであるから，解除権を行使するかどうかの判断を贈与者の相続人に委ねるのが相当であると考えられるからである。

　本文(3)は，贈与契約の解除による原状回復義務の内容（前記3）につき，本文(1)による解除の場合の特則を設けるものである。すなわち，著しい背信行為等により贈与契約の解除の原因を自ら作出した受贈者は，その時点で存していた利益の限度で返還義務を負担することを覚悟すべきである。そこで，解除の原因が生じた時点で現に存在した利益の限度で，返還義務を負担するものとしている。

　本文(4)は，本文(1)の解除権につき，消滅時効とは別に，履行が終わった時を起算点とする期間制限を設けるものである。本文(1)の解除権が問題となるような人間関係の破綻を契機とする紛争については，早期に法律関係を安定化する必要があるとの指摘がされている。また，贈与の履行から時間が経過することにより，贈与と本文(1)所定の背信行為との関連性が一般的には希薄になると考えられる。本文(4)は，これらを踏まえたものである。その期間については，差し当たり，現行民法における債権についての原則的な時効期間（民法第167条第1項）を参照して，10年をブラケットで囲んで提示している。もとより，解除権につき消滅時効の一般原則も併せて適用されることを前提としている。

（補足説明）
1　受贈者に著しい非行があった場合の贈与契約の解除に関する規定を設ける趣旨（本文(1)）

　　贈与契約については，古くから，受贈者が贈与者に対して著しい背信行為（忘恩行為とも言われる。）を行った場合には，贈与の解除を認めるべきであるとの主張がある。贈与を行う場合にはその前提として相応の人間関係等が存在することが通例であるところ，その前提を破壊するような重大な背信行為等があったときには，贈与契約を維持するのは相当でなく，解除を認めるべきであるというのである。

　　裁判例にも，受贈者の背信行為等を理由に贈与契約の解除を認めたものが複数あるが，負担付贈与における負担の不履行と捉えて解除を認めたものや，信義則による撤回を肯定するもの等，その法的構成は一定していない（具体例につき，部会資料15－2第6，7(2)の補足説明1［88頁］参照）。もっとも，受贈者に一定の背信行為等があった場合に，贈与者が贈与の解除をすることを認める必要性については，広く承認されているものと考えられる。

　　以上を踏まえ，受贈者に背信行為等があったときの解除に関する法的処理のための一つの解決基準を設けるために，受贈者に，推定相続人の廃除事由（民法第892条参照）に該当し得る贈与者に対する著しい非行があった場合に，贈与者が贈与契約を解除することができるとする規律を新設するものである。なお，この場面における贈与契約の解

消のための法技術につき契約の解除（同法第５４０条参照）と撤回（同法第５５０条）のいずれとするかが問題となるが，本文では，これを契約の解除と構成した上で，解除権の消長に関する特則（本文(2)(4)）や解除による原状回復義務に関する特則（本文(3)）を設けるという整理を提示している。

「著しい非行」の内容については，その前に例示として掲げている贈与者に対する「虐待」や「重大な侮辱」を手掛かりにした解釈論に委ねられるが，その際は推定相続人の廃除事由に関する解釈論が参照されるものと考えられる。

本文のような規律を設けることについては，ビジネス等で行われている無償行為が不安定になるとの懸念が示されているが，本文のような要件設定による限り，企業間取引をはじめとした経済取引の一環として行われる贈与について，背信行為等による撤回・解除が問題になる余地は乏しいと考えられる。他方で，本文のように推定相続人の廃除事由に相当する程度にまで要件を限定することについては，やや限定的に過ぎるとの指摘があるが，本文(1)で提示した要件に該当しないとしても，背信行為等を負担付贈与の負担の不履行と見て贈与契約の解除を認めるなどといった，裁判実務において現在採られている解決方法によることも否定されていないから，事案の柔軟な解決が困難となるおそれはないものと考えられる。

2　解除権の一身専属性（本文(2)）

本文(2)の第１文は，本文(1)の解除権が贈与者の一身に専属し，原則として相続の対象にならないとするものである（民法第８９６条ただし書参照）。この解除権は贈与者と受贈者の人間関係の破綻等を根拠とするものであり，贈与者において解除権をあえて行使しなかった場合にその相続人に解除権を行使させるのは相当でないと考えられるからである。

本文(2)の第２文は，受贈者が本文(1)に該当する行為により贈与者を死亡させたときは，本文(2)第１文の例外として，相続人による解除権の行使を認めるものである。このような場合には，解除するかどうかを贈与者自身が意思決定する機会が受贈者の行為により奪われたのであるから，解除権を行使するかどうかの判断を贈与者の相続人に委ねるのが相当であると考えられるからである。部会では，本文(1)に該当する虐待行為により意思能力を欠く状態に陥らせた場合についても例外に含めるべきであるとの指摘があったが，このような場面については事案の具体的事情を踏まえた判断の必要があるから，本文の規律の類推適用といった解釈論に委ねるのが相当であると思われる。

3　解除による原状回復義務の特則（本文(3)）

本文(3)は，贈与契約の解除による原状回復義務の内容（前記3）につき，本文(1)による解除の場合の特則を設けるものである。すなわち，著しい背信行為等により贈与契約の解除の原因を自ら作出した受贈者は，その時点で存していた利益の限度で返還義務を負担することを覚悟すべきである。そこで，解除の原因が生じた時点で現に存在した利益の限度で，返還義務を負担するものとしている。前記3より現存利益の基準時が繰り上がるから，返還義務の負担も重いものとなる。

なお，本文(1)のような要件では「解除の原因が生じた時」の特定が困難であるとの指摘が想定されるが，目的物の価値は時間とともに逓減し利得が消滅するのが通常である

から，考えられる最も遅い時点（それが解除の意思表示の時であることもあり得る。）を解除の原因が生じた時点として法律関係を処理することは十分可能であるとの反論が考えられる。

4 解除権の期間制限（本文(4)）
　本文(4)は，本文(1)の解除権につき，消滅時効とは別に，履行が終わった時を起算点とする期間制限を設けるものである。本文(1)の解除権が問題となるような人間関係の破綻を契機とする紛争については，早期に法律関係を安定化する必要があるとの指摘がされている。また，贈与の履行から時間が経過することにより，贈与と本文(1)所定の背信行為との関連性が一般的には希薄になり，本文(1)のような要件の下で解除を認める正当性が薄れるものと考えられる。本文(4)は，これらを踏まえたものである。その期間については，差し当たり，現行民法における債権についての原則的な時効期間（民法第１６７条第１項）を参照して，１０年をブラケットで囲んで提示している。もとより，解除権につき消滅時効の一般原則も併せて適用されることを前提としている。

第37　消費貸借
1　消費貸借の成立等（民法第５８７条関係）
　民法第５８７条の規律を次のように改めるものとする。
 (1) 消費貸借は，当事者の一方が種類，品質及び数量の同じ物をもって返還をすることを約して相手方から金銭その他の物を受け取ることによって，その効力を生ずるものとする。
 (2) 上記(1)にかかわらず，書面でする消費貸借は，当事者の一方が金銭その他の物を引き渡すことを約し，相手方がその物を受け取った後にこれと種類，品質及び数量の同じ物をもって返還をすることを約することによって，その効力を生ずるものとする。
 (3) 消費貸借がその内容を記録した電磁的記録（電子的方式，磁気的方式その他人の知覚によっては認識することができない方式で作られる記録であって，電子計算機による情報処理の用に供されるものをいう。）によってされたときは，その消費貸借は，書面によってされたものとみなすものとする。
 (4) 上記(2)又は(3)の消費貸借の借主は，貸主から金銭その他の物を受け取るまで，その消費貸借の解除をすることができるものとする。この場合において，貸主に損害が生じたときは，借主は，その損害を賠償しなければならないものとする。
 (5) 上記(2)又は(3)の消費貸借は，借主が貸主から金銭その他の物を受け取る前に当事者の一方が破産手続開始の決定を受けたときは，その効力を失うものとする。
　（注）上記(4)第２文については，規定を設けない（解釈に委ねる）という考え方がある。

（概要）

本文(1)は，目的物の引渡しによって消費貸借が成立する旨の民法第587条の規定を維持するものである。
　本文(2)は，諾成的な消費貸借の成立要件について定めるものである。判例（最判昭和48年3月16日金法683号25頁）が諾成的な消費貸借の成立を認めており，実際上も融資の約束に拘束力を認めることが必要な場合は少なくないこと等を踏まえたものである。消費貸借の合意に書面を要求することによって，借主又は貸主が軽率に消費貸借の合意をすることを防ぐとともに，本文(1)の消費貸借の前提としての合意との区別を図っている。
　本文(3)は，電磁的記録によってされた消費貸借を書面によってされた消費貸借とみなすものであり，保証契約に関する民法第446条第3項と同様の趣旨のものである。
　本文(4)第1文は，諾成的な消費貸借の借主による目的物引渡し前の解除権について定めるものである。諾成的な消費貸借を認めるのであれば，目的物引渡し前に資金需要がなくなった借主に契約の拘束力から解放される手段を与えるべきであるからである。本文(4)第2文は，上記解除権の行使によって貸主に損害が生じた場合における借主の損害賠償責任について定めるものである。損害の内容については個別の判断に委ねることとしている。もっとも，この借主の損害賠償責任については，特段の規定を設けずに解釈に委ねるべきであるという考え方があり，これを（注）で取り上げている。
　本文(5)は，諾成的な消費貸借の当事者の一方が目的物引渡し前に破産手続開始の決定を受けた場合に関する規律を定めるものであり，民法第589条（後記2(3)）と同様の趣旨のものである。なお，当事者の一方が再生手続開始又は更生手続開始の決定を受けた場合に関する規律は，民事再生法第49条又は会社更生法第61条や本文(5)の解釈に委ねることとしている。

（補足説明）
1　消費貸借は，金銭その他の物の引渡しがあって初めて成立する要物契約とされている（民法第587条）。これに対しては，融資の約束をしたにもかかわらず実際に金銭を受け取るまで融資を受けられるかどうかが分からないのでは，借主はその融資を前提とする計画等を立てることすらできないといった問題が指摘されている。また，実務上は，諾成的な消費貸借が広く用いられており，判例（最判昭和48年3月16日金法683号25頁）も，無名契約としての諾成的消費貸借を認めている。もっとも，要物契約と諾成契約とが併存するとすれば，当事者の合意のみがある場合に，それが要物契約の前提としての合意にとどまるのか，直ちに契約を成立させる諾成契約としての合意なのかが判然としないという問題点が指摘されている。また，当事者の合意のみによって契約上の義務が生ずると，例えば，安易に金銭を借りる約束をしてしまった者や，逆に，安易に金銭を貸す約束をしてしまった者に酷な結果となる場合が生じかねないとの指摘もある。
　これらの指摘を踏まえ，諾成的な消費貸借は書面でしなければならないこととした上で，①消費貸借の合意に書面がある場合には目的物の引渡しを要しないで契約が成立し（本文(2)(3)），②消費貸借の合意に書面がない場合には目的物の引渡しがあったときに契約が成立する（本文(1)）とする考え方を採っている（①要式契約としての諾成契約と，

②従来の要物性との組合せ)。
2 本文(2)(3)の諾成的消費貸借においては、消費貸借の成立によって借主の貸主に対する目的物引渡債権が発生し、また、貸主が借主に目的物を引き渡すことによって貸主の借主に対する目的物返還債権が発生することを前提としている。したがって、例えば、貸主は、借主の有する目的物引渡債権を消滅させるために、その目的物引渡債権を受働債権とし、貸主の借主に対する目的物返還債権を自働債権とする相殺をすることはできない。
3 本文(4)の借主の解除権があるため、借主は、利息付きの諾成的消費貸借を締結した場合であっても、目的物の受領及び利息の支払を強制されることはない。貸主が借主の解除によって損害が生じたことを主張立証した場合に限り、借主はその損害を賠償する義務を負う。

 借主の解除によって貸主に生ずる損害の内容としては、貸付金の調達コスト等のいわゆる積極損害が考えられるが、例えば消費者金融の場面を想定すると、貸主である消費者金融業者は一般に多数の小口貸付けを行っているため、借主が受領を拒否した金銭を他の顧客に対する貸付けに振り向けること等によって特段の損害が生じないことも多いと考えられる。事前に賠償額の予定がされていることもあり得るが、その場合には民法第90条や不当条項規制の問題として処理すべきものと思われる。以上の理解は、諾成的消費貸借を認めている現在の判例法理の下でも同様であるとの指摘があるが、他方で、特に消費者金融などの場面においては借主の損害賠償義務を観念するのは相当でないとの指摘もある。本文(4)では、以上の議論を踏まえつつ、損害の有無及びその額については個々の事案における解釈・認定に委ねることとしている（後記6の補足説明の2も参照）。
4 民法第589条は、「消費貸借の予約は、その後に当事者の一方が破産手続開始の決定を受けたときは、その効力を失う」と規定している。この規定は、借主が破産手続開始の決定を受けた場合については、当事者間における信用供与の前提が崩れることを根拠とするものとされている。また、貸主が破産手続開始の決定を受けた場合については、この規定がなければ借主が貸主に対する目的物引渡債権を破産債権として配当加入をする一方で、貸主の借主に対する目的物返還債権（借主が上記目的物引渡債権について配当を受けた額についてのみ生ずる債権）が破産財団を構成することとなるが、そのような取扱いでは、配当を実施した後に借主に対する目的物返還債権が破産財団を構成することとなる上に、その目的物返還債権を回収して更に配当をするといった事態が続くことになりかねないなど、手続が煩雑で、消費貸借の予約の趣旨に合致するものではないことを根拠とするものとされている。

 このような民法第589条の根拠は、本文(2)(3)の諾成的消費貸借における目的物引渡し前の当事者間にも妥当すると考えられる。そこで、本文(5)は、同条と同趣旨の規律を設けることとしている。

2 消費貸借の予約（民法第589条関係）
 民法第589条の規律を次のように改めるものとする。

(1) 消費貸借の予約は，書面でしなければ，その効力を生じないものとする。
(2) 消費貸借の予約がその内容を記録した電磁的記録（前記1(3)参照）によってされたときは，その消費貸借の予約は，書面によってされたものとみなすものとする。
(3) 消費貸借の予約は，その後に当事者の一方が破産手続開始の決定を受けたときは，その効力を失うものとする。

（概要）
　本文(1)は，消費貸借の予約について書面を要求するものである。前記1(2)の諾成的な消費貸借については目的物の引渡しに代えて書面を要求することによって軽率な消費貸借の締結を防ぐこととしているが，この趣旨は消費貸借の予約についても妥当することを理由とする。
　本文(2)は，前記1(3)と同様の趣旨のものである。
　本文(3)は，民法第５８９条の規定を維持するものである。消費貸借の予約をした後本契約が成立するまでは本文(3)が適用され，本契約が成立した後目的物が引き渡されるまでは前記1(5)が適用される。なお，前記1(5)と同様，当事者の一方が再生手続開始又は更生手続開始の決定を受けた場合に関する規律は，民事再生法第４９条又は会社更生法第６１条や民法第５８９条の解釈に委ねることとしている。

（補足説明）
　民法第５８９条の消費貸借の予約は，予約義務者に本契約である消費貸借を締結する義務を負わせる類型の予約を指すものとされており，貸主を予約義務者とする予約の場合には，借主は貸主に対して消費貸借の締結の意思表示をすることを請求することができるとされている（以下この補足説明において「義務型の予約」という。）。また，現行法においては，本契約である消費貸借は要物契約であることが想定されているから，借主は消費貸借を締結する義務の履行請求の一環として，貸主に対して目的物の引渡しを請求することもできるとされている。
　他方，売買の規定が他の有償契約に準用されていることから（民法第５５９条），利息付きの消費貸借（有償消費貸借）については，義務型の予約のみならず，売買の一方の予約と同様の予約もその定めがあるとされており（同法第５５６条），借主を予約完結権者とする予約の場合には，借主は貸主に対して予約完結の意思表示をすることによって消費貸借を成立させることができるとされている（以下この補足説明において「完結権型の予約」という。）。この完結権型の予約についても，民法第５８９条の適用があるとされている。
　ところで，諾成的消費貸借に関する規律（前記1(2)から(5)まで）を設ける場合には，消費貸借を要物契約として規定し目的物の引渡し前の合意に法的拘束力を認めない場合に比べると，義務型の予約はその必要性が格段に低くなるし，完結権型の予約もその必要性が低くなるとの指摘がある。もっとも，売買その他の諾成契約においては，本契約を締結することのほかに，義務型の予約や完結権型の予約をすることは妨げられないのであるから，諾成的消費貸借に関する規律を設ける場合であっても，消費貸借の予約を否定する必

要はないとも考えられる。現に，特定融資枠契約に関する法律第2条に規定する融資枠契約は，諾成的消費貸借の完結権型の予約であると説明されている。そうだとすれば，消費貸借の予約についても前記1(2)(3)の書面要件が課されることや，前記1(5)の当然失効の規律が及ぶことを確認しておくことには意味があると考えられる（なお，消費貸借の予約が書面によってされている場合には本契約は書面によってされる必要はないことを当然の前提としている。）。もっとも，そのような確認的な規定を設ける必要はなく，前記1(2)(3)の規律や1(5)の規律が消費貸借の予約にも及ぶことは当然のことであるとの指摘もある。

3 準消費貸借（民法第588条関係）
民法第588条の規律を次のように改めるものとする。
金銭その他の物を給付する義務を負う者がある場合において，当事者がその物を消費貸借の目的とすることを約したときは，消費貸借は，これによって成立したものとみなすものとする。

（概要）
民法第588条の「消費貸借によらないで」という文言を削除することによって，消費貸借に基づく債務を旧債務とする準消費貸借の成立を認める判例法理（大判大正2年1月24日民録19巻11号）を明文化するものである。なお，準消費貸借は，前記1(2)の諾成的な消費貸借とは異なり，契約に基づく目的物の引渡しを予定していないため，目的物の引渡しに代えて書面を要求することにより軽率な消費貸借の締結を防ぐという趣旨が妥当しないと考えられる。そのため，準消費貸借については書面を要求していない。

4 利息
利息の定めがある場合には，借主は，貸主から金銭その他の物を受け取った日から起算して利息を支払う義務を負うものとする。

（概要）
利息の合意がある場合に限り利息の支払債務が生ずるという解釈上異論のないところを明文化するとともに，利息は元本の受領日から生ずるという判例法理（最判昭和33年6月6日民集12巻9号1373頁）を明文化するものである。

（補足説明）
現行民法においては無利息消費貸借が原則とされており（同法第587条参照），利息は消費貸借の合意とは区別される利息の合意がある場合に限り発生するものとされている。もっとも，現行民法は利息の発生に関する規定を置いていない。現実に用いられる消費貸借のほとんどが利息付消費貸借であることからすれば，このような現状は相当でないとの指摘がされている。

要物契約としての利息付消費貸借においては，金銭その他の物の引渡しがあった日（契約の成立日）から利息が発生し，また，引渡しのあった目的物についてのみ利息が発生す

るとされている。一方，諾成契約としての利息付消費貸借においても，利息は金銭その他の物の利用の対価であることから，要物契約としての利息付消費貸借と同様，金銭その他の物の引渡しがあった日から利息が発生し，また，引渡しのあった目的物についてのみ利息が発生するとされている。本文は以上の理解を前提とするものであるが，利息の発生日（起算日）を元本の受領日より後の日とする旨の合意を妨げる趣旨のものではない。

5 貸主の担保責任（民法第590条関係）
民法第590条の規律を次のように改めるものとする。
(1) 利息付きの消費貸借において，引き渡された目的物が当該消費貸借契約の趣旨に適合していない場合における貸主の担保責任については，売主の担保責任に関する規定を準用するものとする。
(2) 無利息の消費貸借において，引き渡された目的物が当該消費貸借契約の趣旨に適合していない場合における貸主の担保責任については，贈与者の担保責任に関する規定を準用するものとする。
(3) 利息の有無にかかわらず，借主は，当該消費貸借契約の趣旨に適合していない引き渡された物の価額を返還することができるものとする。

（概要）
本文(1)(2)は，民法第590条第1項及び第2項後段の規律を改め，利息付消費貸借の貸主は売主の担保責任（前記第35，4以下），無利息消費貸借の貸主は贈与者の担保責任（前記第36，2）と同様の責任を負う旨を定めるものである。消費貸借は貸主が借主に目的物の所有権を移転させる点において売買や贈与と共通するため，消費貸借の目的物が当該消費貸借契約の趣旨に適合しない場合における貸主の担保責任については，売主及び贈与者の担保責任の規律と整合的である必要があると考えられることによる。なお，同条の「瑕疵」という用語については，売主の担保責任の見直しとの平仄を合わせ，契約の趣旨との適合性を問う表現を用いることとしている。

本文(3)は，民法第590条第2項前段の規定を利息の有無を問わずに適用されるものに改めるものである。同項前段は無利息の消費貸借に関する規定であるが，利息の有無によって異なる取扱いをする理由はないとの指摘を踏まえたものである。

6 期限前弁済（民法第591条第2項，第136条第2項関係）
民法第591条第2項の規律を次のように改めるものとする。
(1) 当事者が返還の時期を定めなかったときは，借主は，いつでも返還をすることができるものとする。
(2) 当事者が返還の時期を定めた場合であっても，借主は，いつでも返還をすることができるものとする。この場合において，貸主に損害が生じたときは，借主は，その損害を賠償しなければならないものとする。

（概要）

本文(1)は，民法第591条第2項の規定を維持するものである。同項は，一般に同条第1項に引き続いて返還時期の定めのない消費貸借について定めた規定であると解されている。
　本文(2)は，民法第136条第2項の規定について，その適用が最も問題となる消費貸借の場面に即した規律を設けることによって，消費貸借のルールの明確化を図るものである。同項の規律の内容を変更する趣旨のものではない。前記1(4)と同様，損害の内容については個別の判断に委ねることとしている。

（補足説明）
1　民法第136条第2項本文は，期限の利益は放棄することができると規定し，同項ただし書は，期限の利益の放棄によって相手方の利益を害することはできないと規定している。同項ただし書は，期限の利益の放棄によって相手方に生じた損害を賠償する義務を負うことを規定したものであり，相手方に損害が生ずる場合であっても，期限の利益の放棄自体が否定されることはないと解されている。したがって，消費貸借の貸主は，借主による期限前弁済（期限の利益の放棄）に対して，貸主に生ずる損害を賠償するまではこれを受けないという態度に出ることはできず，期限前弁済自体は受けた上で，それによって生じた損害を主張立証して賠償請求をすることになる。
　　もっとも，これに対しては，借主が貸主に生ずる損害を賠償した場合に限り，借主は期限前弁済をすることができるとする考え方もある。そこで，本文(2)では，期限前弁済と損害賠償との関係については解釈に委ねることを前提に，貸主は借主に対して期限前弁済によって生じた損害の賠償を請求することができるという規律を設けている。
2　期限前弁済によって貸主に生じた損害の内容について，従来は，約定の返還時期までに生ずべきであった利息相当額であると説明されることが多かった。もっとも，期限前弁済を受けた貸主は，その期限前弁済によって受領した金銭等を他に貸し付けるなどすることによって利益を得ることができるのであるから，この場合における貸主の損害の内容は，約定の返還時期までに生ずべきであった利息相当額から上記の再運用等による利益を控除した額とすべきであるとの指摘がある。
　　他方，利息は実際に元本を利用している間にのみ生ずるものであり（前記4の補足説明の第2パラグラフ参照），利息付消費貸借における返還時期の定めは，通常，返還時期までに生ずべき利息を保証する趣旨のものではないことから，期限前弁済によって貸主に生じた損害の内容を考えるに当たっては，約定の返還時期までに生ずべきであった利息相当額を基礎とするのではなく，貸付金の調達コスト等のいわゆる積極損害を基礎とすべきであるとの指摘がある。
　　いずれにせよ，この問題は前記1(4)の借主の解除によって貸主に生じた損害の内容の問題と類似のものであり（前記1の補足説明の第3パラグラフ参照），例えば消費者金融の場面を想定すると，貸主である消費者金融業者は一般に多数の小口貸付けを行っているため，借主が期限前弁済をした金銭等を他の顧客に対する貸付けに振り向けること等によって特段の損害が生じないことも多いと考えられる。事前に賠償額の予定がされていることもあり得るが，その場合には民法第90条や不当条項規制の問題として処理す

べきものと思われる。本文(2)は，以上の議論を踏まえつつ，損害の有無及びその額については，従前どおり個々の事案における解釈・認定に委ねることとしている。

第38 賃貸借
1 賃貸借の成立（民法第６０１条関係）
民法第６０１条の規律を次のように改めるものとする。
賃貸借は，当事者の一方がある物の使用及び収益を相手方にさせることを約し，相手方がこれに対してその賃料を支払うこと及び引渡しを受けた物を契約が終了した後に返還することを約することによって，その効力を生ずるものとする。

（概要）
民法第６０１条の規定を基本的に維持しつつ，賃貸借の終了によって賃借人の目的物返還債務が生ずる旨を明記するものであり，賃料支払債務と並ぶ賃借人の基本的な債務（民法第６１６条，第５９７条第１項参照）を賃貸借の冒頭規定に盛り込むものである。

（補足説明）
いわゆる貸借型の契約のうち消費貸借及び使用貸借の冒頭規定（民法５８７条，第５９３条）には借主の目的物返還債務が明記されているが，賃貸借の冒頭規定にはこれが明記されていない。民法第６１６条が使用貸借に関する同法第５９７条第１項（借用物の返還時期）の規定を準用するのみである。もっとも，賃貸借においても，他の貸借型の契約と同様，目的物返還債務は賃借人の基本的な債務であることから，これを冒頭規定に盛り込む必要があるとの指摘がされている。本文はこの指摘を踏まえたものである。

2 短期賃貸借（民法第６０２条関係）
民法第６０２条柱書の部分の規律を次のように改めるものとする。
処分の権限を有しない者が賃貸借をする場合には，同条各号に掲げる賃貸借は，それぞれ当該各号に定める期間を超えることができないものとする。契約でこれより長い期間を定めたときであっても，その期間は，当該各号に定める期間とするものとする。

（概要）
本文第１文は，民法第６０２条の「処分につき行為能力の制限を受けた者」という文言を削除するものである。この文言は，未成年者，成年被後見人，被保佐人及び被補助人を指すものとされているが，これらの者が短期賃貸借をすることができるかどうかは同法第５条，第９条，第１３条，第１７条等によって規律されており，同法第６０２条の存在はかえって短期賃貸借であれば未成年者や成年被後見人であっても単独ですることができる等の誤解を生むおそれがあることを理由とする。
本文第２文は，民法第６０２条各号に定める期間を超える賃貸借をした場合にはその超

える部分のみを無効とする旨を定めるものであり，同条に関する一般的な理解を明文化するものである。

（補足説明）
　民法第６０２条は，同条の「処分につき行為能力の制限を受けた者」が同条所定の期間を超えない賃貸借（短期賃貸借）であれば単独ですることができることを前提としているようにも読める。もっとも，未成年者は，法定代理人の同意がない限り，短期賃貸借かどうかにかかわらず，原則として賃貸借契約を締結することができない（同法第５条，第６条）。また，成年被後見人が締結した賃貸借契約は，短期賃貸借かどうかにかかわらず，原則として取り消すことができる（同法第９条）。それにもかかわらず上記のような規定があると，短期賃貸借であれば未成年者や成年被後見人であっても単独ですることができるとの誤解を生みかねないとの指摘がある。
　一方，被保佐人は，短期賃貸借であれば保佐人の同意なく単独ですることができる（民法第１３条第１項第９号）。また，被補助人については，補助人の同意を要する行為の範囲が家庭裁判所の審判によって定められるが（同法第１７条第１項本文），短期賃貸借はその審判の対象とすることができないから（同項ただし書），被補助人も，被保佐人と同様，短期賃貸借であれば補助人の同意なく単独ですることができる。加えて，被補助人は，被保佐人と異なり，長期賃貸借であっても補助人の同意を要する行為とされていなければ単独ですることができる。したがって，被保佐人及び被補助人については，以上の各規定とは別に民法第６０２条で長期賃貸借をすることができない旨を定める必要はなく，特に被補助人については長期賃貸借をすることができる場合もあることから適当でないとの指摘がある。本文は以上の指摘を踏まえたものである。

3　賃貸借の存続期間（民法第６０４条関係）
　　民法第６０４条を削除するものとする。
　（注）民法第６０４条を維持するという考え方がある。

（概要）
　賃貸借の存続期間の上限（２０年）を廃止するものである。特則の置かれている借地借家法等ではなく民法第６０４条の適用がある賃貸借であっても，例えばゴルフ場の敷地の賃貸借，重機やプラントのリース契約等においては２０年を超える存続期間を定めるニーズがあるとの指摘を踏まえたものである。もっとも，長期の存続期間を一般的に認めると賃借物の損傷や劣化が顧みられない状況が生じかねないこと等から同条の規定を維持（必要に応じて特別法で対処）すべきであるという考え方があり，これを（注）で取り上げている。

（補足説明）
　賃貸借の存続期間の上限を２０年とする民法第６０４条は，長期の存続期間を一般的に認めると賃借物の損傷や劣化が顧みられない状況が生じて社会経済上の不利益をもたらし

かねないとの懸念や長期間にわたる利用関係の設定は地上権や永小作権を利用すればよいとの考慮に基づく規定であるとされている。もっとも，実際には，土地の利用関係の設定に地上権や永小作権はそれほど用いられておらず，賃貸借が多く用いられている。また，一定の類型の賃貸借については，賃借人の保護等の観点から２０年を超える存続期間を定める必要性が高い場合があり，借地借家法においては，建物の所有を目的とする土地の賃借権についての存続期間を３０年又はこれよりも長い期間とし（同法第３条，第９条），建物の賃貸借については民法第６０４条の規定の適用を除外し（借地借家法第２９条第２項），いずれも賃貸借の存続期間の上限を設けないこととしている。また，農地法においては，農地又は採草放牧地の賃貸借について，存続期間の上限を５０年に修正する規定が設けられている（同法第１９条）。

さらに，借地借家法や農地法が適用されない賃貸借であっても，例えばゴルフ場の敷地等の賃貸借においては２０年を超える存続期間を定めるニーズがあるとの指摘や，２０年を超える大型のプロジェクトにおいては現に国外で重機やプラントのリース契約が２０年を超える存続期間で行われているため，日本の民法において賃貸借の存続期間の上限が２０年と定められていると経済活動上の不都合を生ずるとの指摘がされている。

もっとも，賃貸借の存続期間の上限を廃止すると，法的には例えば１００年を超える存続期間を定めた賃貸借も可能となるが，そのような長期間の賃貸借を一般的に認めることにはなお慎重であるべきとの指摘や，長期の存続期間を定めるニーズがあるとしても，必要に応じて特別法等による修正を図れば足りるとの指摘もある。

また，賃貸借の存続期間の上限を廃止すべきであるとする本文の考え方や，これを維持すべきであるとする（注）の考え方のほかに，賃貸借の存続期間の上限を現在の２０年から５０年などに修正するとする考え方や，存続期間の上限を経過しても直ちに賃貸借が終了するのではなくその時点で当事者に任意の解除権（解約権）が付与されるとする考え方もある。いずれの考え方も，存続期間の上限を完全に廃止することには危惧を抱きつつも，長期の存続期間を定めるニーズに応える必要があるとの発想に基づくものである。もっとも，存続期間の上限を５０年などに修正する前者の考え方については，具体的に何年と修正するのが最も適切であるかについて引き続き検討する必要があるし，他方，任意の解除権（解約権）を付与する後者の考え方については，存続期間の上限が経過すれば当事者の一方が自由に解除（解約）することができるというのでは，その上限を超える長期の存続期間を定めるニーズには応えられないとの指摘がある。

4 不動産賃貸借の対抗力，賃貸人たる地位の移転等（民法第６０５条関係）
民法第６０５条の規律を次のように改めるものとする。
(1) 不動産の賃貸借は，これを登記したときは，その不動産について物権を取得した者その他の第三者に対抗することができるものとする。
(2) 不動産の譲受人に対して上記(1)により賃貸借を対抗することができる場合には，その賃貸人たる地位は，譲渡人から譲受人に移転するものとする。
(3) 上記(2)の場合において，譲渡人及び譲受人が，賃貸人たる地位を譲渡人に留保し，かつ，当該不動産を譲受人が譲渡人に賃貸する旨の合意をしたとき

は，賃貸人たる地位は，譲受人に移転しないものとする。この場合において，その後に譲受人と譲渡人との間の賃貸借が終了したときは，譲渡人に留保された賃貸人たる地位は，譲受人又はその承継人に移転するものとする。
(4) 上記(2)又は(3)第2文による賃貸人たる地位の移転は，賃貸物である不動産について所有権移転の登記をしなければ，賃借人に対抗することができないものとする。
(5) 上記(2)又は(3)第2文により賃貸人たる地位が譲受人又はその承継人に移転したときは，後記7(2)の敷金の返還に係る債務及び民法第608条に規定する費用の償還に係る債務は，譲受人又はその承継人に移転するものとする。
(注) 上記(3)については，規定を設けない（解釈に委ねる）という考え方がある。

(概要)
　本文(1)は，まず，民法第605条の「その後その不動産について物権を取得した者」という文言について，「その他の第三者」を付加するとともに，「その後」を削除するものである。同条の規律の対象として，二重に賃借をした者，不動産を差し押さえた者等が含まれることを明確にするとともに，「その後」という文言を削除することによって賃貸借の登記をする前に現れた第三者との優劣も対抗要件の具備の先後によって決まること（最判昭和42年5月2日判時491号53頁参照）を明確にするものである。また，本文(1)では，同条の「その効力を生ずる」という文言を「対抗することができる」に改めている。これは，第三者に対する賃借権の対抗の問題と，第三者への賃貸人たる地位の移転の問題とを区別し，前者を本文(1)，後者を本文(2)で規律することによって，同条の規律の内容をより明確にすることを意図するものである。
　本文(2)は，民法第605条の規律の内容のうち賃貸人たる地位の移転について定めるものであり，賃貸人たる地位の当然承継に関する判例法理（大判大正10年5月30日民録27輯1013頁）を明文化するものである。なお，本文(2)は，所有者が賃貸人である場合が典型例であると見て，その場合における当該所有権の譲受人に関する規律を定めたものであるが，地上権者が賃貸人である場合における当該地上権の譲受人についても同様の規律が妥当すると考えられる。
　本文(3)は，賃貸人たる地位の当然承継が生ずる場面において，旧所有者と新所有者との間の合意によって賃貸人たる地位を旧所有者に留保するための要件について定めるものである。実務では，例えば賃貸不動産の信託による譲渡等の場面において賃貸人たる地位を旧所有者に留保するニーズがあり，そのニーズは賃貸人たる地位を承継した新所有者の旧所有者に対する賃貸管理委託契約等によっては賄えないとの指摘がある。このような賃貸人たる地位の留保の要件について，判例（最判平成11年3月25日判時1674号61頁）は，留保する旨の合意があるだけでは足りないとしているので，その趣旨を踏まえ，留保する旨の合意に加えて，新所有者を賃貸人，旧所有者を賃借人とする賃貸借契約の締結を要件とし（本文(3)第1文），その賃貸借契約が終了したときは改めて賃貸人たる地位が旧所有者から新所有者又はその承継人に当然に移転するというルールを用意すること

している（本文(3)第2文）。もっとも，賃貸人たる地位の留保に関しては，個別の事案に即した柔軟な解決を図るという観点から特段の規定を設けずに引き続き解釈に委ねるべきであるという考え方があり，これを（注）で取り上げている。

　本文(4)は，賃貸人たる地位の移転（当然承継）を賃借人に対抗するための要件について定めるものであり，判例法理（最判昭和49年3月19日民集28巻2号325頁）を明文化するものである。

　本文(5)は，賃貸人たる地位の移転（当然承継）の場面における敷金返還債務及び費用償還債務の移転について定めるものである。敷金返還債務について，判例（最判昭和44年7月17日民集23巻8号1610頁）は，旧所有者の下で生じた延滞賃料等の弁済に敷金が充当された後の残額についてのみ敷金返還債務が新所有者に移転するとしているが，実務では，そのような充当をしないで全額の返還債務を新所有者に移転させるのが通例であり，当事者の通常の意思もそうであるとの指摘がある。そこで，上記判例法理のうち敷金返還債務が新所有者に当然に移転するという点のみを明文化し，充当の関係については解釈・運用又は個別の合意に委ねることとしている。費用償還債務については，必要費，有益費ともに，その償還債務は新所有者に当然に移転すると解されていることから（最判昭和46年2月19日民集25巻1号135頁参照），この一般的な理解を明文化することとしている。

（補足説明）
1　民法第605条の「物権を取得した者に対しても，その効力を生ずる」という文言は，①物権を取得した者に対して賃借権を対抗することができること，②物権を取得した者に対して賃貸人たる地位が移転すること（賃貸借契約が承継されること）を意味するものとされている。もっとも，①の賃借権の対抗の問題と，②の賃貸人たる地位の移転の問題とは，それぞれ異なる問題であることから，両者の規律を分けて定めるべきであるとの指摘がある。また，②の賃貸人たる地位の移転に関する規律は，同条の「物権を取得した者」のうち，賃貸人である所有者からその所有権を譲り受けた者や賃貸人である地上権者からその地上権を譲り受けた者との関係でのみ問題となる規律であり，例えば賃貸人である所有者から地上権の設定を受けた者や抵当権の設定を受けた者との関係で問題となる規律ではないことから，①「物権を取得した者」に該当する全ての者との関係で問題となる賃借権の対抗に関する規律と，②一部の者のみとの関係で問題となる賃貸人たる地位の移転に関する規律とを分けて定めるべきであるとの指摘もある。本文(1)(2)は以上の指摘を踏まえたものである。
2　本文(3)について，（概要）に掲げた判例（最判平成11年3月25日判時1674号61頁）は，賃貸不動産を譲り受けた新所有者が賃借権の対抗を受けるときは，特段の事情がない限り，賃貸人たる地位は新所有者に当然に承継されることを前提とした上で，旧所有者と新所有者との間に賃貸人たる地位を留保する旨の合意があるだけでは上記の特段の事情には当たらないとしている。もっとも，実務では，例えば賃貸不動産の信託による譲渡等の場面において賃貸人たる地位を旧所有者に留保するニーズがあり，そのニーズは賃貸人たる地位を承継した新所有者の旧所有者に対する賃貸管理委託契約等が

されたという構成によっては賄えないとの指摘がある。すなわち,例えば賃貸管理のノウハウを持たない新所有者が旧所有者にそれを委託するのみであれば,賃貸人たる地位自体は新所有者に承継させた上で,賃貸人である新所有者が旧所有者との間で賃貸管理委託契約等を締結すれば足りる。しかし,賃貸不動産の信託による譲渡等の場面においては,新所有者(信託の受託者)が修繕義務や費用償還義務等の賃貸人としての義務を負わないことを前提とするスキームを構築するニーズがあり,上記の賃貸管理委託契約等を締結することではそのニーズに応えることができず,賃貸人たる地位自体を旧所有者に留保する必要があるとの指摘がされている。

　この問題を考えるに当たっては,賃貸人たる地位を留保したまま賃貸不動産の所有権のみを移転させると,賃借人は所有権を失った旧所有者との間で転貸借等の関係に立つこととなり,その後に新所有者と旧所有者との間の法律関係が債務不履行解除等によって消滅すると,賃借人は新所有者からの明渡請求等に応じなければならないことになるから,そのような地位に自らの意思とは無関係に立たされることとなる賃借人の不利益に配慮する必要がある。そこで,賃貸人たる地位を留保する旨の合意に加えて,新所有者を賃貸人,旧所有者を賃借人とする賃貸借契約を締結することを要件とし(本文(3)第1文),その賃貸借契約が終了したときは改めて賃貸人たる地位が旧所有者から新所有者又はその承継人に当然に移転するというルールを用意することとしている(本文(3)第2文)。新所有者と旧所有者との間で賃貸借契約を締結することを要件としているのは,①賃貸人たる地位の留保合意がされる場合には,新所有者から旧所有者に何らかの利用権限が設定されることになるが,その利用権限の内容を明確にしておくことが望ましいとの指摘,②賃貸人たる地位を留保した状態で新所有者が賃貸不動産を更に譲渡すると,その譲渡によって新所有者と旧所有者との間の利用関係及び旧所有者と賃借人との間の利用関係が全て消滅し,新所有者からの譲受人に対して賃借人が自己の賃借権を対抗することができなくなるのではないかとの疑義を生じさせないためには,新所有者と旧所有者との間の利用関係を賃貸借としておくことが望ましいとの指摘,③賃貸借に限定したとしても,それによって旧所有者と新所有者との間の合意のみで賃貸人たる地位の留保が認められることになるのであるから,現在の判例法理の下で賃借人の同意を個別に得ることとしている実務の現状に比べると,旧所有者と新所有者にとって不当な不便が課されるものではないとの指摘を踏まえたものである。

　また,以上とは異なる観点から,賃貸人たる地位を留保したまま賃貸不動産の所有権のみを移転させると,賃借人は所有権を失った旧所有者に対して敷金返還請求権等を行使せざるを得ないことになるから,そのような地位に自らの意思とは無関係に立たされることとなる賃借人の不利益にも配慮する必要があるとの指摘がある。これに対しては,悪質な事案については敷金返還請求権等を被保全債権とする詐害行為取消権を行使することによって賃貸不動産の譲渡行為を取り消すという手段が考えられることから(前記第15,1の(注3)参照),賃借人の保護に重大な支障を生ずることはないとの指摘がされている。

　ところで,実務においては,賃貸人たる地位を旧所有者に留保することのニーズのほかに,新所有者がその取得した所有権を留保したまま賃貸人たる地位のみを旧所有者以

外の第三者に譲渡することのニーズがあるとされ，賃貸不動産の信託による譲渡等の実務においては，むしろこの方法を用いる例が多いとの指摘がある。一般に，賃貸不動産の所有権と共に賃貸人たる地位を譲渡する場合には，賃借人の承諾を要しないとされているが（後記5参照），所有権の譲渡を伴わないで賃貸人たる地位のみを譲渡することについては，少なくとも従来は消極に解されてきた。もっとも，本文(3)の新所有者が賃貸人たる地位を旧所有者に留保する行為は，新所有者がその取得した所有権を留保したまま賃貸人たる地位のみを他人に譲渡する行為と同様と捉える余地があり得る。仮にこの捉え方を前提として本文(3)の要件に沿って考えると，①新所有者と第三者との間で賃貸人たる地位のみを譲渡する旨の合意をしたことに加え，②新所有者を賃貸人，第三者を賃借人とする賃貸借契約を締結したことを要件とし（本文(3)第1文参照），その賃貸借契約が終了したときは賃貸人たる地位が第三者から新所有者又はその承継人に当然に移転するというルールを用意することによって（本文(3)第2文参照），新所有者がその取得した所有権を留保したまま賃貸人たる地位のみを第三者に譲渡することを認める余地があり得る。前記第21の契約上の地位の移転に関する規律との関係でいえば，その規律の特則として位置づけられる本文(3)の規律を類推適用する場面であるとの理解であるが，この問題については引き続き解釈に委ねられることを前提としている。

3　本文(4)は，新所有者が自己の賃貸人たる地位を賃借人に対抗することができるかどうかに関する規律であるから，新所有者が登記を備えていない場合であっても，賃借人の側から新所有者を賃貸人と認めて賃料の支払等を行うことは可能であることを前提としている（最判昭和46年12月3日判時655号28頁）。

4　本文(5)について，有益費の償還請求は賃貸借が終了した時点の賃貸人に対して行うものと考えられるから（民法第608条第2項，第196条第2項参照），有益費償還債務の当然承継に関する規律は必要でないとも考えられる。もっとも，（概要）に掲げた判例（最判昭和46年2月19日民集25巻1号135頁）は，有益費償還債務の当然承継に関するもの（民法第608条第2項が準用する同法第196条第2項の「回復者」は新所有者を指す旨を判示したもの）であることから，本文(5)においても，必要費，有益費の別を問わない規律としている。

5　合意による賃貸人たる地位の移転

　　不動産の譲受人に対して賃貸借を対抗することができない場合であっても，その賃貸人たる地位は，譲渡人及び譲受人の合意により，賃借人の承諾を要しないで，譲渡人から譲受人に移転させることができるものとする。この場合においては，前記4(4)及び(5)を準用するものとする。

（概要）

　本文第1文は，合意による賃貸人たる地位の移転について定めるものであり，判例法理（最判昭和46年4月23日民集25巻3号388頁）を明文化するものである。一般に，契約上の地位の移転には相手方の承諾が必要とされているが（前記第21参照），賃貸人たる地位の移転については，少なくとも目的物の所有権の移転と共に行う限りにおいては，

相手方の承諾は不要とされている。
　本文第2文は，本文第1文の合意承継の場面における法律関係の明確化を図るため，当然承継の場面における前記4(4)及び(5)の規律を準用するものである。

(補足説明)
　本文の規律は，目的物の所有権と共に賃貸人たる地位を譲渡する場合に関するものであるが，前記4の補足説明の2の第4パラグラフに記載したとおり，目的物の所有権を譲渡せずに賃貸人たる地位のみを第三者に譲渡することについての実務上のニーズがあるとの指摘がある。本文の規律は，目的物の所有権と共に譲渡しなければ賃貸人たる地位の譲渡は認められないという趣旨のものではなく，その点については引き続き解釈に委ねられることを前提とするものである。

6　不動産の賃借人による妨害排除等請求権
　　不動産の賃借人は，賃貸借の登記をした場合又は借地借家法その他の法律が定める賃貸借の対抗要件を備えた場合において，次の各号に掲げるときは，当該各号に定める請求をすることができるものとする。
　(1)　不動産の占有を第三者が妨害しているとき
　　　当該第三者に対する妨害の停止の請求
　(2)　不動産を第三者が占有しているとき
　　　当該第三者に対する返還の請求

(概要)
　対抗要件を備えた不動産の賃借人が賃借権に基づく妨害排除請求（本文(1)）や返還請求（本文(2)）をすることができる旨を定めるものであり，判例法理（最判昭和28年12月18日民集7巻12号1515頁等）を明文化するものである。他の法律が定める対抗要件としては，借地借家法第10条・第31条，農地法第16条等がある。対抗要件の不存在を主張する正当な利益を有しない第三者（不法占拠者等）に対する妨害排除等請求の要件としても対抗要件の具備が要求されるかどうかについては，それが要求されないという解釈を排除する趣旨ではない。

(補足説明)
1　賃借物に対する賃借人の占有が第三者によって妨害されたり，奪われたりした場合には，賃借人は，占有訴権に基づき，その妨害の停止や賃借物の返還を請求することができる（民法第198条，第200条）。もっとも，この方法は賃借人が賃借物の占有を得る前には行使することができず，その行使期間にも妨害が消滅した後1年以内等の制限がある（同法第201条）。
　また，賃借人は，所有者である賃貸人の所有権に基づく妨害排除請求権や返還請求権を代位行使し，自己に対する占有の回復を求めることもできる（大判大正9年11月11日民録26巻1701頁）。もっとも，この方法では，第三者が二重賃借人である場合

には，所有者である賃貸人との関係で第三者が正当な占有権原を有することになるため，そもそも賃貸人の第三者に対する妨害排除請求権や返還請求権が発生せず，その代位行使もすることができない。

そのため，賃借権それ自体に基づく妨害排除請求権や返還請求権を認めることには独自の意義が認められるが，判例（最判昭和２８年１２月１８日民集７巻１２号１５１５頁，最判昭和３０年４月５日民集９巻４号４３１頁）は，不動産の賃借権が対抗要件を備えている場合には，賃借権に基づく妨害排除請求権や返還請求権を認めていることから，その旨を条文上も明記すべきであるとの指摘がある。本文はこの指摘を踏まえたものである。

2　所有権に基づく物権的請求権のうち妨害排除請求権と返還請求権との関係については，一般に，相手方の占有によって所有権が侵害されている場合には返還請求権，相手方の占有以外の方法によって所有権が侵害されている場合には妨害排除請求権が発生すると説明されている。本文の賃借権に基づく請求についても，この概念整理に従うこととしている。したがって，例えば，相手方が賃借物である土地の全体を占拠している場合には，相手方が賃借物を占有することによって賃借人が賃借権を侵害されているから，賃借権に基づく返還請求権が発生し，相手方が賃借物である土地の一部分のみを占拠している場合（例えば，相手方所有の家具が借地上に放置されている場合など）には，賃借物の占有以外の方法によって賃借人が賃借権を侵害されているから，賃借権に基づく妨害排除請求権が発生することになる。規定の文言についても，民法第１９８条及び第２００条に倣って，妨害排除請求権については，「妨害の停止の請求」（本文(1)），返還請求権については，物の「返還の請求」（本文(2)）としている。

賃借権に基づく妨害排除請求権や返還請求権に加えて，妨害予防請求権（民法第１９９条参照）まで認めるべきかどうかについては，考え方が分かれ得る。債権である賃借権に基づいて物権的な請求権が認められるのは飽くまで例外的なものであることを強調すれば，妨害予防請求権まで認める必要はないと考えられる。他方，妨害排除請求権や返還請求権を認めるのであれば，それらと併せて妨害予防請求権まで認めるのが自然であるとも考えられる。

7　敷金
　(1)　敷金とは，いかなる名義をもってするかを問わず，賃料債務その他の賃貸借契約に基づいて生ずる賃借人の賃貸人に対する金銭債務を担保する目的で，賃借人が賃貸人に対して交付する金銭をいうものとする。
　(2)　敷金が交付されている場合において，賃貸借が終了し，かつ，賃貸人が賃貸物の返還を受けたとき，又は賃借人が適法に賃借権を譲渡したときは，賃貸人は，賃借人に対し，敷金の返還をしなければならないものとする。この場合において，賃料債務その他の賃貸借契約に基づいて生じた賃借人の賃貸人に対する金銭債務があるときは，敷金は，当該債務の弁済に充当されるものとする。
　(3)　上記(2)第１文により敷金の返還債務が生ずる前においても，賃貸人は，賃

借人が賃料債務その他の賃貸借契約に基づいて生じた金銭債務の履行をしないときは，敷金を当該債務の弁済に充当することができるものとする。この場合において，賃借人は，敷金を当該債務の弁済に充当することができないものとする。

(概要)
　本文(1)は，敷金（民法第３１６条，第６１９条第２項参照）の意義を判例（大判大正１５年７月１２日民集５巻６１６頁等）や一般的な理解を踏まえて明確にするものである。
　本文(2)は，敷金返還債務が生ずる時期を明確にするものである。判例（最判昭和４８年２月２日民集２７巻１号８０頁）は，賃貸借が終了し，かつ，目的物が返還された時に敷金返還債務が生ずるとしている。また，賃借人が適法に賃借権を譲渡したときも，賃貸人と旧賃借人との間に別段の合意がない限り，その時点で敷金返還債務が生ずると考えられる（最判昭和５３年１２月２２日民集３２巻９号１７６８頁参照）。そこで，本文(2)では，これらの理解を明文化することとしている。
　本文(3)は，敷金返還債務が本文(2)第１文により具体的に生ずる前における敷金の充当に関する規律について定めるものであり，判例法理（大判昭和５年３月１０民集９巻２５３頁）を明文化するものである。

(補足説明)
　現行民法は，敷金に言及する規定（民法第３１６条，第６１９条第２項）を置いているものの，敷金の定義や敷金に関する法律関係について定める規定を置いていない。もっとも，賃貸借における敷金の重要性に鑑みれば，このような現状は相当でないとの指摘がされている。そこで，敷金の定義（本文(1)），敷金返還債務の具体的な発生の時期及びその際の当然充当（本文(2)），敷金返還債務の具体的な発生前における意思表示による充当（本文(3)）に関する規律を設けることとしている。

8　賃貸物の修繕等（民法第６０６条第１項関係）
　民法第６０６条第１項の規律を次のように改めるものとする。
(1) 賃貸人は，賃貸物の使用及び収益に必要な修繕をする義務を負うものとする。
(2) 賃借物が修繕を要する場合において，賃借人がその旨を賃貸人に通知し，又は賃貸人がその旨を知ったにもかかわらず，賃貸人が相当の期間内に必要な修繕をしないときは，賃借人は，自ら賃借物の使用及び収益に必要な修繕をすることができるものとする。ただし，急迫の事情があるときは，賃借人は，直ちに賃借物の使用及び収益に必要な修繕をすることができるものとする。
　　（注）上記(2)については，「賃貸人が上記(1)の修繕義務を履行しないときは，賃借人は，賃借物の使用及び収益に必要な修繕をすることができる」とのみ定めるという考え方がある。

(概要)
　本文(1)は，民法第６０６条第１項の規定を維持するものである。
　本文(2)は，賃借人の修繕権限について定めるものである。民法第６０８条第１項が含意しているところを明文化するものであるが，賃借物は飽くまで他人の所有物であることから，賃借人が自ら修繕し得る要件については，契約に別段の定めがない限り，修繕の必要が生じた旨を賃貸人に通知し（民法第６１５条参照。通知の到達に関しては前記第３，４(2)(3)参照），又は賃貸人がその旨を知ったにもかかわらず，賃貸人が必要な修繕をしないことを要するとする一方で，急迫な事情がある場合には例外を許容することとしている。もっとも，あらゆる場面に妥当する細かな要件を一律に設けるのは困難であるとして，「賃貸人が修繕義務を履行しないとき」という比較的抽象度の高い要件を定めた上で，その解釈・運用又は個別の合意に委ねるべきであるという考え方があり，これを（注）で取り上げている。なお，賃借人が必要な修繕をしたことにより民法第６０８条第１項の必要費償還請求権が生ずるかどうかは，同項の要件を満たすかどうかによって決せられるため，当該修繕が本文(2)の修繕権限に基づくものかどうかという問題とは切り離して判断されることを前提としている。

(補足説明)
　本文(1)の民法第６０６条第１項については，賃借人の帰責事由により修繕を要する状態となった場合にも賃貸人の修繕義務が生ずるかどうかという点について解釈上の争いがある。この中間試案では，賃借人の帰責事由により賃借物の一部の使用収益が不可能となった場合には賃料の減額がされないこと（後記１０(1)第２文），賃借人の帰責事由によらない賃借物の損傷は賃借人の原状回復義務の対象とならないこと（後記１３(2)第２文）を明記していることから，賃借人の帰責事由により修繕を要する状態となった場合には賃貸人の修繕義務は生じないとする考え方と親和的ではある。もっとも，その考え方に対しては異論もあり，本文(1)でその考え方を明記するには至っておらず，引き続き検討する必要がある。
　賃借人の帰責事由による要修繕状態又は損傷であるかどうかによって結論に差異を生ずる論点を横断的に整理すると，まず，①賃借人の帰責事由によらない場合には，ⅰ賃料は減額される（後記１０(1)第１文），ⅱ賃貸人の修繕義務は発生する，ⅲ賃借人が修繕した場合の必要費償還請求権は発生する，ⅳ賃借人の原状回復義務は発生しない（後記１３(2)第２文）。他方，②賃借人の帰責事由による場合には，ⅰ賃料は減額されない（後記１０(1)第２文），ⅱ賃貸人の修繕義務は発生しない（修繕権限はある），ⅲ賃借人が修繕した場合の必要費償還請求権は発生しない，ⅳ賃借人の原状回復義務は発生する（後記１３(2)第１文）。以上のように整理することが考えられるが，特に②ⅱの修繕義務に関しては異論があるところである。

9　減収による賃料の減額請求等（民法第６０９条・第６１０条関係）
　民法第６０９条及び第６１０条を削除するものとする。

（概要）
　減収による賃料の減額請求について定める民法第６０９条，減収による解除について定める同法第６１０条の各規定を削除するものである。これらの規定は戦後の農地改革以前の小作関係を想定したものであるが，現在は農地法第２０条（借賃等の増額又は減額の請求権）があるため，上記各規定は実質的にはその機能を失っているとの指摘がある。また，上記各規定は，不可抗力によって賃料より少ない収益を得たことのみを要件として賃料の減額請求や解除を認めているが，農地法第２０条や借地借家法第１１条のように賃料の額が経済事情の変動により不相当となったことや近傍類似の土地の賃料に比較して不相当となったこと等を考慮することなく，収益が少なかったことのみをもって賃料の減額請求や解除を認めるのは相当でないとの指摘もある。本文はこれらの指摘を踏まえたものである。

10　賃借物の一部滅失等による賃料の減額等（民法第６１１条関係）
　　民法第６１１条の規律を次のように改めるものとする。
　(1) 賃借物の一部が滅失した場合その他の賃借人が賃借物の一部の使用及び収益をすることができなくなった場合には，賃料は，その部分の割合に応じて減額されるものとする。この場合において，賃借物の一部の使用及び収益をすることができなくなったことが契約の趣旨に照らして賃借人の責めに帰すべき事由によるものであるときは，賃料は，減額されないものとする。
　(2) 上記(1)第２文の場合において，賃貸人は，自己の債務を免れたことによって利益を得たときは，これを賃借人に償還しなければならないものとする。
　(3) 賃借物の一部が滅失した場合その他の賃借人が賃借物の一部の使用及び収益をすることができなくなった場合において，残存する部分のみでは賃借人が賃借をした目的を達することができないときは，賃借人は，契約の解除をすることができるものとする。
　　（注）上記(1)及び(2)については，民法第６１１条第１項の規律を維持するという考え方がある。

（概要）
　本文(1)第１文は，民法第６１１条第１項の規定を改め，賃借物の一部滅失の場合に限らず賃借物の一部の使用収益をすることができなくなった場合一般を対象として賃料の減額を認めるとともに，賃借人からの請求を待たずに当然に賃料が減額されることとするものである。賃料は，賃借物が賃借人の使用収益可能な状態に置かれたことの対価として日々発生するものであるから，賃借人が賃借物の一部の使用収益をすることができなくなった場合には，その対価としての賃料も当然にその部分の割合に応じて発生しないとの理解に基づくものである。
　本文(1)第２文は，賃借物の一部の使用収益をすることができなくなったことが賃借人の責めに帰すべき事由によるものであるときは，本文(1)第１文の例外として賃料の減額はされない旨を定めるものである。これは，賃料債務の発生根拠に関する上記理解を踏まえた

としても，賃借人に帰責事由がある場合にまで賃料の減額を認めるのは相当でないとの指摘を踏まえたものであり，この限りにおいて民法第６１１条第１項の規定を維持するものである（請負，委任，雇用，寄託の報酬請求権に関する後記第４０，１(3)，第４１，４(3)イ，第４２，１(2)，第４３，６参照）。

　本文(2)は，賃借物の一部の使用収益をすることができなくなったことによって，賃貸人が賃貸借契約に基づく債務（例えば当該部分のメンテナンスに関する債務）を免れ，これによって利益を得たときは，それを賃借人に償還しなければならない旨を定めるものである。民法第５３６条第２項後段の規律を取り入れるものであり，同法第６１１条第１項の下では従前必ずしも明らかではなかった規律を補うものである。

　もっとも，以上の本文(1)(2)に対しては，現行の民法第６１１条第１項の規律のほうが合理的であるとして，同項の規律を維持すべきであるという考え方があり，これを（注）で取り上げている。

　本文(3)は，民法第６１１条第２項の規定を改め，賃借物の一部滅失の場合に限らず賃借物の一部の使用収益をすることができなくなった場合一般を対象として賃借人の解除権を認めるとともに，賃借人の過失によるものである場合でも賃借人の解除権を認めることとするものである。賃借物の一部の使用収益をすることができなくなったことによって賃借人が賃借をした目的を達することができない以上，それが一部滅失によるものかどうか，賃借人の過失によるものかどうかを問わず，賃借人による解除を認めるのが相当であると考えられるからである。賃貸人としては，賃借人に対する損害賠償請求等によって対処することになる。

（補足説明）
1　民法第６１１条第１項は，賃借物の一部が「賃借人の過失によらないで」「滅失」したときは，その滅失した部分の割合に応じて賃借人が賃料の減額を「請求することができる」と規定している。もっとも，賃料は賃借物が賃借人の使用収益可能な状態に置かれたことの対価として日々発生するものであるから，賃借物の一部滅失等によってその使用収益が不可能になったときは，賃料もその一部の割合に応じて当然に発生しないと考えるべきであるとの指摘がある。この指摘を踏まえ，民法第６１１条第１項にいう賃料の減額は，賃借物の一部が使用収益可能な状態に置かれなくなったことにより賃料が発生しないことの帰結にすぎないから，賃借人からの請求を待たないで当然に減額されるべきであり，同項の適用を賃借物の滅失の場面に限る必要もないから，広く賃借物の一部の使用収益が不可能になった場面一般を対象とすべきであるとの指摘がされている。

　また，以上の指摘を踏まえるならば，民法第６１１条第１項の適用を，賃借人の帰責事由によらずに賃借物の一部の使用収益が不可能になった場面に限る必要はないから，賃借人の帰責事由による場合であっても賃料の減額を認めるべきである（その場合には賃借人に対する損害賠償請求によって賃貸人の保護を図ることになる）との指摘がある。もっとも，これに対しては，賃借人の帰責事由による場合にまで賃料の減額を認めるのは結論の妥当性に疑問があるとの指摘や，いわゆる役務提供型の契約（請負，委任，雇用，寄託）においては役務受領者の帰責事由により役務提供の不能が生じた場合には報

酬請求権が発生するとされていることとのバランスを失しているとの指摘（後記第40，1(3)，第41，4(3)イ，第42，1(2)，第43，6参照）がある。そこで，本文(1)第2文においては，賃借人の帰責事由により賃借物の一部の使用収益が不可能になった場合には賃料は減額されないという結論を採っている。

2　この結論に対しては，賃借物の全部滅失の場合には，それが賃借人の帰責事由によるものであったときでも，賃貸借が当然に終了して以後の賃料も発生せず，賃借人に対する損害賠償請求によって賃貸人の保護が図られているのであるから，賃借人の帰責事由による一部滅失等の場合においても，全部滅失の場合と同様に，賃料の減額を認めるべきであるとの指摘がある。

　　また，賃借人の帰責事由による一部滅失等の場合には賃料が減額されないとする本文(1)の考え方を採るとしても，賃貸人が賃借人の帰責事由による一部滅失等を理由として損害賠償の請求をすることは妨げられないところ，本文(1)の考え方によれば，賃借物の一部滅失等によって生じた損害の額を算定するに当たって，その滅失した部分に関する賃料がその滅失の後も引き続き発生すること（したがって賃貸人が賃料と損害賠償とを二重に取得しかねないこと）を考慮しなければならず，その損害額の算定が複雑又は困難なものとなってしまうとの指摘がある。むしろ，賃借人の帰責事由による一部滅失等の場合であっても一律に賃料を減額したほうが，上記損害額の算定はしやすくなるとの指摘である。

3　本文(1)第2文は，賃借人の帰責事由により賃借物の一部の使用収益が不可能になったことについての主張立証責任を賃貸人が負うことを想定している。もっとも，民法第611条第1項は賃借人が自己の過失によらない一部滅失であることについての主張立証責任を負うものとされていることから，本文(1)第2文は現状の主張立証責任の分配を変更するものであり相当でないとの指摘がある。これに対しては，債権者（賃貸人）の帰責事由により履行が不能になった場合における反対給付債権（賃料債権）の帰すうに関する民法第536条第2項は，債務者（賃貸人）が債権者（賃借人）の帰責事由による履行不能であることについての主張立証責任を負うものとされていることから，少なくとも本文(1)第2文が想定している主張立証責任の分配は，契約一般のルールとは異ならないとの指摘がされている。

11　転貸の効果（民法第613条関係）
　　民法第613条の規律を次のように改めるものとする。
　(1)　賃借人が適法に賃借物を転貸したときは，賃貸人は，転借人が転貸借契約に基づいて賃借物の使用及び収益をすることを妨げることができないものとする。
　(2)　賃借人が適法に賃借物を転貸したときは，転借人は，転貸借契約に基づく債務を賃貸人に対して直接履行する義務を負うものとする。この場合において，直接履行すべき債務の範囲は，賃貸人と賃借人（転貸人）との間の賃貸借契約に基づく債務の範囲に限られるものとする。
　(3)　上記(2)の場合において，転借人は，転貸借契約に定めた時期の前に転貸人

に対して賃料を支払ったとしても，上記(2)の賃貸人に対する義務を免れない
　　　ものとする。
　　(4) 上記(2)及び(3)は，賃貸人が賃借人に対してその権利を行使することを妨
　　　げないものとする。
　　(5) 賃借人が適法に賃貸物を転貸した場合において，賃貸人及び賃借人が賃貸
　　　借契約を合意により解除したときは，賃貸人は，転借人に対し，当該解除の
　　　効力を主張することができないものとする。ただし，当該解除の時点におい
　　　て債務不履行を理由とする解除の要件を満たしていたときは，この限りでな
　　　いものとする。
　　（注）上記(3)については，民法第６１３条第１項後段の文言を維持するという
　　　　考え方がある。

（概要）
　本文(1)は，適法な転貸借がされた場合における賃貸人と転借人との関係に関する一般的
な理解を明文化するものであり，本文(2)と併せて民法第６１３条第１項前段の規律の内容
を明確にすることを意図するものである。
　本文(2)は，適法な転貸借がされた場合における転借人が賃貸人に対して直接負う義務の
具体的な内容について定めるものであり，民法第６１３条第１項前段の規律の内容を一般
的な理解に基づいて明確にするものである。
　本文(3)は，民法第６１３条第１項後段の「前払」という文言の意味を，判例（大判昭和
７年１０月８日民集１１巻１９０１頁）に従って明確にすることを意図するものである。
もっとも，本文(3)のように改めると転貸人と転借人との間における弁済期の定め方次第で
適用を免れるおそれがある等の指摘があることから，同項後段の「前払」という文言を維
持すべきであるという考え方を（注）で取り上げている。
　本文(4)は，民法第６１３条第２項の規律を維持するものである。
　本文(5)は，適法な転貸借がされた後に原賃貸人と転貸人との間の賃貸借契約が合意解除
された場合には，その合意解除の時点において債務不履行解除の要件を満たしていたとき
を除き，原賃貸人はその合意解除の効力を転借人に主張することができない旨を定めるも
のであり，判例法理（最判昭和６２年３月２４日判時１２５８号６１頁，最判昭和３８年
２月２１日民集１７巻１号２１９頁等）を明文化するものである。

（補足説明）
１　賃貸人と転借人との間には直接の契約関係はないから，本来であれば賃貸人と転借人
　との間に直接の権利義務は生じないが，民法第６１３条第１項前段は，「賃借人が適法に
　賃借物を転貸したときは，転借人は，賃貸人に対して直接に義務を負う」と規定してい
　る。もっとも，「直接に義務を負う」というのみでは，賃貸人と転借人との間の法律関係
　は明らかでないため，判例及び学説がこれを解釈によって補っている。
　　具体的には，まず転借人の基本的な地位は，原賃貸借によって賃借人（転貸人）に与
　えられた権限の範囲内で転貸借に基づく使用収益の権限を与えられ，その限度で賃借物

の使用収益をすることを賃貸人から妨げられないというものであるとされている(本文(1))。また,転借人は,賃料支払債務や目的物返還債務等の債務を賃貸人に対して直接履行する義務を負う(本文(2)第1文)。この場合の直接履行すべき債務の内容は,転借人自身が当事者となっている転貸借契約に基づく債務であり,直接の履行をすべき範囲は,賃貸人が当事者となっている原賃貸借契約に基づく債務の範囲に限られる(本文(2)第2文)。したがって,例えば賃貸人の転借人に対する直接の賃料請求権については,原賃貸借の賃料が転貸借の賃料より高い場合であっても,転貸借の賃料の額を超えて請求することはできないし,逆に,転貸借の賃料が原賃貸借の賃料より高い場合であっても,原賃貸借の賃料の額を超えて請求することはできない。

2　本文(3)の「転貸借契約に定めた時期の前に」賃料を支払うことの意味については,例えば4月分の賃料を3月末日までに,5月分の賃料を4月末日までに支払うという前月末日払いの約定がされている場合であれば,5月分の賃料を4月1日から4月末日までの間に支払うことはこれに該当せず,5月分の賃料を3月末日以前に支払うことがこれに該当するとも理解することができる。もっとも,「転貸借契約に定めた時期の前に」という文言からはそのことが読み取れないとの問題点が指摘されている。また,上記の理解によると,月払いではなく年払いの賃料(例えばゴルフ場の敷地の賃貸借は少なくとも民法上は年払いであることが前提とされている。民法第614条本文参照。)については,例えば平成25年分の賃料を平成25年12月末日までに支払うという当年末日払いの約定がされている場合であれば,平成25年12月の使用収益の対価に相当する分の賃料を平成25年1月に支払うことは「転貸借契約に定めた時期の前に」賃料を支払うことには該当しないことになるが,その結論には疑問の余地があるとの指摘があり得る。

3　転貸借は,原賃貸借を基礎として成立しているため,原賃貸借が消滅すれば転貸借はその存在の基礎を失うことになる。もっとも,原賃貸借が合意解除によって終了した場合について,(概要)に掲げた判例(最判昭和62年3月24日判時1258号61頁,最判昭和38年2月21日民集17巻1号219頁等)は,適法な転貸借がされた後に原賃貸人と転貸人との間の賃貸借契約が合意解除された場合には,その合意解除の時点において債務不履行解除の要件を満たしていたときを除き,原賃貸人はその合意解除の効力を転借人に主張することができないとしている。これは,権利の放棄は正当に成立した他人の権利を害する場合には許されないからであるとされている。本文(5)は以上の理解を踏まえたものである。

12　賃借物の全部滅失等による賃貸借の終了
　　賃借物の全部が滅失した場合その他の賃借人が賃借物の全部の使用及び収益をすることができなくなった場合には,賃貸借は,終了するものとする。

(概要)
　賃借物の全部滅失その他の賃借物の全部の使用収益をすることができなくなったことを賃貸借の終了事由とするものであり,判例法理(最判昭和32年12月3日民集11巻1

3号2018頁，最判昭和36年12月21日民集15巻12号3243頁等）を明文化するものである。

13 賃貸借終了後の収去義務及び原状回復義務（民法第616条，第598条関係）
　民法第616条（同法第598条の準用）の規律を次のように改めるものとする。
(1) 賃借人は，賃借物を受け取った後にこれに附属させた物がある場合において，賃貸借が終了したときは，その附属させた物を収去する権利を有し，義務を負うものとする。ただし，賃借物から分離することができない物又は賃借物から分離するのに過分の費用を要する物については，この限りでないものとする。
(2) 賃借人は，賃借物を受け取った後にこれに生じた損傷がある場合において，賃貸借が終了したときは，その損傷を原状に復する義務を負うものとする。この場合において，その損傷が契約の趣旨に照らして賃借人の責めに帰することができない事由によって生じたものであるときは，賃借人は，その損傷を原状に復する義務を負わないものとする。
(3) 賃借人は，賃借物の通常の使用及び収益をしたことにより生じた賃借物の劣化又は価値の減少については，これを原状に復する義務を負わないものとする。

（概要）
　本文(1)は，民法第616条（同法第598条の準用）の規定のうち収去義務及び収去権に関する規律の内容を明確にするものであり，賃借人の収去義務及び収去権に関する一般的な理解を明文化するものである。
　本文(2)(3)は，民法第616条（同法第598条の準用）の規定のうち原状回復義務に関する規律の内容を明確にするものであり，賃借人の原状回復義務に関する一般的な理解を明文化するものである。このうち本文(3)は，いわゆる通常損耗（経年変化を含む。）の回復は原則として原状回復義務の内容に含まれないとする判例法理（最判平成17年12月16日集民218号1239頁）を明文化するものである。

（補足説明）
　賃貸借が終了した場合における賃借人の収去義務（民法第616条，第598条。同条は収去権の形で規定しているが，収去義務をも定めた規定とされている。）については，①誰の所有物が附属されたかとは関係なく，賃借人が賃借物を受け取った後にこれに附属された物については，賃借人が収去義務を負うとともに，収去権を有するのが原則であるとされている。他方，②附属物を分離することができない場合や，附属物の分離に過分の費用を要する場合（壁に塗られたペンキや，壁紙・障子紙など）については，賃借人は収去義務を負わず，収去権もないとされている。

また，賃貸借契約が終了した場合における原状回復義務（民法第６１６条，第５９８条）については，①賃借人が賃借物を受け取った後にこれに生じた損傷については，賃借人が原状回復義務を負うのが原則であるとされている。他方，②賃借物の損傷が賃借人の帰責事由によらないものである場合には，賃借人は原状回復義務を負わないとされている。
　例えば，ペンキが壁に塗られて賃借物から分離することができなくなった場合に，それが賃借人の帰責事由によるもの（用法遵守義務違反によるもの）であるときは，附属物の分離が不可能であるため収去義務及び収去権は生じないが，その部分が損傷と評価されて原状回復義務が生ずることになると考えられる。本文(1)(2)は以上の理解に基づくものである。
　賃借物に生じた通常損耗（賃借物の通常の使用及び収益をしたことにより生じた賃借物の劣化又は価値の減少。経年変化を含む。）については，賃借人はこれを回復する義務を負わないとされている。判例（最判平成１７年１２月１６日民集２１８号１２３９頁）は，通常損耗が生ずることは賃貸借の締結時に当然予定されており，通常は減価償却費や修繕費等の必要経費を折り込んで賃料の額が定められるものであって，賃借人が通常損耗の回復義務を負うとすると，賃借人にとって予期しない特別の負担を課されることになるから，特約がある場合を除いて賃借人は通常損耗の回復義務を負わないとしている。本文(3)はこの判例法理を明文化するものである。なお，本文(3)の「通常損耗」は，本文(2)の「損傷」には当たらないことを前提としている。

14　損害賠償及び費用償還の請求権に関する期間制限（民法第６２１条，第６００条関係）

　民法第６２１条（同法第６００条の準用）の規律を次のように改めるものとする。
(1)　契約の趣旨に反する使用又は収益によって生じた損害の賠償は，賃貸人が賃貸物の返還を受けた時から１年以内に請求しなければならないものとする。
(2)　上記(1)の損害賠償請求権については，賃貸人が賃貸物の返還を受けた時から１年を経過するまでの間は，消滅時効は，完成しないものとする。
(3)　賃借人が支出した費用の償還請求権に関する期間制限の部分を削除するものとする。

（概要）
　本文(1)は，民法第６２１条（同法第６００条の準用）の規定のうち賃借人の用法違反による賃貸人の損害賠償請求権に関する期間制限（除斥期間と解されている。）の部分の内容を維持しつつ，同法第６００条の「契約の本旨に反する」という表現を「契約の趣旨に反する」という表現に改めるものである。「本旨」という言葉は法令によっては「本質」といった意味で用いられることがあり，そのままでは賃借人による用法違反の態様等を限定する趣旨に誤読されるおそれがあるとの指摘があるため（前記第１０，１(1)参照），そのような誤読を避けることを意図するものである。
　本文(2)は，賃借人の用法違反による賃貸人の損害賠償請求権に関する消滅時効（民法第

１６７条第１項)について新たな停止事由を定めるものである。この損害賠償請求権は，賃貸人が賃貸物の返還を受けた時から起算される１年の除斥期間(本文(1))のほかに，賃借人が用法違反をした時から起算される１０年の消滅時効(民法第１６７条第１項)にも服するとされており，長期にわたる賃貸借においては，賃貸人が賃借人の用法違反の事実を知らない間に消滅時効が進行し，賃貸人が賃貸物の返還を受けた時には既に消滅時効が完成しているといった事態が生じ得る。本文(2)は，このような事態に対処する趣旨のものである。

　本文(3)は，民法第６２１条(同法第６００条の準用)の規定のうち賃借人の費用償還請求権に関する期間制限(除斥期間と解されている。)の部分を削除するものである。賃借人の費用償還請求権(同法第６０８条)と同様の法的性格を有する他の費用償還請求権(例えば同法第１９６条，第２９９条等)についてはこのような期間制限がなく，賃借人の費用償還請求権についてのみこのような期間制限を設ける必要性，合理性は乏しいと考えられることを理由とする。

　15　賃貸借に類似する契約
　　(1)　ファイナンス・リース契約
　　　　賃貸借の節に次のような規定を設けるものとする。
　　　ア　当事者の一方が相手方の指定する財産を取得してこれを相手方に引き渡すこと並びに相手方による当該財産の使用及び収益を受忍することを約し，相手方がその使用及び収益の対価としてではなく当該財産の取得費用等に相当する額の金銭を支払うことを約する契約については，民法第６０６条第１項，第６０８条第１項その他の当該契約の性質に反する規定を除き，賃貸借の規定を準用するものとする。
　　　イ　上記アの当事者の一方は，相手方に対し，有償契約に準用される売主の担保責任(前記第３５，４以下参照)を負わないものとする。
　　　ウ　上記アの当事者の一方がその財産の取得先に対して売主の担保責任に基づく権利を有するときは，上記アの相手方は，その当事者の一方に対する意思表示により，当該権利(解除権及び代金減額請求権を除く。)を取得することができるものとする。
　　(2)　ライセンス契約
　　　　賃貸借の節に次のような規定を設けるものとする。
　　　　当事者の一方が自己の有する知的財産権(知的財産基本法第２条第２項参照)に係る知的財産(同条第１項参照)を相手方が利用することを受忍することを約し，相手方がこれに対してその利用料を支払うことを約する契約については，前記４(2)から(5)まで(賃貸人たる地位の移転等)その他の当該契約の性質に反する規定を除き，賃貸借の規定を準用するものとする。
　　(注)　上記(1)及び(2)のそれぞれについて，賃貸借の節に規定を設けるのではなく新たな典型契約とするという考え方，そもそも規定を設けないという考え方がある。

(概要)
　本文(1)は，いわゆるファイナンス・リース契約のうち一定の類型のものについて，新たに明文規定を設けるものである。
　本文(1)アは，ある財産の所有者でない者が当該財産の使用収益をすることを内容とする契約であって，当該財産の使用収益の対価としてではなく金銭を支払うことを約するものを対象として，当該契約にはその性質に反しない限り賃貸借に関する規定が準用される旨を定めるものである。ファイナンス・リース契約には様々な類型のものがあるため，その中にはユーザーがリース提供者に支払う金銭が使用収益の対価と評価されるもの（賃貸借と評価されるファイナンス・リース契約）が存在するとの指摘がある一方で，ユーザーがリース提供者に支払う金銭が使用収益の対価とは評価されないものも少なくない（最判平成7年4月14日民集49巻4号1063頁等参照）。ファイナンス・リース契約のうち後者の類型のものは，本文(1)アの契約に該当することになる。ここで準用されない賃貸借の規定として民法第606条第1項（賃貸人の修繕義務）及び第608条第1項（賃借人の必要費償還請求権）が例示されているのは，財産の使用収益をする者が支払う金銭が当該財産の使用収益の対価ではないため，当該財産の修繕義務や必要費を負担する義務が発生しないことを根拠とする。
　本文(1)イは，この契約の当事者の一方が相手方に対して，有償契約に準用される売主の担保責任を負わない旨を定めるものである。財産の使用収益をする者が支払う金銭が当該財産の使用収益の対価ではないことから導かれる帰結を明文化するものである。
　本文(1)ウは，当該財産の使用収益をする者が，当該財産の取得者がその取得先に対して有する売主の担保責任に基づく権利を取得することができる旨を定めるものである。取得することのできる権利から解除権及び代金減額請求権を除いているのは，これらの権利がいずれも当該財産の取得者とその取得先との間の契約に対する形成的な効果を与えるものにすぎず，損害賠償請求権や瑕疵修補請求権のように当該財産の使用収益をする者の保護に直接つながるものではないからである。
　もっとも，以上の本文(1)については，使用収益の対価として賃料を支払うことは賃貸借の本質的な要素であるからこの要素を欠く契約を賃貸借に類似するものとして整理するのは相当でないこと，賃貸借の規定の一部の準用のみによって適切な規律を設けるのは困難であること等を根拠として，本文のような規定を賃貸借の節に設けるべきではないという考え方，そもそも本文のような規定を設けるべきではないという考え方があり，これらを（注）で取り上げている。
　本文(2)は，知的財産の利用許諾に関する契約（いわゆるライセンス契約）を対象として，当該契約にはその性質に反しない限り賃貸借に関する規定が準用される旨を定めるものである。賃貸人たる地位の当然承継に関する前記4(2)から(5)までについては，ライセンス契約の性質に反するとの指摘があることから，準用されない規定として例示することとしている。ライセンス契約には無償のものも多いとの指摘があるが，そのような無償のライセンス契約を否定する趣旨ではなく，飽くまで典型的なライセンス契約の要素を明文化する趣旨のものである。

もっとも，以上の本文(2)については，知的財産を対象とするライセンス契約と有体物を対象とする賃貸借契約とを類似のものとして整理するのは相当でないこと，賃貸借の規定の一部の準用のみによって適切な規律を設けるのは困難であること等を根拠として，本文のような規定を賃貸借の節に設けるべきではないという考え方，そもそも本文のような規定を設けるべきではないという考え方があり，これらを（注）で取り上げている。

（補足説明）
　民法の典型契約については，同法制定以来の社会・経済の変化や取引形態の多様化・複雑化などを踏まえ，現在の１３種類の契約類型で過不足がないかどうか，不足があるとすれば新たに規定すべき契約類型としてどのようなものがあるかを検討する必要があるとの指摘がされている。本文(1)のファイナンス・リース契約（ここではユーザーがリース提供者に支払う金銭が使用収益の対価とは評価されないものに限定している。使用収益の対価と評価されるものは賃貸借そのものとして整理される。）及び本文(2)のライセンス契約は，いずれも現代社会における重要な取引形態として位置づけられ，今般の民法改正に関する部会内外の議論においても新たに規定することが考えられる契約類型として挙げられることが多い。また，民法の典型契約のいずれか一つに解消されない独自性を有するとともに，賃貸借に類似するものとして整理することが可能であるとの指摘がされている。
　民法の典型契約の機能の一つとして，社会に存在する様々な種類の契約についてその法的な分析を行うための出発点となる法概念を提供するという点が挙げられるが，ファイナンス・リース契約及びライセンス契約の現代社会における重要性に鑑みれば，これらの契約類型を独自の典型契約として規定するか，賃貸借に類似するものとして規定するかにかかわらず，民法に規定することには大きな意義があるとの指摘がされている。本文(1)(2)は以上の指摘を踏まえたものである。もっとも，ファイナンス・リース契約及びライセンス契約はいずれもその多くが事業者間の取引であることから民法に規定を設ける必要はないとの指摘や，仮に現在の実務と異なる規定内容となった場合における実務への影響が大きいとの指摘もあり，引き続き慎重な検討を要する。

第39　使用貸借
1　使用貸借の成立等（民法第５９３条関係）
　民法第５９３条の規律を次のように改めるものとする。
(1) 使用貸借は，当事者の一方がある物を引き渡すことを約し，相手方が引渡しを受けた物を無償で使用及び収益をした後に返還することを約することによって，その効力を生ずるものとする。
(2) 使用貸借の当事者は，借主が借用物を受け取るまでは，契約の解除をすることができるものとする。ただし，書面による使用貸借の貸主は，借主が借用物を受け取る前であっても，契約の解除をすることができないものとする。

（概要）
　本文(1)は，使用貸借を要物契約とする民法第５９３条の規定を改め，使用貸借を諾成契

約として規律するものである。使用貸借は，経済的な取引の一環として行われることも多いため，目的物が引き渡されるまで契約上の義務が生じないのでは取引の安定を害するおそれがあり得ることを理由とする。なお，使用貸借の諾成契約化に伴う論点として，使用貸借に基づく目的物の引渡し前に当事者の一方が破産手続開始，再生手続開始又は更生手続開始の決定を受けた場合の処理に関しては，特段の規定を設けずに破産法第５３条，民事再生法第４９条，会社更生法第６１条，前記第３７，１(5)，２(3)（民法第５８９条）の解釈に委ねることとしている。

　本文(2)は，使用貸借を諾成契約とすることに伴い，目的物の引渡し前の各当事者による解除に関する規律を定めるものである。目的物が引き渡されるまで各当事者は自由に契約の解除をすることができることを原則としつつ，例外的に書面による使用貸借の貸主については目的物の引渡し前であっても契約の解除をすることができない旨を定めている。書面によらない贈与の撤回（解除）に関する民法第５５０条と基本的に同様の趣旨のものであるが，使用貸借の借主については，従来，目的物をいつでも返還することができると解されており（後記２(5)参照），使用貸借を諾成契約とすることを前提としても，書面の有無や目的物の引渡しの有無を問わず，いつでも契約の解除をすることができるとするのが相当であるとの考慮に基づくものである。なお，目的物の引渡し後の借主による解除については，後記２(5)参照。

（補足説明）
　使用貸借が要物契約とされている理由は，無償契約としての恩恵的な性格を有するためであるとか，沿革によるものであるなどと説明されているが，無償契約といっても，親族等の情義的な関係によるものだけではなく，他の取引関係等を背景とする経済合理性のあるものなど様々なものがあるから，目的物引渡し前の使用貸借の合意に法的拘束力を与える必要がないとは言い切れない。そこで，使用貸借を諾成契約として規定した上で，その無償性を考慮して合意の拘束力を緩和するという方法を採るべきであるとの指摘がされている。
　合意の拘束力を緩和する方法としては，貸主は借主に目的物を引き渡すまでは自由に契約の解除をすることができるが（本文(2)第１文），書面による使用貸借の場合には目的物を引き渡す前であっても契約の解除をすることができない（本文(2)第２文），他方，借主は，貸主から目的物を受け取る前でも後でも，また，書面による使用貸借でもそうでなくても，いつでも自由に契約の解除をすることができる（受け取る前につき本文(2)第１文，受け取った後につき後記２(5)）という規律を設けることとしている。もっとも，これらの規律のうち，書面による使用貸借の貸主は目的物を引き渡す前であっても契約の解除をすることができないこと（本文(2)第２文）については，親族等の情義的な関係による使用貸借の場合を中心に使用貸借の貸主の解除権を可能な限り尊重する必要があるとして，貸主の解除権を排除する旨の合意が書面でされていない限り，貸主は目的物を引き渡すまで自由に契約の解除をすることができるという規律とすべきであるとの意見もある。

2 使用貸借の終了(民法第597条関係)
　民法第597条の規律を次のように改めるものとする。
　(1) 当事者が返還の時期を定めたときは、使用貸借は、その時期が到来した時に終了するものとする。
　(2) 当事者が返還の時期を定めず、使用及び収益の目的を定めたときは、使用貸借は、借主がその目的に従い使用及び収益を終わった時に終了するものとする。
　(3) 当事者が返還の時期を定めず、使用及び収益の目的を定めた場合において、借主がその目的に従い使用及び収益をするのに足りる期間を経過したときは、貸主は、契約の解除をすることができるものとする。
　(4) 当事者が返還の時期並びに使用及び収益の目的を定めなかったときは、貸主は、いつでも契約の解除をすることができるものとする。
　(5) 借主は、借用物を受け取った後であっても、いつでも契約の解除をすることができるものとする。

(概要)
　本文(1)から(4)までは、民法第597条の規律の内容を維持しつつ、同条のように目的物の返還時期という点に着目した規定ぶりではなく、存続期間の満了(本文(1)(2))や貸主による解除(本文(3)(4))という点に着目した規定ぶりに改めることによって、同条の規律の内容をより明確にすることを意図するものである。存続期間の満了や貸主による解除によって使用貸借が終了すると、これによって借主の目的物返還債務が生ずることになる。
　本文(5)は、借主による解除について定めるものである。現行法では明文の規定はないが、一般に、使用貸借の借主はいつでも目的物の返還をすることができると解されており、この理解を借主による解除という点に着目した規定ぶりによって明文化するものである。なお、目的物を受け取る前の借主による解除については、前記1(2)参照。

3 使用貸借終了後の収去義務及び原状回復義務(民法第598条関係)
　民法第598条の規律を次のように改めるものとする。
　(1) 借主は、借用物を受け取った後にこれに附属させた物がある場合において、使用貸借が終了したときは、その附属させた物を収去する権利を有し、義務を負うものとする。ただし、借用物から分離することができない物又は借用物から分離するのに過分の費用を要する物については、この限りでないものとする。
　(2) 借主は、借用物を受け取った後にこれに生じた損傷がある場合において、使用貸借が終了したときは、その損傷を原状に復する義務を負うものとする。この場合において、その損傷が契約の趣旨に照らして借主の責めに帰することができない事由によって生じたものであるときは、借主は、その損傷を原状に復する義務を負わないものとする。

(概要)
　本文(1)は，民法第５９８条の規定のうち収去義務及び収去権に関する規律をより明確にするものであり，使用貸借の借主の収去義務及び収去権に関する一般的な理解を明文化するものである（賃貸借に関する前記第３８，１３(1)参照）。
　本文(2)は，民法第５９８条の規定のうち原状回復義務に関する規律をより明確にするものであり，使用貸借の借主の原状回復義務に関する一般的な理解を明文化するものである。賃貸借の場合（前記第３８，１３(3)参照）とは異なり，通常損耗の回復が原状回復義務に含まれるかどうかについては，個々の使用貸借契約の趣旨によって様々であると考えられることから，デフォルトルールは置かないこととしている。

(補足説明)
　賃貸借に関する前記第３８，１３の補足説明の第３パラグラフに記載したとおり，賃貸借においては通常損耗が生ずることを前提に減価償却費や修繕費等の必要経費を折り込んで賃料の額を定めるのが一般的であるため，賃借人が通常損耗の回復義務を負うとすると賃借人にとって予期しない特別の負担を課されることになることから，原則として賃借人は通常損耗の回復義務を負わないとされている。これに対して，賃料支払義務のない使用貸借においては，無償で借りる以上は借主が通常損耗も全て回復するという趣旨であることもあるし，逆に，無償で貸すということは貸主がそれによって生じた通常損耗も全て甘受するという趣旨であることもあり，個々の使用貸借契約の趣旨によって様々であると考えられることから，合意がない場合を補う任意規定は置かないこととしている。

４　損害賠償及び費用償還の請求権に関する期間制限（民法第６００条関係）
　　民法第６００条の規律を次のように改めるものとする。
　　(1) 契約の趣旨に反する使用又は収益によって生じた損害の賠償は，貸主が目的物の返還を受けた時から１年以内に請求しなければならないものとする。
　　(2) 上記(1)の損害賠償請求権については，貸主が目的物の返還を受けた時から１年を経過するまでの間は，消滅時効は，完成しないものとする。
　　(3) 借主が支出した費用の償還請求権に関する期間制限の部分を削除するものとする。

(概要)
　借主の用法違反による貸主の損害賠償請求権及び借主の費用償還請求権に関する期間制限について，賃貸借に関する前記第３８，１４と同様の扱いをするものである。賃貸借と同様に扱うという限りにおいて，現行法を維持するものである。

第40　請負
１　仕事が完成しなかった場合の報酬請求権・費用償還請求権
　　(1) 請負人が仕事を完成することができなくなった場合であっても，次のいず

れかに該当するときは，請負人は，既にした仕事の報酬及びその中に含まれていない費用を請求することができるものとする。
　　ア　既にした仕事の成果が可分であり，かつ，その給付を受けることについて注文者が利益を有するとき
　　イ　請負人が仕事を完成することができなくなったことが，請負人が仕事を完成するために必要な行為を注文者がしなかったことによるものであるとき
(2) 解除権の行使は，上記(1)の報酬又は費用の請求を妨げないものとする。
(3) 請負人が仕事を完成することができなくなった場合であっても，それが契約の趣旨に照らして注文者の責めに帰すべき事由によるものであるときは，請負人は，反対給付の請求をすることができるものとする。この場合において，請負人は，自己の債務を免れたことにより利益を得たときは，それを注文者に償還しなければならないものとする。
(注) 上記(1)イについては，規定を設けないという考え方がある。

(概要)

　仕事の完成が不可能になったとしても請負人が報酬を請求することができる場合及びその範囲についての規律を設けるものである。請負報酬を請求するには仕事を完成させることが必要であり，仕事を完成させることができなくなった場合には報酬を請求することができないのが原則であるが，仕事の完成が不能になった原因によっては，報酬の全部又は一部を請求することができることとすべき場合があると考えられ，不能になった原因に応じて，既履行部分の報酬を請求することができる場合と，約定の報酬全額を請求することができる場合とを定めている。
　本文(1)は，請負報酬の全額を請求することはできないが，既履行部分に対応する報酬を請求することができる場合について規定するものである。まず，アは，既履行部分が可分でその給付を受けることについて注文者に利益がある場合であり，判例法理（最判昭和５６年２月１７日判時９９６号６１頁など）を踏まえたものである。次に，イは，注文者が必要な行為（材料を提供することや，目的物を適切に保存することなど）をしなかったために請負人が仕事を完成させることができなくなった場合に，その行為をしなかったことについて注文者に帰責事由があるかどうかを問わず，既履行部分についての報酬請求権を認める。これは，仕事の完成が不能になった原因が注文者の支配領域において生じた場合を表現しようとするものであり，注文者の支配領域において生じた原因による不能のリスクは，不能について注文者に帰責事由がないとしても請負人が現実に仕事をした部分については報酬支払義務を負うという限度で，注文者が負担すべきであるという考え方に基づくものである。契約の趣旨に照らして注文者の責めに帰すべき事由があるときは，請負人は，本文(3)に基づいて反対給付を請求することができることになるが，必要な行為を注文者がしなかったことについて帰責事由がない場合であっても既履行分の報酬を請求することができる点で，本文(1)イに独自の意味がある。これに対し，本文(1)イについては，請負報酬は本来仕事を完成して始めて請求することができるものであり，注文者に責めに帰

すべき事由がない以上，報酬を請求することができなくてもやむを得ないとして，本文(1)イのような規定を設けないという考え方があり，これを（注）で取り上げている。

本文(2)は，請負人の債務不履行を理由として注文者が請負の解除をした場合であっても，本文(1)の報酬又は費用の請求は妨げられないとするものである。本文(1)の場合には注文者は請負を解除することができるが，これによって請負人の報酬請求権等が失われるとすると，本文(1)で報酬請求権等を認めた趣旨が失われるからである。

本文(3)は，請負に関して民法第536条第2項を維持するものである。従来から，注文者の帰責事由により請負人が仕事を完成することができなくなった場合には，請負人は，民法第536条第2項に基づいて，報酬を請求することができるとされてきた。本文(3)はこれを確認したものであり，前記第12，2と同趣旨を定めるものである。

（補足説明）
1　概観
　請負契約は完成した仕事に対して報酬が支払われる契約であるため，請負人が報酬を請求するには仕事を完成させることが必要であり，途中まで仕事をしたとしても，完成させることができなかった場合には報酬を請求することができないのが原則である。しかし，仕事の進捗状況や，仕事が完成しなかった原因への注文者の関与の程度によっては，注文者が全く報酬を請求することができないのは不合理であると考えられる場合がある。そこで，本文は，請負契約において請負人が仕事を完成させることができなくなった場合に，それでも報酬を請求することができるための要件及び効果を定めようとするものである。「請負人が仕事を完成することができなくなった」には，物理的に仕事を完成させることができなくなったなど履行請求権の限界事由が生じた場合（前記第9，2）に限らず，注文者によって解除された場合など，結果的に仕事を完成させることができなくなった場合も含まれる。このような場合について，本文は，仕事の進捗状況や仕事が完成しなかった原因に応じて，既履行部分の報酬を請求することができる場合（本文(1)）と，仕事全体についての約定の報酬を請求することができる場合（本文(3)）があることとしている。

2　本文(1)アについて
　判例は，請負契約において，既に行われた仕事の成果が可分であり，かつ，注文者が既履行部分の給付を受けることに利益を有するときは，特段の事情のない限り，既履行部分について請負契約を解除することはできないとし，既履行部分について報酬請求権が発生することを認めている（最判昭和56年2月17日判時996号61頁）。当初約定されていた仕事が完成されていなくても，既に履行された部分が独立して注文者の利益になる場合には，この既履行部分について報酬を認めることが合理的であると考えられ，学説上も一般的に支持されている。そこで，本文(1)アは，この判例法理を踏まえて，仕事の成果が可分でありその給付を受けることについて注文者が利益を有するときは，その既履行部分についての報酬請求権を認めるものである。

　本文(1)のアは，既履行部分の報酬請求権が認められれば請負人の利益の観点からは十分であることから，報酬請求権の存否及び範囲という観点から規律を設けることとして

おり，解除の可否の部分について規律するものではない（この補足説明の4も参照）。解除の可否については解釈に委ねられるが，判例の立場を踏襲すれば，引き続き，既履行部分についての解除はできないことになると考えられる。

　請負人が請求することができるのは，独立して注文者に利益となる既履行部分に相当する報酬であり，この額は，これまでの判例法理と同様に算出されることになる。例えば，上記最判昭和56年2月17日は，当初予定された仕事全体のうちのどれだけの割合が既に履行されているかを認定し，その割合を約定報酬額に乗じて報酬額を算出しており，実務的には，このような方法が参考になる。

　また，請負人は，報酬に含まれていない費用も請求することができる。費用が報酬に含まれていない場合としては，例えば，報酬額と実費とを別に計算して請求することが約定されていた場合が考えられる。請求できる費用の範囲は，既にした仕事に対応する部分である。注文者は既履行部分の給付を受ける限りで利益を得ており，その費用も，既履行部分に対応する限りで注文者に支払わせるのが妥当であると考えられるからである。したがって，請負人が未履行部分の仕事をするためにあらかじめ費用を支出していたとしても，その支払を請求することはできない。

3　本文(1)イについて
(1) 本文(1)イは，注文者の帰責事由によって請負人が仕事を完成することができなくなったとは言えないが，その原因が注文者側の支配領域で生じた場合について，既履行部分の報酬請求権を認めるという中間的な解決をしようとするものである。

　請負人が仕事を完成することができなくなったことについて注文者に帰責事由があるときは，民法第536条第2項により，請負人は報酬を請求することができるとするのが判例である（最判昭和52年2月22日民集31巻1号79頁。この補足説明の5も参照。）。しかし，学説には，注文者に帰責事由がある場合に限らず，注文者の危険領域から履行不能が生じた場合（注文者が供給した材料に瑕疵があった場合や注文者の肖像画を描いている途中で注文者が死亡した場合などが例示されている。）には，出来高に応じた報酬額を請求できるとするものもある。部会の審議においても，注文者の帰責事由の有無によって，反対給付の全額を請求することができる場合と全く報酬を請求することができない場合のいずれかだけではなく，その中間に，既履行部分について報酬を請求することができるという解決があり得ることは，事案に応じた妥当な解決を導くために望ましいという意見があった。

　そこで，仕事を完成することができなくなった原因が「注文者の義務違反」である場合には報酬全額を請求することができ，「注文者側に生じた事由」が原因である場合には履行割合に応じた報酬を請求することができるという考え方が示され，この考え方について検討が行われた。「注文者の義務違反」によって仕事の完成が不可能になった場合には，注文者がその義務を果たしていれば請負人は仕事を完成して報酬を受け取ることができたのであるから，仕事を完成すれば得られた利益を請負人に取得させるのが妥当であるのに対し，「注文者の義務違反」があるとまでは言えない場合であっても，仕事の完成が不可能になるリスクが注文者の支配領域で顕在化している場合には，注文者にそのリスクを一部負担させるのが妥当であるという考え方である。これ

が「注文者側に生じた事由」であり，例えば，仕事の目的物を注文者が占有している場合（例えば，注文者の占有する建物の修理や内装が請負契約の目的となっている場合）に目的物が第三者の行為によって滅失した場合などが念頭に置かれていた。

このような考え方に対し，部会の審議においては，現在の民法第５３６条第２項との関係が不明であり，「注文者の義務違反」が同項の帰責事由よりも狭いものであれば，請負人は，現行法の下では全額の報酬を請求することができる場合であっても一部の報酬しか請求することができなくなる場合が生ずるとして反対する意見や，「注文者側に生じた事由」という文言が抽象的で，何がこれに該当するかが分かりにくいなどの指摘があった。

そこで，請負人が仕事を完成することができなくなった場合に，報酬全額を請求することができる場合，全く報酬を請求することができない場合のほかに，その中間的な解決として既履行部分の報酬を請求することができる場合を設けるという考え方を維持しつつ，その要件を更に具体化することが必要になった。本文(1)イは，以上のような審議経過を踏まえ，仕事の完成が不可能になった原因が注文者の支配領域で生じた場合に，既履行部分についての報酬を請求することができるという結果を実現するための規定を設けようとするものである。

(2) 本文(1)イは，請負人が既履行部分の報酬を請求することができるための要件を「請負人が仕事を完成するために必要な行為を注文者がしなかった」ことによって仕事完成が不可能になったと表現している。

請負人が仕事を完成するためには，請負人が仕事をするだけでなく，注文者が何らかの行為をすることが必要となる場合がある。例えば，請負人が物を製作するために必要な材料を注文者が供給することとされている場合である。また，例えば，注文者の家屋の増改築工事に一定の期間を要する場合においては，注文者は，次の工事日まで仕事の目的物を適切に保管しておくことが仕事の完成には必要になる。注文者がこれらの行為をしなかったために請負人が仕事を完成することができなかった場合が，本文(1)イに該当する。例えば，予測できない事態が生じたために注文者が必要な材料を入手することができなくなった場合や，注文者が目的物を保管するに当たり過失があったとは言えないが，第三者の放火によって滅失したという場合には，注文者に帰責事由があるとは言えず，本文(3)の適用はないが，本文(1)イには該当することになる。本文(1)イは，これらの場合も，そのリスクが注文者の支配領域で生じていることに鑑み，既履行部分についての報酬請求権を認めようとするものである。

もっとも，本文(1)イの文言では，注文者に帰責事由がない場合だけでなく，必要な行為をしなかったことについて注文者に帰責事由がある場合も，形式的には含まれることになる。例えば，故意に材料の供給を怠った場合や，過失によって自分が保管する目的物を滅失させた場合が考えられるが，本文(1)イは，これを特に除外していない。しかし，注文者に帰責事由がある場合には，本文(3)が適用されることになり，請負人はより広い範囲の報酬を請求することができるから，本文(1)イが実質的に意味を持つのは，注文者に帰責事由がない場合である。本文(1)が，注文者に帰責事由がない場面で実質的に意味を持つのであれば，例えば，「注文者の責めに帰すべき事由によるもの

であるときを除く」などの文言を付加し，規定上もそのことを明らかにすることが考えられる。しかし，請負人が既履行部分の報酬を請求するに当たって，注文者の帰責事由がないことを主張立証する必要はないと考えるべきであるし，帰責事由の存在を注文者が主張立証することも，請負人の請求を拒む上では意味がない。このように，注文者の帰責事由がないことは，既履行部分の報酬請求権という効果を導く上で要件としては意味がないから，本文(1)イは，その適用範囲を注文者に帰責事由がない場面に限定していない。

　以上のように，本文(1)イは，実質的には，注文者には帰責事由がないが，その支配領域で生じたリスクを一定の範囲で注文者に負担させるものである。もっとも，注文者にリスクをコントロールする余地がおよそ存在しない場合にまで，既履行部分の報酬を負担させるのが適切かどうかについては，議論がある。例えば，注文者が保管する目的物が第三者に盗まれた場合には，注文者が目的物を保管して請負人の仕事ができる状態に置くという行為をしなかったと言えるが，周辺一帯が全て消失するような大規模な火災によって目的物が滅失した場合には，注文者がどのような方法で管理してもその目的物を仕事に適した状態に置くことができなかったのであり，およそそのリスクをコントロールすることはできない。解釈論としては，このような場合には，注文者の行為態様にかかわらず仕事の完成が不可能になったはずであるから，「必要な行為を注文者がしなかったことによる」という要件を満たさないとも考えられるが，更に検討を深める必要がある。

(3) 本文(1)イについては，仕事を完成することができなければ報酬を請求することができないというのが請負契約の性質であり，注文者に帰責事由がある場合はともかく，注文者に帰責事由がない場合には，報酬を請求することができなくてもやむを得ないという指摘もある。また，本文(1)イの基準は十分に明確なものであるとは言えないとの指摘もある。これらの指摘を踏まえて，本文(1)イのような規定は設けないという考え方があり，これを（注）で取り上げている。

4　本文(2)について

　請負人が仕事を完成することができなかったときは，請負人の債務不履行が生じていることになる。請負人の債務不履行を理由として注文者が解除することができるかどうかは，解除に関する原則的な規定によって判断される。これによれば，請負人の不履行が契約の趣旨に照らして債権者の責めに帰すべき事由によるものであるときは，注文者は契約の解除をすることができない（前記第12，2(1)）。しかし，本文(1)には，請負人が仕事を完成させなかったことについて注文者に帰責事由がない場合も含まれている。本文(1)アの場合には，注文者が既履行部分の給付を受けることについて利益を受ける場合にはその部分を解除することができないという判例法理（最判昭和56年2月17日判時996号61頁）があるが，本文(1)イのうち，注文者に帰責事由がない場合には，解除を制限する根拠はなく，注文者は解除することができると考えられる。

　請負契約が解除された場合には，双方に原状回復義務が生ずることとなる。しかし，本文(1)イは，仕事を完成することができない原因が注文者の支配領域内で生じた場合に，そのリスクの一部を注文者に負担させるために設けられたものであり，注文者が契約を

解除することによって原状回復義務が生じ，報酬請求権も発生しないことになったのでは，本文(1)イの規定を設けた趣旨に反する結果となる。そこで，本文(2)では，本文(1)の場合に注文者が解除をしたとしても，本文(1)の報酬請求権は消滅しない旨の規定を設けた。

5 本文(3)について

　この補足説明の3(1)記載のとおり，請負人が仕事を完成することができなくなったことについて注文者に帰責事由があるときは，民法第536条第2項に基づいて，請負人は報酬を請求することができるとするのが判例である（最判昭和52年2月22日民集31巻1号79頁）。同項に基づいて請求することができる報酬請求権の範囲は，約定の請負代金全額についてであると解されている。本文(3)は，この規律を維持するものである。

　この補足説明の3(1)記載のとおり，仕事を完成することができなくなった原因が注文者にある場合について，部会の審議においては，「注文者の義務違反」「注文者側に生じた事由」に分類して規律を設けることも検討されたが，これらの事由と，民法第536条第2項の「責めに帰すべき事由」との関係が不明確であるという指摘があり，同項を根拠として報酬請求権を認める現在の判例法理に比べて請負人の報酬請求権が後退するのではないかという懸念が示された。そこで，本文(3)では，従来の規律を維持することとした。

　請負契約は，仕事が完成して初めて報酬請求権が発生するとされている。民法第536条第2項は危険負担に関する規律であるが，危険負担は，双務的な関係に立つ二つの債権のうちの一方が履行不能となった場合に他方が消滅するかどうかという問題であり，仕事が完成していない段階では報酬請求権が発生していないから，仕事の完成が不可能になった場合の報酬請求の可否を危険負担の枠組みで判断するのは適当ではないという考え方がある。「反対給付を失わない」という同項の文言の面からも，既に発生した反対給付請求権の帰趨について規定していると解され，発生していない報酬請求権を発生させる根拠となり得るかには疑問があるとの指摘もある。そこで，本文(3)は，同項の実質を維持しつつ，同項とは別に，報酬請求権の発生根拠となる規定を設けるため，「反対給付を請求することができる」と表現している。

　もっとも，民法第536条第2項を実質的に維持する前記第12，2(2)第1文も，同項の表現を改めて「反対給付を請求することができる」と表現することとしている。このような改正がされれば，本文(3)は，前記第12，2(2)第1文と同趣旨を確認したものと位置づけられることとなる。

2 仕事の目的物が契約の趣旨に適合しない場合の請負人の責任
(1) 仕事の目的物が契約の趣旨に適合しない場合の修補請求権の限界（民法第634条第1項関係）

　民法第634条第1項の規律を次のように改めるものとする。
　仕事の目的物が契約の趣旨に適合しない場合には，注文者は，請負人に対し，相当の期間を定めて，その修補の請求をすることができるものとする。

ただし，修補請求権について履行請求権の限界事由があるときは，この限りでないものとする。

（概要）
　仕事の目的物が契約の趣旨に適合しない場合における注文者の修補請求権（民法第６３４条第１項）に関して，その限界を定める同項ただし書の規律を改め，売買の目的物が契約の趣旨に適合しない場合（前記第３５，４(1)第２文）と同様に，履行請求権の限界事由（前記第９，２）の一般原則に委ねることとするものである。

（補足説明）
1　請負人は，性能，品質，規格等において契約の趣旨に適合した仕事を完成させる義務を負っている。請負人は，契約の趣旨に適合した仕事を完成する義務を負っている。ここでいう「契約の趣旨」は，契約で明示的に合意されていた内容だけでなく，その契約の性質，契約をした目的，契約締結に至る経緯その他の事情に基づいて定まる（前記第８，１(1)）。仕事の目的物が性能，品質，規格等において契約の趣旨に適合しないものであるときは，これを修補して契約の趣旨に適合したものにする義務を負う。民法第６３４条本文は，仕事の目的物がこのような意味で契約の趣旨に適合しないことを「仕事の目的物に瑕疵があるとき」と表現しているが，本文の「仕事の目的物が契約の趣旨に適合しない場合には，注文者は，請負人に対し，相当の期間を定めて，その修補の請求をすることができるものとする。」という部分は，前記第３５，４などと同様に，「瑕疵」という文言を用いずにこの実質を書き下したものであり，同条本文の実質を維持するものである。
2　もっとも，修補の履行が物理的に不可能であるとか，多額の費用を要するために社会通念上履行することができないと考えられる場合にまで，注文者が修補の履行を請求することができるわけではない。どのような事由が生ずると注文者が修補請求をすることができないかについて，本文の「ただし，修補請求権について履行請求権の限界事由があるときは，この限りでないものとする。」という部分は，売買の目的物が契約の趣旨に適合しない場合（前記第３５，４(1)第２文）と同様に，履行請求権の限界事由（前記第９，２）の一般原則に委ねることとするものである。
　これに対し，民法第６３４条第１項ただし書は，①仕事の目的物の瑕疵が重要でないこと，②修補に過分の費用を要することという２つの要件が満たされるときは，注文者は瑕疵の修補を請求することができないと定めている。②の「過分の費用を要する」という要件を満たすかどうかは，修補のために請負人が負担しなければならない費用と修補によって注文者に生ずる利益とを比較して判断するとされている。しかし，従来から，履行が物理的には可能であるとしても，履行に過大な費用を要する場合には履行が法律上不能と評価されることがあるとされ，履行に要する費用が履行によって得られる利益に比べて著しく過大な場合には履行を請求することができないことを明文化することとされており（前記第９，２イ），②の要件は，単独で履行請求権の限界事由となり得る。②の要件が，前記第９，２イと完全に重なるのであれば，①は，通常の債権であれば

履行を請求することができない程度に過大な費用を要する場合であっても，仕事の目的物の瑕疵が重要である場合には請負人に修補を義務づけるという意味を持つことになるが，これは請負人に不当に過大な義務を負わせることになると考えられる。
　他方，②の「過分」の程度は，履行請求権一般の限界事由が生じるまでには至らない程度のものを意味すると理解することもできる。すなわち，民法第６３４条第１項ただし書は，瑕疵が重大でない場合については，履行請求権一般の原則よりも緩やかな要件の下で修補請求権を制限していることになる。しかし，請負契約の仕事の目的物の瑕疵修補請求権について，履行請求権一般の限界事由や売買目的物に瑕疵があった場合の修補請求権の障害事由と異なる考え方を採る理由はないように思われる。
　以上から，本文では，仕事の目的物が契約の趣旨に適合しない場合の修補請求権の限界について，売買の目的物が契約の趣旨に適合しない場合（前記第３５，４(1)第２文）と同様に，履行請求権の限界事由（前記第９，２）の一般原則に委ねることとするものである。

(2) 仕事の目的物が契約の趣旨に適合しないことを理由とする解除（民法第６３５条関係）

民法第６３５条を削除するものとする。

（概要）
　民法第６３５条本文は，仕事の目的物に瑕疵があるために契約目的を達することができない場合には注文者は契約を解除することができることを規定している。しかし，仕事の目的物に瑕疵があることは請負人の債務不履行の一場面であるから，債務不履行による契約の解除一般について，債務不履行によって契約の目的を達することができない場合には契約を解除することができるという規律（前記第１１，１）を設けるとすると，規律の内容が重複することになる。そこで，仕事の目的物が契約の趣旨に適合しないために契約の目的を達することができない場合の解除については債務不履行による契約の解除に関する一般的な規定に委ねれば足り，同条本文は不要であると考えられる。
　民法第６３５条ただし書は，仕事の目的物が土地の工作物である場合には，瑕疵があるために契約目的を達することができない場合であっても解除することができないことを規定している。その趣旨として，土地の工作物が目的物である場合に解除を認めると請負人の負担が大きくなることが挙げられるが，裁判例には，建築請負の目的物に重大な瑕疵があるために建て替えざるを得ない場合に建替費用相当額の損害賠償を認めたもの（最判平成１４年９月２４日判時１８０１号７７頁）があり，これは，瑕疵の程度によっては，請負人が解除を認めたのと同様の負担を負うべき場合があることを前提としたものであると言える。また，同条ただし書の趣旨として，解除を認めて土地工作物を撤去することは社会経済的に損失であることも挙げられるが，注文者の下に，契約目的を達することができない程度に重大な瑕疵がある工作物があったとしても，それが有効に利用されることを期待することは現実的ではない。このように，同条ただし書は必ずしも合理的な規律ではない。
　以上から，民法第６３５条を削除することとしている。

(補足説明)
1　民法第635条ただし書は,仕事の目的物が土地の工作物である場合には,それに瑕疵があり,そのために契約をした目的を達することができないときであっても,請負契約を解除することができないと規定している。これは,土地工作物を目的とする場合には,解除を認めると請負人はその工作物を除去しなければならないこととなって請負人にとって過酷であること,何らかの価値がある工作物を除去することは社会経済的な損失も大きいことを根拠とするとされている。

　　しかし,目的物に瑕疵があって契約目的を達成することができない場合にも解除が制限されるとすると,注文者は自分にとっては利用価値の乏しい工作物を押しつけられる結果となるが,注文者が常にこのような負担を受忍しなければならないとする説得的な理由は必ずしもないように思われる。工作物を除去することは請負人にとって負担ではあるが,瑕疵のある工作物を作ったのが請負人である以上,このような負担を負うのがやむを得ないと言える場合もあると考えられる。工作物に何らかの価値がある場合にこれを除去することは社会経済的な損失も大きいという理由も挙げられているが,注文者にとって契約目的を達成することができない工作物の価値を適切に利用するには,注文者が当初の契約目的とは異なる目的で使用するか,その工作物の利用を希望する第三者を見つけて利用させることになると思われるが,いずれにしても困難な場合が多く,その工作物の価値を適切に利用することができるかどうかには疑問もある。

　　最判平成14年9月24日判タ1106号85頁は,建物に重大な瑕疵があるために建て替えざるを得ない場合には注文者は建替費用の賠償を請求できると判示したが,建替費用賠償を認めることは建物収去を前提としていることから,この判例は,実質的には民法第635条ただし書を修正する判断を示したものであるとの指摘がある。

　　以上のように,民法第635条ただし書は必ずしも合理的なものとは言えないことや,判例も実質的にこれを修正しているとの指摘もあることから,本文では,同条ただし書を削除することを提案している。

2　もっとも,上記最判は,「請負人が建築した建物に重大な瑕疵があって建て替えるほかはない場合に」,建替えに要する費用相当額の損害賠償請求をすることを認めても民法第635条ただし書の規定の趣旨に反しないとしており,土地の工作物に何らかの利用価値がある場合についてまで,同条ただし書の内容を実質的に修正したものではないと考えられる。部会においても,上記最判の事案では建て替えざるを得ない事案であったことが重視されているという指摘があった。このような理解に従って上記最判の考え方に基づいて規定を設けるとすれば,土地工作物についての解除の制限を維持しつつ,その解除が制限される場合を現在の同条ただし書よりも限定し,例えば,土地の工作物については,瑕疵が重大で建て替えるほかはない場合を除き,解除することができないものとすることが考えられる。

　　確かに,社会経済的な観点を強調すれば,完成した土地工作物によって契約目的を達成することができなくても,その土地工作物に何らかの用途があるのであれば,それを収去せずに利用する方が利益になるという考え方も成り立ち得る。しかし,前記のとお

り，解除することができないとすれば，それによって契約目的を達成することができない以上，その工作物を利用する別の方法を見つける必要があるが，これが必ずしも容易ではなく，可能であるとしても注文者に過大な負担を強いるものとなる。そこで，本文では，このような考え方を採用せず，民法第６３５条ただし書を削除することとし，この問題を個別の契約に委ねるとしている。

(3) 仕事の目的物が契約の趣旨に適合しない場合の注文者の権利の期間制限（民法第６３７条関係）
　　民法第６３７条の規律を次のいずれかの案のように改めるものとする。
【甲案】　民法第６３７条を削除する（消滅時効の一般原則に委ねる）ものとする。
【乙案】　消滅時効の一般原則に加え，仕事の目的物が契約の趣旨に適合しないことを注文者が知ったときから［１年以内］にその適合しないことを請負人に通知しないときは，注文者は，請負人に対し，その適合しないことに基づく権利を行使することができないものとする。ただし，請負人が，引渡しの時に，仕事の目的物が契約の趣旨に適合しないことを知り，又は重大な過失によって知らなかったときは，この限りでないものとする。
(注)　乙案について，引渡時（引渡しを要しない場合には仕事の終了時）から期間を起算するという考え方がある。

(概要)
　仕事の目的物が契約の趣旨に適合しない場合の注文者の権利の存続期間について，売買の目的物が契約の趣旨に適合しない場合の売主の責任（前記第３５，６）と同様の規律を設けるものである。
　甲案は，仕事の目的物の瑕疵に関して民法第６３７条により消滅時効の一般原則とは別に設けられている期間制限（引渡時又は仕事終了時から１年）を廃止し，仕事の目的物が契約に適合しなかった場合の注文者の権利の期間制限を消滅時効の一般原則に委ねることとするものである。
　乙案は，消滅時効の一般原則とは別に，仕事の目的物が契約の趣旨に適合しない場合の注文者の権利について固有の期間制限を維持した上で，期間制限の内容を，売買の目的物が契約の趣旨に適合しない場合における買主の権利の期間制限に関する前記第３５，６の乙案と同様の規律に改めることとするものである。売買と請負は，現実の取引においては類似していることもあり，目的物が契約の趣旨に適合しない場合の取扱いを売買と請負とで異にするのは合理的でないという考え方に基づく。具体的には，まず，民法第６３７条は，制限期間の起算点を引渡しの時（引渡しを要しないときは仕事が終了した時）としているが，これを民法第５６４条と同様に事実を知った時と改めることとしている。また，注文者の権利を保存するためにこの期間中にすることが必要な行為についても，売買におけるのと同様に，瑕疵があったことを通知すれば足りるとすることとしている。その上で，

請負人が，引渡しの時に，仕事の目的物が契約の趣旨に適合しないことを知り，又は重大な過失によって知らなかったときは，期間制限を適用しないものとしている。この場合には消滅時効の一般原則に委ねることとなる。
　これに対し，基本的に乙案の考え方によりつつ，期間の起算点については，債務の履行が完了したという請負人の信頼を保護するため，民法第637条を維持して引渡時（引渡しを要しない場合には仕事の終了時）とする考え方があり，これを（注）で取り上げている。

（補足説明）
1　売買の目的物が契約の趣旨に適合しない場合の買主の権利の期間制限については，消滅時効の一般原則に委ねる考え方（前記第35，6の甲案）と，消滅時効とは別に，目的物が契約の趣旨に適合しない場合の買主の権利について固有の期間制限（民法第564条，第566条第3項）を維持する考え方（前記第35，6の乙案）の両案が併記されている。本文では，請負の仕事の目的物が契約の趣旨に適合しない場合の注文者の権利の期間制限について，売買に関する両案と同様の2つの案を提示するものである。
2　甲案は，仕事の目的物の瑕疵に関して民法第637条により消滅時効の一般原則とは別に設けられている期間制限（引渡時又は仕事終了時から1年）を廃止し，仕事の目的物が契約に適合しなかった場合の注文者の権利の期間制限を消滅時効の一般原則に委ねることとするものである。これは，仕事の目的物が契約に適合しない場合の請負人の責任が債務不履行責任の一類型であることを前提に，その行使期間の制限について消滅時効の一般原則と区別する合理的な理由はないという考え方に基づくものである。
3　乙案は，消滅時効の一般原則とは別に，仕事の目的物が契約の趣旨に適合しない場合の注文者の権利について固有の期間制限を維持した上で，起算点や，期間内にすべき行為の内容を，売買の目的物が契約の趣旨に適合しない場合における買主の権利の期間制限に関する前記第35，6の乙案と同様のものに改めるものである。仕事の目的物が契約の趣旨に適合しない場合の注文者の権利について消滅時効とは区別された短期の期間制限を設けることを正当化する実質的根拠については，以下のようなことが言われている。すなわち，①目的物の引渡し後（引渡しを要しない場合には仕事の終了時）は履行が終了したという期待が請負人に生じ，このような請負人の期待を保護する必要があること，②瑕疵の有無は目的物の使用や時間経過による劣化等により比較的短期間で判断が困難となるから，短期の期間制限を設けることにより法律関係を早期に安定化する必要があることなどである（前記第35，6の（補足説明）参照）。
　短期の制限期間を設ける場合のその期間については，民法第637条の1年がやや短いという指摘があることを踏まえ，期間の見直しの要否を問うために1年をブラケットで囲んで提示している。
　乙案は，民法第637条と異なり，起算点を，仕事の目的物が契約の趣旨に適合しないことを注文者が知ったときとしている。同条は引渡時（引渡しを要しない場合には仕事の終了時）を起算点とする一方，売買に関する同法第566条第3項は買主が瑕疵を知った時を起算点としており，売買と請負とで起算点を異にしているが，これを売買（前

記第35,6)と同様の規律に改めるものである。売買と請負は,現実の取引においては類似していることもあり,目的物が契約の趣旨に適合しない場合の責任の存続期間について規律が異なるのは合理的でないと考えられるからである。また,起草者も,積極的に両者の相違を見いだしていたわけではないとの指摘もある。起算点を統一するとすれば,担保責任の存続期間を短期に制約する以上,注文者が契約不適合を知らないまま制限期間が進行するのは注文者に酷な場合があると考えられ,売買に関する規律に合わせるのが合理的であると考えられる。以上が本文の考え方であるが,これに対し,乙案を採りつつ,法律関係を早期に安定させる観点から,起算点については民法第637条と同様に引渡時(引渡しを要しない場合には仕事の終了時)とすべきであるという考え方がある。この考え方を(注)で取り上げている。

制限期間内に注文者がすべき行為の内容について,乙案は,仕事の目的物が契約の趣旨に適合しないことの通知としている。これも,買主の権利行使の内容に関する前記第35,6の乙案の提案と同様の提案である。判例は,売主の瑕疵担保責任について,買主は,権利を保存するため,売主の担保責任の存続期間内に,「売主に対し具体的に瑕疵の内容とそれに基づく損害賠償請求をする旨を表明し,請求する損害額の根拠を示す」必要がある(最判平成4年10月20日民集46巻7号1129頁)としており,民法第637条の注文者の権利行使についても同様の態様での権利行使が必要であると解することになると考えられる。しかし,短期の存続期間内にこのように具体的な行為を要求することは注文者に過重な負担になっているとの指摘があることを踏まえて,制限期間内にすべき行為の内容を改めたものである。

また,これも売買に関する前記第35,6と同様に,請負人が,引渡しの時に,目的物が契約の趣旨に適合しないことを知り,又は知らないことにつき重大な過失があるときは,期間制限を適用しないものとしている。このような場合には短期期間制限で請負人を保護する必要がないと解されるからであり,注文者の権利の消長は消滅時効の一般原則に委ねられることとなる。

(4) 仕事の目的物である土地工作物が契約の趣旨に適合しない場合の請負人の責任の存続期間(民法第638条関係)
民法第638条を削除するものとする。

(概要)

前記(3)について甲案を採ると,担保責任についての短期の期間制限が廃止されて消滅時効の規律に委ねられることになるが,契約の趣旨に適合しない目的物が土地の工作物である場合について,注文者の権利の存続期間を一般的に消滅時効期間よりも長くする必要性は乏しいと考えられる。また,乙案を採る場合には,制限期間の起算点が,目的物が契約の趣旨に適合しないことを注文者が知った時となるが,目的物が土地の工作物であっても,契約の趣旨に適合しないことが注文者に明らかになった以上,通知期間を他の一般的な場合に比べて長期のものとする必要性は乏しい(民法第638条第2項参照)。以上から,民法第638条第1項を削除することとしている。

民法第638条第2項は，土地の工作物が滅失などしたときは注文者にとって瑕疵の存在が明白になることから同条第1項の制限期間を短縮したものであるが，前記(3)について乙案を採る場合には，仕事の目的物が契約の趣旨に適合しない場合の注文者の権利一般について同条第2項と同様の趣旨に基づく規定が設けられることになるから，同項の規定は不要になる。他方，前記(3)について甲案を採るときは，消滅時効一般について権利者の認識に着目した起算点の考え方（前記第7，2の乙案）が取り入れられるのであればそれによれば足りると考えられ，消滅時効一般についてその考え方を取り入れないのであれば，それにもかかわらず土地工作物の瑕疵に基づく担保責任についてのみ注文者の認識に着目した起算点の考え方を取り入れる必要はないと考えられる。そこで，同項も削除することとしている。

（補足説明）
1　民法第638条は，建物その他の土地の工作物の請負人が負う担保責任について特に長期の制限期間を設けているが，このように，土地の工作物についてのみ特則を設けるかどうかは，同法第637条についてどのような見直しがされるか（前記(3)）に留意しながら検討する必要がある。
　　前記(3)について甲案を採ると，担保責任についての短期の期間制限が廃止されて消滅時効の規律に委ねられることになり，土地の工作物が請負契約の趣旨に適合しない場合についての特別の期間制限を設けるとすると，消滅時効期間の特則として設けることになると考えられる。その必要があるかどうかは，消滅時効期間（前記第7，2）についてどのような規律が設けられるかにもよる。権利を行使することができる時（請負契約に即して言えば，これは引渡時になると考えられる）から5年間という考え方を採ると，現在の民法第638条第1項に比べて注文者が権利を主張することができる期間は短期化することになる。しかし，複雑な内容の契約に基づく債権や多額の債権など様々な債権が想定される中で，一般的には，5年の期間があれば原則として債権者に権利行使を期待することができるという考え方を採るのであるから，工作物の用途等に着目して特別の規定を設けるのはともかく，土地の工作物一般について，契約の趣旨に適合しない場合の担保責任の消滅時効期間を長期化する理由は示されていない。
　　また，前記(3)について乙案を採る場合には，土地の工作物が請負契約の趣旨に適合しない場合についての特別の期間制限も，乙案において示されている担保責任の制限期間の特則として設けることになると考えられる。しかし，この制限期間の起算点は，目的物が契約の趣旨に適合しないことを注文者が知った時となる。契約の趣旨に適合しないことを注文者が知ってからこれを請負人に通知するまでに要する期間が目的物の性質によって左右されるとは考えにくく，乙案の下では，仕事の目的物が土地の工作物である場合について制限期間の特則を設ける必要は乏しい。民法第638条第2項も，工作物が滅失又は損傷したときは，瑕疵があることが注文者にとって明確になったことを考慮して，同条第1項の期間にかかわらず，滅失又は損傷から1年間という短期の制限期間を設けている。
　　以上のように，前記(3)について甲案を採るか乙案を採るかにかかわらず，仕事の目的

物が土地の工作物である場合についての特別な制限期間を設ける必要性は乏しいと考えられる。そこで，本文では，民法第638条第1項を削除することとしている。

ただし，前記(3)については，乙案を採った上でその起算点を引渡時とするという考え方が（注）で取り上げられている。この考え方を採ると，前記(3)の担保責任の制限期間の特則として，土地の工作物については長期の制限期間を設けることを検討する余地がある。前記(3)の担保責任の制限期間は，注文者が引渡しを受ければ，それが契約の趣旨に適合するかどうかにかかわらず進行することになるため，その目的物に通常期待される耐用年数等によっては，注文者が契約に適合していないことを知らないうちに短期の制限期間が経過することによって救済を受けられなくなるとすると酷であると考える余地があるからである。したがって，本文の考え方の採否については，前記(3)の（注）で取り上げた考え方の採否にも留意して検討する必要がある。

2　民法第638条第2項は，土地の工作物が滅失などしたときは注文者にとって瑕疵の存在が明白になることから，同条第1項の期間にかかわらず，滅失等から1年以内に権利を行使しなければならないとする。しかし，前記(3)についての乙案は，注文者の認識に着目する点で同項と同様の趣旨に基づくものであり，この考え方を採ると，仕事の目的物が契約の趣旨に適合しない場合の注文者の権利一般について同条第2項と同趣旨の規定が設けられることになるから，仕事の目的物が土地の工作物である場合について特に規定を設ける必要はないことになる。他方，前記(3)について甲案を採るときは，消滅時効一般について権利者の認識に着目した起算点の考え方（前記第7，2の乙案）が取り入れられるのであればそれによれば足りると考えられる。消滅時効一般について，権利者の認識に着目した起算点の考え方を取り入れないのであれば，請負人の担保責任の期間制限を消滅時効と位置づけながら，仕事の目的物が土地工作物である場合についてのみ注文者の認識に着目した起算点の考え方を取り入れる理由はないと考えられる。以上から，前記(3)についていずれの考え方を採るとしても，同項の規定は不要になると考えられるため，本文は，同項を削除することとしている。

3　民法第638条が定める期間については，これを性質保証期間，すなわち，その期間中は仕事の目的物の有用性が存続することが想定され，その期間内に契約に適合しない瑕疵が判明した場合には受領時において既に瑕疵が存在したものと扱われる期間であるとの理解がある。この理解に基づいて，土地の工作物の瑕疵について性質保証期間を定める規定を設けるという考え方も検討された。同条の期間を瑕疵担保責任の存続期間と解するのであれば，仕事完成時（引渡し時）に瑕疵が存在していたことを立証しなければならないのに対し，性質保証期間と解するのであれば，当該期間内に瑕疵が発見されたことを主張立証すれば足りるという点に違いが生じると考えられ，これを性質保証期間とする考え方を採れば請負人の責任が加重されることになるが，このような変更が実務上合理的であることについて十分なコンセンサスが得られているとは言えないと思われる。また，同条の期間を性質保証期間と解した上でその旨の規定を設けることについては，土地の工作物についてのみ瑕疵担保責任の存続期間に加えて性質保証期間を設けることの理由が明らかでないという批判が考えられる。

以上から，本文では，土地工作物について性質保証期間に関する規定を設けるという

考え方は，取り上げていない。

(5) 仕事の目的物が契約の趣旨に適合しない場合の請負人の責任の免責特約（民法第６４０条関係）
民法第６４０条の規律を改め，請負人は，仕事の目的物が契約の趣旨に適合しないことについての責任を負わない旨の特約をした場合であっても，目的物の引渡時（引渡しを要しない場合には，仕事の終了時）に仕事の目的物が契約の趣旨に適合しないことを知っていたときは，その責任を免れることができないものとする。

（概要）
仕事の目的物が契約の趣旨に適合しない場合の請負人の責任を免除する特約がある場合であっても，請負人がその適合しないことを知っていたときは，それを告げたかどうかにかかわらず責任を免れることができないものとして，民法第６４０条の規律を改めるものである。同条の文言によれば，請負人が瑕疵の存在を知っていてもそれを告げさえすれば瑕疵担保責任は免責されるようにも読めるが，自分のした仕事が完全でないことを知っているにもかかわらず，それを単に注文者に告げるだけで免責されるとするのは妥当ではないという考え方に基づくものである。

（補足説明）
民法第６４０条は，担保責任を負わない旨の特約をしていた場合であっても，請負人が完成した仕事に瑕疵があることを知りながら注文者に告げていなかった場合には，請負人は責任を免れることができないことを規定している。逆に，請負人が瑕疵の存在を告げれば，担保責任の免責特約の効力は制限されず，注文者はその担保責任を免れることになる。しかし，請負人は，性能，品質，規格等において契約の趣旨に適合した仕事を完成させる義務を負っているのに，引渡時（引渡しを要しない場合には，仕事完成時）に瑕疵があることを知っていたにもかかわらず，単にその事実を告げることによって免責が認められるのは，完成義務を負っていることと整合しないと考えられる。そこで，本文は，目的物の引渡時（引渡しを要しない場合には，仕事完成時）に，請負人が仕事の目的物に瑕疵があることを知っていたときは，担保責任の免責特約があっても，請負人は瑕疵担保責任を免れないものとしている。

3 注文者についての破産手続の開始による解除（民法第６４２条関係）
民法第６４２条第１項前段の規律のうち請負人の解除権に関する部分を改め，注文者が破産手続開始の決定を受けたときは，請負人が仕事を完成しない間は，請負人は契約の解除をすることができるものとする。

（概要）
請負人による仕事の完成は報酬の支払に対する先履行とされており（民法第６３３条），

注文者による支払が危殆化した後も請負人は積極的に役務を提供して仕事を完成させなければならないとすると請負人は多額の損害を受けるおそれがあることから，民法第６４２条第１項は破産管財人に加えて請負人にも解除権を与えたとされている。このような趣旨からすると，仕事が既に完成し，請負人がその後積極的に役務を提供して仕事を完成させることが不要になった場合には，請負人に同項による解除を認める必要はないと考えられる。そこで，本文は，同項の規律を改め，注文者が破産手続開始の決定を受けた場合に請負人が契約の解除をすることができるのを請負人が仕事を完成しない間に限定しようとするものである。破産管財人の解除権については現状を変更しない。

なお，本文記載の案の検討に当たっては倒産法との関係にも留意する必要がある。

第41　委任
1　受任者の自己執行義務
(1) 受任者は，委任者の許諾を得たとき，又はやむを得ない事由があるときでなければ，復受任者を選任することができないものとする。
(2) 代理権の授与を伴う復委任において，復受任者は，委任者に対し，その権限の範囲内において，受任者と同一の権利を有し，義務を負うものとする。
（注）上記(1)については，「許諾を得たとき，又は復受任者を選任することが契約の趣旨に照らして相当であると認められるとき」に復受任者を選任することができるものとするという考え方がある。

（概要）

復受任の可否や委任者と復受任者の関係については固有の規定がなく，代理の規定が類推適用されてきた。本文は，委任者と受任者及び復受任者との関係（内部関係）について，委任の箇所に固有の規定を設けることとするものである。

本文(1)は，民法第１０４条を委任に類推適用すべきであるとする学説に従い，同条と同内容の規定を委任において設けるものである。委任関係は当事者間の信頼関係を基礎とするから，同条を類推適用することにより，委任事務は原則として自ら処理しなければならず，同条に規定する場合のほかは第三者に委任事務を処理させることはできないとされてきた。本文(1)は，復受任者を選任して委任事務を処理させることが受任者の債務不履行に該当するかどうかという委任の内部関係に関して，同条と同内容の規定を委任固有の規定として設けるものである。本文(1)のような規定が設けられると，民法第１０４条は，選任した復受任者の行為が本人に帰属するかどうかという委任の外部関係に関する規定として存続することになる。

本文(1)については，復受任者を選任することができるのが，委任者の許諾を得た場合のほかは「やむを得ない事由があるとき」に限定されているのは狭過ぎるとして，復受任者の選任が契約の趣旨に照らして相当であると認められる場合にも復受任者の選任を認めるべきであるという考え方があり，これを（注）で取り上げている。なお，（注）で取り上げた考え方を採る場合には，民法第１０４条についても同様の考え方に従って改正するのが整合的であると考えられる。

本文(2)は，民法第１０７条第２項の規定のうち任意代理人が選任した復代理人と本人との関係に関する部分を委任の箇所に移動させるものである。同項によれば，復代理人は本人及び第三者に対して代理人と同一の権利を有し，義務を負うものとしているが，このうち，任意代理人が選任した復代理人と本人との関係に関する部分は委任の内部関係に関するものであるから，委任の箇所に設けるのが適当であると考えられるからである。もっとも，復代理人が本人に対して代理人と同一の権利・義務を有するのは，受任者が処理することとされた委任事務のうち，復受任者の権限の範囲とされた部分についてのみであることには異論がない。本文(2)は，このことも併せて明文化することとしている。

（補足説明）
1　復受任者の選任の可否については，受任者が自分以外の者に委任事務を処理させることが委任者に対する債務不履行となるかどうか，また，受任者から更に委任事務の処理を委託された者（復受任者）が委任者に対してどのような権利義務を負うかという内部関係に関する問題と，代理権の授与を伴う委任において復代理人が第三者との間でした法律行為の効果が委任者に及ぶかという外部関係に関する問題がある。委任の内部関係に関する問題について民法は固有の規定を設けておらず，外部関係に関する規定である代理の規定を類推適用している。しかし，内部関係と外部関係とは性質の異なる問題であるから，それぞれについて規定を設けることとし，内部関係に関する規定は復受任者を含む委任関係の当事者間の問題であるから委任の箇所に規定を置き，外部関係に関する規律は代理の効力の問題であるから代理の箇所に規定を置くことを基本的な方針としている。
2　本文(1)は，受任者が復受任者を選任することができるかという委任の内部関係について規定を設けようとするものである。民法第１０４条には，その要件が満たされた場合には復代理人が有効に選任され，復代理人の行為が本人に帰属することになるという側面とその要件が満たされないまま復代理人を選任しても本人に対する債務不履行責任が生ずるという側面があるが，後者の側面は委任の当事者間の法律関係に関するものであり，代理権の授与にかかわらず適用が考えられる。現在の学説上も，代理権の授与を伴わない委任における復受任者の選任の要件についても，同条を類推適用すべきであるとする学説が有力である。そこで，この見解に従い，復受任者の選任の要件について，その内部関係（復受任者に委任事務を処理させることが委任者に対する債務不履行になるかどうか）に関するものとして，同条と同内容の規定を委任の箇所に設けるものとしている。本文(1)のような規定を設けるとしても，同条は，復受任者による代理行為の効果について規定する側面があるため，同条をそのまま存置しておく必要がある。
3　民法第１０４条の「やむを得ない事由がある場合」は，委任者の許諾を得るか，委任者に依頼して他の者に委任してもらうなどの措置を取っていては委任の本旨に反する事情がある場合を指すとされているが，これは，復受任者の選任が許される場合を限定しすぎているという指摘がある。分業が進んだ今日の複雑な取引社会においては，復受任者を柔軟に選任して委任事務を遂行することにより，委任の趣旨により適合した委任事務の処理が可能になり，委任者にとって利益になることも考えられる。部会においても，

柔軟な復受任者の選任を可能にする立場から，同条の「やむを得ない事由がある場合」を「復受任者を選任することが契約の趣旨に照らして相当であると認められるとき」に改めるという提案が示された。
　復受任者の選任を緩和するという考え方に対しては，現在の「やむを得ない事由がある場合」に該当しなくても復受任者の選任を認めるべき場合として具体的にどのような場合があるのかが明確でなく，これを拡大する必要性に疑問があること，「復受任者を選任することが契約の趣旨に照らして相当であると認められるとき」とすることによってどのような場合がカバーされるのかが明確でないこと，復受任者の選任の必要性があれば委任者の許諾を得れば足り，許諾を得なくても復受任者を選任できる場合としては「やむを得ない事由があるとき」があれば十分であることなどが指摘されている。これらの指摘を踏まえ，本文の考え方としては民法第１０４条を維持する考え方を記載し，その要件を緩和する考え方は（注）で取り上げるにとどめている。
　仮に，復受任者の選任の要件について（注）の考え方を採るのであれば，民法第１０４条もこれに合わせて改める必要がある。
4　本文(2)は，民法第１０７条第２項の規定のうち任意代理人が選任した復代理人と本人との関係に関する部分を委任の箇所に移動させるものである。同項によれば，復受任者は，委任者に対して善管注意義務をもって委任事務を処理する義務を負う一方，直接費用の償還を請求し（同法第６５０条），報酬を請求する権利（同法第６４８条）を有すると解されている。このような権利義務は，本文(2)のような規律が設けられれば，これを根拠とすることになる。
　本文(2)の規律を設けることに伴って民法第１０７条第２項を改める必要が生ずる。まず，同項は「本人及び第三者に対して」としている部分については，「本人」のうち任意代理における本人に関しては委任に関する部分に規律が設けられることになるのでこれを除外する必要がある。一方，同項は法定代理にも適用があり，法定代理における本人に対する復代理人の権利義務は引き続き同項に委ねられる。そこで，同項の「本人」が法定代理における本人のみを指すことを条文上明確にすることが考えられる。また，復受任者の委任者に対する権利義務が復受任者の権限の範囲内のものであることを明示するのであれば，同項についても，同様の修正を加えることが考えられる。

2　受任者の金銭の消費についての責任（民法第６４７条関係）
民法第６４７条を削除するものとする。
　（注）民法第６４７条を維持するという考え方がある。

（概要）
　受任者が委任者に引き渡すべき金額又は委任者の利益のために用いるべき金額を消費した場合の責任について定める民法第６４７条を削除するものである。同条は，受任者の資産の状況等から見て，消費した額と同額の金銭を引き渡し又は委任者のために支出することが困難となる事情がある場合に限って適用されると解されているが，このような場合にその金額を消費することは，善管注意義務をもって金銭を保管する義務に反した債務不履

行責任を生じさせると考えられ，同条のような規定がなくても損害賠償義務を認めることができる。また，損害賠償の範囲についても，受任者が善管注意義務の内容として保管する金銭の利殖を図る義務を負う場合は，債務不履行による損害賠償に関する一般原則により，通常発生すべき利息の損害賠償が認められると考えられる。逆に，受任者が利殖を図る義務を負わない場合にまで，返還すべき日からの遅延損害金のほかに消費した日以降の利息を賠償させる必要はないとも考えられる。

これに対し，民法第647条を維持するという考え方があり，これを（注）で取り上げている。

3 受任者が受けた損害の賠償義務（民法第650条第3項関係）

民法第650条第3項の規律に付け加えて，委任事務が専門的な知識又は技能を要するものである場合において，その専門的な知識又は技能を有する者であればその委任事務の処理に伴ってその損害が生ずるおそれがあることを知り得たときは，同項を適用しないものとする。

（注）民法第650条第3項の現状を維持するという考え方がある。

（概要）

民法第650条第3項は，受任者が過失なく受けた損害は，委任者が自ら当該事務を処理していたら委任者自身に生じていたであろうと言えるから委任者が負担すべきであるという考え方に基づくとされているが，今日多く見られる専門家への委任は，委任者が自ら行うことができない仕事を対象としており，同項の趣旨は必ずしも妥当しない。このような委任契約においては，当該委任事務に通常伴うと考えられるリスクが顕在化した場合の損害は受任者が負担するというのが当事者の通常の意思であると考えられるし，受任者は委任事務の処理にどのようなリスクが伴うかを予測できるから，そのリスクを対価に反映させることもできる。そこで，専門的な知識・技能を要する委任事務を内容とする委任契約においては，その専門的知識・技能を有する者であれば予測することができるリスク要因が顕在化したために受任者に損害が生じた場合には，当事者がその負担についての特段の合意をしていないときの原則的な規定としては，民法第650条第3項を適用せず，その損害を受任者が負担するものとしている。

本文のように受任者の専門性を基準として委任者への賠償請求の可否を区別することに対しては批判もあり，民法第650条第3項の現状を維持する考え方を（注）で取り上げている。

（補足説明）

本文の考え方は，（概要）記載のとおり，民法第650条第3項の趣旨は委任者と受任者との間の立場の互換性があるものについて妥当するものであり，当事者間の立場の互換性がない専門性のある委任事務においては，その処理の過程で顕在化したリスクは受任者が負担べきであるという考え方に立つものである。

このように「専門性」に着目する立場に対し，「無償性」に着目する立場もある。部会の

審議においては，債務の履行の過程で債務者が受けた損害は債務者が負担するのが原則であり，受任者が受けた損害を委任者に賠償させることが正当化されるのは，受任者が，委任者との信頼関係に基づいて無償で委任者のために事務を処理する場合に限られるという意見があった。学説にも，民法第６５０条第３項は無償委任に限って適用され，有償委任には適用されないという考え方があり，このような見解に従って規定を設けるべきであるとの考え方もある。このように，委任事務を処理する過程で顕在化するリスクを委任者に負担させることができる類型をどのような基準によって判断するかについては，更に検討を深める必要がある。

また，部会においては，委任事務処理の過程で損害が生ずるリスクをいずれが負担するかという問題とは別に，そのリスクがどの程度その委任事務の処理と関連しているかという点についての問題提起もあった。民法第６５０条第３項は「委任事務を処理するため」と規定しており，委任事務処理の機会に生じたリスク（例えば委任事務を処理するために出張する途中で事故にあった場合）も同項によって委任者に転嫁することができるとも解し得るが，より委任事務の内容と関連するリスクに限定する必要がないかという指摘である。本文の考え方は，損害が生ずるリスクと委任事務の内容との関連性の程度については，引き続き，同項の「委任事務を処理するため」の解釈に委ねるものであるが，条文上適切に限定することができるのであれば，リスクの分配の問題と合わせて検討することも考えられる。

4 報酬に関する規律
(1) 無償性の原則の見直し（民法第６４８条第１項関係）
民法第６４８条第１項を削除するものとする。

（概要）
民法第６４８条第１項は，委任の無償性の原則を定めたものであるとされているが，委任において無償を原則とすることは必ずしも今日の取引に適合しないと考えられる。そこで，同項を削除することとしている。

（補足説明）
特約がなければ委任者に報酬を請求することができないと規定する民法第６４８条第１項は，委任の無償性の原則を定めたものであるとされている。この原則は，医師や弁護士などによる高級な労務の提供は対価を取得するのになじまないという考え方に基づく古代ローマ法以来の沿革によるものであると言われるが，今日の取引の実態に必ずしも適合しない。判例にも，弁護士への訴訟委任の事案で，報酬額について当事者間の合意がなかった場合に，受任者の委任者に対する相当の報酬額の支払義務を認めたものがある（最判昭和３７年２月１日民集１６巻２号１５７頁）。

受任者が委任者に対して報酬を請求するには，委任者が報酬を支払うべきことを合意したこと及び報酬額の合意（又は相当額）を主張立証しなければならないという現在の主張立証責任の配分を変更する必要はないと考えられるが，このことは，民法第６４８条第１

項がなくても導くことができる。例えば，現在の消費貸借についても，有償の場合と無償の場合があり，利息を請求する場合には利息を支払う旨の合意の主張立証が必要であるが，同項のような規定は設けられていない。委任においてもこれと同様であり，敢えて無償を原則とする旨の規定を設ける必要はないと考えられる。
　そこで，本文は，本文は，民法第648条第1項を削除することとしている。

(2) 報酬の支払時期（民法第648条第2項関係）
　　民法第648条第2項の規律に付け加えて，委任事務を処理したことによる成果に対して報酬を支払うことを定めた場合には，目的物の引渡しを要するときは引渡しと同時に，引渡しを要しないときは成果が完成した後に，これを請求することができるものとする。

（概要）
　民法第648条第2項を基本的に維持した上で，成果が完成した場合にその成果に対して報酬を支払うという報酬支払方式が採られている場合の規律を付加するものである。完成した成果に対して報酬が支払われる方式は請負における報酬と類似することから，請負に関する同法第633条と同様に，目的物の引渡しを要するときは引渡しと同時に，引渡しを要しないときは成果が完成した後に，報酬を請求することができるものとしている。

（補足説明）
1　本文は，民法第648条第2項の規律を基本的に維持する。同項は，報酬の支払が委任事務の履行に対する後払の原則を定めたものであるが，これは役務提供型の他の契約にも見られる規律であり（例えば，雇用に関する同法第624条第1項），これを変更する必要性は見当たらない。
2　民法第648条第2項は，委任の報酬が事務処理の労務に対して支払われるという原則的な支払方式を念頭に置いたものであるが，委任契約においても，報酬が委任事務の処理という労務そのものに対して支払われるのではなく，委任事務の処理の結果として成果が達成されたときに，その成果に対する対価として支払われる方式が考えられる。例えば，弁護士に対する訴訟委任がされ，勝訴判決を得た場合には一定の成功報酬を支払う旨の合意がされている場合や，契約の媒介を目的とする契約において，委任者と第三者との間に契約が成立した場合には，媒介者たる委任者が報酬を請求することができるとされている場合である。このような報酬支払方式が採られている場合には，受任者が仕事の完成義務を負わない点で請負契約とは異なるが，労務を提供しただけでなくその結果として成果が生じてはじめて報酬を請求することができる点で，報酬に関しては請負契約に類似している。
　委任事務を処理したことによる成果に対して報酬を支払うという方式は，民法第648条第2項及び第3項が想定している方式とはやや異なっている方式である。これらの規定が任意規定であることからすると，これらの規定が直接妥当しないとしても，当事者の合意の解釈に委ねることも考えられるが，委任事務を処理したことによる成果に対

して報酬を支払う方式は，委任における報酬支払方式として類型的に多く見られるものであり，特に委任事務の処理が中途で不可能になった場合の報酬請求権の帰すう（後記(3)）について規律を設けておくことは意味があると考えられる。そこで，本文では，委任事務を処理したことによる成果に対して報酬を支払うという方式について規定を設けることとした。報酬の支払時期については，この報酬支払方式が請負に類似していることに鑑み，請負に関する同法第６３３条と同様に，目的物の引渡しを要するときは引渡しと同時に，引渡しを要しないときは成果が完成した後に，これを請求することができるものとすることとし，この規律を同第６４８条第２項に付け加えることとしている。

3　なお，本文の規律はいずれも任意規定であり，当事者が異なる合意をした場合には，これが優先することになると考えられる。すなわち，成果完成前に報酬を支払うことを当事者が合意していた場合には，委任者はその合意に従って報酬を支払わなければならない。しかし，受任者は，成果が完成しなければ先払された報酬の給付を保持することができないから，先払した後に成果が完成しなかった場合には，給付を保持することができる部分を除いて，受け取った報酬を返還しなければならないことになる。どのような範囲で給付を保持することができるかは，後記(3)の規律によって定められることになる。

　　(3)　委任事務の全部又は一部を処理することができなくなった場合の報酬請求権（民法第６４８条第３項関係）
　　　ア　民法第６４８条第３項の規律を改め，委任事務の一部を処理することができなくなったときは，受任者は，既にした履行の割合に応じて報酬を請求することができるものとする。ただし，委任事務を処理したことによる成果に対して報酬を支払うことを定めた場合は，次のいずれかに該当するときに限り，既にした履行の割合に応じて報酬を請求することができるものとする。
　　　　(ｱ)　既にした委任事務の処理の成果が可分であり，かつ，その給付を受けることについて委任者が利益を有するとき
　　　　(ｲ)　受任者が委任事務の一部を処理することができなくなったことが，受任者が成果を完成するために必要な行為を委任者がしなかったことによるものであるとき
　　　イ　受任者が委任事務の全部又は一部を処理することができなくなった場合であっても，それが契約の趣旨に照らして委任者の責めに帰すべき事由によるものであるときは，受任者は，反対給付の請求をすることができるものとする。この場合において，受任者は，自己の債務を免れたことにより利益を得たときは，それを委任者に償還しなければならない。
　　　　（注）上記ア(ｲ)については，規定を設けないという考え方がある。

（概要）
　民法第６４８条第３項は，委任が受任者の帰責事由によらずに中途で終了した場合には，

既履行部分の割合に応じて報酬を請求することができるとしている。しかし，予定された委任事務の一部とは言え，委任が終了するまでは受任者は現に委任事務を処理したのであるから，委任が終了した原因が受任者の帰責事由によるものであるかどうかにかかわらず，原則的な規律としては，受任者は既履行部分の割合に応じた報酬を請求することができるとすることが合理的である。そこで，本文ア柱書の第1文は，同項のうち「責めに帰すべき事由によらずに」の部分を削除し，委任事務の一部を処理することができなくなった場合には，既にした履行の割合に応じて報酬を請求することができるものとしている。

本文ア柱書の第2文は，成果が完成したときにその成果に対して委任の報酬が支払われることが合意されていた場合において，委任事務の一部の処理が不可能になった場合の報酬請求権に関するものである。この場合には，その成果が完成しなかった以上，報酬を請求することができないのが原則であるが，この原則に対する例外として，既にした履行の割合に応じて報酬を請求することができる場合を定めている。第1に，既に履行された委任事務の処理の成果が可分で，その給付を受けることについて委任者に利益がある場合である。第2に，委任者が必要な行為をしなかったことによって委任者が委任事務の一部を処理することができなくなった場合（その行為をしなかったことについて委任者に帰責事由があるかどうかを問わない。）である。いずれも，請負に関する前記第40，1(1)アイと同様の規定を設けるものである。これに対し，本文ア(イ)については，前記第40，1(1)イと同様に規定を設けないという考え方があり，これを（注）で取り上げている。

本文イは，委任に関して民法第536条第2項の規律を維持するものである。従来から，委任者の帰責事由により受任者が仕事を完成することができなくなった場合には，受任者は，同項に基づいて報酬を請求することができるとされてきた。本文イは，請負に関する前記第40，1(3)と同様に，従来からの理解を確認して前記第12，2と同趣旨を定めるものである。

（補足説明）
1　本文ア柱書の第1文は「委任事務の一部を処理することができなくなったとき」の報酬請求権の範囲を定めるものである。ここには，委任事務の処理に着手して一部履行したが，その後物理的に委任事務の処理が不可能になった場合など報酬請求権の限界事由（前記第9，2）が生じた場合のほか，委任契約の中途でいずれかの当事者が契約を解除したために契約が終了した場合や，委任者が受任者による委任事務の処理を妨害する場合など，結果的に当初予定されていた委任事務の全部を履行することができなくなった場合を含む。

　　本文ア柱書の第1文の趣旨は（概要）記載のとおりであるが，これは，委任における報酬の原則的な支払方式として，報酬が委任事務の処理という役務に対して支払われ，当初予定された役務の一部分であってもこの役務が提供された以上はその割合に応じて報酬が支払われるという方式を念頭に置いたものである。しかし，委任契約においても，報酬が委任事務の処理という役務そのものに対して支払われるのではなく，委任事務の処理の結果として成果が達成されたときに，その成果に対する対価として支払われる方式が考えられる（前記(2)の補足説明2参照）。このような方式を採ることが当事者間で

合意されていたときには，報酬の支払の側面では請負に類似しており，本文ア柱書の第1文の原則とは異なる規律が妥当することになる。本文ア柱書の第2文は，このような方式が採られている委任について，その委任事務の全部又は一部を処理することができなくなったときの報酬請求権の帰すうに関するルールを定めるものである。

2 本文ア柱書の第1文の「委任事務の一部を処理することができなくなったとき」とは，委任事務を処理したことによる成果に対して報酬を支払うことが定められていた委任に即して言えば，委任事務の処理を一部行ったが，成果を完成させることができなかったことを意味する。このような委任においては，請負と同様に，受任者はその成果が達成されてはじめて報酬を請求することができるのであり，その成果を完成させることができなかったときは，報酬を全く請求することができないのが原則である。そこで，本文ア柱書の第2文は，このような委任契約には，原則として本文ア柱書の第1文が適用されないこととしている。

　もっとも，請負におけるのと同様に，委任事務の処理の進捗状況や，委任事務の処理をすることができなくなった原因への委任者の関与の程度によっては，委任者が全く報酬を請求することができないのは不合理であると考えられる場合がある。本文ア(ア)及び(イ)は，事務処理の成果に対して報酬が支払われる委任において，成果を完成させることができなかった場合でも，既履行部分について報酬を請求することができる場合を定めたものである。いずれも，請負に関する前記第40，1(1)と同様の要件を定めるものであり，本文ア(ア)は前記第40，1(1)アに，本文ア(イ)は前記第40，1(1)イに，それぞれ対応する。その具体的な内容については，請負に関する前記第40，1(1)と同様であるので，その（補足説明）を参照していただきたい。また，本文ア(イ)について，規定を設けないという考え方があることも，請負におけるのと同様である（前記第40，1の（補足説明）3(3)参照）。委任については，特に具体的な適用場面が想定しにくく，請負以上にこのような規定を設ける必要性が乏しいという指摘もある。この考え方を（注）で取り上げている。

　本文アの(ア)及び(イ)に該当する場合の効果は，既履行部分について報酬を請求することができるというものである。請負に関する前記第40，1(1)と異なり，報酬の中に含まれていない費用については，本文アの(ア)又は(イ)によって請求することができる範囲には含まれていない。これは，委任事務処理に要する費用の負担については，民法第649条及び第650条が設けられているからであり，費用の請求の可否は，これらの規定の解釈適用に委ねられる。

3 本文イは，受任者が委任事務の全部又は一部を処理することができなくなった場合に，それが委任者の帰責事由によるものであるときは，受任者は民法第536条第2項に基づいて報酬を請求することができるという従来の理解を前提に，委任に関して同項の規律を維持するものである。本文イは，委任の報酬が委任事務の処理という役務の履行の割合に応じて支払われる原則的な方式の場合でも，委任事務処理の成果に対して報酬が支払われる方式の場合でも，いずれの場合でも適用される。請負に関する前記第40，1(3)と同様の趣旨に基づくものであるので，その（補足説明）も参照していただきたい。

　本文アと異なり，本文イでは委任事務の「全部又は一部」を処理することができなく

なった場面で問題になる。本文アにおいては既履行部分の報酬の請求が問題になるため一部が履行されていなければその適用を問題にする余地はないが，本文イにおいては，受任者が委任事務を全く履行することができなかった場合でもそれが委任者の帰責事由によるものである場合には，報酬を請求することができるからである。

契約の趣旨に照らして委任者の責めに帰すべき事由によって委任事務の全部又は一部を処理することができなくなった場合とは，民法第５３６条第２項の「債権者の責めに帰すべき事由によって債務を履行することができなくなった」に相当するものであり，委任者の故意又は過失によって委任事務の処理が物理的に不可能になった場合のほか，例えば事実上委任者が受任者による委任事務の処理を妨害した場合も含まれる。

委任は，各当事者がいつでも解除することができるとされており，解除したとしても，損害賠償義務を負わないのが原則である（民法第６５１条）。委任者が任意解除権を行使した結果として受任者が委任事務を処理することができなくなった場合であっても，これが「委任者の責めに帰すべき事由による」とは言えない。さらに，解除権が行使された場合でなくても，委任はいつ解除されてもやむを得ないものである以上，委任者の帰責事由によって委任事務を処理することができなくなったからと言って，反対給付を請求する権利を認める必要はないとも考えられる。本文イは，現在の民法第５３６条第２項の下では委任者に帰責事由があるときは受任者は反対給付を請求することができることから，現状を維持するために規定を設けるものであるが，任意解除権との関係については，更に検討を深める必要がある。

5　委任の終了に関する規定
　(1)　委任契約の任意解除権（民法第６５１条関係）
　　　民法第６５１条の規律を維持した上で，次のように付け加えるものとする。
　　　委任が受任者の利益をも目的とするものである場合（その利益が専ら報酬を得ることによるものである場合を除く。）において，委任者が同条第１項による委任の解除をしたときは，委任者は，受任者の損害を賠償しなければならないものとする。ただし，やむを得ない事由があったときはこの限りでないものとする。

（概要）
判例は，委任契約が受任者の利益をも目的とする場合には，委任者は原則として民法第６５１条に基づいて委任を解除することができないとする（大判大正９年４月２４日民録２６輯５６２頁）。しかし，委任者が解除権を放棄したものとは解されない事情がある場合には委任を解除することができ，ただし受任者は委任者に損害賠償を請求することができるとしており（最判昭和５６年１月１９日民集３５巻１号１頁），結論的には，委任の解除を広く認めていると言われている。本文の第１文は，このような判例への評価を踏まえて，委任が受任者の利益をも目的とする場合であっても原則として委任を解除することができるが，委任者が解除をしたときは，受任者の損害を賠償しなければならないとするものである。

また，判例は，委任が受任者の利益をも目的とする場合であっても，やむを得ない事情がある場合には損害を賠償することなく委任を解除することができるとしている（最判昭和５６年１月１９日民集３５巻１号１頁）。そこで，このことを本文の第２文で明らかにしている。
　なお，判例は，委任が有償であるというだけではその委任が受任者の利益をも目的とするとは言えないとしている（最判昭和５８年９月２０日集民１３９号５４９頁）から，受任者の利益をも目的とするとは，受任者がその委任によって報酬以外の利益を得る場合である。本文の括弧内はこのことを明らかにするものである。

（補足説明）
1　本文は，（概要）記載のとおり，判例（最判昭和５６年１月１９日民集３５巻１号１頁）を踏まえて，委任が受任者の利益をも目的とするものである場合にも，受任者は民法第６５１条第１項によって解除すること自体は認める一方，委任事務を処理することによる受任者の利益を奪う結果とならないように損害賠償義務を課すものである。
　「受任者の利益をも目的とする」委任の例として，例えば，債権者が，債務者から，債務者が第三者に対して有する債権の回収の委託を受け，回収した金額を債務者に対する債権の弁済に充てることによって，債権の回収を確実にするという利益を得るという場合が挙げられる。判例は，少なくとも単に委任が有償であることのみでは「受任者の利益をも目的とする」に該当しないとしている（最判昭和５８年９月２０日集民１３９号５４９頁等）が，「受任者の利益をも目的とする」という表現では，一見，報酬を得ることも受任者の利益に該当するとも解し得ることから，括弧書きにより，報酬を得るという利益のみではここにいう「受任者の利益」に該当しないことを明確にしている。「受任者の利益」の具体的な内容について，学説には，委任事務処理と直接関係のある利益をいうとするものもあるが，「受任者の利益」という基準は判例法理において用いられており，これに基づいて実務は運用されていることなどから，本文では，この基準をそのまま維持している。
2　本文は，受任者の利益をも目的とする委任においては，任意解除権の行使によって受任者の利益を奪ってはならないという考え方に基づくものであるが，翻って，通常，委任が委任者の利益を目的とするものであるとすれば，任意解除権の行使によって委任者の利益を奪うことも同様に認められないのではないかとの指摘がある。民法第６５１条の根拠や適用範囲などにも関連する問題提起であり，十分に議論が深まっていないと考えられることから本文では取り上げていないが，受任者の利益を保護するために本文のような規律を設けるのであれば，これとの整合性から委任者の利益の保護も問題となり得，更に検討を深める必要がある。
3　本文の損害賠償の具体的な内容は，委任契約が解除されなければ受任者が得たと認められる利益から，受任者が債務を免れることによって得た利益を控除したものとすべきである。委任が有償である場合には約定の報酬を損害として請求することができることはもとより，「受任者の利益」は報酬だけではないから，これを超える部分の賠償も必要になると考えられる。これに対し，民法第６５１条第２項の「損害」は解除の時期が不

当であることに起因する損害のみを指すものであり，この点で，本文とは損害賠償の内容を異にすることになる。
4 学説には，債権担保の目的をもってする債権取立の委任のように，委任契約が受任者の権利の保全のための手段としてされる場合は，解除の効果そのものが生じないこととすべきであるとするものがある。部会の審議においては，このような学説をも踏まえ，委任の利益が受任者又は第三者の利益のみを目的としている場合（例えば，受任者に担保権を付与するための委任，債務整理のための委任，権利移転の実現のための委任）には，やむを得ない事由があったときを除いて解除することができない旨の規定を設けるという考え方も検討の対象とされた。しかし，民法第６５１条第１項は任意規定であり，委任の利益が受任者の利益のみを目的とする場合の例として挙げられる委任においては，委託された事務の内容等を考慮すると，契約当事者間において，委任者が任意解除権を有しない旨の特約があると考えられ，特約の効力として処理すれば足りることから，本文では取り上げていない。

(2) 破産手続開始による委任の終了（民法第６５３条第２号関係）
民法第６５３条第２号の規律を次のように改めるものとする。
ア 有償の委任において，委任者が破産手続開始の決定を受けたときは，受任者又は破産管財人は，委任の解除をすることができるものとする。この場合において，受任者は，既にした履行の割合に応じた報酬について，破産財団の配当に加入することができるものとする。
イ 受任者が破産手続開始の決定を受けたときは，委任者又は有償の委任における破産管財人は，委任の解除をすることができるものとする。
ウ 上記ア又はイの場合には，契約の解除によって生じた損害の賠償は，破産管財人が契約の解除をした場合における相手方に限り，請求することができるものとする。この場合において，相手方は，その損害賠償について，破産財団の配当に加入するものとする。
（注）民法第６５３条第２号の規律を維持するという考え方がある。また，同号の規律を基本的に維持した上で，委任者が破産手続開始の決定を受けた場合に終了するのは，委任者の財産の管理及び処分を目的とする部分に限るという考え方がある。

（概要）
民法第６５３条第２号は，委任者又は受任者が破産手続開始の決定を受けたときは委任は終了すると規定しているが，同号の規律を改めるものである。
本文アは，民法第６５３条第２号の規律のうち委任者が破産手続開始の決定を受けた場合について，委任が当然に終了するという規律を改め，有償の委任においては，請負に関する同法第６４２条と同様に，受任者又は破産管財人が委任を解除することができるとするものである。委任者が破産手続開始の決定を受けた場合でも，従前の委任契約に基づく委任事務の処理を継続した方が合理的な財産の管理処分が可能であるという場面もあり得

るから，当然に委任を終了させる必要はないという考え方に基づく。すなわち，委任者が破産手続開始の決定を受けた場合でも委任が当然には終了するものとせず，破産管財人が委任の解除権を有することとして従前の委任契約を解除するかどうかを判断することができるとするとともに，有償の契約においては受任者がその後委任事務を処理しても報酬の支払を受けることができないおそれがあることから，受任者にも解除権を与えることとしている。破産管財人が委任を解除することができるのは，それが破産管財人の業務に関するものである場合，すなわち，委任が委任者の財産の管理又は処分に関するものである場合であることを前提としている。なお，無償の委任契約は，双務契約でなく，受任者の報酬請求権の保護を図る必要もないため，いずれにも解除権は与えられない。

　本文アの第2文は，第1文に基づいて委任が解除された場合には，受任者は既履行部分の報酬請求権を破産債権として行使することができることとするものであり，解除された場合の受任者の報酬請求権について，民法第642条第1項後段と同様に扱うものである。

　本文イは，民法第653条第2号の規律を改め，受任者が破産手続開始の決定を受けた場合に委任が当然に終了するのではなく，委任者が契約を解除することができるとするものである。受任者破産の場合に委任が終了するという同号の規律は，受任者の破産によって委任関係の基礎である当事者間の信頼関係が失われることを理由とするとされていることからすると，委任者が引き続き受任者に委任事務の処理を委ねる意思を有している場合にまで当然に委任を終了させる必要はなく，委任を終了させるかどうかは委任者の判断に委ねれば足りると考えられるからである。また，破産管財人は，破産法第53条に基づいて解除権を有し，本文イがこのことを否定するものではないので，破産管財人が委任を解除することができることを併せて確認している。

　本文ウは，委任が解除された場合の報酬請求権や損害賠償請求権の扱いについて，民法第642条第2項と同様の規律を設けるものである。

　以上に対して，委任を終了させるためには破産管財人による解除が必要であるとすると，解除前に受任者が委任事務を処理することによって委任者の法律関係が変動する可能性があるとして，当然終了という構成を取る民法第653条第2号の規律を維持するという考え方がある。また，判例は，破産管財人の管理処分権と無関係な行為について委任関係は当然には終了しないとしており（最判平成16年6月10日民集58巻5号1178頁，最判平成21年4月17日判例タイムズ1297号124頁），これを踏まえて，現在の同号の規律を基本的に維持した上で，当然に終了するのは，委任のうち委任者の財産の管理及び処分を目的とする部分に限るという考え方がある。これらの考え方を（注）で取り上げている。

　なお，本文記載の案の検討に当たっては倒産法との関係にも留意する必要がある。

6　準委任（民法第656条関係）
　(1)　民法第656条の規律を維持した上で，次のように付け加えるものとする。
　　　法律行為でない事務の委託であって，[受任者の選択に当たって，知識，経験，技能その他の当該受任者の属性が主要な考慮要素になっていると認められるもの以外のもの]については，前記1（自己執行義務），民法第651条，

第653条（委任者が破産手続開始の決定を受けた場合に関する部分を除く。）を準用しないものとする。
　(2) 上記(1)の準委任の終了について，次の規定を設けるものとする。
　　ア　当事者が準委任の期間を定めなかったときは，各当事者は，いつでも解約の申入れをすることができる。この場合において，準委任契約は，解約の申入れの日から［2週間］を経過することによって終了する。
　　イ　当事者が準委任の期間を定めた場合であっても，やむを得ない事由があるときは，各当事者は，直ちに契約の解除をすることができる。この場合において，その事由が当事者の一方の過失によって生じたものであるときは，相手方に対して損害賠償の責任を負う。
　　ウ　無償の準委任においては，受任者は，いつでも契約の解除をすることができる。
　(注）民法第656条の現状を維持するという考え方がある。

（概要）
　本文(1)は，法律行為でない事務の委託について委任の規定を準用するという民法第656条を原則として維持することとするものである。しかし，準委任は，役務の提供を内容とする契約のうち他の典型契約に該当しないものの受け皿としての役割を果たしているとの指摘もあるが，このように多様なものが準委任に該当するとすれば，必ずしも委任の規定の全てを準用するのが適当であるとは言えない場合がある。特に，委任は当事者間の信頼関係を基礎とするとされ，そのため，当事者はいつでも任意に契約を解除することができるとする規定（民法第651条）などが設けられているが，これらが役務の提供を内容とする契約に一般的に妥当するとは言えない。そこで，本文(1)では，準委任のうち，委任の規定を全面的に準用するのが適当でないと考えられる類型を抽出し，委任の規定のうちの一部の準用を否定するものである。
　委任の規定の一部が準用されない類型をどのような基準によって抽出するかは，引き続き検討する必要があるが，本文(1)では，その受任者の個性に着目し，その受任者であるからこそ当該委任事務を委託するという関係があるかどうかによって区別することとし，このことを，［受任者の選択に当たって，知識，経験，技能その他の当該受任者の属性が主要な考慮要素になっていると認められるもの以外のもの］と表現している。これに該当するものとして，比較的単純な事務作業を内容とする契約が考えられる。これらの契約においては委任の規定のうち，信頼関係を背景とする規定を準用することは必ずしも合理的ではない。そこで，前記1（自己執行義務），民法第651条（任意解除権。前記5(1)参照），第653条（委任の終了。ただし，委任者が破産手続開始の決定を受けた場合に関する部分を除く。前記5(2)参照）を準用しないこととしている。これらの規定は，受任者の個性に着目し，当該受任者との信頼関係を基礎とするものであるからこそ妥当するものであり，このような特殊な関係にない，通常の事務処理契約には必ずしも妥当しないと考えられるからである。
　本文(2)は，［受任者の選択に当たって，知識，経験，技能その他の当該受任者の属性が

主要な考慮要素になっていると認められるもの以外のもの］について民法第651条が準用されないことから，その終了についての規定を設けるものである。本文(2)のア及びイは，雇用に関する同法第627条第1項，第628条と同様の規定を設けることとするものである。本文(2)ウは，無償の準委任についての特則を設けるものであり，これは受任者の好意に基づく性格を持つことから，受任者に対する契約の拘束力を緩和し，受任者はいつでも契約を解除することができるものとすることとしている。

(補足説明)
1 提案に至る経緯
 (1) 今日の社会においては，私立大学等における学生・生徒に対する教育，学習塾における学習指導，英会話などの習い事の指導，保育，介護，エステの施術，情報の提供や助言，コンサルティングなど，民法典制定時には想定されていなかったものを含めて役務の提供を内容とする様々な契約が多く見られ，役務提供型の契約の重要性が高まっていると言われている。雇用，請負，委任，寄託を役務提供型の典型契約に分類する考え方が一般的であるが，このうち役務提供型の法律関係の通則となるのが委任であるとされる。このため，役務を提供することを目的とする契約のうち，雇用，請負，寄託に該当しないものについては，無名契約などとして処理されるものもあるが，多くが準委任に該当するものとして処理されると言われている。起草者は，準委任の具体例として，病人の見舞い，葬式への出席，慶事の祝辞を述べることの委託などを挙げており，第三者に対する対外的な事務の委託が念頭に置かれていたとされるが，委任が役務提供型の通則的な規定であるとされた結果，今日においては，準委任に該当するとされる契約には多様なものが含まれるに至っている。しかし，準委任に準用される委任の規律には，任意解除権を定める民法第651条など，役務提供型の契約に広く適用するのが必ずしも適当であるとは言えないものも含まれている。また，準委任ではなく，無名契約に該当する契約については，適用される任意規定がなく，当事者間の法律関係は，契約の解釈によって導くほかない。
 (2) このように，今日の社会においては役務提供型の契約の重要性が高まっている一方で，これらの契約に適用されるべき適切な任意規定が用意されていないことから，特に民法制定時には想定されていなかった新たな役務提供型の契約に適用されるべき規律を設けるべきではないかが検討の対象とされた。規律の在り方としては，①医療や教育など，具体的な役務を目的とする契約類型を個別に取り上げて新たな典型契約を設ける考え方，②請負や委任と並んで，具体的な役務ではなく役務提供一般を対象とする射程の広い典型契約を設ける考え方，③請負や委任などの既存の役務提供契約を包摂する役務提供型の契約全体に適用される通則的な規定を設けるという考え方などがあり得る。このうち①の考え方は，様々な役務提供型の契約の中から，典型契約として取り上げるだけの特徴を有する具体的な役務を取り出すのは容易ではないことから，実現には困難が伴う。また，③の考え方に対しては，現在個別の典型契約とされる請負や委任の上位に適用される役務提供の総則的な規定を設けると，ある契約に適用される規定が分散して置かれることになり，かえって分かりにくくなるという批判

があった。

　請負や委任と並ぶ役務提供一般を対象とする典型契約を設けるという②の考え方については支持する意見があり，役務の提供を目的とするという一般的な要件によって適用範囲を画した上で，請負，委任その他の役務提供型の契約類型に該当するものを除外し，残ったものを適用の対象とする典型契約を設けるという考え方が検討された。このような役務提供型の受皿規定を設ける場合には，これまで受皿として機能してきた準委任との関係が問題になり，準委任の範囲を限定することになると考えられる。準委任の範囲をどのように限定するかについては，起草者の考え方を参考として第三者との間で対外的な事務の処理を行うことを目的とするかどうかを基準とする考え方や，当事者間の信頼関係を基礎とした契約類型であるかどうかを基準とするという考え方などが検討の対象となった。

　しかし，役務提供型の新たな典型契約を設けることに対して，役務提供一般を対象として一律に妥当する規律を設けることは困難であるという批判がある。すなわち，役務提供型の契約には，役務提供者側が情報や交渉力等において強い立場にある契約（例えば語学学校のようにサービスを内容とする消費者契約が念頭に置かれている。），役務受領者が情報や交渉力において強い立場にある契約（個人が自ら労務を提供する雇用類似の契約が念頭に置かれている。），当事者間に情報や交渉力の差がないものなどがあり，これらを包摂した類型を設けて一律に妥当する規律を設けるのは困難であるというものである。

(3) 以上のように，新たな役務提供型の契約に対応するための上記の①から③までの考え方は，いずれも十分な支持が得られなかった。このような経緯を踏まえた上で，問題の出発点は準委任に関する規定が役務提供型の契約一般に妥当する内容となっていないところにあったことからすると，準委任の規定をこれにふさわしいものに改めるべきであるという考え方が現れた。当事者間の個人的な信頼関係を基礎とするという特徴を持つ委任は，役務提供を目的とする契約の原則的な類型とは言いにくく，「法律行為でない事務の委託」を目的とする契約のうち，委任の規定が全て妥当する契約類型もあるものの，その範囲は広くはないと考えられる。そこで，本文は，従来準委任と扱われていたもののうち，委任の規定を全て適用するのが適切であると考えられる類型については引き続き民法第６５６条の規律を維持することとする一方，委任の規定のうちの全てを準用するのが適切ではないと考えられる類型を抽出し，準用するのが適当でない規律（例えば任意解除権に関する同法第６５１条が考えられる。）の準用を排除した上で，必要に応じ，これに代わる規定を設けようとするものである。

2　準委任を区別する基準について
(1) 以上のように，「法律行為でない事務の委託」には，委任に関する規律を全て準用することが適当である類型と，委任に関する規律を全て準用するのが適当でない類型があるとすると，両者をどのように区別するかが問題になる。

　委任契約は，委任者と受任者との信頼関係を基礎とする点に特徴があり，委任に関する具体的な規定のうち，例えば，委任契約の当事者がいつでも契約を解除することができること（民法第６５１条），受任者についての破産手続の開始や後見開始が委任

の終了事由とされていること（同法第653条第2号，第3号）等は，委任契約のこのような特徴を反映したものであると考えられる。また，このような委任契約の特徴を踏まえて，受任者の自己執行義務に関する規定を設けることも検討されている（前記1）。

委任契約についてこれらの規定が設けられていることに鑑みて，委任契約に関するすべての規定を適用すべき契約類型はどのようなものかという観点から準委任の適用対象を検討すると，準委任の適用対象を，委任者が，受任者の個性に着目し，その人が委任事務を処理してくれるからこそその事務を委託するという契約に限定することが考えられる。本文(1)の「受任者の選択に当たって，知識，経験，技能その他の当該受任者の属性が主要な考慮要素になっていると認められるもの」は，受任者の個性を重視するという性質を表現しようとしたものである。これに該当するものとして，例えば，事務の委託者に対して，受任者がその専門的な知識や経験に基づく助言をすることを内容とする契約が考えられる。このような類型は，委託者の受任者に対する信頼関係を基礎としており，従来の準委任に引き続き，委任の規定のすべてを準用することに合理性がある。

一方，「法律行為でない事務の委託」には，清掃や比較的単純な事務作業を目的とするものなど，その役務の内容が受任者の個性によって左右されるものではなく，この受任者であるからこそ委託するという性質を持たないものも含まれる。このような契約においては，受任者が委任事務の処理に当たって第三者を使用することを制限する必要はないと考えられるし，「この受任者であるからこそ委託する」という信頼が失われたことを理由とする解除権を認める必要もないなど，委任の規定を全面的に準用する必要はないと考えられる。

(3) もっとも，本文(1)の「受任者の選択に当たって，知識，経験，技能その他の当該受任者の属性が主要な考慮要素になっていると認められる」かどうかという基準が，準委任の2類型を区分する基準として適切かどうかについて，内容及び表現のいずれの点でも，更に検討を深める必要がある。例えば，次のような点が検討課題となる。

まず，どのような契約においても，相手方の選択においてその個性を考慮しないことは考えられず，本文の考え方は基準として有用であるとは言えないという批判が考えられる。本文の考え方は，相手方の個性が，（例えば対価その他の要素と比べて）特に重視され，主要な考慮要素となっているかどうかによって準委任を区別しようとするものであるが，主要であるということが明確な基準と言えるかどうかなどについて，更に検討する必要がある。

また，当事者の個性に着目するとしても，「個性」と言い得る性質には様々なものがあり，本文で挙げた「知識，経験，技能」などの専門性に着目した個性に限らない。例えば，起草者が準委任の例として挙げていた病人の見舞い，祝辞の代読などを念頭に置くと，ここでは受任者との個人的な信頼関係などに着目されていると言い得る。本文は，今日の社会においては，単に個人的な信頼関係というよりも，委任事務を遂行する能力や専門性などに対する信頼関係の重要性が高まっているという指摘を踏まえて，受任者の「知識，経験，技能」などの専門性を重視したかどうかを基準とする

ものであるが，当事者の個性に着目するとしても，その個性の内容について更に検討を深める必要がある。

「個性」が考慮されたかどうかを個別の契約に即して判断するか，類型的に，通常個性が考慮される契約であるかを基準とするかも，残された検討課題である。個別の事案における準用の可否について具体的に妥当な結論を導くには個別の判断をするのが望ましいとも考えられるが，同一の委任事務が問題になっているのに，委任者の主観的事情によっていずれの類型に該当するかの結論が異なるのは法的な安定性を欠くとも考えられる。

3 規定の内容
(1) 本文(1)は，受任者の個性を重視する類型の委任については民法第６５６条の規律を維持し，委任に関する規定を一般的に準用することとしている。その上で，受任者の個性を重視する類型以外の委任については，前記1（自己執行義務），同法第６５１条（任意解除権。前記5(1)参照），同法第６５３条（委任の終了。ただし，委任者が破産手続開始の決定を受けた場合に関する部分を除く。前記5(2)参照）を準用しないこととしている。

前記1は，原則として受任者が自ら委任事務を処理しなければならないとするものであるが，これは，委任者が受任者の個性を重視する類型の委任においてはその趣旨が当てはまるが，それ以外の類型については，通常の契約と異なる扱いをする必要性は乏しいと考えられる。そこで，個性に着目したもの以外の委任については，前記1の規定の準用を排除し，契約の一般原則に委ねるものとしている。債務者が債務の履行に当たって第三者を利用することは，原則としては自由であり，前記1の準用を排除すると，受任者は原則として第三者に委任事務を処理させることができることになる。

民法第６５１条は，当事者間の信頼関係を基礎とし，その信頼関係が失われた場合には，当事者を契約に拘束するのが妥当でないという趣旨から設けられたものと理解するのが通説的な見解である。同様に，委任者が受任者の個性を重視し，この受任者であるからこそ委託するという関係がある場合には，その後，委任者が受任者にその事務を委託したくないと考えるに至ったときは，当事者を契約に拘束するのは適当でないと考えられる。しかし，受任者の個性を重視する類型以外の類型においては，契約の拘束力の一般的な原則を修正して，このような特則を設ける理由に乏しい。そこで，委任者の個性を重視する類型以外の準委任については，同条の準用を排除したものである。この類型の準委任の終了については，本文(2)が設けられる。

民法第６５３条が，当事者の死亡，破産手続開始，後見開始によって委任が終了することとしているのは，委任が個人的信頼関係を特に重視するからであるとされている。受任者の個性を重視する類型以外の準委任については，委任者が破産手続開始の決定を受けた場合に関する部分を除き，同条の準用を否定し，契約の一般原則に委ねることとしている。同条第1号の準用を排除する結果，当事者が死亡した場合にも，準委任は当事者の相続人との間で存続することになる。受任者について破産手続開始の決定がされ，又は後見開始の審判を受けた場合にも，受任者の個性が重視されてい

ない準委任においては，契約を終了させる必要はない。しかし，委任者が破産手続開始の決定を受けた場合について前記5(2)で検討されている見直しは，委任者が破産手続開始の決定を受けた場合の規律は，受任者が委任事務を処理しても報酬請求権を得られないことになると受任者に酷であることを考慮したものであり，当事者間の信頼関係や個性の重視の有無とは関係がない。そこで，この部分については，いずれの類型の準委任についても準用する必要がある。委任者が破産手続開始の決定を受けた場合に関する部分が括弧書きで除外されているのは，このような趣旨である。
(2) 本文(2)は，当事者の個性を重視する類型以外の準委任について，その終了に関する規律を設けるものである。

当事者が契約の存続期間を定めていない準委任においても，永久に契約を継続する趣旨ではないと考えられる。そこで，本文(2)アは，当事者はいつでも解約の申入れをすることができ，解約申入れの日から一定の期間経過後に準委任が終了することとしている。このような規律は，民法第617条第1項，第627条第1項など，一定期間存続することが予定されている他の契約類型について設けられている例があり，これらと趣旨を同じくするものである。解約申入れから契約の終了までの期間については更に検討する必要があるが，差しあたり，同項と同じ2週間をブラケット付きで示している。

また，本文(2)イは，契約の存続期間が定められている場合でも，やむを得ない事由があるときは，当事者が契約を解除することができるとしている。このような規律も，民法第628条前段のように，一定期間存続することが予定されている契約類型について設けられている例があり，これと趣旨を同じくするものである。やむを得ない事由が当事者の一方の過失によって生じたものであるときに相手方に対して損害賠償の責任を負うという規律も，同条後段と同様の趣旨に基づくものである。

本文(2)ウは，無償の準委任についての特則を設けるものである。無償の準委任は受任者の好意に基づくという性格を持つことから，受任者に対する契約の拘束力を緩和し，受任者はいつでも契約を解除することができるものとしている。

4 現状を維持するという意見

本文の考え方に対しては，現在の規定によっても，契約の柔軟な解釈などによって個別具体的な事実関係に即した合理的な結論を導くことができ，民法第656条の現状を変更する必要はないという指摘がある。また，準委任を2つの類型に分けるための明確で的確な基準を設けるのは困難であるとの指摘もある。これらの指摘を踏まえて，同条の現状を維持するという考え方があり，これを（注）で取り上げている。

第42 雇用
1 報酬に関する規律（労務の履行が中途で終了した場合の報酬請求権）
 (1) 労働者が労務を中途で履行することができなくなった場合には，労働者は，既にした履行の割合に応じて報酬を請求することができるものとする。
 (2) 労働者が労務を履行することができなくなった場合であっても，それが契約の趣旨に照らして使用者の責めに帰すべき事由によるものであるときは，

労働者は，反対給付を請求することができるものとする。この場合において，自己の債務を免れたことによって利益を得たときは，これを使用者に償還しなければならないものとする。
　（注）上記(1)については，規定を設けないという考え方がある。

（概要）
　本文(1)は，労働者が労務を中途で履行することができなくなった場合における労働者の報酬請求権の発生根拠について，民法第６４８条第３項を参照して，異論のない解釈を明文化するものである。もっとも，明文化に慎重な意見があり，これを（注）で取り上げている。
　本文(2)は，雇用に関して民法第５３６条第２項の規律を維持するものである。ただし，雇用契約においては，労務を履行しなければ報酬請求権が発生しないとされていることから，「反対給付を受ける権利を失わない」という同項の表現によっては，労務が現に履行されなかった部分についての報酬請求権の発生を基礎づけることができない。そこで，同項の表現を「反対給付を請求することができる」と改めることを提案している。

（補足説明）
1　民法には，雇用契約の報酬の支払時期についての規定は置かれているが（同法第６２４条），労務の履行が中途で終了した場合等における報酬請求権の存否及びその範囲に関する規定は置かれていない。本文は，この問題を取り上げるものである。
　　なお，期間の定めのない雇用契約については，どのような場合が「労務を中途で履行することができなくなった場合」に当たるかという点が問題となる。この点について，雇用契約における報酬の定め方としては，一連の労務全体に対して報酬を定める方法と期間をもって報酬を定める方法とがあると言われており，前者であれば労務の全部を履行する前に解雇・退職等によって契約が終了した場合又は労務の履行が不可能になった場合が「労務を中途で履行することができなくなった場合」に該当し，後者であれば報酬期間の途中で解雇・退職等によって契約が終了した場合又は労務の履行が不可能になった場合がそれに該当することになる。
2　雇用契約は，原則として，労務の履行に対し，その履行の割合に応じて報酬が支払われる契約類型である。そのため，労務の履行が中途で終了した場合であっても，既に労務が履行された部分については，労働者は，その履行した割合に応じて算出される金額を報酬として請求することができると考えられている。本文(1)は，この考え方を条文上明記するものである。なお，本文(1)の「既にした履行の割合」とは，一連の労務全体に対して報酬が定められていた場合には約定の労務全体に対する履行した労務の割合を意味し，期間をもって報酬が定められていた場合には約定の期間に対する履行した期間の割合を意味する。
　　本文(1)の規律内容は，当然のことであり規定を設けるまでもないとの指摘もあるが，委任について民法第６４８条第３項に委任事務の中途終了の場合の報酬請求権に関する規定が置かれていることを踏まえると，雇用に関してもそのルールを条文上明確にする

ことが望ましい。また，本文(1)の規定を設けることにより，雇用契約の報酬の支払方式が原則として履行割合型であることが明らかになる意義があると考えられる。
　この本文(1)は，任意規定を設けるという趣旨であり，当事者間に異なる合意がある場合には，まだ履行していない部分についても報酬を受け取ることを妨げるものではない。また，本文(1)は，当事者の意思が明確でない場合に履行割合に応じて報酬が支払われることを明らかにするものであるから，雇用契約において，労務の提供の結果としてもたらされる成果に対して報酬が支払われる方式（成果完成型）が定められることは妨げられない。もっとも，委任契約では，報酬の支払方式として成果完成型が選ばれることがまれではないと想定されているのに対し，雇用契約について成果完成型の報酬の定めがあり得ることを条文上明らかにする必要性は必ずしも高くないという考慮に基づき，成果完成型の報酬の定めに関する規定を設けることとはしていない。
　この規定を設けることについては，賞与の支給日在籍要件の有効性を認めた判例（最判昭和５７年１０月７日集民１３７号２９７頁）に影響を及ぼすのではないかとの懸念が示されている。しかし，上記の判例は，報酬に本文(1)のルールが妥当することを前提として，賞与と報酬との違いの有無が問題とされたものであるから，報酬について本文(1)のような明文の規定が設けられることによって，上記の判例に影響が及ぶものではない。
3　雇用契約については，労働者が労務を履行しなければ報酬請求権は具体的に発生しないという原則（ノーワーク・ノーペイの原則）が認められているが，判例（最判昭和３７年７月２０日民集１６巻８号１６５６頁等）・通説は，民法第５３６条第２項を根拠として，使用者の責めに帰すべき事由により労務の履行が不能となった場合には，実際に労務が履行されなくても，具体的な報酬請求権が発生すると解している。もっとも，同項は，双務契約の一方の債務が履行不能になった場合に反対債務が消滅しないことを定める規定であり，本来は報酬請求権の発生を基礎付ける根拠とはなりにくいはずである。そこで，危険負担制度に関する見直しの検討結果にかかわらず，労務の履行が不能になった場合における報酬請求権の発生の法的根拠となる規定を同項とは別に設けるべきであるとの指摘がある。本文(2)は，このような指摘を踏まえて新たに設ける規定である。本文のルールの詳細については，前記第４０，１及び前記第４１，４(3)の補足説明を参照していただきたいが，これまでの判例のルールを変えることを意図するものではない。

2　期間の定めのある雇用の解除（民法第６２６条関係）

民法第６２６条の規律を次のように改めるものとする。
(1) 期間の定めのある雇用において，５年を超える期間を定めたときは，当事者の一方は，５年を経過した後，いつでも契約を解除することができるものとする。
(2) 上記(1)により契約の解除をしようとするときは，２週間前にその予告をしなければならないものとする。

（概要）

本文(1)は，民法第６２６条第１項を以下のとおり改めるものである。まず，同項本文の「雇用が当事者の一方若しくは第三者の終身の間継続すべきとき」を削除している。当事者の一方の終身の間継続する雇用契約は人身を不当に拘束する契約であって，その有効性を認めるかのような規律は維持すべきでないと考えられるからである。また，同項ただし書についても削除しているが，これは，そもそも実際に適用される場面が想定し難い上に，職業別の取扱いを規定している点で取り分け今日における合理性に疑問があるからである。
　本文(2)は，民法第６２６条第２項の規律を改め，解除の予告をすべき時期を２週間前とするものである。現在の３か月前では長すぎて不当であるという考えに基づき，解除の予告期間について後記３（同法第６２７条第１項参照）と整合的な期間とすることを意図するものである。

３　期間の定めのない雇用の解約の申入れ（民法第６２７条関係）
　民法第６２７条第２項及び第３項を削除するものとする。

（概要）
　民法第６２７条第２項及び第３項は，労働基準法第２０条の存在によって実際上の適用場面がほとんど想定されなくなっている上，労働者の辞職の申入れの期間として３か月を要するのは長すぎて不当であると考えられることから，規定を削除することによって規律の合理化を図るものである。これらの規定の削除により，使用者による解雇の予告期間については労働基準法第２０条又は民法第６２７条第１項が適用され，他方，労働者からの解約の予告期間については一律に同項が適用されることになる。

（補足説明）
　期間の定めのない雇用の解約については，各当事者はいつでも解約の申入れをすることができ，解約の申入れから２週間を経過することによって契約が終了するとされている（民法第６２７条第１項）。もっとも，期間によって報酬を定めた場合には，解約の申入れは，当期の前半に申入れをすることによって，次期以後についてすることができるが（同条第２項），６か月以上の期間によって報酬を定めた場合には，３か月前に解約の申入れをすればよいとしている（同条第３項）。この規定が報酬の期間に着目して解約の申入れの期間を定めているのは，報酬の期間が雇用の継続を保障する期間としての意味を有することを前提としていると言われている。
　ところで，労働基準法第２０条は，使用者による労働者の解雇について，３０日前の解雇予告又は解雇予告手当の支払をしなければならないとしている。そのため，同条の解雇予告制度と民法第６２７条第２項との関係が問題となり，通説は労働基準法第２０条の適用がある場合には民法第６２７条第２項が排除されるとしているが，他方，労働基準法第２０条と抵触しない範囲では民法第６２７条第２項が重複して適用されるとする見解も主張されている。
　また，民法第６２７条第３項については，労働基準法上，賃金を毎月一回以上，一定の期日を定めて支払わなければならないとされている（同法第２４条第２項）こととの関係

で，年俸による報酬の定めがある場合（年俸制）に民法第627条第3項の適用があるかが問題とされている。通説は年俸制にも同項が適用されるとするものの，労働基準法第24条第2項によって総額が年俸制でも支払方法は月払であることを指摘してこれに反対する見解も主張されている。そして，仮に年俸制に民法第627条第3項が適用されるとしても，同項は労働基準法第20条によって排除されるとする見解が通説とされているほか，同項の適用を受ける雇用契約について，労働者の辞職の申入れの期間として3か月を要するのは長すぎて不当であるとの指摘もされている。

　本文は，以上のような問題意識を踏まえ，民法第627条第2項及び第3項を削除するものである。これは，労働基準法第20条によって民法第627条第2項及び第3項の適用が排除されており，これらの民法の規定が事実上死文化しているとした上で，使用者による解雇については同条第1項の規定にかかわらず労働基準法第20条が適用されることを前提とし，他方，労働者からの解約については予告期間の特則は不要で，一律に民法第627条第1項の適用に委ねればよいとする考え方である。また，労働基準法の適用がない雇用契約については，使用者からの解雇と労働者からの解約のいずれについても，同項が適用されることになる。

第43　寄託
1　寄託契約の成立等
(1) 寄託契約の成立（民法第657条関係）
民法第657条の規律を次のように改めるものとする。
- ア　寄託は，当事者の一方が相手方のためにある物を保管することとともに，保管した物を相手方に返還することを約し，相手方がこれを承諾することによって，その効力を生ずるものとする。
- イ　有償の寄託の寄託者は，受寄者が寄託物を受け取るまでは，契約の解除をすることができるものとする。この場合において，受寄者に損害が生じたときは，寄託者は，その損害を賠償しなければならないものとする。
- ウ　無償の寄託の当事者は，受寄者が寄託物を受け取るまでは，契約の解除をすることができるものとする。ただし，書面による無償の寄託の受寄者は，受寄者が寄託物を受け取る前であっても，契約の解除をすることができないものとする。
- エ　有償の寄託又は書面による無償の寄託の受寄者は，寄託物を受け取るべき時を経過したにもかかわらず，寄託者が寄託物を引き渡さない場合において，受寄者が相当の期間を定めて寄託物の引渡しを催告し，その期間内に引渡しがないときは，受寄者は，契約の解除をすることができるものとする。

　（注）上記エについては，規定を設けないという考え方がある。

（概要）

本文アは，寄託を諾成契約に改めるものである。寄託を要物契約とする民法の規定は，

現在の取引の実態とも合致していないと指摘されていることを踏まえ，規律の現代化を図るものである。

本文イは，寄託を諾成契約に改めることに伴い，有償寄託について，寄託物受取前の寄託者による解除についての規律を定めるものである。寄託物受取前には，寄託者が自由に寄託を解除することができるとともに，これによって受寄者に生じた損害を寄託者が賠償しなければならない旨の規律を設けている。寄託は寄託者のためにされる契約であることから，寄託者が契約締結後に寄託することを望まなくなった場合には契約関係を存続させる必要はなく（民法第６６２条参照），受寄者に生じた損害があればそれを賠償することで足りると考えられるからである。

本文ウは，無償寄託について，寄託物受取前の各当事者による解除についての規律を定めるものである。寄託物を受け取るまで各当事者は自由に契約の解除をすることができることを原則としつつ，例外的に書面による無償寄託の受寄者については寄託物の受取前であっても契約の解除をすることができない旨を定めている。使用貸借における目的物引渡し前の規律（前記第３９，１(2)）と同趣旨のものである。

本文エは，寄託者が寄託物を引き渡さない場合に受寄者が契約に拘束され続けることを防止するために，受寄者による契約の解除を認める必要があるので，その旨の規律を設けるものである。もっとも，このような規律を設ける必要性はないとの考え方があり，これを（注）で取り上げている。

（補足説明）
1 寄託は，受寄者が寄託者のために寄託物を受け取ることによって初めて成立する要物契約であるとされている（民法第６５７条）。寄託が要物契約とされたのは，ローマ法以来の沿革に由来するものであって，今日では合理的な理由は見出せないと言われている。また，実務上は，倉庫寄託契約を中心に，諾成的な寄託契約が広く用いられており，寄託を要物契約とする民法の規定は，取引の実態とも合致していないと指摘されている。部会における審議でも，寄託を諾成契約として見直すことについて，特に異論はなかった。

　　本文アは，以上を踏まえ，寄託を諾成契約として改めるものである。
2 本文イ及びウは，（概要）記載のとおりである。
3 諾成的な有償寄託において受寄者に寄託物の受取前の解除権が認められるかについては，従来，否定的な考え方が多かったところであるが，この場合に受寄者に解除権を認めないとすると，寄託者が寄託物を引き渡さず，解除もしない場合に，受寄者がいつまでも契約に拘束されることになるという問題があるとの指摘があった。本文エは，この問題への対応として，受寄者に寄託物の受取前の解除権を認めるものである。これは，寄託者に引渡義務があるかどうかを問わないで，債務不履行解除と同様の要件の下で受寄者に法定の解除権を与える趣旨である。

　　もっとも，これに対して，本文エのような規定を設けることに否定的な意見がある。すなわち，消費貸借においては，借主が目的物を受け取らない場合に，貸主がいつまでも契約に拘束されるおそれがあることへの対応の要否として寄託と同じ問題が生じ得る

にもかかわらず，現在のところ，消費貸借については，この問題が議論の対象とはされていない。また，合意によって寄託者に引渡義務を課しておけば，その不履行を根拠として契約を解除することができるので，このような規定を設ける必要性が高いとは言えないとの指摘もある。（注）では，このような指摘を踏まえ，規定を設けない考え方を取り上げている。

(2) 寄託者の破産手続開始の決定による解除
　　有償の寄託の受寄者が寄託物を受け取る前に寄託者が破産手続開始の決定を受けたときは，受寄者又は破産管財人は，契約の解除をすることができるものとする。この場合において，契約の解除によって生じた損害の賠償は，破産管財人が契約の解除をしたときにおける受寄者に限り，請求することができ，受寄者は，その損害賠償について，破産財団の配当に加入するものとする。

（概要）
　受寄者が寄託物を受け取る前に寄託者について破産手続開始の決定があったときに，受寄者又は寄託者の破産管財人が契約を解除することができるとするものである。有償寄託の寄託者について破産手続開始の決定があった場合には，報酬全額を受け取ることができないおそれがあるため，受寄者が契約を解除することができるようにする必要があるという考慮に基づくものである。また，この場合における損害賠償請求権の帰すうについては，民法第642条第2項及び前記第41，5(2)と同様の趣旨である。
　なお，本文記載の案の検討に当たっては倒産法との関係にも留意する必要がある。

（補足説明）
　寄託契約を諾成契約として改めることに伴い，寄託物の受取前に寄託契約の当事者について破産手続開始の決定があった場合に寄託契約を存続させることの要否が問題となる。
　この問題についての対応方法としては，①寄託契約を当然に失効させる，②破産管財人及びその相手方が契約を解除することができることとする，③特別の規定を設けない（破産法第53条に委ねる）のいずれかが考えられる。
　本文は，このうち，有償寄託について②の考え方を採用するものであるが，これは以下の理由に基づくものである。
　①を採らないこととしたのは，消費貸借とは異なり（前記第37，1参照），寄託において寄託者は寄託物を預ける義務を負わない上に，寄託者は寄託物について取戻権を有するから，契約を当然に失効させる必要性が乏しいということを理由とするものである。
　②と③のいずれの考え方を採るかは，一方当事者に破産手続開始の決定があった場合に，その相手方が解除権を有しなくても不都合が生じないかという点が問題となる。受寄者に破産手続開始の決定があった場合には，寄託者は自由に契約を解除することができるから（前記(1)），寄託者に解除権を認めるための規定を設ける必要はない。他方，受寄者は契約を自由に解除することができないため，寄託者について破産手続開始の決定があった場

合に，受寄者に解除権を認めることの要否が問題となる。そして，有償寄託の場合には，受寄者は報酬全額を受け取ることができないおそれがあるにもかかわらず，寄託物を預かる義務を負うという事態が生じ得るため，このような事態を避ける必要があるという考慮に基づき，本文は，有償寄託の場合に限り，受寄者に解除権を認めることとしたものである。

2 寄託者の自己執行義務（民法第658条関係）
(1) 民法第658条第1項の規律を次のように改めるものとする。
ア 受寄者は，寄託者の承諾を得なければ，寄託物を使用することができないものとする。
イ 受寄者は，寄託者の承諾を得たとき，又はやむを得ない事由があるときでなければ，寄託物を第三者に保管させることができないものとする。
(2) 民法第658条第2項の規律を次のように改めるものとする。
再受寄者は，寄託者に対し，その権限の範囲内において，受寄者と同一の権利を有し，義務を負うものとする。
(注) 上記(1)イについては，「受寄者の承諾を得たとき，又は再受寄者を選任することが契約の趣旨に照らして相当であると認められるとき」でなければ，寄託物を第三者に保管させることができないものとするという考え方がある。

（概要）
本文(1)は，やむを得ない事由がある場合にも寄託者が再受寄者を選任することができることとして（本文(1)イ），民法第658条第1項の規律を改めている。寄託者の承諾を得た場合にのみ再寄託をすることができるとする同項の規律については，硬直的で実務的に不都合を生ずるおそれがあるとの指摘のほか，委任の規律（前記第41，1参照）との整合性を欠くとの指摘があることを踏まえたものである。なお，本文(1)イについては，委任の規律と同様に，再受寄者を選任することができるのが，寄託者の承諾を得た場合のほかは「やむを得ない事由があるとき」に限定されているのは狭過ぎるとして，再受寄者の選任が契約の趣旨に照らして相当であると認められる場合にも再受寄者の選任を認めるべきであるという考え方があり，これを（注）で取り上げている。

本文(2)は，適法に再受寄者を選任した場合における寄託者，受寄者及び再受寄者の法律関係について，民法第105条を準用しないこととして，同法第658条第2項の規律を改めるものである。履行補助者である再受寄者を選任することができる場合であっても，再受寄者の行為によって生じた受寄者の責任が履行補助者の選任又は監督の責任に縮減される理由はないことから，履行補助者の行為によって債務不履行が生じた場合にはその責任を負うという一般原則に従うこととしている。

（補足説明）
1 民法第658条第1項は，受寄者の自己執行義務を定めるとともに，その例外として，

寄託者の承諾を得た場合に，再寄託を行うことを認めている。受寄者が自己執行義務を負う理由は，寄託契約が，寄託者の受寄者に対する属人的な信頼を基礎とすることに基づくとされる。このため，例外として再寄託をすることができるのは，寄託者の承諾を得た場合に限られるとされている。しかし，これでは，再寄託をする必要があるにもかかわらず，寄託者の承諾を得ることが困難な事情がある場合にも，再寄託をすることができないことになるため，適当ではないという批判がある。また，寄託と同様に人的信頼関係を基礎とする契約とされる委任において，委任者の承諾がない場合であっても，「やむを得ない事由があるとき」に復委任が認められると考えられている（民法第１０４条参照）ことと整合的でないとの批判がある。上記の批判を踏まえ，学説では，寄託についても，解釈によって，「やむを得ない事由があるとき」に再寄託ができるとすべきであるとする見解が有力に主張されている。実務的にも，個別に寄託者の承諾を得ることが困難である場合が想定されることから，「やむを得ない事由があるとき」には寄託者の承諾がなくても再寄託が認められる旨の規定を契約において設ける実例があると指摘されている（標準倉庫寄託約款第１８条参照）。

　本文(1)は，以上のような解釈を明文化することにより，規律を合理化する観点から，やむを得ない事由がある場合にも寄託者が再受寄者を選任することができることとするものである。

　これに対して，委任について復委任が認められる要件が狭すぎるという問題意識を前提に，現在の「やむを得ない事由があるとき」という要件を拡張する考え方が示されており（前記第４１，１），これとの整合性を図る観点から，「再受寄者を選任することが契約の趣旨に照らして相当であると認められるとき」を再寄託の要件とする考え方があるので，これを（注）で取り上げている。

２　民法第６５８条第２項は，復代理に関する同法第１０５条を準用し，適法に再寄託がされた場合における受寄者の責任を軽減している。しかし，この規定については，第三者が寄託物を保管するということを寄託者が承諾しただけで，受寄者の責任が再受寄者の選任及び監督に限定される結果となるのは不当であるとの批判のほか，再受寄者が履行を補助する第三者なのだから，その一般ルールが適用されるべきであり，これと異なるルールを設ける合理性が認められないとの批判がある。また，寄託者の承諾がない場合にも一定の要件の下で再寄託を許容することを前提とすると（前記(1)），緩和された再寄託の要件を充足することにより寄託者の承諾を得ないで適法に再寄託がされた場合について，受寄者の責任が限定されることを正当化することはより一層困難であると指摘されている。

　以上のような問題意識を踏まえて，本文(2)は，適法な再寄託がされた場合における受寄者の責任について，民法第６５８条第２項のうち同法第１０５条を準用する部分を削除して，原則として履行を補助する第三者の行為に基づく責任に関する一般原則に委ねることとしている。

３　本文(2)は，民法第６５８条第２項が同法第１０７条第２項を準用する点を維持することとしている。これは，①直接請求権を認めることによって，受寄者の支払不能時における再受寄者の報酬請求権を保護する必要がある，②寄託者が再受寄者から寄託物を取

り戻すための手段として，直接請求権を認める必要があるといった点を考慮したものである。

3 受寄者の保管に関する注意義務（民法第659条関係）
民法第659条の規律に付け加えて，有償で寄託を受けた者は，善良な管理者の注意をもって，寄託物を保管する義務を負うものとする。

（概要）
有償寄託については，民法第400条の一般規定が適用され，受寄者は善管注意義務を負うとされており，この異論のない解釈を明らかにするものである。受寄者の保管義務は寄託の本質的な内容であることから，その規律を明示的に補う趣旨である。同条については，注意義務（保存義務）の具体的内容が契約の趣旨を踏まえて画定される旨を定めることが検討されているが（前記第8，1参照），それを前提としても，個別の契約類型に応じて任意規定を設けることは有益であると考えられる。

4 寄託物についての第三者の権利主張（民法第660条関係）
民法第660条の規律を次のように改めるものとする。
(1) 寄託物について権利を主張する第三者が受寄者に対して訴えを提起し，又は差押え，仮差押え若しくは仮処分をしたときは，受寄者は，遅滞なくその事実を寄託者に通知しなければならないものとする。ただし，寄託者が既にこれを知っているときは，この限りでないものとする。
(2) 受寄者は，寄託物について権利を主張する第三者に対して，寄託者が主張することのできる権利を援用することができるものとする。
(3) 第三者が寄託物について権利を主張する場合であっても，受寄者は，寄託者の指図がない限り，寄託者に対し寄託物を返還しなければならないものとする。ただし，受寄者が上記(1)の通知をし，又はその通知を要しない場合において，その第三者が受寄者に対して寄託物の引渡しを強制することができるときは，その第三者に寄託物を引き渡すことによって，寄託物を寄託者に返還することができないことについての責任を負わないものとする。
(4) 受寄者は，上記(3)により寄託者に対して寄託物を返還しなければならない場合には，寄託物について権利を主張する第三者に対し，寄託物の引渡しを拒絶したことによる責任を負わないものとする。
（注）上記(3)及び(4)については，規定を設けない（解釈に委ねる）という考え方がある。

（概要）
本文(1)は，民法第660条の規定を維持した上で，第2文を付け加え，第三者による訴えの提起等の事実を寄託者が知っている場合には受寄者が通知義務を負わないという一般的な理解を明文化するものである。賃貸借に関する同法第615条と平仄を合わせるもの

である。
　本文(2)は，第三者が受寄者に対して寄託物の引渡請求等の権利の主張をする場合において，その引渡しを拒絶し得る抗弁権（同時履行の抗弁権，留置権等）を寄託者が有するときは，受寄者において当該抗弁権を主張することを認めるものである。これを認めなければ，寄託者が直接占有する場合と寄託によって間接占有する場合とで結論が異なることになり，寄託者が不利益を被ることを理由とするものである。
　本文(3)は，寄託物について第三者が権利主張する場合であっても，受寄者はその第三者に寄託物を引き渡してはならず，寄託物を寄託者に対して返還しなければならないという原則とともに，寄託物について権利を主張する第三者の存在を民法第６６０条に従い通知した場合において，その第三者が確定判決を得たときや，それに基づく強制執行をするときのように，受寄者に対して寄託物の引渡しを強制することができるときに，その例外として，寄託者以外の第三者に寄託物を引き渡すことができ，これによって寄託者に対して返還義務の不履行の責任を負わない場合があることを定めるものである。従来，規律が不明確であるとされてきた点について，規律の明確化を図るものである。
　本文(4)は，本文(3)により寄託者に対して寄託物を返還しなければならない場合には，受寄者はその第三者に対して引渡しを拒絶することができ，その拒絶によって第三者に対する責任を負わないとすることを提案している。本文(3)の場合に，権利を主張してきた第三者が真の権利者であったときは，受寄者は第三者に対して損害賠償責任を負い，これを寄託者に対して求償することによって処理することになり得るが，寄託者と第三者との間の寄託物をめぐる紛争に受寄者が巻き込まれないようにするのが妥当であるから，受寄者が返還を拒んだことにより第三者に生じた損害については，第三者が寄託者に対して直接請求することによって解決することを意図するものである。
　以上に対して，民法第６６０条の通知義務違反によって寄託者に対する寄託物の返還義務が常に免責されないことになるという結論の合理性を疑問視する立場から，本文(3)及び(4)の規定を設けない考え方があり，これを（注）で取り上げている。

（補足説明）
1　本文(1)及び(2)は，（概要）記載のとおりである。
2　受寄者は，寄託契約に基づき，寄託者に対して寄託物を返還すべき義務を負っている。このため，寄託物について所有権を主張する寄託者以外の第三者から当該寄託物の返還請求を受けた場合であっても，当該第三者が寄託物の真の所有者であるか否かを問わず，強制執行等により強制的に占有を奪われるのでない限り，当該第三者に任意に寄託物を引き渡してはならないと考えられている。
　　ところで，民法の起草時には，民法第６６０条の規定と併せて，寄託物の返還の相手方に関する規律として，受寄者の寄託者に対する返還義務が免除される場合についての規定を置くことが提案されていたが，この規律は解釈から導くことが可能であるとして，最終的に削除され，同条の通知義務だけが規定されることとなった。しかし，例えば，動産及び債権の譲渡の対抗要件に関する民法の特例等に関する法律の立法（平成１６年改正）に至る審議過程では，真の所有者から受寄者に対して寄託物の返還請求があった

場合に，受寄者はその返還請求に応ずるべきかという点について，見解が分かれたという経緯があり，そのことも踏まえ，占有代理人を保護する観点から同法第3条第2項が設けられたと説明されている等，上記の規律を解釈によって安定的に導くことができているとは言い難い。しかし，寄託においては，寄託者が所有権を有するとは限らない以上，寄託者以外の第三者が所有権を主張して，受寄者に対して返還請求をすることは想定されるところであり，寄託物の返還の相手方に関する規律は，実務的にも重要な問題となり得る。

　以上のような問題意識を踏まえて，本文(3)は，寄託者の受寄者に対する寄託物の返還請求権について，どのような場合に受寄者が寄託者への寄託物の返還義務を免責されるかを明らかにするものである。

　この問題については，これまで，上記のような有力な解釈論を踏襲して，寄託物について権利を主張する第三者から寄託物引渡しの強制執行を受けた場合等を除き，寄託者の指図がない限り，第三者に寄託物を引き渡してはならない旨の規定を設ける考え方が検討対象とされてきた（部会資料47［45頁］）。寄託者に寄託物を返還しなくてもよい場合としては，強制執行を受けた場合の他，寄託物の引渡しを命ずる判決が確定した場合が挙げられる。これらの場合に寄託者の受寄者に対する寄託物の返還請求権が消滅することに異論はないものと思われるが，例えば，第三者と受寄者との間で裁判上の和解がされた場合や，第三者から提起された訴訟において受寄者が請求を認諾した場合にも，受寄者が当該第三者に対して返還することができるというルールが妥当かという点には異論があり得るように考えられる。

　本文(3)は，このような問題意識を踏まえて，受寄者が寄託者以外の第三者に寄託物を返還することができるのは，民法第660条の規律に従って受寄者が寄託者に対して通知をしていたことを要件とした上で，この要件を充足する場合には，受寄者と第三者との間で裁判上の和解をした場合や受寄者が請求を認諾したときであっても，受寄者が第三者に対して寄託物を引き渡すことができることとするものである。本文の考え方によれば，受寄者にとっては，客観的な基準によって寄託物の返還の相手方を判断することができるという利点がある。他方，寄託者にとっては，寄託物の返還を受けることができない場合が広く解されることになるが，同条が受寄者に寄託者に対する通知義務を課すのは，寄託者が訴訟に関与するなど，自らの権利を主張する機会を与える必要があるという趣旨に基づくものであることを考慮すると，同条に基づく通知がされた場合であれば，寄託者には自らの権利を主張する機会が与えられていたのであるし，寄託者は寄託物の返還を受けることができない場合であっても，これによって不利益を被った場合には，別途受寄者に対して善管注意義務違反による責任を追及することも可能なのだから，第三者に対して寄託物を引き渡すことができる場合を広く認めることが許容されてよいという考えに基づくものである。

3　本文(4)は，(概要)記載のとおりである。
4　以上に対し，本文(3)のように，受寄者が寄託者に寄託物を返還しなくてよい場合を比較的広く認める結論や，民法第660条の通知義務違反によって寄託者に対する寄託物の返還義務が常に免責されないことになるという結論に対しては，異論があり得る。(注)

は，このような異論があり得ることを考慮したものである。

5 寄託者の損害賠償責任（民法第６６１条関係）

民法第６６１条の規律を次のように改めるものとする。
(1) 寄託者は，寄託物の性質又は状態に起因して生じた損害を受寄者に賠償しなければならないものとする。
(2) 上記(1)にかかわらず，次のいずれかに該当する場合には，寄託者は，上記(1)の損害を賠償する責任を負わないものとする。
  ア 受寄者が有償で寄託を受けた場合において，寄託者が過失なく上記(1)の性質又は状態を知らなかったとき。
  イ 受寄者が上記(1)の性質又は状態を知っていたとき。
(注) 上記(2)アに代えて，寄託物の保管が専門的な知識又は技能を要するものである場合において，その専門的な知識又は技能を有する受寄者であればその寄託物の保管に伴ってその損害が生ずるおそれがあることを知り得たときとするという考え方がある。

（概要）

民法第６６１条の規律のうち，寄託者が原則として無過失責任を負う旨の同条本文を維持した上で（本文(1)），過失がなければ責任を免れるのは有償寄託の場合に限られることとして，同条ただし書を改めるものである（本文(2)）。寄託者が原則として無過失責任を負うのは，寄託物の性質等を知り得る立場にあるのは寄託者であり，かつ，寄託はその利益が寄託者にあることから，寄託物の性質等から損害が発生するリスクは寄託者が負担すべきであるためとされている。これに対し，有償寄託においては，受寄者は寄託物を保管するための設備を有することが多く，とりわけ寄託物の種類が限定されている場合には，寄託物の性質等について寄託者より詳しい知識を有する場合も少なくないことや，保険により危険を分散することも可能な立場にあることが多いと考えられるからである。もっとも，寄託者が損害賠償責任を負わない場合の規律の在り方については，同法第６５０条第３項の見直し（前記第４１，３）と同様に，寄託の内容や受寄者の専門性に着目するのが適当であるという考え方があり，これを（注）で取り上げている。

（補足説明）

1 民法第６６１条は，寄託物の性質又は瑕疵によって受寄者に生じた損害の賠償責任について，その立証責任を転換し，寄託者は，①過失なくその性質若しくは瑕疵を知らなかったこと，又は②受寄者が当該性質若しくは瑕疵を知っていたことのいずれかを立証しなければ，免責されないものとしている。このうち，②の受寄者が性質又は瑕疵を知っていた場合に寄託者が免責されることについては，特に異論は見られないものの，①の規律に対しては，委任について委任者の無過失責任を定めた同法第６５０条第３項との権衡を失しているのではないかという立法論的な批判がされている。同項は，委任の利益が委任者にあることに鑑み，委任者に対して無過失の損害賠償責任を負わせたもの

であるとされるが，寄託もまた，寄託の利益が寄託者にあるとされているにもかかわらず，寄託者が無過失を立証することで免責されるのは，適当でないというものである。また，寄託物の性質等を知り得る立場にあるのは寄託者であるから，寄託物の性質等から損害が発生するリスクは寄託者が負担すべきであると指摘して，寄託者が原則として無過失責任を負うべきであるとする見解も主張されている。

　もっとも，有償寄託においては，受寄者は寄託物を保管するための設備を有することが多く，とりわけ取り扱う寄託物の種類が限定されている場合には，寄託物の性質等について寄託者より詳しい知識を有する場合も少なくない上に，保険により危険を分散することも可能な立場にあることが多いとも言われている。このような批判を踏まえ，学説上，特に無償寄託の場合には，好意的契約としての性格が強いことから，民法第６５０条第３項を類推適用し，寄託者に無過失責任を負わせるべきであるという見解が主張されている。

　以上のような見解を踏まえ，本文では，寄託者が原則として無過失責任を負う旨の民法第６６１条本文を維持した上で（本文(1)），過失がなければ責任を免れるのは有償寄託の場合に限られることとして，同条ただし書を改めるものである（本文(2)）。

2　以上に対し，寄託者が無過失責任を負う根拠を，寄託物の性質等を知り得たか否かに求めるのであれば，寄託契約の報酬の有無に着目するのではなく，寄託の内容や受寄者の専門性に着目するほうが適切であるとの指摘がある。これと同様の問題意識は，民法第６５０条第３項についても指摘されているところである（前記第４１，3）。(注)は，このような指摘を踏まえた考え方である。

6　報酬に関する規律（民法第６６５条関係）

　受寄者の報酬に関して，民法第６６５条の規律を維持し，受任者の報酬に関する規律（前記第４１，4）を準用するものとする。

（概要）

　受寄者の報酬に関する規律は，民法第６６５条によって受任者の報酬に関する規律（同法第６４８条）が準用されているが，受任者の報酬に関する規律について前記第４１，4による改正がされたとしても，その改正後の規律に従うこととするものである。すなわち，成果が完成したときにその成果に対して報酬が支払われる合意をすることが考えにくい寄託契約については，無償性の原則を採らないことと，契約の趣旨に照らして寄託者の責めに帰すべき事由により寄託の履行が中途で終了した場合における報酬請求権の根拠規定として委任のルールを準用することとして，報酬に関する規律を改めることになる。

（補足説明）

1　有償の寄託契約の報酬については，民法第６６５条によって委任契約の報酬に関する規定（同法第６４８条）が準用されている。寄託が委任の規定を準用しているのは，寄託と委任が共通する性格を有することを理由とすると説明されている。ところで，委任契約の報酬に関する規律については，①無償性の原則を見直し，民法第６４８条第１項

を削除すること（前記第41，4(1)），②成果完成型と履行割合型のそれぞれについて，報酬の支払時期に関する規律を設ける方向で同条第2項を改めること（同(2)），③委任事務の処理が中途で終了した場合の報酬請求権に関する新たな規定を設けること（同(3)）とされている。委任契約の報酬に関する規律が上記のように改められるのであれば，同法第665条の準用規定によって，寄託契約の報酬に関する規律も同様に改められることになるが，寄託契約の報酬に関する規律を委任契約のそれと異にすべきであるという考え方は現在のところ示されていない。そこで，本文では，委任契約の報酬に関する規律に従い，寄託契約の報酬に関する規律を改めることとしている。
2 本文によると，寄託契約の報酬に関する規律は具体的に以下のようになる。
 (1) 無償性の原則の見直し
    民法第648条第1項を削除することにより，寄託契約が無償であるという原則は採られないことになる（第41，4(1)の補足説明参照）。
 (2) 報酬の支払時期
    委任契約の報酬の支払方式として成果完成型と履行割合型があることを前提として，委任契約の報酬の支払時期に関する規定を設けることとされているが，寄託契約の報酬の支払方式がどのように決せられるかという点が問題となる。この点について，通説は，寄託契約は履行割合型の報酬支払方式であるが，保管期間の定めが受寄者の特別な利益をも保証する趣旨である寄託契約は，本来の返還の時期までの報酬相当額全額の支払義務を負う合意があったものとしている（この議論の詳細についてはこの補足説明の(3)参照）。すなわち，寄託契約については，基本的に履行割合型の規律に従って報酬の支払時期が決せられることになる。
    ところで，報酬の支払時期に関する寄託契約に特有の問題として，報酬支払債務と寄託物返還債務とが同時履行の関係に立つかという点が指摘されている。この点については，寄託の報酬が保管の対価であり，返還の対価ではないことから，報酬の支払と寄託物の返還が同時履行の関係にあることを否定する見解が主張されているが，判例（大判明治36年10月31日民録9輯1204頁）・通説は，両者が同時履行の関係に立つことを認めている。本文は，この点についての現在の判例の考え方を改めようとするものではない。
 (3) 寄託契約が中途で終了した場合の報酬請求権
    委任契約が中途で終了した場合の報酬請求権については，委任契約が中途で終了した場合と，委任者の責めに帰すべき事由によって委任事務の処理が不可能になった場合に関する規律を設けることとされている。
    このうち，寄託契約が中途で終了した場合の報酬請求権の範囲については，寄託契約における返還の時期の意義の捉え方と関連して見解が対立している。寄託者は，寄託物の返還の時期の定めの有無にかかわらず，いつでも返還を請求することができる（民法第662条）。他方，受寄者は，寄託物の返還の時期を定めなかったときは，いつでも返還をすることができるが，返還の時期の定めがあるときは，やむを得ない事由がなければ，その期限前に引き取りを請求することができないとされる（同法第663条）。このように，寄託契約においては，寄託物の返還の時期の定めがある場合で

も，その時期より前に寄託物が返還されることがあり得るが，特に寄託者が返還の時期より前に返還請求をした場合に支払われるべき報酬額については，返還の時期の定めがある場合には，当然に定めた時期までの報酬を受寄者に保障する趣旨であるとして，寄託者は，本来の返還の時期までの報酬相当額全額の支払義務を負うとする考え方が有力に主張されている。しかし，通説は，返還の時期（保管期間）の定めがあったとしても寄託者からその時期まで解除しないという特約があることを意味しないとした上で，寄託者は，寄託物の返還時までの保管料を支払えば足り，例外的に，一定の期間は返還請求しないとして受寄者の特別の利益を保障した趣旨の特約であると言える場合には，本来の返還の時期までの保管料を支払わなければならないとしている。すなわち，通説の立場によると，返還の時期の定めがあったとしても，寄託契約は履行割合型の報酬支払方式であり，保管期間の定めが受寄者の特別の利益をも保証する趣旨である寄託契約は本来の返還の時期までの報酬相当額全額の支払義務を負う合意があったものということになる。本文は，この点について一定の立場を採るものではなく，解釈に委ねることを前提としている。

　なお，上記の通説の立場を前提とすると，(i)原則として，既にした履行の割合に応じた報酬に相当する金額を請求することができ，(ii)寄託者が受寄者による寄託物の保管を妨害する場合のように寄託者の責めに帰すべき事由によって寄託物の保管が不可能になった場合又は保管期間の定めが受寄者の特別な利益をも保障する趣旨である場合には，約定の報酬の額から債務を免れることによって得た利益の額を控除した金額を請求することができるということになる。

7　寄託物の損傷又は一部滅失の場合における寄託者の損害賠償請求権の短期期間制限
　(1)　返還された寄託物に損傷又は一部滅失があった場合の損害の賠償は，寄託者が寄託物の返還を受けた時から1年以内に請求しなければならないものとする。
　(2)　上記(1)の損害賠償請求権については，寄託者が寄託物の返還を受けた時から1年を経過するまでの間は，消滅時効は，完成しないものとする。

（概要）
　本文(1)及び(2)は，寄託物の損傷又は一部滅失の場合における寄託者の損害賠償請求権について，賃貸借における賃借人の用法違反による賃貸人の損害賠償請求権に関する期間制限（前記第38，14）と同内容の規律を設けるものである。この点について現在は規定が設けられていないが，短期の期間制限を設ける必要性がある点において賃借人の用法違反による損害賠償請求権と異なるところはないと考えられるからである。

（補足説明）
1　受寄者は，有償寄託と商人の無償寄託の場合には善管注意義務（民法第400条，商法第593条）を，その他の無償寄託の場合には自己の財産に対するのと同一の注意義

務(民法第659条)を負っており,これらの義務に違反して,寄託物が損傷し,又は滅失した場合には,債務不履行に基づく損害賠償責任を負うことになる。このような損害賠償責任について,商法には,倉庫営業に関する特則として,同法第625条,第626条等の短期の期間制限が設けられているが,民法上は,特に短期の期間制限は設けられていない。しかし,商法の短期の期間制限の趣旨の一つとして,寄託物の損傷又は滅失が受寄者の保管中に生じたものか否かが不明確になることを避けるという点が挙げられるが,この趣旨は倉庫寄託のみならず,寄託一般に妥当するとの指摘がある。また,賃貸借や使用貸借では,債権債務関係を早期に処理することが望ましいという理由から,賃借人等に対する損害賠償請求権の行使可能期間が1年に制限されている(民法第600条,第621条)が,寄託についても同様の理由が妥当するとして,寄託物の損傷又は滅失に関する損害賠償請求権の行使期間を制限することが望ましいとの指摘がある。

2　本文(1)及び(2)は,上記のような理由から,寄託物の損傷又は滅失に関する損害賠償請求権の行使期間を制限するための規定を設けるものであるが,その内容として,賃貸借の用法違反を理由とする賃貸人の損害賠償請求権の期間制限に関する規律(前記第38,14)と同内容の規定を設けるものとしている。

　これは,寄託物の損傷又は滅失に関する損害賠償請求権の行使に関する消滅時効の起算点が,受寄者による寄託物の保管中に当該損傷等が生じた時点であると考えられる点に着目すると,特則を設ける必要性が賃貸借と共通することを理由とするものである。また,特に寄託について,賃貸借の規律(民法第615条)を参照して,寄託物の損傷等の場合における通知義務を受寄者に課すのであれば,賃貸借の場合と問題状況は同じであると言えるから,損害賠償請求権の期間制限について同じルールを設けることは合理的であると思われる。そこで,本文では,この考え方を取り上げている。

8　寄託者による返還請求(民法第662条関係)

民法第662条の規律に付け加えて,有償の寄託について,同条による返還の請求によって受寄者に損害が生じたときは,寄託者は,その損害を賠償しなければならないものとする。

(概要)

　民法第662条は,当事者が寄託物の返還の時期を定めたときであっても,寄託者は,いつでもその返還を請求することができるとするが,これによって受寄者に生じた損害を賠償しなければならないことについては,争いがない。本文は,このような異論のない解釈を明らかにするものであり,前記1(1)イ第2文と同様の趣旨である。

(補足説明)

　本文の規律によって寄託者が負う損害賠償責任のうち,報酬相当額に係る部分については,前記6の補足説明2(3)と同様の争いがあり得るが,この点は解釈に委ねる趣旨である。

9 寄託物の受取後における寄託者の破産手続開始の決定
　(1) 有償の寄託において，寄託者が破産手続開始の決定を受けた場合には，返還時期の定めがあるときであっても，受寄者は寄託物を返還することができ，破産管財人は寄託物の返還を請求することができるものとする。この場合において，受寄者は，既にした履行の割合に応じた報酬について，破産財団の配当に加入することができるものとする。
　(2) 上記(1)により破産管財人が返還時期より前に返還請求をした場合には，受寄者は，これによって生じた損害の賠償を請求することができるものとする。この場合において，受寄者は，その損害賠償について，破産財団の配当に加入するものとする。
　（注）これらのような規定を設けないという考え方がある。

（概要）
　寄託者が破産手続開始の決定を受けた場合であっても，寄託物の返還の時期を定めていたときは受寄者が契約に拘束されるとすると，有償寄託の場合には，受寄者は報酬を受けることができないおそれがあるにもかかわらず保管を続けなければならず，不合理である。そこで，この場合には，受寄者は寄託物を返還することができるものとし，併せて破産管財人からの寄託物の返還請求も認めることとして規律の合理化を図るものであり，前記4　1，5(2)ア及びウと同趣旨の規律である。これに対して，本文のような規定を設ける必要はないという考え方があり，これを（注）で取り上げている。
　なお，本文記載の案の検討に当たっては倒産法との関係にも留意する必要がある。

（補足説明）
　本文は，基本的に前記1(2)と同様の問題意識に基づく規定である。もっとも，前記1(2)が寄託を諾成契約化することに伴い，契約の拘束力を緩和する必要がある場合があるとの問題意識に基づくものであるのに対し，本論点は，このような必要性が認められない点で異なっており，有償寄託の報酬請求権は財団債権として保護されるため受寄者に不都合もないとも思われることから，この場合に受寄者を契約から離脱させる必要はないという考え方もあり得る。本文の（注）は，このような考え方に基づくものである。

10 混合寄託
　(1) 複数の寄託者からの種類及び品質が同一である寄託物（金銭を除く。）がある場合において，これらを混合して保管するためには，受寄者は，全ての寄託者の承諾を得なければならないものとする。
　(2) 上記(1)に基づき受寄者が複数の寄託者からの寄託物を混合して保管したときは，各寄託者は，その寄託した物の数量の割合に応じた物の返還を請求することができるものとする。

（概要）

本文(1)は、混合寄託の要件として全ての寄託者の承諾を得ることが必要であるとするものであり、一般的な理解を明文化するものである。

本文(2)は、混合寄託をした場合の効果として、寄託者が、寄託した物の数量の割合に応じた物の返還を請求することができるとするものであり、これも一般的な理解を明文化するものである。

(補足説明)
1 混合寄託（混蔵寄託）とは、受寄者が、寄託を受けた代替性のある寄託物を、他の寄託者から寄託を受けた種類及び品質が同一の寄託物と混合して保管し、寄託されたのと同数量のものを返還する特殊な寄託であると説明されている。混合寄託は、寄託物の処分権を受寄者が取得しない点において、消費寄託と異なる類型であると整理されている。

この混合寄託は、民法に規定はないが、特殊な寄託の類型として解釈上認められており、寄託物の保管のための場所及び労力の負担を軽減し、寄託の費用の節約にもつながることから、特に倉庫寄託を中心として、実務上利用されていると指摘されている。

混合寄託は、上記のように実務上重要な役割を果たしており、かつ、現行民法の寄託の規定とは異なる規律が適用されるものであるから、法律関係を明確にするために、民法に明文の規定を設けるべきであるという考え方が示されている。また、混合寄託に関する規定を設けることによって、寄託一般及び消費寄託の意義をより明確にすることができるというメリットもあると思われる。本文は、このような考え方を踏まえて、混合寄託に関する明文の規定を設けるものである。

2 本文(1)は（概要）記載の内容のほか、金銭が混合寄託の対象とならないことを明らかにしている。混合寄託は受寄者が寄託物の処分権を取得しないものであるため、占有の移転によって処分権が占有者に移転する金銭は混合寄託の対象とはなり得ないからである。

3 混合寄託では、消費寄託と異なり、寄託物の処分権は受寄者に移転しないが、受寄者が寄託物を混合して保管することから、各寄託者は、各自が寄託した個別の寄託物に対する所有権を失い、寄託物全体についての共有持分権を取得し、その共有持分権の割合に応じた数量の物を分離して返還するよう請求することができると考えられている。しかし、寄託者が寄託物の所有権を有しない場合には、寄託者が寄託物の共有持分権を取得することにはならないため、寄託物の共有持分権の取得を混合寄託の効果として規定することは適切ではない。

そこで、本文(2)では、端的に、混合寄託が成立した場合における各寄託者の寄託物返還請求権に関する規定を設けることとしている。この規定を設けることによって、例えば、混合寄託がされた寄託物の一部が滅失し、当該滅失について受寄者に帰責事由がない場合における複数の寄託者間の法律関係を明確にすることができるという意義があるとの考えに基づくものである。

11 消費寄託（民法第666条関係）
民法第666条の規律を次のように改めるものとする。

(1) 受寄者が契約により寄託物を消費することができる場合には，受寄者は，寄託された物と種類，品質及び数量の同じ物をもって返還しなければならないものとする。
(2) 上記(1)の契約については，消費貸借に関する民法第５８８条（前記第３７，3），第５９０条（前記第３７，5）及び第５９２条と，寄託に関する前記1，民法第６６２条（前記8），第６６３条及び前記9を準用するものとする。
（注）上記(2)のうち，寄託物の返還に関する民法第６６２条，第６６３条及び前記9を準用する部分については，現状を維持する（基本的に消費貸借の規定を準用する）という考え方がある。

（概要）
本文(1)は，消費寄託において受寄者が負う返還義務の内容を明らかにするものである。
本文(2)は，消費寄託に消費貸借の規定を準用している民法第６６６条の規律を以下の2点において改め，その結果として，同条において準用する消費貸借の規定を同法第５８８条，第５９０条及び第５９２条に限ることとするものである。
第1に，消費寄託の成立に関しては，寄託の規律（前記1）を準用することとしている。消費寄託の利益は寄託者にあるとされるのに対し，消費貸借の利益は借主にあるとされている点で違いがあるため，寄託物の受取前の法律関係については寄託の規定を適用するのが適当であると考えられるからである。第2に，消費寄託の終了に関する規律のうち，受寄者がいつでも返還をすることができる点（民法第６６６条第1項，第５９１条第2項）についても，消費寄託の利益は寄託者にあり，返還の時期を定めている場合に受寄者がいつでも寄託物を返還することができるとするのは妥当でないとの指摘がある。そこで，受寄者の寄託物の返還に関する規律については，寄託の規定（同法第６６２条，第６６３条）を準用することとしている。これに対して，寄託物の返還に関する規律については，基本的に消費貸借の規律を準用している現状を維持するという考え方があり，これを（注）で取り上げている。

（補足説明）
1　民法は，消費寄託について，寄託物の返還に関する規律の一部を除き，基本的に消費貸借の規定（民法第５８７条から第５９２条まで）を準用している。消費寄託は，目的物（寄託物）の処分権を受寄者に移転するという点で他の寄託と異なり，むしろ，受寄者が受寄物を自由に消費することができ，これと同質・同量の物の返還義務を負うのみであるという点で消費貸借と類似することから，消費貸借の規定を準用していると説明されている。もっとも，消費寄託は，目的物（の価値）を寄託者が自ら保管する危険を回避しようとするものであって，寄託の利益が寄託者にあるのに対し，消費貸借は，借主がその目的物を利用するためのものであり，ここに消費寄託と消費貸借との違いがあることから，消費寄託は寄託の一種として位置付けられていると説明されている。以上のような消費寄託の性質からすると，現在のように広く消費貸借の規定を準用するのは適切ではなく，消費貸借との違いがある部分については，寄託の規定を適用することが

検討課題として指摘されている。
2 本文は，上記の問題意識を踏まえ，消費貸借の規定を消費寄託に準用する範囲を，両者の共通点である目的物の処分権の移転に関するものに限定し，その他については寄託の規定を準用することとして，民法第６６６条を改めるものである。その具体的な内容は，以下のとおりである。
(1) 寄託物の受取前の法律関係
　　現在は，消費貸借と消費寄託はいずれも要物契約とされているため，目的物の受取前の法律関係に関する規定は基本的に置かれていないが，諾成契約として改められる場合には，寄託物の受取前の法律関係に関して，消費貸借の規定を準用することの当否が問題となり得る。消費寄託の利益は寄託者にあるとされるのに対し，消費貸借の利益は借主にあるとされている。このため，寄託者は寄託する義務を負わないと一般に考えられているのに対し，消費貸借の貸主は貸す義務を負うと考えられている。このように両者の規律は異なるので，寄託物の受取前の法律関係については，消費貸借の規定を準用するのではなく，寄託の規定を準用するのが適当であるとの考慮に基づき，前記１の規律を準用することとしている。
(2) 寄託物の返還請求
　　消費寄託における寄託物の返還請求に関する現在のルールは，以下のとおりである。すなわち，①寄託者は，寄託物の返還時期を定めなかった場合には，いつでも返還請求をすることができ（民法第６６６条第２項），②寄託物の返還時期を定めた場合であっても，その返還時期が寄託者のために定められているときは，寄託者はいつでも返還請求をすることができる。他方，③受寄者は，いつでも返還をすることができる（同法第６６６条第１項，第５９１条第２項）。しかし，上記のうち，②③については，以下の問題があると指摘されている。
　　まず，②の規律内容は，民法第１３６条第２項や同法第６６２条を根拠として解釈により導かれているものであるが，同法第６６６条が同法第５９１条第１項を準用していることから，その反対解釈として，当事者が返還の時期を定めたときは，寄託者はその定められた時期に返還請求することができるという解釈も主張されているなど，条文から現在のルールを読み取ることが困難である。
　　③については，消費寄託が寄託者の利益を図るためのものであることからすると，返還の時期を定めている場合であっても，受寄者がいつでも寄託物を返還することができるとするのは妥当でなく，解釈論として，他の寄託と同様に，やむを得ない事由がなければ，受寄者が期限前に寄託物を返還することを認めるべきでないとする見解が主張されている。
　　本文が，民法第６６２条（前記８），第６６３条及び前記９を準用することとしているのは，以上の問題意識を踏まえたものである。すなわち，同法第６６２条を準用することによって①②を明らかにし，同法第６６３条を準用することで，③に対応する趣旨である。
　　これに対して，消費寄託契約に寄託の規定を準用すべきでないとする意見がある。これは，特に預金契約を念頭に置いて，民法第６６３条が適用されることになると，

定期預金債権を受働債権とする相殺が制限されることになるのではないかとの懸念に基づくものである。(注)は、このような懸念に基づく考え方を取り上げるものであるが、これに対しては、預金契約については一般の消費寄託とは異なる点があるため、預金契約に特有の規定を設けるほうが望ましいとの意見もある。
  (3) 寄託物の受取後のその他の法律関係
　　　寄託物の返還請求以外に関する寄託物の受取後の法律関係については、引き続き消費貸借の規定を準用することとしている。具体的には、寄託物に瑕疵がある場合における寄託者の責任について、民法第590条を準用するとともに、借主が貸主から受け取った物と種類、品質及び数量の同じ物をもって返還をすることができなくなったときのルールを定める同法第592条を引き続き準用している。また、準消費貸借の規定が準用され、準消費寄託が認められるという現在の一般的な理解も維持している。

第44 組合
 1 組合契約の無効又は取消し
　　組合契約に関し、組合員の一部について意思表示又は法律行為に無効又は取消しの原因があっても、他の組合員の間における当該組合契約の効力は、妨げられないものとする。

(概要)
　組合契約については、その団体的性格から、意思表示又は法律行為の無効又は取消しに関する規定の適用に一定の修正が加えられるという一般的な理解を踏まえ、組合員の一部について組合契約に関する意思表示又は法律行為に無効又は取消しの原因があっても、他の組合員の間における当該組合契約の効力は妨げられないとするものである。意思表示又は法律行為に無効又は取消しの原因があった組合員のみが離脱し、組合は他の組合員を構成員として存続するという処理が想定されている。これにより、組合と取引をした第三者の保護が図られることになる。

(補足説明)
1 組合契約については、その団体的性格から、意思表示の無効又は取消しに関する規定の適用に一定の修正が加えられると解されている。
　　具体的には、組合が第三者と取引を開始した後は、組合の団体としての外形を信頼して取引関係に入った第三者の利益を保護する必要があることなどから、組合員の一人又は数人について組合契約を締結する意思表示に無効又は取消しの原因がある場合であっても、他に二人以上の組合員がいるときは、意思表示に無効又は取消しの原因がある組合員のみを脱退させることによって処理するものとして、組合契約全体の効力には影響を及ぼさないようにするべきであると解されている。
　　他方、組合が第三者と取引を開始していない場合には、第三者の利益を保護するという要請は働かないから、組合員の一人又は数人について組合契約を締結する意思表示に無効又は取消しの原因がある場合には、組合契約は、原則どおりに無効とされ、又は取

り消されることになると解されている。
2 部会の審議では，以上の解釈を明文化することが検討されたが，組合が第三者と取引を開始する前後で効果を異にすることに対しては，第三者と取引をする前であっても残りの組合員の意思を尊重し，組合契約の効力を認める必要があるとも考えられる上，第三者と取引を開始する前か後かをめぐる紛争を生ずるおそれもあり，実務に耐え得るかどうか疑問であるとする指摘があった。

また，以上の解釈においては，意思表示に無効又は取消しの原因がある組合員の他に二人以上の組合員がいるか否かによって，組合契約の効力への影響の有無が区別されているが，二人以上の組合員が残らない場合の処理は，組合の解散の問題として処理するべきであると思われる（後記8では，組合員が一人になった場合も組合の解散事由に当たるかどうかについて，引き続き解釈に委ねるものとしている。）。

そこで，本文では，第三者との取引の開始の前後を問わず，また，他に二人以上の組合員がいるか否かを問わず，組合契約に関し，組合員の一部について意思表示又は法律行為に無効又は取消しの原因があっても，他の組合員の間における当該組合契約の効力は，妨げられないものとしている。

3 なお，無効又は取消しの原因がある意思表示により組合契約を締結した者が，善意の第三者を保護する規定等によって損害を被ったときは，組合に対する求償権を取得し，組合財産及び他の組合員に対してその権利を行使することができることを規定するべきであるという考え方がある。これについては，解釈に委ねることで足りるとも考えられ，本文では取り上げられていない。

2 他の組合員が出資債務を履行しない場合
(1) 組合員は，他の組合員が出資債務の履行をしないことを理由として，自己の出資債務の履行を拒むことができないものとする。
(2) 組合員は，他の組合員が出資債務の履行をしない場合であっても，組合契約の解除をすることができないものとする。

(概要)

本文(1)は，組合契約における同時履行の抗弁の規定の適用に関し，組合員は，他の組合員が出資債務の履行をしないことを理由として，自己の出資債務の履行を拒むことができないという一般的な理解を明文化するものである。

本文(2)は，組合契約の終了に関しては，組合員の脱退，組合員の除名，組合の解散に関する規定が置かれていることから解除の規定の適用はないという理解が一般的であり（大判昭和14年6月20日民集18巻666頁参照），このことを明文化するものである。

(補足説明)
1 問題の所在
組合契約の法的性質については，双務契約であるとする見解が示されている一方で，双務契約ではない特殊な契約であるとする見解や，契約ではなく合同行為であると分類

する見解も示されているが，契約総則の規定の組合契約への適用にはその団体的性格に由来する一定の制約があるとする限度では，これらの見解の間に大きな相違は見られない。

そこで，組合契約の法的性質については引き続き解釈に委ねざるを得ないとしても，契約総則の規定の組合契約への適用にどのような制約があるのかを具体的に条文に書き下すことは可能であるし，また，ルールの明確化のためには望ましいといえる。

2　同時履行の抗弁（本文(1)）

(1) 一般に，業務執行者（民法第６７０条第２項）が置かれている組合においては，出資債務の履行をしない組合員がいる場合であっても，他の組合員は業務執行者からの出資債務の履行の請求に対して同時履行の抗弁権を行使することができないと解されている。同時履行の抗弁権は契約当事者間の公平を維持するためのものであるところ，業務執行者は組合財産を確保するという業務を執行する立場から出資債務の履行を請求しているのであるから，この場合には組合員相互間の公平は問題とならないというのが，その理由である。したがって，業務執行者自身が出資債務未履行の組合員であったとしても，業務執行者からの出資債務の履行の請求を受けた組合員が同時履行の抗弁権を行使することは許されないと解されている。

また，業務執行者が置かれていない組合においても，出資債務を履行している組合員から出資債務の履行の請求を受けた組合員は，他に出資債務を履行していない組合員がいることを理由として同時履行の抗弁権を行使することができないと解されている。履行の請求をする組合員が既に出資債務を履行しているにもかかわらず，履行の請求を受けた組合員が履行を拒絶できるというのは，組合員相互間の公平に反するからである。

これに対し，業務執行者が置かれていない組合において，出資債務の履行を請求する組合員が自己の出資債務を履行していないときには，履行の請求を受けた組合員は同時履行の抗弁権を行使してその履行を拒むことができると解されている。この場合には，請求を受けた組合員も業務の執行として相手方の出資を請求し得る立場にある以上，同時履行の抗弁権を認めることが組合員相互間の公平に適するというのである。

(2) しかし，上記の一般的な理解のうち，業務執行者が置かれていない組合において，出資債務の履行を請求する組合員が自己の出資債務を履行していないときには，履行の請求を受けた組合員は同時履行の抗弁権を行使してその履行を拒むことができるとする点に対しては，組合の業務の円滑の観点からは，そのような場合であっても履行の請求を受けた組合員にその履行を拒むことを許すべきではないという批判がある。

そこで，本文(1)では，業務執行者が置かれていない組合において，出資債務の履行を請求する組合員が自己の出資債務を履行していない場合も含めて，組合員は，他の組合員が出資債務の履行をしないことを理由として，自己の出資債務の履行を拒むことができないものとしている。

3　解除（本文(2)）

一般に，組合契約の終了に関しては，その団体的性格に基づく特別な規定として，組合員の脱退（民法第６７８条，第６７９条），組合員の除名（同法第６８０条），組合の

解散(同法第682条,第683条)に関する規定が置かれていることから,解除の規定(同法第540条から第548条まで)の適用はないと解されている(大判昭和14年6月20日民集18巻666頁参照)。

そこで,本文(2)では,以上の一般的な理解を明文化して,組合員は,他の組合員が出資債務の履行をしない場合であっても,組合契約の解除をすることができないものとしている。

4　その他の検討事項

契約総則の規定の組合契約への適用をめぐっては,本文で取り上げたもののほかに,危険負担の規定の適用関係も議論の対象とされているが,危険負担については制度の在り方そのものを見直すこととされている(前記第12)ので,ここでは,危険負担の規定の組合契約への適用関係は取り上げなかった。

また,民法第669条は,金銭債務の不履行に関する特則(同法第419条第1項)とは異なり,金銭を出資の目的とした場合の出資債務の不履行について利息超過損害の賠償を認めているが,仮に同法第419条第1項を削除して金銭債務の不履行も債務不履行の一般原則によるものとする場合(前記第10,9参照)には,同法第669条は当然のことを規定しているに過ぎないものとなるから,これを削除することも検討の対象となり得る。

3　組合の財産関係(民法第668条ほか関係)
(1)　組合の財産関係について,民法第668条,第674条,第676条及び第677条の規律を維持した上で,次のような規律を付け加えるものとする。
　ア　組合員の債権者は,組合財産に属する財産に対し,その権利を行使することができないものとする。
　イ　組合員は,組合財産に属する債権について,自己の持分に応じて分割して行使することができないものとする。
　ウ　組合の債権者は,組合財産に属する財産に対し,その権利を行使することができるものとする。
(2)　民法第675条の規律を改め,組合の債権者は,各組合員に対しても,等しい割合でその権利を行使することができるものとする。ただし,組合の債権者がその債権の発生の時に組合員の損失分担の割合を知っていたときは,その割合によってのみその権利を行使することができるものとする。
(注)上記(1)アについては,このような規定を設けるべきではない(解釈に委ねる)という考え方がある。

(概要)

本文(1)アは,組合員の債権者は,組合財産に属する財産に対して権利行使をすることができないとするものである。組合員が組合財産上の持分を処分することを禁じている民法第676条第1項の趣旨から,一般に,組合員の債権者が当該組合員の組合財産上の持分を差し押さえることはできないと理解されていることを踏まえたものである。もっとも,

一般社団法人及び一般財団法人に関する法律や有限責任事業組合契約に関する法律などの団体法理に関する制度の整備が進んだ現在において，公示機能なしに組合財産の独立性を強調する規律を明文化することには慎重であるべきであるとする考え方があり，これを（注）で取り上げている。

本文(1)イは，組合員は，組合財産に属する債権を，自己の持分に応じて分割して行使することができないとするものである。組合財産に属する債権の債務者がその債務と組合員に対する債権とを相殺することを禁じている民法第６７７条は，一般に，組合財産に属する債権には分割主義の原則（同法第４２７条）が適用されないことを前提とするものであると理解されていることを踏まえたものである。

本文(1)ウは，組合の債務については，各組合員に分割されて帰属するのではなく，１個の債務として総組合員に帰属し，組合財産がその引当てとなるという一般的な理解を明文化するものである。

本文(2)は，民法第６７５条の規律を改めるものである。同条は，組合の債権者がその債権の発生の時に組合員の損失分担の割合を知らなかったときは各組合員に対して等しい割合でその権利を行使することができると規定しているところ，これに対して，債権者に組合員相互の損失分担の割合を知らなかったことの証明を求めるよりも，均等割合を原則とした上で，これと異なる分担割合の定めがある場合には，各組合員において，これを債権者が知っていたことを証明するものとした方が適当であるという指摘があることを踏まえたものである。

(補足説明)
1 問題の所在

組合財産の帰属について，民法は，総組合員の「共有」に属するという建前をとりつつも（同法第６６８条），組合財産についての持分の処分や分割請求を禁じており（同法第６７６条第１項，第２項），物権編の「共有」（同法第２４９条以下）とは異なる帰属態様を規定している。これは，組合が団体として事業を行うためには，組合財産に組合員各自の固有財産からのある程度の独立性を持たせて，組合活動の財産的基礎を維持する必要があることによる。

こうした帰属態様は，一般に「合有」と称されているところ，合有関係をめぐる個々のルールについては必ずしも明文の規定が設けられておらず，解釈によって運用されている部分も多い。

そこで，合有という文言を条文で用いなくとも，組合の財産関係をめぐる個々のルールを具体的に条文に書き下すことは望ましいと考えられる。

2 組合財産の独立性（本文(1)ア）
(1) 組合員が組合財産上の持分を処分することを禁止している民法第６７６条第１項の趣旨から，組合員の債権者が当該組合員の組合財産上の持分を差し押さえることはできないと解されている。持分の差押えは，組合活動の財産的基礎を損なうという意味では，持分の処分と変わらないからである。

そこで，本文(1)アでは，以上の解釈をより一般的な表現によって明文化することと

して，組合員の債権者は，組合財産に属する財産に対し，その権利を行使することができないものとしている。
(2) ところで，民法は，組合財産に属する個々の財産と総体としての組合財産とを明確に区別していないため，民法第６７６条の「組合財産」についても，組合財産に属する個々の財産を指すのか，それとも総体としての組合財産を指すのかをめぐる議論がある。

この点については，組合財産に属する個々の財産を指すものと理解する見解が近時の多数説となっており，また，判例（最判昭和３３年７月２２日民集１２巻１２号１８０５頁）もこうした多数説の理解をその判断の前提としているものと解されていることから，例えば「組合財産に属する財産」という文言を用いるなどして，持分の処分や分割請求の禁止の対象が組合財産に属する個々の財産であることを条文上も明らかにするということも検討の対象となり得る。このような観点から，本文(1)アでは，「組合財産に属する財産」という文言を用いている。
(3) 本文(1)アの考え方に対しては，一般社団法人及び一般財団法人に関する法律や有限責任事業組合契約に関する法律などの団体法理に関する制度の整備が進んだ現在において，公示機能なしに組合財産の独立性を強調する規律を明文化することには慎重であるべきであるとする考え方がある。そこで，これを（注）で取り上げている。

部会の審議では，この（注）の考え方に対して，組合員の債権者は，組合財産に属する財産を差し押さえることはできないことを規定するにとどめれば，組合財産の独立性を必要以上に強調することなく，異論のない解釈を明文化することができるという対案も示された。

3 組合財産に属する債権（本文(1)イ）

民法第６７７条は，組合財産に属する債権の債務者がその債務と組合員に対する債権とを相殺することを禁じている。これは，組合財産に属する債権については，物権編の「共有」とは異なり，分割主義の原則（同法第４２７条）が適用されないことを前提とする規律であると解されている。

組合財産に属する債権に分割主義の原則が適用されると，組合の事業のための財産が組合員個人のために用いられる結果となり，組合活動の財産的基礎が損なわれてしまう。こうした配慮から，組合財産に属する債権には分割主義の原則が適用されないと解されているのである。

そして，このように組合財産に属する債権に分割主義の原則が適用されないと解することの帰結として，組合財産に属する債権は総組合員が共同してのみ行使することができ，逆に言えば，組合員は組合財産に属する債権を自己の持分に応じて分割して行使することはできないと解されている。そこで，本文(1)イでは，この解釈を明文化することとして，組合員は，組合財産に属する債権について，自己の持分に応じて分割して行使することができないものとしている。

4 組合債務（本文(1)ウ，(2)）
(1) 組合の債務については，各組合員に分割されて帰属するのではなく，１個の債務として総組合員に帰属し，組合財産がその引当てとなるということに異論はない。

そこで，本文(1)ウでは，この解釈を明文化して，組合の債権者は，組合財産に属する財産に対し，その権利を行使することができるものとしている。
(2) また，民法第675条は，組合の債権者がその債権の発生の時に組合員の損失分担の割合を知らなかったときは，各組合員に対して等しい割合でその権利を行使することができるとして，組合財産と並んで各組合員の固有財産もその引当てとなることを規定しているが，これに対しては，債権者に組合員相互の損失分担の割合を知らなかったことの証明を求めるよりも，均等割合を原則とした上で，これと異なる分担割合の定めがある場合には，各組合員において，これを債権者が知っていたことを証明することとすべきであるとの考え方が示されている。

そこで，本文(2)では，このような考え方に基づき，民法第675条における主張立証責任の所在を見直すこととして，組合の債権者は，各組合員に対しても，等しい割合でその権利を行使することができるが，ただし，組合の債権者がその債権の発生の時に組合員の損失分担の割合を知っていたときは，その割合によってのみその権利を行使することができるものとしている。

4 組合の業務執行（民法第670条関係）
民法第670条の規律を次のように改める。
(1) 組合の業務は，組合員の過半数をもって決定し，各組合員がこれを執行するものとする。
(2) 組合の業務執行は，組合契約の定めるところにより，一人又は数人の組合員又は第三者に委任することができるものとする。
(3) 上記(2)の委任を受けた者（業務執行者）は，組合の業務を決定し，これを執行するものとする。業務執行者が二人以上ある場合には，組合の業務は，業務執行者の過半数をもって決定し，各業務執行者がこれを執行するものとする。
(4) 業務執行者を置いている場合であっても，総組合員によって組合の業務を執行することは妨げられないものとする。
(5) 上記(1)から(4)までにかかわらず，組合の常務は，各組合員又は各業務執行者が単独で決定し，これを執行することができるものとする。ただし，その完了前に他の組合員又は業務執行者が異議を述べたときは，この限りではないものとする。

(概要)
本文(1)は，業務執行者を置かない組合の業務執行について規定する民法第670条第1項の規律を改めるものである。同項に対しては，主として意思決定の方法について定めるにとどまっており，その意思決定を実行する方法が明示されていないという指摘があることを踏まえ，決定された意思の実行に関しては各組合員が業務執行権を有するという一般的な理解を明文化している。

本文(2)から(4)までは，民法第670条第2項の規律を改めるものである。このうち，

本文(2)は，組合の業務執行者の選任に関して，組合契約で定めれば組合員に限らず組合員以外の第三者に対しても業務の執行を委任することができ，また，その委任の方法は組合契約で定めるところに従うという一般的な理解（大判大正６年８月１１日民録２３輯１１９１頁参照）を明文化するものである。
　本文(3)は，本文(1)と同様の理由から，業務執行者の過半数によって決定された意思の実行に関しては各業務執行者が業務執行権を有するという一般的な理解を明文化するものである。
　本文(4)は，代理法理から当然に導かれる帰結として，業務執行者に業務の執行を委任した場合であっても，組合員全員が揃えば業務を執行することができることを明文化するものである。
　本文(4)は，組合の業務執行が組合の意思を決定し，それを実行するという二つの次元から成り立つものであることを明確にした上で，民法第６７０条第３項の規律を維持するものである。

（補足説明）
1　問題の所在
　　組合の業務執行は，組合の意思を決定し，それを実行するという二つの次元から成り立つが，組合の業務執行について規定する民法第６７０条に対しては，主として組合の意思決定の方法について定めるにとどまっており，その意思決定を実行する方法が明示されていないという指摘がある。
　　そこで，本文では，組合の意思決定の方法のみならずそれを実行する方法（業務執行権の所在）についても明文の規定を設けるという考え方を取り上げている。
2　業務執行者を置かない場合（本文(1)，(5)）
　(1) 民法第６７０条第１項は，業務執行者（同条第２項参照）を置かない場合の業務執行に関して，組合員の過半数で決すると規定するが，これは意思決定の方法についてのものであり，決定された意思の実行も組合員の過半数によって行うという意味ではないと解されている。決定された意思の実行に関しては，各組合員が業務執行権を有することが原則であると解されている。
　　　そこで，本文(1)は，業務執行者を置かない場合の組合の業務執行について，以上の解釈を明文化して，組合の業務は，組合員の過半数をもって決定し，各組合員がこれを執行するものとしている。
　(2) なお，組合の常務は，その完了前に他の組合員が異議を述べない限り，各組合員が単独で行うことができるとする民法第６７０条第３項については，維持することが相当と考えられるので，本文(5)では，この規律を維持している。
3　業務執行者を置く場合（本文(2)から(5)まで）
　(1) 民法第６７０条第２項は，業務執行者について，組合契約で業務の執行を委任した者と定義するにとどまり，誰にどのように業務の執行を委任することができるのかは規定していないが，組合契約で定めれば組合員に限らず組合員以外の第三者に対しても業務の執行を委任することができ，また，その委任の方法は組合契約で定めるとこ

ろに従うと解されている（大判大正6年8月11日民録23輯1191頁）。
　そこで，本文(2)では，以上の解釈を明文化して，組合の業務執行は，組合契約の定めるところにより，一人又は数人の組合員又は第三者に委任することができるものとしている。そして，本文(3)では，この組合員又は第三者を「業務執行者」と称するものとしている。
(2) 民法第670条第2項は，業務執行者が複数存在する場合の業務執行に関して，業務執行者の過半数で決すると規定するが，これは意思決定の方法についてのものであり，決定された意思の実行も業務執行者の過半数によって行うという意味ではないと解されている。決定された意思の実行に関しては，各業務執行者が業務執行権を有することが原則であると解されている。
　そこで，本文(3)では，業務執行者を置く場合の組合の業務執行について，以上の解釈を明文化して，業務執行者は，組合の業務を決定し，これを執行するものとし，また，業務執行者が二人以上ある場合には，組合の業務は，業務執行者の過半数をもって決定し，各業務執行者がこれを執行するものとしている。
(3) ところで，業務執行者を置く場合に，なお組合員が業務を執行することができるかどうかについては，議論がある。
　一般には，業務執行者に業務の執行を委任した場合には，個々の組合員は業務執行権を失うと解されているが，その場合であっても組合員全員で行うときは，業務を執行することができるものとすべきであるとの考え方が示されている。この考え方は，代理法理から当然に導かれる帰結といえる。この考え方を採用すれば，組合に対して意思表示等をしようとする者がいた場合に，組合の業務執行者が不明であっても，組合員全員に対して意思表示等をすればよいことになる。
　そこで，本文(4)では，このような考え方に基づき，業務執行者を置いている場合であっても，総組合員によって組合の業務を執行することは妨げられないものとしている。
(4) なお，組合の常務は，その完了前に他の業務執行者が異議を述べない限り，各業務執行者が単独で行うことができるとする民法第670条第3項については，維持することが相当と考えられると考えられるので，本文(5)では，この規律を維持している。

5　組合代理
　(1) 各組合員が他の組合員を代理して組合の業務を執行するには，組合員の過半数をもってした決定による代理権の授与を要するものとする。ただし，組合の常務に関しては，各組合員は，当然に他の組合員を代理してこれを行う権限を有するものとする。
　(2) 業務執行者を定めた場合には，組合員を代理する権限は，業務執行者のみが有するものとする。
　(3) 業務執行者が二人以上ある場合に，各業務執行者が組合員を代理して組合の業務を執行するには，業務執行者の過半数をもってした決定による代理権の授与を要するものとする。ただし，組合の常務に関しては，各業務執行者

は，当然に組合員を代理してこれを行う権限を有するものとする。

(概要)
　組合は法人格を持たないので，法律行為の主体となることができないため，組合が第三者と法律行為を行うには，代理の形式を用いざるを得ないところ，民法には組合代理についての規定は特に設けられておらず，判例も，業務執行権と代理権とを厳密に区別することなく，民法第670条を組合代理にも適用していると見られている。本文(1)から(3)までは，業務執行権と代理権とを区別する観点から，業務執行権に関する前記4の規律とは別に，組合代理に関する規律を新たに設けるものであるが，その内容は，同条を適用することによって組合員の代理権を説明してきた判例法理を維持するものとなっている。組合員の過半数によって決定された業務（前記4(1)）を執行するための代理権の授与にも組合員の過半数による決定（本文(1)）を要することになるが，実際上は，両者を兼ねた一度の決議でこれを処理することが通常となると予想される。

(補足説明)
1　問題の所在
　　組合は法人格を持たないので，法律行為の主体となることができない。このため，組合が第三者と法律行為を行うためには，代理の形式を用いざるを得ない。組合が第三者と法律行為を行うための代理の形式は，一般に「組合代理」と称されているが，民法には組合代理についての規定は特に設けられていない。これは，民法が委任（契約当事者間の内部関係）と代理（法律行為の相手方との外部関係）との区別を徹底しきれていないことの現れとも言われている。判例も，業務執行権と代理権とを厳密に区別することなく，民法第670条を組合代理にも適用していると見られている。
　　しかし，この中間試案では，委任と代理とを区別することを企図している（前記第4，5，第41，1参照）。このような見直しの方向を踏まえるならば，組合契約の場面においても，業務執行（組合の意思決定とその実行）に関する規定とは別に，組合代理（組合が第三者と法律行為を行う方法）に関する規定を設けることが望ましいと考えられる。そして，学説においては，業務執行権があっても必ずしも代理権があるとはいえない場面もあり得ることなどから，業務執行と組合代理とは区別されて論じられているところ，こうした学説の成果を踏まえた立法提案として，業務執行に関する規定とは別に組合代理に関する規定を設けることが考えられる。
2　業務執行者を置かない場合（本文(1)）
　　業務執行者を置かない場合には，組合員の過半数をもって決定すべき業務（民法第670条第1項）については，その業務を執行するために必要な対外的な代理権をどの組合員に付与するかについても組合員の過半数をもって決定すべきであると解されている（大判明治40年6月13日民録13輯648頁，最判昭和35年12月9日民集14巻13号2994頁参照）。この場合に，意思決定と代理権付与とは，理論的には別のものと整理されるが，実際上は，一つの決議で兼ねて行われることが多いと考えられる。
　　他方，組合の常務については，各組合員が単独で行うことができるものとされているこ

とから（民法第670条第3項），そのために必要な対外的な代理権も各組合員が有するものと解されている。
　以上の解釈は，結論的には，民法第670条を適用することによって組合員の代理権を説明してきた判例法理と異なるものではない。本文(1)では，業務執行者を置かない場合の組合代理について，この解釈を明文化して，各組合員が他の組合員を代理して組合の業務を執行するには，組合員の過半数をもってした決定による代理権の授与を要するものとし，ただし，組合の常務に関しては，各組合員は，当然に他の組合員を代理してこれを行う権限を有するものとしている。

3　業務執行者を置く場合（本文(2)）
　(1) 業務執行者を選任する場合には，その者に代理権を付与するのが通常と考えられることから，組合の業務執行を委任する際には代理権も一般的に付与されたものとみるべきであると解されている（大判明治44年3月8日民録17輯104頁，大判大正8年9月27日民録25輯1669頁参照）。
　　そこで，本文(2)では，以上の解釈を明文化して，業務執行者を定めた場合には，組合員を代理する権限は，業務執行者のみが有するものとしている。
　(2) また，業務執行者が二人以上ある場合には，組合の業務が業務執行者の過半数をもって決定されること（民法第670条第2項）を前提に，その業務を執行するために必要な対外的な代理権をどの業務執行者に付与するかについても，業務執行者の過半数をもって決定すべきであると解されている。他方，組合の常務については，各業務執行者が単独で行うことができるものとされていることから（民法第670条第3項），そのために必要な対外的な代理権も各業務執行者が有するものと解されている。
　　そこで，本文(3)では，以上の解釈を明文化して，業務執行者が二人以上ある場合に，各業務執行者が組合員を代理して組合の業務を執行するには，業務執行者の過半数をもってした決定による代理権の授与を要するものとし，ただし，組合の常務に関しては，各業務執行者は，当然に組合員を代理してこれを行う権限を有するものとしてい
　(3) 第三者の保護
　　以上のような組合代理に関する規定を設けるに当たっては，例えば，業務執行者ではない組合員が，業務執行者が置かれているにもかかわらず，第三者との間で取引をした場合や，ある業務執行者が，業務執行者の過半数による代理権の授与なしに第三者との間で組合の常務を超える取引をした場合などのように，組合代理の要件が満たされていない場合に，どのような要件の下で第三者の保護を図るかが問題になる。同様の問題は，代理権に加えられた制限を超える取引が第三者との間でされた場合にも生じ得る。
　　これについては，組合代理も代理の一種であることから，表見代理に関する規定を始めとする代理の規定を適用することによって対応することが相当と考えられるので，ここでは特段の規定を設けることにはしていない。

6　組合員の加入
　(1) 組合の成立後であっても，組合員は，その全員の同意をもって，又は組合

契約の定めるところにより，新たに組合員を加入させることができるものとする。
(2) 上記(1)により組合の成立後に加入した組合員は，その加入前に生じた組合債務については，これを履行する責任を負わないものとする。

(概要)
本文(1)は，組合の成立後であっても新たな組合員の加入が可能であること（大判明治43年12月23日民録16輯982頁）を前提に，その要件について，一般的な理解を明文化するものである。
本文(2)は，組合の債権者は各組合員の固有財産に対してもその権利を行使することができるとする民法第675条との関係で，新たに加入した組合員がその加入前に生じた組合債務についても自己の固有財産を引当てとする責任を負うかどうかが明らかでないことから，これを否定する一般的な理解を明文化するものである。

(補足説明)
1　組合員の加入の要件（本文(1)）
　民法は，組合成立後の新たな組合員の加入に関して，特段の規定を置いていない。しかし，組合員の除名や脱退に関する規定（同法第678条から第681条まで）を置いて，一部の組合員がその資格を失ったとしても，組合そのものは同一性を保持したまま他の組合員の間で存続するものとしていることからすれば，組合員の入れ替わりは当然に予定されているとみるべきであり，新たな組合員の加入も認められるものと解されている（大判明治43年12月23日民録16輯982頁）。なお，有限責任事業組合契約に関する法律は，その第24条において，組合員の加入に関する明文の規定を置いている。
　そして，その要件に関しては，原則として加入しようとする者と組合員全員との間の契約を必要とするが，組合契約で加入の要件を定めることも許されると解されている。
　本文(1)は，組合成立後の新たな組合員の加入の要件について，以上の解釈を明文化して，組合の成立後であっても，組合員は，その全員の同意をもって，又は組合契約の定めるところにより，新たに組合員を加入させることができるものとしている。
2　加入した組合員の責任（本文(2)）
　組合成立後に新たに組合員が加入した場合には，組合の債権者は各組合員の固有財産に対してもその権利を行使することができるとする民法第675条との関係で，新たに加入した組合員がその加入前に生じた組合債務についても自己の固有財産を引当てとする責任を負うことになるのかどうかが問題となるが，これについては否定的に解されている。
　本文(2)は，この解釈を明文化して，組合の成立後に加入した組合員は，その加入前に生じた組合債務については，これを履行する責任を負わないものとしている。
　なお，持分会社については，以上の解釈とは反対に，会社の成立後に加入した社員はその加入前に生じた会社の債務についても弁済する責任を負う旨の規定が置かれている

が（会社法第６０５条），これは，持分会社の法人性に基づくものと説明されている。

7 組合員の脱退（民法第６７８条から第６８１条まで関係）
　組合員の脱退について，民法第６７８条から第６８１条までの規律を基本的に維持した上で，次のように改めるものとする。
　(1) 民法第６７８条に付け加えて，やむを得ない事由があっても組合員が脱退することができないことを内容とする合意は，無効とするものとする。
　(2) 脱退した組合員は，脱退前に生じた組合債務については，これを履行する責任を負うものとする。この場合において，脱退した組合員は，他の組合員に対し，この債務からの免責を得させること，又は相当な担保を供することを求めることができるものとする。

（概要）
　本文(1)は，民法第６７８条について，やむを得ない事由がある場合には組合の存続期間の定めの有無に関わらず常に組合から任意に脱退することができるという限度で強行法規であるとする判例法理（最判平成１１年２月２３日民集５３巻２号１９３頁）を明文化するものである。
　本文(2)第１文は，組合員が脱退した場合であっても，その固有財産を引当てとする責任は存続することを定めるものである。組合の債権者は各組合員の固有財産に対してもその権利を行使することができるとする民法第６７５条との関係で，脱退した組合員が脱退前に生じた組合債務について自己の固有財産を引当てとする責任を負い続けるかどうかが明らかでなかったことから，この点に関する一般的な理解を明文化するものである。他方，脱退した組合員が脱退前に生じた組合債務について自己の固有財産を引当てとする責任を負い続けるとしても，組合は，その組合債務を履行したり，債権者から免除を得たりするなどして，脱退した組合員の固有財産を引当てとする責任を免れさせるか，相当な担保を供して脱退した組合員が不利益を被らないようにしなければならないと解されている。本文(2)第２文はこれを明文化するものである。もっとも，脱退した組合員に対する持分の払戻しに際して，その組合員が固有財産を引当てとする責任を負うことを考慮した計算がされていたような場合には，別段の合意があると考えられるので，本文(2)第２文は適用されない。

（補足説明）
1 任意脱退の要件（本文(1)）
　民法第６７８条は，組合員の任意脱退の要件に関して，組合の存続期間が定められている場合であっても，各組合員はやむを得ない事由があるときは脱退することができるとし（同条第２項），また，組合の存続期間が定められていない場合やある組合員の終身とした場合には，各組合員は原則としていつでも脱退することができるが，組合に不利な時期に脱退するにはやむを得ない事由がなければならないとしている（同条第１項）。
　この規定については，全体が強行法規であるとする見解もあるが，判例（最判平成１

1年2月23日民集53巻2号193頁)は，やむを得ない事由がある場合には組合の存続期間の定めの有無に関わらず常に組合から任意に脱退することができるという限度で，強行法規であるとしている。やむを得ない事由があっても任意の脱退を許さないという特約は，組合員の自由を著しく制限するものであり，公序良俗に反するというのがその理由である。

　本文(1)では，任意脱退の要件について，以上の判例法理を明文化して，やむを得ない事由があっても組合員が脱退することができないことを内容とする合意は，無効とするものとしている。強行法規と任意法規の区別の明記は，この場面に限られない全般的な検討課題であるが，ここでは，現実にその区別が争点となった判例が存在することから，個別に取り上げることにしている。

2　脱退した組合員の責任（本文(2)）
(1) 脱退した組合員が脱退前に生じた組合債務について自己の固有財産を引当てとする責任（民法第６７５条参照）を負い続けるかどうかに関しては，民法に明確な規定は置かれていないが，その組合債務が組合の弁済その他の事由によって消滅するまでは，脱退した組合員の固有財産を引当てとする責任は存続すると解されている。

　　本文(2)第1文は，以上の解釈を明文化して，脱退した組合員は，脱退前に生じた組合債務については，これを履行する責任を負うものとしている。
(2) 他方，脱退した組合員が脱退前に生じた組合債務について自己の固有財産を引当てとする責任を負い続けるとしても，組合は，その組合債務を履行したり，債権者から免除を得たりするなどして，脱退した組合員の固有財産を引当てとする責任を免れさせるか，相当な担保を供して脱退した組合員が不利益を被らないようにしなければならないと解されている。本文(2)第2文は，この解釈を明文化して，脱退した組合員は，他の組合員に対し，この債務からの免責を得させること，又は相当な担保を供することを求めることができるものとしている。

　　もっとも，脱退した組合員に対する持分の払戻しに際して，その組合員が固有財産を引当てとする責任を負うことを考慮した計算がされていたような場合には，別段の合意があると考えられるので，本文(2)第2文は適用されない。

3　その余の検討事項
(1) 以上のほか，第１８回会議における意見やパブリック・コメントの手続に寄せられた意見には，組合員が死亡した場合（民法第６７９条第１号）や，破産した場合（同条第２号）に，必ずその持分を払い戻さなければならないものとすると（同法第６８１条），組合財産が流出してその業務の継続に支障が生じかねないとして，死亡や破産手続開始決定を脱退事由とする民法第６７９条第１号，第２号が任意規定であることを条文上も明らかにするべきであるという提案や，脱退する組合員の持分を他の組合員が買い取れるようにするべきであるという提案があった。

　　この点について，死亡を脱退事由とする民法第６７９条第１号については，これが任意規定である（組合契約によって組合員たる地位の相続を認めることができる）ことに異論は見られないが，破産手続開始決定を脱退事由とする同条第２号については，破産した組合員の債権者を保護するためには，組合員を脱退させて，その持分を

払い戻させて弁済に充てる必要があることから，強行規定と解されており，これが任意規定であるとする理解が一般的であるとは言い難い。
　いずれにせよ，脱退した組合員にその持分を払い戻したとしても，他の組合員が追加出資をすることによって組合財産の流出阻止という目的を達することができることから，これらの提案は本文では取り上げられていない。
(2)　ところで，会社法第６０９条は，持分会社において社員の持分を差し押さえた債権者はその社員を退社させることができると規定しているところ，組合において総体としての組合財産に対する組合員の持分が差し押さえられた場合に，この規定が類推適用されるとする見解がある。
　しかし，この見解については，組合の存続よりも組合員の債権者の保護に傾斜しすぎる嫌いがあるという指摘や，組合財産の時宜を得ない流出を招いてその業務の継続に支障をもたらしかねないという指摘がある上，この見解に基づく規定を設けるべきであるという積極的な立法提案も示されていないことから，本文では取り上げられていない。

8　組合の解散事由（民法第６８２条関係）
　民法第６８２条の規律を改め，組合は，次に掲げる事由によって解散するものとする。
　(1)　組合の目的である事業の成功又はその成功の不能
　(2)　組合契約で定められた存続期間の満了
　(3)　組合契約で定められた解散事由の発生
　(4)　総組合員による解散の合意

（概要）
　組合は，民法第６８２条に規定する場合（本文(1)）のほか，組合契約で定められた存続期間が満了した場合（本文(2)），組合契約で定められた解散事由が生じた場合（本文(3)），組合員全員が解散に同意した場合（本文(4)）にも解散するという一般的な理解を明文化するものである。

（補足説明）
1　組合の解散事由
　民法は，組合の解散事由として，事業の成功又は成功の不能（同法第６８２条）と，やむを得ない事由があるときの各組合員の解散請求（同法第６８３条）とを掲げているが，これらのほかにも，組合契約で定められた存続期間が満了した場合や，組合契約で定められた解散事由が生じた場合，組合員全員が解散に同意した場合にも組合は解散すると解されている。
　そこで，本文では，民法第６８２条について，その規律を維持した上で（本文(1)），以上の解釈を明文化して，組合契約で定められた存続期間の満了（本文(2)），組合契約で定められた解散事由の発生（本文(3)），総組合員による解散の合意（本文(4)）の各事

由を組合の解散事由に追加するものとしている。
2　組合員が一人になった場合
　以上のほか，組合員が一人になった場合も組合の解散事由に当たるかどうかが議論されている。
　学説においては，組合の契約性や団体性を根拠に，複数の組合員が存在することを組合の存続要件とする見解が通説とされている。
　これに対し，組合の事業の継続性を重視する観点から，組合の成立時には二人以上の組合員の存在が必要であるが，ひとたび組合が成立して事業が開始された後は，組合員が一人となった場合でも新たな組合員の加入が想定されることから，組合の存続を認めるべきであるとする見解もある。かつては社員が一人になったことは合名会社の解散事由であったのに（会社法制定前の商法第９４条第４号），現在では社員が一人でも持分会社は存続するとされていること（会社法第６４１条第４号）は，この見解の根拠の一つとなり得るものである。もっとも，この見解に対しては，複数の組合員の存在を成立要件としておきながら存続要件とはしないことの理論的一貫性に疑問もある上，組合員が一人となって団体としての外形を喪失しているにもかかわらず独立した組合財産の存在を許容することには弊害もあり得るという批判が考えられる。
　以上のように，組合員が一人になった場合も組合の解散事由に当たるかどうかについては，意見の対立があるところであるので，この中間試案ではこれを取り上げず，引き続き解釈に委ねるものとしている。

9　組合の清算

組合の清算について，民法第６８５条から第６８８条までの規律を基本的に維持した上で，同法第６８６条に付け加えて，清算人は，清算事務の範囲内で各組合員を代理する権限を有するものとする。

（概要）
　組合の清算人は，民法第６８８条所定の清算事務の範囲内で全ての組合員を代理する権限を有するという判例法理（大判大正１４年５月２日民集４巻２３８頁）を明文化するものである。

第45　終身定期金

**　終身定期金契約に関する民法第６８９条から第６９４条までの規律を基本的に維持した上で，同法第６９１条第１項前段の規律を改め，終身定期金債務者が終身定期金の元本を受領した場合において，その終身定期金の給付を怠り，又はその他の義務を履行しないときは，終身定期金債権者は，債務不履行の一般原則に従い契約を解除して，元本の返還を請求することができるものとする。**
　（注）終身定期金契約を典型契約から削除するという考え方がある。

（概要）

終身定期金契約に関する規定は基本的に現状のまま存置することとしている。その場合であっても，民法第６９１条第１項前段は，終身定期金債務の不履行があった場合に，終身定期金契約を解除することによって元本の返還を請求することができることを認める規定であるが，契約の解除を伴うことが同条の見出しからしか窺われないという問題がある。そこで，これを条文上明らかにすることによって，ルールの明確化を図るものである。
　これに対して，終身定期金契約が利用されていない実態に鑑み，終身定期金契約を典型契約から削除すべきとの考え方があり，これを（注）で取り上げている。

（補足説明）
１　終身定期金契約とは，当事者の一方が，自己，相手方又は第三者の死亡に至るまで，定期に金銭その他の物を相手方又は第三者に給付することを約束する契約である（民法第６８９条）。民法の起草当時は，将来的に個人主義的な風潮が強まり，老後の生活も安心ではなくなり，欧州のようにこのような契約が多く行われるようになると予想されていたが，実際には，終身定期金契約は今日でもほとんど利用されていないと言われている。その原因としては，終身定期金契約の利用が想定されていた老後の生活保障に関しては，今日までに公的年金制度が整備されてきたことが挙げられている。また，現在では，公的年金制度だけではなく，企業年金等の私的年金制度も広く利用されているが，これについても，特別法や約款でその内容が詳細に規定されており，民法の規定が適用される余地はないと指摘されている。このように，終身定期金契約が利用されているという実態は，現在のところ認められていない。
　もっとも，部会での審議においては，終身定期金契約に関する規定を引き続き存置すべきであるとの複数の意見があった。その理由としては，典型契約の在り方という観点から，実際に多く行われている取引類型だけを典型契約とするのではなく，多様な類型の取引類型を典型契約とすることが必要であるとするもの，高齢化社会において，この契約がアレンジされて利用される可能性があり得るとするもの，典型契約の規定には私的自治を支援するツールとしての意義があり，典型契約そのものが実際に使われるものである必要はないとするものがあった。その上で，終身定期金契約には，終身性と射倖性という他の典型契約にはない特徴が認められるとした上で，終身定期金契約そのものが利用されないとしても，終身性や射倖性を有する無名契約が締結された場合に，解釈の手掛かりとなる意義があることが挙げられている。この立場からは，具体例として，リバース・モーゲージや私的な年金保険を始め，老後の生活保障などの取引が今後増加し得るとの指摘がある。
　以上を踏まえて，本文は，終身定期金契約を典型契約として存置することとしている。
　なお，民法第６９１条前段は，有償の終身定期金契約における終身定期金債務者が債務を履行しない場合に「相手方は，元本の返還を請求することができる」としているが，これは，終身定期金の給付義務等の不履行があった場合における解除権について規定するものであるとされている。しかし，この点が，同条の見出しからしか窺われないという問題があることから，これを解消するために，終身定期金債権者が契約を解除することができる旨を条文上明確に規定することとしている。

2 これに対して、終身定期金契約の規定を削除すべきであるとの意見もある。現実に終身定期金契約が利用されていない上に、規定を存置したとしても、将来的にこれが利用される見込みがあることをうかがわせる事情も特に認められないとの指摘や、仮に終身的な契約が今後利用される見込みがあるとしても、そのようなニーズに今回の改正で対応することは困難であるとの指摘もある。そこで、（注）では、終身定期金契約の規定を削除する考え方を取り上げている。

第46 和解

和解によって争いをやめることを約した場合において、当事者は、その争いの対象である権利の存否又は内容に関する事項のうち当事者間で争われていたものについて錯誤があったときであっても、民法第95条に基づく錯誤の主張をすることはできないものとする。
　（注）このような規定を設けないという考え方がある。

（概要）
　和解によって争いをやめることを約した場合には、その争いの対象である権利の存否及び内容に関する事実について当事者が誤信していたときであっても、錯誤の主張をすることができないと解されている。このようなルールは、判例・学説によって概ね認められているが、条文からはそのことが必ずしも読み取ることができないので、ルールの明確化を図るものである。これに対して、適切な要件を設定することが困難であり、規定を設けず、解釈に委ねるべきであるという考え方があり、これを（注）で取り上げている。

（補足説明）
1　和解の効力として、和解された結果と反対の証拠が出てきたとしても和解の効力が覆らないという和解の確定効が認められると解されており、民法第696条は、この和解の確定効を前提として設けられた規定であると言われている。和解の確定効により、紛争の蒸し返しが防止されることになるが、他方で、理由のいかんを問わず常に和解の確定効が認められるのは実際上適当ではないため、どの範囲で和解の確定効を認めるかという点が問題となる。この問題は、錯誤による和解の無効の主張（同法第95条）がどの範囲で許されるかという問題として議論されてきたが、通説は、錯誤の存在する事項を以下の①から③までに分類した上で、①については錯誤による無効主張は認められないが、②③については錯誤による無効主張が認められ得るとしている。
① 争いの目的となっていた事項
② 争いの目的である事項の前提又は基礎とされていた事項
③ ①②以外の事項
　この点について、判例も、上記の通説と同様の結論を採っているとされている。①について錯誤があった場合に錯誤による無効主張を認めなかったものとして最判昭和38年2月12日民集17巻1号171頁等、②について錯誤があった場合に錯誤による無効主張を認めたものとして大判大正6年9月18日民録23輯1342頁等、③につい

て錯誤があった場合に錯誤による無効主張を認めたものとして最判昭和33年6月13日民集12巻9号1492頁等が，それぞれ挙げられている。

そこで，和解と錯誤との関係に関する上記のような考え方を条文上明確にすることの要否が検討課題となり得る。

2　本文は，上記の考え方の実質を維持した上で規定を設けることとするものであるが，①を「争いの対象である権利の存否又は内容に関する事項のうち当事者間で争われていたもの」と表現することとしている。「争いの対象である権利の存否又は内容に関する事項」という文言は，ここで問題となるのが「事項」に関する錯誤であること（前記第3，2(2)）を明らかにするとともに，争いの対象である権利の存否又は内容とは関係がない事項について錯誤があった場合には，錯誤が認められ得ることを明らかにするものである（上記最判昭和33年6月13日）。また，争いの対象である権利の存否又は内容に関する事項のうち「当事者間で争われていたもの」に限定するのは，権利の存否又は内容が実際には和解の内容と違ったことが事後的に明らかになった場合において，当事者間で争われていなかった事項に錯誤があったときは，錯誤が認められ得ることを明らかにするものである（上記大判大正6年9月18日）。

3　もっとも，これでもなお，判例等のルールを適切に表現する要件とはなっていないとして，規定を設けることに反対する意見がある。（注）では，このような意見があることを考慮し，この点について引き続き解釈に委ねる考え方を取り上げている。

新法シリーズ試案編3
③ 民法改正中間試案〔確定全文＋概要＋補足説明〕
2013(平成25)年6月30日　第1版第1刷発行

編　集　信山社編集部
発行者　今井貴　稲葉文子
発行所　株式会社 信山社
〒113-0033 東京都文京区本郷6-2-9-102
Tel 03-3818-1019　Fax 03-3818-0344
info@shinzansha.co.jp
笠間才木支店 〒309-1611 茨城県笠間市笠間515-3
笠間来栖支店 〒309-1625 茨城県笠間市来栖2345-1
Tel 0296-71-0215　Fax 0296-72-5410
出版契約2013-7043-3-01010　Printed in Japan

©信山社, 2013　印刷・製本／東洋印刷・渋谷文泉閣
ISBN978-4-7972-7043-3 C3332 P568/324.000-e001 法律立法
7043-01011：012-080-020 《禁無断複写》

JCOPY 〈(社)出版者著作権管理機構 委託出版物〉
本書の無断複写は著作権法上での例外を除き禁じられています。複写される場合は、そのつど事前に、(社)出版者著作権管理機構 (電話03-3513-6969, FAX 03-3513-6979, e-mail: info@jcopy.or.jp) の許諾を得てください。

学術選書109

森村　進　著（一橋大学大学院法学研究科教授）

リバタリアンはこう考える
－法哲学論集－

A5変・上製・512頁　定価：本体10,000円（税別）　ISBN978-4-7972-6709-9 C3332

政府がはたすべき役割は何か？

J. ロック, T. ジェファーソン, R. ノージック, J. ナーヴソンなどの議論を取り上げながら，人格的自由・経済的自由を最大限に尊重する思想・リバタリアニズム libertarianism を力強く擁護する。〈何がリバタリアニズムの典型的な形態か〉でなく，〈何がリバタリアニズムの望ましい形態か〉をめぐる論究の書。福祉国家論，コミュニタリアニズムを批判的に検討し，政府の存在理由を根本的に問う。

【目　次】
第1部　リバタリアニズムの理論的基礎
1　リバタリアニズムの人間像
2　コミュニタリアニズムの批判的検討
3　リバタリアンな正義の中立性
4　リバタリアンが福祉国家を批判する理由
5　「みんなのもの」は誰のもの？
6　自己所有権論を批判者に答えて擁護する
7　分配的平等主義を批判する
8　ナーヴソンの契約的リバタリアニズム
9　自由市場グローバリゼーションと文化的繁栄
第2部　自由の法理
10　アナルコ・キャピタリズムの挑戦
11　国家と宗教の分離
12　政府の活動はどこまで民間に委ねられるべきか
13　サンスティーンとセイラーのリバタリアン・パターナリズム
14　「大地の用益権は生きている人々に属する」
　　──財産権と世代間正義についてのジェファーソンの見解
15　権利主体としての子供
16　リバタリアニズムから見た犯罪への責任
17　リバタリアニズムと刑罰論

ブリッジブックシリーズ

先端法学入門／土田道夫・髙橋則夫・後藤巻則 編
法学入門／南野　森 編
法哲学／長谷川晃・角田猛之 編
憲　法／横田耕一・高見勝利 編
行政法（第2版）／宇賀克也 編
先端民法入門（第3版）／山野目章夫 編
刑法の基礎知識／町野朔・丸山雅夫・山本輝之 編著
刑法の考え方／髙橋則夫 編
商　法／永井和之 編
裁判法（第2版）／小島武司 編
民事訴訟法（第2版）／井上治典 編

民事訴訟法入門／山本和彦 著
刑事裁判法／椎橋隆幸 編
国際法（第2版）／植木俊哉 編
国際人権法／芹田健太郎・薬師寺公夫・坂元茂樹 著
医事法／甲斐克則 編
法システム入門（第2版）／宮澤節生・武蔵勝宏・上石圭一・大塚浩 著
近代日本司法制度史／新井勉・蕪山嚴・小柳春一郎 著
社会学／玉野和志 編
日本の政策構想／寺岡　寛 著
日本の外交／井上寿一 著

〒113-0033　東京都文京区本郷6-2-9-102　東大正門前
TEL：03(3818)1019　FAX：03(3811)3580　E-mail：order@shinzansha.co.jp

信山社
http://www.shinzansha.co.jp

松浦好治・松川正毅・千葉恵美子 編

加賀山茂先生還暦記念

市民法の新たな挑戦

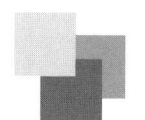

新書判・並製・112頁　定価：本体800円（税別）　ISBN978-4-7972-1985-7 C3332

市民法がもつ現在の理論的課題を考察

既存の枠にとらわれない自由な発想と徹底した考察により、幅広い領域で法学理論を築いてきた明治学院大学教授加賀山茂先生の還暦をお祝いする論文集。法情報学・民事手続法・消費者法・民法・会社法の各法分野の専門家による論考24篇を収録。情報の電子化、消費者被害、債権法改正、生殖補助医療などの最先端のテーマも含み、現在の社会で市民法が有する理論的課題に対する見解を示す。

【目　次】
◇Ⅰ　法情報学◇
比較法と法情報パッケージ　〔松浦好治〕
◇Ⅱ　手続法◇
ドイツのレラチオーンステヒニクと民法教育　――要件事実論との比較を見据えて　〔福田清明〕
仲裁合意の法的性格と効力の主観的範囲　〔大塚　明〕
当事者の視点に立った調停技法　〔平田勇人〕
◇Ⅲ　消費者法◇
オーストラリアにおける消費者被害救済のあり方　〔タン・ミッシェル〕
適合性原則違反の判断基準とその精緻化　〔宮下修一〕
シ・プ原則に基づく集団的消費者被害救済制度の構築　〔深川裕佳〕
金融取引における不招請勧誘の禁止　〔上杉めぐみ〕
◇Ⅳ　物権法◇
土地区画整理による所有権制限の根拠　〔伊藤栄寿〕
物上保証人の事前求償権と免責請求権　〔渡邊　力〕
被担保債権の弁済期後における不動産譲渡担保権者・設定者の法的地位
　――譲渡担保論のパラダイム転換を目指して　〔千葉恵美子〕
◇Ⅴ　債権総論◇
無権利者に対する預金の払戻しと不当利得返還請求・損害賠償請求の意義　〔中舎寛樹〕
倒産手続における弁済者代位と民法法理　――代位取得された財団債権・共益債権と求償権の関係　〔潮見佳男〕
◇Ⅵ　契約法◇
契約解除との関係における「危険」制度の意義　〔山田到史子〕
契約締結上の過失責任の法的性質　〔久須本かおり〕
転借人の不法投棄による土地の毀損と賃借人の責任　〔平林美紀〕
役務提供契約の法的規律に関する一考察　〔山口幹雄〕
複合契約取引論の現状と可能性　〔岡本裕樹〕
シンジケートローン契約におけるエージェントの免責規定はどこまで有効か　〔野村美明〕
◇Ⅶ　不法行為法◇
医療における「相当程度の可能性」の不存在とさらなる保護法益　〔寺沢知子〕
◇Ⅷ　家族法◇
貞操義務と不法行為責任　〔松川正毅〕
性同一性障害者の婚姻による嫡出推定　〔水野紀子〕
事実に反する認知の効力　〔床谷文雄〕
◇Ⅸ　会社法◇
株式の内容の事後的変更　〔吉本健一〕

現代民法学習法入門　加賀山茂 著
A5変・上製・288頁　定価：本体2,800円（税別）　ISBN978-4-7972-2493-1 C3332
民法学習のための戦略的方法論を提供

現代民法担保法　加賀山茂 著
A5変・上製・738頁　定価：本体6,800円（税別）　ISBN978-4-7972-2684-3 C3332
人的担保・物的担保の総合理論を提唱

判例プラクティス民法Ⅰ 総則・物権　松本恒雄・潮見佳男 編
B5変・並製・424頁　定価：本体3,600円（税別）　ISBN978-4-7972-2626-3 C3332
効率よく体系的に学べる民法判例解説

〒113-0033　東京都文京区本郷6-2-9-102　東大正門前
TEL：03(3818)1019　FAX：03(3811)3580　E-mail：order@shinzansha.co.jp
信山社
http://www.shinzansha.co.jp

岩沢雄司・中谷和弘 責任編集
Edited by Yuji Iwasawa・kazuhiro Nakatani

国際法研究 創刊第1号

菊変・並製・180頁　定価:本体2,900円(税別)　ISBN978-4-7972-6561-3 C3332

国際法に関する研究 実務の総合的検討

国際法の研究者や実務家による、国際法学の一層の発展を目指す、新しい研究雑誌。信頼ある編集・執筆陣が、国際法学の基底にある蓄積とその最先端を、広範かつ精緻に検討。待望の創刊第1号。

〈目　次〉
◆外交的庇護をめぐる国際法と外交・・・中谷和弘
　Ⅰ　はじめに
　Ⅱ　国際司法裁判所判決、萬国国際法学会決議、国際法協会条約草案
　Ⅲ　諸国家の一般的見解
　Ⅳ　省　察
　Ⅴ　おわりにかえて：陳光誠事件及び Julian Assange 事件
◆19世紀の「人道のための干渉の理論」の再検討・・・中井愛子
　はじめに
　Ⅰ　問題の所在
　Ⅱ　人道のための干渉をめぐる19世紀の学説状況
　Ⅲ　「人道のための干渉の理論」
　Ⅳ　人道のための干渉の実行
　おわりに
◆枠組条約の規範発展の機能－その意義と限界・・・坂本尚繁
　序
　Ⅰ　学　説
　Ⅱ　枠組条約の概念の本質
　Ⅲ　枠組条約の規範発展機能の意義と限界
　結　語
◆国際司法裁判所「国家の裁判権免除」事件判決の射程と意義・・・坂巻静佳
　はじめに
　Ⅰ　国家免除に関する規制
　Ⅱ　「域内不法行為原則」
　Ⅲ　「イタリア裁判所における請求の主題と事情」
　おわりに
◆通過通航制度と海峡沿岸国の渡航規制・・・石井由梨佳
　序
　Ⅰ　海峡沿岸国の立法管轄権の射程
　Ⅱ　具体的な措置に関する分析
　Ⅲ　氷結水域と通航権
　結　語

〈執筆者紹介〉
岩沢雄司（いわさわ・ゆうじ）
　東京大学大学院法学政治学研究科教授
中谷和弘（なかたに・かずひろ）
　東京大学大学院法学政治学研究所教授
中井愛子（なかい・あいこ）
　東京大学大学院法学政治学研究科博士課程
坂本尚繁（さかもと・なおしげ）
　東京大学大学院総合文化研究科研究生
坂巻静佳（さかまき・しずか）
　静岡県立大学国際関係学部講師
石井由梨佳（いしい・ゆりか）
　防衛大学校人文社会科学群国際関係学科講師

〒113-0033　東京都文京区本郷6-2-9-102　東大正門前
TEL:03(3818)1019　FAX:03(3811)3580　E-mail:order@shinzansha.co.jp

信山社

坂元茂樹・薬師寺公夫 編
普遍的国際社会への法の挑戦
——— 芹田健太郎先生古稀記念 ———

A5変・上製・896頁 定価：本体20,000円（税別） ISBN978-4-7972-1967-8 C3332

研究者、実務家による国際法と国内法の対話

長く国際法学を先導してきた芹田健太郎先生の古稀を祝うべく、第一線で活躍する国際法や日本憲法の研究者、また、国際的に活躍する裁判官や弁護士等の実務家が一同に集った論文集。「抽象的人間像から具体的人間像」や「具体的国家像」を主張してきた、芹田先生の研究を継いで、普遍的価値を追究し、現代の国際社会の課題を鋭く析出、検討する第一級の書。

【目次】
◆第1部◆ 国際人権保障制度の実相と展望
1 普遍的定期審査の理想と現実—相互審査の内実—〔坂元茂樹〕
2 女性差別撤廃条約から見た民法750条—夫婦同氏制度—〔林　陽子〕
3 ILO基準適用監視制度再考〔吾郷眞一〕
◆第2部◆ ヨーロッパ人権保障制度の新展開
4 ヨーロッパ人権裁判所と国内裁判所の「対話」？
　—Grand Chamber Judgment of Al-Khawaja and Tahery v. the United Kingdom —〔江島晶子〕
5 ヨーロッパ人権裁判所の受理可能性審査手続に関する改革について
　—第14議定書及びその後の発展を中心にして—〔大塚寿一〕
6 欧州人権条約における個人申立権の濫用—人権裁判所の判例の検討を中心に—〔西片聡哉〕
7 EU基本権憲章上の庇護権 —解釈と庇護関連指令を含む国内適用—〔佐藤以久子〕
◆第3部◆ 人権保障を巡る憲法と条約の相克
8 障害者権利条約の国内実施をめぐって〔棟居快行〕
9 日本国憲法における「法律に対する条約優位」と「人権」条項の適用
　—憲法制定過程及び大日本帝国憲法の解釈における条約の地位の検討から—〔建石真公子〕
10 緊急事態における人権の制限〔初川　満〕
◆第4部◆ 国内人権訴訟の諸相
11 受刑者の選挙権と比例性の原則〔武村二三夫〕
12 難民訴訟事件における迫害の解釈と退去強制の執行停止〔安藤由香里〕
13 障害者の権利に関する条約とサリドマイド被害者〔更田義彦〕
◆第5部◆ 移行期正義の課題と対応
14 国際刑事裁判所における手続上の問題
　—いわゆる「証人テスト」を例として—〔尾崎久仁子〕
15 強制失踪条約における非国家主体の人権侵害行為と締約国の責任〔薬師寺公夫〕
16 国連人道問題調整事務所の機能と組織化—統合・調整機能とその正当性—〔川村真理〕
17 クラスター弾条約及び対人地雷禁止条約における除去・廃棄義務とその支援義務
　—非常設・非公式・非政府組織を利用した履行確保の効果—〔林　美香〕
◆第6部◆ 課題に挑む国際機構
18 国際機構の免除と国際公務員の身分保障
　—欧州人権裁判所Waite & Kennedy判決が及ぼした影響—〔黒神直純〕
19 国際再生可能エネルギー機関（IRENA）について〔酒井啓亘〕
20 リスボン条約体制下の構成国議会の役割
　—構成国議会による審査制度の促進の観点から—〔荒島千鶴〕
◆第7部◆ 伝統的国際法概念の変容と発展
21 投資条約仲裁における国際法と国内法の適用と機能〔森川俊孝〕
22 韓国における未承認国家の法的地位
　—韓国内裁判所における北朝鮮の著作権保護を中心に—〔呉　美英〕
23 グローバル・ガバナンス・ギャップと国際秩序形成に関する一考察
　—国連「（人権の）保護、尊重、救済の政策フレームワーク」と国家管轄権の域外適用に対する視座を中心に—〔大窪敦子〕
24 領域紛争における仮保全措置の新展開—最近の国際司法裁判所判例とその含意—〔李　禎之〕
25 非国家主体と自衛権 —「侵略の定義」決議第3条(g)を中心に—〔浅田正彦〕

講座国際人権法 全4巻

1 国際人権法と憲法 芹田健太郎・棟居快行・薬師寺公夫・坂元茂樹 編
A5変・上製・456頁 定価 本体11,000円（税別） ISBN978-4-7972-1681-6 C3332
憲法と国際人権の人権保障の法的内実

2 国際人権規範の形成と展開 芹田健太郎・棟居快行・薬師寺公夫・坂元茂樹 編
A5変・上製・544頁 定価 本体12,800円（税別） ISBN978-4-7972-1682-4 C3332
国際法と国内法の人権保護の法的内実

3 国際人権法の国内的実施 芹田健太郎・戸波江二・棟居快行・薬師寺公夫・坂元茂樹 編
A5変・上製 定価 本体11,000円（税別） ISBN978-4-7972-1683-7 C3332
国際人権法の国内実施に伴う、理論的・実務的課題を析出

4 国際人権法の国際的実施 芹田健太郎・戸波江二・棟居快行・薬師寺公夫・坂元茂樹 編
A5変・上製 定価 本体12,800円（税別） ISBN978-4-7972-1684-4 C3332
更なる展開をみせる近年の国際人権法の現状

〒113-0033　東京都文京区本郷6-2-9-102　東大正門前
TEL：03(3818)1019　FAX：03(3811)3580　E-mail：order@shinzansha.co.jp
信山社　http://www.shinzansha.co.jp

園尾隆司（東京高等裁判所部総括判事）・須藤英章（第二東京弁護士会所属弁護士）監修

■民事再生書式集〔第4版〕■

B5判・並製・450頁　定価：本体5,600円（税別）　ISBN978-4-7972-5482-2 C3332

個人再生書式を収録してますます充実

圧倒的信頼度で好評だった「民事再生法書式集第3版」の全面改訂。巻末に「個人再生法書式」も収録してますます充実した。

第二東京弁護士会
倒産法研究会編集

上床　竜司	髙井　章光	古里　健治
江木　　晋	髙木　裕康	松村　昌人
大城　康史	長沢美智子	三森　　仁
野崎　大介	長谷川卓也	権田　修一
山本　　正		

【目次】
第1章　申立の前後
　第1項　注意事項・スケジュール等
　第2項　申立前後の検討資料
第2章　再生手続開始申立関係
　第1項　申立時の債権者対応書類
　第2項　その他申立時準備書類
　第3項　保全処分その他財産保全の手続関係
　第4項　再生手続開始申立関係書類
　第5項　監督委員関係
　第6項　保全管理人関係
　第7項　調査委員関係
第3章　開始決定の前後
　第1項　開始決定に関する書類
　第2項　再生債権の弁済及び監督委員の同意書の関係
　第3項　文書の閲覧
　第4項　財産評定関係
　第5項　役員に対する責任追及等
　第6項　事業譲渡・会社分割制度
第4章　債権届出・調査・確定関係
第5章　再生計画およびその決議関係
第6章　担保権関係
第7章　債権者集会終了後の諸手続
第8章　管財人関係
第9章　簡易再生・同意再生関係

民事再生QA500 プラス300〔第3版〕

B5判・並製・600頁　定価：本体6,800円（税別）　ISBN978-4-7972-6065-6 C3332

企業再建の細部まで民再法に準拠して解説

須藤英章　監修
企業再建弁護士グループ　編

上床竜司・髙木裕康・三森　仁・江木　晋・長沢美智子・村田由里子・大城康史
野崎大介・山本　正・髙井章光・古里健治・渡邉光誠・松村昌人　編集

民事再生実務に役立つ好評書籍、待望の改訂第3版。新たに300のQ&Aをプラスし、計883の疑問点にQ&A方式で答えたわかりやすい形式の民事再生ハンドブック。倒産法制、会社法制の改正の運用成果を折り込み、民事再生法に関する典型的な項目を、「申立前」「申立て」「申立後の対応」という手続の時間の流れに沿って配列し、再生債務者や申立代理人のみならず、監督委員や債権者等の関係者にも役立つ情報満載の実務書。

〒113-0033　東京都文京区本郷6-2-9-102　東大正門前
TEL：03(3818)1019　FAX：03(3811)3580　E-mail：order@shinzansha.co.jp

信山社
http://www.shinzansha.co.jp

南野 森 編
ブリッジブック法学入門〔第2版〕

A5変・並製・200頁　定価：本体2,200円（税別）　ISBN978-4-7972-2640-9 C3332

刑法を加えアップデイトした第2版

好評を博した"一風変わった"法学入門の第2版。各分野の動向にあわせた情報をアップデイトしたほか、刑法分野を新しく加えた。法学の基礎から"今"を語る最新のテーマまでを、信頼の執筆陣が語りつくし、法学の魅力を案内します。法学って何が面白いの？と感じている人に読んで欲しい入門書です。

【目　次】
Ⅰ　法学の基礎
　第１章　法と法学
　第２章　法と法学の歴史
　第３章　法律と法体系
　第４章　裁判制度とその役割
　第５章　判例の読み方
Ⅱ　法学の展開
　第６章　違憲審査制と国法秩序
　第７章　保証人とその保護
　第８章　会社とその利害関係者
　第９章　民事訴訟における主張共通の原則
　第10章　刑罰権の濫用防止と厳罰化
　第11章　刑事訴訟の存在意義
　第12章　社会保障法による医療の保障
　第13章　著作権保護と表現の自由

ブリッジブックシリーズ

先端法学入門／土田道夫・高橋則夫・後藤巻則 編
法学入門／南野 森 編
法哲学／長谷川晃・角田猛之 編
憲　法／横田耕一・高見勝利 編
行政法（第2版）／宇賀克也 編
先端民法入門(第3版)／山野目章夫 編
刑法の基礎知識／町野 朔・丸山雅夫・山本輝之 編著
刑法の考え方／高橋則夫 編
商　法／永井和之 編
裁判法（第2版）／小島武司 編
民事訴訟法（第2版）／井上治典 編
民事訴訟法入門／山本和彦 著
刑事裁判法／椎橋隆幸 編
国際法（第2版）／植木俊哉 編
国際人権法／芹田健太郎・薬師寺公夫・坂元茂樹 著
医事法／甲斐克則 編
法システム入門(第2版)／宮澤節生・武蔵勝宏・上石圭一・大塚浩 著
近代日本司法制度史／新井勉・蕪山嚴・小柳春一郎 著
社会学／玉野和志 編
日本の政策構想／寺岡 寛 著
日本の外交／井上寿一 著

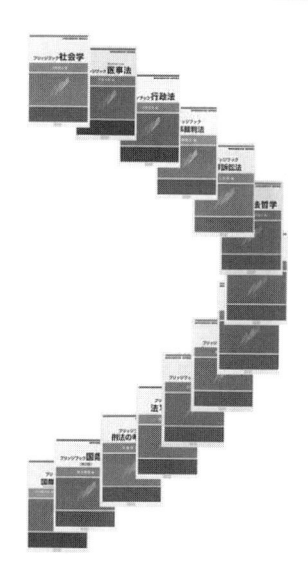

〒113-0033　東京都文京区本郷6-2-9-102　東大正門前
TEL：03(3818)1019　FAX：03(3811)3580　E-mail：order@shinzansha.co.jp

信山社
http://www.shinzansha.co.jp

丸山雅夫 著
■■■ブリッジブック 少年法入門■■■

四六変・並製・512頁　定価：本体2,600円（税別）　ISBN978-4-7972-2344-6 C3332

少年司法システムの基本を学ぼう

少年司法システムの全体像を、シンプルな叙述で図表を用いながら分かりやすく概説しており、家裁調査官や社会福祉士など子どもに関する仕事の資格試験にも最適。また、ひろく非行少年問題に興味をもつ人が、近年の少年犯罪の凶悪化・厳罰化議論をより深く知り適切な批判の素材を得られるよう、少年法特有の考え方を丁寧に案内している。

【目　次】
はしがき
序　章　少年司法システムの特殊性
　Ⅰ　成人刑事司法と少年司法
　Ⅱ　少年司法における2つの潮流と少年法制
第1章　日本の非行現象
　Ⅰ　日本における少年非行の現状
　Ⅱ　社会における厳罰化への動きとその背景
　Ⅲ　犯罪少年の実名報道への傾斜
第2章　少年法制の独立と少年司法システム
　Ⅰ　欧米の近代化と少年法制
　Ⅱ　日本の近代化と少年法制
　Ⅲ　旧少年法から現行少年法へ
第3章　少年法の基本構造
　Ⅰ　少年法の法的性格と関連法令
　Ⅱ　少年法の目的と理念
　Ⅲ　少年法の特徴
第4章　少年法の対象
　Ⅰ　少年法が扱う「少年」
　Ⅱ　少年法が扱う「非行」
　Ⅲ　少年法が扱う事件
第5章　非行少年の発見と家庭裁判所の受理
　Ⅰ　発見活動の意義と発見主体
　Ⅱ　発見活動の実際
　Ⅲ　家庭裁判所による事件受理

第6章　少年保護事件手続Ⅰ——観護と調査
　Ⅰ　観護措置
　Ⅱ　調査の意義と種類
　Ⅲ　家庭裁判所調査官の社会調査
　Ⅳ　調査を経た事件の扱い
第7章　少年保護事件手続Ⅱ——少年審判
　Ⅰ　審判の意義と特徴
　Ⅱ　審判の方式
　Ⅲ　特殊な審判形態
　Ⅳ　試験観察
　Ⅴ　審判を経た少年保護事件の扱い
　Ⅵ　事後手続
第8章　処遇（保護処分）過程
　Ⅰ　保護処分の選択と付随措置
　Ⅱ　保護観察処分
　Ⅲ　児童自立支援施設・児童養護施設送致
　Ⅳ　少年院送致
　Ⅴ　準少年保護事件
第9章　少年の刑事事件
　Ⅰ　少年の刑事事件の意義と要件
　Ⅱ　少年の刑事事件手続
　Ⅲ　少年の刑事処分とその執行
終　章　少年法の動向
　Ⅰ　少年法の改正と国際的動向
　Ⅱ　少年法の将来と課題

ブリッジブックシリーズ

先端法学入門／土田道夫・高橋則夫・後藤巻則 編
法学入門／南野 森 編
法哲学／長谷川晃・角田猛之 編
憲　法／横田耕一・高見勝利 編
行政法（第2版）／宇賀克也 編
先端民法入門（第3版）／山野目章夫 編
刑法の基礎知識／町野 朔・丸山雅夫・山本輝之 編著
刑法の考え方／高橋則夫 編
商　法／永井和之 編
裁判法（第2版）／小島武司 編
民事訴訟法（第2版）／井上治典 編
民事訴訟法入門／山本和彦 著
刑事裁判法／椎橋隆幸 編
国際法（第2版）／植木俊哉 編
国際人権法／芹田健太郎・薬師寺公夫・坂元茂樹 編
医事法／甲斐克則 編
法システム入門（第2版）／宮澤節生・武藤勝宏・上石圭一・大塚浩 著
近代日本司法制度史／新井勉・蕪山嚴・小柳春一郎 著
社会学／玉野和志 編
日本の政策構想／寺岡 寛 著
日本の外交／井上寿一 著

〒113-0033　東京都文京区本郷6-2-9-102　東大正門前
TEL：03(3818)1019　FAX：03(3811)3580　E-mail：order@shinzansha.co.jp

信山社
http://www.shinzansha.co.jp